校园体育文化建设
与运动项目实践指导教程

主　编　傅　丽　林立文　谢艾珊

文化发展出版社
Cultural Development Press
·北京·

图书在版编目（CIP）数据

校园体育文化建设与运动项目实践指导教程 / 傅丽，林立文，谢艾珊主编．— 北京：文化发展出版社，2020.12（2024.1 重印）

ISBN 978-7-5142-3150-2

Ⅰ．①校… Ⅱ．①傅… ②林… ③谢… Ⅲ．①高等学校－校园文化－体育文化－研究－中国 Ⅳ．①G807.4

中国版本图书馆 CIP 数据核字（2020）第 226586 号

校园体育文化建设与运动项目实践指导教程

主　　编：傅　丽　林立文　谢艾珊

责任编辑：张　琪　　责任校对：岳智勇　马　瑶

责任印制：邓辉明　　封面设计：木　子

出版发行：文化发展出版社（北京市翠微路 2 号 邮编：100036）

网　　址：www.wenhuafazhan.com

经　　销：全国新华书店

印　　刷：三河市华东印刷有限公司

开　　本：787mm×1092mm　1/16

字　　数：689 千字

印　　张：26.25

版　　次：2020 年 12 月第 1 版

印　　次：2024 年 1 月第 2 次印刷

定　　价：78.00 元

I S B N：978-7-5142-3150-2

前　言

校园体育文化是中国特色社会主义先进文化的重要组成部分，是在学校的特定环境下，经过全体师生的共同努力，促使体育文化和校园文化相互碰撞、整合、渗透、积淀而形成的产物。校园体育文化历史悠久、持续时间长、影响广泛，具有鲜明的时代性、教育性、实践性等特征。校园体育文化建设作为学校体育教育发展的重要内容，不仅引导着学校体育工作的发展方向，还担负着营造积极健康的校园体育文化氛围的使命。发展积极向上、健康有益的校园体育文化，一方面可以充分发挥校园体育文化在强身健体、休闲娱乐、个性发展、审美陶冶、教育育人等方面的独特价值，对学校师生的价值取向、人格塑造、道德品质和行为习惯产生深远的影响；另一方面还可以促使他们从更深层次上理解体育文化，从而树立终身体育意识。可见，研究校园体育文化具有重要的现实意义。

校园体育文化建设与学校体育教学实践之间是相辅相成的。体育教学不仅是校园体育文化的一种呈现方式，也是构成校园体育文化的重要内容。在体育教学中有效融入体育文化，在校园体育文化建设中大力开展体育教学，加强二者的互动发展，是学校体育教学改革的内在要求，也是学校教育管理创新的必然结果。此外，二者的融合更有利于对满足社会主义现代化建设需求的全面发展的人才进行培养。鉴于此，我们特编写《校园体育文化建设与运动项目实践指导教程》一书，以期为校园体育文化的顺利建设及健康发展提供理论指导。

本书共有十六章，大体分为理论和实践两部分内容。在理论方面，本书着重分析了校园体育文化的基本知识、校园体育文化的建设理论以及校园体育多元文化的建设三方面内容。三者互为基础，联系紧密。首先，校园体育文化的基本知识与校园文化的建设理论互为补充，可以为校园体育多元文化建设提供理论指导。其次，校园体育多元文化的建设可以为校园体育文化基本知识以及建设理论的完善以及拓展提供现实依据。在实践方面，对我国校园中一些常见体育项目的训练实践提出了指导方法，包括校园田径运动、足球运动、篮球运动、排球运动、网球运动、乒乓球运动、羽毛球运动、传统体育运动及休闲体育运动，以期为校园体育教学的开展及校园体育文化的发展提供实践指导。

总体来看，本教材主要依据校园体育文化建设的要求，结合当前我国特有的文化底蕴和校园体育文化发展的实际情况来研究校园体育文化建设与实践。在研究过程中，阐述了校园体育文化建设的基础理论，提出了加强校园体育多元文化建设的建议，并对建设路径的拓展进行了探索，最后针对校园常见运动项目的训练实践进行了研究，与校园体育文化建设形成了互动发展的关系，突出了本书的理论性、学术性、科学性及实用性特点。希望本书能够为校园体育文化的繁荣发展提供有价值的参考和指导。

本教材在编写过程中，参考了大量相关书籍和资料，在此向有关专家和学者表示敬意和感谢。由于水平所限，书中难免存在不足之处，欢迎广大读者批评指正。

编　者

2020 年 9 月

目　录

第一章　校园体育文化基本理论概述

校园体育文化作为体育文化的一个重要组成部分，它的发展和完善对于校园体育的开展有着非常重要的影响。本章就校园体育文化的基本知识进行阐述，内容主要包括校园体育文化的内涵与本质、结构与内容、特征与功能。

第一节　校园体育文化的内涵与本质

一、校园体育文化相关概念

（一）文化

文化可以分为广义的文化和狭义的文化。广义的文化包括一切物质精神财富，是人类作用于自然界和社会成果的总和，又被称为“大文化”，其着眼于人类社会与自然界的本质区别。狭义的文化指意识形态所创造的精神财富，它专注于精神创造活动及其结果，又被称作“小文化”，主要包括道德情操、学术思想、宗教信仰、各种制度、文学艺术、风俗习惯、科学技术等。值得注意的是，狭义的文化从属于广义的文化，二者是不可分割的。

（二）校园文化

通常来说，可以从宏观和微观两个方面对事物加以分析和认知，为了对校园文化进行准确、全面地了解，也可以从宏观和微观两个角度进行阐释。

1. 宏观层面

就宏观角度来看，所谓校园文化是指在学校范围内多种精神或实体存在方式的综合，这主要体现在学校的物质文化、精神文化和制度文化等方面。

2. 微观层面

从微观角度来说，校园文化就是一种精神文化和文化氛围的总称，其主要内容是学校课外文化活动。

校园文化是不同于其他主流体育课程教育形式的课延文化，不管是从宏观角度还是从微观角度来说，校园文化都与课延文化在校园文化中的地位及内容构成方面存在很大的区别。课延文化是一种课程文化的延伸形式，是校园中一种辅助性的、课外性的课程文化。

（三）体育文化

1. 体育文化相关概念辨析

为了更好地认识和理解体育文化，我们需要对体育文化的几个相关概念加以理解。

（1）体育文化丛

这是指在一定的时间和空间内得以产生并发展起来的，在功能方面能够相互整合的体育文化特质丛体，它是一个对体育文化特质进行研究的单位。例如，武术文化作为传统体育文化的一个特定内容在其历史发展中受到文化的辐射，就军事需要这一单纯的方面来说，武术文化从其所需的实用性的局限中得以脱离出来，既将攻防技击的精髓保留下来，同时又在审美、健身等方面得以更好发展，从而构建起一个比较完善的传统武术文化丛。体育文化丛是各种文化特质持续发展、相互整合的结果，共同形成了文化特质交错的体系。

（2）体育文化交流

世界体育是在体育文化相互交流中得以不断演进的，在交流的过程中涉及很多体育文化观念的相互比较、变迁和冲突，从而更好地推动了世界体育总体发展的步伐。

体育文化交流突破了本民族的一些保守性，成为进步的表征，这也是体育文化动力精神力量使然。体育文化的交流，基本含义主要包括以下几个方面。

①体育运动以交流为存在

同其他社会文化方式和形态有着很大的不同，体育运动以交流的形式存在。体育运动向着开放性的方向发展是由其竞技性所决定的。这种竞技性既能够从技艺、体能、胜负得分的竞争中得以体现出来，同时又能从竞赛规则、组织制度、价值观念，以及与体育运动有关的依附于体育运动而存在的器物层面等诸多方面得以充分体现。

②体育文化的共享性

体育运动是在简洁明了的规则基础上建立起来的，作为一种文化符号，这种游戏规则具备广泛交流的重要前提。这使不同种族、不同语言的民族运动员能够站在同一个竞技场上来进行比赛，而不存在其他障碍。

③体育交流具有文化载体的性质

体育文化交流从来就不是单纯的体育文化行为，政治、经济、社会文化的多重意义附加在体育文化交流中，从而形成文化载体的作用。

④体育文化交流能够将文化关系体现出来

这主要表现为冲突、影响、干涉、融合，并且这是双向互动的。在接收以西方体育为主的奥林匹克运动和武术冲出亚洲走向世界的过程中，都能够将体育文化交流中的文化关系体现出来。

（3）体育文化冲突

随着现代社会的发展，体育文化出现了不同的类型和不同的模式，这些体育文化在价值观念方面不尽相同，甚至差异非常大而出现冲突，这便是体育文化的冲突。在体育文化交流中，体育文化冲突是一种较为常见的现象。

从体育文化冲突中能够看出，源于传统文化中的体育运动方式，在与其他具有不同行为模式、思维方式，甚至游戏规则不同的体育运动相互接触上，产生消极反应等一系列的心理不适应状态。体育文化冲突产生的原因有很多种，具体如下：

①文化区域上的差异

民族区域是体育运动得以产生的源头，且体育文化的出现比体育交流要早。虽然从体质学方面来说，身体的活动方式具有共同性和一致性，但各种运动的情趣和思路中都蕴藏着民族区域的文化观念。

②时代特征的不可超越

在社会文化中，体育运动是其中的主体部分，与时代文化相合拍也是必然的。奥林匹克运动虽已恢复，但古奥林匹克运动同现代奥林匹克运动在意义方面还存在差别，现代奥林匹克运动经过100多年的发展，也在各个不同的时间段带给人们不同的感觉。体育文化冲突的时代性典型地反映了体育运动的社会性特征。

2. 体育文化的基本含义

就体育文化和体育来说，两者并不等同于同一个概念，体育是具有动力性的，而体育文化则具有结构性。体育文化同一般文化概念也不同，在体育文化中，结构不仅是行动的中介工具，也是行动本身。它不是制约竞争和进取的存在，而是为竞争和进取提供了条件和保证。也就是说体育文化并不是对人类狂野彪悍的原始生命力予以压制和束缚，而是要昂首步入相互促进的轨道中，并不是相互破坏。

体育文化能够很好地促进进取性道德和竞争心的形成，因此它是具有价值的，也是值得发扬的，它不仅能够很好地克服缺乏竞争能力者的乖巧、懦弱、卑劣等心态，还能够很好地改善个人和民族的身体素质和精神素质，促使民族的生命力得以增强。这个作用，对于社会的进步，对于当前正在进行的改革和现代化而言，也是一种推动。体育文化具有如下几个性质：

（1）体育文化的民族性

人类文化既具有共性，同时也具有个性，这种人类文化的差异性，便是其民族性的表现。生活在不同区域的人类，创造出的文化具有不同的类型和不同的形态，同时也塑造出具有不同文化特征的群体。每一种形式的民族文化，与本民族的形成、发展和延续有着非常紧密的关系，同时也与本民族的风土人情、生产水平、经济条件、地理环境、社会结构相适应。

同文化产业相同的是，每一个民族的体育文化都在一定的区域范围内得以形成和发展起来，逐步发展成为全民族共同的文化现象。因此，就这一层面来说，所有的体育文化都是民族的，不存在超越民族的体育文化。但需要注意的是，任何一个民族的体育文化在发展到一定程度后就会产生膨胀，必然将原有的躯壳打破向外扩散，与其他民族的体育文化进行接触，并被动地接受来自外部文化的影响。

体育文化的民族性，其内容核心是民族的心理、语言、性格以及在此基础上形成的体育文化模式。生活方式和体育文化的不同是由不同的心理、语言、性格所造成的，这些差异又内化在民族的性格和心理等因素中，使体育文化的民族性得以固化，使之很难被动摇。

（2）体育文化的人类性

所谓人类性是指一个民族的体育文化所蕴含的具有普遍性的品格能够被各个民族理解或吸

收，其主要的动因是人类有能够超越民族限制的共同的理性和需求。在民族体育文化中，体育文化能够代表一个民族的整体精神风貌和旺盛的生命力，它具有世界性的意义和价值。如中华民族古老的养生文化具有追求生命质量的人类共性，这是人类体育文化的一部分，有着超越地域、语言、民族、国家界限的力量。

（3）体育文化的变异性

所谓变异性是指在形成和发展的过程中，体育文化在内容、结构、模式等方面发生变化的属性。历史并不是一成不变向前发展的，它需要在历史进程中对外部世界和其他体育文化的积极和先进的要素进行不断吸取，不断调试自身，这样才能获得进一步发展。在文化发展中，传播和交流是主要的动力之一，如果缺少了传播和交流，那么文化很难发生改变，如果文化没有产生变化就会成为一潭死水，走向灭亡。当然，体育文化的变异并非总是积极的，或全部是积极的。历史发展的曲折性就表现在体育文化发展的方向是进步的，但在前进过程中会有挫折。从殷商开始，中国文化便代代相互传承，虽然中间出现了很多曲折，但并没有因此而中断，中国体育文化也是同样如此。在经过几次明显的变异之后，中国体育文化先是从秦朝对“武勇”崇尚的体育文化发展成为汉代对“废力尚德”体育文化的推崇，汉代和唐代对足球文化的推崇，发展到宋代成为单球门的游戏。以上这些变异都像体育文化的属性一样充分体现出来。

（4）体育文化的时代性

文化也具有特定的内容、形态和性质，呈现出比较鲜明的时代性。各个时代，其体育价值观念也是不相同的，因此对于各个时代的体育文化不能采用同样的标准进行衡量。要从历史的角度对体育文化的评价进行审视，既能够从中看到进步性，同时也能看到时代的局限性。

体育文化的时代内容与形式使体育文化发展呈现不同的阶段。所有的体育文化都具有民族性，同时也具有时代性，这两者属于一般与特殊的关系。通常表现为各个不同民族的文化在同一时代表现出相同的时代特点，同一民族在同一时代有着相同的心理变化；特殊之处表现为各个不同民族的文化在同一时代都具有各自的民族特点，同一民族在同一时代又有不同党派、不同阶级的不同心理的两种文化。由此可见，文化的民族性就包含在时代性中，文化的时代性就包含在民族性中，这是同一内容的两种不同性质。

（5）体育文化的继承性

所谓继承性是指在历经各个不同时代的发展之后，体育文化依然保留了原有的一些特质属性。所有的文化都是由人类亲自创造出来的。正是由于人类文化的传播特性和人类意识的历史积累性，使体育文化具备了通过图像、文字、语言等媒体在社会价值体系和人类的意识领域中进行传承的特性。当然，体育文化由于以身体动作为基本形式，因此身体是其主要传承形式，但依附于体育文化之上的独有语言和文字也具有强大的传承功能。

发展至今，体育比赛在数量和频率方面越来越多，人们通过各类大型体育比赛的形式，促使体育文化得以更好传承。在体育文化传承方面，与体育相关的歌曲、谚语、邮票、电影等也是不可忽视的主要形式。

（四）校园体育文化

1. 不同学者对校园体育文化的解释

（1）周征对校园体育文化的解释

周征从广义和狭义两个角度对校园体育文化的概念提出了自己的看法，具体分析如下：

①从广义的角度来看，在学校体育教学、体育活动、体育管理等实践过程中，由师生员工所创造并保存的所有内容即为校园体育文化。

②从狭义的角度来看，以学生为主体，教师为主导，在学校体育这个主要空间所形成的文化形态即为校园体育文化。体育道德、体育观念、体育价值、体育行为等都属于校园体育文化的内容，这些内容主要是通过体育教学、体育竞技等体育活动形式呈现出来。

（2）魏秋珍对校园体育文化的解释

魏秋珍认为，人们在校园这一特定的环境中通过实践活动所创造的所有财富总称为校园体育文化，其既包含物质财富，也包含精神财富。

魏秋珍还从广义与狭义两个角度对校园体育文化进行了解释，阐释如下：

①从广义上来看，在学校体育教学、体育训练、体育竞赛以及体育设施建设等实践中形成和创造的物质与精神财富，即为校园体育文化。

②从狭义上来看，学生的体育思想、体育意识、体育价值观等即为校园体育文化。

（3）卢元镇对校园体育文化的解释

卢元镇对校园体育文化概念的解释主要有以下两种：

①从广义上来讲，在体育教育、体育活动等实践过程中，学校师生依托学校现有条件所创造的物质方面与精神方面的所有内容的总和就是校园体育文化。

②从狭义上来讲，在学校特定的教学环境下和丰富多彩的体育活动中，师生（以学生为主体，以教师为主导）共同作用而形成的体育精神、体育价值观、体育道德、体育能力、体育行为等即为校园体育文化。

（4）严德一对校园体育文化的解释

严德一认为，以一定的社会条件（政治、经济、文化、教育等）为依托由学校内部有形的体育物质环境和无形的体育社会环境共同构成的体育生存氛围就是所谓的校园体育文化。从这一观点来看，校园体育文化极具校园特色。

2. 校园体育文化的概念

以上几种观点有利于我们从不同的角度认识校园体育文化。当前关于校园体育文化概念的界定，认可度比较高的是由曲宗湖、杨文轩在《课余体育新视野》一书中提出的观点，他们一致认为，校园体育文化是以校园为空间，以学生、教师为主体，以身体练习为手段，以多种多样的体育锻炼项目为主要内容，具有独特表现形式的一种群体文化。

二、校园体育文化的内涵

在校园文化中，校园体育文化是其中非常重要的组成部分，它是将校园作为空间，将师生作为参与的主体，采用身体练习的手段，将各类体育运动项目作为主要内容，有着独特表现形式的一种群体性文化。

对于校园体育文化可以从广义和狭义两个层面进行理解。从广义的层面来说，校园体育文化就是在学校现有的环境中，学校师生在体育教育、体育活动和体育学习等过程中创造出来的精神和物质的所有内容。从狭义的层面来说，校园体育文化是在学校教学环境下，由教师主导的行为主体在各种体育活动中相互作用所创造出来的学校文化形态，是学校这一特殊社区的体育群体意识。

一些学者认为，校园体育文化具有多功能指向的特点，具体如下。

从教育视角来说，校园体育文化能够促使学生的思想品质得以提高，培养学生良好的道德品质、体育观念、审美情趣，并对学生的心理特质加以完善。

从发展的视角来说，校园体育文化能够促使学生的身体素质、身体机能和智力等方面得到很好发展。

从教养的层面来说，校园体育文化能够向学生教授一些体育基本知识和基本技能，培养学生良好的体育文化态度，促使学生养成良好的体育学习兴趣和学习动机，以及锻炼身体的好习惯，提高学生的自我意识。

从社会学的层面来说，校园体育文化能够很好地促使学生社会情感和社会意识得到提高，促进学生个体社会化，培养学生良好的社会活动能力，增强学生的人际交往能力。

在参与校园体育文化活动的过程中，既能够使学生的心理、身体和人际交往等方面得到更为全面的提高，同时也能够营造一个积极、健康、向上的校园文化氛围。

三、校园体育文化的本质

校园体育文化是校园文化的重要组成部分，其构成要素是体育物质文化和体育精神文化，它是通过体育文化氛围、体育文化环境、体育文化活动，大多数人共同遵守的法规、行为以及学校制度等文化因素，对学生实施体育教育，从而促进学生身心的全面发展。校园体育文化是学校在特定的历史条件下，为实现教育目标，在长期的校园文化建设中，把各种有益于师生成长的文化，通过不同的方法和手段渗透于体育活动，从而达到积淀、整合、提炼的目的。它反映了学校广大师生的健身目标、健身理念以及健身行为准则。校园体育文化本质上所体现的是关于学生及教职员工的体育价值观念。因此，某种先进的校园精神一旦形成，必然会对全体师生的体育行为产生巨大的导向作用，形成一种强大的校园体育氛围，在引导师生树立“健康第一”观念的同时规范他们应做什么、为何而做、如何去做，从而使参与的人具有某种特有的“体育精神特质”，形成区别于其他学校的一个特征。任何为了达到某种目的的活动，不仅是有价值定向的活动，而且是价值支撑的活动，只有当人们的行为被认为具有某种合理性时，人们才会理直气壮、义无反顾地去实践。先进的校园体育精神作为校园价值体系的精华，作为学校发展的一种潜在力量，无疑是一种巨大的激励因素，推动着人们积极进取、战胜困难、开拓创新、夺取胜利，特别是在学校遇到困难或挫折时，它会给人们以信念的支撑，成为人们追求理想、追求发展的力量源泉。校园体育文化是学校师生共同创造并认同的价值观念，具有无形的凝聚力和感召力。在校园体育精神的熏陶下，体验并认识到彼此具有共同的理想追求、价值观念、道德情操和行为规范，使生活在同一所学校的人彼此之间产生强烈的认同感、责任感和荣誉感。

第二节　校园体育文化的结构与内容

一、校园体育文化的结构

（一）关于校园体育文化结构较为统一的观点

关于校园体育文化的结构，学者与专家比较统一的观点是，校园体育文化可以分为三个层次，即物质文化层、精神文化层和制度文化层，这个结构层次主要是以物质文化、精神文化、制度文化三个要素为依据划分的（表 1-1）。

表 1-1　校园体育文化的结构（一）

结　构	内　容
物质文化层	体育场馆 体育器材 体育雕塑 体育场景 体育服装 体育用品 ……
精神文化层	体育意识 体育观念 体育情感 体育道德 ……
制度文化层	体育规则 体育技术 体育规范 ……

（二）关于校园体育文化结构的不同见解

除了上述比较统一的观点外，顾圣益提出了不同的见解，其将校园体育文化结构划分为隐性的校园体育文化、显性的校园体育文化和混合的校园体育文化三个层次（表 1-2）。

（三）校园体育文化的四个层面

校园体育文化并非是多要素的简单集合，而是具有系统性与组织性。校园体育文化的各个组成部分相互影响、相互联系，共同形成了校园体育文化这个具有开放性的系统。综合不同学者的观点，可以将校园体育文化结构划分为以下四个层面（表 1-3）。

表 1-2　校园体育文化的结构（二）

结　构	内　容
隐性的校园体育文化	体育精神 体育意识 体育价值观 审美观
显性的校园体育文化	体育运动的技术形态 体育场馆设施等直观形态
混合的校园体育文化	体育组织 政策法规 章制度 管理体制

表 1-3　校园体育文化的结构（三）

结　构	内　容
体育物质层	体育场馆 体育器材 体育雕塑 体育景观 体育宣传 体育图书
体育制度层	体育规范 体育制度 体育政策 体育传统
体育行为层	体育协会 本育社团 职工体育 教师体育 学生体育 体育活动
体育精神层	体育精神 体育观念 体育风尚 体育道德 本育目标 体育知识

1. 体育物质层

体育物质文化在校园体育文化结构系统中居于基础地位。在校园体育文化主体参与体育实践活动的过程中，需要由体育物质层来提供基础条件，体育器材、体育场馆、体育雕塑等可感觉到的形态是校园体育物质文化的主要内容。

2. 体育制度层

作为校园体育的综合文化形态，体育制度文化层是将物质层与精神层联系起来的中介及桥梁。体育制度文化主要体现于校园体育的组织形式，其充分反映了校园体育意识及体育观念。体育教学、课外体育活动、体育科研、体育竞赛、运动队训练、体育俱乐部、体育知识讲座和体育交流等相关活动的制度、规范及政策都属于体育制度文化的范畴。

3. 体育行为层

在校园体育活动中，文化主体以约定俗成的方式形成的体育行为表现方式、体育行为规范及体育行为内容总称为体育行为文化，体育活动、体育协会、体育社团、学生体育等均是体育行为文化的主要内容。

4. 体育精神层

简单地说，校园体育价值观、健康观就是校园体育精神文化。在校园体育文化系统中，精神文化居于核心地位，其对校园体育文化目标的确立与实现具有决定性的影响。校园体育精神、体育观念、体育风尚等都是体育精神层面的内容。

二、校园体育文化的内容

校园体育文化是以校园为空间，以学生、教师为主体，以身体练习为手段，以多种多样的体育锻炼项目为主要内容，具有独特表现形式的一种群体文化。

校园体育文化是校园文化和体育文化两种体系交汇产生的，两者互相影响、融合、渗透、促进和发展，有着密不可分的联系。校园体育文化可通过多种形式来体现，主要形式有早操、课间操、课外体育活动、运动队训练、小型运动竞赛、体育讲座、专题报告会、体育技能表演、学校体育节等，其中学校体育节是近年来发展比较快的一种校园体育文化活动，其成为目前校园文化的亮点之一，是因为它以独特的风格吸引着全体师生来参与体育活动，起到活跃校园文化生活的作用。

第三节　校园体育文化的特征与功能

一、校园体育文化的特征

（一）指导性特征

校园体育活动并不是随机开展的，校园体育文化不是一个虚空的事物，有其存在的重要意义和对校园体育的重要影响，即校园体育文化具有指导性。

具体来说，可以从以下两个方面理解校园体育文化的指导性。

首先，校园体育文化的指导性受体育发展程度的影响。由于我国体育事业发展落后，国民体质较差，我国校园体育文化的重点则更侧重于“强国护种”的政治目的，在我国近现代历史中许多教育学家都认可此观点，故有“强国之道，首重教育，教育之本，体育为先”的说法。基于此，党和政府决定将为国防和生产服务定为校园体育的基本目标，进而提出了“锻炼身体，保卫祖国”“锻炼身体，建设祖国”的口号。人们对校园体育文化的目的理解为要通过体育运动的方式加强学生的身体健康水平，并以体育运动为手段增强学生的心理健康度和与社会融合的适应度。除此之外，它还注重培养学生的竞争意识和自我个性的培养。

其次，校园体育文化的指导性并非永恒的，它会根据时代的不同和社会主流价值观的变化而改变，在现代社会，随着社会对高素质人才的要求不断提高，学校体育对学生的培养目的也与以往不同。例如，20 世纪 90 年代以后，随着我国社会经济不断发展，人们的观念日益开放，人们更加了解自己，也更了解国外。在这种契机下，东西方体育文化的交流让我国校园体育文化得到了诸多有益的经验，西方先进体育思想被引入我国，我国也对体育教育进行了大胆改革，一方面是社会大环境改变了校园体育文化；另一方面是校园体育文化的改变也可以引导在这种校园体育文化影响下学生的思维与观念，二者互相促进，推动了我国体育教育的良性发展和校园体育文化内容的完善。目前，“以人为本”“健康第一”和“快乐体育”等体育教育思想成为在顺应素质教育大背景下我国校园体育文化发展的新型指针，为学生的健康发展奠定了基础。

（二）表现性特征

社会文化的表现与传承具有多样性，如诗歌用文字来表现，酒文化通过酒的实物来传承。许多社会文化虽然被传承下来，但人们对于它的观念已经变得模糊不清。校园体育文化的表现通过身体来实现，不同的体育运动项目由于运动方式的不同形成了不同的身体形态特点。

学校体育教学中多采用动作示范的方法，体现出身体是校园体育文化传承的主要方式。语言也是校园文化传承的重要方式，在校园体育文化的传承中也包含语言的表现功能。例如，身体运动的动作类似于语言中的语音，身体运动的技巧与方式类似于语言的词汇，身体运动的动作衔接类似于语言的语法，只有三者有机地结合才能实现校园体育文化的传承。

（三）民族性特征

不同的民族体育文化不同，因此，不同民族的校园体育文化也必然具有一定的差异，这就是校园体育文化的民族性特点。

校园体育文化的民族性主要表现在开展项目不同、同一项目的活动理念不同两个方面。例如，我国不同民族聚集的地区，学校体育文化表现出较大的民族性特点，这点与我国各民族传统体育受各自地域和民族习惯的影响较大，在此地域或民族群体基础上建立的学校，其校园体育文化必定有相应的特点。

再如，中外学校在体育活动开展项目上，美国校园体育文化更加鼓励培养学生的个性，崇尚关键时刻能够有决定性的人物站出来主宰比赛，体现在具体的体育活动上多为篮球、橄榄球和冰球等项目。而我国的民族性格主要以儒雅、谦虚为主，再加上“养成”注重个人的利益服从集体利益的理念等，使开展的项目也更注重这些理念的发挥，如足球、篮球、排球等运动的开展。此外，我国各级学校还开展一些民族传统体育项目，如跳长绳以及多种民族体育游戏，在这些活动中都能看到团队协作的内容。尽管中外体育活动中都包含足球、篮球等项目，但活动本身所追求的理念并不一致，这些不一致正体现了校园体育文化的民族性特点。

校园体育文化的民族性丰富了校园体育文化内容，也推动了体育文化的传播和发展，由于体育文化的传播灵活性较大，它着重强调保持和发扬民族传统体育，如此便能从多层面、多角度来构筑传播民族传统体育文化的平台，这对于我国民族体育文化的推广和发展是十分有益的。

（四）传承性特征

校园体育文化的传承性具体是指民族体育文化的接续与传承。随着社会的变革和时代的发展，现代校园体育文化的内容和思想充满了时代感，与我国最初出现的现代校园体育相比早已千差万别，但尽管如此，从不同时代的体育文化和校园体育文化中仍旧可以发现种种文化传承的痕迹，现代校园体育的活动内容以及体育精神都体现了传承性。

（五）多样性特征

体育教育的多样化要求和体育活动形式的多样性决定了校园体育文化的多样性特点。当前的体育教育以培养学生体育精神、体育意识和体育技能为校园体育文化的主要宗旨。在此宗旨的指导下可以开展种类新颖、形式各异的校园体育文化活动，多样性的活动使校园体育文化更加丰富多彩。校园体育文化的主要性质及其价值具体表现在以下几个方面：

1. 理论与实践的结合

理论与实践的结合，具体是指通过较多的体育运动实践来检验平时所学的有关校园体育文化的理论知识是否为真，并且将得出的感悟和想法反馈到理论中，由此形成良性循环，不断促进校园体育文化的可持续发展。

2. 健身与文化的结合

体育运动的健身价值与文化价值决定了校园体育文化必然要体现健身与文化的结合。

3. 民族与世界的结合

民族与世界的结合是通过校园体育文化活动中的民族运动项目来达到弘扬我国民族体育文化的目的。从实践来看，校园体育文化的发展也确实能够起到弘扬民族体育文化的作用，使之得到广泛传播和发展。

二、校园体育文化的功能

（一）健康功能

1. 改善身体机能状况

校园体育活动形式各样，不同形式的体育活动对师生都有很强的吸引力，促使师生加入体育锻炼的队伍中。事实上，校园体育运动之所以对师生具有吸引力，是因为其具有突出的健身功能。师生经常参与体育锻炼，机体器官抵抗疾病的能力就会不断增强，从而更好地保持健康。

作为校园体育文化的基本功能，健身受到校园广大师生的重视。校园体育文化主体参与各种体育文化活动，最主要的动机在于提高与改善自己的体质与健康水平。学生在参与体育活动的过程中，血液循环逐渐加快，心脏功能不断提高，呼吸系统功能逐步得到改善，骨骼、肌肉也会快速发育。对于处在生长发育阶段的青少年学生而言，积极参加体育锻炼，有利于终身体育锻炼习惯的养成。

促进肌体的生长发育和运动能力的提高也是校园体育文化的重要功能。人们不管参加什么体育运动，都离不开肌肉的活动。因此肌肉发育的好坏对人体运动能力的强弱具有直接的影响。如果人体肌肉发达而结实，那么其劳动力和运动能力就相对较强。体育锻炼能够使学生肌肉的血液供应情况得到改善，可以促进肌肉内营养物质尤其是蛋白质含量的增加，可以使肌纤维变粗，从而提高肌肉的工作能力。学生在参与体育锻炼的过程中，会消耗很多能量，产生大量的代谢产物，新陈代谢和血液循环速度不断加快，身体机能水平不断提高。此外，校园体育有利于对学生的心理进行调节，使学生保持舒畅、愉快的心情，摆脱不良情绪和心理困扰，从而充满朝气，活力四射。

2. 疏导心理的积郁

校园体育文化有利于促进学生良好个性品质的形成和积极心理状态的保持，这就是其心理疏导功能的主要表现。校园体育文化活动充满刺激、娱乐和欢快的元素，有利于丰富学生的精神生活，能够缓解学生因学习压力大而产生的紧张心理，可以使学生保持愉快的心情、饱满的情绪以及旺盛的精力。校园体育营造了良好的精神氛围，这有利于协调校园内人与人之间的关系，有利于促进学生不良情绪、心理的缓解。校园体育活动不但能够使学生各种正当的、合理的体育活动需要得到满足，同时还能够促进学生心理的健康发展，使学生形成良好的个性心理品质和行为规范，保持积极健康的心理状态。

3. 培养健康生活方式

很多因素都会对个体的生活习惯和生活方式产生影响，如生活环境、成长历程、经济条件、受教育程度等。校园体育文化为学生提供了良好的体育生活环境，在这一环境中，学生能够保持充沛的精力，充满求知欲，并能够快速接受新鲜事物。校园体育还有利于促进学生业余生活的丰富，使学生养成积极健康的生活习惯。

经济的发展与社会的进步使人们的需求不断增加，单纯的物质生活已经难以满足人们的多元需求。在接触体育活动后，人们渴求健康，希望通过体育来完善自我，获得健康的身体和优美的体形。另外，体育活动不仅能够使人保持基本的健康，还能够促进人的生命活力，使生命的意义得到进一步拓展。除此之外，校园体育文化还有利于促进学生身心健全。体育活动充满竞争与趣味，鼓励人们积极进取，倡导人们在竞争的同时体验活动的乐趣，这对于培养人的拼搏精神和缓解人的心理压力具有重要的意义。同时，学生的心理素质还不够完善，很容易因为一些因素的影响而产生不良心理，体育活动对于缓解学生的不良情绪与心理具有积极的作用。

（二）教育功能

1. 育人功能

校园体育文化对人的影响是悄无声息的、是潜移默化的，这也是校园体育文化与其他校园文化的不同之处。校园体育文化的育人功能从两个方面反映出来：第一，学校通过开设体育课程，将体育知识、技能传授给学生，促进学生知识的丰富与技能的提高；第二，学校组织开展多种形式的课余体育活动，以此对学生的知识结构进行改善，促进学生个性的发展、物质与精神生活的丰富、社交需要的满足，并对学生的交际能力与合作精神进行培养。由此可以看出，校园体育文化在培养人才方面具有全面性的作用，只有充分发挥校园体育文化的育人功能，才能更好地培养适应社会发展的全面型人才。

作为社会文化系统的重要组成部分，校园体育文化具有鲜明的校园文化特色。学校这个文化环境相对而言是比较独立的，因而校园文化这一文化体系也具有相对独立性，在学校这个环境中，校园文化以无形的力量推动全校所有人员的进步与发展，对每一个人施加教育方面的影响，这是校园文化的重要价值取向。校园体育文化是校园文化群中的一个重要成分，校园文化的特征在校园体育文化中也有突出的体现，因此二者的价值取向是相通的。校园体育是师生共同参与的体育活动，校园体育文化对师生，特别是对学生的教育就是在文化主体参与校园体育活动的过程中完成的。校园体育文化教育功能的发挥有助于对师生的智能结构进行改善，有助于学校理性精神和人文精神的发扬，有助于对师生的潜能进行开发，除此之外，还有助于学校教育目标的顺利实现和对素质教育的进一步贯彻。总之，在师生思想品质和身心素质培养方面，校园体育文化具有得天独厚的优势。

2. 激励功能

校园体育文化具有一定的激励功能，能够使校园内每个成员的学习与工作动机得到强化，对其学习与工作的积极性、主动性和创造性进行调动与激发。一些人以“运动机器”来称呼运动员或校园体育积极分子，并在校园竞技运动中以“运动成绩论英雄”，这些都是不应提倡的。校园体育文化能够不断增强学生的事业心和责任感，使学生以饱满的精神和积极的心态参与学习，所以，我们应引导全校人员对共同的体育目标、体育价值观、体育理想、体育信念进行树立，从而进一步促进校园体育文化的繁荣发展，并为我国体育事业的迅速发展培养优秀的人才，使校园体育文化和体育事业紧密结合，共同进步，共创辉煌。

事实上，校园体育文化的激励功能是使主体需要不断得到满足。校园体育文化为校园人创造了和谐的体育氛围及人际关系环境，校园人在这一环境与氛围中能够获得精神方面的满足。同时，校园体育文化也为校园人提供了良好的体育文化享受空间及创造空间，校园人在这一特定的空间内，可以利用现有的体育场馆设施、体育器材等获得参与体育活动需要的满足。此外，校园人在参与活动的过程中，其体育人生观与信念会不断强化与升华，这也是校园体育文化激励功能的重要反映。

3. 智力促进功能

人体集中精力以稳定的情绪从事艰难、复杂、敏捷和创造性活动的能力就是所谓的智力。青少年时期是智力发展的高峰阶段，校园体育文化活动有助于促进学生智力的发展。研究证实，经常参与体育活动，可以保证大脑能源物质与氧气供应的充足性，因而可以使大脑神经细胞得到充分发育。另外，不同的运动动作具有不同的性质，不同性质的运动动作对大脑神经系统造成的刺激也是不同的，各种运动动作能够不同程度地促进运动参与者大脑皮层细胞活动的强度、灵活性、均衡性得到提高，从而使整个大脑神经系统的结构、功能得到改善。学生参与各种形式的校园体育活动，能够使大脑疲劳快速消除，头脑逐渐清醒，精神更加充沛，这对于学习效率的提高具有积极的意义。体育活动还能够促进学生感知力、思维力、想象力、注意力、记忆力等的提高与增强。

4. 凝聚功能

目前，人们非常关注校园体育文化的凝聚力问题。校园体育文化是连接校园人和体育的重要纽带，其发展的目的在于将个体目标整合为学校体育的总目标。

作为一种群体文化，校园体育文化的构建必须借助群体的力量，由群体共建的校园体育文化反过来又影响着每个个体，使个体将学校体育行为风尚内化为自我要求。人们在不同的阶段参与的体育活动是不同的，因而所了解的体育文化也是有差异的。随着时间的推移，人们掌握了越来越多的体育知识，对体育的认识越来越深入。不同时期的体育活动对人们产生的影响也是不同的。学生在不同教育阶段所参与的校园体育活动都对其社会化发展产生了积极的影响，如校园体育对学生的社会认同感、团队意识进行培养，使学生树立平等、公正和竞争的体育理念，并学会遵守规则。因此，客观上来说，校园体育文化规范了学生的行为方式，有利于学生养成良好的体育锻炼行为习惯。

在学校体育中，各种类型的体育活动大都是以集体的形式组织的，如体育课、早操、课间操、课余运动训练、体育竞赛等基本上都是以集体（班、组、队）为单位来组织的，每一个参与者的体育行为都会对集体的得失与荣誉造成影响。集体性的校园体育活动对学生具有重要的教育意义，对于学生群体意识和集体主义观念的树立具有积极的推动作用，学生在参与集体活动的过程中，会逐渐树立热爱与关心集体、服从与维护集体的意识，这也是校园体育文化凝聚功能的一个重要体现。

集体性体育活动需要多名学生共同参与才能顺利进行，这就要求参与者要具有高度的协作意识与配合能力，任何一名参与者的失误都会对最终的运动成绩造成影响。而参与者只有通过长时间的练习才能够形成默契的配合。在长期的练习过程中，学生之间相互帮助，互相理解，不断加深友谊。此外，学生在练习的同时也树立了以集体利益为主的大局观，并在训练与体育竞赛等实践活动中为一个共同目标而努力拼搏，为集体的荣誉奉献自己的力量。学校在开展丰富多样的校园体育活动中营造校园体育文化氛围，有利于进一步加强校园体育对广大师生的吸引力，从而使师生积极参与到各种体育活动中。师生在参与活动的过程中，彼此间的感情逐渐加深，集体意识也逐渐得到强化，这对于校园团体凝聚力的提升具有积极的意义。

校园体育文化之所以具有强大的凝聚力，主要是因为每一位校园人都普遍认同校园体育，理解校园体育。体育活动为团体成员之间相互沟通和相互理解提供了良好的机会，团体成员在活动过程中彼此信任，共同为团体荣誉而奋斗，共同维护他们之间的友谊。校内体育竞赛能够增强班级、团队的凝聚力，而校际体育比赛则可以使一个学校的凝聚力得到提升，除此之外，还能够不断强化全校师生员工的责任感、荣誉感以及归属感。

（三）情感功能

1. 娱乐功能

体育是一种积极健康的文化娱乐方式，也是一种非常重要的精神文化活动，已经成为校园人现代生活中不可缺少的一部分。校园体育文化能够调节学校成员的生活方式和精神状态，使学校成员终身体育需要和情感愿望得到满足，促进校园人身心的健康与愉悦，使校园人保持积极饱满的精神状态。

体育是一种要求参与者身体直接参与的活动形式，学校师生在参与校园体育活动的过程中，与身体最为密切的人格要素（如健康、力量、素质、审美、智慧、性格等）都会得到不同程度的锤炼，并会感到有一股力量在激励自己不断奋进，可见，校园体育文化有利于营造充满生机、协调、美好的校园生活氛围。师生在这样一种校园文化氛围中生活，自然会受到感染，这样，其个性品质、能力都会得到不断完善，精神境界也会得到一定的升华。

2. 审美功能

校园体育文化的审美功能是无形的，我们可以从学生的情感体验中看到校园体育在审美方面的价值与功能。“更快、更高、更强”是体育运动不懈追求的价值目标，校园体育文化同样将此作为追求目标，“更快、更高、更强”集中体现了体育“美”的特质。具体来看，校园体育文化的审美功能主要体现在以下几个方面。

（1）体态美

校园体育文化有利于启发与提高学生的审美意识，促进学生的体态不断向着“美”的方向发展。这主要表现在以下三个方面：

第一，学生通过参与体育锻炼，可以更好地展现自己身体的协调性、灵巧性与表现力，充分彰显自己的青春魅力。体育活动能够促进学生的自信心进一步增强和创造美的能力不断提高。

第二，体育运动富含美的元素，强劲有力的动作、风驰电掣的速度、结实健美的躯体、娴熟的技巧无不展现着运动之美。

第三，体育运动有助于对学生正确的审美观念进行培养，人们在参与体育运动的过程中，会逐渐以健美作为生活标准，从而改善自己的服饰搭配，提升自己的仪表风度。校园体育在美化学生形态和心灵方面具有积极的影响，能够使学生高层次的美的需求得到满足。

（2）鉴赏美

高雅的校园体育文化活动还能够创造各种美，如语言美、心灵美、行为美等，这些美的元素又有利于促进学生对美的感受能力、鉴赏能力、表现能力以及创造能力的提高。同时，校园体育文化的美育功能还能够帮助学生对低级的、腐朽的审美情趣进行抵制，从而引导学生树立正确的审美观念。

（3）运动美

校园体育教育有机融合了体育与美育，将体育的运动美充分展现出来。例如，体操、健美操、体育舞蹈、花样游泳等，这些体育运动项目本身就具有高度的艺术性，体育运动的竞技美、技术美和动作美在这些项目的技术动作中得到了充分的反映。

3. 陶冶情操功能

校园体育文化具有陶冶情操的功能，这主要体现在以下两个方面：

（1）陶冶情感品质

校园体育文化有利于培养学生良好的情感品质，这主要是通过情绪的自我调节和情感的自我优化而实现的。校园体育有利于对学生顽强的意志品质进行培养，使学生遇事更果断，遇到困难更坚毅，遇到不良诱惑更具自制力。各种校园体育活动的举办有利于创建团结、活跃、朝气蓬勃、积极向上的文化氛围，有利于素质教育在体育领域的进一步落实。

（2）陶冶思想修养

校园体育文化活动对广大学生的影响与教育是通过文化氛围、激励机制、实践活动等因素实现的，校园体育文化对学生具有很强的感染力，使学生积极主动地投入到体育锻炼环境中。学生在这一环境与氛围中既学到了体育方面的知识，又锻炼了身体；既丰富了自己的生活，又锻炼了自己的运动能力和组织能力，形成了良好的竞争与合作精神。例如，体育竞赛活动能够使学生懂得自尊、自爱、自强，可以促进学生竞争与合作意识的强化；体育讲座能够使学生树立积极健康的健身观念；体育实践活动能够促进学生意志力的增强和良好个性的形成。由此可以得出，学校可以针对不同学生的不同需求对体育活动进行组织，从而有针对性地促进学生思想修养的提升。

第二章　校园体育文化的发展与传播

校园体育文化是我国体育文化的重要组成部分，同时也是校园文化的重要内容之一。在新时期，校园体育文化要善于抓住机遇不断实现自我壮大，从而获得更好的发展与更广泛的传播。加强这方面的研究，为促进校园体育文化的繁荣发展提供参考。本章主要就校园体育文化的发展与传播进行研究，主要内容包括校园体育文化的产生与发展、多元化传播以及现代化发展与创新。

第一节　校园体育文化的产生与发展

一、校园体育文化的产生

体育在人类发展历程中表现出不稳定、起伏波动大的特征。校园体育文化作为体育文化中的一类，也是随着社会的变革和发展而不断发生起伏变化。尽管国外校园体育文化和我国校园体育文化之间在民族性和时代性方面存在鲜明的差异，但二者的出现都是以私有制的产生为根本原因的。在私有制出现之后，包括体育在内的教育开始不断脱离人类的各种社会活动，校园体育文化主要是为了满足军事需要而产生的。

二、校园体育文化的发展

（一）校园体育文化的发展历史

1. 古代校园体育文化的发展

在商朝时期，学校被称作“序”和“庠”，《孟子·滕文公上》中有对这一方面的相关记载，“庠”是一种乡学，是练武讲礼的学校，其他有关体育的内容也包含在内。“序”重点指的是学射的学校。然而，严格来讲，古代的学校体育在规模上还有一定的欠缺，所以古代校园体育还不具备文化形态。

2. 近代校园体育文化的发展

（1）近代校园体育文化的开端

我国近代校园体育文化的历史起点发生在鸦片战争之后。在西学东渐的影响下，我国军事学堂开始逐渐引进西方的体育。最初，“军国民体育思想”在我国校园体育的目标和内容中能够明显地显露出来。这一时期体育之所以被引入我国学校，主要是因为清政府想尽快实现“强兵”

的目的，而体育就是达到这一目的的主要手段。在引入西方体育之初，刺棍、木棒等军事体操与技能更是我国校园体育的主要内容；这时体育活动在一些教会学校和基督教青年会也逐渐得到开展，主要开展的体育项目有田径项目和球类运动项目，大都是竞技性的体育项目，而且不同类型的体育比赛也会不定时地举行。在基督教青年会中，会对专业的体育人员进行组织，使其到当地学校对与体育相关的理论和实践知识进行讲授，这促进了我国校园体育的萌发。

“维新运动”促进了我国近代体育思想的形成。在维新运动中，一些著名的体育思想极大地推动了我国校园体育的形成与发展，其中具有代表性的思想主要有“德智体三育并重，体育为学校的教育内容”（康有为）、“通过体育强健身体”（严复）。

1903 年，我国建立近代新的教育制度，主要标志是《奏定学堂章程》（由清政府颁布），该制度大大提升了校园体育的地位。

1905 年，我国各级学堂在科举制度废除后对体操课进行了积极开设，日本兵式体操和瑞典、德国体操为主要教学内容。校际、省和全国性学生体育竞赛也逐渐开展起来，体育师资培养体系逐步得到确立。这一时期我国才有了真正意义上的“校园体育”，为我国校园体育的发展奠定了良好的基础。

（2）北洋政府时期的校园体育文化

1912 年 10 月，我国最早的校园体育法规文件由“各级学校令”颁布。其中便有关于对体操课所制定的相关规定。清末的体操课在这一时期依旧是重要的校园体育内容，学校教育的宗旨确定为军国民体育。

1919 年，改进校园体育的方案由民国教育部提出，校园体育要对学生的身心协调发展加以重视的观念在这一方案中首次被提出，同时，校园体育的具体实施办法及改革校园体育内容的意见等也在该方案中提出。

1923 年，“体操课”更名为“体育课”，虽然只是名称发生了改变，但这是我国校园体育历史上一个重大的转变，“军国民体育思想”从此之后开始走向衰落。这一时期，校园体育思想的发展与体育教师的培养取得了一定的成果。

我国许多政治家和教育家从不同的方面深入探讨了体育及体育思想，校园体育的本质、价值、目标、功能、方法以及其与德育、智育、健康的关系也是主要探讨内容。对这些内容的全面深入讨论促进了近代校园体育乃至现代校园体育的发展。

辛亥革命影响了校园体育的发展。“自然体育思想”取代了“军国民体育思想”，在这一背景下，校园体育目标、内容、形式以及方法等各要素也相应地发生了改变。实质上，校园体育价值观也发生了变化。

（3）国民党政府时期的校园体育文化

20 世纪 30 年代，“教育部体育委员会”由国民党政府在教育部设立，“体育督学”机构在各省市的教育厅（局）设立，而且对相应的管理人员进行了安排，主要目的是加强管理校园体育。这一时期相继颁布了多部法律文件，主要目的是加强对校园体育的改革，促进校园体育的发展与完善。

此外，近代以来校园体育史上的第一次比较大的学术争论也在这一时期出现，即“土体育”与“洋体育”之争、“体育教育文化”与“体育军事化”之争，这次争论使体育思想多元化的发展格局初步形成。

3. 现代校园体育文化的发展

中华人民共和国成立后，我国校园体育文化的发展经历了以下几个时期。

（1）初创阶段（1949—1957年）

在校园体育文化发展的初创阶段，建立了校园体育的管理体制，并制定了相应的管理规定。此外，这一时期也建立了体育人才培养体制。我国先后建立体育学校和体育学院，并在38所高等师范院校设立体育系、科，而且体育师资也得到了培养。这一时期，我国校园体育表现出一定的政治与军事目的，即为政治与国防服务。这为校园体育的进一步发展打下了坚实的基础。

（2）过渡阶段（1958—1965年）

20世纪50年代，我国校园体育的发展受到了制约。直到“调整、巩固、充实、提高”八字方针提出之后，校园体育才进入正常发展轨道。校园体育在这一时期的发展主要体现在课程建设、师资队伍建设等方面。

（3）畸形发展阶段（1966—1976年）

1966—1976年，我国校园体育的整体发展遭到破坏。同时与学校教育的其他方面相比，国家逐渐开始重视学校体育课和课余体育运动。

（4）转型发展阶段（1977—1992年）

从1977年开始，校园体育文化的发展进入了新的阶段。尤其是进入20世纪80年代后，我国校园体育文化的发展呈现出科学化与制度化的鲜明特征。《中华人民共和国体育法》在这一时期颁布，学校体育的地位由此得到法律意义上的确定，校园体育发展进入了新的纪元。

（5）新发展阶段（1993年至今）

1993年之后，我国加强校园体制改革，这主要是受建设社会主义市场经济的方针以及“科教兴国”战略的影响。1999年，《中共中央、国务院关于深化教育改革全面推进素质教育的决定》(以下简称《决定》）指出，高等教育的发展需要通过多种形式来实现，要促进高等人才综合素质的全面提高，要对有利于社会主义市场经济建设的全面型人才进行积极培养。政府不断增加在校园建设中的投入，高校不断扩大招生规模，这些都不断促进了校园建设的社会化发展。在这种背景下，我国校园体育文化的发展呈现出如下特征：

①人、物矛盾不断凸显。近年来，随着高校招生规模的不断扩大，高校的体育场所明显不足，难以满足学生参与体育运动的需求。此外，大量增加的学生需要配置足够的教师才能顺利开展体育教学，但是对专业教师的培养需要经过很长一段时间，学校出现难以及时补充师资的情况。高校体育器材本来就不足，在学生大量涌入后，这一问题将更加严重。

②建设校园体育文化的指导思想比较杂，不同地区校园体育文化的发展差异十分明显。尤其是近些年，不同地区的经济与社会发展呈现不平衡的现象，在经济的影响下，校园体育文化建设也极为不平衡。

③校园体育文化缺乏有效的组织与运行模式，这使大学生体育动机难以得到充分的激发与调动，难以实现素质教育的目标。进入21世纪，校园体育文化快速发展，尤其是“北京奥运会”的成功举办和“全国亿万青少年学生阳光体育运动”的全面启动，将新的动力与活力带入校园体育文化的发展中。校园体育文化的建设与发展几乎得到了全社会的关注与重视，校园体育文化也将继续发挥自己强身健体、娱乐休闲、促进身心健康、改变不良行为、提高运动积极

性、培养竞争意识、改善人际关系、培养良好品质等方面的价值与作用。

（二）校园体育文化的发展现状

1. 校园体育物质文化的发展现状

物质文化是校园体育文化发展的基础保障，缺少这一物质基础，体育活动则无法正常运行。校园体育物质文化内容丰富，具有代表性的有体育建筑、运动设施、运动器材、体育雕塑、体育吉祥物、体育标语、体育图书、体育音像资料等，这些内容无不展示着校园全体师生员工的知识与智慧。体育建筑、设施、场地和器材等不仅是师生参与体育教学活动和课余体育活动的重要场所和载体，更是改善和提高学生物质文化生活的基础设施，其建设状况、设计水平和文化内涵均反映了学校校园体育文化的发展水平。

（1）校园体育场地设施现状

体育场馆、器材等设施是体育教学活动开展的基本载体，因此，其质量状况直接影响校园体育文化的发展。

高校是学术和技能最高水平的代表，宝贵有限的教育资源大都集中在高校。体育资源作为稀缺教育资源，在高校中也得到了充分的补充和建设，因此，在分析校园体育物质文化发展的现状时，高校便是一个十分有利的参考选择。

通过对部分高校进行实践考察和调查统计后发现，多数高校的体育场馆、器材不仅不能达到教育部规定的相关标准，而且也无法达到满足体育教学、课外体育甚至运动训练和竞赛需要的要求。这势必会阻碍校园体育文化的整体发展。

正是由于优质的体育物质资源有限，这些资源主要都用于学校官方的体育教学和运动训练，这就必然造成课余体育锻炼中场馆器材的紧张和不足，这样的校园体育物质条件根本无法有效培养学生的体育健身意识和习惯。

通过对相关调查资料的分析了解发现，造成当前我国大学体育场馆、器材不足的原因主要有以下几个方面：

①我国幅员辽阔，在经济发展的过程中难免会出现地区不平衡的情况。在此情况下，各地各级领导对大学体育的任务、目的、地位的认识有诸多偏差，甚至毫不重视高校体育文化的开展，放任自流，这种态度使高校不注重体育方面的投入，因此体育场馆、器材难以使学生的体育需求得到满足。

②高校为追求短期利益和荣誉，提高知名度，往往重眼前、略长久，以牺牲大部分学生的长远发展换取学校在高等教育市场中的有利位置。另外，盲目扩招也使高校体育优质资源变得紧张。

③许多高校的体育场馆、器材比较齐全，但是在运行过程中由于对设施的维护保养费用支出过高，便减少向学生开放的次数，甚至不是重要时刻根本不开放，这也是高校体育场馆、器材不能满足学生锻炼所需的一个重要原因。

（2）校园体育物质环境现状

校园体育物质环境直接影响学生的体育兴趣和体育参与动机。学生体育价值观念的可塑性很强，他们对体育价值的认识还处在表层、初始阶段，充满活力的校园体育氛围和良好的体育环境本身就具有一定的教育功能，这些有利因素可以培养学生正确的体育观念，提高学生的体育文化素养。因此营造良好的体育教育环境，尤其是具有感官最佳刺激效果的校园体育物质环境，能够潜移默化地促进学生体育文化素养的提高。相关资料表明，大部分高校不仅未建立良好的体育物质文化环境，还未形成体育物质文化环境的创造意识。在现代信息化社会环境下，学生主要通过体育图书资料和网络资源来了解和接触体育相关信息，但是只有少数高校会将学校的体育信息主动放到校园网和学生论坛中。

当前大部分高校都缺乏体育物质文化环境的主动创新意识，体育宣传途径少，宣传方式单一，宣传意识和力度较差，可以想象这样的环境很难促进校园体育教育目标的实现，因此校园体育文化建设的目标也就更难实现了。为了改变这种不利现状，在当前环境下，体育部门领导和教师应主动与团委、宣传部、学生处、基建处等职能部门协调，加强校园体育物质环境建设。

（3）校园体育精神文化的发展现状

实践证明，如果拥有良好的校园体育文化氛围，则可以使校园变为在一定区域内集成的具有普遍自觉性的体育文化小群体。每一个身处在小群体中的人都普遍具有相似的体育观念和体育行为。而更多加入这个群体的人均会被这种氛围感染，受其影响，小群体的新人也会接受这些良好的体育观念和体育行为，进而会有很多人被吸引到这个群体中，最终充分发挥与实现体育的教育功能。由此可见，校园体育精神文化是校园体育文化的核心。

下面主要从体育观念、体育道德以及体育精神三方面来探讨校园体育精神文化的发展现状。

①体育观念现状

体育观念指的是体育教师与学生对体育在健身、娱乐、心理素质提高、智力培养等方面价值的认定。如果体育观念正确，则可以指导体育教师和学生在校园中采取恰当的体育行为。也就是说，体育教师和学生对体育在健身、娱乐以及心理健康、智力培养等方面的价值认识程度，直接反映了其体育观念。

相关资料显示，大多数学生能够比较正确地认识体育的价值，但广大体育教师和学生对体育观念的认识大多停留在传统和表面上，对于体育对人的深层次影响，很多人还是处于表达不清，无法完全领会的状态。此外，很多学生甚至是体育教师都无法清楚阐明体育观念的具体内容，只有少数师生可以将持有的体育观念付诸行动。除此之外，我们还发现，很多离退休职工在晚年生活中，由于认识到体育对于身心健康的重要性，反而能够对体育在人的生理、心理健康中的作用、方法等有一个较为清晰的掌握，并且长期坚持体育健身。离退休职工采取的健身方式主要为晨走、散步、秧歌舞、跑步、健身体操、太极剑、太极拳、太极健身球等。

总而言之，学生的体育观念较为正确，但是缺乏内涵、基础不扎实。令人欣慰的是，学生的可塑性很强，只要稍加引导，并对相关内容加以辅导和学习，就可以使其理解体育乃至体育文化中更深层次的内容。而在当前社会竞争日益激烈、校园体育与社会体育日益接轨的环境下，学生的体育观念如果仍停留在原有基础上，就很有可能失去对体育运动的兴趣，更严重的是，如此一来校园体育精神文化环境的建设与发展也只能停留在表面，无法取得深远发展。

②体育道德现状

在现代社会中，道德危机带来了比新技术和新知识更严重、更紧迫的挑战。随着现代社会财富的急剧增加，贫富差距的急剧加大，人们的心理状态发生了较大的转变，如心理失衡、道德沦丧等，因此，在现代社会中，道德培养对于学生而言极为重要。实践证明，校园体育文化对提高学生体育道德具有独特的作用。体育道德能够反映学生整体人文素质状况的一部分，学生在参与体育运动过程中体现出的道德水平非常真实和客观，是学生对体育内在意识、观念及价值等的具体表现形式。尤其是在团队性体育运动中更是展现得淋漓尽致，如在足球比赛中可以通过学生的责任感、公平意识、规则遵守情况等观察学生的体育道德情况。

目前我国大学生体育道德基础较好，道德水准较高。主要表现在体育运动中基本没有功利主义色彩，能够按照公平竞争、团结友爱、遵守规则、重在参与的原则参与比赛，并且表现出强烈的集体荣誉感和爱国主义精神。学生普遍表示在体育竞赛中他们最希望实现的是体育公平竞争、重在参与、裁判公正、团结一致，在体育活动和锻炼中他们最希望实现的是机会均等、互礼互让、积极参与、遵守纪律、表现自我、实现自我。学生参与体育活动，重在锻炼、学习，提高素质，他们较为单纯，没有社会上世俗的功利心态，在这种环境中能够有效培养和提高学生的体育道德素养。但是，我们也应认识到，在开放的校园环境中，学生会受到家庭、学校、社会等各种复杂因素的影响，而在体育道德方面表现出一些不足，如学生在体育运动中表现出自私自利、缺乏责任感、缺乏团结合作精神、以自我为中心、不尊重裁判等。因此，我们要根据当代学生所处的成长环境，切实深入了解他们的成长经历，了解他们的心理需求，对其进行科学合理的体育道德法制教育，充分利用体育文化氛围来感染和影响他们，从而促进其体育道德水平得到提高。

③体育精神现状

体育精神包括竞争、拼搏、意志品质、团结协作、奉献、遵纪守法和创新等精神。这些精神对学生的终身发展十分有益。在校园体育文化建设中，奥林匹克文化是非常有必要提及的一个内容，向学生弘扬奥林匹克精神，使他们将“更快、更高、更强”理想作为人生的追求。此外，学校对学生公平竞争、拼搏奉献等精神的培养，也都无一例外地体现了校园体育文化对学生体育精神涵养的要求。

校园体育精神的培养直接受学校体育传统、地域、民族以及学生性别等因素的影响。其中学校体育传统和学生性别的影响最大。比如，在校园中，男生在体育运动中的拼搏精神和认真程度通常高于女生，当然这与男性争强好胜的天性有关。而女生则在体育运动过程中体现出更强的意志品质，这也与女性天性中的隐忍与韧性强度较高有关。再者，体育传统较好的学校能够积极培育学生的体育精神，相反，在尚未形成体育传统的学校，学生感受不到体育精神的渗透，感受不到校园体育给他们学习与生活带来的影响。

另外，在体育运动中，大多数学生一方面可以达到遵守规则、服从裁判和尊重对手的要求；另一方面他们在体育运动中的创新能力较弱，体育活动显得规矩死板，这显然不利于他们创新思维的发展。因此，在今后的校园中应营造强烈的体育创新文化氛围，要求学生在运动过程中积极思考，发挥自己的聪明才智与想象力。

2. 校园体育制度文化的发展现状

校园体育制度文化是校园体育组织形式和体育意识的集中体现，其内容丰富，可以说，几乎所有与体育教学活动有关的事物都有体育制度的存在，它的作用主要是制约和指导正确的体育活动行为。

校园体育活动的有序开展需要有相应的管理制度作保障，因此，一个完善的校园体育管理体制和健全规范的体育规章制度无疑会成为校园体育文化建立和发展的保障，同时这也是校园体育文化管理和文化活动的准则。在活动中，它成为约束与规范学生体育行为的基本原则，也正是由于受到这些体育制度的约束，学生才能在这种“局限”下慢慢养成根据制度进行运动的意识和习惯。现代社会本来就是各种规矩林立，在社会中，法律就是制度，因此，校园体育制度文化有利于培养学生的社会适应能力和遵守公共道德的素质。为了更加全面地了解校园体育制度文化对校园文化发展的影响，下面主要分析校园体育制度和校园体育传统的发展现状。

（1）体育制度现状

为了保障各类体育文化活动的顺利进行，需严格制定和实施校园体育规章制度，因此要协调安排各部门、各层面校园主体的工作，最大限度地发挥相关人力、物力和财力的作用。

相关调查研究表明，高校基本具备国家下发的成文制度，大多数高校能够根据本校的体育教学、校内体育竞赛、运动队训练和竞赛、体育教师管理、场地器材设施管理等方面的需要建立相应的体育制度，但很多高校的体育制度文件内容基本相同，没有以自身现状为依据建立更加具有针对性的制度，已制定的制度也无法充分落实，这就难以保障体育工作的顺利进行。同时，少数学校因不重视体育工作，并没有按照国家学生体质健康标准的相关要求进行体质测试，测试成绩也并未纳入学生评优和毕业要求中，存在严重的造假现象。总体而言，虽然高校基本具备国家下发的相关体育政策文件和维持学校体育工作的体育制度，但随着校园体育工作现代化、信息化、社会化发展趋势的加强，高校的体育制度已远不能满足当前需求，因此需进一步宣传与强化依法治校的观念。

（2）体育传统现状

体育传统是指学校在体育方面形成的一种带有普遍性、重复性和相对稳定性的体育行为风尚。

校园体育传统活动的内容主要包括校级运动会、校内学生体育联赛等。大部分学校重视课余体育训练，针对高水平运动队和普通学生运动队的不同特点，安排相应的运动训练并组织学校运动队参加校外体育竞赛。但是，调查发现，大部分学校并不关注体育节等活动开展，这反映出校园体育活动组织者还没有形成这方面的意识，而实际上这种体育传统对校园体育文化的建设与发展具有极为重要的作用，值得关注。另外，大部分学校缺乏体育理论选修课的设置，过于注重实践选修课的安排，认为这样才不违背体育课程“运动”的本质。而且鉴于实力有限，或者是精力有限，安排的体育专题讲座、体育知识竞赛等活动也是非常少。

（三）校园体育文化的发展趋势

1. 多元化趋势

校园体育文化作为文化的一种具体形式，要适应时代发展，与时俱进，才能满足学校发展需要和学生运动锻炼的需求，才能够保证校园体育文化的可持续发展。

学生之间存在明显的个体差异，因此在体育方面的需求也有所不同，原先单一的校园体育文化已无法满足学生的需求，这就要求校园体育文化朝着多元化的方向发展，突破单一型发展模式。

2. 大众化趋势

20 世纪 90 年代末之前，教育的形式主要是推行“精英教育”，随着社会经济的不断发展和进步，这种教育形式已与社会发展需求不相符，因此，“大众化教育”逐渐取代了“精英教育”，成为当前教育的主流形式。随着我国经济的发展，体育社会化趋势越来越明显，我国校园体育文化大众化的发展趋势也越来越显著。如此一来，高等教育为更多的人所接受，在此契机下，校园体育文化得到了更加广泛的发展。

3. 社会化趋势

社会文化环境包含众多要素，对于校园体育文化来说，往往存在学校以自我为中心，片面强调体育在学校发展中的地位和作用，过分关注自我价值的问题，简言之，就是严重的自我性问题。

而从当前的形势来看，学校要获得理想的发展，不仅要承担社会责任，还要服务于社会，使社会需要得到较好满足。从相关实践中可以发现，在社会主义市场经济体制从建立到逐步完善的过程中，校园体育文化社会化的速度和趋势越来越显著。尤其是近几年，我国竞技体育实力越来越强，社会体育的推广和普及进一步推动了校园体育文化的社会化趋势。

4. 开放性趋势

随着社会经济的不断发展，全球化发展越来越快，我国已经与国际有了较好的联系和交流，因此，在校园体育文化发展方面，也开始逐渐借鉴国外的一些先进经验。另外，当前包括体育文化在内的各种文化之间频繁交流，文化的碰撞越来越激烈。这就使校园体育环境的开放程度越来越高，因此，校园体育文化的建设和发展也要博采众长，这是一种必然。

第二节　校园体育文化的多元化传播

一、校园体育课的文化传播

（一）传播价值

1. 对校园体育文化起主导作用

校园体育文化建设的基础是教师与学生共同参与。教师与学生是学校一切体育活动的组织和参与主体，因此校园体育文化就一定要围绕他们来展开，否则这种文化就毫无意义，没有存在的必要。现在的学生参与某种体育活动，首先能确定的是他对这种体育运动是感兴趣的；其次他还具有一定的参与该项运动的技能，这种技能不是天生的，而是后天经过练习获得的，由此也就证明了体育文化传播的重要性和意义。而体育课作为校园体育文化传播的重要途径，是学生从小学到大学的必修课程，不管是出于愿意还是不愿意，每个学生都必须把其当成一项学习任务来完成。学生经过长期累积，自然就能掌握某种体育锻炼技能，而这种运动技能恰恰就是今后他们参与课外体育活动的关键。这点是显而易见的，学生参与到体育运动中，不管其目的是为了通过体能测试，还是真正喜爱某种运动，想掌握运动技能，体育课堂以及课外体育活动教会他们的东西都会在一段时间内成为校园体育文化的重要内容。因此，体育课程的文化传播的确给校园体育文化的构成内容带来了不可忽视的重大影响，甚至主导了校园体育文化的内容。

2. 提升学生身体健康意识和心理健康水平

当前，随着素质教育理念及“健康第一”观念逐渐深入人心，体育课被赋予丰富的内容，成为对学生身体、心理、社会适应能力以及卫生保健等全方位培养的有效措施。另外，通过体育课的学习，学生将在和谐、平等、友爱的运动环境中感受到集体的温暖和情感的愉悦；在经历挫折和克服困难的过程中，提高抗挫折能力和情绪调节能力，培养坚强的意志品质；在不断体验进步或成功的过程中，增强自尊心和自信心，并且在人格养成方面形成积极向上、乐观开朗的生活态度，这些可以使他们终身受益。

3. 促进师生交往，有效传递文化

体育课程中的主体包括体育教师和学生。鉴于体育课程由这两大主体构成，因此，体育课程的传播过程也可看作教师与学生之间相互沟通的过程，而体育知识与技能就是他们沟通的主要问题，体育课堂便是他们沟通的场合。体育课堂与其他学科教学不同的地方在于体育教师不仅需要运用语言法作为主要的教学方法，还要突出“身教”，以此实现更加直观地向学生展示技术动作的目的。

另外，学生作为一个受众群体，他们也参与了校园体育文化的创造与传播，因此，在体育课中，环境对学生的文化传递是双向的，校园环境既创造了一种文化，学生作为环境中的一部分，也在受到感染后将文化价值向外传播。同时，师生以体育课当作纽带，通过长期接触和交流，感情更加亲密，交往也更加和谐。

（二）传播途径

1. 显性传播

体育课程的显性传播方式较多，体育教师、教学场地与器材等都是显性传播的主要方式，其中学校的体育硬件最为典型。硬件设施的完备使体育课程不再受到场地限制，好的场地也更能让学生享受体育课带来的精神感受，同时体育教师在良好的场地和器材保障下，也更利于提高课堂组织力和掌控力。此外，随着体育教师专业知识的逐步完善，体育知识传播的质量也得到提高。器材是学生体育学习的重要辅助工具之一，它是学生完成学习和练习的重要物质基础。适合的器材能较好地促进学生的学习和提高学生的练习兴趣；而不当的体育器材则会削弱学生的学习和练习兴趣。在体育教学过程中，体育教师的角色较多，他们不仅仅是体育知识和技能的传授者，还是体育的“代言人”，是一个让学生爱上体育的关键角色，学生通过这一“窗口”，可以直接学到很多体育运动技能和体育知识，特别是当前的教学模式发生转变以后，教师不再被当成一种课程实施的“工具”，也不再是课程的“使用者”，而是更加符合学生体育需要，解决学生问题的角色，这对于体育课程的显性传播也非常关键。

2. 隐性传播

（1）通过学生个性传播

目前，体育课程开始实行新课标。新课标越发注重学生学习体育知识与技能方面的需要，不仅如此，还增加了与生活密切联系的教学内容，使学生的体育学习更加有意义。如此可促进学生主动学习和积极思考，有利于展现他们的个性及兴趣，这对巩固他们的主体地位也有很大的帮助。这说明在新课程标准下，体育课的文化传播方式已经不仅仅是教师个人的主观意愿体现，也不是由教学大纲来详细安排，学生的个性及兴趣方向在很大程度上已经决定了体育文化内容的传播。

兴趣是最好的老师，只有让学生产生兴趣，才能使他们乐于和享受参与到体育教学中，这样的学习才不会感到枯燥和无趣。所以，尽管体育课程的内容看似由体育教学管理部门决定，但实际上这些部门在进行相关决定时也会考虑如何激发学生的兴趣和培养学生的个性。

（2）通过优秀体育文化渲染

以乒乓球为例来说明，正是由于乒乓球运动在国际赛场上的优异表现，使其在我国拥有“国球”的地位，这为乒乓球拥有绝佳的知晓率带来了巨大帮助。因此，即便是在经济发展缓慢甚至困难的地区，仍旧可见一些简易的乒乓球台，人们对参与这项运动也是非常热衷。这主要说明了之所以某项运动能够获得广泛认可，还是在于它背后的文化已经深入人心。同理，在一个学校也有传统体育项目，在校的学生同样会对传统体育项目感到自豪。而在这种深厚的传统体育项目环境下，学生会很自然地对其产生浓厚的兴趣，至此在潜移默化中受到影响，以参与某项运动为荣。如此一来，这样的过程不再需要某些强制性的规定来约束，取而代之的是学生受到隐性体育文化渲染的行为，由此便会获得更好的文化传播效果，且这样的传播影响更为深远。

二、校园体育活动的传播

（一）传播价值

1. 丰富校园体育文化

现代学校体育教学活动的功能不再局限于提高学生的身体素质，多项功能的结合使校园体育活动更趋向于成为一种文化的基础。

从文化要素的角度对校园体育文化进行划分，可将其分为意识、行为和物质三类文化。在学校中开展的多种多样的体育活动实际上就是在传播校园体育文化，这是学校体育的基本意义。将上述三种文化融入活动中，就可以对学生潜移默化地进行教育，比强行灌输教育将取得更好的效果。

2. 树立终身体育意识

学生时代正是人身体素质成长的重要阶段，在这一阶段抓好体育教育工作，就可以为学生打好身体素质基础，使其在未来几十年的社会工作中都有好的身体与精神状态。这对我国现代化建设发展非常关键。

（二）传播途径

1. 日常体育活动

日常开展的体育活动具有随意性、普遍性和可选择性。这种体育活动是学生参与最多的体育活动形式。尽管日常体育活动带有明显的可选择性与随意性，但总的活动宗旨还是要符合体育健身的基本规律，无论如何也不能脱离“健康思想”的基础，在巩固课堂教学内容的同时，通过组织丰富多彩的活动来丰富学生的生活，促进学生体格体能的完善和发展，培养学生的体育兴趣、坚强的意志和良好的社会情感，形成良好的人际关系。

2. 体育文化节

体育文化节是展现校园体育文化的一个重要窗口。体育文化节的活动灵活多样，不仅拥有体育竞赛的内容，也有一些形式较为灵活、更加富有娱乐性特征的体育活动。在校师生通过体育文化节不仅享受到节日的快乐，身心也得到良好锻炼。没有体育特长的学生可在体育文化节活动中找到适合自己的活动。

组织出色的体育文化节活动，主要通过以下三个步骤：

（1）体育文化节活动预热。通过预热宣传，使全校成员了解活动内容和组织方式，激发学生的参与热情。

（2）尽量在活动中安排一些师生互动的活动，让教师也成为活动的参与者。除此之外，一些体育骨干学生要积极参与活动的组织策划，聆听学生的意见与建议，使活动更加符合学生的需求。

（3）在活动结束后举办颁奖仪式，评选优胜团体或个人，并进行表彰。在全体师生中开展“我在学校体育文化节中”征文活动，及时交流感受。

三、校园体育文化的网络传播

（一）传播价值

1. 使传统传播模式发生了巨变

互联网的优势人尽皆知，其发展速度不断加快。在信息时代，我国民众使用互联网的数量不断攀升，特别对于学生来说，互联网更是其生活中不可或缺的组成部分。一时间，学生获取体育信息的方式逐渐脱离了报刊、广播、电视，取而代之的是互联网垄断。据中国互联网络信息的统计报告，绝大多数用户在网上最想获得的是新闻方面的信息，其中体育信息占了相当大的比例。鉴于网络传播的优势，报纸、广播、电视等传统传播方式受到严重的冲击。为了顺应时代的潮流和发展需要，传统传媒方也在建立网络传输平台，开拓网络辅助传统媒介的新模式，从而巩固自己的传播地位。

2. 满足人们对体育信息的需求

要想了解体育，首先要获得体育方面相关的信息。网络利用其容量大、互动性强的特点，多角度、多侧面、全方位地为受众服务，满足人们对体育信息的需求。互联网可以全方位、多角度、动静结合地对体育赛事进行立体式报道。网民可以通过互联网找到有关比赛项目的详细介绍，包括历史、规则等与之相关的体育信息。这点在校园学生群体中更是如此，他们对体育信息的需求量更大，获取及时信息的要求更高，这些需求都能够通过互联网得到满足。

（二）传播途径

1. 建立体育论坛

体育论坛在现代网络中是非常常见且成熟的用户交流平台。体育运动多种多样，学生可以根据自己的爱好在不同“社区”参与问题讨论。在校园体育文化发展中，体育论坛也可以作为师生沟通的平台为师生提供服务，甚至可以成为教学平台，如教师可以在论坛里发布学生自我训练计划等。通过讨论，学生把自己的想法呈现给体育教师和同学们，体育教师对学生的观点做评述并提出合理的建议。这样能使师生之间加深了解，增加他们的感情。同时，在体育论坛中，学生提出的一些问题教师应加以重视，并将此作为建设优秀校园体育文化的信息反馈，学校再以此对校园体育文化进行针对性的建设和完善。如此更能够使校园体育文化符合学生需求，从而促进校园体育文化的健康发展。

2. 建立专题性体育网页

体育教学课堂是校园体育文化的重要组成部分。除一些体育院校外，其余大部分高校体育教学的主要目的在于普及体育知识，指导学生掌握基本的体育运动方法和卫生急救常识，教学内容更加趋向大众化。当然，这种教学对于那些对体育有一定深度知识的学生来说显得较为简单。为了弥补这方面的体育教育缺失，更好地丰富校园体育文化，学校就可以在网上建立专题性体育网页，凭借网络传播速度快、信息量大的特点为学生的体育学习提供服务。建立专题性网页最主要的是突出它的内容专题性。因此，必须对体育信息进行系统分类，便于不同学生查询，如制作体育新闻网页、体育学习网页、体育宣传专题网页等。

四、文化强国战略背景下我国校园体育文化的传播

（一）文化强国战略背景下我国校园体育文化传播的要素

1. 校园体育文化的共享性

人类文化发展历史是文化创造的历史，同时也是不同社群、民族、国家文化共享的历史，文化共享的历史与人类发展的历史共短长，共享性是文化发展繁荣的重要因素，文化共享的目的和宗旨是促进文化的发展和繁荣。校园体育文化的共享性是在校学生、教师对体育文化的认同和理解，这是文化传播的基础，只有在这一前提下，校园文化才能传播，这种共享文化存在的形式各种各样，可以是文字、语言、颜色、动作等。例如，红色对中国人来说表示喜庆，白色表示丧葬。而美国则不一样，红色表示恐怖，白色表示洁净。在校园团体赛项目比赛前，运动员会围在一起手掌向下叠加在一起，表示团结加油，比赛时运动员会不断用手掌、拳头在胸前击打表示自我加油，当运动员向上伸出食指和中指形成“V”时表示胜利；在运动场周围看到像红旗形的“LN”字母的图案是李宁公司的标志，“大钩”是耐克公司的标志等，如果不了解这些共享文化，就无法顺利交流和传播。同时学生文化层次较高，向往新事物，且能更好地理解和接受文化的共享性，因而校园体育文化共享性是校园文化传播的基础。

2. 校园体育文化的传播关系

校园体育文化的传播关系是指校园体育文化传播中发生的联系，这是校园体育文化传播的前提。即使有了共享文化，如果没有这种传播关系，校园体育文化也不会发生传播，而且这种传播关系不可能发生在单个人身上。校园中有体育课、体育比赛、体育社团等，形成一个个关系网交织在一起，当许许多多教师和学生发生联系，组成各种关联的传播关系，才能发生校园体育文化的传播。这种传播关系体现在以下两个方面。

第一，外界与校园间的体育文化关系，方向是双向的，可以是外界信息传向高校校园，也可以是校园向外界传递信息。

第二，校园内部的传播关系，是信息在校园内部的自我传递过程。

3. 校园体育文化的传播媒介

校园体育文化的传播媒介是校园体育文化传播的中介、载体和渠道，是校园体育文化传播的工具和手段。一般可以将校园体育文化传播媒介分为人和物两类。

人是校园体育文化的传播者和接受者，同时也是最为活跃的传播媒介，校园中的“人”主要是教师和学生，主要传播形式是开展体育课、训练课、比赛交流、体育社团等活动。其传播可以是教师通过语言或身体动作等向学生传播的过程，也可以是学生间的传播或学生向教师传播，这种传播是多方面的，可以是单对单或单对多等，传播的媒介是人。

另一种传播媒介是物，这种媒介较多，在校园的体育文化中主要有文字、音像和网络三种。文字是语言的物化，是最常见也是最普遍的传播媒介，也是校园体育文化积累和传承的重要手段。音像是学习体育技术和理论知识的视觉化的直接产物。现在网络媒介资源丰富，大量体育网站和地方网站的链接为我们检索体育类信息提供了高效的方法，同时也为校园体育文化的传播与交流提供了一个良好的平台。

4. 校园体育文化的传播方式

校园体育文化传播方式是传播者与接受者相互沟通的方法，是校园体育文化的桥梁。校园体育文化的传播方式很多，不同的过程表现也有所不同。通常有人际传播、群体传播、组织传播、大众传播四种传播方式。

（1）人际传播

人际传播指人与人之间的信息传播，通常是面对面或在不公开的场所进行传播，这是最简单的传播方式，这种传播方式在武术、健身操、街舞、瑜伽等项目中常存在，采用“师傅”通过言传身教、手把手指导“徒弟”这种链式的传播形式。这种传播方式的特点是传播缓慢，在信息交流迅速的高校，这种传播方式明显已经不能满足师生对体育文化的需求。

（2）群体传播

群体传播指信息在群体间进行交流的过程，这种传播的主要特点是传播人群广、传播速度快，校园体育比赛、体育文化节、体育社团活动等均是群体传播体育文化的表现。

（3）组织传播

组织传播指有组织、有计划地传播信息的活动，如校园体育协会（篮球协会、排球协会、足球协会、网球协会、游泳协会等），这种传播方式具有很强的目的性。

（4）大众传播

大众传播指借助各种现代先进的大众媒介进行传播，如杂志、报纸、广播、图书、广告、电视、电影、手机、网络等媒介，这种传播方式具有信息传播单向流动、信息同时公开、信息传递快捷广泛等特点。

（二）文化强国战略背景下我国校园体育文化传播的价值

1. 自我增值价值

校园体育文化的传播必然存在文化增值的价值。学校是学习和传播知识的重要场所，外来的体育文化常常先在高校进行传播，经过高校包装使其更具吸引力，从而使其文化价值进一步强化，这样容易被民众接受。校园文化增值是经过传播者、接受者、传播媒介、群体参与四方面的因素作用而产生增值效应的。任何文化的传播都是传播者以自身的文化价值观念为准绳，在事实的基础上进行文化加工和自己的理解，加入自己的价值观。

师生是校园体育文化的主要传播者，师生文化水平较高、理解能力较强，如果校园体育文化经过师生进行“包装”“加工”，其社会的增值价值能立竿见影。文化的增值也存在于文化信息的接受者整个反应过程中，当人们接受一种文化价值信息时，总是根据自己的经验重新理解和界定这种文化信息的价值和意义，传播学中的“使用与满足”“选择接受”理论都是以接受者为出发点来研究传播效果。

校园体育文化传播被师生接受后，就会根据其经验和价值观的理解衍生出多种意义，而达到文化的增值。传播媒介对校园体育文化的增值起到事半功倍的作用。媒体的不断发展，传统媒体的不断更新，赋予了信息更多的意义，这点在校园文化传播方面的作用非常明显。群体参与是校园体育文化增值的重要因素。校园体育文化是人们活动的产物，因而校园体育文化的传播与增值更是离不开群体参与，集体价值观正是在群体参与的基础上形成的。

2. 教育价值

校园体育文化的教育价值主要表现在它潜移默化的暗示性和渗透性，这种暗示性不同于以教师教授、学生学单向灌输为主的课堂教育，而是在具体的体育活动中，通过统一的规则、规范的行为、严密的组织和约定俗成的规定，使参加者和观赏者自觉或不自觉地接受体育文化教育，从而培养良好的意志品质，提高人们感受美、鉴赏美、创造美的能力。

教育是校园体育文化的主要传播方法之一，校园体育文化对于学校体育教育目标的实现和改变学生的生活方式、学习方式以及习惯的养成都起到重要的作用。校园体育文化传播的价值已不再局限于课堂教育，而是不断通过各种体育活动、体育竞赛、体育文化产品、体育精神等潜移默化地使学生受到体育教育的熏陶和渗透，不自觉地接受社会主导的价值观念和人生观，摒弃不正确的思想和行为，养成良好的道德品质和生活习惯，从而提升体育文化素质。

3. 体育文化保护与传承价值

体育文化的传播过程本身就是保护与传承体育文化的过程，体育文化作为一种文化现象，不论面对传播者还是接受者，只有成为人们的需要时才能进行传播，人们的意识、心理和价值观制约着体育文化的传播。学校是培养人才的主要场所，校园体育文化虽然是社会体育文化的缩影，但体育文化要想在学校传播需要得到政府等有关部门的认可，凡是能在学校进行传播的体育文化都是代表当前社会和民族文化的精华，同时体育文化在学校被师生接受后，经过他们对体育文化的理解，掺进自己的是非价值观，形成的体育文化更具有较大的社会认可性，这不仅容易推动体育文化的传播，还无形中保护了体育文化。

4. 社会调控价值

校园体育文化的社会调控价值是指通过校园体育文化对社会进行调适和控制的价值。这主要体现在两个层面：一是调适；二是控制。现实社会中，各种文化传播影响了人们的价值观和人生观，这些价值观和人生观不一定都是阳光健康的，特别是高校学生大都刚离开父母独立生活，在受到社会各种文化传播的影响，同时在处理人际关系方面存在各种不协调时，很多学生可能会产生悲观的想法。校园体育文化通过各种各样的体育文化活动，拓展了校园内人与人交往的空间，增加了校园情感沟通的渠道，可以很好地改善这种现象，使校园文化得到进一步健康发展。

社会要健康、稳定发展，必须实行自我控制。在学校可以通过各种体育比赛、体育法规、体育精神、体育道德等体育文化活动教育，使师生行为、活动稳定在一定的规范内，保持校园稳定，同时也可以借此机会培养师生遵纪守法的习惯，使学生以后走向社会能更好地控制自己的行为，促进社会文明发展和进步。

第三节 校园体育文化现代化发展与创新

一、校园体育文化现代化发展新模式

（一）平衡校园体育文化中主体需要与社会需要的关系

1. 主体需要与社会需要的区别

校园体育文化主体需要与社会需要之间存在很多的共性，但也有些明显的不同，具体表现在以下几个方面：

（1）起始目标不同

社会需要的起始目标为国家和民族的发展进步，它的着眼点更大、更宏观。而校园体育文化主体的需要更加细致和具体，是从校园中师生群体的意识诉求的微观角度出发。

（2）形成机制不同

社会需要是在遵循社会价值取向的基础上总结总体的共性而形成的。反观校园体育文化主体的需要是将自身作为对象，遵循学生的价值取向，受个人非理性因素的影响。

（3）表现形式不同

社会需要主要表现在宏观层面，这就带有明显的概括性和综合性。而校园体育文化主体的需要则主要表现在微观层面，带有明显的针对性与具体性。

妥善处理主体需要与社会需要的关系以及明确它们之间的地位关系非常重要。只有这样才能让两者需要相互促进，相互借鉴，共同发展。但实际上，我国更加注重社会需要，忽视校园体育文化主体的需要，这直接导致体育教学在学校中的地位偏低，教学质量较差，不能充分调动主体的积极性，体育教育作为素质教育中的重要组成部分沦为一种形式。

2. 妥善处理主体需要与社会需要的关系

校园体育文化主体对于文化发展的需要是促使文化长期、健康与稳固发展的重要保证，一旦这种重视程度降低，校园体育文化发展就会成为一种形式化，这是一种没有灵魂的文化，使校园体育文化难以形成一个有序、健康发展的文化系统。虽然社会需要与校园体育文化主体需要具有一定的一致性，但是如果忽视主体在各个侧面不同层次的需要，也会在一定程度上影响社会需要的满足。校园体育文化主体的需要如果没有获得满足，则很可能在心理层面对这种文化教育产生反感情绪，长久如此的话就会影响社会需要的实现。

校园体育文化主体需要是校园文化发展的重要推动力，而社会需要则是重要的外在影响因素。学生在发展过程中，可了解社会需要的发展动向，并将其内化为自身需要，实现体育文化的发展。

在开展相应的校园体育文化建设过程中，应积极对校园主体文化需要进行分析，了解其生理和心理特点，加强沟通和理解，将满足主体需要作为各项体育工作的重要目的。在开展工作过程中，应将社会需要视为关键的基础，给予充分重视，将其作为评定校园体育文化发展水平的标准，引导其向正确的方向发展。学校应通过各种方式，将社会需要与主体需要融合起来。

（二）协调外部性干预与主体主观能动作用的关系

1. 坚持开放性原则

要想建设优秀的校园文化，首先要关注建设主体的问题。校园文化建设的主体对文化的需要会产生相应的内在动力，促进其主观能动性的发挥，从而提高工作效率。虽然我们看到的是校园体育文化建设主体的外部干预性的确可以在加快文化建设速度方面取得一些捷径，但并不代表效率就会更高。出现这种问题的主要原因是校园体育文化主体自身进行校园文化建设，能够更好地发展能动性，建设的文化体系更加统一，这样学生就更能适应这种文化系统。鉴于此，需要建设者始终保持开放的态度，积极借鉴外部优秀文化，将其融入校园体育文化建设中。此外，还要注重对文化主体的整合，实现文化主体素质的发展。

2. 发挥市场调节机制的作用

我国目前正处在社会主义初级阶段，各方面事业都在有条不紊地发展中。因此，国家也在对教育体制进行改革，不断探索更加合理的教育之道。特别是在人才培养中越发关注市场的作用，即培养人才的依据成为社会的需要，这就是一种典型的市场调节教育行为。例如，某个行业缺乏相关人才，则学校加强对相关专业学生的培养。政府在其中发挥一定的宏观调控职能。政府的行政干预会在一定程度上干扰市场的调节机制，从而不利于市场调节机制的发挥。政府应积极履行新的职能，维持市场对人才需求的导向作用，构建新的人才培养模式。

（三）排除主导性制约因素的影响

校园体育文化发展的主导性制约因素主要包括人生价值取向、社会交往模式、价值本位类型、价值思维方式。消除这些制约因素是发展校园体育文化的关键。

文化本身具有两面性，具有好的一面，也有一些文化本身并不符合现代社会价值观的一面。而要想实现校园体育文化发展的全新模式，就需要坚决抵制这些文化中的糟粕，防止它破坏校园体育文化的健康发展。

二、校园体育文化的传承与创新

（一）文化传承创新与体育教学

1. 体育文化探源

体育运动的产生与人类的生产生活有着紧密的关系，随着时代的发展和文明进程的加快，体育运动与当时的政治、经济、文化、军事、教育等因素不断产生交集。这也为体育运动最终成为一种文化起到了必要的促进作用。

体育文化与其他文化形式有相同之处，它们都可以以物质和精神的两种形态进行划分。这里主要说明体育精神文化，它的意义在于既包括体育发展中特有的精神内涵，又包括历史发展中体育的相关制度文化和行为文化。体育文化源自体育运动实践本身，而当体育文化最终得以形成后又可以对体育实践做出指导。在体育运动的发展进程中出现的且被留存的多种特征，如竞技性、娱乐性和教育性等都是体育精神文化的核心体现。

2. 校园文化与体育文化

校园文化以学校教师与学生为主体，校园文化建设不仅要求学生参与，也要求教师的组织与参与，最终构建出一个以校园精神为主要特征的群体性文化。可见，校园文化的产生与发展始终是与师生关联的，而学校师生不仅是校园文化的主体，也是校园体育文化建设的主体。校园文化是一所学校历史底蕴、文化内涵的生动体现，是学校办学综合水平的体现，是重要的软实力象征，甚至校园文化已经成为学生择校关注的标准。由此看来校园文化在很大程度上被认为是扮演着先进文化传播的角色而存在。如果学校没有形成具有本校特色的校园文化，说明它还不具备学校发展的灵魂，这样学校也很难培养学生的人文素养。

体育教学事业孕育了学校体育文化，是学校体育文化的根基。学校的体育教学事业是一个宽泛的词汇，它不仅包括学生必修的体育课堂教学，还包括一切与体育有关的课外活动、业余运动训练等，这些内容共同构成了体育文化的实践基础。现代教育更加注重对学生全面素质的培养，力求培养出德、智、体、美、劳全面发展的高素质人才。而体育运动作为其中“体”的表现形式，就使体育文化与校园文化结合的落脚点位于大学师生身上。

校园体育文化是校园文化的一个组成部分，两者的发展轨迹相似，也会在发展中遇到类似的问题。其中尤其是传承与创新中国文化的职责一直围绕在它们的发展中。校园体育文化会影响教师与学生，乃至一所学校长期发展的价值观和体育精神，在这种影响下，作为学校活动主体的教师与学生的体育行为也被不断地规范着。体育文化的基本属性明确要求它的作用发挥需要落实到体育精神中，如此可以将以往更加功利的竞争、对抗等精神转变为更适合学校体育文化推广的更高、更快、更强的体育精神，也能给学生带来更加积极的影响。

3. 学校体育教学现状

当前我国正在大力进行教学改革，其中也包括对体育学科的改革。教育改革的目的是培养全面发展的、综合素质高的、更适合现代社会发展需要的高水平人才。在新一轮的体育教学改革中，改革的重点在于培养学生的终身体育意识。这种改革的思路使过往追求运动技能传授的体育课程向着更加全面、更加综合、更加实用的方向转变，以求培养学生的终身体育意识和掌握能够实现这一意识的运动技能。

当前在体育教学改革中，对体育教学目标进行了调整，更加关注学生的心理发展与社会适应力的提高。不过，这种转变在实践中显然没有取得立竿见影的效果。由于长期受传统体育教学思想的影响，新教学目标的实现任重而道远。这主要是由于目前我国的学校体育教学存在两种难以解决的矛盾，一个是教学理念与教学实践的矛盾，另一个是教学目标与教学硬件的矛盾。因此，体育教学改革要想获得成功和效果，必须要提出切实有效的方法解决两大矛盾。具体来说，学校体育教学改革对“健康第一”“终身体育”的教学理念做出了明确要求，然而在实际中，这与过去一直执行的传统的“三基”体育教学模式产生了矛盾。要想使新体育教学理念得到落实，要改变的不仅仅是体育课程中的某一个环节，而是全部的环节。但鉴于我国学校体育教学时间短、内容少、教法单一的禁锢，自然就很难在落实新体教改革理念时迅速转变完成。就体育课时短的问题来说，首先就无法满足教学所需，为了压缩教学学时，许多内容只能草草而过，如此必会影响教学质量。另外，新一轮的教学改革提出的理念和要求需要更多体育硬件设施的保障。但对于原本就匮乏的体育资源来说，学校体育的可用资源更是少之又少。没有硬件设施作为保障，体育教学的改革与发展就失去了基础，无法顺利进行。

（二）文化传承创新背景下体育教学改革

体育教学改革要以体育教学现状及其他相关体育活动为基础，此外还应与校园文化建设相结合。这一切都是为了使体育教学改革顺应体育运动的发展规律。文化的传承与创新本身就是两个互相矛盾的事物，传承是将已有的文化完整地传递下来，而创新则是改变已有的文化，或是改变已有文化中的某个方面。然而，辩证来看，文化的传承是文化创新的基础，文化创新又是促进文化继续传承的根本驱动力。只有在这种相互作用下，传统文化才能在新时代继续闪耀辉煌，焕发出新的活力。只有这样，体育教学改革才能够获得不竭的精神动力和智力支撑，并为体育教学改革提供灵活的方法和可靠的平台。

1. 加强校园体育文化建设与体育教学改革的结合

注重对校园文化以及校园体育文化的双重建设可以为体育教学改革带来动力，这也是一所学校增强软实力的必然需求。在学校体教改革进行中，也要随时关注一些人文关怀方面的事物，全面贯彻落实“教育以学生为本”的理念。另外，体育教学改革还要注重对校园体育多重文化的改革，如校园体育物质与精神文化建设、校园体育制度文化建设和校园体育行为文化建设等。只针对某一元素进行的改革总是会显露出片面性与单一性，最终的改革结果也不会持久。还有一点需要注意的是，对于校园体育文化建设还不能忽视学校所在地区的民族风俗、地区特色以及学校综合实践活动情况。力求以提升在校学生的身心素质、民族精神为目标，落实切实可行的学校体育教学改革方案。

2. 以文化传承创新推动体育教学改革

要想使学校体育教学改革获得源源不断的动力，就需要文化的传承与创新能够跟上时代的变迁。如此，产生推动作用的原因主要是文化的传承与创新可以对体育教学改革中出现的许多问题进行指导和解决。具体来看，文化传承与创新的首要表现就是能够完善体育教学改革的理念。理念的转变并非易事，只有当社会发展到一定水平或忽然出现某种对体育教学产生重大影响的事件后，才有可能出现理念上的转变，而文化的传承与创新能够为这一问题提供更加符合时代发展需要的答案。另外，文化的传承与创新为体育课程改革提供了理论基础。体育教学改革要求将“以人为本”“健康第一”的理念与教学内容充分融合，要求突出发挥学生的主体地位，并为学生提供更加舒适的体育学习环境。

3. 通过体育教学改革促进文化传承创新

体育教学改革对于促进文化的传承与创新具有积极的作用。这种反作用力在体育教学改革中主要体现在对我国传统文化在体育事业中的文化内涵与特性、给人带来的综合发展变化以及整合校园文化与体育文化等的发掘方面。

（1）通过体育课程改革可以发掘我国传统文化的特性。体育教学改革是改变现行体育教学多方面因素与问题的行为，同时也是一种对趋于完美的体育教学活动的改变尝试。这一改革过程能够体现我国传统文化的特性，因此被视为对传统文化进行传承与创新的一种间接手段。

（2）体育教学改革可促进学生综合素养的提升。学生是我国未来社会主义建设的主力军，也是我国传统文化的继承人和开拓者。为了让学生成功胜任这些角色，需要从学校开始对其进行全面综合的教育，特别要注重文化素质教育，而体育教学改革能够为培养更加优秀的社会主义接班人打好基础。

第三章　校园体育文化建设的基本理论

校园体育文化建设同其他文化建设一样，需要有一定的理论来提供相应的科学指导。只有这样才能更好地促进校园体育文化建设，并形成一个完整的体系。本章就校园体育文化建设的基本理论进行研究。

第一节　校园体育文化建设的原则与要求

一、校园体育文化建设的原则

（一）主体性原则

校园体育文化建设要遵循主体性原则，也就是要遵循“以人为本”的原则。学生是校园体育文化的创造者和受益者。因此，校园体育文化建设理应围绕学生这个主体进行。现代教育理念已经从过往的单一对学生教授某项技能或知识向全面的素质型教育转移，新型的素质教育更加注重对学生全面性和社会适应力方面的培养，即培养出德、智、体全面发展的综合型人才。校园体育文化建设应继续秉承这一理念，使学生在这种有利的氛围下，通过丰富多彩的体育运动得到充分锻炼，对体育观念、体育精神、体育价值、体育道德有一个正确的认识，并把公平、公正、公开的体育原则，更高、更快、更强的体育精神融入平时的生活和学习中。同时，学生在享受参与体育活动体验时，还应注重亲自组织某些体育活动，了解其中的组织方法和运行规律，这是另一种能力的培养。在这些要求下，校园体育文化建设要确定学生是校园体育文化的主体，学校组织的体育活动要以学生为核心，了解学生需要什么，想要得到什么样的体育文化氛围，将这些看作校园体育文化建设的首要原则。一旦脱离了学生作为校园体育文化的主体，一切行为都是游离于形式，没有实质性作用的文化形态是没有生存价值的。

（二）与时俱进原则

事物都是处在不断发展变化中的。由于人的思想变化，从而带来了新鲜事物，新鲜事物的频繁出现必定会影响整个社会变革，因此，文化也就在这种变化中逐渐改变。尽管文化是时代的产物，每种文化都有固定性的一面，但总体上看，几乎所有文化在面对社会变革的时候也会发生或多或少的改变。校园体育文化也是如此，如 20 世纪 80 年代排球热到 20 世纪 90 年代变成了足球热。随着这些运动的蓬勃发展，校园体育文化也做出了相应调整，一时间，排球、足球运动成为校园体育文化的主流。

到了21世纪，人们的生活观念开始转变，物质上的富裕并不算真正的富裕，必须在身体和心理都健康的条件下才能算得上真正的富裕。在这种时代背景下，作为社会亚文化的校园体育文化，仍旧要随着社会需要而转移建设方向，与社会同步发展，才能更好地服务社会。

（三）统筹协调原则

校园体育文化包含的内容较多，因此它的建设是一个系统工程，要做到多方面统筹兼顾、相互协调。只有做到这些才能将校园体育文化建设得合理，才能使建设过程有序、顺利，才能够得到文化主体的赞许。在建设校园体育文化的过程中遵循统筹协调原则主要通过以下几个方面体现。

1. 软件与硬件协调

“软硬”结合主要是指与校园体育文化有关的软件和硬件之间的匹配与协调。硬件建设包括承载各种体育活动的体育场地、体育器材、体育师资队伍和体育社团等；软件建设包括校园师生的体育精神、体育制度和体育观念等。

通过多年实践，我们可以发现，校园体育文化建设不应过分偏重于某一方面的建设，而是应尽量做到“两手抓，两手都要硬”“软硬兼施”，两者协同发展，只有这样才能确保校园体育文化的发展始终保持一种平衡状态，达到事半功倍的效果。在建设的过程中如果学校的硬件设施完善，但软件设施建设与现存的校园体育文化格格不入，体育活动组织内容单一，没有把学校的硬件设施充分利用起来，那么学校的硬件设施就成了一种摆设，优良的硬件设施只能作为展示实力的摆设。相反，如果学校的组织内容多样、制度完善，但硬件设施始终跟不上组织活动的要求，那么，所谓的组织计划、规章制度都只是一种空谈，因为它缺乏必要的承载物质。由此可见，“硬”是“软”的基础，“软”是“硬”的条件，只有两者协调地发展，才能使校园体育文化建设更加快速地前进。

2. 课堂教育与课外活动的协调

在现代校园中，体育教育的形式主要有课堂教育和课外活动两种形式。因此，校园体育文化建设就要建立在这两种形式的基础上。在我国，体育课已经成为各级各类学校的必修课，体育教学大纲规定了学生每周最少的体育活动时间。体育课又分为室内课和室外课。其中室内课主要讲授一些体育理论性知识，或者是体育相关的运动医学、疲劳的恢复与营养等内容。它是由体育教师根据教育部颁布的体育教学大纲按照班级授课制的方式进行的。从总体上来看，体育理论课所占的比重较少。室外体育课则以实践为主，主要传授学生某项体育运动的技战术方法、体育游戏的开展方法，以提高学生的运动技能为主要目的。它采取有计划的、循序渐进的教学方法，对成套的运动套路分阶段地进行解析。实践课所占的课时比例远远高于体育理论课。

课外活动也是校园体育的重要组成部分，尽管它并不是国家规定的活动内容，但它的丰富程度在很大程度上决定了校园体育文化的开展水平。相比于传统的课堂体育教学，课外体育活动拥有更强的生命力。其缘由就在于时间充足，形式多样，是一种对课堂体育教学的补充与完善。

另外，由于课外活动不受教学大纲限制，体现出比体育课更为灵活、内容更为丰富的特点，充分地满足了学生的个性需求。但需要注意的是，课外体育活动并不是简单的、无目的的“疯玩”，它也需要理论知识和运动技能作基础，因此，需要把课堂上的理论知识赋予课外活动实践，用实践的经验来补充理论知识，两者相互完善。

二、校园体育文化建设的要求

（一）物质文化建设要安全、实用

1. 安全性

健康体育有许多理念，其中安全是最基本的理念。在学校体育活动中，有时会发生安全事故，这与安全这一基本理念是相违背的，所以在进行校园体育物质文化建设时要对安全性进行特别强调，要经常检查体育场地与器材等，年久的器材与不符合标准的器材要及时更换，确保学生的安全。

2. 实用性

许多学校的体育场地与器材都比较短缺，所以在对体育场地进行修建、对体育器材进行购买时，要注意器材与场地的实用性，要坚持的主要准则就是最大限度地使学生的体育需求得到满足。一些学校设计体育场地时，仅仅是为了好看与时尚，却忽略了实用性，这样不但浪费资金，而且没有实用性，不能满足学生的需要，难以发挥应有价值。

（二）组织形式要多样化

建设校园体育文化需要与时代发展的要求相适应。现在，学校中开展的校园体育活动主要就是运动会、体育课、课间操等，这些已经不能与时代发展的要求相适应了，也不能使学生的体育需求得到充分满足。校园体育文化发展必然要求学校要组织丰富多样的体育活动，确保具有健康的体育内容，还要确保体育活动具有娱乐性特点。所以，多元化发展道路是校园体育文化建设的主要方向，多元化的发展主要通过多样化的组织形式体现出来。多样化的组织能够使学生有更多的空间做出选择。同时，多元化的组织形式才能满足学生的体育需求，才能使学生更加积极地参加体育锻炼活动。

此外，校园体育文化的健康性与娱乐性也要通过多样化的组织形式得以体现。倘若学校只有单一的体育组织形式，就会降低学生参与的积极性，也就难以实现校园体育文化的健康性与娱乐性。

（三）内容要具有娱乐性和健康性

1. 娱乐性

学生的学习负担很重，压力也很大，因此精神上就会受到影响，如果经常处于紧张状态，学生就无法拥有健康的身体。而校园体育文化的娱乐性能够使学生消除紧张心理，放松身心。学生需要参加丰富多彩的娱乐项目，这样才能获得精神上的愉悦和享受，才能处于积极乐观的状态，在轻松愉悦的氛围下生活才有利于学生成长，才能提高学生学习效率。

2. 健康性

建设校园体育文化要以“健康第一”为主题。一方面，学生正处于身体发育的关键与最佳时期，参加体育锻炼能够促进发育进程，使学生拥有一个健康的身体。校园体育文化建设要为学生营造一个健康的体育锻炼环境，这主要体现在以下几点。

（1）有良好的体育物质文化。

（2）有精英体育教师作指导。

（3）有健全的校园体育健身模式。

（4）有浓厚的校园体育文化氛围。

另外，学生的思想稳定性较差，校园体育文化建设要求教师经常向学生宣传体育意识，使学生树立正确的体育观、人生观，使学生能够将体育精神深入到自己的生活中，影响自己的行为习惯，从而提高抗外界诱惑的能力，免受身心损害。

（四）要持之以恒

学生要掌握体育技能、提高体育意识、树立正确的体育观需要持之以恒地接受体育教育，参加体育锻炼才能实现，短时间是不可能全部实现的，或者并不能达到一定的水平。因此，校园体育文化需要长期对学生进行坚持不懈地潜移默化地指导和宣传。

另外，校园体育文化建设的过程中总会持续不断地出现问题，旧的问题解决了，又会出现新的问题，而且这一过程中出现的问题通常带有时代因素，所以，只有长期坚持校园体育文化建设，用时代的眼光看待，才能防患于未然，才能对不断出现的问题进行有效解决，才能更好地使校园体育文化服务于学生。

第二节　校园体育文化建设的内容与形式

校园体育文化建设包含多方面内容，并表现为多种形式，有体育课、课外体育活动、课余体育训练、体育竞赛、体育文化节等。本节主要就以上几种常见的校园体育文化建设的内容与形式进行论述。

一、体育课

（一）理论课建设

校园体育理论课建设的基本思路是，向学生讲授相关体育文化知识、体育卫生保健知识。通过向学生传授体育基础原理和知识，学生能够更加深刻地理解体育对人类社会、国家、自己未来生活和工作产生的重要影响，能够积极地参与到体育学习中。通过向学生传授保健与卫生知识，使学生对健康的重要性和身体健康所需要的环境有一个准确的认识，从而掌握一些基础的保健手段与方法，并且更自觉地爱护环境、保持健康。此类理论内容要力争与学生现实生活中可能遇到的实际问题保持密切联系。不仅如此，在理论课建设中，对这类内容的选择要切忌支离破碎、简单无逻辑地罗列知识，而是要注意紧跟当前社会重点发展潮流，精选对学生有重要意义的体育、保健原理来组织教学内容，并考虑结合运动实践部分的内容来组织建设。

（二）实践课建设

1. 田径

田径运动与人的走、跑、跳、投等基本活动能力有内在关系，所以被誉为“运动之母”。通过此项教学内容能够使学生了解田径运动，理解田径运动在锻炼身体中的意义，使学生明白跑、跳、投等的基本原理和特征，对一些基础性、实用性较强的田径运动技能进行掌握，通过田径运动来了解增强体能的方法和注意事项，掌握一些基础的田径判罚和组织比赛的技能。田径教学内容既与田径运动技能有直接联系，同时还与人克服障碍、竞争的心理要求有内在联系。因此，应从文化、竞技、运动、心理体验以及发展体能作用等多方面全面地理解、分析教学内容，并组织教学。

2. 体操

体操运动包括技巧、支撑跳跃、单杠和双杠等。它是发展人的力量性、协调性、灵活性、平衡性等能力最有效的运动。体操的历史较为悠久，自人类进入文明时代后，体操就一直伴随着人类的发展，它还与人克服各种外界物体的心理欲求有联系。通过此项实践教学内容，应使学生了解体操运动文化的概貌，了解体操运动对人体锻炼的价值和作用，明白基本的体操原理和特征，掌握一些典型的、实用性较强的体操技能、竞赛方法及注意事项，安全地从事体操运动。

在选择体操实践内容时要主要考虑它的竞技、心理、生理等方面，力求将这些方面结合起来。在教学过程中要注意循序渐进的原则，逐步逐量地加大动作难度、幅度以及改变动作连接等方式，提高教学难度，使学生的技能得到切实提高。

3. 球类

球类运动包括足球、篮球、排球、乒乓球、羽毛球、橄榄球、网球等。通过此项教学内容的传授，学生能够对球类运动的概貌和球类比赛的共性特征进行理解，能够有效掌握球类运动的基本技术和战术技能，从而具备一定的知识与技能参与比赛。此类教学内容中的技战术通常较为复杂，每种技战术或技战术之间的组合相互依存、相互制约。因此，筛选出适合教学的内容显得比较困难。如果只是对单一技术进行教学，那么就失去了球类运动的本质，不能进行顺畅的比赛和应用，也会导致学生对球类运动失去兴趣，最终也不能使单个技术得到运用和提高。而若想整体详细讲解和介绍又需要较长的时间，若想达到一定的教学目标，至少需要一学年的时间甚至更长。因此，如果计划开展此类项目，则应通盘考虑，注意把技术教学、战术教学与教学比赛结合起来。

4. 民族传统体育

民族传统体育的内容有武术、导引、气功及各民族的传统体育内容，通过此项教学内容，使学生对中国优秀的、丰富的民族传统体育情况有所了解，并懂得健身、自卫的方法。还要使学生在学习技能的同时理解中国的“武德”精神，了解武术中的礼貌举止，并与爱国精神、民族自尊心培养结合起来，教会学生基本功和一些主要动作。

民族传统体育教学需要较长的教学时间，同时还要兼顾教学的实效性。对于普通学生而言，鉴于民族传统体育往往需要较强的基本功，这种基本功不是一朝一夕能够习成的。因而，教学内容的重点不应只是放在让学生完美地练一套套路。传授这部分教学内容应根据学生的心理特点强调教学内容的文化性、实用性、范例性及其文化背景和意义。

5. 韵律运动

韵律运动包括健美运动、民间舞蹈、健美操、体育舞蹈、韵律操、艺术体操等内容。韵律运动在组织教学内容时，应从审美观培养、舞蹈音乐理论介绍、感情表达能力培养和健身效果等多方面来考虑。以往此类教学内容过多地考虑动作练习，而对于向学生传授一些基本原则并让学生尝试自编的要求较弱，应予以考虑。

二、课外体育活动

（一）教师的课外体育活动

教师作为校园体育文化的主体之一，开展针对教师的课外体育活动是十分必要的，这不仅是营造校园体育文化氛围的要求，也是全面健身活动发展的要求。

教师的课外体育活动主要包括以下两个方面。

1. 组织有利于缓解压力的体育活动

登山运动、春游等都能够使教师缓解压力，不仅能够锻炼身体，还可以消除心理疲劳，形成良好的精神面貌。另外，也可以举办一些体育比赛，如教师田径赛、教师排球联赛、健美操比赛等。教师自觉参与体育锻炼，能够促进技术水平的提高，拥有健康的身体。

2. 组织师生之间的体育比赛

教师在日常上课时比较严肃，学生自然就会对教师产生一种害怕心理，距离感由此产生，而通过参加师生之间的比赛，师生共同处于一个层面，可以自由地发挥自己的个性，秉承公平竞争的原则发挥自己的体育技能，并在比赛结束后可以针对体育或共同感兴趣的话题展开讨论，这样就能够增加师生之间的了解，使师生之间不再感到陌生，学生不再害怕教师，双方的距离自然就拉近了。

有一些教师年龄比较大，不能参加登山之类的户外运动，也不能进行高强度的体育比赛，可以选择参与一些强度低的活动，如武术太极拳等。

（二）学生的课外体育活动

学生的课外体育活动有以下几种形式。

1. 全校活动形式

全校活动具有庞大的规模、恢宏的气势和巨大的影响力，而且可以进行统一领导与指挥，操作起来比较方便，也为组织与管理者的督促、检查与评价工作提供便利。全校活动形式的主要作用表现在以下几点：

首先，可以促进班级、年级之间相互学习、共同进步。

其次，有利于对学生进行爱国主义与集体主义教育。

最后，有利于提高学生遵守纪律的意识和培养学生的集体荣誉感。

全校活动的开展也会受到一系列因素的限制，如场地、组织措施、学生个体差异等因素，全校活动比较适合组织早操与课间操等。

2. 班级活动形式

生动活泼、便于组织管理、选择余地较大、限制因素较少以及锻炼效果良好是班级活动形式的主要优势。班级活动以教学班为单位，由班级体育委员负责组织，团支部、学生会等组织的其他班干部的主要职责是协助配合体育委员。班主任与体育教师主要负责指导和辅导班级活动的开展。

3. 小组活动形式

小组活动可以根据学生班级、学生性别、学生兴趣等因素自然分组。例如，根据学生体质与兴趣爱好成立足球组、体操组等。各组由体育积极分子或项目擅长者担任组长，小组在组长的带领下开展活动。可以根据季节与场地器材等条件的不同来灵活选择小组的具体活动内容。

4. 团体活动形式

团体主要是由体育兴趣爱好和特长相同或相似的学生自发组成的，共同的目的、兴趣爱好和特长使学生自发组织起来，共同开展体育活动，互相学习与交流，共同提高与进步，增进友谊，并通过团体体育活动体验成功和快乐。团体开展的体育活动形式多样，团体的组织比较松散、自由，成员多少视具体情况而确定，且团体内的成员相对不固定。团体成员没有局限在一个班级或一个年级中，他们可以是本班与本年级的学生，也可以是其他班与年级的学生。团体活动不需要进行专门特别的管理，主要是因为团体组织相对比较随意，没有固定的活动时间和地点。

在学生的课外体育活动中，团体的体育活动具有其他组织形式无法企及的积极影响，它有利于形成和发展学生的体育兴趣与爱好，促使学生养成良好的体育锻炼习惯，积极促进学生终身体育意识的形成与发展。学生可以通过团体活动获得身体、心理和社交等方面的全面发展。

5. 个人活动形式

个人活动指的是学生根据自己的体育兴趣爱好与需要，以及体育锻炼的方法与要求，自觉、自愿选择体育锻炼项目，在体育课外活动中进行单独锻炼的活动方式。个人活动是一项非常重要的体育实践活动，它反映了学生体育意识的觉醒，有利于促进学生体育兴趣的形成和发展，也有利于学生养成并巩固良好的体育锻炼习惯，帮助学生实现体育学习的终极目标。

通常情况下，学生大都是因为对体育有较浓厚的兴趣才会自觉进行体育锻炼，经常参加体育锻炼的学生在体育知识、身体素质、运动技术技能等方面具有良好的基础，是班上的体育积极分子。因此，教师要积极对这类学生进行引导，使他们的特长充分发挥出来，达到以点带面、整体提高的目标。

个人活动可选择的内容十分广泛，学生大多选择与自身兴趣爱好与需求相统一的体育项目进行锻炼。个人活动与全校、班级、团体等集体活动并不矛盾，绝对的排他性是不存在的。恰恰相反，个人活动与集体活动在一定程度上可以相互促进与转化。

6. 俱乐部活动形式

近些年，在学校尤其是高校中，体育俱乐部活动的课外体育活动组织形式相继出现。俱乐部主要分为两类：单项俱乐部和综合俱乐部。学校主要根据本校的场地设备、体育传统优势与师资力量等创办俱乐部，筹建俱乐部的经费主要来源于学校下拨的经费、学生缴纳的会费与社会赞助。学生按照自身的兴趣与爱好自愿加入俱乐部，在俱乐部内进行自己感兴趣的体育锻炼活动。学生参加俱乐部的目的各有不同，一些学生为了提高技术技能水平，一些学生只是参加课余体育训练，还有一些学生只是为了娱乐。俱乐部活动的主要特点是有专门的组织管理和专业的指导教练，俱乐部活动的效果良好，深受广大学生的推崇与喜爱。

三、课余体育训练

课余体育训练是指为了发展部分在体育方面有一定天赋或有某项运动特长的学生的体能和身心素质，提高他们某项运动的技术水平，利用课余时间，以运动队、代表队、俱乐部等形式对他们进行较为系统的训练，是为竞技体育培养后备人才的一种体育教育过程。课余体育训练是我国学校体育的组成部分，我国颁布的《学校体育工作条例》中明确规定了要开展多种形式的课余体育训练。

课余体育训练要通过对具有运动特长的学生进行训练，提高学生对体育的认识，使其掌握一些专项与非专项技战术和知识，加强身体、技术、战术方面的全面训练，促进身体的正常发育，提高各系统器官的功能，发展体能，培养良好的体育道德作风和顽强的意志品质，为进一步的专项运动训练打下身体、心理、技术、战术和思想品质的良好基础，为提高运动技术水平、输送优秀体育后备人才和群众性体育骨干服务。这便是学校课余体育训练的目的，具体可以从以下三个方面进行阐述。

（1）学校课余体育训练要促进学生体能发展与运动能力的提高。学生身心发展处于关键时期，这时期进行训练，不仅能保证学生的正常生长发育，还能使其生理功能大大提高，从而提高运动素质和运动能力。

（2）学校课余体育训练应是学校培养高素质人才的补充措施。通过课余体育训练，能帮助学生掌握体育的基本知识和技能，促进体能和综合素质的提高，为运动队或群众体育提供人才。

（3）学校课余体育训练应完善学生道德品质和提高其精神意志力。学校课余体育训练，要力求使学生得到爱国主义、集体主义和社会主义教育，提高学生对体育的兴趣，使其竞争意识、合作精神和拼搏意志得到培养。

四、体育竞赛

校园中开展的体育竞赛主要有以下两种。

（一）校内体育竞赛

校内体育竞赛能够促进学生个性发展，对学生的能力进行培养，陶冶学生情操，并能够创造良好的学校体育氛围，这些作用都是其他活动无法替代的。学校应开展多元的体育竞赛，主要开展原则是面向学生、服务学生，需要采用大众化的组织形式、比赛方法。

以组织的等级为依据，可以将校内体育竞赛分为校级体育竞赛、院级或年级体育竞赛、班级体育竞赛。竞赛的项目主要有田径、篮球、羽毛球等。此外，也要组织一些小型的比赛，如接力赛、拔河比赛，这些比赛的参与者众多，能够使更多的学生参与进来。与校际的体育竞赛相比，班级之间的体育比赛灵活性更强，而且也特别普遍，对于不同的体育爱好者都是比较适宜的。校内体育竞赛的开展为校园体育文化营造出一股强大的凝聚力。

（二）校际体育竞赛

校内开展体育竞赛的主要目的是对体育精神进行传播，使学生参与到体育锻炼中，而校际间开展的体育竞赛主要目的是加强校际交流，促进学校文明形象的提高，同时加强学校与社会的交流。世界大学生运动会和世界中学生运动会是校际间开展的比赛中级别最高的，此时的校际比赛已引申为国际比赛，通过比赛，学生可以将自己的活力与实践技能展示给全世界。

五、体育文化节

学校价值观念的传播方式之一就是校园体育文化节，文化节的举办能够将学生参与体育锻炼的兴趣有效地激发出来。体育文化节的主要载体是体育活动，宗旨是公平竞争、团结协作、拼搏进取，主要目标是“健康、快乐、文明”，同时也注重对师生体育道德素养的培养。现在校园体育文化的传播离不开文化节这一重要形式，体育文化节主要是集中一周的课外活动时间，开展各种活动，面向全校所有学生，为学生提供良好的机会感受体育运动的乐趣。学生可以利用这一平台将自己的才华展示出来，充分发挥自己的个性与技能。

体育文化节也可以在节日里举行，比如在“劳动节”“国庆节”“元旦节”举办学校篮球、足球、羽毛球等联赛，分教职工、学生两组进行循环淘汰赛，这样不但能够使师生的节假日生活得到充实，又可以增强师生的集体荣誉感、竞争意识。

第三节　校园体育文化建设的具体路径探索

一、中美校园体育文化建设比较及启示

（一）中美大学校园体育文化建设比较分析

1. 教育传统影响下的大学体育观

中国与美国大学校园体育文化的差异首先源自教育传统。虽然中国大学起源于西方，但由

于中美大学校园体育文化的形成有更多的民族、历史、传统的惯性，因而反映在教育传统文化氛围方面，差异较明显。中美教育传统和大学体育观各自反映了不同民族的文化心理和价值观念。由于历史的原因，西方体育文化长期占据着大学的主要阵地，民族传统体育却被排斥和忽略。这种大学校园体育文化形态由于忽略了参与主体的民族文化心理和价值观念，从而使大学校园体育文化的有效性受到质疑。中国教育传统文化有保守性，但也有强大的融合性，因此中国大学应积极吸收西方教育传统文化和大学体育文化的精华，有机融合二者的文化结构和价值结构，建构新的大学体育观，以满足现代中国大学校园体育文化发展需求。

2. 大学校园体育物质文化的比较

中美大学校园体育物质文化层面的比较主要从体育标识、体育人物、体育建筑设计三个方面来进行，这里我们不对中美大学体育场馆设施的数量、面积和规模进行比较，因为中国大学经济基础、教育发展历程的局限在体育场馆设施方面与美国大学具有很大的差距，如果勉强作对比，就缺乏实践指导意义。

首先，大学的体育标识代表着一所大学体育运动的整体形象，既包括视觉上的旗帜、徽章、标准色、吉祥物等，也包括听觉上的昵称等。

根据相关调查资料表明，美国大学的体育标识与学校标识形成了统一的整体，美国三所大学的体育标准色和学校的标准色是一致的，并且在运动比赛设施、运动场馆、运动宣传图册和体育网站等处，标准色均得到了普遍使用。同时，美国的耶鲁大学和哥伦比亚大学均有体现各校运动理念的体育昵称和吉祥物，体育昵称和吉祥物是统一的，有利于大学体育运动的宣传、组织，有利于大学生对大学体育运动形成共识，引起感情上的共鸣。而我国清华大学和北京大学均没有体育昵称和吉祥物，只有清华大学有自己的体育标准色。清华大学注重体育标准色与学校标准色的统一，但清华大学仅部分运动服装和体育竞赛所用的校旗颜色达到与学校标准色的统一。通过比较可以看出，我国两所大学尚未明确提出和使用自己的体育标准色，对于体育标准色、体育昵称、体育吉祥物在校园体育文化中强大的隐性宣传和感染力未引起重视。

其次，杰出体育人物也是大学校园体育文化的重要组成部分，具有很强的渲染力。通过调查显示，美国的哈佛大学、耶鲁大学、哥伦比亚大学都认为体育杰出人物是优秀的运动员和教练员群体，他们非常重视对优秀运动员和教练员的宣传，在这些大学的官方网站上可以很容易地查到优秀运动员和教练员的个人档案，因为杰出体育人物有利于大学优秀体育运动传统的传承，对大学具有无形的精神感染力量，是大学文化发扬光大的重要载体。相对而言，中国大学在此方面仍未引起重视并付诸实践，清华、北大较少在全校范围内凭借官方媒体宣传优秀的运动员和教练员，北大没有特别突出的榜样人物，清华的马约翰先生则在该校甚至全国体育界具有无与伦比的地位。马约翰被称为“中国体育界的一面旗帜”，以“马约翰杯”命名的体育运动赛事贯穿全年，成为清华大学校园体育文化活动的重要组成部分，清华老体育馆旁边的马约翰塑像也体现了标志性体育人物的无形力量。

最后，体育建筑设计对于提升校园体育物质文化内涵具有很重要的影响。虽然目前中国大学仍然需要加大体育场馆设施的投入和建设，以满足中国大学不断上升的大学校园体育的刚性需求，但是更为重要的是中国大学在进行体育场馆建设时应吸取和借鉴美国大学体育场馆的设计理念。美国大学的体育场馆较多，设备和功能齐全，基本可以满足美国大学师生员工以及周围社区人群的体育需求。美国众多大学体育场馆不论规模和面积大小，他们在建设时较为注重体育场馆的外形特点、内部构造和功能用途上的专业化设计。他们秉承的设计理念为外形特点符合大学整体建筑风格和大学文化内涵，内部构造本着最大限度地实现空间体积和场地面积比例的合理化、训练和比赛效果的最优化，功能用途上尽可能考虑周全，使建设的体育场馆既尽可能地容纳较多体育运动项目的训练和比赛，还能够满足大学生的休闲体育、体育教育、体育俱乐部以及校内外体育竞赛的各方面需求。相比之下，中国大学体育场馆在进行建筑设计时缺乏上述设计理念，缺乏长远发展目标。相关调查资料表明，中国很多大学的体育场馆设计首先考虑为了哪些运动项目的教学和训练需要，然后实现哪些功能，比如贵宾席、运动员休息室、力量训练室、康复医疗室、设备储藏室等，最后根据这些要求委托专业建筑设计公司进行设计。从上可以看出，中国大学在设计时缺乏考虑学校的文化内涵和整体建筑风格的协调，缺乏考虑场馆设计上的长期发展需求，所以中国大学很多体育场馆功能简单，只能满足一两个运动项目的教学、训练需要，甚至都无法满足大型比赛的需求，同时碍于设计上的缺陷，现在又无法进行改造。耗费了资金，占用了场地，却不能发挥最大效用，这是很多大学体育部门面临的一个重要难题。

3. 大学校园体育课程体系的比较

通过对中美两国大学体育课程内容的比较可以看出，美国大学体育课程内容与我国相比具有很强的健身性、文化性、选择性、民族性和世界性。美国大学提供给学生的课程内容丰富多彩，学生可根据自己的实际情况进行选择，体育课程的上课时间和上课内容，均具有很强的可选择空间和实用价值；而我国大部分大学体育必修课程的上课时间限定在大学一二年级，选修课程时间限定在大学三四年级，上课内容主要以当前的教师资源为主开设课程，而不是以大学生的实际健身需求开设项目，进而进行师资培训。在课程内容的分类上，由于课程目标的差异，美国大学体育课程内容以个人项目、健身休闲娱乐项目为主，而我国体育课程以竞技运动项目、集体项目为主，对于与现代生活息息相关的一些健身、休闲运动项目以及国内外民族传统体育项目、利用自然进行身体和情感体验的项目如野外生存训练、户外运动等却很少开设。总之，美国大学体育课程内容强调对学生进行生活教育、情感教育和保健教育，突出终身体育的内容；十分强调学生的个性发展，重视学生对体育运动项目的真实需求，体现了大学生自主、独立的特点，从而满足不同群体、不同技能水平的需要；美国大学尤其注重体育课程内容的世界性和跨文化性，很多不同民族、国家的传统体育项目在美国大学体育课程内容中均有体现，如东方传统体育项目中的气功、武术、太极拳、推手、合气道、空手道、柔道等。相比之下，我国体育课程内容较为注重大学生体育技能和终身体育意识的培养，教育性过强，缺乏健身性和休闲娱乐性；由于学生人数过多以及体育师资和上课时间的限制，我国体育课程很难注重学生的个性发展，满足大学生的体育健身真实需求；我国大学体育课程内容的世界性和跨文化性较差，除了跆拳道、瑜伽，很难在我国大学体育课程中看到其他国家的民族传统体育项目。

中美两国大学体育课程在基础理论知识与运动技能方面的要求也有所区别。美国大学体育课程的基础理论知识主要包括运动项目知识、体适能和运动处方的指导，这些内容通常是贯穿在体育实践课中进行讲授。除此之外，学校还定期举办体育专题讲座对学生进行基础理论教育；运动技能的学习和提高更多地体现在课程的4级分类中，美国很多大学的体育课程按课程的水平分成4级（Ⅰ、Ⅱ、Ⅲ、Ⅳ），水平Ⅰ的重点是该项目的基本技能和健康锻炼的基本常识，水平Ⅱ的重点是该项目专业知识的掌握，包括技能的分析、活动的策略、技能学习的过程，水平Ⅲ～Ⅳ重点培养学生在进一步掌握运动技能的基础上，提高对该项目理论的深入理解和欣赏能力，部分项目与技术等级证书相联系。而我国大学体育课程以健康知识和专项知识为主，对运动处方和体适能相关知识指导不够，除个别大学外，大部分大学从来不开展体育理论知识专题讲座；体育实践课以单独开课为主，运动技能的学习和提高方面区别不明显，虽然有些学校也实行了体育课程的水平分级，但主要区别只是在体育运动项目技术的掌握上，缺乏对学生的综合能力要求，形式主义现象严重，课程实质内容并没有多大的区别。

4. 大学校园课余体育的比较

大学校园课余体育包括校内体育竞赛、体育俱乐部（体育社团）、集体训练和个体健身活动。

美国的大学校内体育竞赛和体育俱乐部活动是大学校园课余体育的主要内容。校内体育竞赛和体育俱乐部活动主要的管理机构是大学体育部和体育俱乐部（或相关体育协会），体育部是体育俱乐部的直接管理机构，负责制订体育俱乐部管理规章制度、进行体育俱乐部的年度绩效考核。体育部制定年度校内体育竞赛计划，由体育俱乐部或者相关体育协会负责校内体育竞赛的具体组织、运作、裁判、宣传等工作。体育俱乐部内部管理也是一项较为复杂的工作，首先建立俱乐部组织管理机构，明确组织机构的人员配备与聘任，然后制定体育俱乐部内部管理规章制度，最后确立俱乐部工作方向和发展目标，并根据目标制定相应的策略，比如将参加各种竞赛作为俱乐部一项重要目标，就要努力保证昂贵的旅行和比赛费用。除了总目标外，俱乐部还有自己的年度目标、阶段目标和特殊目标等，此外，还要选择以怎样的活动方式来完成这些目标。体育俱乐部还要组织大量的运动训练和休闲娱乐健身活动。美国各大学体育俱乐部数量较多，一般为30～45个，每个大学生将参加体育俱乐部作为一种荣誉，所以在美国，基本上每位大学生都有自己所属的体育俱乐部。集体训练和个体健身活动主要是美国大学的各大健身中心为大学师生员工、校友以及与学校关系密切的校外人群提供的健身管理、指导和服务，这种服务是有偿的，需要缴纳会员费。

总而言之，美国大学校园课余体育的目标就是为每个学生提供参加感兴趣的活动和比赛的机会，探索一些全新的、未曾尝试过的体育活动形式和内容；为每个学生，不管他们处于何种水平与能力，提供积极参与体育活动的机会；在体育活动中，鼓励参与者去尝试和参与，让他们从中发现体育的价值和魅力，进而促使他们养成体育健身意识和运动兴趣；另外，提倡和鼓励学生广泛参与大型体育竞赛活动、户外运动等，培养运动精神、领导决策、社会适应、野外生存等方面的能力。中国的大学校内体育竞赛是大学校园课余体育的主要内容。校内体育竞赛大部分由学校体育部门制订竞赛计划，由体育教师和体育社团共同组织运作体育竞赛，裁判工作由学生和教师共同承担。中国大学校园体育文化活动以体育社团（协会）为主要组织机构进行，体育社团一般由学校团委负责管理，体育部门负责技术指导和场地器材支持。中国大学体育社团数量较少，一般为10～15个，只有少数规模较大的知名大学体育社团数量达到30多个。

中国大学体育社团管理缺乏规范性，缺乏激励约束机制，因此，社团组织的体育文化活动较少，在大学校园体育文化建设中还远未发挥应有的功能。只有个别大学积极监督、组织学校体育社团的各方面工作，比如清华大学的“马约翰杯”校内系列体育竞赛、北京大学的体育文化节、上海交通大学学生体育总会活动等，这三所大学将各自学校的体育社团充分动员起来，每个社团委派一位体育教师进行专业指导，由他们负责大学校园大型体育文化活动的组织管理工作。大学校园集体训练和个体健身活动均为自发的、无组织性的体育活动，大学为大学生提供的集体训练和个体健身的资源、机构还不健全。总而言之，中国大学校园体育文化活动内容较少、形式单一、趣味性较差，在体育竞赛活动中，组织运作的行政氛围较重，大学生缺乏独立自主性，达不到大学校园课余体育赋予大学生素质锻炼和能力培养的效果。

（二）美国大学校园体育文化对我们的启示

1. 大学校园体育文化在大学发展中具有重要作用

当前中国大学文化社会世俗化和功利化氛围严重，在中国大学文化进行重构、回归本质的进程中，大学校园体育文化起到重要作用。在美国等发达国家的大学里，大学校园的体育文化建设已经成为大学文化建设的核心内容之一。但是相比在中国大学中，由于教育传统、教育体制、社会经济发展需求，科技文化、组织文化、专业教育文化集体构成了大学校园的强势文化，而艺术文化、体育文化、社科文化被挤压为弱势文化。这种文化结构最终造成大学生人文素质教育的落后。这与清华大学梅贻琦主张的“通识为本，专识为末”思想、北京大学许智宏主张的“科技与人文相融，育心与育体并重”思想相悖。纵观国内、国外一流大学均可以发现，优秀的大学文化背后均有着优良的体育运动传统，均有着彰显大学精神的大学校园体育文化体系。

2. 管理者要更新观念，文化治校

当前国内大学均受到中国教育传统文化和教育行政化影响，教育功利倾向严重，忽视大学生人文素质教育，不重视大学校园体育文化建设。因此，教育管理者观念的更新是大学校园体育文化建设的前提，教育管理者要秉承“只有大师，不是优秀的大学，有了优秀的大学文化，才是优秀的大学”的理念，从大学的可持续发展视角重视大学文化建设。大学生也要改变狭隘的体育观，重视良好的体育生活方式和浓厚的学校体育文化底蕴对大学生人文素质提高的积极影响。

3. 大学校园体育文化建设要建立制度保障体系

健全的校园文化制度是保证校园体育文化健康有序发展的基础。中国大学校园体育文化建设办公室、教师辅导制度以及校园体育文化建设评价体系的构建将为大学校园体育文化建设系统化、科学化提供有力保证。只有这样，才能保障学生体育社团的规范性、多样化、有效性，进而从学生层面推动校园体育文化的繁荣；只有这样，我们才能将大学团委等职能部门和体育部门联合起来优化资源配置，合力提升校园体育文化建设水平。

4. 立足大学校情，构建特色校园体育文化

中国每所大学都有各自的校训、校史、体育运动传统，它们蕴含着大学深厚的办学理念，体现了学校所追求的共同价值，是学校的灵魂所在，渗透于校园文化的方方面面。也就是说，中国每所大学都有自己的特色与传统，在大学校园体育文化建设中，我们要学习美国大学，立

足传统，发挥特色优势，构建特色校园体育文化，从而避免出现千篇一律的校园体育文化模式。当前中国大学就存在校园体育文化趋同化严重的问题，这不利于各大学实现通过校园体育文化进行人才培养、提高大学声望的目的，特色构建主要体现在塑造特色体育物质文化形态、建设优势项目高水平运动队、建立特色的校内体育竞赛体系、进行体育课程改革的创新与发展、发掘和传承大学体育运动历史与文化、推动校园体育文化宣传渠道多元化和制度化六个方面。

5. 大学要发挥应有的社会服务功能

大学作为一种文化实体和学术组织，其实质是围绕高深知识的继承、传播、发展、转化和利用等环节开展各种活动的物质载体。大学在完成自身发展的过程中，潜在地具有满足社会多种需求的能力，社会服务逐渐成为大学的重要职能之一。近年来，伴随着我国竞技体育的崛起，群众体育的兴起，《全民健身计划纲要》的推广，社会大众健身意识的提高和健身需求的增加，社会渴望大学能够尽快完善社会体育服务体系，为新时代和新社会环境下的社会大众提供良好的健身场馆设施、专业的健身服务、优雅轻松的健身环境与氛围。美国大学在此方面为我们提供了很多经验。虽然我国大学当前受教育管理体制、体育资源短缺等限制，无法完全移植很多美国大学的优秀经验，但是我们还是要在力所能及的范围内，改变观念，锐意创新，真正创造出一条适合我国大学构建社会体育服务体系的道路，发挥大学体育应有的服务功能。

6. 重视大学校园体育文化宣传体系的建立

大学体育是大学对外宣传最有效的窗口之一。美国大学体育的宣传形式、手段、理念是我们应积极学习借鉴的重要内容。大学体育具有强大的培养审美意识，锻造理性精神，彰显个性自信，关注生命自由的功能，它所具有的促进大学生全面素质提高，传承大学文化传统的潜在效能已经被美国大学发挥得淋漓尽致。因此如何结合我国大学具体情况，设计、组织、管理大学校园体育文化的宣传体系，发挥大学校园体育文化应有的育人功能，是我们进一步研究的热点问题，只有这样才能使中国大学校园体育文化有效促进大学文化的回归与发展。

7. 加强比较研究，借鉴国外发达国家成功经验

通过中美大学校园体育文化的比较研究，我们能够看出中国与美国大学在校园体育文化建设各层面存在的差距，并总结经验和不足，为中国大学提供借鉴和指导。但是其他发达国家如英国、德国、日本等大学有着与美国大学不同的教育体制、教育传统文化、民族组成、社会政治经济发展环境等，大学校园体育文化建设模式更是有所不同，加强与这些发达国家大学校园体育文化的比较研究，找寻最适合我国大学的经验，是我们进一步研究的重心。只有这样，我们才能借鉴发达国家著名大学校园体育文化建设成功经验的同时，吸取它们失败的教训，规避它们出现的问题，使中国大学校园体育文化建设少走弯路。

二、网络时代背景下我国校园体育文化建设研究

（一）我国校园体育文化建设中存在的问题

1. 学生缺少足够的参与意识

中国人注重文化学习，当前的考试制度和教育资源的不均衡，也让家长把主要的精力放在

孩子文化课的学习与艺术特长的培养上。由于独生子女较为普遍，许多家长认为对子女的教育只能成功，不能失败。为了使孩子考一个好一点的初中、高中、大学，孩子从小就被迫上各类辅导班，从一个学习地点向另一个学习地点奔波。运动安全问题让每一个学校与家长谈虎色变，一些运动项目被迫取消，供学生自我锻炼、自我玩耍的学校体育器材和设施几乎都被去除，有限的器材也被束之高阁，学生即便有意识、有动机去锻炼，也没有必备的设施和器材。全员性运动会的推广和体育节的创新进展缓慢，仅有少数校内、校外的各种体育竞赛成为少数学生的专利，离广大的学生十分遥远。当前学生的课外体育锻炼面临着应试教育、特长功利、运动空间、网络电游、运动安全、运动伙伴、运动技能、枯燥锻炼等多重压迫。由于中小学阶段没有养成体育锻炼的习惯，也没在思想上形成对体育锻炼的正确认识，中学应试教育对体育造成的负面影响延伸到大学阶段，造成大学阶段学生积极参与课外体育锻炼的热情不高，甚至相当一部分人认为体育就是休闲玩耍、娱乐消遣，没有意识到体育也是一种文化。现阶段，我国高校校园文化建设注重物质建设，许多学校斥巨资搞体育场馆设施，努力为学生打造一个良好的外在学习环境，却对学生体育参与的积极性缺乏正确引导，没有着力培养学生的主动参与意识。

2. 重视物质建设，轻视人文精神建设

校园体育文化设施建设一直是国外发达国家彰显学校魅力、培育良好校园文化氛围、凸显学校文化精神的载体，因此，国内外著名学校在体育物质文化景观和场所的规划、设计与建设上均要从学校发展的高度进行严谨的论证分析，给予强大的支持和关注。随着我国经济的发展，教育资金的投入，我国的校园建设经历了一个重要发展期，体育场馆建设也如雨后春笋。这些体育场地与体育设施为体育发展提供了物质保障，也在一定程度上反映了高校体育文化的发展水平。体育场馆的建筑风格、良好的体育设施能够让学生受到体育环境的熏陶，对体育运动产生向往，但是许多体育场馆的建设缺少人文精神，缺少文化底蕴，同时对体育宣传及图书资料等相关配套设施的建设方面投入相对较少，体育图书资料老旧，校园体育宣传设施建设无法跟上潮流。

3. 重视活动形式，轻视育人功能

体育作为学校教育不可缺少的一部分，在这个特定领域内对人的全面发展起到重要作用。在具体的活动中，通过统一的规则、规范的行为、严密的组织及约定俗成的规定，使参加者和观赏者能够自觉或不自觉地接受体育文化的教育、熏陶，从而培养团结友爱、吃苦耐劳、勇敢顽强、坚持不懈等优良作风，同时也可以培养集体主义、爱国主义精神，机智灵活、沉着冷静、坚决果断、谦虚谨慎等意志品质，使他们亲身参与到体育活动中，缓解工作与学习的压力，享受体育运动带来的愉悦和自由，这是网络所不能替代的。但是，在校园体育文化建设中，群体性活动、体育竞赛、校级体育文化活动、体育社团建设滞后，学校的体育竞赛项目主要集中在球类上，多数以院系为单位组队参加比赛，使参赛人员受到限制，普通学生很难在这些比赛中一展身手。而以班级为单位的系列赛却得到了学生的喜爱，因为这样的比赛能够满足普通学生的参与需求。校级体育文化活动主要包括校运动会和体育文化节，活动本身缺乏创新，活动内容缺乏普及性，校领导和普通学生对其关注度和参与度呈现下降的趋势，形式主义较为严重。体育社团的建设处在一种自发的组织管理状态，由于缺乏学校相应管理部门的关注、支持和考核，很多社团没有发挥应有功能，无法满足大学生的体育文化需求，所以校园体育文化建设呈现出这样一种状况：一方面，体育文化活动日益丰富多元，给师生提供了展示自我的舞台；另一方面，由于缺少科学的规划、有效的管理，造成表面热闹与实施者的盲从，出现组织者疲于应付而参与者意兴阑珊的现象。

（二）网络时代背景下校园体育文化建设措施

1. 增强大学生的体育参与意识

学生是校园体育文化建设的主体。学生体育参与积极性不高，究其原因是由当前的应试教育造成的。短时间内改变中国的高考现状是不可能的，能改变的只能是进入大学后学生的体育参与意识。

第一，要加强宣传力度，通过校园网络、广播站等现代化手段，宣传体育运动与健康的关系，使学生树立终身体育思想。

第二，不断推进体育教学改革，提高学生的体育兴趣。加强课堂教学常规教育，严禁学生在课堂上过度使用手机。

第三，加强校园体育文化建设，渲染体育氛围，并充分利用网络的影响，发展学校体育文化，提高学生参与意识。

第四，真正重视体育社团活动，学校有关部门应有意识地对其进行引导与支持。

2. 重视体育文化活动的形式与内涵

校园体育文化对学生的人生观、价值观具有潜移默化的深远影响，其育人功能不容忽视。目前，我国校园体育文化的建设是以自主学习为主，缺乏系统的指导，知识掌握得不牢固，且缺乏实践机会，学生获得的只是一些科普类的预防知识，对运动损伤的处理和治疗方面的知识严重缺乏。

3. 校园体育文化环境建设

（1）校园体育教学环境的构成

体育课是一门实践性很强的课程，在学校体育教学环境中，体育物资设备起到载体作用，教师通过体育器材来实施教学目的，学生则通过体育器材、场馆进行体育活动。通常体育教学物质环境包括自然环境和体育设施环境。自然环境指的是学校的花草树木、空气、噪声、光线等，这些客观事物在一定程度上影响了学生的学习和训练。体育设施环境指的是由后天改造而来的体育设施，如体育场馆、体育器材、教学设备（秒表、录像带、光盘等）。体育设施的好坏直接影响教学质量的好坏。此外，由于物质环境是客观事物的载体，因而合理的场地规划、整洁的场地能使学生产生良好的体育兴趣，本身具有教育作用。

①校园体育物质文化的形态体现

校园体育物质文化的形态表现如下：

第一，运动场。运动场包括田径场、篮球场、足球场、排球场、网球场、羽毛球场等。它属于露天建设，方便向学生开放，因此成为学生参加体育活动最主要的场所，学生的体育课、课外体育活动、体育文化节、体育竞赛等都依靠体育运动场进行。因为各个地区的经济发展程度不同，学校体育运动场的质量存在很大的差距。在经济发达地区，运动场规模较大，造价较高。如塑胶田径场、篮球场、网球场及绿茵足球场等，而且外延设施比较齐全，比如设有看台、风雨棚等。而在经济贫困地区，大多是一些煤渣跑道，或是不太正规的跑道，篮球场、排球场大多是水泥地。相对而言，贫困地区的运动场质量以及规模比较落后。

第二，运动馆。运动馆包括综合性体育馆、篮球馆、排球馆、乒乓球馆（房）、艺术体操房、游泳馆、肋木区、单杠双杠区、攀爬角、健身角等。相比运动场它的造价较高，而且开放时间有限，因此不能成为大学生参加课余体育活动的首选。但运动馆不受天气影响，场地质量较高，安全系数比室外运动场高，通常一些重要的比赛都可在运动馆里进行。

第三，运动器材。按照不同运动项目所需的器材分类，学校的运动器材可分为体操类器材、球类器材、田径类器材、民俗类器材、健身类器材等。通常学校的运动器材是与学校开设的课程以及运动场馆相匹配的，有运动场就必须有相应的运动器材，这样才能进行体育活动；反之亦然。随着人们对体育活动要求的提高，学校运动器材的配置必须完善，如以前“一班一球”的器材分配方式显然已经不能满足学生练习的要求，因此种类齐全、数量充裕的体育运动器材是每个学生在课堂有限的几十分钟内得到充分练习的基础。

第四，其他体育物质形态。学校其他体育物质形态包括体育雕塑、体育壁画、体育传播设施等。看起来它对学生参加体育活动并没有实质性的作用，但是它对营造校园体育文化氛围以及培养学生浓厚的体育兴趣具有重大的意义。如学校的体育雕塑、体育壁画以最直接的方式传达给学生浓厚的体育寓意，学生在看到体育雕塑时自然会联想到一段体育历史故事，从而开始对体育产生浓厚的兴趣；又如学生通过观看一段高水平的体育录像，会激发出参加体育活动的热情。因此，不能忽视学校其他体育物质文化形态在学校体育文化环境中的作用。

②校园体育物质文化环境的优化

首先，扩大体育物资设备。优化校园体育物质文化环境，数量种类多是优化的前提，只有“多”才能进行“优”。因为“优化”在很大程度上就是一个如何选择的问题。如果连最起码的体育设施都不齐全，没有任何选择的空间，优化只能是“纸上谈兵”。而校园体育不同于商业体育，不能到处拉赞助，因此扩大体育物质设施的资金最主要的来源就是学校的直接投入。当然这种资金投入并不是盲目的。首先，要从实际出发。各学校的经济承受能力不一样，在经济落后地区，体育设施的要求就不能与经济发达地区的学校相比。其次，要重视扩大体育设施的方向。每个学校的体育文化氛围倾向是不一样的，而这种氛围的倾向性决定了学生参加体育活动的方向，也就是说，在不同的运动项目中，参加的学生人数以及热衷程度是不一样的。因此，在扩大体育设施的时候必须对本校体育氛围倾向有一个充分的了解，然后再针对运动人群多而体育设施少的体育项目来扩充设备，从而达到资金合理分配以及资源合理利用的效果。

其次，优化现有的体育物质文化环境。优化现有的体育物质文化环境，其实就是对现有的体育物质资源进行合理规划，营造良好的体育物质文化氛围。

第一，校园体育物质文化环境本身是一种文化现象，井然有序的体育场馆和体育运动器材会给人一种舒适的感觉，因此对学校体育物资设备的规划就显得格外重要。如把篮球场集中修建在同一个地方，当学生走近篮球场时就会被浓厚的篮球运动氛围所吸引，那里便成为篮球运动的一片沃土，方便篮球爱好者之间的交流。

第二，体育场馆整洁干净也是非常重要的。干净整洁的体育场馆给人一种舒适感，进而使学生更加亲近体育运动。相反，四处都是果皮纸屑、铁锈横生的体育场馆会让人产生厌恶感。

因此，保持学校体育场馆的洁净非常重要，每天必须安排人员打扫体育场馆，以保持场馆的干净整洁，营造良好的体育物质文化氛围，从而吸引更多的学生参加体育运动。

(2) 营造体育教学环境应注意的几个问题

①体育教师的知识修养和综合能力

学校体育教师只有具备丰富的专业知识、文化知识以及体育经验，见多识广，才能让学生信服。体育是一门多学科性课程，而且在运动过程中具有一定的规律性，同时它又是一个发散式的体育活动，如果教师没有一定的专业知识和体育经验，很难对学生提出的问题进行解答。此外，作为实践性很强的学科，仅有丰富的理论基础还不够，体育教师还必须具备多方面的能力，如组织管理能力、动作操作能力、人际关系处理能力等。体育教师作为一位传播者，他们的一言一行都备受学生的关注，因此在体育教学的过程中，体育教师应注意言行举止，以身作则。

②体育教学环境的普及范围

目前，在体育教学环境普及范围上存在很大的误区，如有相当一部分教师认为，学校余暇体育活动不属于教学范围，如课外体育活动、节假日体育活动等。显然这种认识是不对的，因为学生参加余暇体育的时间远比课堂的时间多，而且很多的体育技能包括体育课内容的后学习都是在余暇体育中形成的。如果让余暇体育自由地发展，那么学生的体育运动技能就会出现很多的错误。因此，这种观念必须得到纠正，应把余暇体育作为教学任务的一部分，充分利用余暇体育来传播体育知识。还有一个误区，那就是认为体育教学就是以教师为主导，以学生为主体，以教学为手段，以培养学生的健康体魄和终身体育能力为主要目的的一种过程。这种认识过于片面，因为培养学生的健康体魄和终身体育能力只是教学目的的一部分，在具有浓厚体育文化内涵的体育教学中，引导学生养成正确的人生观、体育观以及培养他们的合作能力、竞争意识、拼搏精神，同样是体育教学的目的。

③体育教学环境的硬件设施

学校体育教学环境的营造需要软件与硬件协调发展才能取得好的效果。目前，硬件跟不上软件已成为一种普遍现象，许多体育教师有教书育人的抱负，却因为缺少硬件设施，最终只能使抱负变成空想。而造成这种现象的原因是多方面的，比如学校的财政紧缺或学校对体育教学环境的认识不够等。但硬件设施是教学的基础保障已成为不争的事实，硬件设施的短缺必然会给体育教学的质量带来影响，不仅教师无法施教，学生参加体育活动同样会受到制约。因此，学校必须高度重视这一问题，加大经费投入，尽可能地满足体育教学的要求。

第四章　校园体育健身文化建设理论指导

随着全民健身运动的推广、开展，人们的体育健身意识得到不断增强，而校园体育作为全民健身运动得以顺利开展的重要途径和保障，对在校园中建设体育健身文化有着非常重要的作用和价值。本章就校园体育健身文化建设的理论进行研究。

第一节　校园体育健身文化形成背景与特征

一、校园体育健身文化形成的背景

（一）西方体育健身文化给我国带来的重要影响

远古的欧洲文化之城雅典崇尚有健美体魄的力士体格形象，并在皇室贵族成员和上流社会盛行一时。从国际健美运动的创始人尤金·山道到现代国际健美之父乔·韦德及本·韦德兄弟，以及21世纪的阿诺德·施瓦辛格等著名健美运动员的宣传、推广、影视传媒的合力作用，逐渐形成和导向美国人的现代健身文化。健美健身造就了美国的肌肉健身文化，造就了美国千亿元的朝阳健身产业，解决了大量的就业问题，提升了百姓的生活品质，拉动了美国经济的高速发展。

近20年来，美国还倚仗雄厚的经济实力、先进的科学技术、“文化帝国主义”的渗透逻辑，把自己的大众文化产品向全球倾销。牛仔服、可口可乐、NBA电视转播、好莱坞大片等，美国大众文化的身影出现在世界上的每个角落。1973年，在密歇根的底特律建立的Powerhouse（宝力豪）健身房，迄今为止，总共有300多家Powerhouse健身房分布在全球。在美国举办的一年一届的“奥林匹亚健美大赛”受到了全世界健美爱好者的关注。

美国是一个崇尚肌肉的国家，肌肉文化充斥于影视、动漫、杂志、书籍和音乐。这些文化信息则通过各种渠道传入中国。

（二）人们审美能力和健身观念的提高和转变

在市场经济的作用下，各种规劝人们健身和美体的广告铺天盖地，拥有健美的身体成为一种时尚，因此而形成的健身文化成为大众文化的一员和表现形式。在生产企业、广告商和各种传媒的狂轰滥炸下，健身文化中的审美价值观和标准，变得更为世俗化和日常化。

但由于文化的差异，中国人的健身观念和审美能力没有完全和国际接轨。随着经济的发展，文化的交流，这种差距将会越来越小。20年前，在电视上偶尔出现的健美比赛中，那些胸肌无比发达的老外龇牙咧嘴仍然要保持微笑的劲头，给人留下的都是古怪印象。20年后“肌肉男”“型男”则是令人羡慕的名词。史泰龙（电影《第一滴血》主角）、阿诺德·施瓦辛格（健美冠军、电影明星）的硕大肌肉、完美的体形无疑给中国男青年们留下了强烈的印象。在学生宿舍里经常可以看到他们的画像，这也反映了学生对发达肌肉的一种崇尚。目前，在全国各大高校都开设了自己的健身房，到健身房已成为一种消费时尚。“请人吃饭，不如请人流汗”成为流行的时髦口号。于是，健身成了一种文化体系，在这种文化的熏陶下，有大量的学生根据自己的喜好选择不同的健身项目进行锻炼，希望通过健身锻炼来改变自己的体形、增强身体机能。如果能把健康和性感结合起来，身体就能获得完美性，这几乎是今天所有人的理想身体。参加健身锻炼，就是实现这个身体理想的具体行动。

（三）阳光体育所倡导的理念和校园健身文化融为一体

阳光体育运动所倡导的是一种终身体育锻炼的理念，提出的“每天锻炼一小时，健康工作五十年，幸福生活一辈子”的口号，体现出对人的生高度负责的态度，凸显健康的理念。这就是一种健身文化的植入，并与校园健身文化相融合体现在注重学生的学习兴趣、爱好和个性发展，促使学生自觉、积极地进行体育锻炼，以全面发展体能和提高运动技能水平，让全体学生真正爱上运动，自觉增强体质。阳光体育运动正是通过暂时强制性的活动，逐步培养学生自觉参加体育锻炼的习惯，形成终身体育锻炼的理念，是培养学生健康身心的无形教育力量。

二、校园体育健身文化的特征

（一）健身性

健身文化的主要形式是健身运动的实践。增强健康就是体育健身的最基本功能，实践证明，人们通过参加各种体育活动，能够提高有机体的力量、速度、灵敏、柔韧、耐力等身体素质，提高有机体对外界环境的适应能力，从而促进身心健康，增强体质。

（二）娱乐性

健身运动是一项极富魅力的竞技运动和娱乐项目，它更是一种生活方式。它是一项竞技运动，因为它需要长期艰苦的体能锻炼，付出辛勤汗水和智慧才能在竞争中取得有利排名，所以具有竞争性。它为人们提供一种积极、健康向上的消遣，给人们带来无穷乐趣。体育娱乐性按参加者在活动中的方式可分为观赏性娱乐活动和运动性娱乐活动。观赏性娱乐性活动是指人们观赏各种体育表演和比赛，特别是观赏竞技运动；运动性娱乐活动是指人们亲自参加体育活动，乐在其中。因为任何一项体育运动所追求的目标是“更快、更高、更强”，而唯独只有健身运动是为了“更美”，美是要拿出来展示的，在展示美的过程中被观众和喜爱它的人们赋予了观赏性和娱乐性。

（三）时尚性

为了适应学校紧张的学习，越来越多的学生积极投身于健身运动中，“花钱买健康”或称为“健康投资”已成为一种消费意识和当今社会的一种时尚。哑铃和握力棒是宿舍健身最廉价、最普及的健身器材，歌星周杰伦的一首《双节棍》引起众多大学生对双节棍产生极大兴趣，使舞动双节棍也成为一种时尚运动。

（四）教育性

体育本身就是以运动为手段，使学生身心受到教育和锻炼。从一定意义上讲，健身是教育系统的一个组成部分。健身的本身也是民众进行自我教育和自我娱乐的文化生活方式。因此，可以说体育健身也是接受教育和自我教育的手段和过程。健身运动是为了增进人体完美地发展，而寓教育于身体运动的教育过程，它是社会对人的发展施行总体教育的一环，让每个人在身体力行的运动中，锻炼完美的体格，提高人的适应能力。健身运动同样具有陶冶、培养和教化的三个要素。人类发展产生了文化，随着对文化价值认识的提高，作为健身文化特性的陶冶性越来越被强调。健身运动不断地追求培养人的可能性和界限，在人格完善中促使人从“自然”到“文化”、从“现实”到“理想”的实现。

（五）艺术性

健美、健美操和体育舞蹈等健身活动都和音乐有着密切的关系，音乐是健身房健美运动的灵魂，尤其是完成健美操动作和形体舞蹈练习必不可少的组成部分。它可以丰富健美者的想象力和表现力，培养美感和良好气质。另外，健美训练的过程也是对人体雕塑的过程，这都体现了健美的艺术性。

第二节　校园体育健身活动指导与安全管理

一、学生参与校园体育健身活动的时间选择

（一）早晨运动

早晨进行运动健身是很多人的选择。经过晚上的充分休息，人往往拥有充沛的体力和精力。另外，在早晨，空气质量一般相对较好，更加适合进行体育健身。但是，需要注意的是，在早晨进行体育健身时，运动量不宜过大，这主要是因为身体机能并没有处于最佳的状态，需要一个适应的过程。很多人在早晨进行运动时多为空腹，如果运动量过大，则可能会造成低血糖症状。因此，在早晨进行体育健身时，可选择一些中等强度的有氧运动，如健身走、太极拳等。

（二）上午运动

上午进行体育健身时需要注意，由于饭后一小时、饭前一小时不适合进行体育锻炼，所以，上午进行体育健身的时间一般在早饭后两小时左右进行。如果饭后过早运动，则会影响人体的消化、吸收；临近饭前进行体育锻炼则可能会影响人的食欲。为了更好地促进人体健康，上午的体育锻炼，不宜安排大运动量的运动。

（三）下午运动

选择在下午进行体育运动的人有很多，且运动时间相对较长，运动者可根据自身的需要安排相应的体育健身。在进行大强度的运动之后不宜马上用餐。需要注意的是，在下午进行体育健身时，城市中工业污染和汽车尾气污染相对较为严重，空气质量相对较差。因此，在进行体育健身时，应选择空气质量相对较好的场所。

（四）傍晚运动

傍晚进行体育健身时，应与上床休息的时间相隔一小时以上，在体育健身之后，有充分的时间进行整理和休息，这样不仅能够达到一定的体育健身效果，还有利于睡眠。傍晚进行体育健身时，运动量不宜过大，否则会影响肠胃的消化和吸收。如果在睡前进行剧烈运动，则会使机体处于兴奋的状态，从而影响人的睡眠。

二、学生参与校园体育健身活动的环境卫生

人们生活的环境与身体健康状况具有密切的关系，在体育健身时，了解环境对体育健身的影响，对于身心健康发展具有极为重要的意义。下面就自然环境对人的健康的影响进行分析。

（一）空气

1. 空气对人体健康的影响

空气是人体赖以生存必不可少的环境因素之一。它对人体的生命与健康有极为重要的意义，尤其对物质代谢、气体代谢和热代谢（体温调节）等方面的作用更为重要。人体通过呼吸功能与外界环境随时进行着气体交换。当空气中氧含量降低至10%时，人体可出现恶心呕吐，中枢神经活动减弱的状态。当氧含量降至7%～8%时，对一般人来说是一个危险界限，会出现窒息、体温下降、昏迷、循环障碍，甚至死亡。成年人每天约呼吸1000升空气，其质量约13.6千克。人在生命活动过程中需要吸入足够的氧气。新鲜空气可以振奋精神，消除疲劳，提高学习和工作效率，也能改善睡眠、呼吸功能，提高基础代谢。在体育锻炼时，机体为了满足运动时氧的需要，内脏器官呼吸、循环系统的活动相应加强，特别是呼吸加深加快。如果空气不清新，含灰尘杂质和有害气体较多，不但直接影响空气中氧的含量，使体内氧的补充受到影响，而且，其中夹带的细菌、病毒还容易进入体内，引起呼吸道及其他疾病。因此，体育锻炼时，更要注意在空气新鲜的环境下进行。为了防止灰尘进入肺内，应养成用鼻子呼吸的良好习惯，因为鼻

腔中的鼻毛和黏膜分泌的黏液对空气中的灰尘、细菌等有一定的清除作用。

2. 空气中的主要有害成分

每天都有无数火炉、锅炉在燃烧，无数的机动交通工具在奔驰。火炉、锅炉和交通工具都需要用煤或石油产品作能源，随着煤和石油产品的燃烧，各种有害物质散播到大气中，污染了空气。

二氧化硫是煤燃烧的副产物之一，空气中有百万分之六的二氧化硫时，人就会感到一种呛嗓子的气味。硫和水蒸气反应生成硫酸，随雨下降就是酸雨，随雾飘浮在空中就会腐蚀建筑物等。

氧化氮是氧和氮在燃烧中形成的气体，属于有毒气体。大马力的汽车会产生较多的氧化氮。

PM2.5 又称为细颗粒物、细粒、细颗粒。它是环境空气中空气动力学当量直径小于等于2.5 微米的颗粒物。这种颗粒能够较长时间悬浮于空中，随着在空气中浓度的增加，空气污染也越严重。PM2.5 颗粒小，面积大，在大气中停留的时间长，并且易附带有毒、有害物质，其随呼吸进入肺泡后，直接影响肺的通气功能。人长期暴露在颗粒污染严重的空气中，可能引发心血管病和呼吸道疾病以及肺癌。

3. 空气污染对人体健康的危害

空气污染对人体健康的危害，可概括为以下三个方面：

（1）急性危害。因气候条件，大量空气污染物不能扩散或转移，或因工厂一次性大量排放有害物质，人们在短时间内吸入很多有毒物质，就会发生急性中毒。

（2）慢性危害。长期生活在污染区的人，呼吸系统受到空气中有毒气体的慢性刺激，呼吸道的防御功能受到损害，容易患感冒、支气管炎、肺炎等疾病。大气中的烟尘颗粒，也是造成慢性危害的主要因素。

（3）致癌危害。在空气污染物中，有致癌作用的物质达 30 多种，最主要的是来自煤烟、汽车尾气和柏油马路灰尘等。其中一些毒性物质致癌作用很强，长期刺激皮肤，会使人患皮肤癌；长期吸入呼吸道，会使人患肺癌。许多国家的统计都表明，城市肺癌发病率高于农村，这与城市空气污染程度严重有着重要的关系。

4. 到空气新鲜的地方锻炼效果更好

新鲜空气一般是指含氧较高、含杂质和灰尘较少的空气。在含氧较多的新鲜空气中运动，能帮助我们提高运动能力，提高体育锻炼的效果。

氧是维持生命和健康所必需的，在剧烈运动时，如果氧供应不足，新陈代谢不能顺利进行，就不能坚持很长时间。

脑力劳动时单位重量的脑组织消耗氧则更多，大大超过了单位重量肌肉所消耗的氧。大学生长期在人数较多并且不通风的场所学习时，由于空气中含氧较少，二氧化碳较多，氧供应不足，使血液里的含氧量降低，所以会感到头昏脑涨。所以在课间或做运动锻炼时应到室外空气新鲜的地方，同时要多做深呼吸，以改善血液中的含氧量，促进脑的机能，提高工作、学习效率。

需要注意的是，人体对缺氧的耐受力可以通过相应的体育锻炼来提高。一些运动项目的运动员通过相应的训练，可以明显提高在空气中缺氧的耐受力。大学生也可通过相应的运动训练提升这方面的能力。

（二）气温

人类是恒温动物，体内应保持恒定的温度。气温的高低对人体的体温调节和新陈代谢有很大的影响。在不同的气温下，人体的新陈代谢强度和散热方式会发生相应的变化以保持体温的恒定。

气温在 21℃左右时是人体最适宜的温度，此时的生理机能最佳，这时机体的工作能力发挥最好。

在气温超过 35℃时，人就会因大量出汗、体液减少而导致体内环境的改变，运动能力下降，甚至会出现痉挛、中暑等情况。适应热环境者在气温较高时可进行运动，但应注意避免阳光直射，运动时应穿浅色、轻薄和通气良好的服装，运动量由小到大，逐渐达到预定的要求。要经常性地补充水分，适当的淡盐水更好，如出现头晕、抽筋、皮肤湿冷等状况，要立即停止运动，到阴凉处进行处理。一般人对热环境的适应需 4～8 天。

低气温对人体的损害主要是造成局部冻伤。在较冷的环境中进行体育锻炼，严寒会给机体带来一些不利影响，如肌肉工作能力下降、运动能力受到影响。在寒冷环境中，人可能由于体温散失过多而出现头晕、协调能力下降、步幅不稳。在进行体育锻炼时，如果能循序渐进，坚持在冷环境中运动，就可改善人体对寒冷的适应能力，提高耐寒力，有利于身体各系统机能的进一步加强。

在寒冷环境中进行体育锻炼时，应选择合适的保温、防寒运动服装，太臃肿的服装不仅会给运动带来不便，还会导致体热不宜散出；体育锻炼前要充分做好准备活动，这样既有利于达到预期的运动效果，又可有效防止运动中出现损伤。

（三）湿度

空气的湿度主要是加强气温对人体的作用，影响人体的散热过程，如在高气温下，空气湿度大，就会使机体的蒸发散热受到阻碍，体热蓄积而易造成中暑。而当低气温时，空气湿度小，则会增加机体的传导散热，使人感到更冷，并易造成冻伤。因此，空气湿度过大或过小均对人体不利。正常情况下，空气的相对湿度以 30％～70％为宜。

另外，空气湿度还能加重污染程度，这是因为水蒸气容易以烟尘微粒为凝结核而形成雾，使有害气体不宜扩散，所以雾天空气污染比较严重，不宜在室外进行锻炼。

（四）太阳光线

在夏季进行体育锻炼时，强烈的阳光可能晒伤皮肤，甚至引发人体中暑。因此，在进行体育锻炼时，应注意防晒避暑，避免在阳光强烈的地方进行体育运动。

阳光中有紫外线和红外线。紫外线带有很大的能量和很强的化学刺激作用，是一种消毒杀菌能力很强的光线。皮肤经它照射后，能提高抗病能力，还能使皮肤里的 7－脱氢胆固醇转变成维生素 D。另外，紫外线还能刺激人体的造血功能，使骨髓产生更多的红细胞，对预防贫血有一定的作用。红外线是产生热作用的射线，对人体起温热作用。它的热能可穿过皮肤深入肌肉组织，使血管扩张，加快血液循环，改善人体的供能，增强物质代谢，同时还可以兴奋神经，使人精神振奋。

三、学生参与校园体育健身的生活卫生

（一）睡眠与健康

睡眠是人们消除疲劳保持身体健康的生理功能之一，是一种重要的生理现象，是人脑和各器官的一种最基本的休息方式。著名的生理学家巴甫洛夫认为：脑组织中存在一种抑制灶，当抑制灶处于优质状态时，抑制就会向周围弥散，引起大脑皮层的普遍抑制，从而产生睡眠。人处于睡眠状态时，一切感觉功能和生理功能都下降到最低水平，人体似乎与周围环境暂时失去了联系。睡眠时心脏活动减慢，变弱，血压降低，呼吸减慢，尿量减少，体温略有下降，人体的代谢率偏低，整个机体处于调整和恢复状态中。

一个人每天都要有充足的睡眠。睡眠时间的长短，要根据不同的年龄而定。一般来说，学龄前儿童每天需要 10 小时的睡眠，青少年每天需要 9 小时的睡眠，成年人每天需要 8 小时的睡眠。

睡眠时间长并不等于休息好。衡量睡眠的标准主要是“质”，即睡眠深度。像“春眠不觉晓”形容的那样，深沉而恬静，一觉到天亮，才能有效地消除疲劳。如果睡眠质量高，可适当缩短睡眠的时间。

要想提高睡眠的质量，首先要养成良好的生活习惯，每天按时睡觉，按时起床；其次要为睡眠创造良好的条件。卧室要安静，空气要流通，光线宜暗，被子要轻软暖和、清洁卫生，这样有助于入睡。注意睡前不要喝浓茶、咖啡，也不要吸烟，因为这些对大脑都有刺激作用，容易引起兴奋。

长期失眠不仅使人感到很痛苦，也会影响人的健康。引起失眠的原因是多方面的，有些大学生往往是由于学习、上网、打牌、下棋、跳舞等过度，打乱了正常的生活规律，影响了睡眠的节奏，致使精神长期处于紧张状态，导致大脑皮层的兴奋与抑制发生紊乱，造成失眠。在这种情况下，必须从调整生活、学习时间入手，恢复正常的生活节奏，才能使失眠得到治愈。同时，失眠往往不是一种孤立的症状，还可能与高血压、心脏病、神经衰弱等疾病有关。因此，如果连续几天失眠应及时去医院检查诊治，只要原发病治愈，失眠症状也会随之消失。

为了使睡眠质量提高，在睡前应注意避免过于兴奋，避免进行剧烈的体育锻炼。在睡前应先静心，保持良好的心态，这样才能够更好地进入睡眠状态。

（二）戒除不良嗜好

1. 戒烟

世界卫生组织和各国科学家做了大量的社会调查和科学试验，证明吸烟对健康有很大的危害。吸烟能诱发和加重多种疾病，降低人体的健康水平，甚至缩短人的生命。吸烟的危害在于，香烟中所含的大量有毒物质，会伴随吸烟活动进入人体，侵蚀肌体的健康。在这些物质中危害

最大的是烟碱、烟焦油和微尘，其中烟碱（尼古丁）是神经系统和血液循环系统的杀手，毒性强烈；而烟焦油则与喉癌、口腔癌、食道癌、胃癌特别是肺癌关系密切；一支香烟中有几万粒微尘，而吸入大量的微尘，不断刺激气管的黏膜，就会引发咽喉炎、嗓子变哑、咳嗽和支气管炎等症状。人在刚开始吸烟时并不适应，会引起胸闷、恶心、头晕等不适，但如果吸烟时间久了，血液中的尼古丁达到一定浓度，反复刺激大脑并使各器官产生对尼古丁的依赖。

吸烟不仅害己，还会损人。一些不吸烟的人，如果处于烟雾弥漫的场所，会吸入吸烟者喷出的烟雾，称为被动吸烟，危害也很大。

2. 饮酒切忌过量

酒的主要成分是酒精，也称乙醇，是一种有毒物质，如果大量摄入，会毒害人体的一切细胞，对身体产生破坏作用。

人体的神经系统对酒精极为敏感，有些人饮了少量的酒后，会变得“健谈”起来，这就是中枢神经系统功能失调的初期表现。

酒精对心脏危害较大，长期过量饮酒，会使心脏变性，失去正常的弹力而增大。长期饮啤酒的人，心脏扩大最为明显，医学上称为“啤酒心”。酒精还会使血液中的脂肪物质沉淀在血管壁上，使血管变窄，血压升高，增加心脏的负担。

当然，人们在紧张的学习、工作之余，饮少量的酒，对解除学习和工作的疲劳，促进消化液的分泌，增进食欲有一定的作用，但切忌过量。

（三）劳逸结合

学习时间长，大脑会出现疲劳现象，学习效率下降，视力也受到影响，这时就需要进行休息和调整。最好的方式是采用积极性的休息，如进行体育活动或散步等。每天保证 1 小时的锻炼时间，能够提高大脑的反应能力，对保持视力健康也具有积极的意义。

如今电脑逐渐普及，并且已经成为大学生生活和学习中的标准配置。但是，很多大学生没有养成良好的使用电脑的习惯。很多学生连续几个小时盯着屏幕看，常会感到眼睛疲劳，有时头痛，甚至会使眼睛聚焦困难，看东西模糊；有的由于长时间玩电脑游戏，不但视力受到很大影响，还使大脑长时间处于紧张状态，导致肠胃功能紊乱而影响健康。

大学生是不折不扣的“晚睡族”，其精力充沛，白天被学习束缚，晚上才有充足的时间做一些喜欢的事情，因此，通宵熬夜便成了很多大学生的常态。“开夜车”现象常常出现在考试前夕，这样的学生为数不少。很多学生平时不努力学习，到考试前来个突击复习，熬通宵。这样做最大的危害是使人体的生物钟被打乱，导致睡眠不足，影响大脑功能，容易引发失眠和神经衰弱等病症，所以说是不可取的。

（四）运动服装与卫生

在进行体育锻炼时，穿合适的运动服装是非常重要的，并且不同的运动对于服装也会有不同的要求。运动衣要轻便、舒适，夏季以浅色薄运动衣裤为好，冬季在不妨碍运动的前提下，应注意衣服的保暖性。另外，运动服装还应有较强的透气性和吸湿性。还要注意个人的卫生，要勤洗换。具体而言应注意以下几个方面的问题。

1. 运动鞋

运动者在选择运动鞋时，应根据所从事的运动项目的特点进行选择。很多体育运动都有专业的运动鞋，如篮球鞋、足球鞋、网球鞋、舞鞋等。这些运动鞋专门针对各个运动项目的特点而设计，能够保证运动锻炼者更好地开展各项体育运动。如果篮球运动者在进行篮球运动锻炼时不穿篮球运动鞋，则在运动时很容易滑倒，并且还可能出现脚部的损伤；另外，篮球运动对于鞋子的磨损也较大，一般的鞋子根本无法满足篮球运动的需求，穿普通的鞋子运动时很容易损坏。在选择运动鞋时，一定要试穿，确定鞋子的大小与脚的大小相合，如果过大或过小，都会对体育锻炼造成不利影响。另外，运动鞋应有助于透气、排汗，尽量不要选择橡胶运动鞋。运动鞋也不应太重，避免脚部负担过重。

除了挑选合适的运动鞋之外，还应选择专业的运动袜，运动袜应相对较厚，不仅有利于汗液的吸收，还能够缓冲运动过程中的震动。另外，运动袜还能减少脚部摩擦受伤。

2. 运动衣

运动衣一般要相对较为宽松，在运动过程中使人感觉较为舒服，并且有利于血液的循环，保证人体正常代谢物的排泄。如果运动服紧身则可能不利于汗液的排泄，还可能造成皮肤的擦伤。另外，紧身的衣物也会对人体的肢体和关节产生一定的束缚，不利于运动中各种动作的完成。

在运动中，还应注意及时更换衣服，如在天气较凉时进行运动，排汗量增加时应及时去除外套；在运动之后应及时增加衣服（应及时更换被汗水浸透的衣服）。

很多人认为，穿不透气的衣服进行体育锻炼能够增加人体的排汗量，从而达到减肥的目的。这是一种错误的观点，因为，这很容易造成人体脱水和中暑，从而给人体带来一定的伤害。

四、女大学生参与校园体育健身活动的体育卫生与保健

女子经常参加校园体育健身活动，不仅可以促进身体的生长发育，增进健康，提高身体各器官和系统的功能水平，使之更好地胜任对身体要求较高的工作任务，而且还可以使身体各部分的肌肉得到协调均匀地发展。特别是通过体育健身，能使腹肌、腰背肌和骨盆底肌的肌肉力量得到增强，这对于以后妊娠期的身体健康具有积极的作用。

（一）女子参与体育健身的注意事项

青春发育期后，由于男女少年在身体形态与生理机能及素质方面逐渐出现明显的差别，而且女子从少年开始有月经来潮，因此，在进行体育健身时，必须要考虑身体的生理特点，因此提出以下几个方面的体育健身要求：

第一，女子心血管、呼吸系统机能较差，锻炼的强度、时间及负荷量在运动时需要根据其主观感受确定。

第二，女子肩部较窄，臂力较弱，做悬垂、支撑及大幅度摆动动作较为吃力，在学习这些动作时，要注意循序渐进。

第三，女子身体重心较低、平衡能力较强、柔韧性较好，适宜进行健美操及体操等活动。在锻炼中，应注意保持和发展其柔韧性，有意识、有步骤地使她们加强肩带肌、腹肌、腰背肌

和骨盆底肌的锻炼。

第四，不宜做过多从高处跳下的练习，地面不可过硬，并注意落地姿势，以免使身体受到过分震动，影响盆腔脏器的正常位置及骨盆的正常发育。

第五，通过体育锻炼发展力量、速度和耐力等素质，提高女大学生的健康水平和运动成绩，并且养成长期锻炼的好习惯。

（二）女子月经期的体育卫生

月经是女子正常生理现象，在月经期间，人体一般不出现明显的生理机能变化。因此，月经正常的女子在月经期间，可以参加适当的体育活动，如做广播操、打乒乓球、羽毛球或打排球等活动。通过这些活动，不仅可以改善盆腔的血液循环，减轻盆腔的充血现象，而且运动时腹肌与骨盆的收缩与放松活动对子宫所起的柔和按摩作用，还有助于经血的排出。此外，丰富多彩的体育活动还可以调节大脑皮层的兴奋和抑制过程，从而减轻全身的不适反应。月经期进行体育锻炼应注意以下几方面的问题：

1. 动量应相对减少

由于一般人在月经期间身体的反应能力、适应能力和肌肉力量会有所降低，神经调节的准确性及灵活性也有所下降。因此，月经期间，运动量的安排要适当减少，活动时间不宜过长。月经期间一般不宜参加比赛，因为比赛时，活动强度较大，精神过于紧张，体力及神经系统都不能适应，易导致卵巢功能失调引起经血过多或月经紊乱。

2. 不宜进行游泳运动

月经期间，除应注意经期一般卫生外，还不宜游泳。因为经期子宫内膜脱落后，子宫内形成较大的创面，子宫颈口略为开大，宫腔与阴道口位置对直。此时，人体全身与局部对病菌侵袭的抵抗力下降，游泳时病菌可能侵入内生殖器官，进而引起炎症。此外，月经期间也应避免寒冷刺激特别是下腹部不应受凉，冷水浴锻炼也应暂停。

3. 不宜进行剧烈运动

月经期间应避免做剧烈的、大强度的或震动大的跑跳动作（如疾跑、跨跳、腾跃、跳高、跳远等），以及使腹内压明显增高的屏气和静力性动作（如推铅球、后倒成桥、收腹、倒立、俯卧撑等），以免子宫受到过大的震动或由于腹内压过于增高而使子宫受压、受推，造成经血过多或引起子宫位置的改变。

4. 不宜进行体育锻炼的女性

对月经紊乱（经量过多、过少或经期不准）以及痛经（经期下腹部疼痛）和患有内生殖器炎症的女生，在月经期间应暂停体育活动。

五、学生参与体育健身活动的常见误区

（一）体重越轻越好

很多大学女生认为，体重越轻越好，这是一种错误的观念，应及时纠正。现代人以瘦为美，

并且瘦身已经成为一种时尚，在这种“时尚”的影响下，减肥成为很多女性日常生活中的重要活动。关于体重，我们应从三方面进行理解：

第一，肥胖有害健康，这是人们普遍认可的。

第二，减肥是要减去体内多余的脂肪。

第三，体重过低不利于人体的健康。

当人体肥胖时，其体内脂肪过多，这会引起人体的生理和心理的不良变化，对健康形成一定的威胁。当人过于肥胖时，高血压、心脏病、糖尿病等疾病的发病率会增高，并且也更容易患上脂肪肝、内分泌紊乱等疾病。另外，由于现代社会以瘦为美，肥胖会让人产生一定的心理压力，形成一定的心理障碍。因此，如果肥胖，则需要通过多种手段来减去体内的多余脂肪。

但是，需要注意的是，脂肪组织是人体的重要组成部分，具有多方面的生理功能，如保温作用、保护和固定作用、供给脂肪酸作用、携带脂溶性维生素并促进吸收的作用等。如果处于青春期的女性其体内脂肪含量不足体重的17%时，就很难形成月经初潮，不利于生殖系统的发育以及功能的完善。体重过低还会造成免疫力降低、骨质疏松、女性月经不调等影响成年人的体质健康。

（二）减肥就是降体重

很多人将减肥和降低体重混为一谈，将两者等同起来，这是一种错误的观念。人体包括50%～60%的水分、15%～30%的脂肪和15%～30%的肌肉和骨骼。减肥是减去体内多余的脂肪，而减重则并不一定是体内脂肪的减少，这是一种不科学的健身方法。竞技运动员为了竞技项目的需要，往往采用减重的方法来符合各个级别的体重标准，或获得一定的体重优势。在减肥之前，应对身体成分进行测量，重点关注体脂的百分比，如果体脂百分比并不高，则不必减肥。如果女性体内脂肪低于10%～12%，则可能出现月经紊乱、缺铁性贫血、免疫力降低等问题。

（三）跑步是有氧运动、力量练习是无氧运动

很多人认为跑步、游泳是有氧运动，而力量练习和球类运动是无氧运动，这是一种错误的观点。有氧运动与无氧运动的区别并不在于运动的形式，而是在于人体在运动时的能量代谢方式。当人们吸入的氧气能够满足机体在运动时对氧气的需要时，氧气的供应达到了供需平衡，人体的能量代谢方式主要是有氧代谢。如果人体吸入的氧气量并不能满足人们运动的需求时，人体提供能量的主要方式则转变为无氧代谢——糖、脂肪和蛋白质的分解代谢。

以最简单的跑步运动为例，当人跑的速度较慢时，运动强度相对较小，此时机体的供能方式主要是有氧代谢，则运动也为有氧运动；当跑速较快时，人体的供能方式主要是无氧代谢，该运动为无氧运动。因此我们不能将一项运动简单地归纳为有氧运动与无氧运动，更应注重运动的强度。

第三节　校园体育文化建设现状与路径探索

一、大学校园健身文化建设现状分析

通过对我国大学校园健身文化建设现状进行分析，可知目前我国大学校园健身文化建设依然存在一些问题。本部分就大学校园健身文化建设中的一些问题进行分析。

（一）健身文化期望值比较低

相关资料表明，目前我国普通高校大学生对校园体育健身文化的期望值和期望性需求不是很高，这直接影响其体育健身参与和体育健身行为。随着社会的发展，计算机等电子产品的普及填充了大学生的大部分余暇时间，大学生的余暇时间都是在计算机等电子产品中消耗的。娱乐活动形式的多样性降低了大学生对健身活动和体育健身文化的期望值，健身期望程度的降低直接影响大学生的健身态度和健身的价值观念。加上场地器材的短缺、同学的冷漠和嘲笑等消极态度的影响，更降低了大学生对校园健身文化的需求度。大学生对健身没有兴趣和消极态度制约了校园健身文化的发展。在校园里大学生没有强烈的意愿参与健身，健身活动成为可有可无的活动，只有少数人能够持续参加健身。

（二）健身文化氛围不浓

相关资料表明，目前我国普通高校大学生周围环境的体育健身文化氛围不是很浓厚，这直接影响其体育健身态度和体育健身行为。

校园体育健身文化氛围指的是大学生从事健身活动的主要场所和环境。校园健身文化氛围对于大学生从事健身活动的参与程度、参与形式和健身文化素养都有一定的影响。建立良好的校园体育健身文化氛围对于培养大学生体育健身意识、正确从事体育健身活动、养成良好的健身文化素养具有重要意义。但是，现阶段我国许多高校不仅没有形成具有院校特色的校园体育健身文化和传统体育健身项目，也没有形成有个性特点的健身活动形式。这十分不利于大学生体育健身意识的建立、体育健身文化素养的形成，以及校园中形成有规模的体育健身活动。校园体育文化氛围的建立需要一定的时间，对于大学生的影响也是由小到大的过程，它不仅仅影响一批学生，对于每个时代的学生都会产生影响。因此，各个高校必须建立适合自身发展的、符合自身实际的校园体育文化，通过各种各样的方法创建具有特色的体育健身文化氛围，使学生具有健康的体育健身行为，形成良好的体育文化素养。

（三）健身文化发展水平不高

在高校体育、校园文化、教育体制以及领导重视程度等诸多因素的共同作用下，高校大学生的体育健身文化总体发展水平落后于群众体育健身领域。客观因素方面，表现为学校场地器材的缺乏，校园健身文化氛围不浓，缺乏对大学生健身行为的引导和指导；主观因素方面，表现为大学生对于健身的期望值不高，健身并不是娱乐活动的唯一形式，健身缺乏持久性和稳定性。这些都是造成大学生体育文化发展水平不高的原因。另外，在体育健身物质文化方面，场地器材不能满足学生健身的需求，缺乏对场地、器材的维修和保养，场地和器材的功能性破坏严重；在健身的制度文化方面，健身条例、健身指导制度、场地器材维修保养制度都有待于完善和改进，相关的组织机构权责划分不清，“都能管，都不管”的现象在高校比比皆是，相关的规章制度、条例和法律法规的执行力不足。学生自觉遵守相关健身制度的意识不强，破坏健身设施、在健身场所乱扔垃圾、健身暴力等行为经常发生；在健身精神文化方面，高校健身文化氛围不浓，大学生的健身理念不明确，健身心理倾向不强烈等也是大学生健身文化发展水平不高的具体表现。由于特殊的生活环境，大学生体育健身文化发展水平不高的现状制约了高校体育事业的发展和大学生体质健康水平的提高。为了提高大学生的体育健身文化发展水平，我们必须从多方面着手，发动国家和社会多方面的力量，努力调动大学生健身的主观能动性，为其创造良好的健身环境。

由于体育特有的实践性，健身文化的传递和继承以及对整体知识的掌握，都与活动和练习紧紧地联系在一起，学校内拥有场地器材的多少、场馆设施的质量等一系列物质条件，都将极大地促进和制约校园健身文化的传播。

二、阳光体育背景下校园体育文化建设路径探索

（一）加强大学生校园健身管理和指导工作

根据相关资料可知，虽然大学生对健身有较好的认知，对健身活动有一定的兴趣，但是他们的健身意识不稳定，兴趣容易发生转移，实际健身行为不太积极，因此，加强领导，建立并完善校园健身制度和评价体系，统一组织管理和指导工作对大学生校园健身活动的开展显得尤为重要。

强有力的领导班子是推动高校健身文化事业发展的前提，学校可以成立学生健身工作委员会，统一组织和管理学生校园健身活动的开展，使校园各项健身活动有领导、有计划、有组织、有落实。同时，支持学生成立各种健身协会或健身社团，并且为他们的健身活动创造一切有利条件，并提供引导、支持和帮助，使之顺利开展。

校园健身规章制度是构建校园健身文化的依据。通过制定大学生校园健身的各项规章制度，建立完整的校园健身活动评价体系。把校园健身活动纳入法制化、规范化、科学化的运行轨道。可在学校相关考核条例中，明确学校各部门在健身活动中的基本职责，把学生的健身活动列入学校各部门每学期的工作计划，并制订相应的实施方案。建立师生合作监测制度，实时动态地监控学生校园健身活动的开展情况和校园健身文化的发展状况，以最先进、最优秀的文化来促进和引导校园健身活动持续发展。同时要完善各种评价体系，通过改革高校体育课成绩评定办法，在原来单纯的技评、达标、终结性评价体系中融入体能素质、参加校园健身活动的态度、表现与团队精神等多维内容，以此提高大学生的校园健身实效。

认真做好大学生健身活动的组织与指导工作。充分发挥高校体育教师团队的专业特长，帮助学生根据自己的具体情况（身体素质、兴趣爱好时间地点等）确定健身锻炼目标，选择好健

身项目、方式和手段，制订适合自身的健身计划，并付诸实施。建立健身项目现场辅导站和网络指导站，安排学校体育老师帮助学生调整健身计划，对健身活动中出现的各种情况进行科学地分析、指导和帮助，不断强化学生参与健身活动的兴趣，使其坚持参加健身锻炼，同时也能够吸引更多的人参与其中。

（二）积极改善高校校园体育健身环境

当前，高校体育健身资源总的来说较为缺乏，满足不了大学生对体育健身的需求。从心理学上讲，当大学生已经认识到健身的意义和作用，并对健身产生了较浓厚的兴趣时，他们的健身意识就会处于自觉活跃状态，就会主动利用校园健身资源来满足自己的健身愿望。如果这时学校的健身资源不能满足学生的健身锻炼需要，那么他们健身的主动性将逐渐消退，健身的实效也将大打折扣。相关资料表明，大多数学生都愿意在校园里参加健身锻炼，学校健身资源的短缺，会直接影响大学生参加健身锻炼的积极性。因此，高校应结合现有条件充分挖掘本校体育健身资源潜力，为大学生开展体育健身活动创造条件。

要争取学校领导对校园健身文化建设的高度重视，为校园健身文化建设提供领导和为体育健身基本建设投入经费。积极改善高校的体育健身设施状况，扩大体育健身活动设施占地面积，建设小型多样的健身场所，增添必要的现代体育健身设施。还可以购置一些健身器材摆放在校园操场上，让学生自取、自用、自放，并提供多种学生感兴趣的健身项目如攀岩、户外运动、野外生存等，来激发学生参与健身的热情，真正把“让”学生健身锻炼变成学生“要”健身锻炼的现实。

体育教师团队是构建和完善校园健身文化的重要保障。学校体育教师要在不断提高自身业务水平能力的同时，也要注重调整转变知识结构、不断增强知识创新意识，使自身所储备的体育健身内容、方法、手段能满足大学生校园健身需要，在认真完成国家规定的课程方案的前提下，积极开发以健身教育为重点的公共选修课程，编写一些有本校特色的健身教育校内教材，向学生传授体育健身知识和方法，逐步形成和完善学校健身教育特色课程和健身教育的课程体系。另外，高校体育课和课外活动时间是学生开展健身活动的主渠道，要充分利用“三课两操”时间开展健身游戏、健身体操和健身舞蹈等系列活动，让学生在活动中学会健身，在健身中丰富文化，并养成健身的良好习惯。

（三）努力营造良好的高校校园健身文化氛围

1. 健身文化活动要丰富多样

丰富多样的健身文化活动是构建校园健身文化的核心。学校通过开展“校园健身文化系列活动”，能够加强校园健身文化宣传教育力度，使文化与健身呈现良性互动，这样既可以让大学生对健身文化有一个直接的感性认识和良好的情感体验，也能够让他们进一步了解健身的意义、目的、价值和方法，树立正确的健身观，从而提高大学生的创新能力和艺术欣赏水平。

2. 定期举办校园“健身节”

“健身节”的活动形式可以多样化，既包含健身表演、健身比赛、健身文化宣传教育等，也可以开展一些体育讲座、演讲等。“健身节”不仅要开展各种有趣的健身活动，还要让学生在健身趣味活动中感受到健身锻炼的快乐，并为他们提供一个展示自我和发现自我的平台。另外，还可以利用“健身节”开幕式、闭幕式等大型活动让全校学生和老师参加，也让外校师生参加，这样既是全面地展示学校健身文化生活的一个机会，更是对外宣传学校的一个窗口，通过宣传让社会更多地了解学校，使校园健身文化形成一定的社会效应。

3. 改革校运会

为了让学生适应日益增长的校园健身文化需求，可以把运动竞赛为主的校运会转变为融健身、竞技、娱乐、艺术、文化活动为一体的现代体育活动。项目编排可结合学生的兴趣、民族特色、地方特色和传统特色开设一些新的健身体育项目和表演项目，如广播体操、健美操、狮舞、龙灯舞、滚桶、多人多足、毽球等。把现代文化与民族文化、地方文化和传统文化相交融，使校运会充满文化气息，丰富和促进校园健身文化的发展。

4. 渲染氛围

氛围渲染是校园健身文化发展的必要条件。积极开展以校园健身为主题的各种形式的比赛活动，如“美在健身”绘画比赛、“健身诗歌”征集比赛和“在健身锻炼中成长”征文比赛等。通过比赛活动，让学生把参加健身活动中的精彩瞬间、感人场面和自己在健身活动中的经历、感悟等描绘成画，编织成诗，撰写成文，提升学生对校园健身文化的认识，营造浓厚的校园健身文化氛围。另外，要充分运用学校的网络、报纸、广播和板报等媒体，有目的、有计划地开展宣传活动，提高大学生对健身的认识，树立正确的健身观。另外，可以邀请奥运会获奖运动员来校做报告或讲座等，宣传奥运健儿顽强拼搏的精神，让学生进一步了解奥运精神，并将奥运精神转化为参与健身锻炼的推动力，以实际行动投身到校园健身文化建设中，为构建和谐校园做贡献。

第五章　校园竞技体育文化建设理论指导

竞技体育文化作为一种文化现象，在现代社会给人们的生活和工作带来了重要影响，竞技体育文化传入学校后，不仅成为校园体育文化的重要组成部分，对学校体育的发展及学生的成长也产生了重大的影响。科学建设校园竞技体育文化，可推动竞技体育积极作用的发挥和校园体育文化体系的健全与完善。本章主要就校园竞技体育文化建设进行研究，主要内容包括竞技体育文化基本理论、竞技体育对校园文化的影响、我国高校体育竞技人才培养现状及模式构建以及学校竞技体育与校园体育文化在多层面上的互动发展。

第一节　竞技体育文化基本理论综述

一、竞技体育

（一）竞技体育的概念

竞技体育指的是运动员以比赛竞争为基本手段，以满足人们审美享受及刺激等需要开展的社会实践。

（二）竞技体育的分类

1. 非正规竞技体育

非正规竞技体育是指运动者为达到娱乐休闲目的而进行的带有健身性和游戏性特点的身体活动。尽管这些活动属于非正规的竞技体育，但是与竞技体育相同的是，非正规竞技体育也需要在运动规则的指导下开展，只是这种规则没有竞技体育那样严苛，比较随意，具有临时性。非正规竞技体育的组织比较松散，运动进行时甚至有时不设裁判员，由双方共同协商处理场上的争议问题。这种运动几乎没有任何功利目的，参与运动的人也不是为了达到一个多么高的技术水平。一般学校班级间的非正式比赛、社区组织的竞赛、大众体育中的初级竞赛活动等都属于非正规竞技体育。

2. 组织化竞技体育

组织化竞技体育的特征为拥有一个基本的管理组织，为了使比赛双方在一个公平的环境下争夺“利益”，于是它具有正规的球队、团体和竞赛活动章程、规则，以及有关的组织体系，并提供运动设施、管理人员，在有争议时可以出面仲裁，还为参加者提供训练和比赛的资格和机会，对参加者的合法权益加以维护。这类竞技体育组织一般包括各国各地区体育协会、职业俱乐部、体育运动青年会、大学球队等。

3. 商业化竞技体育

商业化竞技体育融合了非正规竞技体育与组织化竞技体育的某些要素，但其更多地被笼罩于某种商业目的或企业文化目的之下，因此使竞技体育中增添了许多商业活动和商业行为，甚至是一种强权政治的延伸。这种竞技体育具有高度组织化的特征，参与者被分割成对立的利益群体。

二、竞技体育文化

（一）竞技体育文化的概念

就当前来说，在广大学者越来越深入地研究竞技体育文化的背景下，竞技体育文化被新时代赋予了很多种含义。关于竞技体育文化概念的界定，学术界一直对其进行完善和丰富，发展至今也未能形成关于竞技体育文化概念的统一认识。这里主要阐析我国体育学者提出的典型观点。

1. 白晋湘认为，西方竞技体育文化一直以来都在朝着竞技性、惊险性、公开性、健美性以及趣味性等方向发展，是一种重视人类均衡发展但又包含暴力内容的体育文化。以我国传统文化为比较对象，竞技文化不够重视竞争中的道德教育。

2. 曾志刚和彭勇认为，竞技体育文化是一种既具有民族精神，又具有人本思想的体育文化。

3. 李龙和陈中林认为，竞技体育文化是先进体育文化的一种类型，其对人类提高自身身体素质、健全自身人格、树立健康向上的世界观和人生观都有积极影响，也密切关注人和自然、人和社会，想方设法把个体之间的公平、公正、彼此支持、彼此促进凸显出来，是有助于构建融洽的人际关系以及国际关系的体育文化。

（二）竞技体育文化的特征

1. 规则性特征

竞技体育需要在公平、公正、公开的环境中进行，达成这种有序性要求的直接措施是针对竞赛双方的运动员制定具有强制性特征的竞赛规则，进而确保在竞技竞赛基础上演变而成的竞技体育文化，具备鲜明的规则性特点。与此同时，竞技体育文化能够推动参赛运动员在参赛之前，甚至从小时候接触特定项目的运动训练时就了解具体项目的竞赛规则，不然运动员将无法充分掌握特定游戏的运动进程。另外，由于现代各体育单项组织均在主动探究运动项目的未来发展之路，比较常用的一项措施就是调整和完善规则，倘若运动员没有及时理解和掌握运动项目的规则，将会增加在竞赛中获胜的难度。

由此可见，竞技体育文化就是以物对人的制约以及主体之间的彼此制约。就和平年代而言，体育竞赛就是最好的“战争”形式，同时由于当今竞技体育在朝着商业化与职业化的方向发展，所以比赛胜负往往在很大程度上决定着利益的归属，使其更大可能把人们的内心欲望借助运动的形式凸显出来。但是，为确保运动竞赛达到有序性和公平性的要求，就有必要制定出供大家共同遵守的规则，从而为参赛运动员带来一定的限制，为比赛全程的客观、公正提供保障。换句话说，竞技体育的规则是一种自我约束机制的产物，是体育文化内部各类形态的重要基础。

2. 功利性特征

前面提及的竞技体育文化的规则性中已经明确指出竞技体育正朝着商业化与职业化的方向发展，比赛输赢对利益归属有决定性作用，同时该项利益在现阶段乃至以后的发展走向一定会大幅度增长。这些因素就造成越来越多的运动员在意比赛输赢，从而使竞技体育的竞技性特征朝着日益鲜明的功利性方向发展，竞技体育文化功利性的具体反映是：功利性成为推动体育活动主体挑战自然、挑战自我的一个重要源泉。

从根本上来说，当今社会的方方面面都有竞争。就参与竞技体育的运动员而言，功利性的关键性反映首先是自身价值的社会认可，其次才是参赛运动员生存的一种谋生工具。然而，竞技体育功利性特征在当今社会越来越显著的背景下，很多关于竞技体育的幕后操作以及黑幕相继产生，很多体育运动比赛中的丑恶现象相继被曝光，这些乱象一定会阻碍竞技体育的可持续发展。

从全局来分析，竞技体育的功利性并非是竞技体育的梦魇。倘若有关部门能够从根本上打击竞技体育中的丑恶现象，则竞技体育的功利性行为乃至结果将会被科学引导，最终带领竞技体育朝着正确的方向发展。

3. 选择性特征

竞技体育活动的主体选择活动共同组建了竞技体育文化的选择性特点。因为竞技体育活动的内容具有多样性特征，所以向参与者提供了很大的选择空间，但很多竞技项目都设置了很高的准入门槛，这同样是对参与者的一种选择，由此可知竞技体育活动和人们对它的选择属于双向行为中的一种类型。形形色色的社会角色在从事体育活动时往往有自己的选择，确定这种选择的主要依据是活动内容、活动主体以及社会角色，与参与主体特征以及具体状况不吻合的竞技运动必然会被排除。

因此，活动内容和主体角色是广大群众选择竞技体育活动内容的决定性因素。竞技体育运动员选取的活动内容往往会在形式方面反映出十分明显的专门性特征，其中有很多运动员在其他领域也获得了出色的成绩，但在多个领域取得出色成绩的运动员较少。这种情况主要产生于同一种类型的运动项目中，如一些田径运动在短跑项目和跳远项目上都占据很大优势，原因在于这两项运动中的很多技术都是共通的。

明确确定竞技体育的参与主体与内容之后，可以反映出竞技体育文化的选择性特点就是选择活动方式，其能够反映为对各类运动的选择，还可以是对同一项运动在参与质量上或者目标上的具体选择。对于参与足球运动的专业足球运动员和普通大学生而言，前者参与足球运动旨在获得更理想的名次，从而得到更加可观的收益，后者参与足球运动同样有竞争性，但这种竞争主要是精神层面的向往。

4. 互动性特征

竞技体育活动的互动性特征在多数情况下都是利用主体的互动表现出来的，具体内容如下：

在参与竞技体育活动时，主体不可避免地会在很多层面有所互动，如集体性竞技运动中队员中的场下沟通与场上配合等。除了场外观众缔造出的竞技体育文化的互动性以外，很多体育活动中的活动内容互动都能够使它们在形态上产生越来越多的相似之处，由此促使具备某种互动的可能性大大增加，即活动主体在互动中对活动内容认识之后的具体结果。各种类型的运动形态都存在项群特征，同时反映出特定的相似性，如乒乓球运动就是在网球运动的基础上演变而成的，这两项运动在很多层面都有相似之处，这里提及的相似性在橄榄球运动和足球运动、篮球运动之间的关系同样能发现。

5. 渐进性特征

经过很长时间的发展和演变，竞技体育才发展成现在的状况，其起源于广大群众时常参与的游戏或者生存技能教学活动中。在人类社会持续进步的背景下，人们抢占资源的行为出现在社会各个方面，竞争意识由此形成，随着时间推移，这种意识慢慢渗透在体育运动中，竞争的内涵逐步发展成体育运动的重要内涵。发展至今，竞技体育已经演变成在人类体育运动文明中发挥关键性作用的体育运动方式。

渐进性特征同样是由竞技体育的主体呈现出来的，主要通过横向和纵向两个方面反映出来。具体来说，纵向反映是指活动主体实施体育后在身体发展和心理发展两个层面的渐进过程，横向反映是指实施体育以后产生的各种类型的层次主体。

竞技体育的渐进性是活动主体在长时间的体育运动实践之后获得的经验集合，主要目的是确保这些经验对体育运动活动产生反向指导作用，从而更加高效地实现体育活动目标。

6. 多样性特征

从本质上来说，竞技体育由多元化内容组成，并非是简单意义上的人与人之间的比赛或者团队与团队之间的比赛。就参与竞技体育的各类角色而言，每个角色往往会在竞技体育文化中产生截然不同的形态。例如，运动员和教练员都是运动竞赛的主体，但两者扮演的角色却存在很大的差异，两者在相互协作的过程中力争得到满意的成绩，最终获得事先设定的物质收益以及精神收益。

虽然观众不是体育竞赛的参与主体，然而是竞技体育中无法替代的客体，愉悦身心是他们欣赏体育赛事的目的所在。现代竞技体育产业化发展恰恰是在赛事对观众有巨大吸引力的前提下逐步发展起来的，如果大批量观众不复存在，竞技体育运动的产业化发展将会遇到很大的挑战。

我们可以将竞技体育的组织者理解成竞技体育产品的生产人。在当今社会，体育赛事被很多人理解成一种产品，而生产者的生产水平对体育赛事产品的实际价格有直接影响，而体育赛事产品产生的最终收益就是竞技赛事生产者得到的收益。毋庸置疑的是，这里提及的赛事产品卖出好价格仅仅是竞技体育价值中的类型之一。除了得到很多经济收益以外，组织与销售精品赛事也能在政治领域以及多元化的经济领域获得巨额收益，竞技体育拥有多重文化内涵是竞技体育反映出多样性特征的一项重要原因。竞技体育文化在内容方面同样存在独特指向，着重反映在竞技体育运动的参与者身上，如运动员和广大群众。运动员作为竞技比赛的参与者往往会设置清晰、明确的目标，他们一定要根据运动队或者组织者指定的活动内容进行。与制定明确目标的运动员相比，广大群众参与的竞技比赛比较随意，拥有很大的选择空间，但其内部存在的“竞争性”含量也比较低。由此可见，体育活动内容的多样性是造成活动方式多样性的决定性因素。当体育活动的目标和内容出现变化时，活动主体就会凭借与之前有差异的方式参与进来。

（三）竞技体育文化的价值

1. 道德建设

从我国竞技体育教育来看，各个体育运动队都会经常开展一些爱国主义教育和集体主义教育，这样能够更好地帮助运动员树立正确的世界观、价值观，形成良好的运动风气。在竞技比赛中，中国运动员表现出来的“不屈不挠，勤学苦练，不断钻研，不断创新的精神；同心同德，团结战斗的集体主义精神；胸怀祖国、放眼世界，为国争光的精神；胜不骄，败不馁的革命乐观主义精神和英雄主义精神”，这些都对我国各个行业有着非常好的示范作用，同时这也是中华民族得以复兴的重要前提和宝贵财富。

2. 公平意识

在竞技体育运动中，所有的项目都要遵循一定的规则，规则要求参与比赛的所有人员包括参与比赛的运动员、教练员以及比赛相关管理人员等都要遵循公平、公正的原则来开展活动。所以说，如果缺少了公平原则，竞技体育就很难顺利开展。竞技体育运动员在比赛中起点相同，比赛成绩都由共同的尺度来衡量，如果采用的尺度不同，那么比赛就很难顺利开展；在比赛结束之后，对于比赛胜负结果需要采用共同的尺度进行判断。

在竞技体育中，所有运动员都享有自由、平等的权利，要在正当的竞争条件下努力获得比赛的胜利。在比赛中，所有的运动员都要严格遵循公平竞争的原则，根据既定的比赛规则参加比赛，避免出现不正当的竞争行为。在人类发展中，竞技体育的公平竞争意识发挥了非常重要的作用。

3. 竞争观念

同其他体育运动不同的是，竞技体育的竞争性是非常强的。这种竞争性使得竞技体育对我国的文化产生了非常深远的重要影响，在弘扬社会竞争意识方面发挥了非常重要的意义。中华民族有着悠久的历史，受封建统治的影响，中国人民在漫长的封建统治中压抑了人性，泯灭了锐意进取的精神，在这样的形势下，中国国民素质低下、体质羸弱，甚至被称为“东亚病夫”。其中，最为欠缺的就是勇于向前的竞争意识。

在西方竞技体育传入中国之后，社会的各个层面都产生了相应的变化，同时中国体育文化也受到了一定程度的影响，甚至是冲击。在西方竞技体育文化传播的过程中，一些健康的、积极向上的竞争意识开始渗透到社会各个层面。这对于促进中国多元价值观的建立与发展起到了重要的作用。从某种角度来看，西方体育中的竞争观念与市场经济发展的相关要求是非常契合的，伴随着时间的不断推移，不断显现出竞技体育中竞争意识的价值。

4. 国际化观念

竞技体育在各国传统历史、意识观念、文化观念等诸多因素的影响下表现出各个不同的特征。但竞技体育无国界，它是人类共同的一种文化形式。从某种意义来说，竞技体育已经逐渐发展成世界全球化的人类语言，从而使得世界各国人民之间的沟通和交流得以增加，对世界和平起到了良好的促进和维护作用。改革开放后，我国竞技体育得以非常快速的发展，并且受到世界很多国家的关注。我国的竞技体育在一些国际性赛事中获得金牌，从而将体育的重要地位愈发凸显出来，增强了国人的信心，激发起国人的自豪感，也为中华民族的伟大复兴奠定了基础。

在竞技体育中，对公正、公开、公平的竞争意识进行倡导，事实上就是树立一种和平竞争的国际化观念。竞技体育在我国发展中产生了非常重要的影响，能够促使我国应对竞技全球化、政治多极化、文化多元化的国际社会环境，以便立足于世界民族之林。

（四）发展竞技体育文化的意义

1. 竞技体育文化对人本和谐的构建

人本和谐的理念主要在于“以人为本”的行为方式。一直以来，所有人都是发展的主体和促进动因，所以只有身处宽松良好环境的人们才能对特定领域贡献应有的力量。这里提及的环境涉及方方面面，个体的内在环境或者外在环境都在这个范畴，如个体内在的身心健康、个体外在的社会适应水平等。有学者指出竞技体育文化能够塑造人本和谐的关键原因是：竞技体育的参与者往往能得到身体发展与心理发展的一致追求。学者归纳出这一观念产生的时间不是近几年，早在几千年以前的古希腊人思想中已经提出并认可这一观点，证据是考古学家在希腊一处峭壁上发现了镌刻着一句古老的希腊格言：“如果你想强壮，跑步吧！如果你想健美，跑步吧！如果你想聪明，跑步吧！”跑步是集简单和实用于一体的全面健身运动形式，跑步能够推动人体的多项身体机能维持在相对健康的状态，同时有助于参与者宣泄内心的压力，所以说古希腊人很早就有踊跃参与体育运动的热情且意识到健全的精神寓于健全的体魄中，同时意识到体育对人体产生积极影响的思维不单单局限于热爱，而是将踊跃参与体育锻炼的意识融入民族精神中并慢慢流传下来。

就近代来说，作为现代奥林匹克运动之父的顾拜旦就曾经在其撰写的《体育颂》中表达了对体育运动的赞美之情。分析顾拜旦的这首颂诗，不难找到体育运动对人类身体和心理产生的正面影响。这些语言就是包括竞技体育在内的体育运动有助于人本和谐建构的例证。

2. 竞技体育文化对人际关系的构建

就当今社会来说，仅凭自身能力独立完成任务的状况不断减少。这种现象使社会朝着多元化方向发展已成为必然，这种现状要求人们需要在他人的配合和帮助下完成一项任务，从而人际关系的处理应运而生。倘若个体能够灵活处理人际关系，则有助于更加高效地完成相关工作，反之则会遇到各种各样的阻碍和困难。

要想和他人形成融洽的人际关系，重点是和其他人形成公平、公正的竞争，如果个体打破这种平衡状态则难免会产生一些人际关系问题。当人际关系比较顺畅时，任何人都拥有各自的权利和义务，同时权利和义务对每个个体而言大体统一，尤其是在团队中切莫对一些人采取特殊待遇。如果这样，就会使一直处于和谐状态的人际关系遭到破坏。原因在于人本身就是一种情感类生物，人的想法与精神状况难免会因为经历相关事件而出现或多或少的变化。但只要个体始终秉承人际和谐的原则，即便个体之间产生某种冲突，仍然能够在沟通之后回归到正常状态，这样对整体目标以及效能产生的作用不明显。

在详细阐述人际关系的基础上，把人际关系和竞技体育文化融合在一起后能够发现，竞技体育蕴含的尊重客观、奉行公平、公正的原则恰恰反映出人际关系融洽的关键性条件。受这项原则的影响，参与体育竞赛的各国运动员不单单只有身后的背景和身份，甚至国籍都变成微不足道的方面，对于所有在相同规则的限制下参与同一个运动项目的运动员而言，只要他们凭借自身的体力与技能参与角逐，那么比赛的唯一标准有且只有运动员的运动成绩。由此可见，竞技体育中人和人之间平等、和谐的关系是多么重要。

现代竞技体育朝着产业化发展已经演变成一种必然趋势，以过去为比较对象，产业化发展趋势下的竞技体育包含类型更加多元化，其中关于利益的争夺正在朝着日益激烈的方向发展。为了实现利益最大化目标，很多人丢掉了大力倡导的体育道德风尚，开始使用形形色色违背体育道德的手段。例如，为获得更多荣誉，一些参与体育竞赛的运动员使用兴奋剂；另外，政治因素对体育产生的作用也导致越来越多的国家因为各种各样的理由抵制奥运会等。这些打破和谐的因素必然会对竞技体育的长远发展带来阻碍。总之，竞技体育中隐含的这种文化内涵对构建人和人之间的和谐关系有很大的正面影响。倘若人们违背了这些规则，则会使竞技体育的发展停滞或者下滑。

3. 竞技体育文化对和谐国际社会的构建

以奥运会为例，古希腊时期举办奥运会不单单是为了单纯的竞技比赛，相反是一种拥有深远意义的定期祭祀活动，是古希腊时期特征显著的文化展现。在那个历史阶段，古希腊城邦林立战事连连的社会背景为奥运会的开展提供了良好的平台。各个城邦都答应奥运会比赛期间不发动战事的要求，这就是著名的“神圣休战”约定。“神圣休战”约定对竞技体育在未来的发展有很大的影响，从中不难发现竞技体育中已经产生各政治主体之间和平、友好的基因，准确来说就是具备了和谐的意识。时至今日，在举办现代奥运会的时间段内，国际奥委会依然提倡世界各国在奥运会举办期间不得采取军事行动。

在很早之前，和平就演变成当今社会的主流。对于身处良好环境氛围的竞技体育而言，其充当着人本性中的暴力与攻击性本能的有效转换途径，我们可以将其理解成合法对抗以及不存在硝烟的战争。它有助于加深国家或民族之间的相互了解、相互沟通。当前，竞技体育推动国际关系越来越融洽的案例越来越多。

我国最具代表性的案例是妇孺皆知的“乒乓外交”，我国在20世纪70年代通过邀请美国乒乓球运动员访问中国大大加深了两国的交流，中美两国历时较长的外交僵局被成功打破，为中美两国进行不同领域的协作和沟通创造了契机。包括“乒乓外交”在内的成功案例都属于竞技体育推动国际社会走向和谐的事例。

4. 竞技体育文化对人与自然和谐的构建

人和自然的和谐是指在人类社会的发展历程中不单单要关注人类，还需要对自然投入应有的关注，从而最终达到人和自然、生物和非生物、时间和空间等方面的协调。由于人类所有方面的发展都无法脱离稳定和谐的自然环境，所以人类必须要在行动上高度重视与自然的和谐。就竞技体育而言，竞技体育和人类在自然中的生存相同，其存在必须依附特定的自然环境。竞技体育要想实现可持续发展的目标，必须利用并保护自然环境，努力使这两个方面保持协调统一的关系。

在人类社会持续发展的背景下，广大群众生存所依赖的自然环境正在朝着越来越恶化的方向发展。一方面，我们可以将这理解成人类发展的必经之路，发展过程中必然需要消耗资源占用土地；另一方面，当人们越来越深刻地意识到环境破坏以及治理的必要性和重要性之后，就会想方设法保护环境。与此同时，依托自然环境的竞技体育往往需要以人和自然和谐为基础，不然竞技体育运动就难以反映出阳光、向上以及积极的内涵。《奥林匹克宪章》明确规定："国际奥委会认为举办奥运会应当显示对环境问题的关心，并在其活动中采取体现这种关心的措施，教育与奥林匹克运动有关的各方理解可持续发展的重要性。"为此，国际体育界也在各个方面做出了极大的努力，提出了一些切实可行的关于举办竞技体育比赛的同时保护自然环境的措施，以求避免竞技体育赛事对环境的较大影响。其中比较典型的事例是在1972年，美国丹佛市由于提出了有碍环境保护的冬奥会举办方案，从而最终失去该届冬奥会的举办权，而同年举办的慕尼黑奥运会的举办口号则是"健康环境中的健康比赛"，这一办赛理念显然与环境保护的宗旨非常贴切。在此后的奥运会承办城市的陈述中都要有与环境保护相关的政策和措施，如果不能满足这些条件，则不考虑将承办权交予这些城市，如雅典、北京等著名城市都曾因环境污染问题在申奥竞争中落选。后来北京的胜利也在于力求将"绿色奥运"作为办赛理念而深入人心，这显然对人与自然的和谐发展起到了重要的宣传与推动作用。

现代竞技体育中"绿色"理念的深层含义就是体育和自然环境的共生以及彼此关怀，充分彰显了人类在竞技体育中对大自然的关切以及人道主义精神。立足于这个视角分析问题，不难发现竞技体育文化中蕴含并倡导的"绿色体育"理念大大推动了人和自然之间和谐关系的建立，由此也就演变成竞技体育运动可持续发展的一个关键性因素。

第二节　竞技体育对校园文化的影响分析

竞技体育对我国高校校园体育文化建设具有重要的作用，因此我们有必要对竞技体育和校园体育文化之间的关系加以重新审视。从竞技体育对校园体育文化的影响可以看出竞技体育在培养正确的体育文化观点方面具有重要意义，其目的是为了提高对竞技体育的认识，使竞技体育更有效地促进校园体育文化的良性发展。

以1896年第1届奥运会为标志的现代竞技体育的发展是人类历史上一种特殊的文化现象，现已成为人们生活中不可缺少的内容。竞技体育是指为了最大限度地发展和不断提高人们在体格、体能、生理和心理等方面的能力，并以取得优异的运动成绩而进行的科学的、系统的训练和竞赛。它以独特的优势及其体系的可开发性、作用的适用性、影响的广泛性，成为整个体育运动中最活跃、最积极的部分，它的发展对体育文化的发展具有深刻而广泛的影响，同时它也是促进各类体育活动发展的一个重要条件。

校园体育文化作为社会亚文化的一种特有现象，是指在学校这一特定的范围内，人们在实践过程中所创造的物质财富和精神财富总和的一部分。校园体育文化的发展离不开学校体育这片沃土，学校体育是校园体育文化的基础，也是学校教育的重要组成部分，具有培养学生的体育能力、运动兴趣及习惯，增强学生体质，促进学生身心全面健康发展等功能。我国高校的体育教学内容目前仍然是以竞技运动项目为轴线的教材体系，其原因是多方面的，尽管在推行素质教育的今天，也进行了一些改革，但就主体而言，人们认为竞技体育仍是当前学校体育教学的主要内容。所以从高校体育入手，探讨竞技体育的社会学所蕴涵的各种因素对校园体育文化的影响，将有助于我们更深刻地认识竞技体育的价值。

一、竞技体育对校园体育文化的影响

竞技体育有着十分悠久的历史，它源于社会文化和民族文化，具有强烈抗争的性质，是体育活动中最重要的组成部分之一，有着广泛的群众基础。一方面，一个国家竞技体育的水平甚至代表着国家的形象，所以它的社会影响力巨大；另一方面，随着现代传播技术的发展，竞技体育更是得到了前所未有的宣传和关注，已经成为人们日常生活的一部分，如奥运会、世界杯足球赛、NBA、亚运会、甲 A 足球赛，几乎都深入到每个学生的心中，选修热门运动项目的学生日渐增多，正因为竞技体育已远远超出本身的价值，所以我们可以认为它是社会政治、经济和文化的集中体现。竞技体育文化是构成体育文化的核心，因此向学生传授基本运动技术、战术、规则，是提高学生体育文化水平的需要。我国学校体育中竞技运动项目作为学校体育教学内容已延续了几十年，它是师生课余体育锻炼，丰富校园文化生活的一种重要手段，毫无疑问竞技体育已经是校园体育文化的一部分。

众所周知，一个国家的竞技体育水平代表着这个国家的形象，同样一所学校也往往由于其高水平的竞技体育而被大家所熟知或更加著名。发达国家的不少大学都致力于培养一支高水平运动队来为学校争创知名度。目前我国高校体制正在进行改革，几乎所有高校的改革方案都已经注意到它的巨大潜力和影响力。尤其是近年来我国先后建立了几十所培养高水平运动队的试点大学和近 300 所培养体育后备人才的试点中学，并定期召开全国大学生、中学生运动会，有力地推动了学校体育运动和竞技体育水平的提高。这种以竞技体育的优势项目带动学校体育的全面开展，既提高了学校体育在整个教育中的地位，又大大促进了校园体育文化的发展，丰富了校园文化生活。高校体育运动代表队已从原来作为培养学校体育骨干、丰富校园文化活动的重要属性逐步向半专业化方向发展，其态势已经跨出校园，面向社会，走向世界。

早在 20 世纪初期，竞技体育就被国外一些专家看作一种公民的素质，一种文化生活，一种独特的精神崇拜。他们深信，竞技体育可以培养青年人进入社会生活的能力，有助于增强青年人的身体素质，培养青年人的自信心，形成良好的性格和意志品质。国外的竞技体育始于儿童时期，他们在大量的业余时间里动员、引导儿童参加各种体育活动，并要求学生在体育课中全身心地投入，进入大学后，有的竞技体育的水平已达到国际水平。因此，校园竞技体育的蓬勃发展，不仅丰富了校园文化生活，也为社会培养了高水平的竞技体育人才和队伍。而我国由于对竞技体育的认识还存在许多与时代发展不一致的看法和观念，没有正确地认识竞技体育在人类发展过程中的巨大作用，导致竞技体育在学校中的教育功能没有得到很好发挥。我们认为，竞技体育在高校的普遍开展，不仅能够提高学生的身体素质、心理素质，而且能够活跃、丰富高校文化生活，同时在提高高校竞技体育的水平，发现、培养竞技体育优秀人才方面，将发挥巨大的作用。

二、竞技体育与培养正确的体育文化观念的关系

最近，国内体育主管部门正有意将体育工作与教育系统进行“嫁接”，走教育与体育相结合

的道路，这是我国体育体制改革的重大举措之一。这将为学校体育工作带来新的研究课题。“嫁接”成功将对体育教学工作、学校竞技体育水平、场馆建设以及学校名牌带来不可估量的影响，并将大大推动校园体育文化的开展。但学校中的竞技体育毕竟与职业竞技体育有着很大的区别。竞技体育所包含的教育功能更应在学校工作中被强调，而人们往往容易把竞技体育的其他非教育因素扩大化后移植到学校教育中，使其发生畸变。这是体育教育改革中一个值得注意的问题。如果对体育教育功能没有正确认识，体育教育改革就会失败，学校中竞技体育的开展就有可能步入歧途。为此，我们应从文化的角度重新认识高校竞技体育的作用，正确发挥竞技体育的文化功能。

（一）竞技体育可以培养学生的竞争意识

现代社会到处充满竞争，而竞争的意识又与竞技体育息息相关，在体育运动中，不讲门第、不分尊卑；在竞赛活动中，不存在除个人身体、心理以外的任何不平等，学生在体育锻炼中、在运动中、在竞争中充分发挥自己的潜能，体现自己的力量。体育运动中最讲法制，不徇私情；最讲现实，不论资历；最讲务实，不图虚妄。这就要求每一个参加者都应尽自己最大的能力去竞争，特别是一些直接对抗性的运动项目，如足球、篮球、拳击等，从而渐渐增强竞争意识和顽强的毅力。

（二）有助于培养学生良好的社会道德与合作精神

在竞技体育中，各项运动都必须遵守严格的规则，人们只能在规则允许的情况下努力创造成绩，任何违反规则的行为都会遭到谴责和惩罚。同时，在一个集体项目中，每个人都有自己的角色，角色都有其特定的行为要求，必须依角色要求行动，这就十分有利于人的社会化，有利于培养遵纪守法的观念和行为。竞技体育始终遵循“机会均等、优胜劣汰”的基本原则，严格的规则和公正的裁判可以培养学生公平竞争的观念；通过竞技体育也可以学习和锻炼如何正确对待竞争中的失误和失败，磨练坚强的意志，增强抵抗挫折的能力，使学生在激烈的社会中拥有顽强的生命力。因此，学生通过参与竞技体育运动，可以培养良好的体育道德，进而养成优良的社会公德。即如何对社会群体、公益事业做出贡献，怎样提高社会意识、对别人的权力和感情加以尊重和理解。竞技运动为我们提供了这样一个社会学习和锻炼的机会和场所。

（三）有助于培养优良的个人品行

竞技体育有助于培养人的乐观精神和自信心，敢于竞争，敢于胜利，要求改革自我、超越自我等社会生活中不可缺少的优良品行；通过竞技体育还能培养领导与服从和充分展示与自我约束的良好行为。有实验证明：有竞赛经历的学生能显示出较好的个人修养和社会适应性，表现出更高的组织领导能力。因为竞技体育为承受责任、作出决定、影响他人等方面的重要品质提供了锻炼的机会。另外，竞技体育还可以培养服从的品质，如尊重、遵守规则、服从裁判等。学生从竞技体育中也能培养无敌意或无怨恨地接受批评意识，不应有超越规定，严重伤及对手的行动。竞技比赛有时需要有自我约束或自我牺牲的精神，这些表现在欲望以及豁达的宽容心理方面。这些品行都是个人立足于社会的重要条件。

（四）有助于提高学生对社会的适应能力

研究表明，参加竞技性比赛，能扩大学生的兴趣，放开性情，增加与他人结识的机会。同时在激烈的对抗中，在努力拼搏的奋斗中，接受成功或失败、表扬或批评的心理锻炼。在与他人交往和冲突中，学生对社会环境的适应能力及心理承受能力受到很大磨练，使学生得以从学习压力、心理伤痛等方面解脱乃至超越，从而保持良好的精神状态、更充沛的精力迎接新的挑战。对社会现象是与非的评价、道德标准与做人原则等价值取舍，都可以在运动中受到检验，因此人们认为竞技体育运动能测试出个人对社会的适应能力。

（五）竞技体育对校园体育文化可能造成的不良影响

任何事物的存在与发展都存在两面性，竞技运动也不例外。它在对学校教育带来积极影响的同时，也可能产生一些负面影响，它可能导致错误的价值观出现。高校体育教育的最根本目的是增强学生的体质，而后才是从中发现、培养高水平的体育人才。一些错误的价值观比较容易产生在那些运动员甚至存在于他们的崇拜者身上。荣誉、成就可能使他们更多地关心个人的得失，进而引起他们对处世哲学观的转变，不能正确面对社会、正确认识各种社会关系，从而导致产生与社会生活规范、道德观念相背离的错误价值观。在某些人身上甚至会导致人性的丧失，滑向犯罪深渊。

众所周知，教育者与被教育者之间的关系是相当密切的，一旦教师、教练员把运动员、学生所获得的荣誉仅仅与个人利益相结合，就可能产生教育上的畸变。这些畸变主要表现在：为使运动员尽力争取达到成人的目标而不断地给予他们过分的名利刺激，使他们的身心受到有害的压力。对学生参加竞技体育的思想意识和目标上的错误灌输，主要来自教师与教练员。为培养一支高水平的高校运动队，他们会更多地强调工作的成败、队员、资金、设备等及其相关的各个方面的重要性，导致过分特殊化，甚至不惜违反体育道德、社会公德、法律、法规而弄虚作假，有可能致使教育的养成因素受到削弱、淡化甚至发生畸变。

竞技体育还可能带来暴力行为的产生。因为攻击性是竞技体育的特点，由于青年好斗、好胜的心理，而竞技体育中的身体接触或对规则的理解不准确，就有可能在平常的争论中转化为暴力行为。所以，在竞技体育教学中还应有道德规范的内容，以提高学生辨别、应付和化解暴力的能力。

（六）高校竞技体育教育的正确之路

竞技体育在对校园体育文化产生重大影响的同时，校园体育文化也对竞技有深远的影响。如许多竞技体育项目就产生或萌芽于学校体育，而且伴随国家体育战略方针的转变，竞技体育与高校联合办学的实施，最终会形成以学校为中心，小、中、大学的业余训练整个训练的一条龙体系。中学作为培养奥运冠军的基地，高校则是大部分运动员攀登世界体育高峰的必由之路，由此形成强大的人才培养体系。

但学校面向的毕竟是学生，因此体育教学不能采用纯竞技运动，对那些技术复杂、难度较高的技术性竞技运动，应从学校体育的实际出发，对其进行加工改造，修改规则，降低难度，改进教学方法，达到促进学生身心健康、提高学生体育文化素养的目的。有条件的学校还可以建立俱乐部，利用专门的人力、物力、财力进行学校的竞技体育运动，既能把有运动潜力的学生集中起来进行系统的运动训练，为竞技体育培养后备人才，又能保证学校正常的体育教学，使学生受到正常的体育教育。

竞技体育对校园体育文化的社会学影响所蕴含的因素是多方面的，它对教育的作用是不容轻视的。我们应正确地理解和认识竞技体育在教育中的作用，防止对青少年施加没有必要的压力和无教育根据的训练。助人成才、防微杜渐是体育教育工作者应充分理解和掌握的教育原则。对竞技体育的社会蕴含要有深刻认识，并能把握好教育、训练学生的方法和尺度，使竞技运动的开展达到最佳效果。在提高学生身体素质和运动技能水平，使学生享受运动的乐趣、学会身体锻炼的方法、培养良好思想品质的同时，又要对学生今后将面临的社会生活和压力给予有益的帮助，更好地为社会服务，这才是在学校中开展竞技体育的根本目的。与此同时，高校办高水平竞技运动队应尽快与国际接轨，让中国的大学生走出校门，参加世界大学生运动会，甚至是奥运会。

第三节　我国高校体育竞技人才培养模式构建

一、我国高校竞技体育人才培养的现状及问题

当前，我国各地高校在建设高水平运动队过程中普遍遇到了生源问题、教练员问题、经费问题和学训矛盾问题等一系列问题，这与办队的目标密切相关。各个高校对于问题的解决采取不同的有一定针对性的策略，但是都没有从全局思考，导致问题没能彻底解决，反而引发了新的问题。在宏观层次上，由于时代的局限性，“体教结合”的发展并没有按部就班地进行，因为当前我国高校竞技体育目标直指国内外大赛，存在人本主义的偏离倾向，逐渐形成了“竞教结合”的发展状态；在中微观层次，人们依赖政策解释来缓解制度矛盾，而不是通过法律条例建立制度规范体系，所以导致问题迟迟得不到解决。具体来说，我国高校竞技体育人才培养的现状与问题主要表现在以下几个方面：

（一）生源问题突出，制约高校竞技体育人才培养工作的开展

相关资料表明，生源不足已成为制约高校竞技体育可持续发展的一个主要因素。当前我国高校的竞技体育人才来源主要有以下几个方面。

1. 省专业队退役的资历较深、运动水平一般的老运动员。

2. 无法进入一线运动员队伍的市体校二级运动员。

3. 从体育传统学校中选拔出来的、具有体育天赋的青少年运动员。

4. 在大学生体育日常教学及各类业余体育比赛中挑选出来的、具有项目优势的尖子生等。

在培养竞技体育人才方面，我国常用的方法是建立“一条龙”培养模式，即运动员从小学开始就经过比较基础的业余训练，有运动天赋的学生运动员经过小学直接进入中学，再到大学进行更高水平的专业体育训练。但当前我国现行的体育管理体制逐渐显露出我国原有三级训练

体制的弊端，学校越来越重视文化知识的学习，参与课余体育锻炼的青少年学生越来越少，再加上体育教师及教练员的业务水平相对偏低、体育经费相对不足等问题，导致很多有天赋的体育苗子身体素质整体偏差或缺乏体育兴趣，严重影响了更高一级学校的生源问题；导致高校竞技体育人才身体素质参差不齐，对我国高校竞技体育人才培养工作的可持续发展造成严重的影响。

（二）训练经费不足，对高校竞技体育人才向更高水平发展造成困扰

高校竞技体育的可持续发展需要充足的训练经费作保障，我国教育系统的经费总体相对偏少，对体育的投入更是寥寥无几。我国高校竞技体育人才培养的经费来源主要有以下几个方面：

1. 训练经费的直接来源是学校拨款，但拨款只能维持日常训练。

2. 学校通过与相关企业合作，获得部分赞助费用，用于支撑日常的训练比赛工作。

3. 有些学校由于训练经费不足，很多体育活动根本无法举行，只能依靠体育教师、教练员自筹经费，使高校竞技体育人才培养工作的质量和人才的可持续发展受到制约。

（三）学训矛盾突出，对高校竞技体育人才培养工作的顺利进行产生不利影响

学习是学生的主要任务，在高校培养竞技体育人才，就意味着学生运动员面临着双重任务，既要完成教学大纲规定的与专业相关的文化课知识的学习，又要完成教练制定的训练计划，很少有休息时间，压力很大，学习与训练无法兼顾，从而影响了学生的成才之路，学训矛盾凸显，不容乐观。很多高校在选拔竞技体育人才时，过分注重运动员的运动成绩，它们更在意的是运动员能在各种高水平的体育竞赛中脱颖而出，而忽视了运动员的文化课学习。此外，高校相当一部分教练员毕业于师范类院校，缺乏专业的理论知识与实践训练经验，制定的训练计划往往不能与运动员的实际水平相匹配，运动训练方法手段一成不变，使很多运动水平较高的运动员开始对训练产生厌恶情绪，预期训练计划难以完成，也难以提高运动员的竞技水平。

（四）教练员执教水平低下，制约高校竞技体育人才培养质量的提高

教练员是竞技体育运动的组织者及训练计划的制定者，在人才培养方面发挥着举足轻重的作用，执教水平高的教练员有利于促进我国高校竞技体育运动的发展。负责我国高校竞技体育人才培养工作的教练员大部分是本校的体育教师，他们大多都是从体育院（系）校毕业后直接进学校当体育教师，还有少部分是退役后的运动员，从事训练相关工作。体育教师的主要任务是体育教学，大部分高校负责竞技体育人才培养工作的教练员是由体育教师兼任，体育教师的工作繁重，除了每周进行大量的体育教学之外，还要制订相应的训练计划，在竞技体育人才培养工作中投入的精力很少，从而对高校竞技体育人才的培养质量产生直接影响。高校体育教学工作缺乏对外的交流学习，很多体育教师缺乏实际的运动训练经验，无法掌握前沿的训练方法手段，因此，执教水平停滞不前，很多具有运动天赋的运动员得不到高水平教练员的专业指导，运动成绩难以提高。高水平教练员对促进我国高校竞技体育的长足发展至关重要，因此必须想办法提高现有教练员的整体水平和综合素质。

（五）竞赛机制不健全，限制了高校竞技体育人才向更高层次培养

运动竞赛是检验运动训练成果的一个主要方法，而且是提高竞技运动水平的重要途径。目前，我国竞赛机制还不够完善，不同层次、不同运动水平的竞赛普遍较少，竞技运动训练的需要难以满足。特别是高水平的运动竞赛，更有利于高校教练员了解当前最新的训练方法手段，对不适合运动员的训练方法适时做出调整，改变一成不变的、枯燥的训练方法手段，从而为训练注入新的活力，提高运动员训练的积极性。同时，经常参加高水平的运动竞赛，更有利于提高教练员的实战经验，并根据运动员的性格特点及每名运动员所具有的项目优势做出判断。但是，我国现有的高校竞赛制度尚不健全，特别是高水平的运动竞赛，对高水平竞赛缺乏统一的规范化管理，教练员不能根据运动员参与大型比赛的情况，及时调整训练的不利因素。高校运动员除参加每四年一次的全国大学生运动会及省运会规模较大外，参加其他水平较高的运动会很少。另外，不同竞技运动水平的高校学生运动员待遇基本相同，水平较高的学生运动员待遇得不到提高，导致运动员训练热情下降，从而严重影响其成才发展。

二、构建高校竞技体育人才培养新模式，推动我国竞技体育人才培养

（一）高校竞技体育人才培养新模式构建的指导思想

1. 以人为本

培养优秀的体育人才，以人为本是根本保障，它与目前我国高校发展的科学化走向以及学生运动员发展的主体化和个性化趋势是相符的。只有坚持以人为本的科学发展观，从培养理念、培养目标和培养途径等全方位实现创新，高校的体育人才培养才能取得良好的效果。培养我国高校竞技体育人才，贯彻以人为本，需要注意以下两点内容：

首先，要把人才的成长放在首位，彻底解决只为提升运动成绩而忽视文化教育的现象，充分挖掘优秀学生运动员的各种潜力，尽可能满足运动员成长所需的环境，为运动员实现综合文化素质的协调发展和社会适应能力的最大化而努力。

其次，加强实践育人，提高学生运动员思想政治教育工作的针对性和实效性，重视他们的全面发展，增强其自信心，满足其成长需要，实现人人成才的目标。

2. 人才需求多元化

随着市场经济的不断发展，社会对人才的价值期望和需求结构也发生了巨大的变化，社会各部门对人才需求呈现多样化的趋势，这就需要人才培养模式也要多元化。高校单一化的人才培养目标早已不能适应社会发展的需要，与多样化的社会需求之间存在着矛盾；为适应社会对人才的多元化需求，高校必须在培养专才的同时，也注重培养复合型人才。所以，我国高校竞技体育人才的培养需要多元化主体的共同参与，如体育部门、学校、企业、社区、俱乐部等。

3. 与时俱进

时代的发展召唤着高校要尽快培养社会需要的高技能、高素质人才。我国高校竞技体育人才培养模式的教育理念应紧跟时代发展，围绕培养对象、培养目标和培养途径等核心问题不断

创新高技能人才培养教育理念。我国高校竞技体育人才培养模式也应与时俱进，培养出三高型竞技体育人才——“高文化、高修养、高技能”。

4. 注重运动员职业生涯发展

在运动员的一生中，运动员只是他们在某个发展阶段的身份，其退役后的去向及发展同样会影响他们的人生。但在我国高校竞技体育人才培养的现实中，更多的是将运动员获得的奖牌数作为衡量学生运动员及其培养单位是否优秀的标准。而对于学生运动员退役后的职业生涯发展并没有过多地关注，以至于他们在退役后从事其他职业的机会较少，这必会制约我国高校竞技体育人才的可持续发展。因此，高校在对学生运动员进行专业技能训练的同时，还要着眼于运动员的未来，要有促进运动员长远发展的运作机制，即不断建立并完善相应的服务机制，帮助学生运动员正确处理专业训练与文化知识学习之间的关系，从而将学训矛盾解决好，为运动员退役后的发展做准备。

（二）高校竞技体育人才培养新模式构建的要素

1. 培养理念

高校竞技体育人才的培养理念包括以人为本理念、全面发展理念和人文、科学、创新相统一的理念。我国高校竞技体育人才培养理念包括两个层面的教育理念，即中观（培养主体）层面与微观（运动队、运动员个体）层面，这些理念也就是培养主体关于人才培养的本质特征、目标价值、职能任务和活动原则等的理性认识，及对人才培养的理想追求和所形成的各种具体的教育观念。人才培养理念旨在对“高校中的竞技体育人才应是怎样的及应如何培养”等问题予以回答。

2. 培养目标

培养目标是人才培养的标准和要求，是人才培养模式构建的核心，对人才培养活动具有调控、规范和导向作用。高校竞技体育人才的培养可朝着以下两个方向的目标发展：

（1）确立全面发展的人才培养目标

衡量优秀运动员的素质及水平，是否拥有高水平运动能力或取得出色的运动成绩并不是唯一标准，还要看是否拥有较高的文化素质和完美的修养和人格。在我国高校竞技体育人才培养过程中，运动员除了要进行运动训练以拥有高水平运动技能之外，还必须同时接受文化素质教育，以使最终培养出的体育人才既具有高水平的运动技能，又具有良好的科学文化素质和人文素养。在运动员的就业指导上坚持“授人以渔，而非授人以鱼”，使他们在运动生涯结束后在其他领域发挥自己的价值，获得良好发展。

（2）确立多渠道、多样化的多元人才培养目标

在政府支持、学校领导重视的情况下，我国高校竞技体育人才培养的运作机制得以顺利实施，但无法真正发挥社会体育资源的作用和价值。

随着我国市场经济体制的逐步完善以及高校竞技体育的发展，必须打破较为单一的人才培养方式。近几年，“清华模式”“北理工模式”“南体模式”等的成功范例证实了我国高校多样化、多元化培养竞技体育人才的可行性。除了体育部门和企业与高校联合培养竞技体育人才之

外，体育俱乐部可以看作立于学校体育教育基础上的青少年体育运动发展的初级阶段，通过与高校的密切合作，可为高校的体育人才提供各种机会，让他们参与一切体育健身活动。我国广泛开展社区体育活动，为体育运动的普及打下了良好的基础，同时也为高校运动员的发展提供了优质的“土壤”。因此，我国应采用多种渠道，综合高校、企业、俱乐部、社区等多种机构的优势资源来培养高校竞技体育人才。

3. 培养过程

培养过程是培养理念的重要组成部分，是实现培养目标的过程，是为实现一定的人才培养目标而实施的一系列人才培养活动的过程。具体来说，培养过程就是培养方式与培养措施的有机结合。高校竞技体育人才的培养过程是为实现竞技体育人才培养目标、按照一定的竞技体育人才培养规律和培养要求而制订的一系列人才培养规划和计划，以及采取的一系列途径、方法手段的总称，是对培养方案的具体实践。各个高校应在培养人才的过程中遵循以人为本和全面发展的总体原则，从高校培养竞技体育人才的现实情况出发制订相应的调整方案，将多渠道、多方面的力量调动起来，做好高校基地多元化培养工作。

4. 培养制度

制度即人们要一同遵守的规章或准则。人才培养之所以能够持续长久，原因就是相关规章制度可以规范人才培养的活动，只有将人才培养制度化，人才培养模式才能够有机形成和发展。高校基地多元化培养模式要想长期稳定地发展并在实践中持续发挥作用，就必须制定相应的培养制度，具体如下：

（1）从宏观、中观、微观等角度完善体育竞赛体制，落实高校竞赛制度。

（2）制定教练员定期培训政策。

（3）设立高校高水平体育人才奖学金制度等。

5. 评价机制

在高校竞技体育人才培养的整个过程中都贯穿着评价机制环节，它通过搜集人才培养过程中各方面的信息，依据一定的标准，运用评价技术，对人才培养的质量与效益做出客观衡量和科学判断，并严格监控培养目标、培养制度、培养过程，以便及时做出调节。

对高校竞技体育人才培养质量进行评价，可以从校内和校外两个方面进行，校内评价侧重于高校人才培养目标的实现程度；校外评价（社会评价）侧重于人才培养是否与社会发展大环境的需要相符。在人才培养评价过程中，要将二者有机结合起来，通过社会评价使学校评价中的不足得到弥补。高校基地多元化人才培养是一项系统工程，要充分发挥学校内部教育评价机制以及社会评估的合力作用，就要通过改革教育评价机制和建立社会评估制度，加强科学督导，提高多元化人才的培养质量。

（三）高校竞技体育人才培养新模式的理论模型构建

1. 我国高校竞技体育人才培养新模式的提出

总体来说，目前我国高校竞技体育人才培养还处在“各自为政、各为其事”的阶段，各高校对高水平运动队的投入及相关政策存在较大的差异，而且比较随意，缺乏长远的、切实可行的统一法律法规来保障高校高水平体育人才培养工作的规范与落实。在实践中，我国高校竞技体育人才培养模式多种多样，究其原因在于各高校所拥有的资源不同、具体操作也表现各异。同时各高校由于受财力、重视程度等诸多因素的影响，缺乏对运动队相关人员的合理奖惩体制与机制，因此无法充分调动学生运动员和教练员的训练积极性，高校竞技体育人才培养之路任重道远。

我国培养竞技体育人才基本上依赖体育系统。但当前我国竞技体育的发展理念和模式发生了转变，教育资源和以职业体育俱乐部为主的其他社会体育资源使社会高度关注竞技体育的发展，这积极推动了竞技体育人才的培养，也是高校提出竞技体育人才多元化培养模式的现实基础。

现阶段，高校竞技体育人才培养模式已经从过去由体育资源独家包办的单一发展格局，逐步转变为以教育资源为主，体育资源、企业、俱乐部等资源为辅的其他体育社会团体等多家参与的多元化格局，即高校基地多元化培养模式。该模式具有以下几个特征：

首先，强调学校教育对于高校竞技体育人才的关键作用，创新人才培养模式，使学校在培养体育人才过程中起主要作用，充分利用好学校资源，进行科学的训练，不断提高训练水平，同时加强文化教育的力度，以促进高校培养高质量的竞技体育人才。

其次，在有关企业和职业体育俱乐部中加强竞技体育人才培养力度，并发挥其对学生运动员未来职业转化的启蒙作用。

最后，结合、整合各方面的资源，达到双赢、共赢乃至多赢的目标。

2. 高校基地多元化培养模式的构建

高校基地多元化培养模式是有关学者在现阶段关于高校培养高水平竞技体育人才的理论尝试，它是在结合“体教结合模式”“一条龙模式”“校企结合模式”等模式的特点，并将各方面资源因素综合起来的基础上建立的，是新形势下培养全面发展的竞技体育人才的新尝试。高校基地多元化培养模式是以高校为基地，横向可与体育系统、社会企事业单位等合作，纵向可与中小学衔接（纵向向上还可延伸到研究生教育阶段），是一种能全方位、全系统培养高文化、高修养（素质）高技能的竞技体育人才的新模式。

（1）高校基地多元化培养模式构建的主要要素

①培养理念

该模式以高校这一教育资源为根本基地培养竞技体育人才，结合多个体育相关部门，整合社会上有利于培养竞技体育人才的各种资源，一切为运动员全面长期发展的利益着想，以培养符合时代发展的新型竞技体育人才。

②培养目标

该模式旨在使运动员既具备高水平的竞技体育水平，又要有基本的高等教育文化知识素养，以高校教育资源为主体，综合社会上可以利用的相关体育资源、社会资源、市场资源等，培养多样化发展的竞技体育人才。

③培养过程

在该模式中，由于国家政策的引导，普通高等院校开设学生需要普及学习的文化课程，体育俱乐部等体育系统部门为运动员提供科学的训练计划，并加以合理的、系统地训练，此外，企业等社会资源为学生运动员参加比赛提供一定的经费保障，全面营造有助于学生运动员成长和发展的学习、训练环境。

④培养制度

该模式采用多元化方式，综合现阶段施行的有借鉴价值的多种培养模式，完善相关培养体制与机制，以不断促进我国高校体育事业可持续健康发展。

（2）高校基地多元化培养模式的结构分析

从具体构成方面来说，高校基地模式可以简化为“1＋X”模式。下面主要从中（宏）观层次与微观层次上解析这一模式。

①中（宏）观层次

从中（宏）观层次上讲，“1”是指高校，全面发展的竞技体育人才的培养离不开具有浓厚文化学习氛围的高校，除了要提升运动技能，文化水平的提高也必不可少；“X”是指有助于竞技体育水平提高的众多体育资源和社会资源，包括体育部门、企业、俱乐部、社区等，这些组织与高校的合作可以弥补高校在体育设施、训练、经费等方面的不足，用以培养全面发展的竞技体育人才。

②微观层面

从微观层面来讲，“1”是指运动员的文化专业，第一身份作为大学生，首先必须学好文化课。而作为全面发展的综合型体育人才，高校竞技体育人才不仅要具备相应的竞技水平，更应注重文化素质水平的提高，以防止出现运动员退役后就业困难和社会地位较低的情况；“X”是指运动员的体育专项技能、素质和素养。作为高校的一名学生，其第二身份是运动员，竞技体育水平代表其作为运动员的基本能力，在自己的体育专项中，保持较高层次的运动水平是基础，同时还必须具备一定的品质、教养和个人修养，即实现“三高型”人才培养目标。

如图 5-1 所示，高校基地多元化模式是一种以学校培养为中心的多渠道人才培养模式。在这种多元化的模式中，学校培养、体育部门培养、企业培养、俱乐部培养以及社区培养模式相互补充、相辅相成、相互联系。

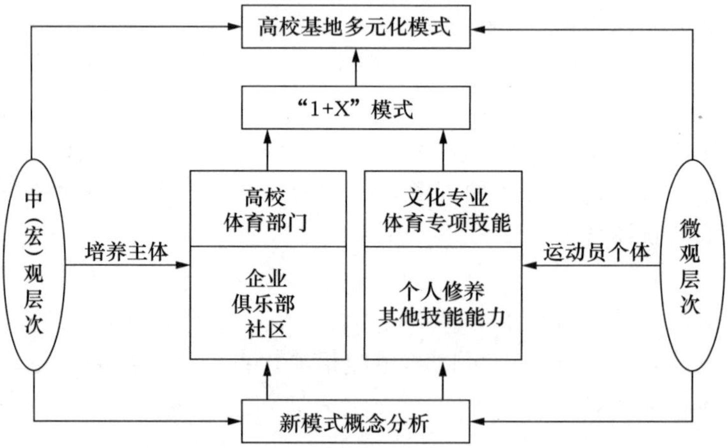

图 5-1 高校基地多元化模式

第四节　学校竞技体育与校园体育文化的互动发展

一、学校竞技体育与校园体育文化在物质层面的互动发展

（一）学校竞技体育的开展促进了校园体育物质文化的发展

1. 体育场馆增加了校园体育文化的物质基础

体育场馆设施是学校竞技体育开展的基本保障，没有良好的体育场馆设施，竞技体育活动很难开展。现代运动训练实践表明，先进的训练设施、完善的器械设备、专项化的训练手段是现代运动训练所必需的，同时也是获取训练效果、保证运动成绩的一个必备条件。因此，学校开展竞技体育首先要考虑训练及竞赛所需的体育场馆设施能否得到良好供应，学校体育的发展现状直接从该校的体育设施建设状况中反映出来。

近年来，各级学校注重建设体育馆，体育馆建设需要财力支持，体育馆的增加说明学校非常重视校园体育的发展。体育场馆的增加一方面可以满足学校体育教学的需要；另一方面也能够满足学校体育竞赛发展的需要，同时也是学校树立品牌、提高竞争力的需要。

2. 竞技体育的赛场象征性文化促进了校园体育文化的丰富

有这样一种文化现象，它们介于物质文化和非物质文化之间，但无法将其准确归纳为其中一种，如某些团体和旗帜、徽标、口号，某些具有暗示、纪念、象征意义的建筑、工艺及手工制品等，我们将这类文化称为象征性文化。一所学校的体育象征性文化体现着其整体的体育运动形象，这种文化包括我们所能看到的队旗、徽章、吉祥物、代表色等，还包含了代表队的昵称、队歌、赛场口号等。学校竞技体育的发展要想创造出自己的品牌，彰显校园体育文化的特色，就必须注重以品牌文化作为发展理念，在旗帜、吉祥物等设计方面体现出大学生团结协作、积极进取、敢于创新的精神风貌。

通过对赛场象征性文化的相关资料进行研究发现，啦啦队与队服给赛场观众留下的印象最为深刻，而队歌、队徽给观众留下的印象似乎并不深刻。目前，我国学校竞技体育还没有形成品牌化发展道路，除大超联赛和CUBA发展初具规模化以外，其他项目因为各种因素的影响目前仍处于初级发展阶段。目前我国部分高校并没有队徽、队歌等象征性文化，有的高校甚至没有自己的主色调，这说明高校竞技体育文化建设不够完善，学校的体育特色还没有凸显，这使竞技体育与校园体育的有机结合受到阻碍，导致竞技体育在学校中基础薄弱。

（二）校园体育物质文化为开展学校竞技体育营造氛围

美国教育心理学家比格曾说：“学生的个人心理行为是由其所生活的环境决定的，处在外部环境中的事物如果不能够引起个人的注意并且加以相互作用，那它就不能对学生的心理和行为产生影响，如果外部环境中的事物一旦被注意并且与个人发生相互作用，那么就会形成个人的生活空间，并且影响个人的心理行为。”作为校园中的一个个体，学生对校园生活环境

必然有所需求，通常学生的这种心理需求有基础类和高级类两种类型。基础的心理活动包括感知觉、记忆、认知、判断等，高级的心理活动主要包括个人的心境、情绪、意志以及审美等。

在学校各种设施中，图书馆和体育馆一般来说是学生利用率最高的设施，由此我们可以看出学校体育场馆大大影响了学生的个人行为。然而我国多数学校在体育场馆设计方面存在不足，缺乏有创意的场馆，不能够吸引学生的目光和调动学生的积极性。

体育场馆周围的“拼瓷”运动墙画，竖立在校园里的体育名人雕塑以及让学生及时了解体育竞赛等信息的海报、宣传栏、电子屏等，这些体育设施不管是内容还是延伸出的文化内涵，都可以对学生思想、心理和行为产生一定的影响，具有良好的教育、熏陶和启迪作用。

二、学校竞技体育与校园体育文化在精神层面的互动发展

（一）学校竞技体育对校园体育精神文化的影响

文化主要分物质文化、精神文化和制度文化三个层次。在这三个层次中，精神文化是核心，其以价值为灵魂，而一个人的价值观又是其行为的出发点，行为同样也是价值观的外在体现。由此得出，决定人的行为的不是物质文化，也不是制度文化，而是精神文化。

1. 竞技体育的精神价值

学校竞技体育对学生的教育主要表现在爱国主义、集体主义、体育精神的传播以及学校精神的宣传四个方面，学生对竞技体育的认识水平越高，就越能够为竞技体育活动的开展奠定良好的基础。

在观看大型比赛时，首先演奏国歌，升国旗，这对于运动员和观众来说都是一次良好的爱国主义教育。学生运动员在这种环境下受到的教育意义更大，尤其是当他们走向世界，站在异国他乡的领奖台上，奏响国歌，他们的荣誉感与使命感油然而生，培养了学生运动员为国争光的精神，这种精神也会慢慢转移到普通学生身上，他们也为这种体育精神感到振奋。这种体育精神能够成为学生不断前进的动力。

2. 竞技体育的开展效应

我国学校竞技体育的开展对学生体育行为、体育精神等都产生了较为深刻的影响。奥林匹克运动中“更快、更高、更强”的格言是运动员体育生涯中不灭的意志，它时刻激励运动员奋发向上、敢于超越，不断追求更高的目标，不断克服艰难险阻，用辛勤的汗水去获取一次次的超越。而这种精神同样时刻熏陶着周围的每个人，给人以不抛弃、不放弃的人生启迪。奥林匹克精神是一种相互理解、友谊、团结、公平竞争的精神。学校开展竞技体育对于学生树立和培养健全的人格具有重要的作用，学生通过观看高校竞技比赛，用心体会赛场上运动员展现的体育精神，不仅能够提高体育兴趣，促进人际交流，还能够树立新的体育态度，改变精神面貌，使心理素质水平不断提高和完善。

（二）校园体育精神文化对学校竞技体育的影响

校园体育精神文化的形成需要经过长时间的酝酿，是在各种条件都具备的情况下慢慢形成

的，而且一旦形成将会长时间潜移默化地影响校园的各种事物。精神和思想是人的行为的根本出发点，它的好与不好将直接影响人这个主体的行为结果。如果校园体育精神文化有良好的建设和发展，那么就说明作为校园主体的人在体育情感、体育观念、体育思想等方面有良好的发展，而且这种精神的直接体现就表现在校园人的行为方面，这所学校的校园体育活动也会良好开展。

校园体育精神直接影响校园人的体育价值观、体育思想、体育行为，校园是社会各种人才的聚集地，校园体育能够帮助他们树立正确的体育价值观，尤其是学校的领导，他们的思想及观念将直接对学校体育的发展起到主导作用。校园体育精神文化的形成，可以使学校领导对学校体育的发展更加重视，学校竞技体育作为校园体育的重要组成部分，必定会受到重视，而且学校竞技体育作为学校体育发展的排头兵，可直接推动整个学校的发展。学校竞技体育的良好发展可以为学校获得荣誉，为学校发展起到积极的推广作用，而且还可以形成校园特色，为学生的学习生活增色添彩。

如今我国学校领导基本上已经重视竞技体育的发展了，他们的体育观念、体育思想、体育意识都有良好的发展，这也更加充分说明了学校领导对学校竞技体育的地位和功能的肯定。

三、学校竞技体育与校园体育文化在制度、行为层面的互动发展

（一）学校竞技体育与校园体育制度文化

建立健全校园体育制度非常重要。一方面，它所面对的大都是尚未进入社会的在校学生，一个健全的规章制度可以有效约束学生的个人行为，使其养成规范的个人行为，并且对他们的情感、智力、人生观、价值观等起到很好的指导作用；另一方面，完善校园体育制度文化，可以使学校的各项体育工作更加具有计划性、合理性，处理和解决问题时有规可依，同时可以避免因过分盲目而造成工作效率低下。

我国各高校基本遵守国家下发的成文规章制度，但是大部分高校并没有根据自身发展现状制定适合自身发展的制度，以确保高校各种体育竞赛工作有序进行。因此，学校应不断完善校园体育制度，使校园体育向着规范化、制度化的方向发展与进步。

（二）学校竞技体育与校园体育行为文化

学校竞技体育通过各种赛事，从各方面对校园体育文化的行为产生影响，赛事影响力、运动员的榜样性等都会从不同的细微方面影响校园体育行为。因为学校的高水平运动员代表着学校竞技体育的水平，他们通过自身的行为不断传递和推广学校竞技体育的功能，能够对校园体育的行为产生直接作用。高水平运动员通过与校园内各个不同群体之间的交流，可以改变一些人的体育观念，提高他们的技术水平，使更多的人群参与到体育活动中，从而对周围人群的行为产生影响。

四、学校竞技体育与校园体育文化的整体性协调发展

学校竞技体育是校园体育的重要组成部分，竞技体育的发展能够促进独具特色的校园体育

文化的形成，促进校园体育文化的发展。校园体育文化建设是学校文化建设的重要组成部分，不仅对学生具有“显性”教育作用，而且具有“潜移默化”的“隐性”教育作用。学校竞技体育与校园体育文化之间良性的互动、互促，不仅能够促进二者的发展，而且对整个校园文化，对在校的每个学生都有积极作用。学校体育不仅仅是技能的传授，更重要的是促进学生体育价值观、人生价值观的形成。然而，当前我国各级学校竞技体育与校园体育文化之间并没有形成有效的互动关系，这在一定程度上制约了二者的发展。

（一）学校竞技体育对校园体育文化建设的积极影响

围绕学校竞技体育的开展，可通过以下三个方面对校园体育文化建设产生积极影响。

1. 学校竞技体育是我国竞技体育未来发展的一个重要趋势，这是一个慢慢转化的过程，竞技体育在学校中开展，首先要具备相应的物质条件，这是基础保障，而体育场馆是这些基础条件中的首要条件。在学校内修建体育场馆设施，不仅能够满足高水平训练的需要，而且有利于促进体育教学、体育科研以及课余体育活动的发展，极大地丰富了校园体育物质基础，美化了校园体育环境。

2. 学校竞技体育的开展必须要有相关的规章制度，如运动队从招生、训练到比赛都有相应的制度，还有教练员的管理等，这些规章制度对建设和完善校园体育制度文化具有重要的意义。

3. 学校竞技体育与学校的一般课余体育不同，它具有学校体育所缺少的特性。竞技体育的竞争性很强，在比赛的过程中，运动员所表现出来的团结协作、不放弃精神，深深感染着身边的观众，使他们养成正确的人生观、价值观，并且在校园内也会形成良好的体育文化氛围。

（二）校园体育文化建设对学校竞技体育发展的积极影响

校园体育文化包含物质文化、精神文化和行为制度文化，校园体育文化的建设主要从这三个方面展开，在建设过程中，它的各个方面都会相应地影响学校竞技体育的发展。

1. 学校体育场馆、设施、体育标识是校园体育物质文化的重要内容，它的发展会对学校竞技体育产生直接影响。其中，体育场馆的构建受到学校的高度重视，从外观设计到综合利用价值都会考虑在内，有些学校的场馆建筑已经成为师生津津乐道的标志性建筑物。所有这些物质基础的建设为学校竞技体育的开展提供了基本物质保障。

2. 校园体育制度是校内各种体育行为和体育事务实施和开展的基本准则。相关的体育制度能够对校园内的各种主体行为进行规范和约束，保障各项体育事务有序进行。学校竞技体育的开展离不开这些体育规章制度，运动员招生、教练员聘用、训练竞赛奖惩等都需要参考相应的规章制度，所以校园体育制度文化的建设与完善有力保障了竞技体育在学校的开展。

3. 校园体育精神文化是整个校园文化的核心部分，它的形成需要一个漫长过程，而且一旦形成将长期存在。校园体育精神以体育价值观为灵魂，而体育行为是体育价值观最直接的表现形式。良好的体育精神能够使学生不断受到激励，敢于拼搏，从而培养团结协作的精神，这对竞技比赛产生了很好的导向作用。

第六章　校园体育艺术文化建设理论指导

在校园体育文化体系中，体育艺术文化是非常重要的组成部分，建设体育艺术文化有利于培养学生的审美观、体育情感，使学生视野开阔，形成健康的体育审美观，进而提高学生的体育素养。本章就校园体育艺术文化的建设进行研究，主要内容包括校园体育文化与艺术元素的有机融合、体育艺术教育与校园文化的互动发展、校园体育教学艺术和发展路径以及高校体育艺术类课程体系的构建与实施。

第一节　校园体育文化与艺术元素的有机融合

一、校园体育文化与艺术元素的关系

（一）关于体育与艺术关系的探讨

随着社会的进步，体育与艺术之间的关系受到体育专家与学者的普遍关注，目前关于这方面的观点主要有以下几种。

1. 观点一

以卢元镇、孙会山、寇永俊等为代表的学者认为，体育与艺术存在密切联系，但两者不能相互融合。随着体育的现代化发展，人们的审美意识有了很大的增强，体育也借助艺术丰富内涵，强化功能，美化形式，从而有了更大的魅力。但是，艺术怎样渗入体育，体育如何艺术化，体育就是体育，艺术还是艺术。因为体育以身体运动为媒介和手段，增强人的体质是体育的基本目标，也是体育的主要任务和重中之重的功能。艺术则是通过塑造形象具体地反映社会生活，满足人们精神需求的意识形态。

2. 观点二

以曲健、杜红燕等为代表的学者认为，体育与艺术广泛融合。随着现代技术的快速发展，体育和艺术在各自的发展中相互靠近、接近，直至相互汇合，形成了体育与艺术相互渗透的广大领域。体育文化和艺术文化都是社会文化的重要组成部分，因二者目的指向不同而成为两种不同性质的类型，随着社会的发展，二者有了相互融合的趋势。

3. 观点三

以金文轩、胡飞燕等为代表的学者认为，体育与艺术既有联系又有区别。体育运动是以人的身体为媒介、运动为手段，增强体质、发展身体形态、陶冶情操为目的。而艺术是以物质材

料为媒介，以抽象、概括社会生活为手段，表达思想情感、满足审美需要为目的。从所要达到的目的来看，二者之间有“审美与娱乐”的共同点，它们是教育的组成部分。从体育与艺术相互渗透的结果来看，将出现体育艺术和艺术体育两个新型的门类。从广义上来说，体育就是艺术，而艺术是体育运动的组成部分。从运用的物质材料及手段来看，二者在根本上就有不同。

（二）校园体育文化与艺术元素关系的表现

综观上述三种代表性观点，我们认为，体育与艺术存在必然的联系，如此来看，校园体育文化与体育领域中的艺术元素也存在必然的联系。主要表现在以下三个方面：

1. 校园体育运动本身的艺术性。

2. 校园体育场馆、体育雕塑、体育文学、体育舞蹈、体育绘画、体育摄影、体育音乐、体育设施等的艺术性。

3. 校园体育运动在各类艺术中的再现。

艺术元素与体育的融合，丰富了校园体育文化的内涵，提高了学生生活文化的水平，拓展了体育科学研究的领域。因此，在校园体育文化体系中，艺术元素也是非常重要的组成部分。

二、校园体育文化与艺术元素融合的特征

（一）欣赏体育的艺术，体会艺术的体育特征

艺术的体育可以对学生的审美观、体育情感进行培养，使学生开阔视野，形成健康的体育审美观。

（二）与学校办学理念耦合的教育性特征

将艺术元素植入校园体育文化中，如奥运雕塑艺术：《走向世界》《掷铁饼者》《奥林匹克》《奥林匹克之门》《千钧一箭》《奥林匹克激情》《胜利的欢呼》，奥运文学艺术：《奥林匹克颂诗》《奥运会之歌》《体育颂》《奥运竞技》《走向奥运会之神》《众神的赞美》等。奥林匹克精神就是相互了解、友谊、团结和公平竞争的精神。这与学校的办学理念相一致。

（三）服务于广大师生健身的特征

校园体育文化建设的主体是广大师生，同时师生也是最受影响的群体。广大师生是改造校园体育文化发展的原动力。校园体育文化与艺术元素融合是为了满足广大师生的需求。因此，在建设体育场馆时，应突出设施的典雅大方，造型、色彩要符合学校整体风格，甚至有些体育场馆是学校的标志性建筑。

（四）有管理体制正能量保障的特征

从校级、院级（系级）、班级，可层层抓落实，形成全校上下齐抓共管的管理体制，推动学校体育工作有序进行，为促进学生全面发展发挥正能量。

（五）高素质人才“操盘”的特征

体育教师承担着文化教学、科学研究、课外活动辅导和学生社团指导等工作任务，他们是校园体育文化建设的主力军。建设高水平、高质量的校园体育文化，也是《国家中长期教育改革和发展规划纲要 2010—2020 年）》的内在要求，体育教师在建设校园精神文明和培养高素质人才方面发挥着重要的作用。

（六）创新发展的竞技性特征

在校园体育文化建设中，可开展健美操、花样滑冰、艺术体操、体操、花样游泳、跳水、体育舞蹈等流行时尚和充满青春活力的艺术多元化运动项目，这些艺术多元化运动项目给校园体育文化注入了时代气息。

三、校园体育文化与艺术元素融合的原则

（一）以人为本

师生是校园体育文化建设的主体，因此在校园体育文化建设过程中必须以师生为本，从师生实际出发，满足师生所需，促进他们参加健身活动。

（二）体育精神融入育人体系

体育精神在学生中发扬光大，既体现着一个民族拼搏进取的精神风貌，又能够培养学生不怕困难、团结协作、积极进取的精神，同时也能够促进学生人格健全。

（三）因地制宜

一切从实际出发，具体情况具体分析，依照学校的地形、地貌、山体、水势等自然条件规划、建设和改造校园体育环境，使师生在优美的环境中健身与学习。

（四）弘扬主旋律，注重多元化

主旋律就是在学校大力推进师生全民健身活动，以增强体质为中心任务。开展的形式多样化，开展的项目多元化。

（五）传承与创新结合，渐进发展

校园体育文化建设是一个循序渐进的过程，校园体育文化的发展是不同时期产生的必然变化。我们继承与传承体育文化中的优秀部分并加以创新，增添新的富有活力和创造力的元素，可推动校园体育文化创新。创新是建立在我们继承、传承校园体育文化的基础上的。

四、校园体育文化与艺术元素融合的主要内容

（一）体育理念与“健康第一”观念的植入

体育理念是在体育价值观的基础上，对体育理论化、系统化、综合化的认识。在现代体育发展中，体育理念的导向和规范作用非常重要，是一种内在的驱动力。早在20世纪末，《中共中央国务院关于深化教育改革全面推进素质教育的决定》就提出“学校教育要树立健康第一的指导思想”。

（二）体育设施优化与体育环境美化的植入

在体育场馆、体育场地、体育器材等硬件设施建设以及在改造校园自然环境中，我们应从长远考虑，用科学可持续发展的眼光规划设计多用途、多功能一体化的体育场馆。在体育活动场所建造体育雕塑艺术，可让形态各异、主题鲜明的体育场馆、体育场地、体育器材有一定的艺术品位。

（三）体育教育人本化、体育制度人性化与激励机制多样化的植入

体育教育人本化是把培养学生的健康意识、终身锻炼意识、全民健身意识及与人交往合作意识作为重点，充分照顾学生的兴趣爱好，满足学生的需求，重视学生的主体地位，关注学生的个体差异，确保人人享受体育锻炼的乐趣。

体育制度人性化能激励、凝聚和调动师生参与体育活动的积极性，发挥他们在体育教学、课外体育活动和运动训练及体育科研中的主观能动性。体育制度包含体育运动规则、体育管理制度、体育运行模式三个层面的含义。

激励机制多样化主要是指语言的激励、动作的激励、情感的激励、氛围的激励、情景的激励、榜样的激励、目标的激励、成功的激励、关怀的激励、竞争的激励、人性的激励、测试的激励以及体验的激励等。

（四）体育道德与风气的植入

体育道德是体育活动参加者共同遵守的行为规范，是在体育活动中调整和制约人们相互关系的行为准则。在体育活动中，锻炼人的意志品质，应从以下几方面进行：

首先，锻炼人对事物的判断能力，提出明确而客观的目标。

其次，找到好的实现目标的锻炼手段。

最后，通过克服心理与体力的障碍去实现目标。

通过以上几个方面，最终形成“学校有特色、院系有比赛、班级有活动、人人有项目”的校园体育运动氛围的良好风气。

（五）体育课程精品化与体育俱乐部规模化的植入

体育课程精品化必须坚持以学生为本，以满足学生自主选课、选师选时的需要为基本出发点，以培养学生健康成长为根本目标。体育俱乐部规模化是指设计艺术体育课程的理论与实践教学，以“知识、能力、素质”型人才为培养目标，着重培养学生的健康形象，人文素养以及科学的自我健康管理方式，使学生得到全面发展与提高。

（六）信息交流网络化与宣传方式多元化的植入

网络正以多元的方式和飞快的速度改变着人们的生活，成为师生活动的重要内容，它具有打破时空限制、扩大传播范围、提高时效的特点，要充分利用它的特点优势，建立一系列体育网络平台，为广大师生服务。同时，还要利用校园中的海报张贴及黑板报、窗刊、校报、标语、廊画、雕塑等制作对体育文化进行多元化宣传。

（七）高水平运动队品牌化与群体竞赛日常化的植入

以高水平运动队拉动学校群众体育运动的普及与提高，形成“人人关注、人人参与、人人受益”的日常化校园体育育人氛围，促进学校体育事业的发展，提高校园体育文化的向心力和凝聚力。

第二节 体育艺术教育与校园文化的互动发展

一、体育艺术教育与校园文化的互动关系

校园文化是指以学生为主体、以课外文化活动为主要内容、以校园为主要空间、以校园精神为主要特征的一种群体文化。虽然体育艺术教育从属于社会文化系统中的一个子系统，但它并非直接存在于社会文化中，而是依托于校园文化而存在。体育艺术教育存在于校园文化中，校园文化又处于社会文化中，是社会文化的反映，也是体育艺术教育与社会文化之间的媒介。校园文化往往通过各种途径和方式接受社会上各种各样的思想、理论、观念、思潮，并在校园内汇聚和碰撞，把社会文化内化到其内容中，在校园这个大环境中，又通过一系列校园文化活动，将社会文化的要求和价值取向传递到体育艺术教育中。

体育艺术教育要通过校园文化这个媒介，通过一系列互动向社会文化进行信息反馈，并对一些新兴文化现象进行传播。校园文化环境和氛围对于实现学校教育目标，改变校园生存群体的生活方式、学习方式以及习惯的养成都具有重要的作用。而学校体育艺术教育和学校的办学理念、培养目标、校风校纪、生活方式等内容紧密相关，其教育功能与校园文化的联系见图 6-1。

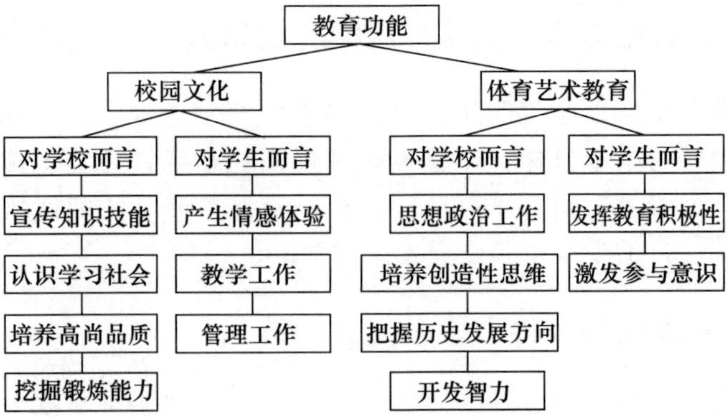

图 6-1 学校体育艺术教育的教育功能与校园文化的联系

（一）体育艺术教育与校园文化的部分功能相仿

校园文化活动丰富多彩，可以使广大学生求知、探索、社交、友谊、娱乐等需求得到满足，从而获得丰富的情绪体验，在实践中锻炼辨别力、鉴赏力，进而陶冶人格和灵魂，以充实生命，升华人生。而体育艺术教育是健康高雅的体育活动，具有进取、竞争、对抗、承担负荷、战胜艰难困苦和经受胜败考验等特点，在练习过程中，有利于对学生追求优胜、勇敢顽强、坚毅果断、不畏艰难、不屈不挠的意志品质进行培养，实现精湛的技巧与身体美、精神美的交相辉映，将学生多样的审美要求激发出来，促进广大学生审美能力的不断提高，在潜移默化中使学生树立正确的审美观，增强学生的自我调控能力，使其开阔视野和思维，心灵更加纯洁，精神更加高尚。

（二）体育艺术教育是校园文化的内核

体育艺术教育是校园文化的内核，校园文化是体育艺术教育的外延。从本质上讲，校园文化的总体功能是育人，表现在教育学生树立正确观念、增加知识和技能、培养能力、陶冶情操、提高综合素质等方面。作为学校教育的一部分，体育艺术教育包含三个层次的内容，分别是体育艺术知识、体育艺术技能和体育艺术精神。体育艺术教育与校园文化具有类似的功能，有利于培养学生的这些能力。

学校教育是学生逐步社会化的重要过程，要促进学生思想和人格的成熟，不仅要让他们从课堂上和书本里学到一些间接经验，还要从校园风气和文化氛围中吸取基本素养和思维方式，对其创新精神和实践能力进行培养。丰富多彩的校园文化生活可以从不同侧面、不同层次为学生提供更多的学习条件和机会来接受体育艺术教育，并为他们提供展示、锻炼、表现、提高自我的舞台和实践的机会，提高艺术素养，所以说校园文化又是体育艺术教育的外延。

（三）校园文化对体育艺术教育具有导向作用

体育艺术教育存在于校园文化大环境中，二者都是以师生为主体、以校园为空间、以体现和追求价值观为共同目的。作为时代的产物，文化必然在一定程度上反映时代的特征，校园文化同样如此。处于社会文化中的校园文化往往通过各种途径和方式把社会文化纳入自身内容中反映着社会文化，同时是体育艺术教育与社会文化的媒介，向体育艺术教育传递着社会文化的要求和价值取向。校园文化对体育艺术教育的发展具有制约作用和导向作用，是体育艺术教育的引导文化和指南针。然而，现代学校教育的发展正处在文化接受的开放性阶段，各种思想、理论、观念、思潮在学校汇聚和碰撞，并对体育艺术教育产生了影响。纷繁复杂的文化思潮中也可能存在一些消极、有害、错误的异质文化，不利于校园文化和体育艺术教育的发展。

作为校园文化的内在组成部分，体育艺术教育对校园文化具有一定的反作用，在一定程度上可以通过某些教育现象和问题向校园文化反馈这些不利的信息，促使校园文化对社会文化进行有目的地评价、比较、认可和选择，对体育艺术教育进行更优质的引导。所以，体育艺术教育又对校园文化具有反馈作用。

（四）体育艺术教育和校园文化相互推动

校园精神文化是校园文化建设的核心与关键。从形态上来看，可以将校园精神文化大致划分为以下三种（图 6-2）：

1. 智能型文化。主要指以增长知识、开发智力为主要目的的文化累积。

2. 观念型文化。指包括价值观念、道德观念、审美观念等在内的一些观念和思想。

3. 素质型文化。指由历史的积淀而形成的特有的校园风气和校园精神。

实践证明，体育艺术教育可以促进校园精神文化建设，这主要表现在以下几方面：

首先，通过第一课堂传授给学生体育艺术方面的知识和技能，有助于培养学生的形象思维和逻辑思维能力。

其次，通过其诱发作用和感染力，培养学生正确的世界观、人生观和价值观，提升审美观。

最后，通过教育和陶冶功能，促进学生综合素质的发展，培养师生的爱国主义、团结友爱和集体主义精神和积极向上的风气。

校园文化是体育艺术教育存在与发展的大环境，具有导向作用，校园文化的提升将会给体育艺术教育提供更广阔、丰富的外延，更正确、优质的导向，也必将推动体育艺术教育的发展。

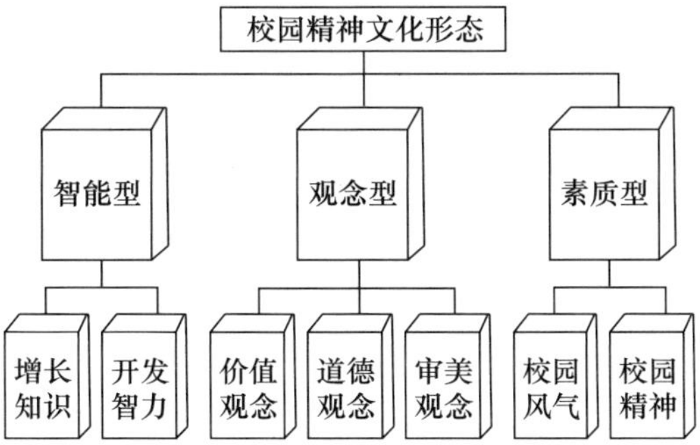

图 6-2　校园精神文化形态

二、体育艺术教育与校园文化的互动模式

（一）理念层面的互动

素质教育是一种以促进受教育者诸方面素质提高为根本目标的教育模式，是“德智体美”、“创新精神和实践能力”以及人格全面和谐发展的教育。学生是这一教育理念的主体，它实际上是一种人本教育理念，强调人内在身心潜能的发展及外在文化知识和社会规范向个体心理品质的内化。

在素质教育的推广与实施中，体育艺术教育是一个关键的突破口，在很大程度上影响着人的全面发展，能开发学生智力，增强学生体力，挖掘学生潜能，培养学生的情感体验与形象思维、逻辑思维能力，塑造和健全学生的完善人格，树立正确的人生观、价值观和审美观，可以说贯穿体育艺术教育的也是一种人本理念，以人为本，教育人、改造人、完善人，体现素质教育的价值取向，以促进学生全面发展。

从本质上来看，校园文化是指向人、塑造人的，对人具有教育、陶冶的功能。校园文化具有的理念，推崇的民主意识、平等原则、团队精神以及承认差异、尊重个性、鼓励创新、促进全面发展等价值观取向显然与素质教育“以人为本”的理念具有一致性，并在发展过程中相互联系、影响与促进。也就是说，在理念层面上，体育艺术教育与校园文化是统一的，它们都遵循“以人为本，促进学生全面发展”的理念，通过认同素质教育、推进素质教育进行互动。

（二）结构层面的互动

体育艺术教育和校园文化在结构上都是以学生为主体，以教师为导向，以校园环境为主要空间，是高度一致的。校园文化的形成离不开学生。

首先只有全体成员广泛认同并普遍接受学校的某些教育理念时，才能形成群体的行为，才能内化为个体的思想，校园文化才能逐渐形成。这个过程中，学生是主体。体育艺术教育和校园文化都强调学生的内在身心潜能发展以及外在的文化知识和社会规范向个体心理品质的内化，以达到增强学生身心素质，提高学生思想道德素质，完善学生人格，促进学生全面发展的目的。在接受和传播校园文化的过程中以及接受体育艺术教育的过程中，学生依旧是主体，教师的作用主要是导向。在校园文化和体育艺术教育互动中，学生是媒介，起着贯通的作用，在它们之间传递各种思想、理念、信息，并体现在自己的行为中。所以，体育艺术教育和校园文化是通过以学生为主体的结构进行互动的，在这个过程中，教师起导向作用，以校园环境为主要空间（如图 6-3 所示）。

（三）阵地层面的互动

第一课堂是体育艺术教育的主阵地和主渠道，但这不是唯一。第二课堂是建立在有形教育与无形教育之间的，在时间与空间上更为开阔，可以承载更为丰富多彩的教育形式和内容的教育阵地和渠道，它在体育艺术教育和校园文化建设中有不可替代的地位和作用。第二课堂是第

一课堂的外延和补充，为学生提供展示的舞台和实践的机会，对体育艺术教育的质量和水平同样具有重要的作用。

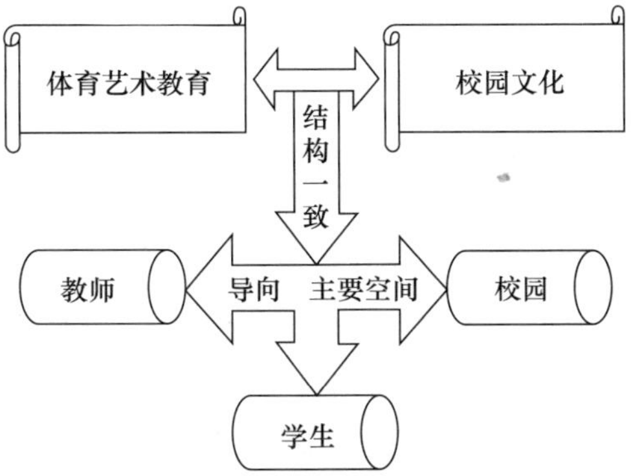

图 6-3　体育艺术教育和校园文化的结构关系

第二课堂是校园文化建设的重要载体，反映校园文化的理念和风格，是校园文化的缩影，包括实践类活动课堂和虚拟类网络课堂。

1. 活动课堂包括对内整合式的各类表演、竞赛活动以及体育艺术类社团等校内艺术资源开发，也包括对外拓展式的体育艺术社会实践活动等校外艺术教育资源开发。

2. 网络课堂包括特色鲜明的体育艺术教育校园网的开辟和利用网络开展的体育艺术教育与专业教育相结合的活动，以及对网上体育艺术教育资源的综合开发。

需要注意的是，第二课堂不是校园文化的唯一阵地，也需要第一课堂向学生传递智能型、观念性、素质型文化，为校园文化的发展提供原动力。所以，虽然体育艺术教育和校园文化的主阵地不同，但都是共同借助第一课堂和第二课堂进行传播和互动的，并相互依托、相互渗透。

第三节　校园体育教学艺术及其发展路径探索

一、体育教学艺术的含义

（一）体育教学与艺术更相通

艺术是由语言、动作、线条、色彩、音响等不同手段构成形象以反映社会生活，并表达作家、艺术家的思想感情。艺术以人为表现对象，对社会发挥认识功能、教育功能和审美功能。

体育教学同样要用语言来传授知识、交流感情、组织队伍调动等；要通过动作掌握运动技术；要用线条和色彩来规划场地、指明运动方向和合理调动；以最完美的器材增强学生动作训练，取得最佳教学效果；要用图片来讲解运动技术要领；要用音乐来完成配乐体操等。总之，体育教学要用说、形、声、色的综合运用来调动学生的视觉、听觉和一切注意力，完成大纲规定的教学任务。

艺术是通过语言、动作、线条、色彩、音响等的综合运用来表达作家、艺术家的思想感情，是以人为表现对象。体育教学同样是通过语言、动作、线条、色彩、音响等的综合运用来完成教师的教学设计，满足学生的学习欲望，达到学生追求的目标，这同样是以人为表现对象的。体育教学过程是师生互动的过程，而且双方都带有强烈的思想感情并富于变化。体育教学大多在室外环境开展，室外环境富于变化，同样发挥认识、教育和审美三大功能。

另外，体育教学本身是体育学科与科学技术的结合。在体育教学活动中，既要遵循体育科学知识的逻辑性、系统性和体育教学的各种规律和原则，又要讲究教学艺术。因为在室外环境下教学要比在室内环境中教学更复杂。更重要的是，体育教学的特征是头脑（智力）和身体（体力）相结合的教育过程，它的教学目标不仅包括增强学生的身体素质，还包括开发学生的智慧，培养和发展学生的非智力因素。所以，体育教学的要求更具艺术性；教学方法要具有灵活性、形象性；教师的动作示范要具有优美性；教师的语言运用要具有启发性、情感性；场地、器械的运用要具有规范性、创造性。好的体育教学现场课能够使观摩者被其艺术魅力而深深吸引。

（二）体育教学艺术具有特殊性、复杂性和高超性

1. 体育教学艺术特殊性、复杂性的表现

（1）体育课堂教学结构与人的生理活动规律紧密联系

体育教师在教学设计和方法运用上，一定要考虑人的生理活动规律，从课堂的开始部分到准备部分、基本部分和结束部分，都要合理安排和调动。随着课堂教学改革的不断深入，很多体育教师的教学设计已经逐渐从文字上摆脱了传统的三结构或四结构形式，而实质上人的生理活动的规律是永远存在的，只需考虑如何运用更加灵活些。这种人的生理活动规律要求体育教学设计更具艺术性。

（2）体育教学过程处在动态环境中

在体育教学中，教师的语言和教师的形体活动紧密结合，缺一不可。学生活动的方式是不断变化的，位置是不断移动的。此外，学生对运动技术从学习到掌握的过程，不完全是智力因素的表现，更多的是非智力因素起关键作用。体育运动是学生复杂的生理活动和心理活动紧密联系的过程，很多特殊的生理变化或心理变化决定了学生学习的成功和失败。所以，体育教学过程的动态环境要求突出教学设计的艺术性。

（3）体育教学环境的变化

室外教学的场地比室内大，同时学生活动的自由度也得到增加。不像在室内，学生的一切活动一般都在自己的座位上或小范围中进行，活动自由度受到限制。室外视野开阔、空气新鲜，使人心情开朗、追求自由的激情增大，再加上室外环境的“干扰”，都会增加教师组织教学的难度。所以，教师应合理安排，使教学既规范，又不影响学生的学习激情，努力排除干扰，促进教学目标完成，增加教学艺术表现和魅力。

（4）体育教学课堂是教师与学生的互动过程

师生互动过程的实际反映非常复杂：有教师与学生集体间的关系；有教师与学生个体间的关系；有学生个体与学生个体间的关系；还有学生个体与学生集体间的关系；甚至还有学生小群体与学生小群体间的关系。复杂的关系网络带来了复杂的感情与学习环境的变化。在一节课

中这种变化不是固定的，而是随着教学任务和目标的变化而变化，这就使教师的教学设计难度更大了，同时教学情感交流的复杂性也更明显了。所以，体育教学本身存在的艺术性表现空间就更大了。

2. 体育教学艺术高超性的表现

体育教学的特殊性质决定了体育教学的艺术性。

（1）过去人们将体育的性质认定为健身强体或社会文化的表现。随着社会的进步、教育的发展及“健康第一”指导思想的确定，体育教学的功能主要表现为培养适应21世纪发展需要的人才。体育教学不只为培养学生健康的身体服务，还应为培养学生健康的心理而服务，它是智慧与体质的结合，是智力与非智力因素的结合。所以，体育课堂教学的目标定位扩展了，认知目标和情感目标的有机结合，必然促进各种教学艺术的结合进而上升为更高超的艺术表现。

（2）体育教学客体——学生之间存在差异，学生的智力水平、智慧表现方式及形体都存在不同。体育教学的本质任务是促进学生形体发育，提高学生的身体机能。但不同学生的形体、机能往往存在明显的差异。学生形体与身体机能的差异往往导致他们在体育课堂上会取得不同的学习效果。教师如何使学习的主体——学生都能学好教材，达到教学目标要求呢？这就需要教师有较高的教学水平，有适宜的教学手段和方法，形成更高超的教学艺术。

（3）体育教学过程的动态环境使体育教学形式更加生动活泼，同时也增加了完成教学任务的难度。教师应使其合理地结合，达到这样一种境界：科学知识学习的严肃规范性与教学艺术的完美结合；教师适宜的教学手段和方法与学生好动和自主学习态度的结合；教师新的教学观念的树立与学生终身体育观念形成的结合等。随着教育的不断发展，体育教学取得了明显的进步，从教材到教学的表现形式都有大的突破，这也是通过体育教学的高超艺术达到的。

二、体育教学艺术的特征

（一）语言多样性

表达体育教学内容，必须通过教师的语言来叙述。语言表达有两种形式，分别是语言性语言和非言语行为。体育学科与其他学科相比而言，非言语行为所占的比重较大，而且非常重要。它不仅是情感与态度的表达，而且本身就是教学内容，是学生要学习的形体动作。在语言性语言中又有说话的语言与口哨指挥语言。教师运用口哨能表达自己的思想，这是体育教学的特殊性表现，口哨的使用艺术是体育教学艺术中的典型特征。优秀的体育教师必须具备非言语行为和语言性语言中的口哨运用技艺，它既是教师教学艺术的条件，又是吸引学生情感的“磁石”。

（二）直观形象性

直观形象性是体育教学艺术的一个典型特征。学习体育教材内容需要通过以下两种手段来完成：

第一，体育教师利用语言的讲解，分析运动技术要领，确定运动技术重点、难点，指明保护与帮助方法等。

第二，体育教师通过形体示范，给学生建立动作的整体形象以及运动动作的形象概念，激发学生的形象思维，促进学生掌握运动技术。体育教学艺术是语言的形象描述与形体直观展示的高度结合，二者缺一不可。

（三）动态差异性

动态是体育教学的典型特征之一，指一切活动都在“动态”环境中进行，这主要体现在以下几个方面：

1. 教师的位置可随时改变。
2. 教师可随时调整形体示范动作，以利于学生的观察。
3. 学生个体、集体队伍随时变动。

动态性是体育教学区别于其他学科教学的艺术特性。

体育教学艺术的差异性反映在师生两个方面：一方面，教师全面发展，语言精练、富于情趣、善于激发、富于乐趣；动作示范优美规范；组织调动合理简练；声音有变化；运动量、练习密度合理等。另一方面，学生学会动作，完成教学目标。可教师之间、学生之间总是存在差距，教师应在全面发展的基础上重点发展自己的个性；学生应根据自身条件，不断努力分层实现自己的目标。所以教学艺术的表现在教与学两个方面都有差异，这种差异也是体育教学艺术合理性与圆满性的体现。体育教学艺术具有动态变化、表现差异性特征。

（四）激趣情感性

体育能够促进学生全面发展，可以使学生终身受益。现代体育教学也正是沿着这个方向改变着我们的体育教学观念，从唯“本质增长”“机能发育”到心理、生理的全面发展，其重要标志之一就是培养和建立学生终身体育观念。建立终身体育观念的关键条件就是学生对体育的兴趣和情感。兴趣来源于运动项目的吸引力，情感来源于教师的教学艺术。孔子说：“知之者不如好之者，好之者不如乐之者。”朱熹指出：“教人未见意趣，必不乐学。”这些都说明了这个道理。随着体育教学的改革与发展，体育教学中大量运用游戏教学形式促进了学生智力因素和非智力因素的培养与发展，教师的微笑及情感注入课堂等，都是体育教学艺术激趣情感性特征的反映。

（五）全面发展性

现代体育教学的目标是为人才的全面发展打好基础。体育的健身与健心功能同步发展，是“健康第一”指导思想在体育学科的具体表现。学习体育运动项目的动作，掌握这些动作的技术，形成技能，是学科知识的教学需要。通过体育教学艺术而要达到的最终目标便是学好体育，建立终身体育观念，使学生终身受益。所以，体育教学艺术在教学过程中“美”的情感的激发，必然促使学生运动欲望的产生，这种欲望的满足，完善了学生对美的追求，最终达到了身心健康与全面发展，这种对科学与艺术完美结合的追求，对健身、健心的追求，是体育教学艺术的重要特征。

（六）审美独创性

现在，越来越多的人认识到体育教学活动蕴含着丰富的美、贯穿着美的规律。体育教学教材的动态美，教学过程中教材、场地、器材的和谐美，同样的动作表现出来的不同方式的美，是体育教学美的独特表现，是审美与创造的结合。体育教学活动的美无处不在，通过教学艺术的启迪，可感染学生的情绪，吸引学生的兴趣，强化学生的学习态度。青少年的好动特点推动着学生对姿态美、动作美的追求，无形中将体育的科学知识和体育动作美的表现完美地结合起来。使学生在运动中感受到美，体验到一种乐趣，并唤起他们的灵感和创造性。而体育教学艺术在启迪和发展这些灵感和创造性的过程中，也形成了教师对美的追求以及个体的独创欲望和能力，表现出各具特色的体育教学艺术。学生需要教师对美的挖掘的启示，教师也需要学生对美的追求愿望的刺激，这种正反双向作用对促进体育教学艺术的发展和完善具有重要的意义。

三、体育教学艺术的功能

体育学科的教学艺术特征与其他学科有区别，其功能也具有独特之处，具体表现在以下几个方面。

（一）促进运动技术掌握，形成熟练技能

学生要掌握运动项目固有的运动特征，学习体育运动项目技术是关键，这种学习是一个复杂的过程，有生理因素、心理因素、智力因素、非智力因素的参与。这种双重的参与提高了学生参与的能力，使学生的运动技能逐渐达到熟练。所以体育教学艺术从方法到手段都发挥了教师的教育机智，教师运用教学才华完成技术教学，而且是有层次的教学。这个层次一方面是指技术学习层次由浅入深、由单个技术到复杂技术的组合；另一方面是指技术教学方法必须符合学生生理、心理差异的不同层次，教学方法和手段不能“一刀切”，要突出体现因材施教，而且教学艺术也突出了教学过程的师生互动。体育教学主要是室外教学，受外界的干扰较大，受环境的变化影响更大。体育教学艺术能有效地适应这些变化，排除干扰，促进学生掌握信息的速度和强度提高，对体育教学进行调整和控制，使技术学习向形成熟练技能的有效转化，从而促进体育教学效果的提高。另外，教学艺术使教师讲解技术与组织练习有效结合；使启发思维与直观形象有效结合；使教学媒体与技术教学有效结合。总之，教与学总体的有效结合，能促进技术的掌握和技能的发展，是典型的静态教学与动态教学的结合。

（二）以美促练，美化人的心灵

体育教学中，美无处不在。体育教学艺术反映了体育教师语言的美、运动技术示范动作的美、教学场地的美、器材布置摆放的美等，这些美感染了学生，提高了学生参与体育学习与锻炼的积极性。另外，各项运动都具有美的节奏和美的旋律。所以，运动技术学习以及参与运动的整个过程，都可以说是一种美的具体体验。凡是经常从事体育运动的人，其形体必然具有运动美的风采，这是人的外部形态的表现。更重要的是，体育教学艺术的美能改善学生的情绪状

态，甚至可以使学生合理宣泄不良情绪，消除心理紧张，放松身心，调节心理状态和维持心理平衡。

体育教学艺术的美能促使学生之间的人际关系更加协调，促进学生合作与竞争意识的提高。对学生的一生来说，这种人际关系以及合作与竞争的意识非常重要，它培养了学生相互交往的心理适应能力，以及勇于进取、树立远大志向的积极向上的精神。另外，体育教学艺术的美对于锻炼学生勇敢、果断、顽强的意志和高尚的道德品质具有重大意义。总之，体育教学艺术的美，有助于学生审美观点和能力的形成与发展，可促进学生美好心灵的成长与发展。

（三）创建氛围，提高组织管理能力

现代体育教学提倡建立师生合作、和谐共处的良好教学氛围，打破“师为上、生为下”与“师为先、生为后”的师道尊严，真正建立以学生为主体的新教学模式。我们反复强调体育教学的快乐、兴趣和美的享受，而体育教学还有另一面的精神，即经受艰苦的训练，经历必要的磨难教育。从兴趣和快乐中培养坚强的意志品质、顽强的战斗精神、勇往直前的气概等优秀品质是很难得的，学生只有尝试了“先苦”才能“后甜”。另外，从体育教学的本质属性来看，需要营造一个合作、和谐的教学氛围。体育教学艺术就能发挥这样的功能，既能严格要求，又不失兴趣和激励，使学生适应一切条件和环境，达到教学目标。

（四）推进开放式体育教学发展

体育教学是学校体育的主渠道，但学校体育还包括课外体育活动、运动队训练、早操、课间操、校内外运动竞赛等多种形式，只有各方面统一才能促进学生身心全面发展，实现“健康第一”的目标。体育教学作为主渠道是一切的基础，主渠道修好了，才能保证其他渠道畅通无阻。所以，体育教学的发展应是开放性的，服务于学校体育总目标的实现。优秀体育教师的体育教学是认真而富有成效的，这样能够保证其在体育其他方面的工作更加出色。因为体育教学艺术不只限于体育课堂上的表现，它会给教师带来全方位的发展，也同样能在学校体育的其他方面发挥“艺术”功能，取得实效。从另一角度来看，不可能只通过每周 2～3 节的体育课就实现体育总目标。体育教学艺术同样能在学校体育各方面的工作中发挥高效益。

四、体育教学艺术的发展

（一）体育教学艺术的现代化发展

学校体育教育必须遵循教育的本质进而挖掘学科内涵，实现体育教学的现代化。学校体育教学艺术必须按“三个面向”发展，使学校体育教学改革向着创建具有中国特色之路而不断发展。体育教学艺术的现代化发展包含以下几个方面。

1. 体育教育观的现代化

《中共中央国务院关于深化教育改革全面推进素质教育的决定》中指出：“实施素质教育，就是全面贯彻党的教育方针，以提高国民素质为根本宗旨，以培养学生的创新精神和实践能力

为重点，造就‘有理想、有道德、有文化、有纪律’的德、智、体、美等全面发展的社会主义事业建设者和接班人。”“健康体魄是青少年为祖国和人民服务的基本前提，是中华民族旺盛生命力的体现。学校体育要树立‘健康第一’的指导思想，切实加强体育工作，使学生掌握基本的运动技能，养成坚持锻炼身体的良好习惯。”

体育教学同样是实施素质教育的重要组成部分。所以，体育教学的现代化体现在学校体育必须树立“健康第一”的指导思想和素质教育的教育观念。

体育教学课堂、体育教学艺术必须面向全体学生，为全体学生的终身体育打下良好基础。因此，体育教育教学观念的现代化发展必须实现以下转变：

（1）从重竞技运动向树立“健康第一”的观念转变。

（2）体育课堂教学的单一模式向多层次、多特点的混合模式转变。

（3）体育课堂教学必须从封闭式向开放式发展。

2. 体育教学目标的现代化

体育教学目标主要是通过体育课程目标实现的，所以体育教学目标的现代化也指体育课程目标的现代化。

（1）体育课程目标的科学化

课程目标的科学化包括以下三个内容：

首先是教育、教学内容的选择必须围绕学校教育的总目标。

其次是课程不仅包括课堂教学，而且包括课堂外的各种教学活动。这一点对于体育课程尤为重要。

最后是课外活动应是在教师指导下有目的、有计划、有组织的活动，而不是盲目的、随意的活动。可见，体育课程目标的科学化是在体育教育教学观念的现代化指导下的新的课程构建，是开展素质教育所需要的课程建设，是“健康第一”指导思想落实的核心。另外，课程目标的科学化还表现在体育课程应具有以下鲜明特征：

第一，体育课程的实践性。必须通过身体的实践活动去实现教育总目标。

第二，体育课程的整体性。必须通过课内、课外相结合才能收到预期结果。

第三，体育课程的社会性。必须适应学生进入社会后的发展需要而主动发展。

第四，体育课程的差异性。必须适应人的身体条件和性别差异而因人而异。

第五，体育课程的非阶梯性。必须根据大、中、小各学段学生身心发育水平而因材施教。

第六，体育课程的复合性。既要提高学生的智商，又要提高学生的情商，使学生全面发展。

所以说体育课程既是素质教育的重要内容，又是学校实施素质教育的重要手段。

（2）体育教学内容的多样化

体育课程具有非阶梯性特征，许多体育教学内容和手段没有明显的先后顺序，这是体育与其他学科的主要区别之一。另外，能够促进学生身体素质提高的教材内容同样多种多样，没有先后之分。我们必须改变过去全部采用竞技运动项目作为学校体育课程内容单一的、纯竞技性特征的传统教学内容选择模式，大量增加娱乐性、健身性、人文性、民族性及开放性等内容，丰富体育课程教材内容，再选用多样化的教学手段和方法，以实现现代化的教学目标。

(3) 体育课程内外的一体化

随着体育教学的改革与发展，体育课程教学必须走开放式道路，将课内、课外从形式到内容相结合，将校内、校外从发展到巩固相结合。使体育学科在形式表现上更加生动活泼、最富于实效性；使学生具有体育锻炼的积极性和自主选择锻炼的能力，使其终身受益。

3. 体育教学手段和方法的现代化

体育教学手段和方法的现代化主要是指教师在教学过程中必须贯彻“健康第一”和素质教育的指导思想，要为学生终身体育打好基础。当然必要的场地形式的建设与体育器械设备的增加是应该的，但这些都必须服务于教育教学总目标的实现。

体育课程教学手段和方法的现代化，就是教学艺术的科学性与艺术性的有机结合。没有教学艺术，就没有现代化。因此，因人而异的“处方教学”、因材施教的“复式教学”等才是真正意义上的“现代化”，这些教学方法遵循学生生理、心理发展变化的规律和知识、技能的认知，能满足不同条件、不同要求学生的个性发展。

(二) 体育教学艺术的可持续发展

体育教学艺术的可持续发展是为学生终身体育打好基础的现代学校体育发展观。现代体育教学艺术的可持续发展是对体育教育价值观的再认识，是对体育教育教学功能的再升华，是对体育教育教学目标的再理解和探讨。

1. 对体育教育价值观的再认识

人、社会、环境的和谐统一是教育可持续发展的核心。“健康第一”指导思想的提出、《中共中央国务院关于深化教育改革全面推进素质教育的决定》的颁布、《全民健身计划纲要》的实施等，为当代学校体育的人、社会、环境的统一和谐发展提供了良好条件，有利于推动学校体育教学艺术发展。

可持续发展战略在思想内核上以人类的整体和长远利益为着眼点，强调经济、社会、人口、资源和环境的协调发展。而教育科学的发展也是把促进或实现人的发展和社会性发展的协调统一作为理想的价值目标。体育教学艺术所追求的目标是通过科学性发展人的素质，实现人与社会、环境的协调。从原始的健身观念向社会需求人才观念的发展，也是以人类的整体和长远利益为着眼点，以为社会、国家培养一代新人为目标。只有这样，学校体育教学艺术才能有效地满足未来发展的教育需要，其本身才能取得更大的发展。

2. 对体育教育功能的再升华

体育教育重点不应只是“体”的表现，而应是“育”的功能的全面展现。只有体育教学艺术才能较完美地实现真正的“体育”功能，才能培养德、智、体、美全面发展，有利于社会发展和进步的一代新人。只有实现体育教育的健身与健心功能的圆满结合，才能实现学校教育的政治功能、经济功能以及生态功能。

3. 对体育教学目标的再理解

体育教学艺术可持续发展的核心旨在协调自然、社会与人的发展。终身体育是体育范畴内的终身教育，是素质教育在体育领域中的具体实施过程表现和最终目标结果。对教育而言，人的可持续发展要求教育所培养的人才应具有扎实的知识基础、丰富的文化底蕴、孜孜以求的科学精神、强健的体魄、良好的心理素质，使学生走出校门、进入社会后，能适应日益变化的社会需求，并能接受更多的教育，进行自我教育，从而获得终身发展。所以，从此意义上讲，体育教学艺术的可持续发展，也就是人的终身体育的可持续发展，形成人对体育的毕生追求并终身受益。

第四节　高校体育艺术类课程体系构建与实施

一、高校体育艺术类课程体系的构建

（一）高校体育艺术类课程体系的构建原则

1. 强化健康第一的导向性

促进大学生健康发展，发展高校体育教育必须坚持“健康第一”的指导思想。这充分体现了党的教育方针对高校体育的基本要求，并前瞻性地显示了体育学科与艺术学科交叉渗透的发展趋势。高校体育艺术类课程以促进大学生整体健康水平的提高及全面发展为目标，构建以技能、艺术、审美、认知、情感、行为等领域并行推进的课程结构，整合了多学科领域（体育、艺术、卫生保健、环境、社会等）的有关知识，促进了大学生健康意识、艺术意识和审美意识的提高。

2. 拓展个性发展的时空性

随着社会的发展，大学生的生活空间变得越来越广。高校体育将不再是专指高校校园体育，它已超越了学校的空间界限，面向整个社会和市场。高校体育课程已经不是大学生获得体育知识、掌握运动技能的唯一来源，信息技术的高速传播促进了大学生掌握体育信息的能力得到提高。因此，开放性的高校体育素质教育能够使大学生的发展更加自觉、主动。

在高校体育教育中，提高大学生的社会适应能力是一项基本任务，这就必须构建高校体育艺术类课程，拓展大学生个性发展的时空，培养大学生高尚、积极、健康的情感世界，并且更加实际地培养大学生体育能力的艺术修养和良好的心理素质。

3. 提高体育学习的积极性

对高校体育艺术类课程进行构建，必须对大学生的运动兴趣和爱好予以关注。大学生的运动兴趣是促进大学生自觉、积极地进行体育锻炼的内在动力。运动兴趣和习惯是促进大学生自主学习和终身坚持锻炼的前提。无论是选择体育艺术课程教学内容还是更新教学方法，都应对大学生的运动兴趣给予高度关注，只有激发和保持大学生的运动兴趣，才能使大学生自觉积极地学习体育艺术类课程。因此，在体育艺术类课程教学中，应坚持以人为本，发挥大学生的主体性，提高大学生的学习积极性和学习潜能，这能够有效保障体育艺术类课程目标和价值的实现。

（二）高校体育艺术类课程体系构建的基本内容

高校体育艺术类课程体系构建的基本内容见表 6-1。

表 6-1 普通高校体育艺术类课程体系构建的基本内容

一级指标	二级指标
课程目标	1. 运动技能目标 2. 运动参与目标 3. 身体健康目标 4. 心理健康目标 5. 社会适应目标
课程内容	1. 体育艺术类项目 2. 体育艺术类课程教材
课程模式	1. 目标型 2. 选择型 3. 俱乐部型 4. 以赛促教型 5. 分层型 6. 发现型 7. 三段型
课程评价	1. 评价内容 2. 评价方法 3. 评价主体与方式

表 6-1 中的二级指标下还可以分出若干三级指标，体育艺术类课程的框架是在这些指标的基础上构建而成的。

（三）高校体育艺术类课程体系构建的基本框架

课程体系的设计构建离不开课程目标、课程内容、课程模式和课程评价这几个重要因素，因此构建高校体育艺术类课程体系必须结合课程体系的四大要素进行。有关学者在调查分析我国普通高校公共体育课程及体育艺术类课程的现状，了解并掌握基本状况，查阅大量有关教育学、体育教育学等书籍和相关文献，搜集整理大量有关高校体育课程设置、体育课程教学模式以及体育教学内容和评价方式的资料，并在把握普通高校体育课程发展方向的基础上，对普通高校体育艺术类课程设计构建的基本框架进行了拟定（如图 6-4 所示）。

- 普通高校体育艺术类课程体系构建
  - 课程目标
    - 身体健康目标：1. 形成健康的生活方式；2. 养成良好的行为习惯；3. 掌握有效提高身体素质，发展体能的知识方法；4. 测试和评价体质健康状况；5. 具有健康的体魄
    - 心理健康目标：1. 能够自我体验运动的乐趣和成功的感觉；2. 运用适宜的方法调节自己的情绪；3. 通过体育活动改善心理状态，克服心理障碍；4. 养成积极乐观的生活态度；5. 体育学习目标的自我设置
    - 运动技能目标：1. 掌握体育艺术类项目运动基本方法；2. 掌握体育艺术类项目运动基本技能；3. 掌握常见运动创伤处理方法
    - 社会适应目标：1. 体育道德和合作精神；2. 处理竞争与合作的关系；3. 体育活动中的人际关系
    - 运动参与目标：1. 形成自觉锻炼习惯与意识；2. 具有体育文化欣赏能力；3. 编制个人锻炼计划
  - 课程内容
    - 体育艺术类课程教材：1. 体育艺术类教材教具；2. 体育艺术类教学参考书；3. 体育艺术自编讲义；4. 体育艺术类教科书
    - 体育艺术类项目：1. 健美操；2. 健康街舞；3. 形体舞蹈；4. 啦啦队（操）；5. 体育舞蹈；6. 搏击操；7. 校园健身舞蹈；8. 爵士舞；9. 艺术体操；10. 健身秧歌
  - 课程模式
    - 目标型
    - 选择式型
    - 俱乐部型：1. 课程内容以实用化为主；2. 课程内容以多样化为主；3. 课程内容选择自主性强；4. 课程内容以竞技化为主
    - 以赛促教型
    - 分层型
    - 发现型
    - 三段型：1. 统一的身体运动技能为主；2. 强制性的活动内容为主；3. 其他有关内容
  - 课程评价
    - 评价内容：1. 体育认知水平；2. 体育学习态度；3. 情感表现与合作精神；4. 运动技术技能；5. 体能
    - 评价方法：1. 技能考核；2. 理论考核；3. 技术考核；4. 专项身体素质考核；5. 平时考核
    - 评价主体与方式：1. 教师评定；2. 学生互评；3. 学生自评

图 6-4　高校体育艺术类课程设计构建的基本框架

二、高校体育艺术类课程体系的实施方案

（一）课程建设

课程建设作为课程体系构建中最重要的一环，在推广实施过程中至关重要。课程建设主要涉及的内容包括教材目标、教材内容、评价体系、教学组织、教学模式和方法等。构建体育艺术类课程教材，主要围绕健美操、艺术体操、健康街舞、啦啦队（操）、体育舞蹈、健身健美、校园健身舞蹈等项目进行，以专家构建为主，并在实践运用中不断完善教材体系。

教材建设的目标是能够为学校体育教育提供专业性、系统性、科学性、实用性教材，而且能够为学生健康教育提供专业服务。体育艺术类课程体系化建设是一个系统工程，是深化教学改革的配套措施，也是培养专业人才的手段，既是响应教育部学校教育方针的需要，以及新课程标准“健康第一”的宗旨和全民健身计划纲要的实施，也是各学校教育工作的需要。课程设计在内容选择上充分考虑学生不同学习阶段的特点，淡化竞技体育的色彩，提倡健身性体育项目，坚持全面发展和协调发展的原则，注重培养素质和能力，把学生培养成为全面发展并具有个性的专门人才；既考虑全体学生的基本需要和总体要求，又要考虑学生的其他差异，使每一个学生充分发展，注重个性，全面育人；它不仅注意更新内容和学习学科前沿知识，更注重对学生创新能力的培养，并促进学生需要得到满足，真正落实健康教育。

体育艺术类课程的实用性很强，对于不同的群体定位不同，大学群体的目标定位是培养技能；中学是促进身体健康；小学是促进身体健康与娱乐。该课程体系主要包括教材、教学大纲、教学进度、试题库、多媒体教学课件、教案范本、教师培训模式及方法、师资评定考试标准及试题。

（二）师资队伍建设

普通高校体育艺术类课程构建体现了体育教育与艺术教育的高度融合。该课程项目多、内容多、类别多。开设这些课程，必须要有能胜任课程教学的教师，对教师的素质提出了很高的要求。教师不但要具备各种体育艺术类动作技术的教学技能，用生动形象、简洁流畅、富于启发的语言和正确优美的示范进行教学，而且要具备多种体育艺术形式的实践操作技能和教学技能，此外，还要掌握最新的艺术教育理论、方法及技能。

（三）项目宣传

为大力推广实施体育艺术类项目，必须开展宣传工作。宣传的目标是让民众了解这类项目的内容、特征、特点、表现形式、健身娱乐性等多功能性。这些新兴项目大多来自国外，引进我国的时间比较短，开展和普及还不够完善。

为了让学生尽快了解这些项目，需要通过多渠道建立推广宣传平台，举办各类项目培训，积极打造赛事平台。体育艺术类项目本身具有娱乐性和观赏性，对大众的吸引力很强，赛事和项目内容逐渐深入人心。同时通过媒体宣传平台来展示，通过社区活动、节日庆典、校际交往

等活动进行演出，可以大大提高宣传效果。

在学校宣传上，首先要设立体育艺术社团，实施可行的体育艺术知识宣传栏目，开设体育艺术理论和技术交流讲座；开展一系列丰富多彩的校园体育艺术文化活动，鼓励学生参与这些活动，使学生不断认识与了解体育艺术，扩大体育兴趣范围。

（四）保障措施

近年来，随着各高校不断推广体育艺术类课程，各高校领导对此十分重视。很多高校为此修改教学大纲，将体育艺术类课程纳入其中，同时还为课程开设提供后勤保障，如采取修建练习场馆、搭建学习交流平台、申报精品课程、开展专题讲座等措施予以支持。

高校体育艺术类课程体系的实施离不开一系列保障措施，具体表现在以下几个方面：

1. 体育主管部门和教育部门的政策支持。

2. 学校领导的大力认可和支持。

3. 体育教师的热情参与。

第七章　校园体育文化建设的延伸与拓展

校园体育文化建设，除了内部建设之外，还需要向周围进行延伸和拓展。同校园体育产生联系的体育形式有很多，其中就有家庭体育和社区体育。本章就从家庭体育、社区体育的角度对校园体育文化建设的延伸与拓展进行研究。

第一节　家庭体育与社区体育理论综述

一、家庭体育基本理论

（一）家庭体育的概念

家庭体育是一人或多人在家庭生活中自愿或者通过安排而参与的以身体练习为基本手段，以获得基本运动知识技能、满足兴趣爱好、丰富家庭生活、达到休闲娱乐、实现强身健体和促进家庭稳定为主要目的的教育过程和文化活动。

（二）家庭体育文化的特征

1. 普遍性与群众性

家庭是社会的基本单位，我国家庭本位的传统和现代生活方式的转变，使得家庭体育成为人们闲暇时间的重要选择。家庭体育文化对构建我国全民健身体系具有重要的作用，它可以发挥独特的优势，将所有家庭成员都动员起来，家家户户都参与体育活动，这种广泛性的群众性行为是其他任何一种形式都无法比拟的。家庭体育将亲情力量与健身活动融为一体，使家庭成为体育组织形式中最适宜、最理想和最具有亲和力的体育形式之一。在当今社会，人们越来越重视健康运动，而家庭体育无疑成为一种最重要的手段和方法，最具普遍性和群众性。

2. 丰富性与灵活性

家庭体育是人们日常生活中的一种活动，家庭成员可以在余暇时间自由进行锻炼，自我欣赏，其内容休闲娱乐、丰富多彩。从早晚散步到节假日爬山、远游；从塑形、健身到体育竞技、娱乐的观赏；从球类运动到各类体育游戏；从儿童及少年的游戏到老年人的传统体育项目锻炼等无不属于家庭体育的内容，可见家庭体育文化的内容是丰富多彩的。由于家庭体育是一种群众性体育行为，是以家庭为单位，所以各家各户可以独立自主地举行家庭体育活动，具有很强的独立性和自主性。家庭成员可以充分利用自己的业余时间，通过积极健康的体育娱乐方式，有计划、有目的地经常性地参加家庭成员共同喜爱和擅长的体育活动项目，丰富家庭成员的余暇生活，满足家庭成员的精神需求和社会需要。

3. 自由性

家庭体育是一种比较自由的体育活动形式，这种自由首先表现在时间选择的灵活性上。家庭体育可以选择在余暇中的任何时间进行，完全受家庭以及个人的自由支配。例如，一个家庭的体育活动既可以利用节假日休息的时间进行，又可以在每天下班的时间安排一些比较简单、利于放松的体育活动。

4. 随意性

家庭体育既不受场地的限制，又不受器材的限制，具有极大的随意性。利用任何场所（包括家庭庭院、周围空地、野外等）都可以作为家庭体育活动的场所，从而弥补公共体育场地设施的不足。比如，锻炼者可以充分利用自家的庭院以及居室周围环境进行因地制宜的家庭体育活动，这样既解决了体育锻炼场地不足的问题，又达到了健身的目的，同时又促进了社区群众体育的发展，对我国全民健身具有良好的影响和作用。

5. 全面性

家庭体育锻炼效果的全面性是指家庭体育拥有其他形式运动所没有的时间灵活性以及内容和手段的丰富性及多样性，家庭成员可以在这样的条件下进行体育活动的锻炼，从而取得良好的锻炼和健身效果。在家庭体育文化中，家庭成员在没有压力的活动环境中，更能让自己的情感得到完全释放，由此产生自由感、舒畅感和愉悦感等，从而达到健身、休闲、娱乐、社会交往等目的。这不仅满足了家庭成员个体身心发展的需要，而且也可以促进家庭和睦、社区和谐以及稳定发展。

6. 终身性

在社会文明高度发展的今天，人们越来越意识到终身教育的重要性，教育与不断学习伴随人的一生，体育也同样如此，体育运动对改善人们的体质和健康具有非常重要的作用，因此形成终身家庭体育观是十分有必要的。

（三）家庭体育文化的功能

1. 一般功能

家庭体育的一般功能主要包括个体功能和社会功能两个方面。

（1）个体功能

家庭体育的个体功能主要表现在以下几点：

①强身健体。

②提高夫妻生活质量。

③促进智力发展。从事家庭体育活动，既可以增强人的体质，奠定人的智力发展的良好物质基础，还可以在体育锻炼的过程中磨炼人的意志，有利于优良的意志品质的养成。

④培养良好的道德品质。

（2）社会功能

①增强社会凝聚力。

②有助于社会物质文明与精神文明建设。

③能够更好地促进社会的和谐发展。

2. 特殊功能

家庭体育的特殊功能表现在以下几个方面：

（1）能够形成健康的生活方式。

（2）丰富人们业余生活的内容。

（3）有利于家庭和睦。

（4）有利于推动全民健身，促进终身体育的发展。

二、社区体育基本理论

（一）社区体育的概念

社区体育就是在社区中，全体社区成员作为参与主体，将社区所具有的自然环境和各类体育设施作为物质基础，以更好地满足社区成员身心健康，满足社区成员的各种体育需求，同时将促使社区成员之间的社区感情得以发展和巩固作为目的，在遵循就近原则的基础上开展区域性的群众体育活动。

（二）社区体育的分类

1. 根据活动空间进行分类

根据活动空间，可将社区体育划分为庭院体育、公园体育、广场体育、公共体育场所体育和其他场所（空地、广场、江河湖畔等）体育五类。还可以将社区体育划分为室内体育和户外体育。

2. 根据参与人群进行分类

根据参与人群，可将社区体育划分为婴幼儿体育、学生体育、在职人员体育、离退休人员体育、特殊人群体育和流动人口体育六类。

3. 根据参与主体的群体规模大小进行分类

根据参与主体的群体规模大小，可将社区体育划分为个人体育、家庭体育、邻里（楼群、庭院或胡同）体育、微型社区（居委会）体育和基层（街道办事处）社区体育五种。社区体育既可以个人、家庭、邻里、居委会和街道为单元参与不同规模的体育活动和竞赛，又可以个人锻炼的形式在家庭、楼群（胡同）居委会和街道范围内开展体育活动和竞赛。

4. 根据组织类型进行分类

根据组织类型，可将社区体育划分为自主松散型和行政主导型两种，晨晚练体育活动点、辅导站、社区单项（人群）体协等为自主松散型社区体育。

社区体育活动中心社区体育俱乐部、街道社区体协等为行政主导型社区体育。

5. 根据活动时间进行分类

根据活动时间，可将社区体育划分为日常性体育活动（晨晚练）、经常性体育活动（俱乐部活动）和节假日体育活动（节日、周末和寒暑假体育活动）三类。

6. 根据消费类型进行分类

根据消费类型，可将社区体育划分为福利型、便民利民型和营利型三种。福利型社区体育主要面向老年人、儿童、残疾人、社会贫困户、优抚对象等弱势人群。便民利民型社区体育主要面向全体社区居民。营利型社区体育主要面向中、高收入人群，面向白领人群。

（三）社区体育的构成要素

构成社区体育的要素主要有六个，分别为全体社区成员、社区体育组织、社区体育经费、社区体育设施、社区体育管理者和指导者，以及各个具体的社区体育活动。

通过采用框图形式，在此将社区体育六大构成要素之间的关系进行划分（如图 7-1 所示）。

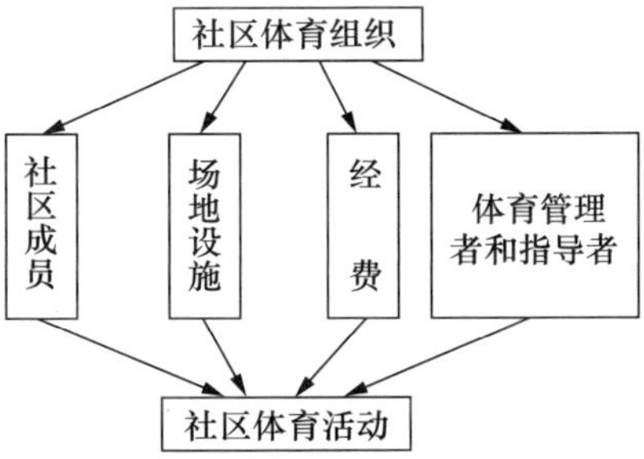

图 7-1

三、校园体育与家庭体育及社区体育的相互关系

（一）校园体育与家庭体育的相互关系

1. 校园体育对家庭体育的作用

（1）校园体育为家庭体育奠定了良好基础

校园体育是家庭体育发展的基础。校园体育的对象是青少年学生，学校是青少年学生活动的主要场所，学生时代滞留在学校的时间最多，学校教育不断发展和改革，使学校课余活动方式更加多样化。学校体育课是增强学生体能的重要途径，以促进青少年学生身心发展、增强体质为目的，在体育教学中向学生传授基础知识、基本技术和基本技能，能够为学生参加家庭体育打下良好的基础。

（2）校园体育为家庭体育提供了重要的物质保障

校园体育为家庭体育的发展提供技术指导和场地设施。目前，家庭体育缺少体育器材设施，缺少专业性的指导，居民参与率较低。要改变现状，有效途径之一便是紧紧依靠学校资源，充分发挥学校体育教师的指导作用，利用好学校的体育设施，在搞好学校体育的前提下，有效利用学校的体育设施开展好家庭体育活动。

（3）校园体育进一步增强了家庭体育的活力

校园体育向家庭延伸，促进了家庭体育的发展，增强了家庭体育的活力。随着改革开放的不断深入，人们的物质文化生活日益丰富多彩，体育事业蓬勃发展。体育进入了千家万户，成为人们日常生活中极有社会意义的组成部分。在校学生已经形成了一定的体育意识和体育锻炼的指导能力，在家庭中能够担负起家庭体育的组织者和指导者，可以把体育课上学会的各种运动技能与家长共享，既能锻炼学生运用所学知识指导实践的能力，又能带动家庭体育的发展，增强家庭体育的活力。

2. 家庭体育对校园体育的作用

（1）家庭体育为校园体育提供支持

家庭体育良好发展是校园体育的后盾。校园体育离不开家庭的配合和支持，学生拥有健康的身心是学校和家庭的共同责任。家长对体育活动的认可程度关系着家庭体育的发展状况，关系着他们对孩子从事体育活动及专业训练的态度。家长的体育健身意识与习惯具有很强的感染力，能够为青少年儿童树立良好的榜样。

（2）家庭体育是校园体育的重要补充

家庭体育是校园体育有益的补充和延续，并促进校园体育的发展。学生参加家庭体育活动，能够弥补学校体育活动中存在的不足，有利于形成学校和家庭共同关心学生身心健康的格局。家庭体育悄然兴起，并迅速发展，它具有继承性、趣味性和感染力等特征，势必对校园体育的发展起到促进作用，进而成为现代生活潮流。把体育纳入家庭生活是大众生活的需求，以家庭为单位展开体育活动，既是推进全民健身计划的需要，又是实现体育生活化的要求。

（二）校园体育文化与社区体育的相互关系

1. 校园体育对社区体育的作用

（1）增强社区体育的活力

社区体育中最活跃的因素就是儿童与青少年，他们活泼好动，是希望与阳光的代表。辖区学校中小学生积极参与社区体育，能够将新的生命力与新鲜的血液注入社区体育活动中，使社区体育变得轻松欢快，促进社区体育吸引力的加强。

（2）为社区体育提供人才

社区体育的开展需要一定的指导人员与组织人员，指导人员主要负责对居民的健身锻炼进行科学指导，组织人员主要负责对体育活动进行有效管理。但这两类人员目前在我国社区体育建设中都比较缺乏，人才的缺乏直接制约了社区体育的发展。其他辖区单位可以为社区体育发展提供一些人力资源，但毕竟数量有限，水平也参差不齐。辖区学校的体育教师都是经过专业体育学习和培训的专门人才，如果将其作为社区体育的组织与指导人员，将会在很大程度上促进社区体育的发展。体育专门人才不仅是指学校的体育教师，还包括大、中专学校体育专业和高水平运动队的学生，这类人才群体的数量很多，能够为社区体育的发展输送充足的人才资源。在各级各类学校的学生中，体育爱好者也有不少，他们热爱体育，对学校组织的体育训练与比赛积极参与，有的还在学校体育社团中担任重要的角色，对这些学生进行专业培训，可以使其成为促进社区体育发展的优秀人才。

2. 社区体育对校园体育的作用

（1）使体育教学资源得到不断拓展

社区体育活动多姿多彩，踩高跷、舞龙、舞狮、抖空竹、扭秧歌等民间传统体育活动更是丰富多样，这些项目民俗文化底蕴深厚，地方色彩浓厚，对场地与器材没有特别严格的要求，组织集体教学也比较方便，而且可操作性很强，因此社区体育中的民族传统体育成为现阶段校园体育中的重要教学资源。

（2）丰富学生课余文化生活

作为社区文化的组成部分，社区体育与人们的生活十分贴近，而且参与其中会使人感到轻松自然，学生参与社区体育会得到不同于参加校园体育的感受。学生在参与社区体育文化的过程中，可以对社区的地方文化与体育文化进行积极地了解与感受，使自己的视野不断开阔，锻炼自己的环境适应能力，这对他们以后的社会生活是大有帮助的。此外，社区中的体育设施为辖区内学校的学生提供了方便，如果学校的体育设施不足，学生就可以在社区体育中满足锻炼需求。所以，社区体育能够丰富辖区学校学生的课余生活。

（3）有助于完善终身体育

终身体育在近些年已成为我国学校体育改革与发展的重要趋势之一，它包括以下两方面的含义：

第一，终身体育是指从生命开始至生命结束始终参与体育活动，使体育成为人生中的重要内容。

第二，终身体育是指以科学的体育价值观对人生不同时期、不同生活领域的体育活动进行指导的实践过程。

社区居民从生命开始到生命结束都可以参加社区体育。人们在学校能够接受系统的体育教育，步入社会之后，系统的体育教育就断了，很多人都会通过社区体育来延续自己的体育学习实践。不仅如此，社区体育与校园体育相比，有着更加多样的形式与丰富的内容，人们有很多选择而且参与其中会有轻松欢快的感觉，所以对学生有着很强的吸引力，学生参与其中就能够对终身体育意识进行培养，使学生养成终身体育锻炼的良好习惯。

第二节　家庭体育文化建设与发展路径

一、家庭体育文化的建设现状

（一）整体现状

1. 家庭体育人口结构与体育设施现状

体育人口是指在一定时期、一定地域里，经常从事身体锻炼与娱乐，接受体育教育，参加运动竞赛，以及其他与体育事业有密切关系的具有统计意义的一种社会群体。体育人口是衡量一个国家社会经济发展和社会体育发展水平的重要指标。

尽管我国体育的体育人口数量在不断增加，但是经常参加锻炼的人数与国外相比却远远不及，我国还有待加强对体育锻炼的宣传，促进体育人口的增加。

体育人口与个人经济收入并没有固定的关系，其与家庭收入有关，且基本呈正比关系，也就是说收入越高，体育人口就越多。在体育人口的分布上，三口或四口的核心家庭，体育人口分布最多。

随着广大人民群众对体育健身需求的日益增长，与之相应的则是体育设施的改善。近年来，我国体育场地与设施都在不断增加，社会体育指导员的规模也日益壮大，这些都说明，体育人口和体育设施的发展状况在一定程度上反映了我国家庭体育的普及情况。

2. 家庭体育的项目选择现状

家庭体育运动项目是家庭体育锻炼的主要内容，它是人们进行身体锻炼和身体娱乐的手段，并可以反映出人们运动行为的选择倾向。改革开放以来，随着社会经济的发展，在主旋律基础上的多元化文化选择，不仅影响着人们的思想观念和行为方式，同时也影响着人们的体育活动，使之在家庭运动项目的选择上呈现出传统与现代并举，健身与娱乐同行，商贸、旅游与体育联姻的新局面。

家庭体育在项目的选择上受到多方面的影响，如不同地域、不同气候、不同的民族和文化传统、不同的经济发展水平等。一般来说，南方和北方不同、少数民族与汉族不同、落后地区与发达地区不同。但是总体上来说，我国家庭体育活动内容还是相当广泛，几乎囊括了所有的体育及休闲项目。

从具体项目的选择上来看，我国家庭体育的活动内容呈现出多样化的发展现状。乒、羽、网等小球类以及田径类等是我国居民从事家庭体育活动的主要内容。这是因为乒乓球、羽毛球等小球类项目所需场地要求不高且方便，田径类的项目不需要很大的经济投资，而且不需要专用场地，既方便又实惠。

从项目性质上来看，家庭体育的内容也多样化，主要包括：休闲与观赏活动；户外体育与娱乐活动；肌肉的力量性锻炼方法；有氧运动的耐力性锻炼方法；伸展运动的灵巧性锻炼方法；医疗体育及运动处方；营养保健与心理卫生知识；家庭健身器械等。

3. 家庭体育活动时间与空间

人们生活的时间结构主要由三部分组成，即工作时间、余暇时间和生理必需时间。对余暇时间的支配是对一个人的爱好、兴趣以及生活规律和生活方式等方面的反映，同时又反映了社会的物质文明与精神文明程度。

一般来说，家庭体育的活动时间都是在余暇时间进行的，因此余暇时间是人们参与家庭体育活动的保证。家庭体育锻炼与工作压力大、生活节奏快有一定的关系。

家庭体育的活动空间主要指家庭成员进行各种体育活动时所占据的空间位置和必不可少的活动场所。体育活动的空间分为自然空间和人造空间。自然空间包括山川、江河湖海、高空等；人造空间主要包括家庭居室以及体育场馆设施和公园广场等。受经济条件的制约，我国公共体育设施、人均体育场馆占地面积相对较少。家庭成员进行体育活动主要是在自家的居室周围和体育场馆中进行。

随着我国“双休日”以及节假日制度的实行，家庭体育开始由人造空间走向自然空间，户外体育运动逐渐成为人们生活消遣的一种方式。高山、湖海、草原、丛林等成为人们户外运动的首选。

4. 家庭体育形式

任何集体性质的活动都需要一种组织，同样，体育活动也需要对参与者进行组织。作为一个社会机构或国家机构，这种组织需要对人力、物力、财力等方面做出投入；而家庭则凭借其天然的关系可随时根据不同情况和需要组织家庭成员进行体育活动。

家庭内的体育组织形式与家庭的结构有一定的关系。通常情况下，三口之家的核心家庭多是全家一起去活动；单亲家庭成员多是父（母）和子（女）一起活动；而联合家庭全家一起活动的情况很少见。除此之外，在家庭与外部的联系中，与同事、朋友一起活动最多，其次是与家庭成员一起活动。

人们在日常家庭生活中与家庭成员接触多，关系密切，这为体育进入家庭创造了良好的内部条件。人们在生活中渴望与家人一起活动，但在具体的体育实践中却存在诸多因素导致家庭成员不能如自己所期望的那样在一起活动，这些因素主要有社会因素、家庭因素、个人因素等。所以，总体来看，首先个人在从事体育活动中占据很大的比重；其次是和朋友、同事一起活动；最后才是和家人一起活动。

5. 家庭体育价值观念的变化

体育价值观念是体育意识的清晰流露和更为明确具体的体现。体育意识指的是人们对体育感觉与思维判断的综合，而体育价值观念则是一种体育社会心理现象，它不仅会影响个人行为，也会影响群体行为，在很大程度上决定着社会或个体对体育的基本态度。一个家庭的体育行为起源于对体育的需求。体育价值观念同体育态度有着密切的关系，合理、正确的体育价值观念和积极稳定的体育态度能促使人们积极地参加家庭体育活动。家庭体育价值观趋向多元化方向发展，包括教育价值观、消费价值观、身份价值观、健美价值观、现代生活价值观、心理健康价值观、友谊价值观、社会交往价值观、精神价值观、娱乐价值观和体育道德价值观等。如今，人们在现代社会价值观以及体育价值观的影响下，形成了新的价值观念，“花钱买健康”普遍成为社会大众的一种共识，家庭健身也出现多样化、科学化、合理化的趋势；另外，还越来越注重与自然环境的融合统一。

6. 家庭体育动机

动机是指能引起和维持一个人的活动，并将该活动导向某一目标，以满足个体某种需要的念头、愿望和理想等。它是使生活主体趋向一定目标的内在动力，它隐藏在行为的背后，是行为的动因。通常，人们对某事物的动机反映的便是对某事物的态度。需要是家庭成员从事体育活动的主要原因，有什么样的需要就有什么样的动机。家庭成员对从事体育活动的动机由于条件的不同因而动机也有所不同，这些客观条件主要有家庭背景、身体状况、文化背景、性格类型、职业类型、爱好兴趣等。通常，人们参与体育锻炼的动机选择依次是增进健康→消遣娱乐→松弛身心（或缓解压力）→融洽社会关系（或社会交往）→治疗疾病。

除上述动机外，家庭体育的动机主要还有从运动中获得乐趣增强自信心、陪家庭成员运动、形体健美或减肥、长期养成运动习惯、学习一技之长、治疗疾病、与家人团聚、把从事运动当成一种现代人生活消费方式的体现等。

7. 家庭体育消费状况

体育消费是一种伴随对体育功能作用的主观认识基础上的新型消费类型。它是人们在物质生活基本满足的条件前提下，所引发的一种适应更高层次的消费方式，已成为现代生活的重要组成部分。

随着人们生活水平的不断提高，消费观念也在发生着深刻的变化，“花钱买健康”“花钱买休闲”已成为一种时尚潮流。在这样的形势下，体育消费必然会进入人们的日常生活，并呈多样化、高层次化和国际化的发展趋势。它作为一种发展与享受性的消费，在居民生活消费结构中的比重将日益提高。

体育消费作为人们日常生活的一个重要组成部分，是社会和商品经济发展到一定程度的产物，是人们在基本生活条件得以满足的前提下所引发的较高层次的需求，是反映人民生活水平的一项重要指标，是体育走向市场及市场接纳体育的结果。在市场经济体制下，我国消费的多样化趋势，使人们的生活消费由抑制性消费向个性化消费转变、由低层次消费向高层次消费转变，由此大大促进了我国的体育消费。

家庭体育消费，是指家庭成员在体育活动方面的货币支出量。目前来看，我国家庭体育消费水平虽然有了明显的提高，但是与发达国家相比还有很大的差距，特别是户均家庭体育消费水平，这与整个体育消费水平不高是密切相关的。另外，由于我国各地区经济发展水平存在较大差异，某些家庭体育消费相对来说是比较高的，这就需要消费水平相对较高的地区应大力扶持体育健身事业，为我国的家庭体育事业做出贡献。

（二）现存问题

1. 活动设施不足且较为陈旧

一般来说，如果一个人单独进行活动，设施问题很容易解决。但是，如果家庭成员一起进行活动，就会产生一系列的问题。社会上的体育场馆一般都是为体育比赛而特意设置的，家庭利用比较困难，且大多数运动场都是田径场。除去运动场外，家庭体育活动也可以在户外进行，比如海水浴、野营、登山、远足、郊游等。在自然环境下，家庭成员之间可以一起活动，从日常生活中解放出来，体验轻松、愉快的感觉，增进彼此间的感情。但是户外运动受到客观因素的影响较大，大多数户外运动的场所，一般没有经过严格护理和整理，多数较简陋，这样会大大降低人们从事体育运动的乐趣。因此，保护自然环境就成为政府及地方亟须解决的重要课题。我们期待设立一些既不会破坏大自然，又可以从事户外活动的设施。

2. 缺少健全的服务体系

一个健全的家庭体育健康服务体系主要有两个方面的作用：一是不仅可以提高我国老年人的身心健康水平，减少人口老龄化的负面影响，还可以冲破传统观念意识和旧的习俗，促进家庭和个人健身锻炼的科学化和文明、科学、健康生活方式的普及；二是可以促进我国家庭人力资源的开发和利用，为社会生产提供高质量的人力资源，并促使其有效运转，让老年人的潜能得到充分发挥，推动社会主义物质文明和精神文明的建设。

发展到目前，我国还没有形成一个健全的家庭体育服务体系，科学健身的思想观念和价值观念还未植根于人们的头脑中，一些科学的健身方法和原则也未被人们掌握。在农村，大多居民缺乏必要的科学健身知识，获取科学健身知识、方法和技术的渠道比较狭窄，受到客观因素的影响较大，具有很大的局限性。另外，由于居住区域差异较大，知识更新周期也比较长，更使他们缺乏对体育健身的科学认识和正确理解。

3. 消费意识不高

我国大部分家庭受传统消费观念的影响，消费逐年增长的幅度总是低于收入的增长幅度，这与西方发达国家存在很大的不同。目前，总体来说，我国家庭体育消费结构还比较单一，体育服装等实物性消费占较大份额。这是因为实物消费兼有运动和日常生活两方面的效用，符合我国传统的消费习惯和观念。

4. 市场不够成熟

家庭体育市场的形成与发展由三个方面的因素决定。第一，家庭体育要有劳务化商品和消费者，这是构成市场的基本要素；第二，随着社会和经济的发展，人们必须具备一定的购买力，这是客观现实的需要；第三，健身健美、休闲娱乐等已形成了广泛的社会需求，人们普遍具有较强的购买动机和欲望，这是家庭体育市场形成和发展的必要条件。只有完全具备了以上这些要素，家庭体育市场才可形成并得到发展。

从目前情况来看，我国还未形成一个成熟的家庭体育市场，这与日益增长的经济水平、居民生活水平和消费能力不相适应，不能满足人们的需求有关。因此，当下我国的家庭体育市场还存在各种各样的问题，尚处于初步发展阶段。这些问题包括：第一，家庭体育市场商品价格低廉，薄利多销；第二，家庭体育市场空白，产品紧缺时有发生，如体育场馆设施的紧缺、体质监测评价仪器的短缺、有效实用技术的短缺等；第三，家庭体育市场的层次化需求明显。市场经济打破了平均主义的分配原则，拉开了人们的收入差距，社会需求也必然有所不同。

5. 缺少足够的体育指导人员，并且文化水平偏低

现代健康观认为，人的健康应包括四个方面：身体健康、心理健康、道德健康以及良好的社会适应性。只有这几个方面达到良好的状态才可以称得上健康。然而，在现实生活中要想达到这种状态也并非易事。现代社会物质文明与精神文明发展的同时，也给人们带来了一系列的负面影响，大部分人都处于没有疾病却感觉身体并不健康的亚健康状态，这种现状要求大量的体育指导员必须走进家庭，为人们提供健康社会化的教育、预防疾病和体育康复保健等服务。而目前我国体育指导员还存在众多问题，比如从业人员少、学历层次低、没有合理的体育指导员资格认定等，这就需要我国相关部门在今后一段时间内着重加强体育指导员队伍建设。

6. 体育人口老龄化

从世界范围看，人口老龄化已成为当今社会人口发展的主要趋势之一。随着人口的老龄化，老龄体育人口比例必将呈上升趋势，那么体育人口的结构就有可能出现失调。

二、家庭体育的发展趋势

（一）向联合型方向发展的趋势

在现代社会，家庭体育活动的独立性很强。而未来社会是一个独生子女和老年化社会，由于家庭成员相对较少，因此对开展体育活动有一定的限制性。所以，在未来，单个家庭与另一个家庭（或多个家庭）联合起来共同开展体育活动将变得十分普遍，这既有助于体育活动的开展，又有利于相互交流情感、增添兴趣、增进健康。

（二）与学校体育、社会体育一体化趋势

一个人的发展通常都要经历家庭、学校和社会三个不同的时期，每个时期对个人的成长都起着举足轻重的作用。家庭教育是一个人发展过程中所经历的第一个时期，它有着学校教育和社会教育不可替代的作用，是实现人终身身心协调发展的重要组成部分。学校教育是个人成长和发展的重要时期，学生在学校时期增长身体，获得知识，掌握为社会服务的本领，对家庭和社会都会产生积极的作用。而社会教育则是学校教育的发展和延伸，也是每一个社会成员的归宿。

另外，一个人的发展也有可能同时处于这一时期，但扮演着三种不同的角色。换句话说，一个人可以是家庭的人，也可以是学校的人，还可以是社会的人，这是由人的社会性决定的，只是因为教育不同而将其分为不同的时期。由此可见，家庭体育、学校体育和社会体育三者是一个既相对独立又相互联合的统一体。

（三）农村城市化趋势

目前我国仍是一个发展中国家，经济相对发达国家来说还有不小的差距。而我国地区与地区、城市与城市之间也存在明显的贫富差距。由于经济发展与家庭体育发展相吻合，在经济较发达的东部和沿海地区及城市，参与体育健身的人多些，而在西部地区和广大农村，参加体育健身的人较少，特别是边远地区的农民就更少。

随着社会的进步和经济的发展，特别是我国在实施西部大开发和建设新农村战略决策后，我国的东西部之间以及城乡之间的差距将会大大减小，农村建设也将向城市化方向发展。农村主要具有两方面的天然条件：一是农村地理环境优越，面积广大辽阔，人均面积都要大于城市，农村中小康家庭大多具有独立的庭院，而房屋的空间相对较大，给建立家庭健身房或小型球场提供了更加优越的条件；二是生活在农村中的人只有在农闲时或收获后，特别是节庆期间，才会有参加体育活动的时间和心境。但是随着农业现代化的不断发展、新农村建设的不断深入，这种季节性将被一种全新的生活方式逐渐取代，农民的家庭体育文化生活将会更加丰富多彩。可见，在这样的形势和背景下，农村家庭体育活动将向城市化方向发展，这是一个必然发展趋势。

（四）生活化趋势

随着我国社会经济的发展，人们的生活领域在不断扩大的同时，生活价值容量也在不断变大，家庭体育的内涵与外延变得日益丰富起来，体育从以前的以满足人类的生存需要进而发展成为现在的满足人类的享受需要。随着人们生活方式的转变，人们不再单单考虑家庭体育强身健体的功能，更把活动过程和体验本身的价值一一凸现出来，将家庭体育作为一种有意义的活动形式，使自己在身体和精神上都得到休息、放松和享受。

（五）个性化趋势

未来社会的家庭不再仅仅满足于趋同他人，家庭体育将成为人们展示个性的舞台。近些年来，观赏和参与展示个性特征的时尚化休闲运动和极限运动，如街舞、蹦极、漂流、攀岩、自行车等，更是成为家庭成员特别是青少年健康愉快地打发闲暇时间的必备之选。他们在这些个性化的活动中可以尽情地展示自我、发展自我。

（六）多样化趋势

随着人们生活水平的不断提高，生存意识的不断更新，健身意识、环境意识、自然意识、多元文化意识等逐渐加强，人们开始为广泛地追求娱乐享受而积极开展各种各样的体育活动，以丰富自己的家庭生活，因此，家庭体育活动将呈现出多样化的趋势。

现在，许多家庭都选择各种形式的户外活动俱乐部，如“野营协会”“旅游探险小组”“垂钓俱乐部”，以及那些利用自然条件的登山、攀崖、游泳、滑雪、冲浪、潜水和需要适当增加经费投入的跳伞、摩托艇、热气球、保龄球、高尔夫球、赛车等。除此之外，人们为了从家庭体育活动中得到精神享受和促使亲情融合，对体育器械的需求越来越多，用于体育的投资也大大地增加。未来社会随着科技的发展，会相继产生各种各样的高科技健身运动器械，体育器械将呈现出丰富多彩、琳琅满目、推陈出新、新产品层出不穷的局面。随着时间的推移，人们还会挖掘、创造众多适合家庭体育运动的体育项目。

（七）科学化趋势

随着现代家庭体育的蓬勃开展，生活水平和文化素质的提高，以及体育科学知识的进一步普及，人们已不再满足于一般简单的体育活动，而是积极寻求体育科学化的指导。参与家庭体育的家庭成员对家庭体育活动诸多方面提出了要求，包括家庭体育的活动形式和活动内容、体育保健咨询科学锻炼、技术指导、家庭居室锻炼的体育器材、开展家庭体育活动的方法等。人们力求体育参与程度与本身机能特点相适应，运动处方更加科学和有效，体育观赏水平也更加理智化，体育器材更加多功能化、小型化。体育书刊内在质量更高、更实用和更有趣味。

第三节　现代社区体育文化体系的构建

一、社区体育文化发展的新模式构建

（一）社区体育文化发展的小区模式

1. 社区辐射型体育组织模式

我国社区体育发展之初，社区体育的主导形式受国家体育体制发展的影响，采取的是行政管理制。社区体育发展建立行政管理模式是一种必然趋势，在这种行政主导性的体育组织系统中，便于小区不同层次的体育活动广泛地开展，同时控制活动规模，从而形成行政主导的社区体育组织，并呈现辐射型的组织结构（如图 7-2 所示）。该模式有着运用行政管理体系特征，在组织结构上主要表现为多层次的体育组织特征。

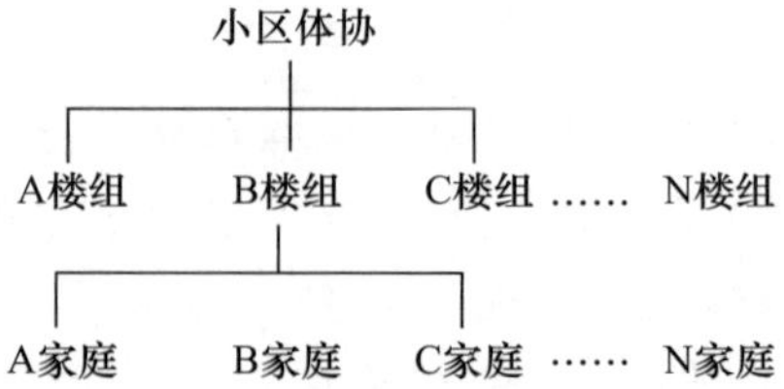

图 7-2　社区辐射型体育组织模式

就长期来看，随着我国住宅小区的建设和规范，以行政为主导的社区体育组织管理体制在未来必然会向着更加民主化、以社区居民为主导的方向发展。

2. 社区网络状体育组织模式

随着社区体育的不断发展，居民在社区体育中的地位越来越高，并成为社区体育组织的主要“领导者”，这一时期，多为民间、行政共建体育组织，构建社团主导型的体育组织系统。

在原有社区行政主导的基础上，社区体育的物质基础设施不断改善，同时，基层体育部门的主要职责是在社区体育的发展中给予指导和财政援助，社区组织的发展更多地依靠社区居民自建，在行政指导和居民自建的基础上，形成了网络状的组织结构（如图 7-3 所示）。该社区体育组织模式具有采用社团组织管理体系的特征，社区行政给予人力、物力、财力支持。

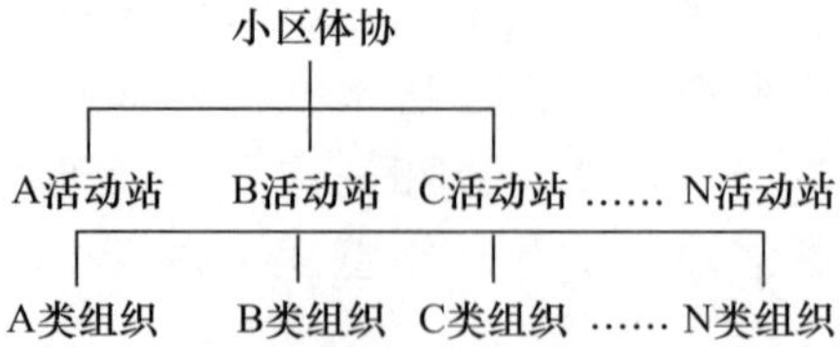

图 7-3　社区网络状体育组织模式

3. 社区独立体育组织模式

现阶段，我国社区体育组织中，居民的组织和领导地位进一步上升，逐渐发展成为由居民自由结合而成立的社区俱乐部组织，呈现出独立型的组织结构（如图 7-4 所示）。

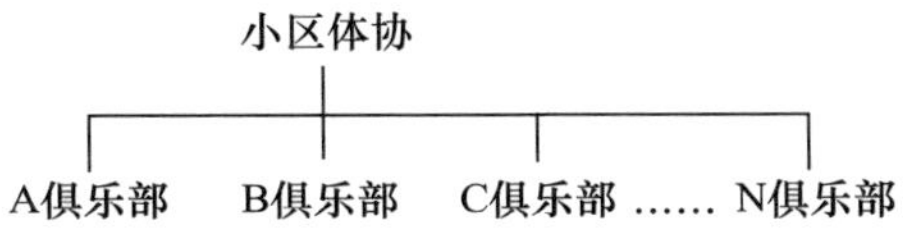

图 7-4 社区独立体育组织模式

这一阶段，社区体育的主要任务是构建会员制俱乐部组织，采用自主管理，以独立经营的俱乐部模式为特征，进一步弱化社区行政管理的权利，主要从体育政策、法规角度进行宏观调控。

（二）社区体育文化发展的学区模式

1. 学区模式的特点

学区体育是现阶段面向社会开放学校体育资源，实现社会与学校体育资源共享的一种新型社区体育形式。

社区体育发展的学区模式不以行政区域为划分标准，而是以学校（一个或数个）为中心，向周边社区辐射，以学校为主要活动场所，以居民和学生为体育参与对象，依托学校丰富的体育资源开展丰富多彩的体育活动。

社会体育文化发展的学区模式的构建，可以实现学校和社区各种体育资源的共享，以营造良好的校园与社区体育文化氛围，二者相互促进、共同发展。

2. 学区模式的构建基础

从实际的发展现状来看，在社区体育文化发展的学区模式建立中也存在诸多问题需要解决。例如，学校体育资源对包括社区居民的社会大众的开放，由于责、权、利不清，服务对象与管理办法不明确等，导致学校体育设施器材的使用频率大幅增加，维护难度也相应增加，大大增加了校方的负担。

学校体育资源、体育管理的开放，加强了与社区的联系，同社区成为一个整体。必须充分考虑学校教育活动的正常开展、体育资源损耗、体育运动安全以及学生安全管理等多方面的因素，只有将这些问题都合理协调地解决之后，才能促进社区体育文化发展学区模式的顺利建立。

当前，建立社区体育文化发展的学区体育模式，必须做好以下几方面的工作：

（1）以学校为中心进行学区范围的划分，与校方保持联系，共同商议建立学区体育模式。

（2）成立学校体育设施对外开放管理委员会，以便对体育设施对外开放使用进行管理。

（3）学校联系社区通过举办各种体育辅导班来吸引社区居民积极参与，从而提高健身水平。

（4）社区积极寻找学区体育志愿者对学区居民的体育活动进行有机的辅导。

（5）学校与社区共同开展体育竞赛，制订活动计划，在各个层次上都进行竞赛。

（6）定期举办社区青少年学生和家长协同参加的社区体育活动或竞赛，激发居民参与社区体育的热情。

（三）社区体育文化发展的俱乐部模式

1. 体育俱乐部模式的特点

社区体育俱乐部发展模式的特色在于与本社区的具体实际相结合，最大限度地利用本社区的体育设施资源、最大限度地调动本社区居民参与社区体育的积极性和主动性，使社区形成一个良好的体育锻炼氛围。

2. 体育俱乐部模式的构建要求

当前社会发展和市场经济发展条件下，依托社区的自然环境与人文环境，成功运作社区商业体育俱乐部至关重要，要促进体育俱乐部模式的良好构建与发展，应重点考虑以下因素。

（1）服务目标群体因素

稳定的消费群体是体育俱乐部发展的重要基础，在社区商业体育俱乐部创建之初，要满足以下几点：

①进行市场调查

调查中的因素包括地理位置、竞争对手、消费水平、消费习惯以及行业态势等诸多方面，因为社区体育俱乐部只有建立在现实需要的基础上，才能明确经营方向和范围，为目标人群提供准确的服务。

②明确目标市场

经过全面的市场调查、了解社区的个性化特征后，还要就新市场形成的可行性进行认真分析，具体来说，就是要针对目标群体进行研究（包括年龄、收入、文化、职业、爱好等），确定市场是否成熟、怎样投资，或者投资额的设定。

③实施差别化经营

当前，我国健身市场竞争激烈，体育俱乐部要想在市场中站稳脚跟就必须制定科学化的组织、经营与管理策略，例如，通过适当的促销能增进社区体育俱乐部在消费者中的亲和力；针对上班一族的锻炼时段固定的情况，借助价格、超值服务等手段进行经营调整，以确保每天不同时段都有适中的锻炼人数，从而保证良好的健身效果和资源的有效利用；要求俱乐部的服务人员应对每个健身者的要求有详尽了解，针对不同健身个体之间的差异确定差异化的、个性化的健身服务。

④提供优质服务

不断提升服务质量是体育俱乐部发展的核心。

对于体育消费者——健身锻炼者来说，服务会影响其体育消费的忠诚度，健身者会以其对消费服务的满意度来评价服务质量，好的健身服务可使健身者向亲友推荐，扩大俱乐部的消费人群。

因此，社区体育俱乐部要充分发挥自己的优势和实力，对俱乐部的职员经常进行专业性的服务培训，使其服务水平不断提高，以便为客户提供舒适、细致的服务，融洽客户与俱乐部的关系，使客户与俱乐部各取所需。

（2）权重因素

商业化经营需要充分了解市场经济的基本特点、规律和经营影响要素，如此才能实现经济利益的最大化。

西方经济学描述市场，用一个公式表示：

市场＝人口＋购买力＋购买欲望

对影响市场的三个因素具体分析如下：

①人口

一定量的人口是组成市场最重要的因素，近年来，我国的人口发展状况呈现出两方面特点：一方面，农村人口大量流入城市，城市流动人口数量倍增；另一方面，晚婚趋势明显，同时离婚率增高。在考虑人口因素时，我国社区居民的年龄结构、生活方式也是重要的考量因素。

②购买力

经济环境是决定消费者购买力强弱的重要因素，其中包括收入、价格、存款和信贷等多种因素。消费者购买力的大小与收入、价格、储蓄和信贷等多种因素有关。

③购买欲望

购买欲望具体是指消费者得到那些满足自身需要的特殊物品和服务的愿望。

在社区商业体育俱乐部的发展中，消费者健身服务的购买欲望与社区商业体育俱乐部的服务质量、服务价格、品牌形象、服务环境和地理位置等诸多因素密切相关。

综上分析，社区商业体育俱乐部要想不断扩大体育市场，吸引足够多的锻炼者，获得顾客忠诚度，就必须做好以下工作：

首先，在价格相同的基础上，持续提高自己的服务质量。

其次，在俱乐部之间提供的服务质量水平相当时，价格会影响消费者的购买欲望，可适当调整服务价格。

再次，科学选址。社区商业体育俱乐部属于区域经济，人们往往会选择交通便利、周边环境宜人的俱乐部健身，所以社区体育俱乐部的选址几乎是最为重要的因素之一。

最后，加强宣传。培育与发展消费市场是健身俱乐部持续经营和发展的重要基础。健身市场做得越大，投资者收获得也就越大。为扩大和发展市场，健身俱乐部应做好宣传工作，不断提高俱乐部的知名度与美誉度。一方面，体育俱乐部可以通过媒体或标牌进行健身宣传，为居民开展健身咨询，培养社区居民的健身意识。另一方面，体育俱乐部与街道办事处积极合作，联手举办面向整个社区的社区体育活动。此外，不同的社区商业体育俱乐部间可以举办一定数量的体育比赛，以加快社区商业体育俱乐部发展和树立形象。

值得特别提出的是，当前，虽然我国的社区体育组织多为公益性的，社区居民可以免费参加，但是设备不齐全、健身指导不专业，而在社区体育俱乐部和体育健身中心这些专业性的体育场所，又需要居民承担一定的消费支出。和欧美发达体育国家相比，我国社区居民的消费水平相对较低，很多人都面临较大的经济压力，对健康投资的人群只集中在少数社区居民中。

二、社区体育文化服务体系的构建与完善

（一）社区体育服务体系的内容

1. 组织服务

社区体育各项服务工作的开展需要一定的组织机构承担和具体实施。

目前，我国社区体育项目的组织机构主要有两种，一种为官方的正式组织；另一种为由居民自发组成的非正式组织。具体分析如下。

（1）正式组织。无论是在工作形式上还是在组织人员编制上，都拥有较为完善和系统的规章制度和活动方法，该组织举办的社区体育活动通常较为正式，活动环境较好，影响力较大，能充分调动和利用社区的各种体育资源。

（2）非正式组织。由社区中拥有相同体育爱好和运动需求的民众自由自发组成的体育组织。与正式组织相比，由于不能完全利用社区体育资源，所以在组织的活动规模和影响力方面都不能与正式组织相媲美。但是，非正式组织的组成人员较为灵活，活动方式多样，活动较为频繁。现阶段，在我国大中城市，承担我国基层社区体育组织服务工作的就是地区办事处。各地区办事处作为社区体育服务的主管部门，领导着下辖的各个社区，直到落实好社区体育发展的政策和服务，为相关体育活动提供资源保障。

2. 设施服务

设施服务是保证社区体育正常开展的物质保障。设施的完善与否直接决定了社区体育服务的质量，只有设施服务到位，才能真正开展活动，否则一切都是空谈。

就全国范围来看，我国社区居民健身路径呈不断增加的趋势，但是由于我国人口众多，从整体来说，我国社区健身路径的配置数量是非常少的，人均占有量极低。

当前社区设施服务应做好以下两个方面工作：一方面，增加基础设施建设。近年来，国家非常重视现代化社区及其服务提供机构的设置和管理，这使社区的功能性逐渐得到完善，进而使社区体育服务工作渐渐走上正轨。最典型的表现就是在社区中修建和完善的体育场地、器材逐渐增多。这些物质资源有力地保证了社区居民参加体育运动的物质基础。另一方面，提高体育设施利用率。为保证社区体育设施服务到位，就要在可能的情况下充分利用政府等多种团体提供的体育资源，并做到合理利用、高效利用。

3. 技术指导

前面提到社区体育管理组织拥有辖区内所有体育资源的调配权和使用权，这些体育资源中就包含体育人才资源。因此，在社区体育服务体系中就存在指导服务。

健身锻炼是一门科学，它要区别于随意性的体育活动，表现出更多系统的、有规律的活动。因此，需要专业性的指导就成为一种必然。社区体育指导员是我国社区体育健身人才队伍建设的骨干力量。

从整体来看，我国社区体育的人力资源不够多，社会体育指导员较少，为了促进社区体育建设的顺利进行，政府应集合社会各方面的理论，加强对社会体育指导员进行多方面、多途径

的培养，以使社区居民在科学指导中参与体育健身运动。

4. 经费支持

体育服务经费是社区体育服务的重要保障，可以说，没有经费的支持，很多体育服务都无法进行。

我国是一个体育资源相对匮乏的国家，经费投入少、可利用资金少是当前我国社区体育发展的主要问题，这在很大程度上限制了我国社区体育的发展。这种情况在短时间内都不会有明显的改变。但是，经费不足不是不提供服务的理由，对于社区体育服务经费的保障，首先要制定严格的制度和合理的管理方法，另外，在经费的使用方面要做到透明、公开。

现阶段，做好社区体育的经费补充相关工作应从以下两方面入手：宏观方面，国家有关部门可以想方设法从多种渠道为社区体育服务提供经费，如在体育彩票的获利中拿出一部分专门作为开展社区体育的经费等；微观方面，社区应在正当渠道和方法下与企业合作获得赞助。当然，一些特殊的体育服务还可以适当向居民收取一定的费用，但应注意这种收费不应以营利为目的。

5. 信息服务

当今社会是信息社会，各种信息交流、传播速度快，伴随着社会化与数字信息化的到来，体育事业的蓬勃发展离不开先进的体育信息处理平台，社区体育建设也离不开信息化的发展。

从社区体育信息服务形式来看，我国大部分社区对体育健身的宣传都具有多样化的特点，不仅包括信息宣传栏、通告栏、社区 LED 显示屏、社区电视广播、社区横幅、海报等，还包括社区 QQ、微信、论坛等新兴虚拟媒体载体，这些信息服务充分保证了我国社区体育活动的多样化、频繁开展。

新时期，社区体育服务必须要在“服务”的理念下开展，并且始终不能脱离“服务”的本质。为了不脱离“服务”的本质，应明确各项服务内容与服务要求。

（二）社区体育服务体系的构建与完善要求

1. 符合我国基本国情

由于国家制度、社会背景及发展程度不同，社区体育服务体系的构建也必须以立足中国社区体育服务的客观需求为目标，要有利于我国社区体育服务的发展。因此，构建适合中国的社区体育服务体系应在审视我国国情的基础上，切实立足中国社区体育服务的客观需求。社区体育服务体系必须与中国的实际情况结合起来，才能得到有效运用并发挥作用。

从我国基本国情来看，当前，我国还处于社会主义的初级发展阶段，虽然经济和社会各方面均发展很快，但与西方发达国家相比而言，在许多方面的差距仍然很大。这些差距在社区层面主要是在社区建设的经费、居民的收入水平、居民的生活娱乐意识等方面有着较大差距。由于西方社会经济发展水平很高，所以它们的社区建设经费相比而言较为充足，政府资助较多，经费筹集的渠道也比较广泛，加之社区建设发展时间比较长，所以社会力量参与机制比较完善。此外，居民生活水平通常很高，他们对于体育锻炼的参与意识也比较高。

与体育发达国家相比，我国社区体育服务主要存在经费不足、社区体育指导员数量质量均不高、场地设施稀少陈旧等问题。这些问题的存在，要求我国科学规划社区体育服务体系的建立，不能盲目制定过高的标准，服务目标务必与中国当下的社会经济发展状况相适应，才能保证社区体育服务体系的正常运行。

2. 满足居民体育需求

在中国迈向小康社会的进程中，社区体育服务随着中国社会制度改革和经济发展而发展起来，它的健康发展对不断完善具有中国特色的社区体育形式有积极的作用。

随着中国居民的经济、文化水平不断提高，人们对健康的需求也越来越强烈。所以目前的情况就是公众渴望获得高质量的社区体育服务，对社区体育服务的需求进一步增强，要求也随之增高。例如，信息化社会的到来，使人们了解新事物的周期不断缩短，信息量逐渐增大，人们越发想尝试新潮的体育活动。然而与这种想法不相匹配的是目前广泛开展的社区体育项目仍旧显得陈旧，且方式单调，不能与时代接轨。

目前，社区体育项目的更新滞后问题已经成为影响社区体育发展的主要因素之一。充分了解居民健身需求，以开发出适合社区居民参加的体育健身活动是当前构建科学社区体育服务体系和促进其不断发展完善的重要途径之一。

3. 体现公众本位理念

社区体育服务体系的运作要突出反映公众参与服务、接受服务的变化以及社区服务能力的高低，并以此引导相关政府主管部门的体育管理工作向提高体育服务能力的方向发展。

社区体育服务体系就是一种服务和公众至上的管理机制，这一体系的存在能够加强公众对政府、社区公关部门的信任，从而突出“公众本位”的服务理念，向公众强调政府是社区体育服务的供给者，贯彻社区体育服务必须以公众为中心，以公众的需求为社区体育健身资源开发与利用的基本导向。

4. 提高公众满意度

社区居民是社区体育健身的参与主体，因此，社区体育服务应充分考虑居民的满意度，以社区居民的满意程度作为社区体育服务效果的最终评价。

社区体育服务从本质上来说就是政府提供的公共服务，所以它具有公共性和福利性。这就要求在社区体育服务体系的建立与完善过程中，要以社区公众为最终评价者，树立顾客意识，在提供各项社区体育服务体系时尽最大努力满足公众的体育参与和发展需求。

5. 突出社区发展特色

创新是社区体育发展的生命力，也是社区体育服务工作的一个重点。当前，社区体育服务体系的建立与完善应结合不同社区的特点进行。

社区体育服务要做到与时俱进，要符合社区居民的整体体育参与与发展需求，体现出不同社区体育服务的特色（如服务形式、体育项目设置、服务标准定位等）。

第八章　校园田径运动训练实践指导

田径运动是人类速度、力量、耐力等素质的综合体现，是其他运动的基础。通过田径教学可以培养学生的跑、跳、投等基础运动能力，从而为学生学习其他运动项目打好基础。鉴于此，在校园体育文化建设实践中，必须高度重视田径课程教学的开展与实施。本章主要就校园田径运动训练实践进行探究，包括走跑类项目、跳跃类项目及投掷类项目的训练方法。

第一节　田径运动基本理论综述

一、田径运动的起源与发展

（一）田径运动的概念及起源

田径（track and field）或称田径运动，是径赛、田赛和全能比赛的统称。田径运动包括竞走、跑、跳跃、投掷及由跑、跳、跃、投掷的部分项目组成的全能运动，共计40多项。以时间计算成绩的项目叫径赛；以高度或远度计算成绩的项目叫田赛；全能运动项目，则是以各单项成绩按《田径运动评分表》换算分数计算成绩。田径运动是从人类社会长期的社会实践中逐渐形成的，在远古时代，人们为了生存，为了获得生活资料，不断地与大自然及禽兽做斗争，在有些环境下不得不走或跑一定的距离、跳过许多障碍物、投掷石块和各种捕猎工具，在此过程中不断地重复这些动作，便形成了走、跑、跳跃和投掷的各种技能的前身。随着社会的发展，人类为了改造和提高极其低下的生产力水平，同时也为了人类自身的生存繁衍，不断地使这些技能得到改进和发展，并开始把这些技能有意识地传授给下一代。私有制、阶级和国家的产生，使得社会矛盾由人与自然的矛盾转化为人与人之间的矛盾，战争的出现不可避免。跑、跳、投等身体运动技能与军事的关系自然紧密起来，统治者运用这些技能对战士进行严格挑选和运动训练，以扩大自己的疆域，防范敌人的入侵。跑、跳、投等的技能性、竞技性被突出地强调。

（二）世界田径运动的发展

公元前3500年，古埃及壁画描绘了田径运动的场景。田径比赛起源于古希腊的古代奥运会，公元前776年，在古希腊奥林匹克村举行了第一届古代奥运会，当时就设有24个田径场内赛跑项目，还有竞走、跳高、标枪及铁饼。从那时起，田径运动就作为正式比赛项目之一，人们开始把跑、跳跃和投掷等各种人体运动技能作为竞技运动项目进行比赛，并逐渐形成相对固定的运动形式和竞赛规则。这些技术动作随着参与者身体素质的不断提高、技能的不断熟练，变得越来越规范、越来越专业化，逐渐形成了以获胜、夺标为目的，追求高、精、尖的技术和快、高、远的运动成绩，有专门的训练原理、原则和方法，对场地、器材都有严格规定的田径竞技运动项目。

马拉松项目创立于公元前490年，传说希腊士兵菲利皮迪斯从马拉松城一直跑到雅典城，全场跨度约为40千米，为的是报告希腊军队打败了波斯军队的喜讯。当跑到雅典时，菲利皮迪斯精疲力竭而死。为了纪念他，后人就创立了马拉松跑比赛。1894年，现代奥运会组织在法国巴黎成立了。1896年，在希腊举行了第一届现代奥运会，在这届奥运会上，田径的走、跑、跳跃、投掷等项目，被列为大会的主要竞技项目。

1964年，全自动电子计时的最小计算单位达到了0.1秒。1968年，美国人吉姆·海因斯成为历史上首位100米跑进10秒大关的运动参与者。迪克·福斯贝里革命性地创造了跳高的全新姿势“福斯贝里跳”(背越式跳高)。同时国际大赛首次使用了合成塑胶田径跑道。1990年，在巴黎的第二届奥运会上，首次增加了女子田径比赛，当时参加比赛的女子田径运动参与者仅有6名。

四年一届的奥运会是促使田径运动训练方法得以改进和成绩不断提高的动力。许多优秀的田径运动参与者经过刻苦训练，使他们的先进技术和训练方法通过奥运会推广于世界各地。例如，第2届奥运会推广了跨栏跑和剪式跳高技术。采用大运动量训练的捷克选手拉脱培克，在第15届奥运会上取得5 000米、10 000米和马拉松3项冠军后，变速跑的方法立即推广于世界各地。1960年，第17届罗马奥运会上采用马拉松式训练法的新西兰运动参与者斯奈尔、马吉等在800米、5 000米、10 000米上取得好成绩后，新西兰的马拉松训练法又得以推广。在1968年的墨西哥奥运会上，美国运动参与者福斯贝里采用背跃式跳高取得冠军后，世界各地仅在2～3年时间里便取代了俯跳卧式跳高技术。诸如此类事例在历届奥运会中不胜枚举，它对田径运动的技术和训练方法起到了推陈出新的作用，促使全世界的田径运动不断发展。

生理学家和有经验的教练员曾预言田径运动成绩的最高界限，但这些预言一个个都被运动参与者的实践所突破，奥运会历史中不断刷新被破纪录的项目，这说明田径运动成绩永无顶峰，这也是田径项目受人喜欢之所在。

(三) 我国田径运动的发展

19世纪下半叶，田径运动传入中国，1890年，在上海的圣约翰逊书院举办了全国第一次田径比赛。20世纪初，外国传教士将现代田径运动带进中国，当时只有在教会创办的学校之间开展田径比赛，后来逐渐普及到全国的公立、私立学校。1922年，北洋政府颁布“壬戌学制”，规定田径项目为学校的主要教学内容之一。1932年，中国首次参加第10届洛杉矶奥运会。当时中国短跑运动参与者刘长春已具备了世界水平，但由于经费不足，他经过长途跋涉到达洛杉矶的第3天就参加100米预赛，仅以11秒1的成绩名列小组第5名，未能进入下一轮比赛。在200米比赛中，刘长春跑出了22秒1的好成绩，虽获小组第4名，也未能进入复赛。比赛结束后，刘长春没有回国的路费，在当地华侨的捐助下才得以返回祖国。

中华人民共和国成立后，田径运动得到迅速普及，技术水平提高很快。自1953年起，几乎每年都举行规模较大的全国性的田径运动会，在群众性体育运动广泛开展的基础上，中国田径技术水平和成绩缩短了国际差距。1956 年，女子跳高运动参与者郑凤荣以 1.77 米打破了当时 1.76 米的世界纪录。20 世纪 60 年代，中国有 10 个项目进入了世界前 10 名。1983 年，在上海举行的第 5 届全运会上，朱健华以 2.38 米打破了他自己保持的 2.37 米世界纪录。同年，徐永久以 45 分 13 秒 4 的成绩创女子竞走世界纪录，成为中国第一个在世界比赛中获得冠军的田径运动参与者。90 年代，随着马家军的崛起，创造了一批女子中长跑世界纪录，王军霞还赢得了“亚洲神鹿”的称号。2000 年，悉尼奥运会上中国运动参与者王丽萍获得 20 千米竞走金牌，2004 年，雅典奥运会刘翔夺得 110 米栏冠军。

但是，近几年中国的田径成绩又有所滑坡，与世界高水平田径队伍仍有明显差距，要把我国建设成为世界体育强国，提高田径运动水平的任务十分艰巨。田径运动彰显了一个国家的竞技实力，同时田径运动是各项运动的基础。中国在田径运动场上能有所突破，将推进中国体育事业的飞跃发展。

二、田径运动的分类与特点

（一）田径运动的项目与分类

国内外田径运动主要是根据性别、年龄、比赛项目和比赛场地（室外与室内）等结合实际情况进行分类的。

1. 世界田径运动比赛项目与分类

现代田径运动的分类多，多数将田径运动分为径赛、田赛和全能三大类，或分为竞走、跑、跳跃、投掷和全能五大类。至今，国际田联承认的世界田径纪录已有 150 余项（分男、女和青年男子与青年女子）。

国际田联设立的世界纪录项目，为各国运动员提供了更多的比赛机会，有助于不间断地进行多年、全年系统训练，提高训练质量，丰富比赛经验。运动员参加相邻项目比赛，也有助于提高专项训练水平和竞赛能力。

2. 中国田径运动项目与分类

各国为参加世界性的和国家间的田径比赛，使本国的训练和竞赛与世界接轨，都沿用或参照国际田联承认的世界田径纪录的比赛项目。同时，也都按各自的国情和需要确定比赛项目。我国通常将田径运动分为径赛、田赛和全能三大类。

中国还承认的中国青年田径纪录项目：手计时的男、女 100 米、200 米、400 米、4×100 米接力；男子 110 米栏、400 米栏、20 000 米竞走；女子 100 米栏、10 000 米竞走。

中国还承认的室内田径纪录项目：全自动电子计时的男子 100 米、110 米栏，女子 100 米、100 米栏。男、女手计时项目：50 米、60 米、100 米、200 米、400 米、50 米栏、60 米栏；男子 110 米栏，女子 100 米栏。

中国是参照世界比赛项目，结合我国场地设施、计时条件、室内外场馆等情况，为便于更广泛地举行田径比赛而设立这些纪录的。

中国广大从事青少年田径运动的工作者，应参考国内外田径比赛项目，特别是要参照我国田径运动比赛项目，结合本地区、本单位实际情况，如场地、器材条件、学生身体素质条件、学校所在地的自然环境条件及本校、本地区传统项目等，来选择田径运动项目。如处在丘陵地带又缺乏场地器材的中学，除完成体育锻炼标准外，可参考中国少年男女乙组田径比赛项目，降低条件，设立本校或年级田径纪录。如50米跨栏跑（简易栏架3～4个，栏高50～60厘米，栏间距离6～7米）、立定跳远、推2千克重实心球以及沿丘陵地形进行的1 600米越野跑等项目。

（二）田径运动的特点

田径运动除具有一般体育项目的特点外，还具有明显的自身特点。

1. 广泛的群众性

田径运动是最普及、参与人数最多的运动项目。在学校体育中，是教学的重点内容；在群众体育中，最受欢迎而且最容易被接受。主要原因有以下几个方面。

（1）针对性强，可选择余地大。它对提高人体健康水平和发展全面身体素质效果明显，参加田径运动的人可根据自己的兴趣和爱好选择不同的项目，还可根据个人的身体状况和需求确定适合个人的项目。有计划、有目的地安排不同项目，可使人体健康水平得到全面发展。

（2）受条件限制因素小。从事田径运动通常只要在室外有一定的活动空间，如田间、公路、公园等就可作为活动场所，而且受时间、气候影响小。可安排在任何时间进行。田径项目的器材比较简单，可因陋就简，或自行制作。举行基层运动会可在各种非正规场地上进行，有些器材和设备可简化或用近似的器材和设备代替。

（3）参与性强。田径运动适合不同年龄和性别的人，不同身体状况的人也都能够选择适应自己的项目。运动中可控制运动的量和强度，不易受伤害，不受参加人数的影响。一般情况下，身体健康的人均可在短期训练后参加大部分田径项目比赛。

2. 激烈的竞争性

田径运动竞赛是能力、技术和心理的较量，特别在高水平的比赛中更为明显，运动员的成绩越来越接近，你追我赶，相持不下，经常以微小之差决定胜负。田赛项目的成败取决于运动员瞬间发挥的水平，而径赛项目运动员同在一条起跑线开始，进行全程的拼搏。因此，田径运动竞赛紧张而激烈，运动员不仅要精力高度集中，还要不畏强手，充分发挥自己的最高水平。田径运动竞赛是在实力的较量中，将激烈的竞争气氛贯穿全过程。

3. 严格的技术性

田径运动的项目有周期性和非周期性两种，就各项技术而言，不同于技巧性项目，也不同于其他一些直接对抗性的项目。比赛中，田径技术相对稳定，动作结构也不是非常复杂，但是，它对技术要求却特别高。人的潜力是有限度的，要创造好成绩必须依靠先进的合理技术。所谓合理技术，应能充分发挥个人各运动环节的高度协调配合的能力，调动各运动器官的最大潜力，节约体能，在时间、空间和肌肉用力上达到高度统一。使个人技术既符合生物力学的合理性，又要与个人特点相结合，就需要运动员不断改进技术，形成个人技术的风格。田径运动技术在短短一瞬间要达到高度准确，每一个动作，身体的每一个环节、每块肌肉或每个肌群的用力和放松的时间与顺序，构成了技术严密的统一体。在比赛中，往往因为一个动作的细节出现偏差就会导致成绩下降，甚至动作失败。因此，田径的技术训练内容贯穿运动员培养过程的始终，只有不断地细化个人技术，不断地使技术达到自动化程度，才能在任何场合表现出自己的最高水平。此外，一名优秀运动员还应根据比赛中的不同气候条件对个人技术进行适当调整，以便更好地利用外界条件或克服不利条件，保证自己水平的发挥。

4. 能力的多样性

田径运动的基本动作形式为走、跑、跳、投，有个人和集体项目，它们反映了人在速度、力量、耐力等方面的能力。每个项目都有本身的特点，突出地反映人体某一方面的能力，优秀运动员训练和比赛大多围绕一个专项。较全面地参加田径项目，可使人的运动能力普遍得到提高。

第二节 走跑类项目技术训练实践

走跑类项目包括在跑道上进行的竞走、短距离赛跑、中距离赛跑、长距离赛跑、接力赛跑、跨栏跑、障碍跑和在公路上进行的马拉松（超长距离跑）。走跑可以更有效地发展各种身体素质和意志品质，是增强体质的有效手段。本节主要介绍竞走、短跑、中长跑、跨栏跑和接力跑。

一、竞走

（一）竞走的基本技术

当身体重心移过支撑点垂直上方时，支撑腿快速有力地伸展髋关节、踝关节和趾关节，以55°左右的后蹬角，用脚尖蹬离地面。在支撑腿后蹬的同时，摆动腿屈膝迅速前摆，髋关节冠状轴随摆动腿的前摆绕支撑腿髋关节垂直轴转动，小腿依靠大腿向前摆动的惯性而前摆，脚掌沿地面向前迈步，并逐渐伸直膝关节。

当向前摆的腿膝关节伸直时，以65°左右的着地角，用脚跟在身体前方靠近运动中线的地方着地，着地瞬间也正是后腿脚尖将要离地之时。着地后，支撑腿膝关节伸直由脚跟经脚掌外侧柔和、快速地滚动到全脚掌。与此同时，蹬离地面的腿脚尖朝下，离地较近，依靠蹬地反作用力的惯性自然、快速地向前摆动。垂直支撑时，摆动腿大腿摆至支撑腿大腿稍前处，大小腿夹角略大于90°。

在前支撑阶段摆动腿向前摆动过程中，髋关节冠状轴适度绕支撑腿髋关节矢状轴转动，垂直支撑时，支撑腿一侧的髋关节和膝关节稍高于摆动腿一侧的髋关节和膝关节。支撑腿同侧肩稍下沉，使其低于另一侧肩的高度。

支撑腿在垂直支撑时，躯干基本上是正直的，眼视前方，颈部自然放松。后蹬过程中躯干前倾3°左右。两臂配合下肢动作半握拳屈肘约90°前后摆动（两臂上臂摆至躯干两侧垂直部位时，肘关节略大于90°，两臂向前摆和向后摆结束时，肘关节略小于90°），使肩关节冠状轴与髋关节冠状轴成扭转状态。向前摆臂时，手摆至胸骨前方不超过身体中线，高度不超过下颌。向后摆时，肘稍向外，上臂摆至稍低于肩的位置。

在场地弯道上竞走时，由于身体需适度向圆心方向倾斜，蹬地时右脚用脚掌内侧、左脚用脚掌外侧向稍右后下方蹬地。向前摆腿时右膝关节稍向内、左膝关节微向外。另外，右臂摆动的幅度和力度也比左臂稍大些。

由于竞走时间比较长，呼吸方法很重要。竞走时一般是用鼻子和半张开的嘴同时呼吸。呼吸动作应自然，并与走的步数相配合，通常是两步一呼气，两步一吸气。要注意呼吸的深度，特别是呼气的深度，只有充分呼气后，才能充分吸气。

（二）决定竞走成绩的主要因素

竞走时要经历多次单腿支撑与双腿支撑相交替，蹬与摆相配合的动作过程，属于周期性运动项目。竞走成绩的优劣，主要取决于竞走时步长的大小与步频的快慢。加大步长或加快步频均可提高竞走的速度。

竞走时的步长为两脚着地点之间的水平距离，它由后蹬距离、着地距离和一个脚掌长度三部分组成。后蹬距离大小取决于腿长、后蹬腿伸展程度以及后蹬角度等因素。因此，后蹬时在合理后蹬角度下，充分伸展髋、膝、踝各关节，有利于增大后蹬距离。着地距离受腿长、髋关节冠状轴绕支撑腿髋关节垂直轴转动程度以及着地角度等因素的制约。因此，着地时在合理着地角度的前提下，髋关节冠状轴绕支撑腿髋关节垂直轴转动程度大一些，有利于增大着地距离，从而增大步幅。

步频是单位时间内走的步数。步频的快慢取决于完成每一步所用时间的长短，而这一时间又包括单支撑时间和双支撑时间。因此，缩短单支撑时间和双支撑时间，就可以提高步频。

竞走时脚跟着地后迅速滚动到全脚掌，身体重心迅速前移。当身体重心移过支撑点垂直上方时，快速伸展髋关节、踝关节和趾关节。同时蹬离地面的腿、脚尖离地较近，大小腿成自然折叠状态，以便缩短下肢摆动过程中的移动路线，节省摆动时间，两臂也协调配合快速摆动，这对缩短单支撑时间有很大的促进作用。而缩短双支撑时间，应从后腿离地时，前腿脚跟着地之时，后腿脚尖马上蹬离地面，前腿脚跟与后腿脚尖同时着地的时间越短越好。

竞走比赛项目的距离都比较长，身体活动以有氧代谢为主，能量消耗较多，虽然竞走时身体重心轨迹呈上下左右的微波浪形，但上下起伏一般不超过 5 厘米，脚的落地点基本上是在一条直线上，身体重心平稳地向前移动，以便减少身体重心移动的路程。

由于长时间连续走进，能量消耗多，比赛后程走进的速度有所下降，但在比赛开始后的大部分时间中，应以匀速走为主，这样比较节省能量，动作结构相对稳定，不容易出现犯规现象。

上述问题都是竞走运动员在努力提高竞走成绩的过程中需要考虑的问题。

二、短跑

短跑是指 400 米（包括 400 米）以下距离的跑，要求人们在较短的时间内，用最快的速度跑完规定的距离。因此，人体的生理负荷很大，内脏器官和运动器官常常要在大量缺氧的情况下完成极限强度的工作。短跑是田径运动的基础项目，也是人们生活中的必备技能之一。练习短跑对内脏、神经和肌肉系统都有很大的锻炼作用。

田径运动中的短距离跑分为起跑、起跑后的加速跑、途中跑和终点跑四个紧密相连的部分。

（一）起跑

短跑起跑采用蹲踞式，正式比赛必须使用起跑器。听到“各就位”口令后，两手撑地，两脚依次蹬在前、后起跑器的抵足板上，后膝跪地，两臂伸直，两手间隔比肩稍宽，四指并拢与拇指成“八”字形，颈部自然放松。听到“预备”口令后，平稳地抬起臀部，重心适当前移，身体重量主要落在前腿和两臂上。听到发令枪声或其他出发信号后，两手迅速推离地面，两臂屈肘用力做前后摆动，两腿迅速蹬离起跑器，使身体向前上方运动。

（二）起跑后的加速跑

起跑后的加速跑是指从前脚蹬离起跑器到进入途中跑之间的这一段距离。其动作方法是：蹬离起跑器后，步长逐渐加大，上体逐渐抬起，两脚落点逐渐靠近一条直线；两臂有力摆动，当上体逐渐抬起至正常跑的姿势并发挥较高速度时，即转入途中跑。

（三）途中跑

途中跑是短跑加速到最快速度与冲刺跑之间的距离，它是全程跑中距离最长、速度最快的一段，其任务是继续发挥并保持高速度跑。跑的动作按其动作结构分为后蹬与前摆、腾空和着地缓冲三个阶段。

（四）终点跑

终点跑是全程的最后一段距离，它的任务是尽力保持途中跑的高速度跑过终点，包括终点跑技术和撞线技术。进入终点跑时，要求在距离终点线 15～20 米处，保持上体前倾的姿势，加强摆臂和后蹬，尽量减少跑速的下降。终点撞线技术要求练习者在跑到离终点约一步距离时，上体急速前倾，双臂后摆，以躯干任何部位撞终点线。

三、中长跑

中长跑是中距离跑和长距离跑的合称，是发展耐力的一个田径项目。长时间从事长跑锻炼，可以增强人体内脏器官和神经、肌肉系统功能。同时，还可以培养人的顽强意志等品质。

中长跑的技术包括起跑和起跑后的加速跑、途中跑和终点跑等。

（一）基本技术

1. 起跑

中距离跑采用半蹲踞式起跑，也有采用站立式起跑的。长距离跑都采用站立式起跑。

（1）半蹲踞式起跑

一手的五指分开，以指端撑于起跑线后地面，拇指略前，小指在后，另一臂在体侧。体重主要落在前腿和支撑臂上，起跑动作近似蹲踞式起跑。

（2）站立式起跑

听到“各就位”口令后，先做一两次深呼吸，然后慢跑到起跑线后，两脚前后开立，有力的脚在前，紧靠起跑线的后沿，后脚尖和前脚跟相距一个脚掌的距离，两脚左右间隔为半个脚长。体重主要落在前脚上。后脚用前脚掌支撑站立，两腿弯曲，上体前倾，眼向前看 3～5 米处，身体的重心投影点在前脚稍前面。两臂在体前自然下垂，或一臂在前一臂在后。集中注意力听枪声或“跑”的口令。听到枪声或“跑”的口令时，两臂配合两腿做快速有力的摆动，使身体迅速向前冲出。

2. 途中跑

（1）身体姿势

跑步时，上体应稍前倾。颈部放松，头正直，眼平视，肩带和两臂肌肉放松，肘关节约成直角，手半握拳作前后自然摆动。如果身体前倾过大或上体后仰，都会影响跑的效果。

（2）腿部动作

掌握好腿部蹬地的力量、速度和方向，以及腿腾空时间与支撑时间，这是推动身体向前的重要环节。

①后蹬与前摆。当摆动腿通过身体垂直部位向前摆动时，支撑腿的各个关节要迅速伸直。首先从髋关节开始；当身体重心离垂直地面较远时，再迅速有力地伸直膝关节和踝关节；最后用脚趾蹬离地面。

跑步时，摆动腿积极地向前上方摆动，能增大支撑腿的支撑作用力。加快蹬地速度，使髋部更好地前送，以带动身体重心向前移动。同时，也为摆动腿下压着地创造了有利条件。

②腾空。后蹬腿蹬离地面后，身体进入腾空期。腾空时，蹬地腿要充分放松并迅速将大腿向前上方摆出，小腿顺惯性自然向上摆起。膝关节弯曲，大小腿成折叠。当大腿开始下落时，膝关节亦自然伸直，并用前脚掌着地。

③落地。脚落地点应是在离身体重心投影点前 1～1.5 个脚的地方。跑时用前脚掌着地，可以保持身体重心处于较高的部位，减少脚着地时的阻力。

在弯道上跑时，身体应微向左倾斜，右腿向前上方摆动时，膝稍内扣，用前脚掌内侧着地，左腿向前上方摆动时，膝稍外展，用前脚掌的外侧着地。

（3）手臂动作

正确的摆臂不仅可以维持身体平衡，而且能加快腿部动作的速度。中长跑时，两臂应稍稍离开躯干，肘关节弯曲约成 90°，以肩为轴向前后做自然摆动，前摆时手稍向内，后摆时肘稍向外，摆幅要适当。

（4）呼吸

中长跑时，呼吸要有节奏，一般是跑 2～3 步一吸气，跑 2～3 步一呼气。呼吸是利用鼻子和半张开的嘴进行的，冬天或顶风跑时，可以用鼻子呼吸或用鼻子吸、用嘴呼的方法。速度加快后，也可用鼻子和半张开的嘴同时呼吸。

跑时还会出现呼吸困难、胸部发闷、疲劳不适的“极点”现象。跑的强度越大，“极点”出现得越早。这是由于内脏器官氧气的供应落后于肌肉活动的需要而产生的。随着锻炼水平和内脏器官适应能力的提高，“极点”现象的出现就会逐渐不明显。遇到“极点”来临时，要加强呼吸，调整步伐，适当降低跑速。待坚持一段距离后，这种现象就会消失，并出现“第二次呼吸”。在跑前做好准备活动和注意途中的速度变化，可以缓和“极点”的程度。

（二）练习方法

1. 持续跑

持续跑是指低于比赛速度，长于比赛距离的一种跑法。持续跑现已被公认为发展心脏体积和增加心脏容量，有效地提高人的有氧能力与无氧能力的一种练习方法。

练习时，应注意根据自己的实际能力选择正确的跑速，要合理地分配体力，从开始到结束都要匀速跑。持续跑的练习时间，每次应在 30 分钟以上，心率保持在 130～160 次分，效果才明显。初练者，持续跑的时间仍应逐渐增加。持续跑分为以下三种类型：

（1）慢速持续跑

一般持续 1～3 小时，跑步时心率以 130～150 次/分为标准。这种方法可以有效地发展必要的耐力。

（2）中速持续跑

一般持续 1～2 小时，跑步时心率控制在 155～165 次/分。这种方法是发展有氧能力的基本练习。

（3）快速持续跑

一般持续 0.5～1 小时，跑步时心率控制在 165～179 次/分。这种方法不但能发展机体的能力，而且对提高有氧、无氧过程的能量供给有很大帮助。

2. 越野变速跑

这种练习方法主要是充分利用大自然的环境，在山地、沙滩、湖边、树林、草地上进行练习。因为场地松软、环境幽静、空气清新，所以一般练习效果较好。

练习内容的安排是准备活动 10～15 分钟轻松慢跑，接着进行 20～30 分钟的放松较快速度跑，途中可根据地形进行 50～100 米不等距离的上坡加速跑或下坡冲刺跑 8～10 次，并可以随意穿插各种跳跃练习。然后做 5 分钟左右的慢跑调整，再进行 0.5～1 分钟的快速冲刺跑，最后以慢跑结束。

在进行越野变速跑练习时，各种快跑、慢跑的距离，穿插跳跃的次数，以及间隙的时间和经过的地段，都由练习者自己决定。由于自然环境好，即使运动量较大，也能像做游戏一样轻松地完成。

3. 间歇跑

间歇跑是指接近或稍低于比赛速度的快跑与走和慢跑为恢复手段，两者交替进行的一种练习方法。

采用间歇跑可以培养特殊耐力和速度能力，一般在比赛前采用这种练习方法是非常有效的。

采用间歇跑练习，要注意以下三点：

（1）练习前，准备活动要充分，使心率达到120次/分。

（2）进行100米、150米、200米间歇跑练习时，心率要达到160～180次/分，如进行较长段如1000米间歇跑时，快跑结束时的心率要达到185次/分左右。

（3）进行步行或放松跑调整时，要使心率降至120～140次/分以后再进行快跑，其间的间歇时间一般为2分钟左右。

4. 重复跑

重复跑要求用全速或接近全速反复跑规定的距离。当心率降至100～110次/分及以下时才可以进行下一次重复跑练习。

重复跑练习可以发展专项耐力，稳定心理能力，提高人体对大量乳酸堆积的忍耐能力和速度耐力。重复跑练习的距离，一般采用比比赛距离长或比比赛距离短的距离，而不采用和比赛同等距离。采用比较长的距离练习时，跑的强度就要低于比赛的强度；采用比较短的距离练习时，跑的强度就要高于比赛强度。即使采用等同比赛距离练习时，也必须用低于比赛的强度。

进行重复跑练习，可采用保持均匀速度或逐渐增加速度或逐渐减低速度的方法，也可以用快速、慢速交替进行的方法。

5. 模拟比赛跑

将比赛距离分为三段来跑，但第一段跑的距离必须相当于比赛距离的一半。每段跑完后要有一定的间歇。第一次间歇时间可以长些，第二次间歇时间可以短些，但三段跑完后的总时间应与自己的最好成绩近似。这种练习手段与间歇练习手段近似，所以要慎重采用。一般在赛前才采用。

四、跨栏跑

（一）基本技术

1. 110米跨栏跑技术

110米跨栏跑全程跑的技术可以分为起跑至第1栏技术、途中跑技术、终点冲刺跑技术。

（1）起跑至第1栏技术

起跑加速跑至第1栏技术的任务是在有限的空间内（11.50米左右）发挥高的跑速，为积极跨过第1栏做好准备，为全程跑形成良好的节奏奠定基础。合理的起跑至第1栏技术要符合以下要求：

①起跑至第1栏采用7步跑，需将摆动腿放在前面，起跑8步上栏时，需将起跨腿放在前面。起跑器的安装和起跑技术与短跑相近似，只是“预备”姿势时臀部较高。

②起跑后加速跑时，两腿和两臂协调一致，积极用力蹬摆；同短跑相比，身体重心升起较快，各步后蹬角略大，躯干抬起较早，跑到第6步后身体姿势已接近短跑途中跑。

③起跑后加速要求步数固定，步长稳定，准确地踏上起跨点。

（2）途中跑技术

110 米栏途中跑是由 9 个跨栏周期组成。同短跑周期相比，每一跨栏周期因跨栏需要，在动作外形、结构、时间、空间比例，以及身体重心运行轨迹等方面，都出现非对称的规律性变化。跨栏跑周期包括一个跨栏步和栏间 3 步跑。

①过栏技术

过栏是指从起跨腿的脚接触到起跨点到过栏后摆动腿的脚接触地面时的一大步，即跨栏步。它是由起跨攻栏、腾空过栏、下栏着地构成。

A. 高效的起跨攻栏。起跨是指从起跨腿的脚接触到起跨点到后蹬结束离地瞬间的整个支撑时期。任务是保持较高的水平速度，为迅速过栏创造更大的腾起初速度和适宜的腾起角度。正确的起跨攻栏技术是掌握过栏技术的关键。

B. 合理的腾空过栏。腾空过栏是指从起跨结束身体转入腾空起，到摆动腿过栏后着地的这段空中的动作。任务是保持身体平衡，快速完成剪绞动作，获得过栏后继续跑进的有利姿势。人体腾空后身体重心运行轨迹不能改变，靠加快摆动腿和起跨腿及其他肢体的相向运动，改变各肢体环节重心与身体重心位置的关系，获得快速着地支撑。这是提高过栏速度的重要因素。

C. 积极下栏着地。下栏着地是指从身体重心达到腾空最高点开始，到摆动腿着地支撑这一过程的动作。任务是尽量减少水平速度的损失，使身体平稳、快速地离栏转入栏间跑。从理论上讲，下栏是从身体重心达到腾空最高点开始完成的一系列着地动作，事实上，下栏的动作意识要早一些。一般认为摆动腿的脚掌刚刚接近栏板就开始下压摆动腿。由于摆动腿下压加大了它与躯干的夹角，所以，加快了起跨腿以髋为轴向前提拉和臀部前移的速度。摆动腿的脚掌移过栏板的同时，起跨腿屈膝外展，小腿收紧抬平，脚尖勾起，足跟靠臀，以膝领先经腋下加速向前提拉。当脚掌过栏后，膝关节继续收紧，向身体中线高抬，脚掌沿最短路线向前摆出，身体成高抬腿跑进姿势。

过栏时，两腿剪绞换步动作是在两臂和躯干协调配合下完成的。基本伸直的摆动腿异侧臂和经腋下向前提拉的起跨腿做相向运动。肘、膝几乎相擦而过，臂向侧下方积极有力地摆动，摆过肩轴屈肘内收，后摆过大易引起肩的转动，破坏身体平衡。

当伸直下压的摆动腿的脚掌着地时，要用脚掌做由前向后下方的积极“扒地”动作，脚着地后踝关节稍有缓冲，脚跟不要接触地面。躯干仍保持一定的前倾，起跨腿大幅度带髋向前提拉，两臂积极用力像短跑那样前后摆动，形成有利的跑进姿势。这对缩短下栏后的支撑时间、减少水平速度的损失和迅速地转入栏间跑具有决定性的意义。

②栏间跑技术

栏间跑是指从下栏着地点到过下一栏起跨点间的距离。任务是发挥跑速，保持节奏，准备攻栏。由于栏间跑是在固定的距离上，以固定的步数跑过，同时又要为过栏做好准备，所以，在技术动作、步长、步频比例等方面同短跑途中跑相比有所不同。

栏间跑的第 1 步与跨栏步下栏阶段紧密相连。为使跨跑动作紧密衔接，由跨栏动作迅速过渡到跑的动作，在下栏着地时，要通过支撑腿踝关节及脚掌力量充分后蹬、起跨腿快速带髋向前提拉和两臂前后用力摆动来完成。后蹬角度为 60°左右，身体重心前移。优秀运动员第 1 步步长可达 165 厘米以上。

栏间跑的第 2 步动作结构大体与短跑途中跑相似，是快速跑进的关键步，受第 1 步动作质量的约束，后蹬角为57°左右，略大于短跑。抬腿高，下压积极，步长为2.10米左右。这一步为栏间跑最大的一步。栏间跑的第3步与起跨攻栏阶段紧密相连，其任务是继续快跑的同时，要为起跨攻栏做好充分准备。动作特点是，摆动腿抬得不高，放脚积极迅速，落地点靠近身体重心投影点，步长比第2步短15厘米左右，速度达到最高点。

③良好的跨栏周期节奏

由跨栏步和栏间跑3步组成的一个跨栏周期，因过栏的需要，构成了与短跑不同的特有节奏。良好的跨栏周期节奏是肌肉紧张与放松合理交替的结果，也是获得优异运动成绩的必要条件之一。

（3）全程跑技术

加快过栏速度，提高栏间跑频率，是提高跨栏周期速度，创造优异成绩的根本途径。优秀运动员跨栏周期时间可突破1秒，平均速度在9米/秒左右，最高速度可达9.20米/秒以上。起跑至第1栏步点要准确，跑速逐渐增加，过第2栏并未达到最高速度，前3个栏属加速阶段，第4至6栏达最高速度，而后速度有所下降，最后2至3栏因体力下降可适当增大腾空的高度，但不要破坏整体动作的平衡性，下最后一栏要用力蹬地和积极地向前后摆动两臂，像短跑那样冲向终点和撞线。目前，对速度耐力训练给予普遍重视，在其他条件非常接近的情况下，速度耐力水平往往决定胜负。前世界纪录保持者米尔本和内赫米亚，创纪录前半程均在6.7秒左右，而米尔本跑了13.10秒，内赫米亚却跑出了12.93秒的好成绩。

2. 100米跨栏跑技术

女子100米栏技术阶段的划分与110米栏相同。全程设10个架栏。全程跑时，跑跨衔接紧密，动作协调自然，身体重心波动差小，更接近平跑。

（1）起跑至第1栏技术

主要技术特点与110米栏相同。采取蹲踞式起跑。“预备”时臀部抬得不像男子110米栏那样高，前五六步身体姿势和蹬地摆腿动作同100米起跑基本相同。跑到最后一步上体基本直立准备起跨攻栏，步长比前一步缩短10～15厘米。

（2）途中跑技术

100米栏途中跑技术也包括过栏技术和栏间跑技术。同110米栏相比较，无论技术动作、结构、速度变化规律及运行节奏等方面，都大致相同。

（3）终点冲刺跑技术

下第10栏后，运动员一般用5步跑完。终点冲刺跑时不要过分紧张和拘谨，要借助加快两臂和两腿的摆动，全力冲向终点。撞线动作与短跑相同。

3. 400米跨栏跑技术

（1）起跑至第1栏技术

400米栏采用蹲踞式起跑，起跑器安装与起跑技术和400米短跑相同。起跑后加速跑速度与全程跑的成绩相适应，要求加速跑的步速、步长均匀。起跑至第1栏步数与栏间跑步数有关，栏间跑用15步，起跑至第1栏用22步；或14步与21步；或13步与20步。

（2）途中跑技术

400米栏全程越过的10个栏分别设在两个直道和两个弯道上。

①过栏技术

男、女400米栏的过栏技术基本相同，与110米栏相比，过栏技术无本质性的差异。只是由于栏架高度和栏间距离的不同，所以，在动作形式、运动幅度、用力程度和动作细节上也存在某些差别。女子400米栏栏架低，起跨后蹬力量、上体前倾程度、摆臂幅度和起跨腿提拉速度都较其他跨栏项目小，跑跨连贯自然，接近短跑技术。男子400米栏的过栏技术要求介于110米栏和女子400米栏之间。男、女400米栏运动员不仅要在直道上过栏，而且也要在弯道上过5个栏。跨弯道栏时，在动作结构方面要适当改变，对起跨腿的选择也有要求。一般地说，用右腿起跨比用左腿有利，它可以利用向心力顺利地过栏而不失去平衡。在技术上，用右腿起跨要求用右脚的前脚掌内侧蹬地，左腿屈膝攻栏时，膝关节和脚尖稍外转，向左前方攻摆，腾空后摆动腿从栏架左上角过栏，同时右臂向左倾斜。下栏时左腿用前脚掌外侧在靠近左侧分道线处落地，右腿提拉过栏时多向左前方用力。由于身体向左倾斜相对提高了右髋的高度，所以，起跨腿不需提得太高，但要提拉到身体左前方，沿跑道左侧内沿跑进。

由于400米栏运动员在栏间跑中也常用14步、16步，因此，需要具备两腿均能起跨过栏的能力。运动员用左腿起跨时，为了使起跨腿在栏上过栏而不犯规，就必须靠跑道外侧跑进，这就需要多跑一些距离。左腿起跨时，栏前3步应沿跑道中间跑进，最后一步以左脚掌的外侧落地起跨，稍向左前方蹬出。右腿屈膝向左前方攻摆，膝关节内扣，脚尖稍内转，腾空后小腿前摆过栏时要从栏架右半端栏顶过栏，以免起跨腿或脚由栏架之外越过而造成犯规。过栏时身体向左倾斜，左臂向左前方伸出，右脚稍内转，以前脚掌内侧落地。起跨腿提拉过栏后在左前方落地并迅速向前跑出。

②栏间跑技术

栏间跑技术和400米平跑基本相同，但步数固定，步长准确，节奏感非常强。栏间跑不但要靠良好的肌肉力量，而且要有目测和空间定向能力才能准确踏入起跨点。栏间跑除去起跨攻栏、下栏落地的距离，实跑距离约为32.70米，男子一般跑13～15步，女子一般跑15～17步。后半程身体疲劳，可根据训练水平的高低，对栏间跑节奏、步数进行适当调整。

400米栏栏间跑有相同节奏和混合节奏两种。相同节奏是指全程所有栏间跑都用相同的步数跑完，世界优秀运动员大多数均用此种跑法。混合节奏是指前半程或不同段落采用不同的步数跑完。例如，前5栏用13步、第5～8栏用14步、第8～10栏用15步；或者前半程用13步，后半程用14步等。

③全程体力分配和终点冲刺

全程跑的体力分配是在保持栏间良好节奏和顺利过栏的同时，全程各阶段的跑速差别较小。优秀运动员全程跑的速度均匀，节奏感强，前后半程差在2秒左右。从最后一栏到终点的40米，运动员都会感到疲劳，运动能力下降。此时也是争取比赛最后胜利的重要时刻，要特别注意保持正确跑的技术，加强摆臂、抬腿动作，以顽强的毅力冲向终点。撞线动作同短跑技术。

（二）练习方法

1. 过栏技术练习

摆动腿过栏动作：原地做摆动腿模仿练习；走步中摆动腿做鞭打动作；走步中做摆动腿经

栏上的栏侧过栏动作。

起跨腿过栏动作：原地做提拉起跨腿过栏动作；栏前走 2～3 步后经栏侧提拉起跨腿，摆动腿做小幅度动作配合体会两腿的剪绞动作；栏侧做起跨腿过 3～4 个栏架练习。

过栏时两腿的剪绞动作和上下肢配合动作：原地站立做跨栏步两腿剪绞换步动作；原地摆腿过栏，起跨腿蹬地，当摆动腿下压时，起跨腿迅速收起提拉过栏。

2. 过栏与栏间跑相结合的练习

站立式起跑过第一栏练习；站立式起跑反复跨 3～5 个栏架的练习；缩短栏间距离，采用站立式起跑连续跨越 5～8 个栏架的练习。

3. 蹲踞式起跑后过栏技术

安装起跑器，起跑八步后跨越第一栏；掌握发令要领，练习起跑过第一栏的身体姿势；蹲踞式起跑跨 2～3 个栏架；听发令起跑跨越 3～5 个栏架。

五、接力跑

接力跑是由接力跑队员在快速跑中依次接棒跑完一定距离的集体比赛项目。练习接力跑能培养团结协作的集体主义精神和顽强拼搏的毅力。田径比赛项目有男、女 4×100 米接力、4×400 米接力、4×800 米接力等。群众性的体育竞赛活动中，也有不同形式、不同距离、不同人数的接力跑，如迎面接力、异程接力和公路马拉松接力等。

（一）基本技术

1. 4×100 米接力跑技术

（1）起跑

①持棒起跑：第 1 棒运动员采用蹲踞式起跑。用右手的中指、无名指和小指握棒的末端，用大拇指和食指分开撑地，接力棒不得触击起跑线或起跑线前地面。

②接捧人起跑：第 2，3，4 棒运动员用站立式或单臂撑地的半蹲踞式起跑姿势，在自己选定的起跑线前面，两脚前后开立，两膝弯曲，上体前倾。第 2，4 棒队员因为站在跑道的外侧，所以，应左腿放在前面，右手撑地，身体重心稍向右偏，头转向左后方，目视跑来的同队队员和自己的起动标记。第 3 棒队员是站在跑道内侧，起跑动作正好相反。

（2）传接棒技术

传、接棒的方法一般有上挑式、下压式和混合式三种。

①上挑式：接棒人手臂自然向后伸出，掌心向后，虎口张开朝下，传棒人将棒由下向前上方挑送入接棒人手中。这种方法的优点是接棒人向后伸手动作自然，易掌握；缺点是第 2 人接棒后手已握在接力棒的中段，待第 3 人传给第 4 人时，接力棒的前端已所剩无几，易掉棒。

②下压式：接棒人手臂翻腕后伸，掌心向上，虎口张开朝后，拇指向内，其余四指并拢向外，传棒人将棒的前端由上向下压放入接棒人手中。这种方法的优点是接棒人握住棒的另一端，在下一次传棒时便于把棒的另一端送到接棒人手中；缺点是接棒人的手腕动作紧张。

③混合式：这种方法综合了上述两式的优点，在 4×100 米接力跑中，常用不换手的传、接棒方法。即第 1 棒队员用右手持棒起，沿弯道内侧跑，以上挑式将棒传给第 2 棒队员的左手，第 2 棒队员接棒后沿跑道外侧跑，以下压式将棒传给第 3 棒队员的右手，第 3 棒队员沿着弯道内侧跑，以上挑式将棒传给第 4 棒队员左手，第 4 棒队员持棒后一直跑过终点。

（3）传、接棒的时机

接棒人站在预跑区内或接力区后端，待看到传棒人跑到标志线（做一标记）时，便迅速起跑。当传棒人跑到接力区内离接棒人 1.5 米左右时，便立即向接棒人发出“嗨”（或“接”）的传、接棒信号，接棒人听到信号后迅速向后伸手接棒。传棒人完成传棒动作后逐渐减低速度，待其他道次运动员跑过后离开跑道。

（4）标志线的确定

标志线离接棒人起跑的距离，是根据传、接棒人的跑速和传、接棒技术的熟练程度而定的。确定标志线，对于一个有较高水平的接力队来说，是十分重要的。

（5）各棒队员的配合

接力跑是由 4 名队员配合完成全程跑，所以安排队员棒次时，必须考虑发挥个人的特长。一般第 1 棒队员应是起跑好、善于跑弯道的人。第 2 棒队员应是专项耐力好，善于传、接棒的人。第 3 棒队员要求同第 2 棒队员外，还应具备跑弯道的能力。第 4 棒队员应安排全队成绩最好、冲刺能力最强的人，大约需跑 120 米。

2. 4×400 米接力跑技术

4×400 米接力跑的传接棒技术相对简单，但由于传棒人最后跑速已不快，所以，接棒人应慢速跑进，目视传棒人，顺其跑速接棒，然后再快速跑出。

第一棒采用蹲踞式起跑，持棒方法同 4×100 米接力第一棒。第二棒采用站立式起跑，通常站在接力区后沿的前面，头部转向后方，眼盯同队的传棒队员。如果传棒人最后仍有一定的速度，那么接棒人可以早些起跑；如果已较缓慢，则应晚些起跑；如果已筋疲力尽，则要主动接棒，并力争早些完成传接棒动作。第三、四棒的接棒方法基本同第二棒，只是要注意服从裁判安排，并注意在不影响其他队跑进的情况下从两侧退出跑道。

4×400 米接力跑各棒次运动员的安排原则一般为：

（1）第一棒安排技术良好、实力较强的选手，力争在第一个 400 米成为领先者，这样有利于第二棒运动员水平的充分发挥，并对全队士气起到鼓舞作用。

（2）第四棒应是全队实力最强的选手。接力跑的胜负有时会突出地表现在最后一棒运动员的竞争上。

（3）按运动员实力及竞技状态排序，一般为：乙—丙—丁—甲。

（二）练习方法

1. 学习传、接棒技术

持棒原地摆臂，做上挑式和下压式传棒练习；徒手做摆臂，眼看后方做上挑式和下压式接棒；两人一组相互配合做传、接棒练习。

2. 学习在接力区内完成传、接棒技术

学习接棒人的站立式和半蹲踞式起跑；两人一组在接力区内完成传、接棒练习；两人一组在跑动中完成传、接棒练习。

3. 掌握全程接力跑技术

4×50 米接力跑练习或竞赛；4×100 米接力跑练习或竞赛。要求保持合适的传、接棒距离。

4. 学习 4×400 米接力跑的传、接棒技术

两人一组练习传、接棒配合；多人连续进行 100～200 米接力跑练习。要求接棒人以慢速起跑，接棒后加快跑速。

第三节　跳跃类项目技术训练实践

跳跃运动是指人体运用自身能力或借助一定器械，通过一定运动形式使身体重心腾越远度或高度的运动。远度项目有跳远和三级跳远，高度项目有跳高和撑竿跳高。跳跃运动均经过助跑、起跳、腾空和落地 4 个阶段，是由水平位移转变为抛射的非周期性运动项目。本节主要介绍跳高和跳远技术。

一、跳高

跳高是运用自身能力，通过助跑、起跳、过杆和落地等动作形式，使人体越过尽可能高的横杆。跳高技术的特征是由跑变为跳，由支撑转变为腾空，由水平位移转变为抛射运动。通过跳高运动，能增强腿部力量，提高弹跳能力，发展身体的灵敏和协调性，培养勇敢、顽强、沉着、果断的意志品质和不怕艰难险阻、勇于攀登高峰的精神。

跳高按过杆技术不同，可分为背越式、跨越式、剪式、滚式、俯卧式等多种，由于背越式的技术结构比较简单、自然，相对容易掌握，且能充分利用水平速度使身体向上腾起，并合理利用身体重心腾起高度过杆的补偿运动，故多为世界各国优秀运动员所采用。

（一）背越式基本技术

背越式跳高是指背部朝向横杆，身体各部分依次过杆的一种过杆技术。背越式跳高技术是由助跑、起跳、过杆和落地四个阶段组成的。各阶段彼此紧密相连、相互作用。

1. 助跑

背越式跳高的助跑路线分前后两段，前段跑直线，后段跑弧线（最后三、四步）。用远离横杆的腿起跳。起跳点的位置一般离近侧跳高架的立柱 1 米、离横杆垂直向下投影点 50～80 厘米处。助跑的距离一般为 6～8 步或 10～12 步。起跑点和起跳点的连线与横杆夹角约为 70°左右，弧线半径 5 米左右。

助跑前段应快速跑，跑法和普通加速跑相似。后段由于是跑弧线，所以，身体向圆心倾斜，随着跑速愈快倾斜度愈大，前脚掌沿弧线落地。它的特点是身体重心高、步频快，小腿伸得不远，落地更为积极。这样便于保持较大的水平速度，有利于做快速有力的起跳动作，增加起跳的效果。由于是弧线助跑，起跳时身体侧对横杆，因而转体较为容易。

全程助跑要求轻松、自然、快速、准确。跑的过程中注意高抬膝关节。最后一步一般比倒数第二步短 10～20 厘米。

助跑弧线丈量方法要先确定起跳点。由起跳点向近侧跳高架方向平行横杆向前自然走五步，再向右转 90°角向前自然走六步做一标志，再向前走七步画起跑点。由标志点向起跳点画一弧线（半径约为 5 米），即成最后四步的助跑弧线。

2. 起跳

起跳的目的是把助跑时所获得的水平速度转变为垂直速度，使身体腾空。

起跳要求和助跑的最后几步要衔接紧凑。起跳的动作可细分为起跳、脚着地缓冲和蹬伸三个阶段。助跑到倒数第二步结束，摆动腿支撑地面后，在摆动腿迅速有力地后蹬推动身体快速前移的作用下，起跑腿迅速以髋关节带动大腿积极向前迈步，起跳脚顺弧线的切线方向踏上起跳点，以脚跟外侧领先着地并迅速滚动到全脚掌。同时两臂要配合摆动腿迅速向前上方摆起，重心快跟，上体积极前移，使起跳腿缓冲。此时身体由倾斜转为垂直，身体重心轨迹与足迹重叠，以便为最后用力地蹬伸腾起创造有利条件。当身体重心移至起跳点上方时，起跳腿迅速而有力地蹬伸，完成起跳动作。

起跳时，起跳腿的髋、膝、踝关节必须充分伸直，这是直立腾起的关键，同时身体应尽量与地面保持垂直。使身体较为水平姿势的动作不是靠双肩倒向横杆形成的，而是骨盆比肩更迅速地上升的结果。

3. 过杆和落地

由于起跳时摆动腿屈膝向异侧肩前上方的积极摆动，使身体腾空后逐步转为背对横杆的姿势，这时不要急于做过杆动作，而要努力保持身体的上升趋势。当肩和背高于横杆时，两肩迅速后倒，充分展髋，小腿放松，膝部自然弯曲，身体成反弓形，背部与横杆成交叉状态反弓仰卧在横杆上方，髋部的伸展动作要延续到臂部过横杆。当膝盖后部靠近横杆时，两小腿积极地向上举。含胸收腹，自然下落以肩背领先落垫，整个过程如图 8-1 所示。

（二）练习方法

1. 背越式过杆落地技术练习

背对海绵包站立，然后提脚跟，挺髋，向后引肩，倒落练习；用有一定高度的垫子做背越式过杆动作；背对横杆站立，双腿屈膝，然后蹬伸向上跳起，做背越式过杆动作。

2. 起跳与起跳衔接过杆的技术练习

起跳腿向前迈步，屈腿向前摆动，上体由倾斜转为垂直。同时进行提肩，拔腰，摆臂，并蹬伸起跳腿的练习；然后向上跳起，同时向起跳腿一侧转体练习；起跳后做背越式过杆动作；自然跑 2～4 步起跳后做背越式过杆动作。

3. 助跑与起跳相结合的技术练习

围着圆圈加速跑，改进弯道跑技术；直线跑后进入弧线跑练习；在圆圈上跑进时，每跑 3

步或5步做一次起跳动作；直线跑进入弧线段后跑4～6步做起跳练习。

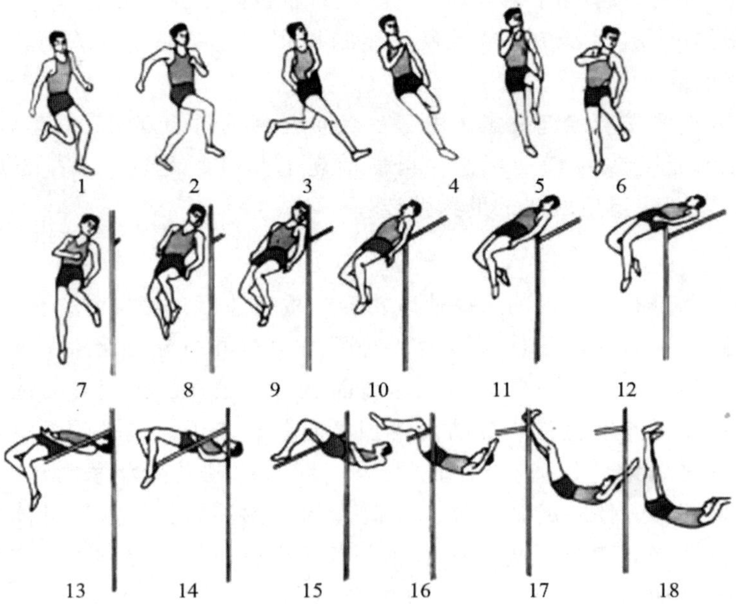

图 8-1 跳高的过程

4. 完整背越式跳高技术练习

丈量全程跑助跑步点，确定步点，全程助跑背越式跳高练习，进行技术评定和测验。

二、跳远

跳远是古代奥林匹克竞赛和古希腊五项运动都有的项目，也是现在学校体育教学和田径比赛的项目之一。练习跳远能发展人的速度、弹跳力和灵敏性。跳远的场地设施比较简单，也比较容易学习。跳远技术的发展有较长的历史。人们最初采用蹲踞式跳远，20世纪二三十年代，大多数运动员采用挺身式跳远，目前多数优秀运动员都采用走步式跳远。

（一）基本技术

1. 助跑

跳远的助跑是为了获得较高的水平速度，并为快速积极的起跳作准备。

（1）助跑的开始姿势

助跑的开始姿势有两种：一种是从静止状态开始，类似“站立式”的起跑姿势，两脚可前后或左右开立，从静止状态开始助跑，第一步的步幅和速度力求稳定，这有利于步点的正确性。另一种是从行进间开始，先走或慢跑几步踏上起点，而后开始加速跑。

（2）加速跑的方法

起跑后的加速方法也有两种：一种是积极加速，从助跑一开始就用力跑，步频快，用逐步增加步长提高速度。用这种方法可较快获得高速度，助跑距离较短。另一种是逐步加速的方法，与一般加速跑相似，开始步频较慢，在逐步加大步长的同时提高步频。它的加速时间较长，加速过程比较均匀，助跑距离较长。采用何种方法助跑，可根据个人习惯而定。但不论采用哪种方法，都要在起跳前获得高速度，有助于正确踏板和起跳。

（3）助跑距离的丈量与调整

跳远的助跑速度是获得优良成绩的关键之一，同时与踏跳时的腾空速度密切相关。优秀运动员起跳前的速度可达到每秒10～10.7米。男子助跑的距离一般为35～45米，跑18～22步；女子助跑的距离一般为30～35米，跑16～18步。助跑距离和步数应视个人情况适当减少。

丈量步点一般采用从踏板开始反方向跑的方法，在跑至一定步数时踏跳跃起，踏跳点就是助跑起点，然后向沙坑方向助跑，校正步点。

正确的踏板是取得优良成绩必不可少的，也是助跑技术一个很重要的方面，所以在丈量步点时，可在最后6～8步的地方设立第二标志点，以利于正确踏板。这几步助跑，一般同学为了踏上板往往故意拉大或缩小步长，这会破坏助跑的节奏，影响速度的发挥和起跳的效果。

在测验或比赛时，助跑的距离要根据跑道的性质、硬度、气候和个人身心状况等进行调整。

2. 起跳

起跳的主要任务是使身体按适当的腾起角（一般为18°～24°）腾起。腾起的初速度越大，越有可能取得优良成绩。优秀运动员的腾起初速度可达9.2～9.6米/秒，身体重心腾起高度可达50～75厘米。起跳过程可分着地、蹬伸和摆动三部分。

（1）起跳脚着地

起跳是在高速助跑的情况下完成的，在助跑的最后一步就准备起跳。为了加快起跳速度，起跳腿的大腿在前摆时抬得比短跑时低些，要积极下压，几乎是伸直腿快速着板。着地时起跳脚先以脚跟触及地面，并迅速转为全脚掌支撑。起跳脚着地时，起跳腿与地面的夹角为65°～70°。起跳脚的着地点在身体重心投影点前30～40厘米的地方。太远，会产生制动，那样虽然能获得较大的腾起角和跳跃高度，但损失水平速度较多；过近，会缩短起跳蹬地用力的距离，减少作用力的时间，降低腾空高度，影响起跳的效果。

起跳脚着地一刹那，由于助跑水平速度的惯性力和身体重心的作用，产生了很大压力，迫使起跳腿髋、膝、踝关节和脊柱很快地弯曲缓冲。关节弯曲缓冲要适度，太大、太小都会降低起跳的效果。

（2）起跳腿的蹬伸

在起跳过程中，当身体重心移至起跳腿支撑点的垂直部分时，因缓冲而拉长的伸肌强有力地收缩，使髋、膝、踝三个关节迅速地蹬伸，上体挺起，摆动腿的大腿积极向前上方摆到水平位置，小腿自然下垂，完成起跳动作。起跳时的蹬地角大约为75°。

（3）起跳中的摆动动作

起跳中的摆动动作是指摆动腿和两臂的摆动动作。摆动腿和两臂摆动对提高起跳速度、加大动作幅度，尤其是加大蹬伸力量都有重大作用。摆动中，两臂摆至稍低于肩关节时，摆臂动作突然停止；摆动腿积极向前上方摆动。摆动的刹那，产生一个向下的力，这个力和起跳腿的蹬地力成为合力，这样才能达到良好的起跳效果。

3. 腾空

跳远时的腾空动作是为了维持身体的平衡从而推迟落地时间，并为落地创造有利的条件，腾空初期的姿势一般称“腾空步”。“腾空步”后空中动作有三种：蹲踞式、挺身式和走步式。蹲踞式易学，一般在中学都已学过，走步式对身体素质的要求比较高，一般不易学，因此学习挺身式比较适当。

挺身式跳远的空中挺身动作，能使体肌拉长，有利于收腹举腿和伸腿落地，同时也可较好地避免蹲踞式跳远时身体易绕横轴向前回旋而过早落地的缺点。

挺身式跳远的空中动作在“腾空步”后即开始，但“腾空步”保持的时间比蹲踞式短。“腾空步”后展髋放下摆动腿，并后摆与起跳腿靠拢；当摆动腿下放时，两臂向下、向后上方振摆，同时两腿继续向后摆动，在空中形成挺身姿势，而后收腹举腿，两臂向上向前、向下向后摆动，准备落地。

4. 落地

正确的落地动作，有利于提高跳远成绩。落地方法有向前和侧倒两种。当脚跟触地的一刹那，前脚掌下压，并屈膝前移重心，身体随惯性前倒，或当双脚落地后，一脚支撑，一脚放松，身体向放松腿一侧侧倒落地。落地动作可分解为三部分：

（1）在着地前，两腿屈膝高抬，膝关节向胸部靠拢，上体不要过于前倾。

（2）在即将着地时，膝关节迅速伸直，使小腿前伸，以足跟先触及地面。

（3）在脚跟触及地面的刹那，立即屈膝或迅速挺腹，使身体重心迅速移过落点。

（二）练习方法

1. 起跳

（1）原地模仿起跳练习。在确定起跳腿后，原地做起跳练习，腿和两臂的摆动和起跳蹬地要同时，协调一致。

（2）从走步到慢跑连续做起跳练习。原地起跳动作比较正确后，再在走步中做，做后慢跑3～4步连续做起跳练习（可集体在跑道或平整的场地上进行练习）。

（3）4～6步助跑起跳，用摆动腿落入沙坑，而后随惯性向前跑进。注意不能用踏跳腿落地，以免踏跳腿负担过重。

（4）同上练习，起跳后用头触及或手摸高悬物。

（5）中、远程助跑起跳练习。

2. 腾空挺身动作练习

（1）原地做腾空动作的模仿练习。

（2）原地上一步起跳，在落地前快速完成腾空动作。

（3）4～6步助跑起跳后做摆动腿练习。小腿微向前、向下、向后摆动，膝关节放松，落地后继续向前跑进。

（4）利用踏跳板（台），4～6步助跑起跳做腾空动作。

（5）不用踏板做练习（4），把注意力集中在做腾空动作上。

3. 落地动作练习

（1）4～6步助跑跳远，落地前做伸小腿动作，不要怕后坐。

（2）6～8 步助跑跳远，落地前做伸小腿动作，脚落地刹那，迅速做屈膝或挺腹动作，避免后坐。

4. 完整技术练习

（1）中距离助跑起跳，改进腾空与落地动作。

（2）正确丈量步点，每次助跑接近起跳板时均要做起跳动作，然后以摆动腿落地继续向前跑进。这样接近正式试跳的练习，容易校正步点。丈量步点次数不宜过多，3～4 次即可，过多因体力等因素会影响后面的正式试跳。

（3）全程助跑挺身式跳远练习。

第四节　投掷类项目技术训练实践

一、推铅球

推铅球是一个以力量为基础、以速度为核心的速度力量性运动项目。现代推铅球术有两种，即背向滑步推铅球和旋转推铅球。

（一）基本技术

1. 背向滑步推铅球技术

完整的背向滑步推球技术可分为握球持球、滑步、转换、最后用力和维持身体平衡五个部分。

（1）握球持球技术（以右手投掷为例）

五指自然分开，将球放在食指、中指、无名指的指根部，拇指和小指附在球的两侧，以保持球的稳定。握好球后，将球放到锁骨内端上方，贴近颈部，头部略向右转，掌心向内，右肘抬起，右上臂与躯干约呈 90°，躯干保持正直。

（2）滑步技术

滑步技术包括预备姿势、团身、滑步三个环节。滑步的主要任务是使身体和铅球摆脱静止状态，获得一定的向投掷方向运动的速度，为顺利完成后续动作做好准备。研究表明，右脚滑步结束时铅球运行的速度可达 2～2.5 米/秒，约为出手速度的 15%。

①预备姿势

背对投掷方向，持球贴近投掷圈的后沿站立，身体重心落在右脚掌上，左脚置于右脚跟后方 20～30 厘米处，以脚尖触地，维持身体平衡。上身保持直立，两眼平视，两肩与地面平行。这种预备姿势较为自然，有助于集中精力开始滑步。

②团身动作

运动员站稳后，从容地向前屈体，待上身屈至接近与地面平行时，屈膝下蹲，同时头部和左腿向右腿靠拢，完成团身动作。下蹲时，右膝弯曲的程度，应视运动员的个人情况而定，但必须有利于完整动作合理加速节奏的形成。左膝回收靠近右膝时，右脚有一个提踵动作，这一动作有助于滑步的起动。

③滑步动作

滑步是由臀部主动后移，然后积极后摆左腿，充分利用“移、摆”产生的动力开始的，这样既可保证铅球和身体重心获得必要的速度，又可减轻右腿的负担，有利于右腿完成后续动作。最后再通过蹬伸右腿、回收右腿来完成滑步动作。在滑步的过程中，要注意以下几个问题：

A. 两腿动作顺序。蹬摆左腿在先，蹬伸右腿在后，最后回收小腿。这一顺序可以避免身体重心起伏过大，并可保证迅速进入转换阶段。

B. 左腿蹬摆后应保持与躯干成一条线，直至最后用力开始。

C. 当右腿蹬伸完成时，铅球约处在右小腿的二分之一处外侧的垂直面上。当右腿收回后，铅球约处在右膝上方外侧。

D. 团身结束时，右大腿与躯干的夹角为50°～60°，右腿滑步结束时右大腿与躯干的夹角为80°～90°。

（3）转换（过渡）技术

转换技术是指从运动员回收右小腿结束到左脚落地。它的主要任务是保持或适当增加铅球在滑步中获得的水平速度，并为最后用力形成合理的身体姿势。当运动员右脚落地后（以前脚掌着地），右腿膝关节不要蹬伸，而是要积极内扣。与此同时左腿外旋插向抵趾板，以前脚掌内侧着地。上体保持适宜后倾，左臂内扣，头部不要主动左转。右脚着地时，体重大部分落在右腿上。左脚着地时，身体重心移至两腿之间偏右腿的位置。

（4）最后用力

最后用力阶段是从左脚落地到铅球出手，它是推铅球技术中最重要的阶段，铅球出手速度约80％的速度将在这个阶段获得。这一阶段又可分为两个部分，即蓄力部分和爆发用力部分。

①蓄力部分

指从最后用力开始到投掷臂给铅球的加速之前阶段。其主要任务是保持铅球已有的速度，为投掷臂的加速用力做好最后准备。在这一过程中，投掷臂未给铅球加速，只是依靠右膝的内压和右腿的侧蹬推动骨盆移动。由于上体不主动上抬，头颈不主动扭转，而使身体左侧的有关肌群形成预先拉长状态，为最后的爆发用力创造了有利条件。在此过程中，铅球运行的距离为10～20厘米，时间为0.01～0.03秒。

②爆发用力部分

指从投掷臂加速推球到铅球出手这一阶段。其主要任务是加快铅球的运行速度，并达到最大速度，以适宜的角度将铅球推出。在躯干形成侧弓和左腿有力的支撑下，充分利用下肢蹬伸力量转髋转体，然后右胸前挺，使铅球加速，在躯干正对投掷方向后再利用手臂顺势转肩推球，完成整个投掷动作。在最后用力过程中，左腿的支撑作用十分重要，它不仅可以提高铅球的出手高度，更重要的是可以提高转体推球的速度。在最后用力中，左臂通过向上、左、下方的摆动和靠压，可以加大胸大肌的横向引展，协助完成左侧支撑，提高转体推球的速度和力量。要注意对出手前推球加速能力的培养，因为优秀与普通选手推铅球出手速度的差异主要是在最后用力中形成的。在最后用力过程中，铅球运行的距离、速度、出手角度和高度都是很重要的。研究表明，在这一过程中，铅球运行的距离，男子为1.50～1.80米，女子为1.40～1.65米；铅球运行时间为0.20～0.23秒。铅球出手角度对投掷速度有较大的影响，最佳出手角度不是不变的，它在一定范围内随着出手速度的变化而变化。统计表明，世界优秀运动员的出手角度一般在34°～38°之间。铅球出手高度对每名运动员来说都具有相对的稳定性，它主要取决于运动员的身高、臂长及专项技术水平，其影响也不可忽视。

（5）维持身体平衡

铅球出手后，运动员通常采用两腿交换并降低身体重心来减缓向前冲力，以维持身体平衡，防止犯规。当今世界优秀铅球运动员背向滑步推铅球技术是不尽相同的，主要表现在：

①预备姿势站立不同

在预备姿势站立中有立姿和蹲姿。立姿，也称高姿势，其优越性在于滑步开始时，可以利用身体重心由上而下的势能，有利于自然、协调地进入滑步。蹲姿也称低姿势，其优越性在于减少身体重心和铅球的起伏，保证身体平稳地进入滑步，对运动员腿部力量要求较高。

②步长分配不同

步长分配有短长步点型（滑步距离较短，最后用力站距较长）和均匀型（滑步距离与最后用力站距较为平均）。这两种步长分配类型，各有长处，对运动员有着不同的要求。优秀运动员都有采用，一般运动员应根据自己的具体情况选用。

③在最后用力中右腿用力方式不同

右腿用力的方式有两种：一种是侧蹬在先，转蹬在后，这种技术能更多地发挥身体侧弓反振功能；另一种是转蹬结合，转动在前，这种技术有利于发挥身体正弓反振功能。两种技术各有优点，在优秀运动员中都有人采用，一般运动员应结合自己实际情况选用。

2. 旋转推铅球技术

握球持球方法与背向滑步推铅球相同。

运动员背对投掷方向，两脚左右开立比肩稍宽，持球臂的肘部向外展开与肩齐平，上体微前屈，以上体左右转动开始旋转前的预摆。预摆结束后，以身体左侧为轴，左膝与左肩向左转动，在身体转向投掷方向前，右脚尽可能远离支撑点。身体重心从左腿转到右腿的过程中，几乎没有肉眼可见的腾空，右脚平稳流畅地落地后，左脚要尽快落地，以便形成躯干的最大扭紧状态，为最后用力创造有利条件。最后用力与背向滑步推铅球基本相同，只是更多地利用了身体的转动动能。

（1）旋转推铅球的优点

①可以获得更长的“助跑”距离。旋转技术能大幅度地加长“助跑”的距离，如巴恩斯的旋转距离超过了2.70米，而背向滑步推铅球的“助跑”距离一般不超过1米。相比之下，旋转推铅球比背向滑步推铅球的“助跑”距离增加了两倍以上，这就为投掷创造了良好的先决条件。

②可以使器械获得较大的预先速度。由于采用旋转推铅球的“助跑”距离长，因此，有利于提高铅球在“助跑”阶段的预先速度，如巴恩斯的旋转速度达到5米/秒，而滑步速度最高只能达到3米/秒左右。

③可以在最后用力中获得较长的推铅球用力距离。最后用力阶段是推铅球技术的关键环节，优秀运动员最后用力对推铅球成绩的贡献率可达80%～85%。研究表明，一名身高1.94米的运动员采用背向滑步推铅球技术时，其最后用力的距离约为1.80米，而采用旋转推铅球技术能获

得 2 米以上的用力距离。

④完整技术与原地推铅球成绩之差是衡量推铅球技术有效性的标准。背向滑步推铅球比原地推铅球成绩远 1.50～2.00 米，而旋转推铅球比原地推铅球成绩远 2.70～3.00 米。

（2）旋转推铅球的缺点

旋转推铅球技术较为复杂，不易掌握。由于旋转推铅球技术是转动着向投掷方向运动，而且铅球紧贴颈部，转动力矩较小，但速度很快，运动方向和技术动作不易控制，获得的旋转动量不易与最后用力结合。由于旋转推铅球是在人体和器械共同转动的形式下向投掷方向运动的，而且运动速度又快于背向滑步推铅球，所以，将产生很大的动量。若想把旋转中获得的速度，通过最后用力阶段转换成直线用力形式作用于铅球，并使其落在有效投掷区内，难度较大。

（二）练习方法

1. 原地推铅球的技术练习

徒手模仿练习，正对投掷方向，两脚左右开立，两腿弯曲，右手持球于肩上，左臂上举，利用两腿蹬地力量，将铅球向前上方推出；上体右转，左臂和左肩稍向内，将球向前上方推出；侧对投掷方向原地推球；背对投掷方向做原地推铅球练习。

2. 滑步推铅球的技术练习

摆动腿的摆动练习，投掷圈外徒手滑步练习，拉收右腿的练习，投掷圈内徒手滑步练习，用轻铅球做投掷练习，滑步推铅球练习。

3. 改进和提高背向滑步推球的技术练习

投掷圈内进行完整技术练习，根据个人情况改进和提高背向滑步推铅球的技术细节，进行技术评定和测试评估。

二、掷标枪

掷标枪是田径运动中技术比较复杂的快速力量性项目。合理的掷标枪技术，要求运动员在快速助跑中充分发挥人体的力量，以正确的动作将标枪掷出。为了便于分析，将掷标枪技术分为握枪和持枪、助跑、最后用力、维持平衡四个部分。下面以右手掷标枪为例进行分析。

（一）基本技术

1. 握枪和持枪

（1）握枪

现代标枪运动员握枪主要有现代式握法和普通式握法两种方法。

①现代式握法

目前，世界优秀标枪运动员中多数人采用现代式握法。这种握法是标枪斜放在右手掌心，用右手拇指和中指末端握住标枪把手后端边缘，其余手指自然扶握在枪把手上面。现代式握法的优点较多：第一，可以利用中指较长而且力量较大的特点，在投枪时增加用力距离并发挥较大力量；第二，可以使标枪在出手瞬间产生绕其纵轴更强地旋转，以增强标枪在空中飞行时的稳定性；第三，有利于最后用力前腕部的放松。

②普通式握法

这种握法是将标枪斜放在右手掌心，用右手拇指和食指末端握住标枪把手后端边缘，其余手指自然弯曲握在绳把手上面。

(2) 持枪

持枪是指在预跑过程中携带标枪。持枪主要有肩上持枪和肩下持枪两种方法。

①肩上持枪

右手持枪于右肩上方，持枪手靠近头部，高度与头顶齐平或稍高于头，枪身与地面平行或枪尖略低于枪尾。目前，多数运动员采用肩上持枪，这种方法动作简单，能使运动员助跑时平稳地进行引枪，持枪手的手腕比较放松，便于控制标枪。

②下持枪

运动员在预备姿势和助跑的前半段，持枪臂下垂于髋侧或腰间，两臂随跑动动作前后自然摆动，预跑一段距离后持枪臂上举成肩上持枪姿势。肩下持枪时，在上举标枪前肩部比较放松，但由于上举标枪过程是在助跑中完成的，增加了助跑时控制枪的难度。

2. 助跑

掷标枪最后用力前，运动员手持标枪跑过一段距离，使人体和标枪获得一定的预先速度，在助跑过程中形成合理的身体姿势，为最后用力做好准备。优秀运动员投掷标枪时，标枪出手速度中约30%来自助跑；优秀运动员助跑掷的成绩可以比原地掷提高20～30米。因此，助跑的作用十分重要。

掷标枪时应采用直线助跑，距离一般为25～35米。助跑动作要自然、流畅，节奏鲜明，在整个助跑过程中要控制好标枪，清晰地完成预期动作和保持枪的运行平稳。助跑全程14～18步，分为预跑和投掷步两个阶段。

(1) 预跑阶段

预跑是从开始助跑时起至开始引枪时止。这一阶段，运动员通常采用的是周期性助跑动作，跑10～14步，任务是获得适宜的水平速度，为引枪做好准备。

开始预跑前，应在助跑道外侧地面上放两个标志物，将左脚踩在第一标志物的延长线上，迈右腿开始预跑的第一步。助跑时面对投掷方向，上体垂直于地面，两眼平视前方，动作放松且富有弹性，大腿积极前摆，用前脚掌着地，后蹬有力。左臂摆动同正常跑，持枪臂可随跑的动作做小幅度前后自然摆动。助跑的速度应逐渐加快，通常在预跑段结束时达到最大速度，可达到6～8米/秒。助跑的最高速度要与个人的身体素质和专项技术水平相适应。优秀运动员的助跑速度通常相当于本人最大平跑速度的75%左右。如果助跑速度过快而超出个人的适应范围，可能会影响投掷步和最后用力动作。提高助跑速度应在不断熟练技术的基础上逐步实现。

(2) 投掷步阶段

当预跑结束时开始进入投掷步阶段，此时左脚的落地位置应在第二标志物的延长线附近。投掷步阶段通常从右腿前迈开始，到最后一步左脚触地时结束。这一阶段的任务是在尽量减小预跑速度损失的基础上，完成引枪和超越器械动作，做好最后用力前的准备，连贯地进入最后用力。

完成投掷步通常有跳跃式投掷步、跑步式投掷步、混合式投掷步三种形式。

跳跃式投掷步：摆动腿前摆较高，后蹬有力，人体腾空较高，步幅较大，每步用的时间较长，有较充足的时间完成引枪和最后用力前的准备，但身体重心起伏较大，易影响水平速度，且需有较强的腿部支撑力量。

跑步式投掷步：比较像跑的动作，步频较高，速度较快，身体重心运动轨迹较平稳，但由于每步用的时间较短，易影响最后用力前的准备。

混合式投掷步：介于以上两者之间。支撑腿用力蹬地，摆动腿积极前摆，人体重心运行轨迹较平，各步的步长和每步用的时间适宜，以完成引枪动作和做好用力前的准备为目标，同时又不过多损失助跑的水平速度。目前，采用这种投掷步的运动员较多。

投掷步的步数通常有四步、五步和六步。

四步投掷步：当左脚踏上第 2 标志物后，迈右腿开始第 1 步。第 1、2 步进行引枪，第 3 步为交叉步，第 4 步过渡到最后用力。

五步投掷步：以右脚踏上第 2 标志物，左腿前迈为第 1 步，同时引枪，第 3 步引枪结束，其他同四步投掷步的后两步。

六步投掷步：当左脚踏上第 2 标志物后，迈右腿开始第 1 步。第 1、2 步进行引枪，第 3、5 步分别为两个交叉步，第 4 步为跨步，第 6 步过渡到最后用力。由于采用六步投掷步时有较长时间做最后用力准备，便于控制标枪，所以，目前较多国外优秀运动员采用这种投掷步。

3. 最后用力

最后用力是标枪加速的主要阶段。器械在此阶段获得的速度约占出手速度的 70%。最后用力的任务是充分利用助跑的速度，在一定的工作距离内将最大的力作用于标枪纵轴，使标枪在出手瞬间达到最高速度，并沿合理的出手角度飞行。

（1）发力时机

交叉步右脚着地后，身体随惯性前移，当身体重心移过右脚支撑点上方而左脚尚未落地之前，右腿开始了蹬伸用力。这时右腿主动蹬地，使髋部加速前移，髋轴向投掷方向转动，进一步扭紧和拉长了躯干肌群。小腿与地面保持较小夹角，以防止重心过早上移。与此同时，左臂向左前上方摆动，左肩仍内扣，限制肩轴过早转动。

此阶段加快右髋水平速度具有十分重要的意义。很多研究结果表明，最后一步时右髋的水平速度是衡量投掷成败的重要检查指标，是影响掷标枪成绩的主要因素。与成绩呈显著正相关。

投掷步与最后用力的衔接是技术的难点，良好的衔接动作能减小最后用力前身体重心水平速度的损失，提高助跑速度的利用率，有利于最后用力前合理准备姿势的形成。为了做好衔接动作，运动员在做交叉步时身体腾空不要过高，在右脚着地后要及时发力蹬伸。右腿蹬转即将结束时，左脚靠近地面快速向前迈出，向前落在前方稍偏左的位置，距右脚的横向距离为 20～40 厘米。为了保证人体动量更有效地传递给器械，最后一步左脚要快速落地并制动。因此，最后一步用时较少，步长较短。左脚落地时先用脚跟着地，再过渡到全脚，这时左膝接近伸直。

（2）最后用力的动作机制与顺序

左脚着地后，左腿做出有力的制动，形成从左脚到左肩的左侧支撑，为髋部和躯干肌群收缩提供了稳固支点。因此，左脚着地后的人体用力动作是最后用力的最有效阶段。左脚着地后，右脚继续蹬地，在惯性的共同作用下使右髋加速向投掷方向转动，使髋轴超过肩轴，并带动肩轴向投掷方向转动，躯干转向投掷方向。左臂摆至体侧制动，加快身体转向投掷方向的速度。在右臂持枪转肩的同时翻右肩，右臂旋外肘上翻，上体转为面对投掷方向，躯干呈背弓形状，形成“满弓”姿势。此时投掷臂最大限度地留在身后，肩部肌群充分拉伸。投掷臂与肩同高，与躯干接近成直角。

“满弓”形成后，由于向前的惯性作用，身体重量大部分已移至左腿。“满弓”后，左腿在小幅度地屈膝缓冲后迅速蹬伸，胸部快速前振，以胸部和右肩带动投掷臂向前，上臂、前臂、手腕和手指相继快速挥动，完成“鞭打”动作，将标枪掷出。最后用力的顺序为腿—髋—躯干—肩—肘—腕和手指。“鞭打”用力要通过标枪的纵轴，控制标枪于最佳的出手角度出手（最佳出手角度在32°左右）。手指在标枪出手瞬间的拨枪动作可以使标枪沿自身纵轴按顺时针方向自转，提高标枪在空中飞行的稳定性。优秀运动员最后用力的时间（从左脚着地至标枪出手）为0.10～0.12秒，对标枪的用力距离可达2.10～2.30米。

“鞭打”是掷标枪用力的重要动作特征，是发挥人体生物力学优势的核心。以髋关节为轴的躯干“鞭打”动作和以肩关节为轴的投掷臂“鞭打”动作与左腿有力的支撑动作相配合，构成一个完整的人体运动链。在最后用力的过程中，首先是腿部蹬伸用力和髋部的加速，然后是这个运动链上的各环节从下到上依次实现加速—制动—减速—动量传递的过程，最后传递给器械，使标枪达到尽可能大的初速度，从而飞得较远。

（3）身体左侧的支撑与用力

在最后用力的过程中，左腿的制动和支撑用力动作十分重要。左腿的作用主要表现为两个方面：其一，制动性的支撑动作。左脚落地后，左腿采用强有力制动性的动作，可大大加快上体和标枪向前的速度。其二，在时间极为短暂的屈膝缓冲后的快速蹬伸，使人体和标枪获得向上的垂直速度，使标枪具备合理的出手角度和较大的出手速度。因此，左腿的动作对于创造优异成绩起着至关重要的作用。没有快速、积极、合理的左腿制动和支撑用力动作，要完成有效的最后用力是不可想象的。

对左腿动作的动力学测试表明，左腿在最后用力过程中其动作也可划分为三个阶段，即制动性支撑—被动屈膝缓冲—快速蹬伸用力。

通过左腿在最后用力时的制动动作，一方面，可以有效地把助跑的速度转化为标枪的出手速度；另一方面，通过屈膝缓冲动作，把助跑时人体获得的一部分动能转化为肌肉的弹性能，再通过肌肉的收缩和动量的传递转换为标枪的出手速度。在最后用力过程中，左腿的积极蹬伸，在标枪出手时左腿膝关节的充分伸直，对于动量的传递会产生重要影响。

综上所述，在最后用力中左腿的作用是整个最后用力动作的基础，教练员和运动员应在训练中采用有效手段发展左腿的爆发力和改善用力的动作。由于在比赛条件下不可能对运动员进行现场测试，一般可以通过观察和测量最后用力时左膝的角度变化来间接反映左腿用力的情况。

在最后用力的过程中，左臂的动作也起着不可忽视的作用。在右腿蹬伸用力送髋时，左臂保持在身体的右前方，可加大肩轴与髋轴的扭矩。在左脚着地后，左臂沿着左上方，向着身体左侧加速摆动和适时制动，可加大胸部和右肩带肌肉的伸展，增加肌肉的张力，使躯干快速转向投掷方向，并加快身体右侧向前的速度，从而提高标枪的出手速度。

（4）用力的方向

最后用力过程中，运动员鞭打动作的用力方向应通过标枪的纵轴。

近些年，世界一些优秀运动员越来越重视最后用力前加大躯干扭转程度对提高用力效果的作用，他们依靠加大扭转幅度和速度来提高躯干肌群的扭紧程度，大大提高肌肉的张力和收缩速度，从而提高器械出手速度。由于这种技术需要运动员具有较强的躯干力量和较好的爆发力，因此，多为男子运动员采用。采用“扭转掷枪”技术时，运动员在倒数第2步（交叉步）时要努力增大身体右转的程度。当最后用力左脚落地后躯干绕垂直轴向前转动的同时，快速完成躯干的向前“鞭打”动作。

4. 维持平衡（缓冲）

标枪出手后，运动员必须迅速阻止身体继续向前运动，以防止犯规。标枪出手后，右腿及时跨出一大步，降低身体重心，同时上体前倾，两臂自然摆动，以维持平衡。有时还需再继续跳1～2小步，才能使身体向前运动完全停止。世界优秀运动员最后一步左脚着地点至投掷弧的距离一般在2米左右。

（二）练习方法

1. 原地掷标枪技术练习

握枪和持枪方法练习；发展肩腰柔韧性的练习；投掷实心球练习；面对投掷方向，两脚前后开立，持枪于肩上方，然后蹬伸右腿投掷标枪；侧对投掷方向，右腿蹬地，上体前移，以胸带动上臂投掷标枪。

2. 引枪和投掷步的技术练习

原地引枪练习，走步和慢跑中引枪练习，持枪做交叉步练习，持枪上四步结合引枪做投掷练习。

3. 助跑掷标枪技术练习

持枪助跑练习，持枪助跑结合引枪练习，持枪助跑结合引枪和投掷步练习，中速短程助跑掷标枪练习，完整掷标枪练习。

4. 改进和完善掷标枪技术的练习

在标枪场地上进行完整动作练习；根据个人情况，改进和完善掷标枪技术；进行技术评定和测试评估，提高掷标枪技术。

第九章 校园足球运动训练实践指导

第一节 足球运动基本理论综述

一、足球运动的起源与发展

（一）足球运动的起源

1. 蹴鞠的起源和发展

世界各国对于早期足球运动的起源有不同的见解，常见的集中起源说有足球运动起源于中国的“蹴鞠”，起源于罗马帝国时代的“哈巴斯托姆”，起源于古希腊的“埃佩斯卡洛斯”，起源于意大利的“卡利亚奥”等。因此一些学者认为早期足球运动的起源具有多元性，有关踢球的活动在不同的时期、不同的地区都曾出现过。经过长时间的分析与讨论，古代足球起源于蹴鞠的说法得到了国际上的公认。

（1）蹴鞠的产生

我国古代将足球运动称为“蹴鞠”，《战国策·齐策》中记载，在2500年前，“蹴鞠”在齐国就开始流行起来，其作为一种休闲娱乐的方式得到了百姓的喜爱。汉朝，蹴鞠更为流行，而且有了音乐伴奏，不仅老百姓踢球，军队也将此作为训练士兵战斗力的一种方法。而且此时所用的球有了新的发展，以实心球为主。

（2）蹴鞠的发展

蹴鞠运动在唐朝的发展达到了鼎盛阶段，当时所用的球已从实心球转变为空心球，而且球门也变成了高球门，双方不再直接对抗，而是间接式对抗。

宋朝仍以发展高球门蹴鞠为主，并借助风箱来给球充气，当时有一些专门的艺人以在市井表演蹴鞠技艺为职业，而且出现了民间球会组织——“香社”（齐云社），这是我国古代最早的民间球会组织。

（3）蹴鞠的衰亡

明代，马球、毽球等运动十分流行，直接冲击了蹴鞠的社会地位，蹴鞠因此而走向衰落。

清朝初期，政府大肆压制传统文体活动。清代中期，蹴鞠基本已经消失不见。

2. 古代欧洲的踢球游戏

踢球游戏在欧洲的兴起与流行是在中世纪以前。罗马帝国时期，“哈巴斯托姆”游戏十分盛行，该游戏类似于今天的足球运动。

11 世纪，“哈巴斯托姆”游戏在英国流传开来。早期，这项游戏没有规则，人数不限，在城镇街区或村庄都可以踢球，而且比赛中队员可手脚并用，相互争夺球，所以队员玩得很疯狂，常发生冲突，也因为如此，该游戏被称为“暴民足球”。

1314 年，英国政府对这项运动实施禁止政策，并多次颁布禁止足球的法令。1680 年起，英国政府开始保护与扶持足球运动，足球在英国重获生机。

3. 现代足球的起源

19 世纪初期，足球运动在英国的发展达到了顶峰阶段，而且公立学校也大力开展与倡导该项运动。伊顿公学的场地足球被看成现代足球的最早原型。

随着英式足球在英国的不断演化和发展，1863 年，伦敦和郊区共 6 所公学的足球队代表共同组成了英格兰足球协会，协会统一了足球规则。随着英式足球的广泛传播，越来越多的人参与进来。一些俱乐部看到足球运动有利可图，开始收取入场费，赚取经济利益，这就出现了靠比赛赢利的职业化足球。1865 年，最早的职业俱乐部和职业联赛在英国出现。现代足球运动由此发展而来。

（二）足球运动的发展

1. 世界足球运动的发展

1868 年，足球运动从英国传入非洲，1870 年，足球又被传入澳大利亚。1893 年，南美洲第一次举办足球联赛。1894 年，足球进入巴西。目前，足球运动遍及世界各地，球迷观众更是数量惊人，而且痴迷程度不亚于任何一项体育运动。

足球技战术发展是世界足球运动发展的直观体现。1846 年，英国剑桥大学制定了《剑桥大学规则》，目的是为了有序开展足球运动与比赛。1863 年，伦敦会议以后，在修改《剑桥大学规则》的基础上对足球竞赛规则进行了制定，自此出现了现代世界足球史上第一部统一的足球竞赛规则。随着足球运动的不断发展，为了满足发展的要求和比赛的需要，规范比赛的组织与实施，有关组织不断修改与完善足球规则，足球比赛水平也因此而不断提高。

足球比赛的增多直接推动了足球基本技术的发展与完善，不断有优秀的足球队员创造出精妙的过人技术和各种战术，足球比赛阵型也经历了多次演变与发展。总之，比赛的增加与规范、技战术水平的提高、规则的完善都使得足球运动在世界上的影响力越来越大。

为了进一步规范足球运动的发展，1863 年后，欧洲各国纷纷成立足球协会，协会又组织了越来越多的足球比赛，为了规范国家之间的足球比赛，国际足球联合会这一世界性的足球运动组织成立，时间为 1904 年 5 月 21 日。足球运动组织的产生促进了足球运动的进一步发展。

足球运动的发展同样离不开足球赛事的举办，足球赛事的数量、质量等都是足球运动发展水平的重要体现。泛英足球比赛是足球发展史上的第一次正式比赛，于 1872 年举办。目前，世界杯足球赛、奥运会足球赛、世界青年足球锦标赛、世界少年足球锦标赛、世界女子足球锦标赛、世界室内 5 人制足球锦标赛、世界俱乐部足球锦标赛等是国际上规模大且影响力较大的、水平较高的比赛。足球运动之所以能够流行于世界各国，与这些比赛的举办有很大的关系。

1928 年，国际足联决定每 4 年举行一届世界足球锦标赛（后更名为世界杯），并规定每届比赛与奥运会相间举行，还决定设立专门的流动奖杯——金女神杯，奖给在锦标赛中最终获胜的冠军，并规定三次夺得冠军的队可将此杯永久保留。最早永久占有该奖杯的是巴西队。“大力神杯”是现在足球世界杯赛的永久性流动奖杯，但任何国家都不能独自占有，只有每届的冠军才能保留 4 年。世界杯足球赛从 1930 年开始举行，目前共举办了 20 届。第 20 届世界杯于 2014 年在巴西举行，德国夺冠。高水平足球赛事的频繁举办极大地扩大和提高了足球运动的世界影响力，也促进了世界足球运动的发展。现在，世界足球运动正向着职业化、全球化的方向发展，而且足球运动在未来仍会继续保持和提高自己在世界体坛的地位。

2. 中国足球运动的发展

19 世纪末 20 世纪初，足球运动传人我国。19 世纪 80 年代至 20 世纪初，现代足球运动在上海圣约翰大学和南洋大学、北京协和书院和汇文书院以及广州格致公学和南武公学等一些教会学校开展起来，随后武昌、天津、南京、青岛、厦门及杭州等一些沿海城市的教会学校也先后开展了足球活动。虽然足球比赛在我国频繁举行，由于旧中国政治动荡，社会经济落后，我国的足球运动水平较低，发展很缓慢。

1951 年，我国首次举办了全国足球赛。

1955 年，中国足球协会成立。

1956 年起，我国足球运动实行甲、乙级联赛制度，同时，还实行运动员、裁判员等级制度。此外，还举办了全国足球锦标赛、全国青年足球锦标赛等。

1978 年开始，全国甲乙级联赛双循环升降级制度得以恢复，并建立了全国成年队联赛、青年队联赛的各级较稳定而系统的竞赛制度。

1992 年是我国足球发展的一个重要关头。这一年 6 月，中国足协在北京红山口召开全国足球会议，并指出足球必须搞上去，足球体制必须改革。从此，我国的足球逐渐走上职业化道路。经过近 20 年的发展，我国的职业足球也形成了一定的体系，我国的足球比赛包括中国足球协会超级联赛、中国足球协会甲级联赛、全国女子足球锦标赛和全国女子足球联赛等。

1996 年，中国女子足球队在第 26 届奥运会上获得亚军，1999 年，又在第 3 届世界女子足球锦标赛冠军争夺战中点球惜败于美国队。

2002 年，我国男子足球队首次打入世界杯决赛阶段的比赛，实现了足球冲出亚洲、走向世界的美好愿望。

到 2003 年，中国足球职业联赛已开展了 10 年。在这期间，中国足球协会陆续制定重要的足球法规文件，促进职业联赛的规范化发展；各俱乐部积极引进外籍教练和外籍运动员，这些优秀的足球人才对推动中国足球运动的发展具有重大的作用。

2004 年，中国足球职业联赛改名为中国足球协会超级联赛和中国足球协会甲级联赛。

2010 年，中国开始了反赌风暴，对我国足球中的一些问题进行解决，使中国足球发展环境变得更加干净和规范。

2012 年，国家体育总局正式批复在山东省规划建设国家足球学院，以此来建设高水平的足球人才队伍。同年，我国中超各职业俱乐部开始加大投入、豪购世界顶级外援，壮大自己的实力。

2016年，中超联赛在国际足坛转会市场引起了巨大的轰动，大牌球员和教练加盟中超引发了“名牌效应”。

从长远来看，中国足协必须为我国足球运动的发展制定长期规划，俱乐部也要不断完善制度、管理、配置等方面，促进中国足球的可持续发展。

二、足球运动的特点与比赛特征

（一）足球运动的特点

1. 球队的集体协作性

在足球比赛中，每队上场比赛的11个人思想要统一、行动要一致，无论进攻还是防守，整体协作意识一定要强，这样整支球队的作战能力才能表现出1+1>2的整体作战特点。但是由于足球比赛中位置分工多、身体触球部位多、配合线路多，集体配合的难度很大。

2. 个人能力的综合性

（1）个人能力是足球运动的基础

虽然在足球比赛中，需要参赛的11名队员以一个整体形式予以表现，但是球队的整体作战能力则是建立在队员个人能力的基础上，个人能力是足球整体实力的坚实基础。

（2）个人能力要与集体技战术有机结合

参赛队员的个人能力必须与球队的集体技战术有机结合，这样才能真正使个人能力得到发挥。

（3）独特的个性特征和个人竞技能力的重要性

运动实践证明：运动员的个性特征是他们掌握技能并将其稳定、准确地表现出来的必要心理条件，对运动员取得更高运动成绩有着重要影响。而独特的个人竞技能力是足球运动员在场上战胜对手、获得胜利的“利器”，对球队整体实力的提升和比赛结果都有重要的影响。

3. 对抗的特殊性

足球运动是一项竞争激烈的对抗性项目。从一对一的对抗到局部两三人之间的对抗，再到球队的整体对抗、队员之间从无球的对抗到有球的对抗、从上躯干的对抗到下肢的对抗、从空中的对抗到地面的对抗，以及同队的压力、对手的压力、环境的压力都可能作用到一次简单动作中的“对抗”，这些都体现出足球运动对抗的特殊性。

4. 技战术体能的专项性

足球运动的技能、战术能力和体能表现出专项化的特征。同时，足球运动员的技术、战术能力和体能必须同步进行和提高，特别是体能训练必须技术化、战术化，而且要具有阶段性。

5. 比赛情境的不可重复性

由于足球比赛中队员人数多、对抗特殊、配合复杂，所以足球比赛的情景不容易再现，更无法真实地还原比赛情景，队员、球队的训练水平也不能等同于比赛水平。

6. 对抗中的准确性

在足球运动中，队员的战术思维必须准确，同时完成技术动作必须准确，队员之间的战术配合思维也一定要准确，而所有技战术完成的准确性最终必须体现在射门的准确性，这是足球运动中对抗准确性的起点和归宿。

（二）现代足球比赛特征

1. 快速准确

在现代足球比赛中，从个人技术动作的完成、奔跑速度、战术决策到局部二三人之间的配合，再到球队的整体攻守速度都体现为“快速”。同时，在快速中，无论队员的个人技术动作和战术决策，还是队员之间局部战术配合思维以及整体攻守战术思维的完成都必须准确。

2. 对抗激烈

在比赛中，攻守双方为了最大限度地争夺时间、空间优势，或为了获得某一特定的空间，争取宝贵的瞬间，队员相互运用身体冲撞、贴身紧逼、带球突破、争顶高球等多种形式的对抗越来越多，也越来越激烈。据统计，当前世界优秀足球队在一场比赛中平均完成技术动作 916 次，其中处于对抗条件下运用技术为 482 次，占总数的 52.6%。这反映出比赛中为了争夺控球权，全场 1/2 以上的技战术是通过对抗形式实现的，若再加上在球附近、空间的限制与反限制的对抗次数，则比例将会大大超过上述数字，这充分说明现代足球比赛的对抗程度越来越激烈。

3. 时空狭小

现代足球比赛中，比赛双方的 20 名队员都集中在宽度约 40 米、长度约 30 米的狭小空间中展开对球的争夺和控制，而且由于队员体能训练水平的提高，队员的奔跑速度越来越快，留给队员完成技术动作和战术决策的时间越来越短，空间越来越小。

4. 攻防频繁

现代足球比赛的基本态势是攻守之间的转换快速而频繁。经过研究，在 90 分钟的比赛时间里，纯比赛时间大约为 60 分钟，而在这约 60 分钟的纯比赛时间里，在短短的 1 分钟时间内双方攻守转换就可达 5 次之多，这充分体现了现代足球比赛攻守转换的高速度和高频率。

第二节　足球运动技术训练实践

足球技术是指运动员在足球竞赛规则条件下，运用身体的有效部位合理完成各种动作方法的总称。随着当今足球运动的发展，足球技术不仅在内容上更加丰富，而且动作难度也在不断增加。足球技术可分为有球技术和无球技术。

一、踢球

踢球技术的动作过程包括助跑、支撑、摆腿、击球和随前动作五个技术环节。

（一）基本技术

1. 脚内侧踢球

脚内侧踢球的动作特点是触球面积大，可控性强，出球平稳准确，是短距离传球和射门常用的脚法，其动作方法如下（图 9-1）：

图 9-1 脚内侧踢球

（1）踢定位球：直线助跑，支撑脚踏在球侧约 15 厘米处，膝微屈，脚趾指向出球方向；踢球腿以髋关节为轴由后向前摆动，膝踝外展，脚尖稍翘，以脚内侧部位对准来球，当膝关节接近球体上方时，小腿加速前摆；击球一刹那，脚跟前顶，脚型固定，用脚内侧部位击球的后中部。

（2）踢地滚球：要根据来球的速度、方向以及摆腿的时间，确定支撑脚的选位，保证踢球腿能充分地摆踢发力。

（3）踢空中球：大腿抬起，小腿拖后，利用小腿的加速前摆击球，抬腿的高度与来球高度相适应，摆腿的时间与来球速度相对应，并根据出球的目标调整击球的部位。

2. 脚背正面踢球

脚背正面踢球的动作特点是踢摆幅度大，动作顺畅，便于发力。但出球路线及性能缺乏变化，适用于远距离的传球和大力射门，其动作方法如下（图 9-2）：

图 9-2 脚背正面踢球

（1）踢定位球：直线助跑，支撑脚踏在球侧约 15 厘米处，脚趾指向出球方向，膝微屈，眼睛注视球；在支撑脚前跨的同时，踢球腿大腿顺势后摆，小腿后屈；前摆时，大腿以髋关节为轴带动小腿前摆，当膝关节摆近球体上方时，小腿加速前摆，脚背绷直，脚趾扣紧，以脚背正面击球的后中部；击球后，踢球脚顺势前摆落地。

(2) 踢反弹球：要准确判断球的落点、反弹时间和角度，选好支撑脚的位置，在球落地的一刹那，踢球腿小腿加速前摆击球，在球反弹离地时击球后中部。

(3) 踢地滚球：支撑脚应正确选位。踢两侧地滚来球时，脚趾应对准出球方向，击球部位应准确，以保证击球能发上力。对速度较快的来球，要通过加大摆踢力量和调整出球方向，消除其初速度对出球方向的影响。

(4) 踢空中球：支撑脚的选位要稍远，以踢球脚能顺利踢摆发力为原则，并可根据来球角度或出球目的选用抽击、弹击或摆击等方法。

3. 脚背内侧踢球

脚背内侧踢球的动作特点是踢摆顺畅，幅度大，脚触球面积大，出球平稳和线路富于变化，是中远距离射门和传球的重要方法（图 9-3）。

图 9-3　脚背内侧踢球

①踢定位球：斜线助跑，助跑方向与出球方向约成 45°，支撑脚踏在球侧后方约 25 厘米处，膝微屈，脚趾指向出球方向，重心稍倾向支撑脚一侧；在支撑脚踏地的同时，踢球腿以髋关节为轴，大腿带动小腿由外后向前内略呈弧线摆动，膝、踝关节稍外旋，当膝关节摆至接近球的内侧上方时，小腿加速前摆；击球时，膝向前顶送，脚背绷直，脚趾扣紧斜下指，以脚背内侧击球的后中下部，击球后踢球脚顺势前摆着地。

②踢地滚球：要注意调整身体与出球方向的角度关系，以便踢球腿摆踢。

③搓踢过顶球：踢球脚背略平，插入球的底部做切踢动作，击球后脚不随球前摆。

④踢内弧线球：击球点应在球的后外侧，击球一刹那，踝关节内旋发力，脚趾勾翘，使球内旋并呈弧线运行。

4. 脚背外侧踢球

脚背外侧踢球的动作特点是预摆动作小，出脚快，能利用膝、踝关节的灵活变化改变出球的方向和性质，是实用性较强的技术手段（图 9-4）。

图 9-4　脚背外侧踢球

①脚背外侧踢球：动作方法类似于脚背正面踢球，只是摆踢时，脚面绷直，脚趾向内扣紧斜下指，用脚背外侧击球的后中部；击球后，顺势前摆着地。

②踢地滚球：踢球脚同侧的来球多采用直线助跑，支撑脚在球侧后约 25 厘米处落位，异侧来球则多采用斜线助跑，支撑脚一般距球约 10～15 厘米。其他动作则类似踢定位球。

③踢外弧线球：支撑脚踏在球侧后约 15～20 厘米处，踢球腿略呈弧形摆踢，作用力方向与出球方向约成 45°角，脚型同踢定位球，击球点在球的内侧后部。击球后，踢球脚向支撑侧斜摆，以加大球的外旋力量。

（二）练习方法

（1）各种踢球模仿练习。

（2）两人一组，相距 15 米用脚的各个部位相互踢定位球。

（3）两人相距一定距离在移动中踢球。

（4）设有标志物，离开一定距离进行踢准练习。

二、接球

接球是指运动员有目的地用身体的合理部位把运行中的球接下来，控制在所需要的范围内，以便更好地衔接下一个技术动作。

（一）基本技术

1. 脚内侧接球

脚内侧接球技术的特点是接球平稳，可靠性强，动作灵活多变，用途广泛。

动作方法：接地滚球时，身体正对来球，判断来球的速度和方向，选好支撑脚位置。关节微屈。接球脚根据来球的状态相应提起，膝、踝关节旋外，脚趾稍翘，用脚内侧对准来球，触球刹那，接球部位做相应的引撤或变向接球动作，将球控制在所需要的位置上（图 9-5）。接反弹球时，接球腿小腿应与地面形成一定的夹角，向下做压推动作时，膝要领先，小腿滞留在后面（图 9-6）。

接空中球时，接球腿要屈膝提起，可根据需要采用引撤或切挡动作，并在球落地时随即将球控制住。

图 9-5　接地滚球

图 9-6　接反弹球

2. 脚背正面接球

脚背正面接球技术的特点是迎撤动作自如，关节自由度大，接球稳定，但变化较少，适于接下落球。

动作方法：身体正对来球，判断来球路线和速度，支撑脚稳固支撑，接球腿屈膝提起，以脚背正面迎球，触球刹那，接球脚引撤下放，膝、踝关节相应放松，以增强缓冲效果（图 9-7）。

图 9-7　脚背正面接球

用脚背正面向体前或体侧前接球时，接球脚脚跟稍提，触球刹那踝关节适度紧张，通过触球面角度的调整，控制出球方向。欲将球接至身后时，接球脚脚尖要勾翘，踝关节适度紧张，接球刹那引撤速度要快，身体随之转动，用脚背顺势将球引至身后。

3. 脚掌接球

脚掌接球技术的特点是动作简单，控球稳定可靠，适用于接迎向地滚球或反弹球。动作方法：判断来球路线或落点，选好接球位置并稳固支撑，接球腿屈膝抛起，脚尖微翘，使脚掌与地面形成一定的仰角，球临近或落地刹那，接球腿有控制地下放，用脚前掌部位触压球的后中部，将球控在脚下（图 9-8）。

图 9-8　脚掌接球

采用脚掌接球时，为便于完成下一动作，通常在脚掌触压球后连带一个拉引或推送动作，使球处在需要的位置上。若要将球接向身后，多用拉引动作；欲将球控在体前或体侧则可用推送的方法。做这些动作时重心要随之移动。

4. 脚背外侧接球

脚背外侧接球技术的特点是动作幅度小，速度快，灵活机动，隐蔽性强，但动作难度较大，接球时常伴随假动作和转体动作，适用于接地滚球和反弹球。

动作方法：接地滚球时，判断来球状况，选好支撑脚位置，接球腿屈膝提起，膝、踝关节内翻，以脚背外侧部对准来球；当球临近时，接球脚以脚背外侧拨球的相应部位，将球控在所需位置上。

接反弹球时，要判断好球的落点，接球腿小腿应与地面形成一定的夹角，以膝关节领先做扣压动作，防止球的反弹。脚背外侧接球后的动作衔接速度相对较慢，因此，支撑脚与接球腿的蹬摆动作要协调连贯，保证接球后身体重心随球快速跟进，缩短动作衔接时间，加快后继动作速度。

5. 胸部接球

胸部接球技术的特点是触球点高、面积宽、接球稳定，适用于接胸部以上的高空球。

挺胸式接球：要判断来球的落点，选择适当的接应位置，接球时，身体正对来球，两腿自然开立，膝微屈，两臂自然放置在体侧，上体稍后仰与来球形成一定的角度。触球刹那，胸部主动挺送，使球触胸后向前上方弹起落于体前（图 9-9）。

图 9-9 挺胸式接球

缩胸式接球：适用于接齐胸的平直球。缩胸接球与挺胸接球的动作差异在于触球刹那，靠迅速收腹、缩胸，缓冲来球力量，使球直接落于体前。胸部接球的触球点高，接球后球下落反弹。因此，做完胸部动作后，需及时跟进将球控在脚下。如要将球接向两侧时，身体在触球的刹那要向出球方向转动，带动球的变向（图 9-10）。

6. 大腿接球

大腿接球技术的特点是接触球部位面积大，且肌肉丰厚有弹性，动作简便易做，适用于接有一定弧度的落降高球。

动作方法：身体正对来球，选好支撑脚位置并稳固支撑，接球腿屈膝上抬，以大腿中前部对准来球。触球刹那，接球腿积极引撤下放，接球部位的肌肉保持功能性紧张，以对抗来球冲力，使球触腿后落于体前。

图 9-10　缩胸式接球

接力量较小的来球，还可采用大腿垫接的方法：即接球腿屈膝上抬迎球接球，触球刹那大腿相对稳定，接球部位肌肉适度紧张，将球向上垫起。用这种方法接球，可在球落地前处理球，也可待球落地后将球控在脚下。

（二）练习方法

（1）基本部位接球练习。脚内侧、脚背外侧、脚背正面、脚掌、大腿、腹部、头部等接球练习。

要求：使学生全面了解和掌握八个基本部位的接球方法。注意体会不同部位接球动作的技术特征，以利于精细分化、准确掌握各部位接球技术。

（2）接地滚球练习。可规定接球部位，也可视来球情况选用相应部位接球；可将球接控在脚下，或体前、体侧。

要求：发展学生接控地面球的基本能力。接球前身体要放松，脚步保持不停地移动。接球时要掌握好动作的时机和方向。

（3）接空中球练习。可根据教学进度安排脚部、腿部、胸腹部及头部接球的练习。练习可由原地接球向移动中接球发展。

要求：培养学生接空中球的基本能力。接空中球时，支撑脚要稳定，时机要准确，对接球后弹起落下的球，应用连贯动作将其控在脚下。

（4）接反弹球练习。可自抛自接练习，也可采用各种抛接或传接的对练；给球的弧度可由低到高，或高低交替；给球的落点可由近至远。

要求：培养学生接控反弹球的基本能力。练习时要求能准确判断来球点，把握好动作的时机，控制好接球部位与地面的适宜角度。

三、运球与运球过人

运球技术是运动员在跑动中，用脚的推拨动作有目的地使球保持在自己的控制范围内而做的连续触球动作。比赛中的运球，是运动员个人控球能力和个人进攻能力的集中体现，是完成战术配合和个人突破的基本条件。

（一）运球基本技术

常用的运球方法主要有脚背正面运球、脚背外侧运球、脚背内侧运球和脚内侧运球等。

1. 脚背正面运球

脚背正面运球适用于直线快速运球，多在运球人前方无人阻截而又需要长距离快速运球前进的情况下使用。

动作要领：跑动时，身体自然放松，上体稍前倾，两臂自然摆动，步幅不要过大。运球脚提起时，膝关节弯曲，脚跟提起，脚尖下指，在迈步前伸脚着地前，用脚背正面推拨球前进。

2. 脚背外侧运球

脚背外侧运球，多在快速奔跑和向外改变方向运球时使用。

动作要领：跑动时，身体自然放松，上体稍前倾，两臂自然摆动，步幅要小些。运球脚提起时，膝关节弯曲，脚跟提起，脚尖稍内转。在迈步前伸脚着地前，用脚外侧推拨球（图 9-11）。

图 9-11　脚背外侧运球

3. 脚背内侧运球

脚背内侧运球动作幅度大，是运球技术中速度较慢的一种运球方法，主要在改变方向运球并需要用身体掩护球的情况下使用。

掩护运球动作要领：掩护运球在对手企图从运球人侧面抢球时运用。以右脚运球为例，左脚向前跨出一步，在球的侧前方落地，膝关节微屈，身体重心向前移动，上体前倾并稍向右转，右脚顺势收腿、屈膝和拨腕，以脚背内侧推拨球的后中部，使球向前滚动。改变方向运球动作要领：支撑脚的位置一般落在球的侧后方，球与脚的距离依球的变向角度大小决定，变向大则距离远，脚尖偏向出球方向，膝关节微屈维持身体平衡。运球时，利用髋关节扭转带动上体转动并斜前倾的同时，支撑脚蹬地。在身体即将失去平衡的同时，以脚背内侧推拨球使之向欲改变方向滚动。变向后，运球脚积极落地，紧接着进行下一个动作。

4. 脚内侧运球

脚内侧运球是运球技术中速度最慢的一种运球方法。主要是在运球接近对手需要用身体掩护的时候运用。

动作要领：运球时，支撑脚稍向前跨，踏在球的前侧方，膝关节稍弯曲，上体前倾向里转。随着身体向前移动，运球脚提起，用脚内侧推球的后中部。

（二）运球过人基本技术

运球过人的动作方法很多，常用的主要动作有拨球、推球、拉球、扣球、挑球和捅球等方法，利用这些方法将球成功越过对手。

1. 拨球过人

动作要领：运用脚腕的抖拨动作，以脚背内侧或外侧触球，使球向侧方或侧前方移动。在比赛中，一般遇到对手从正面来抢球时，可先运球逼近对手，诱使对手伸腿抢截或者重心随之移动，然后运球者用拨球动作从对手的一侧越过。

2. 推球过人

动作要领：运球逼近对手，诱使对手伸腿抢球，或者当对手积极后退阻截，站位失去平衡的刹那，运球人加快起动速度，快速推球，使球从对手胯下或体侧越过。

3. 拉球过人

动作要领：运球逼近对手，待球向前滚动速度逐渐减慢或已处于停止状态时，诱使对手伸腿抢球。在对手伸腿重心前移的刹那，迅速用脚掌向后拉球闪开对手抢截，紧接着用脚内侧向侧前方推球越过对手。

4. 扣球过人

动作要领：运用转身和脚腕急转压扣的动作，以脚背内侧或脚背外侧触球，使球迅速停住或改变方向。正面遇到对手抢截时，可先用拨球的方法，诱使对手身体随之移动，当对手重心移至一侧时，迅速扣球变向从异侧超过。

（三）练习方法

（1）运用脚的不同部位进行熟悉球性、提高球感的各种练习。如脚背颠球、拨球、拉球、挑球、扣球等练习。

（2）体会运球部位和运球动作。推球、拨球可以与拉球、扣球等动作紧密结合，提高控球能力。

四、头顶球

（一）基本技术

头顶球技术是运动员在比赛中，为了争取时间，抢占空间，有目的地运用头的前额部位直接处理空中球时所做出的各种击球动作的总称。头顶球是运用头的前额骨部位，以身体带动头部摆动击球来完成，主要包括判断与取位、蹬地与摆动、时间与部位三个方面。

判断与取位：选位前应对来球的性质、运行路线、弧度进行敏锐地观察并做出准确的判断。选位时，两眼注视来球。

蹬地与摆动：上体借助两脚迅速有力蹬地所产生的反作用力向前摆动，带动头部快速迎击来球。或者借助弓身拉长腹部肌肉的有力收缩和颈部灵活、快速的发力，以头部敲击来球。

时间与部位：一般情况下，当身体前摆即将恢复到直立状态时击球最为合适。此时身体重心平稳，摆体击球速度较大。头顶球的部位和击球的部位，与踢球技术相似，根据顶球所需要的位置和效果，顶球的部位不同。

头顶球技术的种类主要以顶球时运用头的部位不同来区分，可分为前额正面顶球和前侧面顶球。这两个部位都可以做原地顶球、跑动中顶球、跳起顶球和鱼跃顶球。

1. 前额正面顶球

动作要领：身体正对来球，两腿前后开立，屈膝，上体稍后倾，两臂自然张开，目视来球。当球运行到身体垂直部位前的刹那，后脚用力蹬地，同时迅速向前摆体，颈部紧张，快速甩头，用前额正面顶球的后中部，接着上体随球继续前摆。跳起顶球时，挺胸展腹成背弓姿势，顶球瞬间快速收腹、折体前摆并甩头顶球，随后两腿屈膝落地（图 9-12）。

图 9-12 前额正面顶球

2. 前额侧面顶球

动作要领：两脚前后开立，两膝微屈，身体重心放在后脚上，出球方向的同侧脚在前。上体和头部稍向出球的相反方向回旋侧屈，后膝微屈，眼睛注视来球，两臂自然张开。顶球时，后脚蹬地，上体和头向出球方向迅速扭转、屈体甩头，在与出球方向同侧肩的前上方，用额骨侧面顶球的后中部。跳起顶球时，一般采用单脚起跳，顶出球后，两膝微屈缓冲落地（图 9-13）。

图 9-13 前额侧面顶球

（二）练习方法

（1）模仿练习。2 人 1 组，1 人用手抛球，1 人用头顶球练习，体会动作。

（2）3 人 1 组，1 人抛球，1 人做头顶球练习，另 1 人接球。体会转角度的顶球练习。

（3）传球和射门结合练习。接队友传球，然后含胸收腹用头部顶球射门，注意要合理处理各种不同性能的来球，熟练后可有目的地将球顶到预定位置。

五、抢截球

抢截球是指运动员运用身体不同部位和所做的合理动作将对方队员控制的球截获为自己控制的动作方法。其目的是把对手控制的球夺过来转守为攻。抢截球技术包括截球和抢球两部分，截球是在进攻队员进行传球配合时，突然从中途将球截获所做出的各种动作；抢球是防守队员将进攻队员控制的球直接争夺过来或破坏所做的各种动作。

（一）基本技术

抢截球技术由选位、判断抢截动作、合理冲撞和衔接动作等环节组成。

①选位：选择位置要恰当。抢球前与对手保持一定的距离，以便随时出击。

②判断抢截动作：准确判断，掌握好抢截的时机。根据对方队员的传球意图和传出球的方向、速度、弧线和落点，抓住时机，及时抢先截获来球。

③抢截动作：抢截球动作要果断。要根据来球的不同性质进行抢截，截地滚球或低平球时多用脚内侧部位。截平空球或高空球时可用胸部或头部，截反弹球时可用脚的不同部位或腹部。抢球时，应以脚内侧部位对准来球，积极跨步向前迎抢。脚内侧触球时应保持小腿与地面垂直，重心落在前脚上，避免球从脚面上滚过。

④身体的合理冲撞：要利用合理冲撞来提高抢截球的效果。冲撞时身体的重心要靠近运用冲撞部位一侧的支撑脚上。

⑤紧密衔接下一个动作：在抢截过程中，身体重心移动要快，以便连续争抢和抢到球后尽快控制、处理球。

（二）抢球方法

抢球包括正面抢球、侧面抢球和侧后抢球三种方法。

1. 正面抢球

两脚前后开立。两膝微屈，身体重心下降并放在两脚之间，面向对手，在对手运球脚触球后即将着地或刚着地时，支撑脚立即用力后蹬，抢球脚用脚内侧正对球并屈膝向球跨出，挡住球的正面。支撑脚立即前跨，上体保持平衡，把球控制住。若双方同时触球，则要顺势将球向上提拉，使球从对方脚背滚过。同时重心跟上，把球控制好。在离球稍远抢不到的情况下，则可用脚尖把球捅掉后再抢球。

2. 侧面抢球

当与对手并肩跑动时，身体重心稍下降，同对手接触一侧的臂要紧贴身体。当对手靠近自己一侧的脚离地时，用肘关节以上部位，冲撞对手相应部位，使其失去平衡而离开球，此时乘机将球抢过来。

3. 侧后抢球

侧后抢球主要是由倒地铲球动作来完成。铲球是抢截球技术中难度较大的一种技术动作，在足球比赛中广泛运用。一般在对手运球或接球越过自己而来不及用其他方法抢球时可采用倒地铲球动作。

同侧脚铲球动作要领：当控球者拨出球的一刹那，抢球者后脚（异侧脚）用力后蹬地成跨步，前脚（同侧脚）以脚外侧沿地面向前内侧滑出，用脚背或脚尖将球踢出或捅出。然后小腿外侧、大腿外侧和臀部依次着地。

异侧脚铲球动作要领：当控球者拨出球的一刹那，抢球者后脚（同侧脚）用力后蹬地成跨步，前脚（异侧脚）以脚外侧沿地面向前内侧滑出，用脚背或脚尖将球踢出或捅出。然后小腿外侧、大腿外侧和臀部依次着地。

（三）练习方法

①模仿动作练习。正面抢球可做跨步抢球模仿动作；侧面抢球可做无球慢跑的合理冲撞练习；侧后抢球可做倒地模仿铲球动作。利用静止球做铲球练习。2 人 1 组，1 人用脚踩球，1 人做倒地铲球练习，体会动作。

②利用静止球做铲球练习。2 人 1 组，1 人用脚踩球，1 人做倒地铲球练习，体会动作。

③在慢速的运球中进行抢截球练习。注意掌握抢截球时机。

④在近似比赛的场景下进行抢截球练习。

第三节　足球运动战术训练实践

足球比赛攻守过程中采取的个人行动和集体配合，称为基本战术。足球战术可分为进攻战术和防守战术两大类。在进攻战术和防守战术中都包含个人和集体的战术。

一、比赛阵形

比赛阵形是指比赛场上队员按基本位置排列，是本队攻守力量搭配和分工的形式。选择阵形要以本队队员的特长、体能、技术水平与赛队的特点为依据。根据队员的职责和排列的层次分为后卫线、前卫线和前锋线。阵形的人数排列原则是从后卫数向前锋，守门员不做计算。

目前，世界上普遍采用的阵形有“4—3—3”“4—4—2”“4—1—2—3”“3—5—2”等。在以上阵形中，除“4—4—2”阵形以防守为主，反击为辅外，其他阵形均以进攻为主。尤以“3—5—2”阵形更为突出。阵形绝不是僵化的规定，它只是队员在场上活动的大体安排。根据临场情况不断变化，场上每个队员都应在明确基本位置和主要职责的前提下，进行创造性的活动。

二、各位置的主要职责

尽管现代足球比赛阵形在不断地变革，但基本遵循按场区的划分，进行不同的布局，即后场、中场、前场。一般习惯地将布局在后场的人员称为后卫，中场的人员称为前卫，前场的人员称为前锋。同一场区也有左、中、右之分。全攻全守、全面型打法的兴起，要求各个位置上的队员要全面、多变，不要受到本身位置的局限。但在比赛中，每名队员都应有各自的主要职责分工，各位置也有不同的战术要求。

（一）守门员

主要职责是守住本方球门，阻止对方一切可能进入本方球门的球。守门员应充分发挥在罚球区内可以用手处理球的优势，特别是争夺球门区附近的高球。守门员应扩大自己的活动范围，以起到或协助后卫防守的作用。由守转攻时，守门员往往又是进攻的组织者和发动者，并由于处于全队的最后一线，能较清楚地观察全局，因而也应是场上的指挥者。

（二）后卫

后卫的职责是运用封堵、抢断、破坏等技术阻止和瓦解对方的进攻。边后卫主要防守对方的边路进攻，同时要善于保护本方最危险的中路地区，特别是对方从边路发动进攻的异侧边后卫，应适当内收，以保护中后卫身后区域。全面型打法的要求，后卫应在由守转攻时积极投入进攻。因为由守转攻时，活动余地最大、最机动的当属边后卫。所以，在进攻时边后卫可进入中场协助前卫，也可插上助攻，乃至沿边路下底传中或射门。进攻后应快速回防，不让对方有机可乘。中后卫是防守的核心人物，主要是保护门前最危险的地区，阻止和封堵对方在中间地区起脚射门。盯人中卫要紧逼对方最有威胁的前锋，不让其有转身、突破或射门的机会，是全队防守的组织者和指挥者。由守转攻时，也可伺机插上助攻，中后卫助攻时需谨慎，上去则要起到作用，回防要及时。

（三）前卫

前卫的职责是控制中场，组织进攻，积极防守。前卫是后卫与前锋的衔接。拖后中卫是防守的最后一关，要随时准确向盯人中卫、边后卫位置补位保护，是与前锋之间的桥梁，承上启下、前后接应，成为全队的枢纽。防守上应成为本方后卫线前沿的一道屏障，争取在中场就瓦解对方的进攻，阻止对方继续渗透，并在有威胁的地区或距离封堵对方起脚射门。前卫还要随时向本方后防补位，特别是应注意补距离邻近的本方已助攻到中、前场后卫的位置。中场往往是双方争夺的重要地区，前卫应做到对口盯人，围抢时，一抢全抢，互相支援；进攻时，前卫应是主要的组织者和参与者，应传球准确，转移及时，随时插上进攻，充当前锋。前卫应具备前锋的一切技术能力，如突破过人、射门和远距离射门的技术能力。

（四）前锋

前锋的主要职责是突破、射门、接应中场。前锋位于进攻的最前线，应成为全队的尖刀。在没有射门机会时应积极跑动，交叉换位，扰乱对方防守，为本队同伴创造射门机会。前锋应有较强的控制球能力，孤军作战时应将球控制好，不轻易丢球，以待本方的同伴跟上时再组织新的进攻。由攻转守时，应积极在前场进行反抢或堵截，形成全队防守的第一道防线。除此之外，前锋还应随对方进攻的推进，回防至中场，特别是本方有前卫插上进攻较深暂未回位时，前锋应及时回防补位。

三、进攻基础战术

（一）个人进攻战术

包括摆脱、跑位、运球过人等。是在对紧逼防守情况下采取的有效措施，摆脱自己的对手，跑到有利的位置，接应控制球的同伴巧妙地传球配合，达到进攻的目的。

（二）局部进攻战术

是两人以上的战术配合行动。它可以丰富和完善全队的进攻战术，是实施全队战术的基础。一般常用的有斜传直插二过一、直传斜插二过一、踢墙式二过一和三过二进攻配合等。

四、集体进攻战术

（一）边路进攻

主要通过边锋或交叉边上的中锋，直接插上的前卫、边后卫，运用个人带球突破或传球配合突破对方防线，达到传中（外围传中、下底传中、切底迂回传中）的目的，由中锋的另一侧包抄射门。

（二）中路进攻

中路进攻能直接威胁球门，但中间防守队员密集，不易突破。因此，通过中锋、内切的边锋或插上的前卫之间的配合或个人运球过人等方法突破对方的防线。

（三）转移进攻

一侧进攻受阻，另一侧进攻有利时要及时快速转移进攻方向。此方法多是采用有效而准确的中长距离传球实现的。以拉开对方的一边防守，达到声东击西的进攻目的。

（四）快速反击

在防御中积极拼抢，一旦得球，乘对方立足未稳时，快速传球，以多打少，达到射门得分取胜的目的。

五、定位球战术

定位球进攻战术分角球、球门球、任意球、点球、中圈开球、掷界外球等战术配合。

（一）角球进攻战术

角球进攻战术有两种：一种是直接将球踢至门前，由头球能力强的同伴争抢头球射门；还有短传配合。后一种是在本方头球能力差或碰到较大逆风时运用。

（二）球门球

发球门球的原则是及时、快速、准确、有效地发起进攻。发球门球时，守门员与后卫做一次配合，以改变球路的传球方法，也可踢远球给进攻的一线队员。

（三）任意球

分直接任意球和间接任意球两种：罚直接任意球可采用穿墙和弧线球直接踢入，或者采用过顶吊入传切配合；罚间接任意球时，传球次数要少，运用假动作声东击西，传球要及时，以免越位。

（四）点球

要求主罚队员沉着、机智、有高度信心、熟练的动作技术和过硬的脚法。

六、防守战术

（一）个人防守战术

个人防守战术是局部和集体防守的基础，包括堵（迎面堵、贴身堵）、抢（迎面抢、侧面抢、侧后铲）、断等技术在防守中的运用。选位与盯人是重要的个人防守战术。

（二）集体防守战术

有全攻全守的全面防守、半场防守、紧逼防守、区域防守，也有盯人结合区域防守、密集防守等多种防守战术。不论采用哪种战术，都要考虑到本队的特长，更要针对对方的进攻技术，采用有效的防守战术，阻止对方的进攻。

第十章　校园篮球运动训练实践指导

第一节　篮球运动基本理论综述

一、篮球运动的起源和发展

（一）篮球运动的起源

篮球运动是由美国马萨诸塞州斯普林菲尔德基督教青年会干部训练学校的体育教师詹姆斯·奈史密斯（James Naismith）于1891年发明的。由于美国马萨诸塞州冬季较为寒冷，难以在室外开展体育活动，于是奈史密斯便将这一最初在室外试行的篮球游戏移至室内，并将摆置在地面上的筐悬挂于室内两侧离地面约10英尺处（1英尺＝0.3048米，10英尺＝3.048米，约3.05米，即现用篮圈高度的来源）的墙壁上，选用足球向篮内投掷，投入篮内得1分，以得分多少决定胜负。之后，将篮筐底部取消，悬挂在两端墙壁的立柱支架上，为避免将球投掷到场外而影响观看者，曾在篮筐后部设立了大小不同的挡网，类似于在大网的笼中活动，因此，韩国等一些国家以及一些书刊中至今仍将篮球运动称为笼球运动。由于篮球运动具有较强的对抗性，便制定了某些限制性规定，并且不断地改进比赛方式，从而使篮球游戏得到逐步完善并向现代篮球运动过渡。至今，篮球运动已经成为世界上人们最喜爱的体育运动之一。据统计，世界上从事篮球运动的人口已达5亿～6亿人，成立的国际组织——国际业余篮球联合会已拥有二百多个成员协会，成为当前世界上第二大体育组织，分布于五大洲的各个国家和地区。

（二）篮球运动的发展

1. 初创传播时期

自1891年由奈史密斯创始篮球游戏，成为地域性民间乡土娱乐文化活动后，篮球活动以其新颖的比赛方式、对抗的竞争特点，吸引了大量的体育爱好者。经过一个时期的传播，篮球运动便从学校走向社会，传向国外。篮球运动曾先后于1892年传入墨西哥，1893年传入法国，1895年传入中国、英国，1896年传入巴西，1897年传入捷克，1901年传入日本、伊朗，1905年传入俄国、古巴，1907年传入意大利，1908年传入波兰、瑞士，1911年传入秘鲁，逐渐在世界范围内传播开来。

（1）技术特点：攻守技术简单，普遍限于双手做几个基本动作。

(2) 战术特点：无明显成型的全队配合战术，以单兵作战为主要攻守形式，队员有位置分工，分别处于不同区域。进攻以快攻和简单的传切、掩护配合为主，防守以固定区域的人盯人防守为主，战术配合处于朦胧阶段。

(3) 规则演进特点：篮球运动发明后，为了使这项运动进一步开展，奈史密斯于1892年制定了简单的篮球规则《青年会篮球规则》，其内容归纳为5项原则、13条规则，包括篮圈高度为10英尺(3.05米)；采用大而轻以便于双手控制的球作为竞赛工具；场地大小不限，双方参赛人数无明确规定，只要上场人数相等即可；投中一球得1分，得分多者为胜；每次得分后均由中间抛球重新开始比赛；比赛时间分为两个部分(各15分钟)进行；比赛设两名裁判员，主裁判是球员的裁判员，负责宣判犯规；副裁判是球的裁判员，负责计时和记分等方面。1893—1897年，进一步充实了规则，简化了竞赛程序，由中圈跳球开始比赛；队员可换手运球；增加犯规罚球规定，进攻投中一球得2分，罚中一球得1分；队员位置出现锋、卫分工。1901年，规定运球队员不能投篮，1908年，取消此规定。

(4) 场地器材的特点：1891年，初创期的篮球运动，场地大小不等，仅在一块狭长的空地两端各放一只桃筐，展开攻守对抗。为使游戏比赛合理进行，1892年，奈史密斯对比赛场地作了分三段区域的规定：以进攻为例，通常称为后场、中场和前场。1893—1897年，改进了篮圈，逐步开始使用带篮网的铁质篮圈、木质篮板和系带球；将场地面积限定为100英尺×50英尺、90英尺×45英尺和70英尺×35英尺三种，场地增画了分区线、中圈、限制区和罚球线；至1915年在美国国内统一了篮球比赛规则之后，比赛场地又逐步变革，增画了各种区位的限制线，如中圈以及罚球线，不久又增加了中线。篮圈也使用了较规范的铁圈，篮圈后部的挡板也由木质制作的不规则的挡板替代并与篮圈连接，近似于现代使用的篮板装置。20世纪20年代末，球场有了“电灯泡”式的限制区和罚球时攻、守队员的站位区。

2. 完善传播时期

篮球运动迅速发展，迫切需要一个国际性的权威机构协调各国的篮球运动，1932年6月18日，国际业余篮球联合会(简称国际篮联)在瑞士日内瓦宣布成立，总部设在意大利的罗马，当时共有葡萄牙等8个国家参加。国际篮联成立后的主要任务是统一世界各国的篮球竞赛规则，并把男子篮球推荐为奥运会正式比赛项目。1936年，男子篮球运动在德国举行的第11届奥林匹克运动会上被列入正式比赛项目。由此，篮球运动在全球迅速开展和传播，标志着现代竞技篮球运动正式诞生。

技术特点：出现单手传接球和投篮以及行进间双手交替运球技术，开始运用简单的组合技术，并不断创新，手部和脚步各种技术动作衔接速度加快。

战术特点：攻守中单兵作战减少，进攻中注意较多运用快攻、掩护、突分等几个人战术配合。防守时开始强调集体性，人盯人防守与区域联防被交替采用。

规则演进特点：1932年，规则增订了3秒、5秒、10秒和球回后场的规定；增画中线和增改了进攻限制区；确定了球场面积为26米×14米；比赛时间为20分钟一节，比赛分两节。1936年第11届奥运会期间，国际篮联出版了第一部国际统一的篮球规则，规则中正式确定了每队上场比赛人数为5人；取消投中后在中圈跳球的规定，改由对方在端线外发球继续比赛；度量单位改为国际通用的米、克，避免了由于度量单位不同而产生的麻烦；规则的又一贡献是由单裁判员临场制改为双裁判员临场制，不仅提高了裁判员判罚的准确性，而且也有利于竞技水平的提高，促进篮球运动的发展。进入20世纪40年代以后，将进攻限制区扩大为5.8米，规定队员累计犯规4次将被取消比赛资格。

场地器材的特点：1932年，国际业余篮球联合会成立，随即也对场地进行了修改，增改了进攻限制区，即将当时“电灯泡”式的罚球区扩大为直线罚球区，即3秒限制区。到20世纪40年代，篮板有了规范的长方形和扇形两种。球场上的中圈分为跳圈和禁圈两个同心圆，球场罚球区的两侧至端线，明确分设了争抢篮板球的队员分区站位线等。

随着初创传播时期向完善推广时期发展，即掀起了现代篮球运动飞跃发展的“第一次浪潮”。

3. 普及成熟时期

进入20世纪50年代后，随着篮球运动技、战术的创新发展，规则与技、战术之间的不断制约与相互促进，高度开始成为现代篮球竞赛中决定胜负的重要因素之一。由此，一种利用高大队员强攻篮下的中锋打法风靡一时，篮球运动进入了一个向体型“高大化”发展的新时期。特别是1950年和1953年在阿根廷和智利举行的首届世界男、女篮球锦标赛上，高大队员威震篮坛，国际上开始有了“得高大中锋者得篮球天下”的说法。20世纪60年代末，世界篮球运动开始形成以美国队为代表的高度、速度与技巧相结合的美洲打法；以苏联为代表的高度、力量相结合的欧洲打法；以中国、韩国为代表的快、灵、准相结合的亚洲打法。可见，篮球运动已进入普及成熟的新时期。

（1）技术特点：高度、速度、力量、技巧相结合，运动员技术向全面化方向发展。

（2）战术特点：进攻中快攻、传切、突分以及利用高大中锋强攻和在阵地进攻中组织策应配合广泛应用，防守战术虽以区域联防和人盯人为主，但全场紧逼人盯人防守和混合防守也不断应变运用。

（3）规则演进特点：随着高大运动员的大量涌现，1956年以后，将进攻限制区扩大为5.8米×3.6米的梯形，并取消中线，增加一次进攻限定为30秒和持球队员在前场被严密防守达5秒应判争球的规定。

（4）场地器材的特点：进入20世纪50—60年代后，一种固定的利用高大队员强攻篮下的中锋打法风行一时，特别是自1950年和1953年分别在阿根廷和智利举行了男、女首届世界篮球锦标赛后，高大队员威震篮坛的趋势，对国际篮球运动带来了新冲击，迫使篮球规则在场地、区域划分上对进攻队加强了新的限制，即将篮下门字形限制区扩大成梯形限制区。

4. 全面提高时期

20世纪70年代后，2米以上队员大量涌现，篮球竞赛空间争夺越发激烈，高度与速度的矛盾更加尖锐。1973—1978年间，篮球竞赛规则又进行了多次调整，促使攻防技、战术在新的条件制约下，在注重高度、速度发展的同时，向智慧、灵巧、准确、多变的方向创新发展。尤其自1976年第21届奥运会篮球赛和1978年第8届世界男子篮球锦标赛后，高身材、高技巧、高速度、多变化、高比分的趋势有了进一步发展，到20世纪80年代则更为突出和明显，篮球运动跨入了全面提高的新时期。

（1）技术特点：运动员技术全面发展，进攻中的对抗技术、快速技术和高空技术在综合运用中趋于技巧化，个人攻击能力加强；防守技术更具威胁性和破坏性，个人防守水平和防守能力有较大提高。

（2）战术特点：单一、固定阵势的进攻战术打法已被综合移动进攻战术所取代；防守战术的攻击性、破坏性、综合性、集体性防守形式被广泛运用。

（3）规则演进特点：20 世纪 70 年代以后，增加球回后场、控制球队犯规和全队 10 次犯规的规则；规定对投篮队员犯规，投中有效再追加 1 次罚球，如未投中则实行“3 代 2”罚球。至 80 年代，又将“垂直原则”和“合法防守位置”等身体接触的原则正式列入规则。1984 年，扩大球场面积为 28 米×15 米，规定球场上空高度在 7.5 米以上，设立三分投篮区，增加全队每半时 7 次犯规后执行“1＋1 罚球”的规则。本次规则的修改对篮球运动的迅速、全面发展起到了决定性作用。

（4）场地器材的特点：20 世纪 80 年代中期，篮球竞赛规则对场地进行了再次修改，增设了远投区。其间，由普及成熟时期向全面提高时期发展，即掀起了现代篮球运动飞跃发展的“第二次浪潮”。

5. 创新飞跃时期

（1）自 1992 年国际奥委会允许职业篮球运动员参加奥运会和世界篮球锦标赛，以及大型洲际以上国际篮球比赛后，篮球运动开创了新的里程、新的时代，呈现出全球大众篮球蓬勃发展，职业篮球方兴未艾，以科技、人文为依托，以谋略竞争、创新发展为动力，以运动员个性、智慧、体能、体质、技巧、素质、素养为基础，以智、悍、高、快、准、巧、灵、变为特征的新的技术、战术展现的发展阶段，进一步体现出当今篮球运动融科技化、人文化、智谋化、个性化、集群化、技艺化、观赏化、职业化、商业化和产业化为一体，呈现出现代篮球运动的当代化色彩。

（2）技、战术特点：集高、壮、强、快、巧于一身的优秀高大运动员大量涌现，其身体素质、技术水平和战术意识都有大幅度提高；高空技术、高空战术有新的发展，高空争夺日趋激烈，身体对抗加剧；快速技、战术和攻守转换战术有新的发展，篮球比赛三分球得分越来越高；明星队员成为世界强队取胜的保证；进攻技、战术趋于简练、实用和多变，并向立体型方向发展；个人防守能力越显重要，其中“以球为主”的防守理念正向以“防人为主”的防守理念转化，防守行动更具攻击性、破坏性、凶悍性（压迫性）和协同性；女子篮球技、战术趋向男子化。

（3）规则演进特点：1990 年，为保护运动员和规范球场，规则规定将篮板下沿提高至距地面 2.90 米，并增设球队席区域。1994 年，国际篮联进一步修改规则，改 1＋1 罚球为两次罚球等。1998 年，为适应篮球运动技、战术的迅速发展、对抗强度的加剧和商业化、职业化的需求，国际篮联再一次修改规则：允许选择 2×20 分钟或 4×12 分钟的比赛时间；对比赛中附带的身体接触要用“有利/无利”的原则加以区分；增加违反体育道德的技术犯规规定；在比赛的最后两分钟内，投篮成功后要停止比赛计时钟等。1999 年 12 月，国际篮联宣布新的篮球规则于 2000 年奥运会后实行。主要包括：比赛时间调整为 4×10 分钟；一次进攻时间由 30 秒改为 24 秒；由后场推进到前场的时间由 10 秒改为 8 秒；每队每节犯规 4 次以后所有的犯规都要处以两次罚球；奥运会和世界篮球锦标赛可实行三人裁判制等。这些变化，对防守提出了更高的要求，使比赛更加快速，对抗更为激烈，进一步提高了比赛的拼斗性、激情和观赏性魅力。

（4）场地器材的特点：1994年，国际篮球联合会因运动员身材高度普遍增长、制空争夺凶悍、空间拼抢激烈，对篮球场地器材进行了某些修改，缩小了篮板周边的尺度，增设了篮板周边的胶皮保护圈。

创新飞跃时期即掀起了现代篮球运动发展的“第三次浪潮”。

二、篮球运动的基本特点

现代篮球运动是一项以高空投篮为目标，以篮球为工具，以投篮准确为目的，以个体与整体运用专门的技术、战术为手段，以两队立体型凶悍攻守对抗为基本形式的非周期性体育运动。因而对运动者的身体形态、个人素质等有特殊要求，而比赛规则的不断修订与补充，也都是围绕着如何激励活动者将篮球更快、更准、更多地投进高空篮筐和干扰对手投进高空篮筐中来发展的。其特点主要有以下几个方面。

（一）对抗性

与其他球类运动相比，篮球运动具有紧张激烈的对抗性。篮球运动有其特殊的高空运动规律，即为了争夺球与空间的控制权，篮球比赛的双方运用不同战术阵型与技术手段开展立体型的进攻、防守，并不断进行攻守转换。由于当代篮球运动员的身高和身体素质都在不断地增长和提高，从而出现了在时间与空间、平面与立体上的争夺和较量，使篮球比赛的对抗性越来越激烈。

近年来，发展了空间与地面全场紧贴对手、身体主动用力的个人防守技术，迫使对手难以施展技术特长和达到攻击目的。这种攻击性防守技术类似近身格斗，极具破坏力与杀伤力。在进攻上，也相应发展了贴身强攻技术，强行突破、强行投篮、篮下强攻技术，使篮球运动的时空立体对抗特点展现得淋漓尽致。因此在比赛过程中必须有强烈的时间观念和空间意识，运用各种形式、方法和手段争夺时间，拼抢空间优势，从而取得主动，赢得胜利。

（二）集体性

篮球比赛是以两队成员相互协同攻守对抗的形式进行的竞赛过程，具有明显的集体性。运动员传球、接球、运球、投篮和移动、防守等动作均有目的性，都是在战术指导思想要求下，通过两人以上的协同配合而发挥作用的。它要求每个运动员在比赛中必须做到齐心协力、密切配合、互相帮助、发挥集体的力量，以更好地争取比赛胜利。因此参加者能够形成团结友爱的集体荣誉感、严格的组织纪律性、顽强的意志品质和积极拼搏的精神，通过篮球比赛能够增进参加者的相互了解，形成友好的交往和长期的友谊。只有个人为集体，集体才能为个人技术的发挥创造机会。当代篮球比赛，出现了频繁换人的战略战术，所以，每个运动员都应在思想上、技术上、战术上做好准备，一旦出场应战，就要发扬集体战斗的精神，这样才能达到战胜对方的目的。

（三）集约多变性

篮球运动是由低级到高级，在去粗取精的动态中发展进化的，至今已成为一项集约、多变、综合性的竞技艺术。其在动态中发展演进，球场行动由个体到整体，技术、战术掌握与运用由低级至高级不断创新发展，从而使篮球比赛过程较其他球类复杂，技术动作繁多，战术阵形机动、多变，优秀运动队和明星队员运用篮球技术、战术配合已达到集约性、技巧化、艺术化的程度，使篮球比赛的过程充满生机与活力。而围绕空间瞬时变化开展的争夺，反映出个体单兵作战与协同集约配合相结合，空间与时间相结合，空间攻守与地面攻守立体型对抗相结合，拼抗性与力量性、技艺性、计谋性相结合，由此综合显示出各世界强队主体型的、各种类别的集约多变性攻守风格形式和打法特点，在比赛千变万化的情况下以不变应万变，自主掌握变化的主动权去扰乱对手，从而使比赛更为精彩，更具独特的戏剧性与观赏性的特点。

（四）多元组合性

篮球运动以手控制球，并围绕投篮得分展开攻守对抗为主要活动形式，其技术动作复杂多样。这些技术在比赛中的运用均是组合形式的，活动结构形式是多元化的。

篮球运动内容结构的多元性综合化，使它形成了独特的理论体系和技术、战术实践系统，已成为一门交叉的边缘性学科课程。篮球运动包含跑、跳、投等身体活动。从其涵盖的科学内容体系而言，涉及社会学、军事学、生物学、管理学、体育学、竞技学、教育学等。同时，还有对教练员、运动员的智能潜力、特殊的运动意识、气质、身体形态条件、生理机能、心理修养、意志品质、道德作风、专项技术水平与战术配合意识及其实战能力等的研究。所以教师、教练员的教学、训练和组织管理指挥的才智水平就基于这一基础，并相互渗透形成整体，从而使篮球运动内容结构更趋科学化、独特化，更具现代观念。只有把握这一特点，才能造就在篮球专项运动上具有现代科技、现代体能、现代技能、现代意识、现代文化、现代文明的高层次篮球竞技人才。

（五）职业化与商业性

20 世纪中期，欧美国家率先成立职业篮球俱乐部，随着竞技水平的提高以及赛制和规则的完善，现代篮球运动在全球蓬勃发展，运动员智能、体能和技、战术水平的不断提高，对篮球职业化进程起到新的催化作用。至 20 世纪八九十年代，职业篮球俱乐部如雨后春笋般在美、欧、澳、亚洲建立起来，特别是 20 世纪 90 年代，国际奥林匹克委员会允许职业篮球运动员参加奥运会篮球赛后，篮球运动在世界范围内的职业化和商业化进程进一步加速。尤其是在亚洲，中国、菲律宾、韩国、日本都相继成立或筹划成立职业篮球队或职业篮球俱乐部，这对亚洲和世界篮球运动的进一步发展和提高起到催化剂的作用。这种职业化和商业化的发展趋势已成为现代篮球运动的重要特点。

随着篮球运动职业化程度的逐步深入，在 21 世纪的职业篮球比赛中，职业篮球运动员和运动队的运动技能水平与运动成绩逐渐商品化，篮球运动的组织体制、赛制和训练管理机制的商业化气息也越来越浓。由此，国内外重大篮球竞赛组织者借助电视传播、广告、授权产品、体育器材以及发放彩票、超国界转让队员和球队等各种形式开展营利性经营。这种商业化的发展趋势反映出新世纪篮球运动的又一重要特点。

第二节 篮球运动技术训练实践

篮球技术是篮球比赛中为了一定目的的专门技术动作方法的总称，是篮球运动的基础。

一、移动

（一）移动基本技术

移动是运动员在比赛中，控制自己身体和改变位置、方向、速度，以及争取高度所采取的各种动作方法的总称，包括起动、跑、跳、急停、转身、滑步等各种脚步动作。这些是掌握和运用攻防技术的基础。

1. 起动

起动是队员在球场上由静止状态变为运动状态的一种脚步动作，在进攻中是摆脱防守的有效手段，在防守时可以占据有利位置。基本站立姿势是起动的准备姿势。起动时以后脚或异侧脚的前脚掌短促有力地蹬地，同时上体迅速前倾或侧转，向跑动方向移动重心，手臂协调摆动，两脚连续交替蹬地，利用蹬地的作用力，在最小的距离内把速度充分发挥出来。

2. 跑

跑是队员在球场上改变位置，提高速度的重要方法，也是移动中运用最多的一项基本技术。跑动时，两膝自然弯曲，重心下降，用前脚掌或全脚掌着地，上体前倾，两臂自然摆动，眼观场上，随时准备接球。在比赛中经常运用的跑有：变向跑、侧身跑、变速跑、后退跑等。

（1）变向跑

变向跑是篮球比赛中运用最多的脚步动作方法之一。在改变跑动方向时（以从右向左变方向为例），最后一步右脚前脚掌内侧用力蹬地的同时，脚尖稍向内转，迅速屈膝，腰部随之内转，使重心向左移动，上体向左前倾，左脚向左前方跨出一步；并用力蹬地；右脚迅速向左侧前方跨出，继续加速跑动。

（2）侧身跑

侧身跑是比赛中队员在移动时为了更好地观察场上情况而经常采用的一种方法。向前跑动的同时，头部和上体自然地向有球方向扭转，做到既保持跑速，又注意观察场上情况。

（3）变速跑

以从左向右变向跑为例，顺步变向跑时，左脚落地制动，屈膝降低身体重心，用前脚掌内侧蹬地，同时扭腰转胯，右脚迅速向右跨步加速。交叉步变向跑时，左脚落地制动，腰胯向右转动，同时，左脚前脚掌内侧蹬地向右跨步，继续加速跑动前进。

（4）后退跑

两脚的前脚掌交替蹬地，小腿积极后收并向后跑动，同时提踵，两臂屈肘并相应摆动，保持身体平衡，并抬头注意场上情况。上体放松，慢跑时稍向后倾，随着速度的加大而加大前倾角度。

3. 跳

跳是篮球队员在球场上争取高度及速度的方法之一。跳的方法有两种，一种是双脚起跳，另一种是单脚起跳。

（1）双脚起跳

双脚起跳多用于跳起投篮、抢篮板球等情况。双脚起跳由基本站立姿势开始，下肢各关节弯曲下蹲，两臂后摆，上体前倾，双脚快速用力蹬地，同时双臂上摆，向上腾起，在空中要保持身体平衡。落地时用前脚掌着地，并屈膝缓冲下落的力量。

（2）单脚起跳

单脚起跳多用于行进间投篮及抢、断球等情况。单脚起跳多由助跑开始，起跳时，踏跳腿微屈前送，脚跟落地并迅速过渡到前脚掌用力蹬地，同时提腰摆臂，另一腿快速屈膝上提。当身体达到最高点时，摆动腿自然伸直与起跳腿并拢，落地时双膝屈膝以缓冲身体重力，恢复基本站立姿势。

4. 急停

急停是队员在跑动中突然制动速度的一种方法，也是随时转换和衔接各种脚步动作的过渡动作。急停的方法有跳步急停（一步急停）和跨步急停（两步急停）两种。

（1）跳步急停（一步急停）

在跑动中，用单脚或双脚起跳，上体稍后仰，两脚同时平行落地，用前脚掌内侧有力蹬撑地，两膝迅速弯曲，降低重心保持身体平衡。

（2）跨步急停（两步急停）

先向前跨出一大步，脚跟着地过渡到全脚掌抵住地面，迅速屈膝上体稍后仰，第二步着地时，身体侧转，脚尖内旋，用前脚掌内侧蹬撑地面保持身体平衡，重心落在两脚之间。

5. 转身

转身是以一脚为轴，另一脚蹬地向不同方向跨移，借以改变身体方向的一种方法。转身前，两膝微屈，上体前倾，重心落在两腿之间。转身时，移动脚全脚掌蹬地跨出的同时，重心移向中枢脚，以前脚掌为轴用力辗地，转腰带动上体转动。转身后，重心回到两脚之间。转身分为前转身和后转身。

6. 步法

（1）跨步

跨步是一种起始的步法，主要用于持球突破，可以作为一种假动作或过渡性动作。跨步是以一只脚为轴，另一只脚向侧或前方跨出，但不改变上体方向的技术方法。跨步包括同侧步（又称顺步）和异侧步（又称交叉步）两种。

同侧步：以左脚为中枢脚，跨步时，两腿弯曲，左脚用力辗地，右脚用力蹬地，向右侧前方跨出，上体随着侧转前倾。异侧步：以左脚为中枢脚，跨步时，两腿弯曲，左脚用力辗地，右脚用力蹬地，向左侧前方跨出，上体向左转动并前倾。

（2）滑步

滑步是防守时的移动步法，常用来阻截对方的移动路线，调整自己的防守位置。滑步分为侧滑步、前滑步等。侧滑步（向左侧滑步）时，左脚向左迈出的同时，右脚蹬地滑动，降低重心，上体前倾，两臂张开，目视对手。向右滑步时方向相反。注意身体重心稳定，落在两脚之间。前（后）滑步的动作方法与侧滑步相同，只是两脚前后站立，向前（后）方移动。

（3）后撤步

后撤步是变前脚为后脚的一种移动方法。后撤步主要用在当进攻队员从自己前脚外侧持球突破或摆脱时，防守队员为了保持有利的防守位置，与后滑步相结合使用。做后撤步时，用前脚掌内侧蹬地，腰部用力右转，同时后脚辗蹬地面，后撤前脚，紧接滑步，保持防守姿势和位置。

（二）练习方法

（1）体会移动动作要点，进行各种移动练习。

（2）利用篮球场上的线、圈和固定目标进行各种移动练习，要求注意观察场上情况。

（3）抛接球练习：持球向前方4～6米上空抛起后，快速起动，接球急停，如此反复练习。

（4）结合实战练习：两人一组，一攻一防，结合实战练习各种移动的动作，巩固提高动作质量。

（5）打活动目标：分成人数和实力相等的两个队，一队练习者散开站在5米半径的圆圈外，另一队练习者散开在圈内移动，圈外同学用1～2个球击打圈内练习者的下肢，被击中的练习者自动站在圈外，当圈内只剩下一个练习者时两队交换。

（6）拉网捕鱼练习：全班练习者在球场内散开作“鱼”，指定两名练习者手拉手作“渔网”在场内追捕，作网的练习者只要用手碰到其他练习者，该练习者即改为作“网”，参加捕“鱼”。这样“网”愈来愈大，“鱼”愈来愈少，直至全部捕尽。要求作“鱼”的练习者灵活移动避开追捕者。

二、传接球

传接球是篮球比赛中队员之间有目的地支配球、转移球的一种方法，是篮球运动中的重要技术之一。只有全面、熟练地掌握传、接球技术，才能把每个队员联成一个整体，充分发挥集体的力量。巧妙地利用球的转移可调动防守，打乱对方的防守布置，创造良好的进攻机会，是实现战术、组织配合的纽带和桥梁。传、接球的方法多种多样，但都是由持球手法、传球用力、球的飞行路线和球的落点四个要素组成。

（一）传球基本技术

1. 双手胸前传球

双手胸前传球是传球技术中最基本、运用最广泛的一种技术动作。

动作要领：传球前成基本站立姿势，十指自然分开，双手握球两侧的后上部，拇指相对成

"八"字形，用指根以上部位触球，掌心空出，屈肘置球于胸腹之间。传球时后脚蹬地发力，重心前移，同时向前伸臂，手腕翻转前屈，通过手腕手指拨球，将球传出（图 10-1）。

1　　2　　3

图 10-1　双手胸前传球

2. 单手肩上传球

单手肩上传球是一种中远距离传球的方法，它速度快，准确性高，在发动长传快攻时运用较多。

动作要领：以右手传球为例，双手持球于胸前，成基本姿势站立。传球时，左脚向传球方向迈出半步，转体使左肩对着传球方向，同时右臂引球置右肩上方，手腕微后屈托住球，上臂与地面近似平行，前臂与地面垂直，重心落在右脚上。出球时右脚蹬地，同时迅速转体向前挥臂，手腕前屈，手指拨球，将球传出（图 10-2）。

1　　2　　3　　4　　5　　6

图 10-2　单手肩上传球

3. 单手体侧传球

单手体侧传球是一种近距离隐蔽传球的方法。外围队员传球给内线同伴时常用这种方法（图10-3）。

1　　2　　3　　4　　5　　6

图 10-3　单手体侧传球

动作方法：两脚开立，双手持球于胸前。右手传球时，左脚向左侧前方跨步的同时将球引至身体后侧呈右手单手持球，出球前的一瞬间，持球手的拇指在上，手心向前，手腕后屈。传球时，前臂向前动作弧线摆动，手腕前屈，食指、中指、无名指拨球将球传出。

动作要求：跨步与向体侧引球同时进行，前臂摆动要快，传球手腕用力。

（二）接球基本技术

接球是篮球运动中的主要技术之一，是获得球的动作，是抢篮板和断球的基础。

1. 双手接中部位的球

动作方法：两眼注视来球，两臂迎球伸出，双手手指自然张开，两拇指成八字形，其他手指向前上方伸出，两手成一个半圆形。当手指触球时，双手将球握住，两臂顺势屈肘后引缓冲来球的力量，两手持球于胸腹之间，成基本站立姿势。

动作要求：伸臂迎球，在手接触球时后引缓冲，握球于胸腹之间，动作连贯一致。

2. 双手接高部位的球

这种接球方法与双手接中部位高度的球相同，但要求两臂必须向前上方迎球伸出。

3. 双手接低部位的反弹球

动作方法：接球时要及时迎球跨步，上体前倾，眼睛注视来球方向，两臂迎球向前下方伸出，掌心斜对来球的反弹方向，五指放松自然张开，手指触球后，两手握球顺势将球引至胸腹之间，保持身体平衡，成基本站立姿势。

动作要求：跨步迎球要及时，手臂下伸要快。

4. 单手接球

动作方法：原地单手接球时，接球手向来球方向伸出，五指自然分开，掌心正对来球，手腕手指放松。当手指触球时，顺球的来势迅速后引手臂，置球于身体前方或体侧，另一手迅速扶球，保持身体平衡，做好下一个进攻动作的准备姿势。在移动中接球时，要判断来球的时间和落点，及时向来球方向跨步移动，接球后要迅速降低重心，衔接下一个进攻动作。

动作要求：手指自然分开伸臂迎球，触球后引要快，另一手及时扶球。

（三）练习方法

1. 原地传接球练习

（1）自抛自接球练习：双手持球平举，将球向上抛起 1.5 米左右，然后传球，看持球手法是否正确。

（2）徒手模仿练习：徒手模仿原地传接球，体会动作要点。

（3）原地相对传接球：两人一组面对面站立，相距 3～5 米，用一球做原地传接球练习。

（4）原地三角、四角传球：三人或四人一组站成等边三角形或正方形，相距 4～5 米，用一或两球按顺时针或逆时针方向依次传球。

（5）扇形传球：六人一组一球，站成扇形。站在扇形中心的持球人依次向其他人传球和接回传球。往返两次后，持球人与排头交换位置继续练习。

2. 移动传接球练习

（1）迎面跑动传接球：六人一组，分两队站立，距离 6～8 米，相互传球后跑到对面队尾或本队队尾。

（2）三角移动传接球：练习者分成 3 组，每组 3～5 人，呈三角形站立，进行传接球练习，传球者传球后回到本队队尾。

（3）四角或五角移动传接球：练习者分成四组或五组，每组 3～5 人参照三角移动传接球。

（4）两人一组全场短传球推进练习：传球要有提前量，跑动时脚尖朝前，上体面向同伴。

（5）三人短传推进练习：三人中间者传球后，从接球者的身后绕过，三人在传接球的同时，从后场向前场推进。

（6）传球追人：指定两名练习者在全场（或半场）内传球移动，作为追捕者，其余练习者在场内躲闪。当传球者持球触及了谁，此人即变为追捕者，直至将所有人捕尽。要求追捕者只可以传球移动，不准运球、走步、犯规。

（7）全场传接球上篮和半场传接上篮练习。

（8）传接球比赛：练习者分成人数相等的两队，在全场进行不投篮的传接球比赛。防守一方抢断球，传球次数多者为胜。为练习传接球技术，可规定比赛中不能运球，只能传球。

三、运球

运球技术是持球运动员在原地或移动中用单手连续拍球推进的一种动作。运球技术掌握的熟练程度如何，在一定程度上反映了运动员控制球和支配球的能力，而且这种能力的提高，有助于其他基本技术的掌握和提高。运球按动作位置变化可以分为原地运球和行进间运球两大类。

（一）运球基本技术

1. 高运球

动作方法：运球时两腿微曲，上体稍前倾，目平视，以肘关节为轴，前臂自然伸屈，用手腕、手指柔和而有力地按拍球的后上方。球的落点控制在运球手臂的同侧脚的外侧前方，球的反弹高度在腰胸之间。

2. 低运球

进攻队员在受到对手紧逼或抢阻时，常采用低运球以保护球或摆脱防守。

动作方法：两腿迅速弯曲，重心下降，上体前倾，球的落点在体侧，用上体和腿保护球。同时，用手腕和手指短促地按拍球的后上方，使球控制在膝关节的高度，两腿用力后蹬，继续快速前进。行进间低运球拍球的部位在球的后上方或后侧方。

动作要求：重心降低，上体前倾，按拍球短促有力。

3. 运球急停急起

在运球推进时，进攻队员利用速度变化摆脱防守的一种运球方法。

动作方法：在快速运球中突然急停时，采用两步急停，使重心降低，手按拍球的前上方，使球停止前运行。运球急起时，两脚用力后蹬，上体急剧前倾，迅速启动，同时按拍球的后上方，人、球同步快速前进。

动作要求：重心转移快，脚蹬、抵地有力，按拍球的部位要准确，手、脚、躯干协调一致。

4. 体前变向不换手运球

动作方法：以右手运球为例，当体前变向时，将球从身体右侧拍向体前中间的位置，再将球迅速地拨回右侧，然后按拍球的后上方，左脚向右侧前方跨出，上体右转，侧肩挡住对手，从防守的左侧突破，继续运球前进（图 10-4）。

图 10-4 体前变向不换手运球

5. 体前变向换手运球

动作方法：以右手运球为例。运球队员从对手右侧突破时，先向防守左侧做变向运球假动作。当对手向左侧移动堵截运球时，运球队员突然按拍球的右后上方，使球经自己体前右侧反弹至左侧前方，同时右脚向左前方跨出，上体向左转，侧肩挡住对手，同时换左手按拍球的后上方，左脚跨出并用力蹬地加速，从对手的右侧突破（图 10-5）。

图 10-5 体前变向换手运球

6. 运球转身

动作方法：以右手运球为例，变向时，用左脚在前为轴，左后转身的同时，右手将球拉至身体的后侧方，并拍球落在身体的外侧方，然后换左手运球，加速前进（图 10-6）。

图 10-6　运球转身

7. 背后运球

动作方法：以右手运球从背后换手时，右脚前跨，右手将球拉到右侧身后，迅速转腕按拍球的右后方，使球从背后反弹至左侧前方，左脚同时向左前方跨出，换左手运球加速前进（图 10-7）。

图 10-7　背后运球

（二）练习方法

1. 熟悉球性练习

（1）原地拍起静止不动的球。

（2）固定手臂运球。

（3）直臂对墙运球。

（4）坐着运球。

2. 原地运球

（1）原地高低运球，左右手交替进行原地体前左右手变向运球。

（2）原地体侧前后推拉运球。

（3）原地胯下左右运球。

（4）原地胯下绕“8”字运球。

（5）原地背后换手变向运球。

3. 行进间运球

（1）全场直线运球。

（2）弧线运球。沿罚球线中圈作弧形运球到对面的底线，再沿边线直线运球返回。

（3）运球急停急起。每人一球，根据老师信号练习急停急起或变速运球。

（4）曲线运球。全场作曲线变向运球。

（5）后转身运球或背后换手变向运球。

四、投篮

进攻战术的最终目的。要想练好投篮必须有正确的投篮方法、恰当的瞄准点、合适的飞行路线和球的旋转，并且全身要协调用力。随着篮球技术的发展，投篮技术越来越多，现在给大家介绍一些常用的投篮方法。

（一）基本技术

1. 原地单手肩上投篮

这是比赛中应用最广泛的投篮方法，是行进间单手肩上投篮、跳起单手肩上投篮的基础。右手投篮时，右手五指自然分开，手心空出，屈肘持球于右肩上，左手扶住球的左侧，两脚开立，右脚稍前，重心落在两脚之间。投篮出手时，下肢蹬地发力，右臂抬肘伸臂，手腕前屈，食指、中指用力拨球，使球向后旋转，身体随投篮动作向前上方伸展，脚跟微提（图10-8）。

图 10-8　原地单手肩上投篮

2. 原地双手胸前投篮

双手持球于胸前，肘关节自然下垂，两脚左右或前后开立，两膝微屈，重心落在两脚之间，目视瞄准点；投篮时，两脚蹬地，上肢随着脚蹬地向前上方伸展，两手腕同时外翻，拇指下压，手腕前屈，食、中指用力拨球，使球通过拇指、中指指端投出。球出手后，两手自然向下外翻，脚跟提起，身体随投篮出手方向自然伸展（图 10-9）。

图 10-9　原地双手胸前投篮

3. 行进间单手肩上高手投篮

以右手投篮为例。右脚跨出一大步的同时接球，接着左脚跨出一小步并用力蹬地起跳，右腿屈膝上抬，同时举球至头上方，当身体接近最高点时右臂向前上方伸展，手腕前屈，食、中指用力拨球，通过指端将球投出（图 10-10）。

1　2　3　4　5　6　7

图 10-10　行进间单手肩上高手投篮

4. 行进间单手肩上低手投篮

这是切入篮下时运用较广泛的投篮方法，它具有速度快、伸展距离长的优势。右手投篮时，步法同上，起跳后右手托球下部，手心向上，指尖向前，手臂充分向球篮方向伸直，接着屈腕，食指、中指、无名指向上拨球，碰板或空心投篮（图 10-11）。

图 10-11　行进间单手肩上低手投篮

5. 跳起投篮

跳起投篮，简称跳投，它具有突然性强，出球点高和不易防守的优点，可与传球、运球突破等动作结合，可在原地、行进间急停或背对球篮接球后转身等情况下运用。下面介绍的原地跳起单手肩上投篮是在原地单手肩上投篮基础上发展出的一种投篮方式，动作方法与原地单手肩上投篮相同，只是先跳起再完成投篮动作。

以右手投篮为例。两手持球于胸前，两脚左右或前后开立。两膝微屈，重心落在两脚之间。起跳时，迅速屈膝，脚掌用力蹬地向上起跳，同时双手举球到右肩上方，右手持球，左手扶球的左侧方，当身体接近最高点时，左手离球，右臂向前上方伸展，手腕前屈，食、中指拨球，通过指端将球投出，落地时屈膝缓冲（图 10-12）。

图 10-12　跳起投篮

（二）练习方法

（1）队员排成一列纵队站于罚球线后，原地单手肩上投篮练习，自投自抢，排头的队员做完后站到队尾，依次进行。

（2）两人一组在一侧的底线位置，行进间传球到对侧篮下，行进间低手上篮，然后抢篮板球，传球返回，另一队员行进间低手上篮，排到队尾，依次进行（图 10-13）。

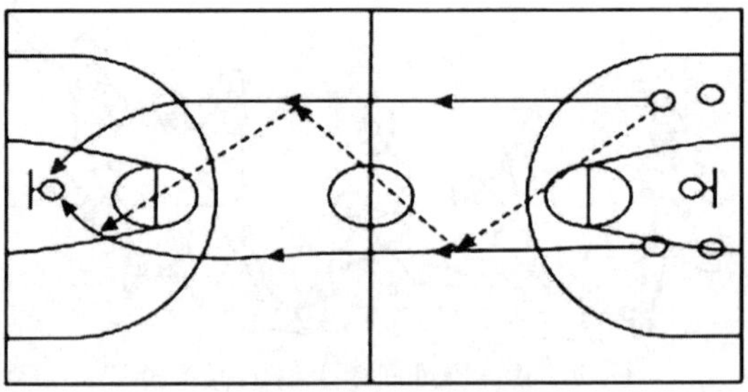

图 10-13　投篮练习

五、突破

突破是一种攻击性很强的技术，是完成个人进攻的主要手段。它是以运球和脚步动作为基础，由蹬、跨、侧身、探肩、推放球和加速等动作组成。运用时应结合投篮、传球、跨步等假动作，使之更具备攻击性和灵活性。突破方式主要有同侧步突破和交叉步突破。

（一）突破基本技术

1. 同侧步持球突破

以左脚为中枢脚为例。左脚内侧蹬地，右腿迅速向右前方跨出，同时上体右转探肩用右手推放球，左脚迅速前迈，超越对手。

2. 交叉步持球突破

以左脚为中枢脚为例。先用假动作使防守队员重心左移，然后右脚内侧蹬地并向左侧前方迈出，上体左转探肩，左手推放球于右腿前侧，快速超越对手。也可以做投篮假动作后持球突破。

（二）练习方法

（1）每人一球，从一侧底线到另一侧底线，做交叉步和顺步的突破。

（2）两人一组，每组一球，一名队员防守，另一名队员做突破练习，到底线后交换。注意防守者消极防守，目的是练习突破。

（3）队员分成两组，分别站成两列。A 组持球，A 组第一名队员 A1 将球传给 B1 上篮，A1 抢篮板球，然后到 B 队的队尾，B1 做完后排到 A 队队尾（图 10-14）。

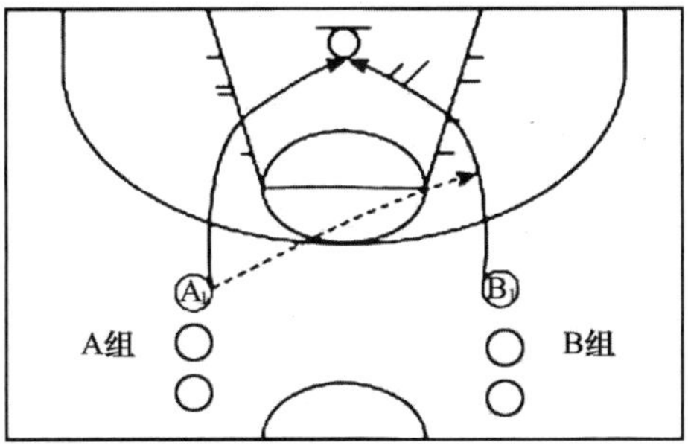

图 10-14　突破练习

第三节　篮球运动战术训练实践

篮球战术是篮球比赛中队员有针对性地合理综合运用技术，相互协同配合，借以最大限度发挥个人和全队整体攻、防实力的多种特殊组织形式（阵势）与方法的总称。战术的目的是为了更好地发挥本方队员的技术与特长，制约对方，力争掌握比赛的主动权，争取比赛的胜利。

一、基本战术配合

（一）进攻战术配合

1. 传切配合

传切配合是指进攻队员之间利用传球和切入技术所组成的简单配合。它包括一传一切和空切配合。

（1）一传一切配合，是指队员传球后，利用起动速度或假动作摆脱防守，向篮下切入接回传球投篮的配合。⑤传球给④后做向左切入的假动作，然后突然从右侧切入，侧身面向球接④的传球投篮（图 10-15）。

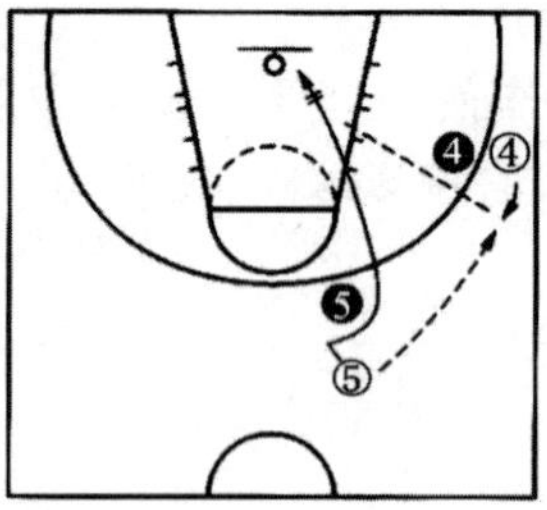

图 10-15 一传一切配合

（2）空切配合，是指无球的队员掌握时机，摆脱对手，切向防守空隙区域接球投篮或做其他进攻动作。⑤传球给④时，⑥利用❻未及时调整位置的机会，突然横切或沿底线切向篮下接④的传球投篮（图 10-16）。

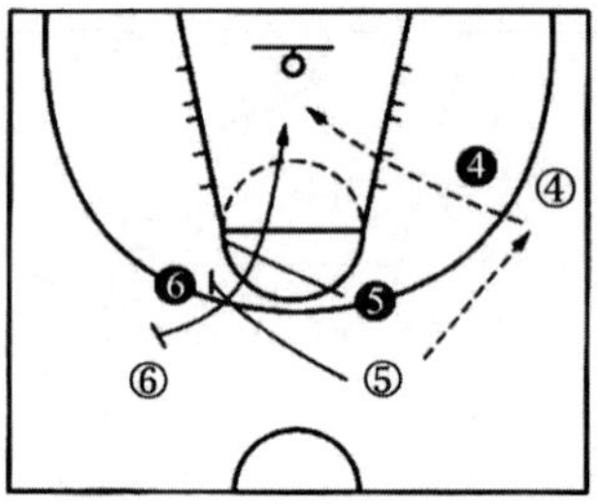

图 10-16 空切配合

2. 掩护配合

掩护队员采用合理的行动，用自己的身体挡住同伴防守者的移动路线，使同伴借以摆脱防守，或利用同伴的身体和位置使自己摆脱防守的一种配合方法。

动作方法（以侧掩护为例）：侧掩护是指掩护队员站在同伴防守者的侧面进行配合掩护的方法。持球队员与无球队员之间的侧掩护配合：⑤传球给④后，移动到❹身体左侧做侧掩护，④接球后瞄篮或作向左侧突破的动作。当⑤掩护到位时，④立即从右侧贴着⑤的身体运球突破上篮；⑤立即转身切向篮下抢篮板或接球投篮。这种掩护也称挡拆配合（图 10-17）。

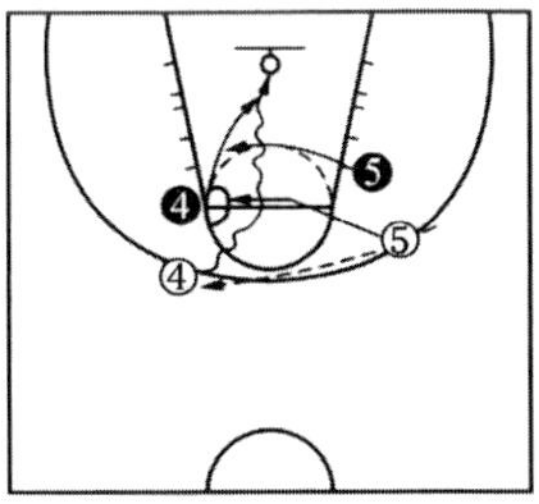

图 10-17　掩护配合

3. 突分配合

突分配合是指持球队员突破对手后，遇到对方补防或者协防时，及时将球传给进攻位置最佳的同伴进行攻击的一种配合方法。

动作方法（结合练习方法）：学生分为两组，开始时，④持球突破，在突破中跳起分球给向两侧移动的⑦，⑦在接球后示意投篮动作，然后传球给⑤，⑤接球后人从底线或内侧突破，跳起传球给接应的⑧。位置交换：④到⑦排尾，⑦到④排尾。练习一定次数后，改换从左边突破分球练习（图 10-18）。

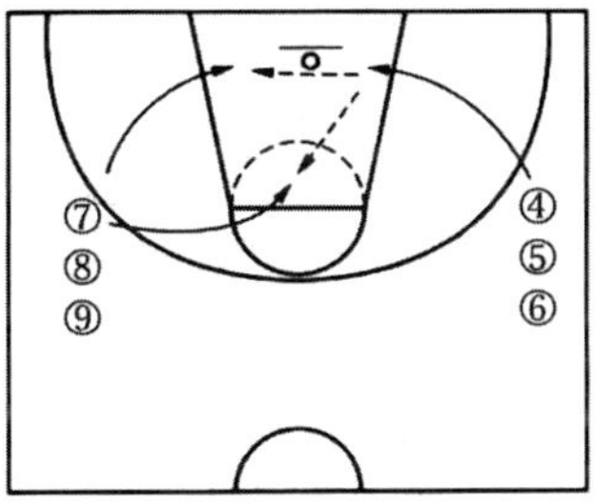

图 10-18　突分配合

4. 策应配合

策应配合是指进攻队员背对或侧对球篮接球后，通过多种传球方式与外线队员的空切、绕切相结合，借以摆脱防守，创造各种里应外合进攻机会的配合方法。

动作方法：⑤插向罚球线附近抢位接④的传球。④传球后摆脱对手接⑤的回传球进攻（图 10-19）。

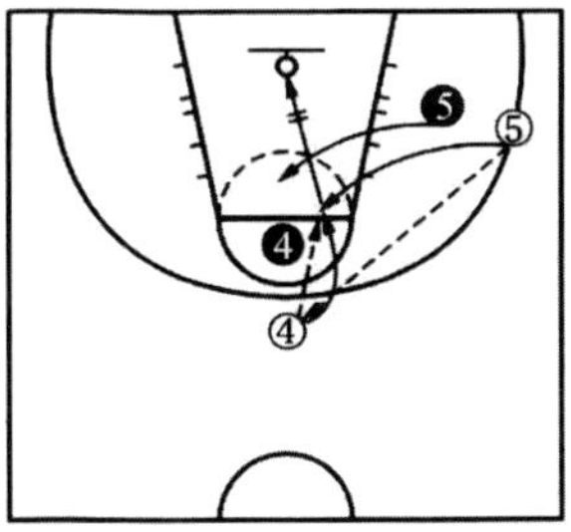

图 10-19　策应配合

（二）防守战术配合

在篮球竞赛中，防守队员两三人之间所采用的协同防守配合的方法被称为防守战术基础配合，它包括挤过、穿过、绕过、夹击、关门、补防、交换防守及围守中锋等。以下介绍三种防守基础配合。

1. 挤过配合

挤过配合是指对方进行掩护时，防守队员在掩护队员接近自己的一刹那，迅速抢前横跨一步贴近自己的对手，并从两个进攻队员之间侧身挤过去，继续防守自己对手的配合方法。

动作方法：当发现对方进行掩护配合时，❻在掩护者贴近的一刹那，迅速前跨一步靠近⑥，并从⑥和④之间侧身挤过去，继续防守⑥。此时❹④应后撤，做好补防准备（图 10-20）。

图 10-20 挤过配合

2. 穿过配合

穿过配合是指当对方进行掩护时，防守掩护者的队员及时提醒同伴，并主动后撤一步，让同伴及时从自己和掩护队员之间过去，继续防守自己对手的配合方法。

动作方法：⑤传球给⑥，⑤反方向移动给做④掩护的一刹那，❺主动后撤，让❹从⑤和❺中间穿过去，继续防守④（图 10-21）。

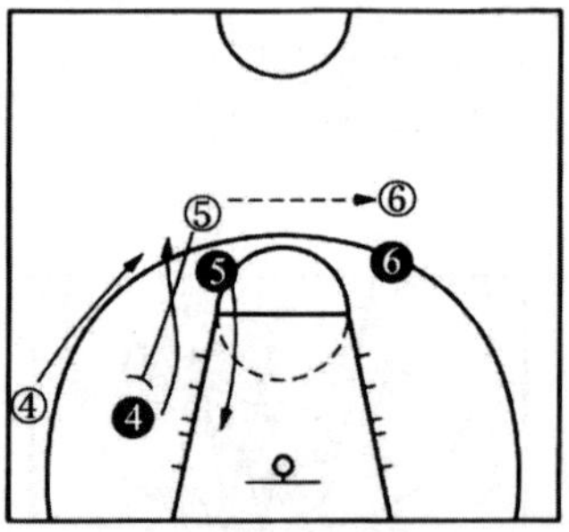

图 10-21 穿过配合

3. 交换配合

交换配合是指进攻队员在做掩护配合时，防守掩护者的队员与防守被掩护者的队员及时主动地交换自己所防对手的配合方法。

动作方法：当⑤为④掩护，❹没能及时发现而被堵住时，❺应主动发出换防的信号，并立即堵截④攻击，❹则及时调整，占据有利位置，控制⑤的行动。交换防守后，应在适当时机尽快再换防，以免个人攻守力量对比上失利（图 10-22）。

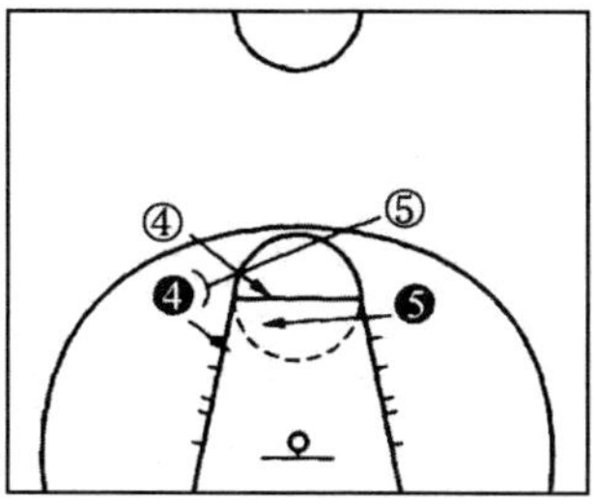

图 10-22　交换配合

二、全队战术配合

（一）全队进攻战术配合

1. 进攻半场人盯人

运用时机：对方采用半场人盯人防守战术。

配合方法：

（1）单中锋进攻方法：在进攻队员获得球后迅速进场，中锋站在罚球线后，背向球篮准备接球，队员按“2—1—2”站位。发动时传球给中锋，然后中锋在有利的位置上接到球果断投篮。示例：⑤传球给⑧，⑧运球突破，若遇到阻截传球给⑦投篮（图 10-23）。

（2）双中锋进攻法：这种方法主要由掩护、策应组成。通过中锋掩护和外围队员的穿插跑动创造内线的得分机会。由于内线给对方的压力大，迫使对手缩小防区，为外围队员中远投创造了机会。示例：④持球，⑦摆脱防守接球，⑤摆脱防守向篮下接⑦的传球投篮，如果⑤在篮下未得到球，则立即为⑥掩护，⑥利用掩护接⑦的球投篮（图 10-24）。

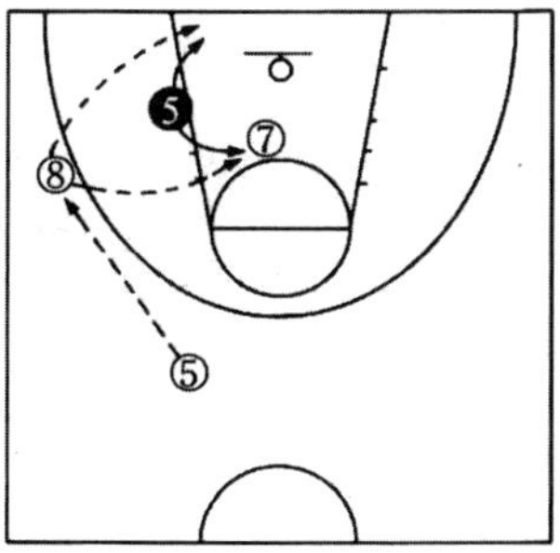

图 10-23　单中锋进攻方法

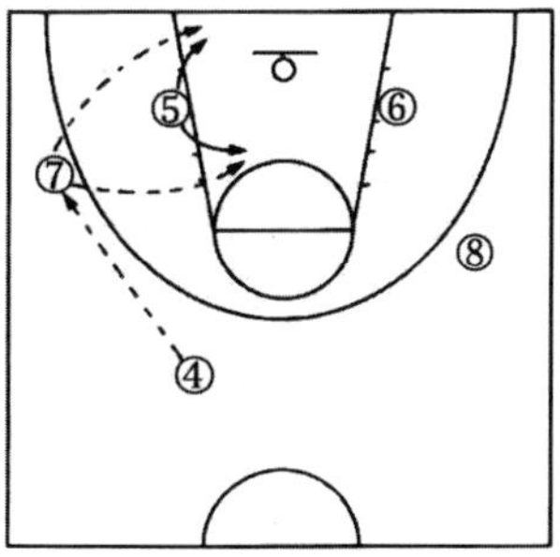

图 10-24　双中锋进攻法

（3）无中锋进攻法：这种进攻方法把传切、策应和掩护等配合组合在一起，特点是机动灵活，连续性强，能保持攻守平衡，但这种战术要求队员战术素养和意识较高。示例：④传球给⑥后，切人接⑥的回传球进攻。如果机会不好，⑥跑去为⑧掩护，⑧横切接球投篮（图 10-25）。

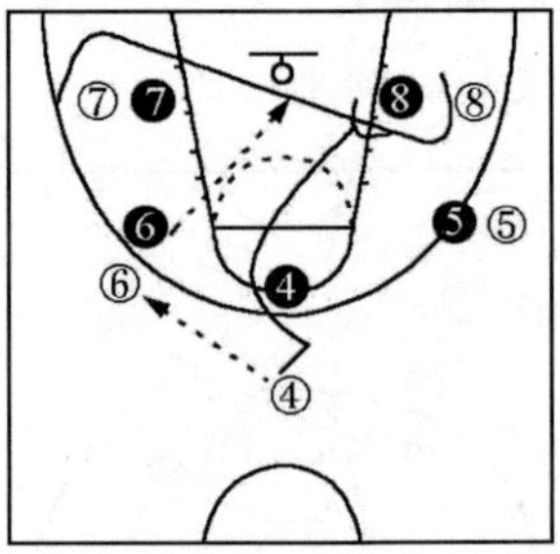

图 10-25　无中锋进攻法

2. 进攻区域联防

进攻区域联防是针对区域联防的阵型和变化特点，结合本队的实际情况，组织相应的站位阵型，有目的地通过传球及队员的穿插，破坏对方整体防御部署，创造良好的内外线进攻机会的进攻战术。针对区域联防的阵型，而采用相应的进攻阵型。确定阵型的原则是根据进攻的点、面，合理部署队员占据联防的薄弱地区，避免与防守队员形成一对一的站位，在局部区域形成以多打少的优势，并始终保持攻守平衡。常用的落位阵型有“1—2—2”阵型、“1—3—1”阵型、“2—1—2”阵型、“2—3”阵型等。

进攻区域联防最行之有效的方法是组织快速反击，在对方立足未稳之前实施攻击。如果对方已部署好联防阵型，进攻要及时采取相应阵型，组织阵型进攻。

组织中锋策应进攻：外围队员将球传给中锋⑥，⑥接球后，除个人攻击外还有三个攻击点，第一点传给横切队员⑧，第二点传给空切篮下队员⑦，第三点传给后卫队员④，在策应过程中也可个人进攻（图 10-26）。

进攻区域联防练习方法：

（1）溜底线、背插接球投篮练习：队员分成左、右两组，④溜底线至右边接⑥的传球投篮，⑥传球后至左边接⑤的球投篮，⑤传球后至右边接⑦的球投篮，各自抢篮板球。交换位置，依次反复练习（图 10-27）。

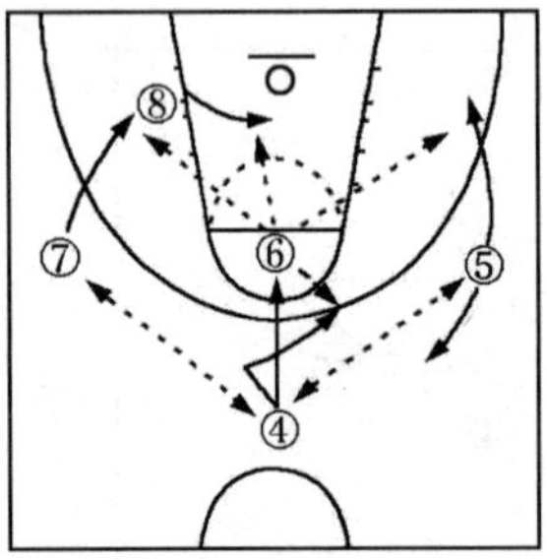

图 10-26　组织中锋策应进攻

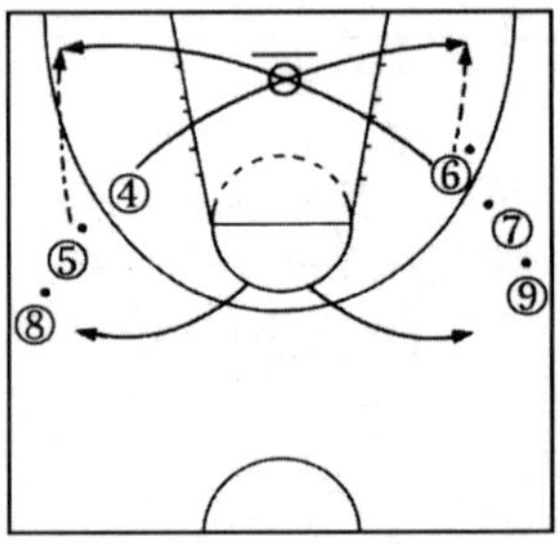

图 10-27　溜底线、背插接球投篮练习

（2）三人三球内外线配合练习：⑤传球给教练员◬，◬传球给④，④接球的同时⑥横切并接④的传球投篮，④传球后转身接⑦的传球投篮，⑤在⑥横切的同时向下移动接⑨的球投篮。投篮后各自抢篮板球回原位，练习数次后按顺时针方向交换位置，依次进行练习（图 10-28）。

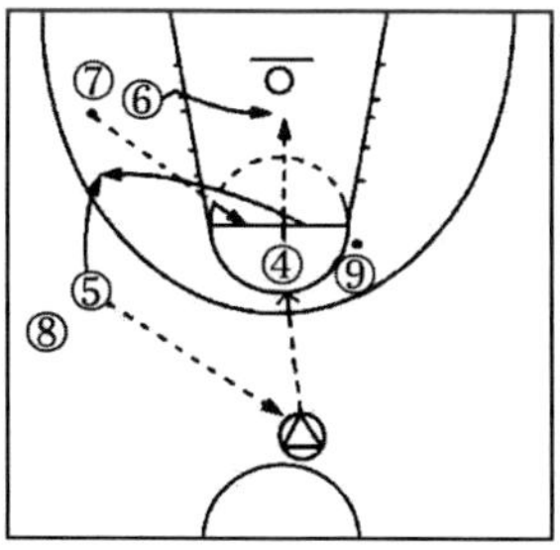

图 10-28　三人三球内外线配合练习

(3) 三人三球，背插、拉角内外线配合练习：⑤传球给◬后，⑤背插拉到右底角接◬的球，然后传球给纵切队员④投篮。⑤传球后接⑧的球投篮。在④纵切的同时，⑥上提接⑨的传球投篮。投篮后各自抢篮板球，回到原位置。练习数次后，按顺时针方向交换位置，依次进行练习（图10-29）。

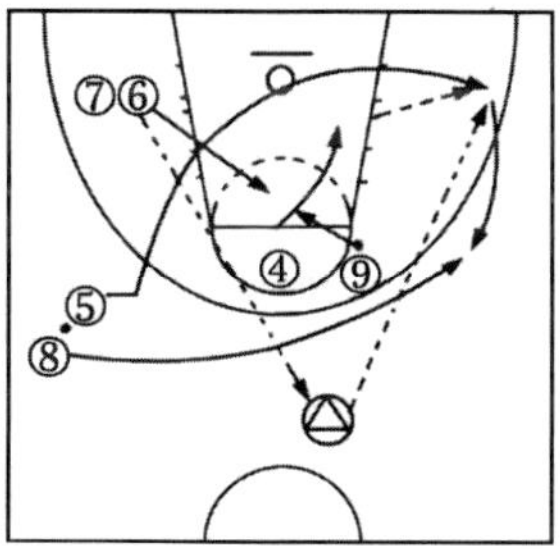

图 10-29　三人三球，背插、拉角内外线配合练习

(二) 全队防守战术配合

1. 半场人盯人防守战术配合

半场人盯人战术是现代篮球运动中最常见的一种防守方法。具有责任到人、分工明确的特点，并且队员可根据场上的情况灵活地进行补防、协防等配合，因此是现今世界高水平球队使用频率最高的一种防守方法。

运用时机：对方篮下攻击力强，外围攻击力较弱。

配合方法：防守时，根据球的转移和以盯人为主的原则，球、人、区兼顾，强侧与弱侧进行不同的防守。强侧防守的要求：球在正面时，要错位防守，防守人站在能够控制对手接球的路线上，阻止接球。球在45°角一带时，防守强侧的防守队员要绕前防守对手接球，并且防守罚球线位置的队员要缩回罚球线以上协防。弱侧防守要求：球在正面罚球线时，罚球线位置的球员要回缩，注意关门配合，同时弱侧的防守队员要向强侧移动或注意协防篮下。

(1) 防守以掩护为主的进攻：④利用⑥的后掩护运球突破，❻跟随防守⑥的同时提醒同伴❹，并迅速向突破方向移动，准备堵截④的运球，使其停球，如并未停球，则❹从身前挤过继续防守④，如果⑥转身且向篮下准备接④的球，那么❼和❺协防（图 10-30）。

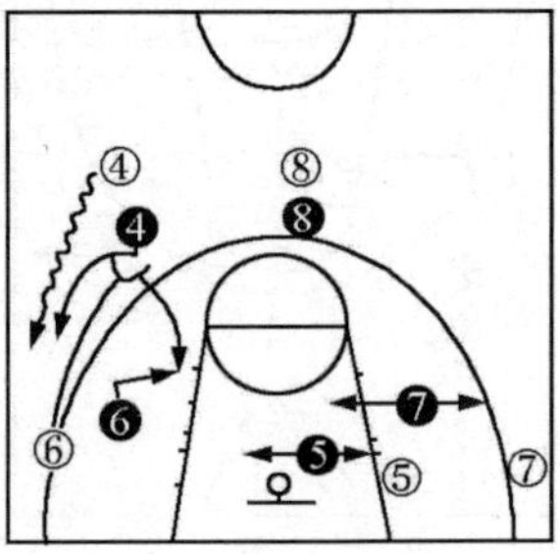

图 10-30　防守以掩护为主的进攻

（2）防守中锋进攻：当中锋进攻威力很大时，对方的外围中投很准时，对持球队员应紧逼，在防投篮的同时积极干扰对方将球吊给中锋。❼上前防守④，❻侧前不让⑥接球，❺错位防守不让⑧接球，当球传给⑧时，❺防守其投篮，并干扰传球给⑥，❼缩回来防守⑥，❹移动到高位防高吊球（图 10-31）。

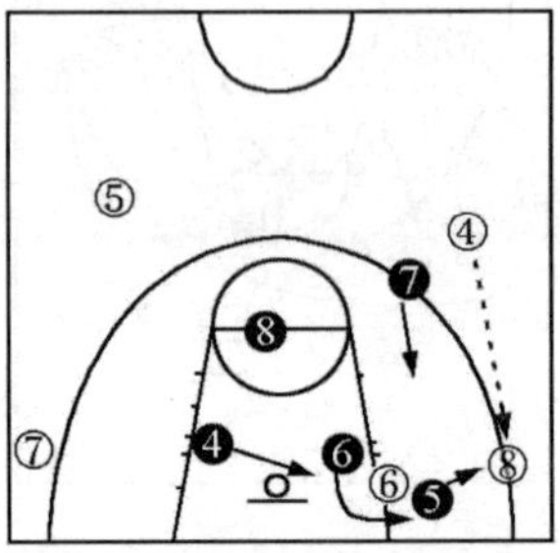

图 10-31　防守中锋进攻

进攻半场人盯人战术是根据半场人盯人防守战术的特点，从每名队员的具体实际出发，综合运用传切、突分、掩护和策应等配合所组成的全队进攻战术。

2. 全场人盯人防守战术配合

运用时机：突然改变战术，出其不意，攻其不备，以达到扩大战果或挽回败局时；身材矮小，但速度快、灵活性较好的球队与身材高大的队比赛，为摆脱篮下被动局面时；对方中投准，控球能力和突破能力较差，不善于进攻时；对方体力较差，为消耗对方体力时。

配合方法：全场人盯人防守是一种积极主动、富有攻击性的防御战术。在进攻转入防守后，立即在全场积极地阻挠对手移动、接球和投篮。这种战术不但能破坏对方有组织、有计划的战术配合，提高比赛速度，而且能使对方失误。目前，常用的全场紧逼人盯人防守队形有“1—2—1—1”“2—1—2”“2—2—1”等。

3. 防守区域联防

区域防守是指进攻转入防守时，全队队员迅速后退，按区分工各自负责防守一定区域的进攻对员，形成一定的防守阵式，把每个防守区域有机地联系起来，并随球进行协同防守的全队防守战术，也是篮球两大防守战术系统之一。区域联防根据防守队员所在的防守区域，组成不同的防守阵型，目前主要有“2—3”“3—2”“1—3—1”和“1—2—2”等阵式，各有优缺点，在运用中必须加以重视。

根据防守区、防球、保篮的特点，区域联防有以下要求：按区分工、各自负责，积极阻止对手进入自己所防区域，并与同伴协同联合防守。防守的重点：随球的转移经常调整位置，做到人球兼顾，保持基本的防守姿势，挥臂进行阻挠；彼此呼应，及时换位、护送、相互帮助、协同防守。对有球的队员要靠近防守，阻挠其传球、运球和投篮，对无球队员应阻截移动，防止在自己的管辖区内接球。全队队员必须快速地退防组阵，严防进攻队员在篮下的活动，积极防止进攻队员向内线穿插渗透。对中锋要采取绕前和封堵传球路线的方法进行防守；当队员投篮时，一定要跳起封盖，并组织拼抢篮板球，力争获得球，由守转攻。

（三）快攻与防快攻

1. 快攻

以守转入攻时，趁对方立足未稳，以最快的速度、最快的时间推进到前场，造成以多打少，或人数相等以及人数少于对方的情况下，果断而合理地进行进攻的一种速战速决的进攻战术。

运用时机：抢到后场篮板球时；掷后场界外球时；跳球得球时；抢断球后。

配合方法：快攻一般有长传快攻、短传快攻、运球突破快攻三种。

长传快攻：是队员在后场获球后，立即把球传给迅速摆脱对手进行偷袭的同伴的一种配合。

短传快攻：指在防守中获球后，立即以快速的奔跑和短促的传球逼近对方篮下进行攻篮的一种配合。

运球突破快攻：指在防守中获球后，不便于传球的情况下，以快速运球推进至前场，创造或寻找配合机会，以提高快攻的速度和威力。

快攻由发动接应、推进和结束三阶段组成。

接应阶段：指由守转攻获球后，及时地组织第一传和接应第一传的配合。

推进阶段：快攻发动后，结束配合之前在中场一带的配合方法。推进阶段有三种形式：运球推进，传球推进，传球和运球结合推进。

结束阶段：指快攻推进到前场进行攻击时运用的配合。快攻能否取得成功，取决于此阶段的配合。常遇到的有二攻一和三攻二的形式。

2. 防守快攻

防守快攻是防守战术中的重要组成部分。其主要防守要点为：封堵对方的一传和接应，这是防快攻的关键。在逐步退守中采取“堵中间、卡两边”的办法，控制对手快速推进，并切断先下队员和接应队员的联系。退守中要积极移动，始终注意占据和调整有利于兼顾的防守位置。同伴之间要紧密配合，里外兼顾，左右照应，分工明确，严控篮下。

第十一章　校园排球运动训练实践指导

第一节　排球运动基本理论综述

一、排球运动的起源和发展

（一）排球运动的产生和演变

排球（volleyball）运动源于美国。1895 年，由美国马萨诸塞州（旧称麻省）霍利约克市一位名为威廉姆·G·摩根的体育工作人员发明。当时，网球、篮球很盛行。在辅导人们进行各种体育锻炼的实践中，感到当时流行起来的篮球运动固然好，但运动剧烈，不适合年纪大的人；而网球运动量又太小，他想寻求一种运动量适中，又富于趣味性，所有人都能参加的室内项目。因此在经过一段时间的摸索后，把当时已广为流行的网球搬到室内，在篮球场上用手来打。这种游戏成为人们在室内的一种消遣，而且参与游戏的人数也是不受限制的。它具有一些类似手球和网球的特点，而且也不像篮球那样对抗强烈。

这个新的运动项目最初起名叫 mintonette（小网子），由于排球要求在空中飞行，不能落地，所以，1896 年，霍尔斯特德教授建议取名为 volleyball（空中连续击球之意）。从此“volleyball”（排球）就成了国际通用，延续至今的专用名字。Volleyball 在我国最早译为“队球”，后改“排球”。这个游戏的第一个规则也是由摩根制定的。

基督教青年会的干事、传教士、春田学院毕业的学生，以及参加第一次世界大战的美国军队，都成为排球运动的初期传播者。排球 1900 年第一次传入加拿大，加拿大成了美国以外第一个开展排球运动的国家。同年传入亚洲的印度。第一次世界大战期间，通过美国军队将排球带到欧洲。

排球运动于 1900 年传入亚洲，在开展的初期上场人数不是 6 人而是 16 人。故在 1913 年的第一届远东运动会上采用 16 人制，1919 年，第四届远东运动会上演变为 12 人制，1927 年，第八届远东运动会上演变为 9 人制，1951 年，改为六人制。1950 年 7 月，在中华全国体育总会举办的全国体育工作者暑期学习会上，首次介绍了 6 人制排球规则与比赛方法，1951 年，正式采用 6 人制。从此，6 人制排球在全国逐步地开展起来。1964 年，东京举行的第十八届奥林匹克运动会（简称奥运会）上，排球项目首次为奥运会所接受。1996 年，沙滩排球被列为奥运会比赛项目。1998 年，国际排球联合会（简称国际排联）增设自由人位置，并改为使用蓝、黄、白三色排球。1999 年，采用每球得分制，每局 25 分，决胜局 15 分，不封顶。2011 年，所有国际排联的比赛允许每队报名的两名自由人在比赛中进行相互替换，从而都获得出场机会。2012 年的伦敦奥运会上，女子沙滩排球（简称沙排）运动员获得穿着“较少暴露”服装的选择权，可以穿短裤或者带袖上衣参赛。2011 年的伦敦奥运会测试赛中，国际排联曾规定参加伦敦奥运会的女选手的比赛短裤长度最多不能超过 7 厘米。

（二）中国排球运动的发展

1913 年 5 月，第一届远东运动会在菲律宾首都马尼拉举行。这是我国参加的有历史记载的最早的正式国际排球赛事。1914 年举行的全国运动会上，男子排球被列为正式比赛项目。1921 年，广东省运动会上第一次有了女排比赛。1950 年，首次介绍了 6 人制排球规则与比赛方法，1951 年，正式采用 6 人制。1952 年，中国排协成为国际排联的临时会员，1953 年为正式会员，1958 年退出，1974 年，恢复国际排联的会员资格。

20 世纪中国女排经历了辉煌。1981 年，中国队以 7 战全胜的成绩首次夺得世界杯赛冠军。袁伟民获“最佳教练奖”，孙晋芳获“最佳运动员奖”“最佳二传手奖”“优秀运动员奖”，郎平获“优秀运动员奖”。1982 年，秘鲁世锦赛再度登顶。1984 年折桂洛杉矶，取得了“三连冠”。1985 年再夺世界杯，邓若曾获“优秀教练员奖”；郎平获“最佳选手奖”及“优秀选手奖”；杨锡兰获“最佳二传奖”及“优秀选手奖”；郑美珠获“优秀选手奖”。1986 年，在前捷克斯洛伐克举行的第十届世界女排锦标赛上，荣膺五连冠，成为世界排球史上第一支获得“五连冠”的队伍。在该届锦标赛上，张蓉芳获得“最佳教练员奖”，杨锡兰获得“最佳运动员奖”和“最佳二传手奖”，杨晓君获得“最佳一传奖”。

2003 年的世界杯上，中国女排以 11 连胜，重夺阔别 17 年的世界冠军。2004 年雅典奥运会，中国女排重新夺得整整 20 年未曾染指的奥运冠军。2008 年北京奥运会，中国女排获得亚军。2012 年伦敦奥运会中国男排无缘运动会，女排获得第 5 名的成绩。2015 年世界杯的最后一轮比赛中，我国女排以 3：1 的成绩力克东道主日本，时隔 12 年获得了自己的第 4 个世界杯冠军，这是中国女排的第 8 个世界冠军（包括奥运会），也是自 2004 年雅典奥运会之后获得的第一个世界冠军。

二、排球运动的特点

（一）排球运动的击球特点

（1）根据排球竞赛规则，运动员可以使用全身的任何部位触球。排球运动可以使参加该项运动的人，在击球过程中充分体现自我才能和各种高超的击球技巧。

（2）根据排球运动的竞赛规则，在整个过程中是不允许持球的，也就是说，不允许在击球部位停留的时间过长，这是除了借助工具击球的乒乓球、网球等项目外，与其他球类运动相区别的一大特点。这一特点可以促进运动员提高在短时间内对来球的力量、速度、角度等因素的准确判断能力，从而将球准确地击向预定目标。

（3）无论是排球比赛还是排球游戏，都必须在空中击球，接本方同伴的球是如此，在接对方过网的球时更是如此，就连自己将球击过网的发球技术，也是将球先抛在空中后才能击球。

因此，参加排球运动的人在时间和空间感觉上得到的锻炼和提高是其他球类项目不可比拟的。

（二）技术的全面性和技巧性

在排球比赛中，任何位置的队员都要参与防守和进攻；而且在大多数形式的比赛中，规则还要求队员轮转位置。因此，每个队员都必须全面地掌握攻、防技术。由于排球比赛具有球不能落地、必须击球不能持住、同一名队员不得连续击球两次、每队击球次数又有规定等特点，决定了排球技术的高度技巧性。

（三）形式的多样性和广泛的群众性

由于排球运动对场地、设备的要求比较简单，可以在室内或室外进行，如地板、沙地、草地、雪地，甚至在水中都可以进行排球运动。目前有室内 6 人排球、沙滩排球、软式排球、气排球、墙排球、小排球、妈妈排球、公园排球、草地排球，以及专门为残疾人设计的盲人排球和坐式排球等形式。排球规则容易掌握，单人或多人都可以活动，运动量可大可小，适合于不同年龄、不同性别、不同体质、不同训练程度的人。排球是一项全面健身的运动项目，高校学生学习掌握排球运动技术有利于养成终身体育的习惯。

（四）激烈的对抗性和严密的集体性

排球比赛中，双方的攻防转换始终在激烈的对抗中进行。高水平比赛中，对抗的焦点在网上扣球上。在一场比赛中，夺取 1 分往往需要经过六七个回合的交锋。水平越高的比赛，对抗争夺也越激烈。排球比赛是集体比赛项目，除发球外，都是在集体配合中进行的。没有严密的集体配合，再好的个人技术也难以发挥，更无法发挥战术的作用。比赛中双方充分利用规则允许的 3 次击球机会，通过精心设计和巧妙配合，在瞬息间完成攻防转换和完美的战术组合。水平越高的队伍，集体配合就越严密。

在运动中，每一方都在自己的场区内通过个人技术的配合以及团结奋战的斗志争取胜利。项目的特点使长期参加排球活动者形成了良好的品格：勇敢而不鲁莽，冷静而不犹豫，灵活而不失章法，团结而不失个人风格。这种良好的品格和精神将优化参与者的文化个性，影响参与者的体育行为，甚至使他们在一生的工作和生活中都受益。排球的精神文化不仅体现在参与者的身上，而且也深入观赏者的心中。20 世纪 80 年代，中国女排队员不怕困难、忘我训练的优良作风和不畏强手、勇敢顽强的拼搏精神，给中国人民以力量、干劲和斗志，激励着人们在社会主义建设中团结奋进、努力向上。

（五）排球运动具有大众文化倾向

排球运动因其具有运动量适中的特点，适合普通人群参与其中，因此，它有着良好的大众化发展基础。同时，随着排球运动的职业化、商业化、社会化，排球不仅仅是排球运动员表演的一项体育运动，也是市场中一种成熟的文化产品。这种产品源于丰富的大众文化土壤。随着排球运动的改革，竞技排球已经演绎成大众排球，特别是软式排球、沙滩排球的兴起，使排球家族越来越大。软式排球让小学生和中老年人在运动中理解了生命在于运动的真谛。沙滩排球让人们找到了回归大自然的感觉。排球的大众消费使排球从竞技单一化向竞技与娱乐的二元化方向发展，排球大众文化的兴起是一种必然的趋势。

（六）排球运动具有特殊的运动魅力

在观赏排球比赛时，人们都可以从刁钻的发球、敏捷的防守、巧妙的二传、凶狠的扣杀和坚如磐石的拦网等中体会到排球带来的美好感觉，每一项技术所蕴含的高度技巧都体现出运动员的动作美。排球场上队员相互鼓励、团结和谐的作风和胜不骄败不馁的精神，让人为之赞叹、为之喝彩。严密娴熟的配合、快速多变的立体进攻，又会让人们为运动员巧妙灵活的战术拍案叫绝。排球运动中各项击球动作的短暂性和空间多变的新鲜感，体现出运动技术的灵活性和技巧性，吸引了众多体育爱好者参与，并亲自体会每一个细小的动作、每一次严密的配合所带来的运动快乐感和成就感。特别是在沙滩排球和软式排球比赛中，蔚蓝的天空、松弛的沙地和柔软的球体，使人更接近大自然、更容易获得运动乐趣。

第二节　排球运动技术训练实践

排球运动的基本技术是指在排球规则允许的条件下，符合人体运动科学原理，能充分发挥身体潜在能力，合理而有效的各种特定的击球动作，其是排球运动的基础和主要组成部分。排球技术主要由手法和步法两部分组成。排球的基本技术动作包括准备姿势与移动、发球、传球、垫球、扣球和拦网。除准备姿势和移动外，每项排球技术都由击球前动作、击球动作和击球后动作组成。

一、准备姿势和移动

准备姿势和移动是排球的无球技术，是完成发球、垫球、传球、扣球和拦网等各项有球技术的前提和基础。

（一）基本技术

1. 准备姿势

准备姿势是在进行移动和各种击球动作前所做的合理的身体姿势。它是为移动和击球做好充分的准备，为更快捷、准确地完成击球动作创造条件。按照身体重心的高低，准备姿势可分为稍蹲准备姿势、半蹲准备姿势和低蹲准备姿势三种。稍蹲准备姿势用于来球速度较慢、弧度较高的传球、垫球和准备接应的助跑；半蹲准备姿势用于接大力发球和扣球使用；低蹲准备姿势用于防守靠近球网的球和拦网。

（1）半蹲准备姿势

动作方法：两脚前后或平行开立，比肩稍宽，脚尖适当内收，脚跟稍提起，两膝关节弯曲，膝部的投影线落在脚尖上前，上体前倾，重心靠前。两臂放松自然弯曲，双手置于腹前注视来球，两脚微动，全身处于待发状态（图 11-1）。

动作要求：屈膝提踵，含胸收腹，微动。

图 11-1

（2）稍蹲准备姿势

稍蹲准备姿势比半蹲准备姿势重心稍高，动作方法相同（图 11-2）。

图 11-2

（3）低蹲准备姿势

两脚前后、左右距离要更宽一些，两脚跟提起，后脚跟稍高，身体的重心应落在两脚的内侧，两膝弯曲度要比前两种准备姿势大，近似全蹲，手臂前伸或置于胸腹前（图 11-3）。

图 11-3

2. 移动

移动是指从起动到制动之间的人体位移。移动的作用是及时接近球，保持好人与球的位置关系，以便合理完成击球。是否能及时地移动到位，是完成技术的关键。移动是由起动、移动步法和制动三个环节完成的。

（1）起动

动作方法：在准备姿势的基础上，迅速收腹，使身体重心倾向移动方向，同时异侧腿迅速蹬地，使整个身体急速向来球方向起动。

动作要求：抬腿蹬地，破坏平衡。

（2）移动步法

并步与滑步：（以向前为例）后腿蹬地，前脚向来球方向跨出一步，后腿迅速跟上做好击球准备。连续并步就是滑步，当来球距身体一步左右可采用。

交叉步：（以右交叉为例）上体稍向右转，左脚从右脚前面向右交叉迈出一大步，同时身体转向来球方向，保持击球前的姿势（图 11-4）。

1 2 3 4

图 11-4

制动是移动的结束，也是击球动作的开始。在快速移动后，为了保持稳定的击球姿势，必须经过制动，克服身体移动的惯性，以便完成下一个击球动作。常用的制动方法主要有两种：

①一步制动法。一步制动时，在移动最后跨出一大步，同时降低重心，膝部和脚尖适当内转，全脚掌横向蹬地，以抵住身体重心继续移动的惯性力，并以腰腹力量控制上体，使身体重心的垂直线停落在脚的支撑面以内。

②两步制动法，即以最后第二步开始做第一次制动，紧接着跨出最后一步做第二次制动。

（二）练习方法

1. 原地跑步，听到或看到信号后立即做半蹲准备姿势。
2. 围着圆圈跑步，听到口令后，向前跨出一步做半蹲准备姿势。
3. 两脚开立，听口令向前、后、左、右做一步、两步的移动。
4. 在排球网下做 3 米或 6 米的横向往返移动。
5. 面对球网，做交叉步和滑步练习。
6. 结合球移动练习：两人一组，间隔 2～3 米，一人抛球（前、后、左、右），另一人移动对准球，双手在脸前上方接住球，连续进行若干次后交换；两人间隔 6 米，各拿一球，同时把球滚动向对方体侧 3 米左右处，接住球后再滚回给对方，连续进行若干次。

二、发球

发球是比赛的开始，也是进攻的开始。发球可以直接得分或破坏对方进攻战术的组成，可以起到先发制人的作用。而发球失误将直接失分。发球技术可分为正面上手发球、正面上手发飘球、勾手发飘球、正面下手发球、侧面下手发球、跳发球和高吊球等。下面介绍几种发球技术动作（以右手发球为例）。

（一）基本技术

1. 正面上手发球

采用正面上手发球时，发球队员由于面对球网，便于观察对方，发球的准确性大，落点容易控制，并能充分地利用转体、收腹动作带动手臂加速挥动，运用手腕的推压作用，可以加大力量和速度，具有一定的攻击力（图 11-5）。

图 11-5

（1）准备姿势：队员面对球网，两脚自然开立，左脚在前，右脚在后，左手持球于体前。

（2）抛球：用抬臂和手掌的平托上送，将球平稳地垂直抛向右肩前上方（也可用双手抛球），高于击球点 2～3 球的位置。

（3）挥臂击球：球抛起的同时右臂抬起，屈肘后引，肘部与肩平，手掌自然张开，上体稍向右侧转动；抬头、挺胸、展腹，重心移向右脚。利用蹬地使上体向左转动，同时收腹，带动手臂挥动。手臂挥直在右肩的前上方最高点，以全手掌击球的后中下部。击球时，手指自然张开与球吻合，手腕迅速、主动地做推压动作，使球呈前旋飞行。击球后，重心随之前移，迅速进场比赛。

正面上手发球动作要领：送抛右肩前上方，垂直上抛 1 米远；转体收腹带挥臂，弧形鞭打加速快；全掌击球中下部，手腕推压球上旋。

2. 正面上手发飘球

这是一种发球时不使球产生旋转，而使球不规则地向前飘晃飞行的发球方法。这种球使接发球队员难以判断球的飞行路线和落点。发球队员由于面对球网站立，便于观察瞄准，准确性较高，容易寻找对方的弱点（图 11-6）。

（1）准备姿势：队员面对球网，两脚自然开立，左脚在前，右脚在后，左手持球于体前。

（2）抛球：用抬臂和手掌的平托上送。将球平稳地垂直抛向右肩前上方（也可用双手抛球），高度适中。抛球比正面上手发球稍低、稍靠前些，便于手臂向前用力击球。

（3）挥臂击球：与正面上手发球一样做鞭甩动作，但击球前手臂的挥动轨迹不呈弧形，而是自后向前做直线运动。击球时五指并拢，手腕稍后仰，用掌根平面击准球体中下部，作用力通过球体重心，不使球旋转。击球瞬间，手腕、手指紧张，手型固定，不加推压动作。击球结束，手臂要有突停动作并迅速入场比赛。

图 11-6

正面上手发飘球动作要领：击球点靠前，挥臂呈直线，掌根击重心，突停球不旋。

3. 勾手发飘球

这种发球和上手发飘球一样，发出的球不旋转而是在空中飘晃不定，给接球队员造成较大的困难，同样具有较强的攻击性。发球队员由于采用侧面站位，可充分利用腰部扭转带动手臂加速挥动，使肩关节负担较小，因而较适用于远距离发飘球。

（1）准备姿势：体侧对网，两脚自然开立，左手持球于胸前。

（2）抛球：左手采用托送动作，将球平稳地抛在左肩前上方约一臂的高度。

（3）挥臂击球：击球时，右脚蹬地，上体向左转动发力，带动手臂挥动，挥动时手臂伸直，在右肩的左上方，用掌根击球的后中下部，抛球和击球动作要协调，紧密衔接。在击球前，突然加速发力。挥臂时，手臂的挥动轨迹不能始终是弧形摆动，而是在击球前的一段过程中，保持直线运动。击球点稍靠左，手触球瞬间，五指并拢，手腕后仰，并保持紧张。击到球后手臂挥动要有突停动作并迅速进入场内比赛。

勾手发飘球动作要领：抛球不宜高，抛击要协调；击球不屈腕，突停容易飘。

4. 正面下手发球

这种发球动作简单易学，准确性高，但速度慢，攻击性不强，适用于初学者（图 11-7）。

图 11-7

（1）准备姿势：面对球网，两脚前后开立，左脚在前，两膝微屈，上体稍前倾，重心偏右脚，左手持球于腹前。

（2）抛球：左手将球垂直上抛在右肩的前下方，离手约 20 厘米。在抛球之前，以肩为轴向后摆动。右臂伸直以肩为轴后摆，身体重心适当后移。

（3）击球：借右脚蹬地的力量，身体重心随着右手向前摆动击球而移到前脚上。在腹前高度用全掌、掌根或虎口击球的后下方。手触球时，手指、手腕紧张，手成勺形握球。击球后，随着击球动作，重心前移，迅速进场比赛。

正面下手发球动作要领：抛球刚离手，摆动肩为轴；击球不屈肘，掌根部击球。

5. 侧面下手发球

侧面下手发球动作简单易学，发球失误少，但攻击性不强，适合女生初学者用。

动作方法如下：

（1）准备姿势：左肩对网站立。两脚左右开立与肩同宽，两膝微屈，上体稍前倾，左手持球于腹前。

（2）抛球：左手持球由小腹前高度将球垂直上抛在身体的下前方，离手高度约 30 厘米，离身约一臂距离，同时右臂摆至右侧后下方。

（3）击球：抛球引臂后，利用右脚蹬地和向左转体的动作，带动右臂迅速向前挥动，在体前腹部高度用虎口或全掌击球后下方。击球后，身体应转面向球网，并顺势入场（图 11-8）。

图 11-8

（二）练习方法

1. 徒手模仿练习

按照动作要领，做徒手模仿练习，或做击打悬吊在适当高度的固定球练习。体会身体的协调用力和挥臂路线以及击球时手的感觉。

2. 抛球练习

左手持球上抛，根据发不同性能的球，抛球的高度和落点要合适。要求掌心向上，平稳向上抛起，使球不旋转。

3. 发球练习

（1）不隔网或对墙的发球练习。间隔 10 米左右，不隔网发球或对墙发球，要做完整的发球动作，注意抛球和挥臂击球的配合，并击中球。体会发球时抛球与击球的手臂挥动配合。

(2) 隔网发球练习。两人一组，互相对发球。距离要由近到远，动作要正确，用力不要过大．要保持正确的击球点和击球部位。体会击球用力和动作的连贯性。

(3) 发球区发球过网练习。站在端线后练习发球，用力要适当，对准击球。

④发球比赛。每人轮流发相同数量的球，评比发球的成功率与准确性（发中某一区域），提高学生的学习兴趣。

三、垫球

垫球主要用于接发球、接扣球、接拦网球。按动作方法可分为正面双手垫球、跨步垫球、挡球等。

（一）基本技术

1. 正面双手垫球

(1) 准备姿势。根据球的落点，迅速移动呈半蹲姿势站立。

(2) 手形。也用来组织体侧垫球。当球接近腹前时，两手掌根紧靠，两手手指重叠后合掌互握，两拇指平行，手腕下压，两臂外翻形成一个平面（图 11-9）。

图 11-9

(3) 击球。当球距腹前一臂距离时，两臂夹紧前伸插到球下，向前上方蹬地抬臂，垫击球的后下部，身体重心随击球的动作前移。

(4) 用力。主要靠手臂上抬力量增加球的反弹力，同时配合蹬地、跟腰动作，使重心向前上方移动。两个手臂要适当放松，便于灵活控制垫球的方向和力量。

(5) 垫球部位应保持体前击球，抛球时用前臂肘关节以上 10 厘米左右桡骨内侧平面为宜（图11-10）。

图 11-10

(6) 手臂角度。根据来球的角度和要垫出的方向，运用入射角与反射角原理，通过调整手臂与地面的角度和转动左右手臂平面来控制垫球方向（图 11-11）。

图 11-11

2. 体侧垫球

球正向体侧飞来、队员来不及接球时，可用双臂体侧垫球。如球向左侧飞来，右脚掌内侧蹬地，左脚向左跨出一步，重心移至左脚上，右臂弯曲夹紧向左侧伸出，肩微向下倾斜，用向后转腰收腹的动作，配合两臂自左后方向前截住飞行的路线，用两前臂垫击来球的后下部，切忌随球向左侧摆臂击球，这样会造成球飞向侧方（图 11-12）。

图 11-12

3. 滚翻垫球

做滚翻垫球时，应快速向来球方向移动，跨出一大步，重心下降并落在跨出脚上，上体前倾，使脑部贴近大腿，双臂伸向来球方向。同时，两脚继续用力蹬地，使身体向来球的落地点方向腾出，用小臂、虎口或手腕部分击球的下部。击球后脚尖内转，以大腿外侧、臂部侧面、背部、跨出腿的异侧肩部依次着地，然后按顺序低头、收腹、团身做单肩后翻成低蹲姿势。

4. 单手垫球

当来球速度快或距离远，来不及用双手垫球时可采用单手垫击。单手垫球的优点是动作快，控制范围大。缺点是击球面小，控制能力差，多在无法用双手垫球的情况下采用。

单手垫球的手法可多种多样，在体侧宜用虎口或小臂击球，在体前可用手背平面击球。击球时，手臂要伸直，有抬击动作，把球垫起。体前的低球用手掌也可以，手腕应保持紧张，不宜屈腕。体侧的单手垫球方法是一脚迅速向侧前方跨出一大步，重心移至跨出的腿上，以跨出腿的同侧臂迅速伸出，击球的后下部（图 11-13）。

图 11-13

5. 背向垫球

大多用于接应同伴垫飞的球或将球处理过网。由于背对垫球方向，不便于观察目标和控制击球方向及落点。

背垫时，首先判断来球的落点、方向和离网的距离，迅速移动到球的落点处，背对出球方向。两臂夹紧伸直、插到球下。击球时，蹬地、抬头挺胸、展腹，直臂向后上方摆动击球。在垫低球时，也可利用屈肘、翘腕动作，以虎口处将球向后上方垫起（图 11-14）。

图 11-14

6. 低姿垫球

当来球很低，落点在身体前面一步距离时，队员深蹲降低身体重心，双手贴近地面向上垫击球。

前脚尖指向垫出方向，后脚跟离地，后腿大小腿贴紧，上体前倾，两腿要低于膝关节，两肩自然下垂向前压低，手臂贴近地面插到球下，肘部尽量下降并置于膝部内侧，双手合拢，用前臂或虎口上部击球后部，垫击时重心随球上升，给力恰到好处。如果大力来球，要稍有后撤缓冲动作；来球力量小时，可以用屈肘、翘腕动作将球垫起（图 11-15）。

图 11-15

7. 挡球

当来球较高，不便于用手臂垫击时，用双手或单手在胸部以上挡击来球的击球动作称挡球。它可分为双手挡球和单手挡球。双手挡球多用于挡击胸部以上力量大、速度快的来球；单手挡球多用于来球较高、力量较轻、在头部上方或侧上方的来球。

动作方法如下：

（1）双手挡球：手型有两种，一种是抱拳式，两肘弯曲，一手半握拳，另一手外包；另一种是并掌式，两肘弯曲，两虎口交叉，两臂外侧朝内，合并成勺形。挡球时手臂屈肘上举，肘部向前，手腕后仰，用双手手掌外侧和掌根组成的平面挡击球的后下部。击球瞬间手腕要紧张，用力适度（图 11-16）。

图 11-16

（2）单手挡球：挡球时，手臂屈肘上举，肘部向前，手腕后仰，用掌根或拳心平面击球的后下部，击球瞬间手腕要紧张，见图 11-17 和图 11-18。如球较高，还可跳起挡球。

图 11-17

图 11-18

（二）练习方法

1. 徒手模仿和垫固定球练习。原地模仿完整的垫球动作；1 人持球于腹前，另 1 人（前、后、左、右）移动做完整的垫球动作。

2. 自垫球练习。单人持球，自抛自垫。尽量把球控制在一定高度，或对墙垫球。

3. 垫击抛来的球练习。2 人一组，一抛一垫。尽量固定抛球的高度、速度及落点。掌握垫球动作后，可要求练习者前、后、左、右移动后仍做正面垫球。

4. 对垫球。2 人一组，相隔 3～4 米，做原地对垫球练习。

5. 隔网的移动垫球练习。站在球网的两侧，移动做垫击来球的练习，要求将球垫到对方场地。

四、传球

传球是排球运动中最基本、最重要的一项技术。传球是由准备姿势、迎球、击球、手形、用力 5 个动作部分组成。其中较难掌握的是触球时的手形。因为触球时手型正确与否直接影响手控制球的能力和传球的准确性，对初学者来说掌握了正确手型才能保证正确击球点和较好地运用手指、手腕的弹力。传球可分为正面传球、背传球、侧传球、跳传球等。正面传球是最基本的传球方法。因此，传球技术学习必须从正面传球开始。传球的分类：传球一般可分为正面传球、背传球、侧传球、跳传球等。

（一）基本技术

1. 正面传球

（1）准备姿势：看清来球，迅速移动到球的落点，对正来球，两脚左右开立，约同肩宽，左脚稍前，后脚脚跟稍提起，两膝微屈，上体稍前倾。两臂弯曲置于胸前，两肘自然下垂，两手成传球手形，眼睛注视来球方向。

（2）击球点：击球点在额前上方约一球距离处。

（3）传球手形：当手触球时，手腕稍后仰，两手自然张开，手指微屈成半球状。两拇指相对成“一”字形或“八”字形，两拇指间的距离不能过大，以防漏球（图 11-19）。

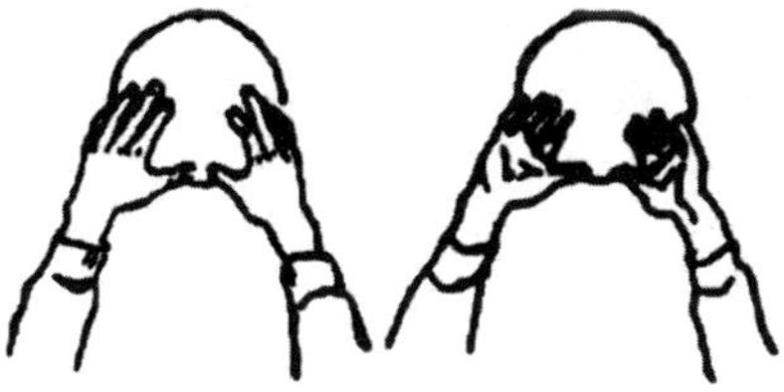

图 11-19

（4）击球用力：当来球接近额前时，开始蹬地、伸膝、伸臂，两手微张迎球，以拇指内侧，食指全部，中指的二、三指节触球的后下部，无名指和小指触球两侧。手触球时，手指和手腕保持适当紧张，以承担球的压力。用手指的弹力、手臂和身体协调的力量将球传出（图 11-20）。

2. 背传

背传的动作要领是准备姿势比正传时稍直立，身体重心在两脚之间，不前倾，双手自然抬起，放松置于脸前。当判断一传来球之后，迅速移动到球下，双手抬起，手触球时，手腕适当后仰，掌心向上，在额上方击球的下部。传球时，用蹬地、展腹、抬臂向后翻腕及手指的弹力把球向后上方传出（图 11-21）。

图 11-20

图 11-21

3. 跳传

动作要领是跳起在空中传球。跳传的起跳最好是向上垂直起跳，要掌握好起跳的时间，起跳过早或过晚都会影响传球的质量。根据一传球的高低，及时起跳，两手放在脸前，当身体上升到最高点时，靠伸臂动作和手指手腕的弹击力量将球传出。由于在空中无支撑点，用不上蹬地力量，只有靠伸臂动作将球传出，因此，必须在身体下降前传球出手，才能控制传球力量。

（二）练习方法

1. 徒手模仿传球练习。徒手模仿传球动作，做蹬地、伸展手臂的推击动作。

2. 体会手形和击球点练习。每人一球，自抛自接；2 人一组，互抛互接；1 人持球对墙10～20 厘米连续传。

3. 体会传球的协调用力练习。2 人一组，1 人按照手形与击球点推球，另 1 人单手压球，持球者用传球方法向上推送，体会全身协调用力。

4. 传固定球。1 人双手持球在额前，另 1 人用传球动作去推击。

5. 传球的完整练习。对墙传球；1 抛 1 传；连续自传；2 人对传。

五、扣球

扣球是攻击性最强的基本技术，是由被动转为主动的主要方式，也是得分的主要手段，在比赛中占有重要地位。扣球技术可分为正面扣球和自我掩护扣球两大类。正面扣球包括扣近网球、扣远网球、扣调整球和各种平、快扣球。如，平拉开、短平快、近体快、背快、背平快等。自我掩护扣球包括“时间差”“位置差”“空间差”三种。“时间差”有短平快时间差、近体快时间差、背快时间差；“位置差”有短平快错位、快球错位；“空间差”有前飞、背飞、拉四、拉三。扣球可用双脚起跳，也可采用单脚起跳，单脚起跳比双脚快，更适合扣各种快球。另外，扣球在运用时有各种变化。扣球在实战中可以灵活运用以求最佳效果。如扣直线球、扣斜线球、转体扣球、转腕扣球、扣轻球、打手出界、超手扣球、快抹、吊球、二次球等。

（一）基本技术

1. 正面扣球

正面扣球是扣球技术中最基本的一种，由于正面扣球面对网，便于观察来球和对方的防守布局，因此，在比赛中准确性较高；并能根据对方情况随时改变扣球路线和力量，控制球落点，因而进攻效果较好，是初学者必须掌握的进攻技术，下面进行重点分析。

（1）准备与判断：采用稍蹲姿势。一是要观察一传是否到位；二是要看二传的方向、弧度、速度、落点；三是选择好助跑的方向、路线、节奏，根据球的高度及运行情况考虑助跑起跳的时间、地点。助跑可以采用一步、二步、多步。

（2）助跑：助跑的作用是接近球，选择合适的起跳点，同时有利于增加弹跳高度。助跑的时机、方向、步伐、速度、节奏要根据不同来球的情况而定。以两步助跑为例：助跑时，左脚先向前迈出一步，接着右脚再迅速跨出一大步，左脚及时并上，踏在右脚之前，两脚尖稍向内转。助跑第一步小，便于对正方向；第二步大，便于接近球和提高助跑速度；最后一步要以脚跟先着地过渡到全脚掌着地，有利于制动身体的前冲力，增加腿部肌肉的紧张，提高弹跳高度。

（3）起跳：目的在于掌握扣球时间和获得扣球高度。腿部力量大的人，下蹲可深一些，反之，可浅一些。髋、膝、踝这三个关节蹬伸要充分，要有爆发力。双臂侧（或后）摆动要放松，突然加速，有利于提高弹跳高度。起跳的目的不仅在于获得高度，还为了掌握扣球时机和选好击球点。在助跑跨出最后一步的同时，两臂经体侧后引，自后积极向前摆动，随之以腿蹬地向上起跳，两臂加速上摆配合起跳。手摆的速度越快越及时，对起跳的高度越有帮助。两臂的摆动可根据扣球技术需要及本人习惯，采用不同摆臂方式。在助跑制动后向上摆臂的同时，两腿从弯曲制动的最低点，猛力蹬地向上起跳。双腿的弯曲程度，可依每人腿部力量或习惯不同而有所差异，但整个动作要协调、连贯，具有强烈的爆发速度（图 11-22）。

（4）空中击球：起跳腾空后，身体呈反弓状，扣球手同侧肩后摆带动上体绕中轴转动，预先拉长收腹、收胸肌群。击球时从上体相向运动开始，猛烈收腹、收胸带动上臂屈肘，向前上方鞭甩伸直肘关节，最后通过屈腕、屈指、收肘把球猛力击出。击球是扣球的关键，其动作的好坏直接影响扣球的质量。起跳后，挺胸展腹，上体向右转，右臂向后上方抬起，身体呈反弓形。挥臂时，以迅速转体，收腹动作发力，依次带动肩、肘、腕各部关节成鞭甩动作向前上方挥动，使全身的用力依次叠加传递，最后集中在手上，以加大击球力量。触球时，五指微张成勺形，并保持紧张，以全手掌包满球，同时主动用力屈腕、屈指向前积极推压下甩，使扣出的球加速上旋。击球部位应根据人与球的关系、人与网的距离及球的高度来确定。击球点在起跳的最高点和手臂伸直最高点的前上方，击球结束后应注意避免触网。

图 11-22

(5) 落地：为了避免腿部负担过重，应力争双脚同时落地。着地时以前脚掌先着地再过渡到全脚掌落地。同时顺势屈膝，以缓冲下落力量，并立即准备好做下一个动作。

2. 扣快球

快球是我国传统的打法，特点是时间短、速度快、隐蔽性强、突然性大，能起到攻其不备的作用。扣快球对一传要求很高，必须在一传到位的情况下，扣球队员随一传得球同时助跑到网前，在二传队员传球前或传球的同时起跳，并迅速挥臂击球，以造成对方来不及拦网的扣球。扣快球时，助跑距离短，节奏快，助跑角度一般与网成 45°，上体和挥臂动作的振幅小，主要利用前臂和手腕加速甩动击球。扣上升期的球时应在球传出之前就开始挥臂，球出网口时正好挥击。要求初学扣快球者一定要牢记：在一传到位的情况下，随球助跑，球起人跳，高点击球或出网击球以及高抬肘快下手动作要领。

3. 调整扣球

在一传不到位的情况下，为了不失进攻机会，可进行调整扣球。其技术动作和正面扣球基本相同，但难度较大。要求扣球队员能适应来自不同方向、角度、弧度、速度的球，以灵活的步伐、良好的弹跳、准确的空中动作，调整好人与球的位置，根据与网的距离运用不同的手法，控制球的力量、旋转、弧度、路线和落点。掌握好调整扣球也是为运用后攻技术打下良好的基础。

(二) 练习方法

(1) 助跑起跳练习。原地双足起跳练习；原地一步、二步起跳练习。体会步法与摆臂的配合方法。

(2) 挥臂击球手法练习。原地徒手模仿扣球挥臂练习；原地扣固定球练习；自抛自扣练习；2 人一组，1 人传球，1 人站在原地做扣球练习。

(3) 完整扣球练习。助跑扣固定球练习；助跑后接住抛在空中飞行的球；上网扣抛球练习；结合传球做扣球练习。

六、拦网

拦网是排球比赛中防守的第一道防线，可减轻本方后排防守压力的防守技术。同时，它也是一项进攻技术，可以直接拦死、拦回、拦起对方的扣球，是反攻的重要环节，也是得分的重要手段。因此，拦网是具有攻防双重性的技术。拦网技术是由准备姿势、移动、起跳、空中动作和落地五个衔接技术组成。它基本的技术是单人拦网。

（一）基本技术

单人拦网的动作简单易学，但在比赛时运用技术取得效果难度较大（图 11-23）。

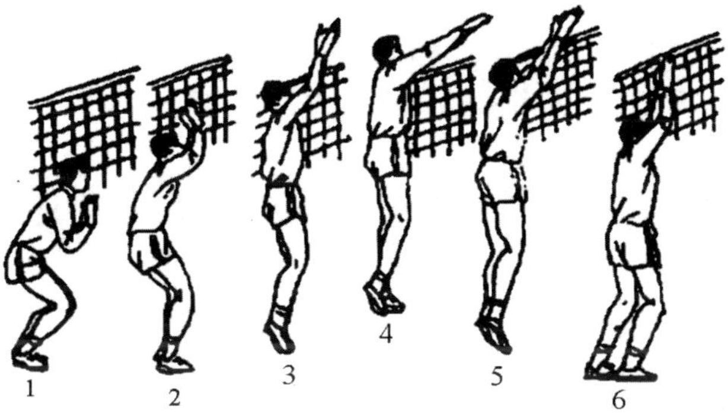

图 11-23

1. 准备姿势：面对球网，两脚平行开立，约与肩同宽，两膝稍屈，两手自然弯曲置于胸前，密切注视对方动向，随时准备移动和起跳。

2. 移动：根据不同情况可灵活运用并步、跨步、滑步、交叉步、跑步等各种步法移动至拦网位置，准备起跳。

3. 起跳：移动后使身体正对球网起跳，或在起跳后身体空中转向球网。如采用原地起跳，则两脚用力蹬地，两臂在体侧划小弧用力上摆，带动身体垂直起跳。起跳后挺胸收腹，控制平衡，延长滞空时间。如采用移动起跳，要注意移动后的制动，使移动的起跳动作紧密衔接。

4. 空中击球：起跳后稍收腹，两手经由脸前向网上沿前伸直，向上提肩使手、手臂尽量伸向对方上空。在拦击球时，两手自然张开，两手掌凹成勺形，见图 11-24；当手触球时，两手要突然紧张抖腕，用力捂盖球前上方，见图 11-25；拦击时根据对方扣球线路变化，两手在空中向球变线方向伸出。外侧手掌心在拦击球时内转包球，如图 11-26 所示。

图 11-24

图 11-25

图 11-26

5. 落地：拦球后要做含胸制动动作，以保持身体的稳定性，落地时屈膝缓冲，及时准备下一个动作。

（二）练习方法

1. 徒手模仿练习。面对球网徒手做拦网的模仿练习，或两人隔网起跳互相触手，体会完整动作。要求手型正确，手指自然张开。

2. 原地拦网练习。2人1组，1个抛球，1个跳起拦网；拦防对方原地的扣球。

3. 移动起跳拦网练习。移动起跳拦击隔网固定球，移动起跳拦击定点扣球，体会用手包住球的动作。

4. 双人拦网练习。在掌握单人拦网技术后，可组织双人原地起跳配合拦网；双人移动后起跳配合拦网；对方组织进攻，本方前排双人或三人互相配合组成集体拦网。

第三节　排球运动战术训练实践

一、阵容配备

（一）四二配备

四二配备是指场上有四个进攻队员和两个二传队员。其优点是便于组织“中一二”进攻战术，若二传手攻击力量强，每一轮都可以采用“插上”进攻战术。缺点是每个进攻队员都必须熟悉两个二传队员的传球特点，配合较困难。

（二）五一配备

五一配备是指场上有一个二传队员和五个进攻队员。其优点是进攻力得到加强，全队进攻队员只需要熟悉一个二传，配合上容易建立默契，由二传做出战术决定，便于统一指挥。缺点是有三轮只有两点进攻，二传体力消耗较大。

（三）三三配备

三三配备是指场上有三个进攻队员和三个二传队员。进攻队员与二传队员间隔站位。每一轮次的前排都能保持一至两个进攻队员和二传队员，适合初学的队采用，但进攻能力显得不足。

二、进攻战术

进攻是力争主动，夺取比赛胜利的重要手段。排球战术中最基本的进攻战术有“中二传”“边二传”战术配合。

（一）“中二传”进攻战术

“中二传”进攻战术的基本配合方法是由前排或后排队员在前排中间3号位担任二传，组织其他队员进行进攻的阵形。包括前排 3 号位队员担任二传的阵形“中二传”阵形和后排插上成“中二传”两种形式，在这里主要介绍前一种阵形。

前排队员在 3 号位担任二传的进攻阵形也称“中一二”进攻阵形。这种阵形二传队员在中间，一传目标明确，比较容易到位，有利于组织进攻；但战术配合方法较少，进攻点少，战术的突然性和攻击性不强，多适于队员技术水平不高，且没有掌握其他较复杂的进攻战术的球队采用（图 11-27）。

图 11-27

（二）“边二传”进攻战术

“边二传”进攻战术的基本配合方法是由一名前排或后排队员在前排 2 号位作二传，组织其他队员参与进攻的阵形。它包括前排队员在 2 号位担任二传的“边二传”阵形和后排插上成“边二传”两种形式。在这里介绍前一种阵形。

前排队员在 2 号位担任二传的进攻阵形也称“边一二”进攻阵形。这种阵形由于二传站在边位，对一传的要求较高；它可以组织多变的战术配合，它的突击性和攻击性程度要比“中一二”进攻战术强（图 11-28）。

图 11-28

三、防守战术

防守战术可分为：接发球防守战术、接扣球防守战术、接拦回球防守战术和接传、垫球防守战术。下面介绍接发球防守战术和接扣球防守战术。

（一）接发球防守战术

在接发球防守战术中，基本的站位阵形是采用 5 人接发球和 4 人接发球。

1. 5 人接发球阵形及变化

（1）“W”站位阵形：5 名队员分布均衡，前面 3 名队员接前场区的球，后排 2 名队员接后场区的球，也称“一三二”阵形（图 11-29）。

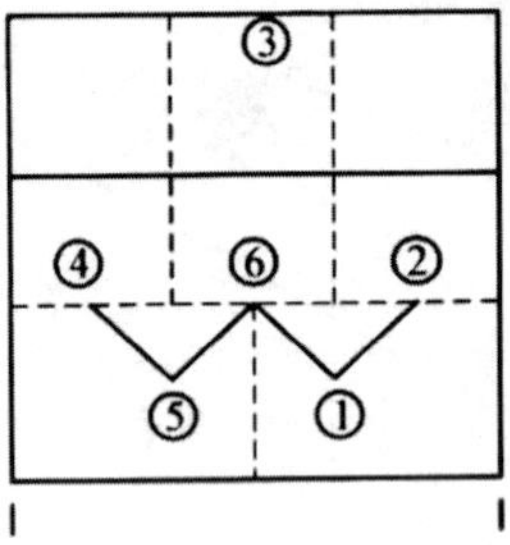

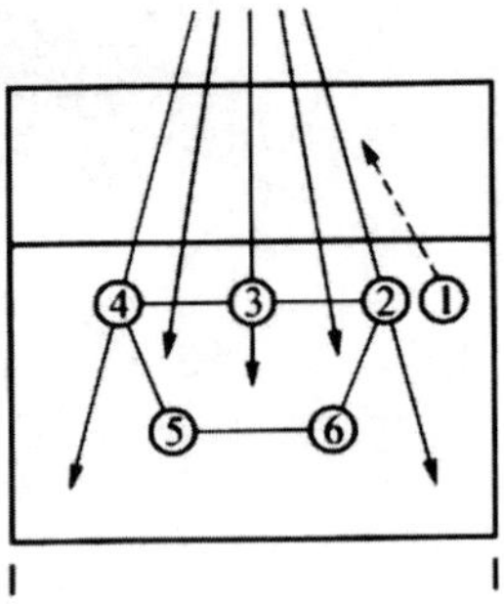

图 11-29

（2）“M”站位阵形：也称“一二一二”站位，前面 2 名队员接前区球，中间队员接中区球，后面 2 名队员接后区球。

（3）“一”字站位阵形：5 名队员“一”字形排开，左右距离较近，每人守一条线。

2. 4 人接发球阵形

4 人接发球主要适用于后排插上进攻战术。这类阵形中最具代表性的为“U”形站位阵形。这种站位方法是 4、2 号位队员站在边线附近，后排两名队员站在前排两名队员之间，四人的站位形成一个“U”的弧形（图 11-30）。

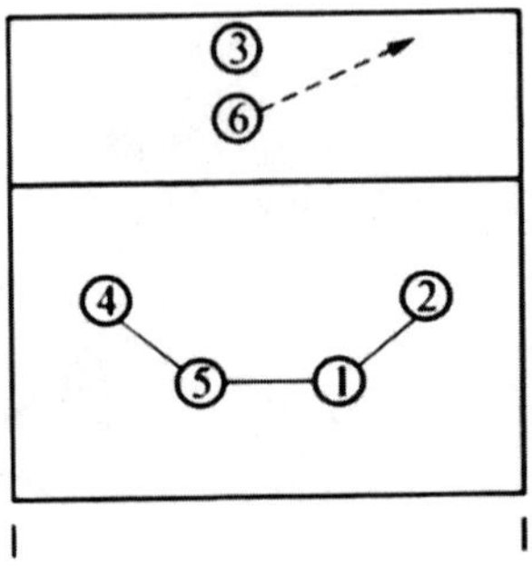

图 11-30

（二）接扣球防守战术

接扣球的防守，是由前排拦网、后排防守两道防线组成。根据参加拦网人数不同可分为：无人拦网防守阵形、单人拦网防守阵形、双人拦网防守阵形。

1. 无人拦网防守阵形

这是一种初级、最简单的防守战术形式。适于初学排球的队伍或在对方无力进攻时采用。它根据二传队员所取的位置不同，有两种站位阵形变化。

（1）采用“中一二”进攻战术，3 号位队员为二传时，由 6 号位跟进与 3、2 号位队员共同防守前场，其他队员防守后场（见图 11-31-1）；或者由靠近进攻点的 4、2 号与 3 号位队员配合共同防守前场，其他队员防守后场（见图 11-31-2、11-31-3）。

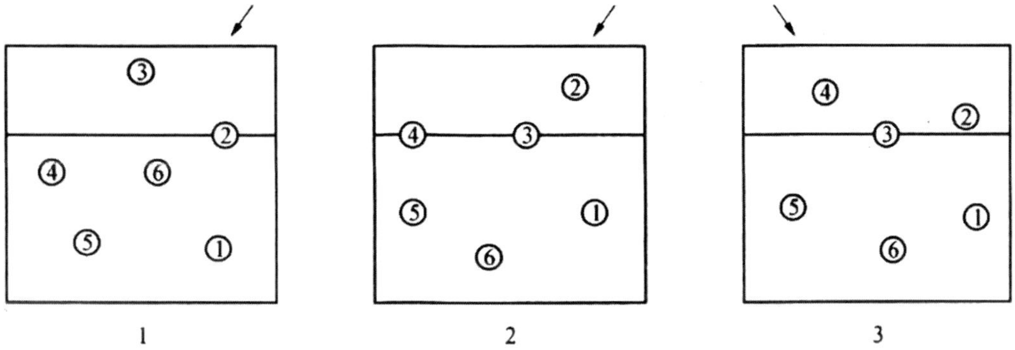

图 11-31

（2）采用“边一二”进攻战术，2 号位队员为二传时，以 3 号位队员突前与 2 号位队员共同防守前场吊球，其他队员防守后场（图 11-32）。

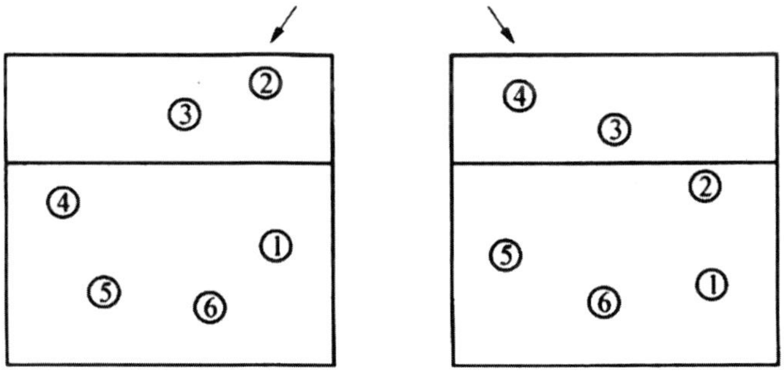

图 11-32

2. 单人拦网防守阵形

在对方进攻威力不大，路线变化不多时，一般采用单人拦网防守阵形。

（1）根据对方进攻点的不同，由本方对应位置上的前排队员进行拦网的防守阵形（图 11-33）。

（2）固定 3 号位队员拦网的防守阵形。无论对方从任何位置进攻，均由 3 号位队员拦网（图 11-34）。

3. 双人拦网防守阵形

当对方进攻威力较大，路线变化较多，应采用双人拦网防守战术。它基本的阵形变化有“心跟进”与“边跟进”两种。

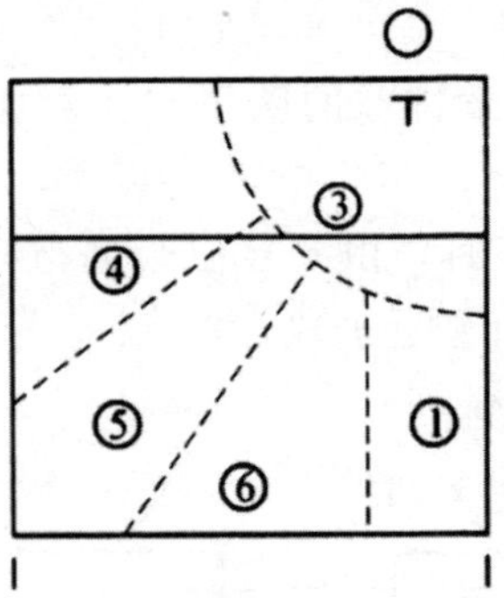

图 11-33

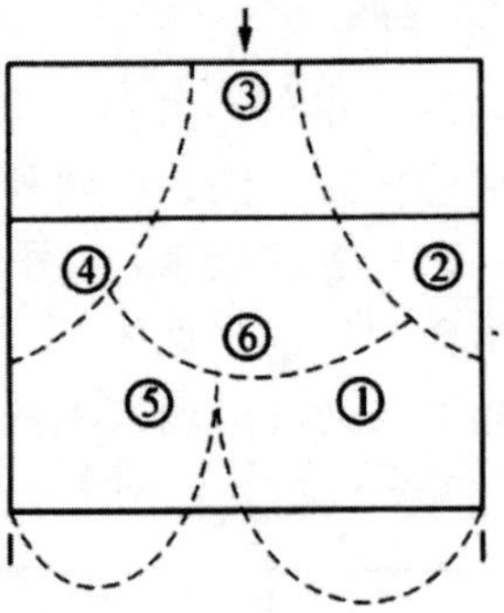

图 11-34

(1)“心跟进”防守战术阵形：多在对方以扣吊结合为主进攻时，为了解决空心问题采用的，它是固定由后排中心的 6 号位队员在本方拦网时跟在拦网队员之后进行保护、防吊球的防守阵形（图 11-35）。

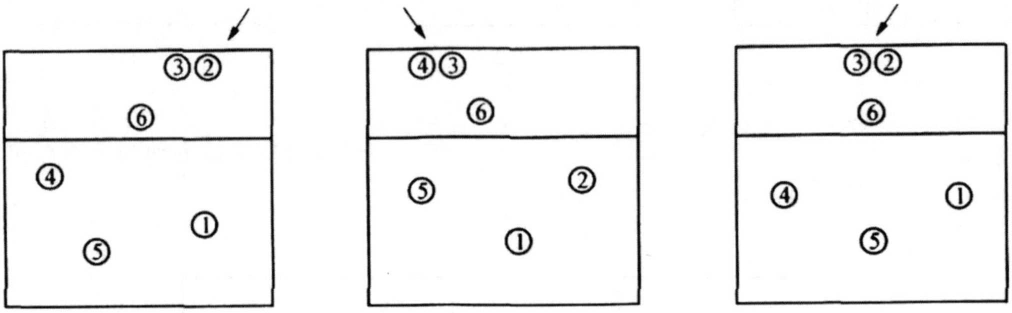

图 11-35

(2)“边跟进”防守战术阵形：它是由 1 号或 5 号位队员跟进保护的防守形式。如对方从 4 号位进攻，则由本方 2 和 3 号位队员组成双人拦网，1 号位队员后撤至进攻线附近保护，4 号位队员后撤至进攻线以后防守斜线进攻，与后排队中形成面对进攻点的弧形防守区的防守阵形（图11-36）。

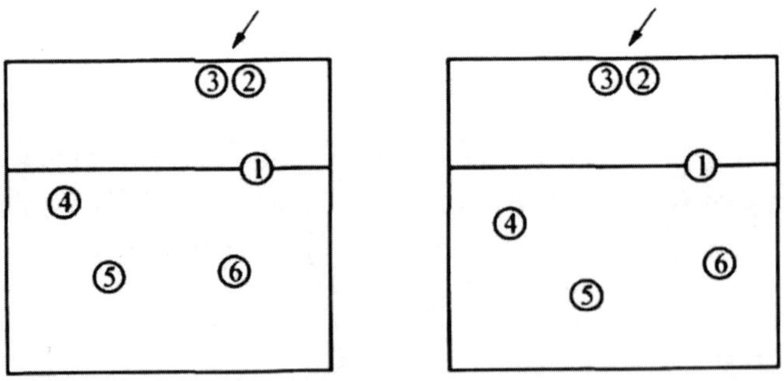

图 11-36

第十二章　校园网球运动训练实践指导

第一节　网球运动基本理论综述

一、网球运动的起源与发展

（一）网球运动的起源

法国是网球运动的起源地。早在12—13世纪，法国传教士常常在教堂的回廊里用手掌击打一种类似小球的物体，以此来调节教堂生活。随后，法国宫廷的王室贵族接受了这种活动，并将其作为娱乐游戏。起初，这种游戏只能在室内进行，后来在室外一块开阔的空地上，将一条绳子架在中间，两边各站一人，双方用手来回击打一种裹着头发的布球。

14世纪中叶，击打布球游戏便传入了英国。英国人称这种球为“Tennis”，并流传至今，因此网球的专用语也就固定为“Tennis”。

15世纪，这种游戏击打球的方法发生了改变，人们不再用手掌击球而是改用板拍打球，一种用羊皮纸做拍面的卵形球拍很快出现了。当时这种球拍并不美观，拍柄也较重，但与用手掌击球的方法相比，无疑是一种极大的进步。同时，场地中央的绳子也换成了网。因此许多贵族对这种游戏产生了兴趣。而网球运动通常称为“宫廷网球”和“皇家网球”，便是由于这种活动只是流行在法国和英国宫廷中。

16—17世纪，网球运动经历了由单纯的游戏向竞技比赛的转变，专门的球场和相应的比赛规则也应运而生。

18世纪，网球运动在各阶层中开展起来。到了19世纪，网球成为欧美盛行的一项运动。1873年，英国人温菲尔德把草坪作为网球的场地，他还出版了《草地网球》一书，书中提出的网球打法已接近于现代网球。1874年，又对球网的大小和高低做了进一步的规定，在英国创建了草地网球比赛。1875年，英国板球俱乐部修订了网球比赛规则后，于1877年7月举办了第1届温布尔顿草地网球锦标赛。后来这个组织又把场地定为23.77米×8.23米的长方形，球网的中央高度为99厘米（以前高度是2.134米），并确定了每局采用15、30、40……的记分方法。1884年，英国伦敦玛丽勒本板球俱乐部又把球网中央的高度定为91.4厘米。至此，现代网球运动正式出现，并很快在欧美盛行起来，成为一项深受欢迎的室外体育运动。

1877年，在伦敦郊外温布尔顿举行的男子单打比赛是最早的国际网球比赛。网球的男子单打与双打在1896年雅典举行的第1届奥运会上被列为正式比赛项目。后来，由于国际奥委会和国际网球联合会在“业余运动员”的定义上有争议，网球比赛项目在七届奥运会连续进行后被取消，直到1984年洛杉矶奥运会，网球运动才被列为表演项目，1988年的汉城奥运会上，网球重新又被列为正式比赛项目。

（二）网球运动的发展

1. 国外网球运动的发展

16—17世纪，网球活动在法国和英国宫廷颇受欢迎，这也是网球运动发展中的鼎盛时期。当时，人们对于用手击球的游戏感到厌倦，便想出了用板拍和球拍作为替代。起初，皇室贵族用一种介于驾驶手套和棒球手套之间的皮制手套击球，后来，手套逐渐演变成板拍，而板拍由蒙着羊皮的木制球拍代替。同时，场地中间的绳子，增加了许多的短绳子，直至17世纪初，场地中间的绳帘才改成小方格网子，并且球拍也改成穿线的球拍。伴随着球拍的变化，球也随之发生变化。最初的球是由羊毛和麻制成，很柔软。球拍出现后，又出现了一种比较结实用皮革充填锯屑和细砂制成的球。后来出现了穿线球拍，于是人们便用皮革、棉、麻缠在一起并在接缝处缝合起来的球，并根据场地的背景，把球分黑、白两色。直到1845年，用橡胶制成的网球的出现，才给网球运动带来了一次革命。

1858年，英国人哈利·梅姆在伯明翰建造了一个“网球场”，促进了早期网球游戏的开展。然后他又于1872年建造了莱明顿网球俱乐部，扩大了网球游戏的影响。

1873年，英国人温菲尔德改进了早期的网球打法，并取名为“草地网球”。他还于同年出版了一本《草地网球》，书中详细介绍了此项运动，于是草地网球取代了板球成为英国最流行的室外活动，温菲尔德因此被誉为“近代网球之父”。

1874年，在英属百慕大度假的美国人玛丽·奥特布里奇女士将网球器材带回纽约，在纽约附近斯特誉岛的一个板球和棒球俱乐部的草坪上建起了网球场。网球运动传入美国后，很快在纽约、新港、波士顿、费城等大城市开展起来。两次世界大战期间，网球赛事在世界各国都停止了，唯独美国没有受到影响，反而取得了惊人的发展。

1875年，随着网球运动在8字形球场上的进一步开展，全英槌球俱乐部在槌球场边另设了一片草地网球场。紧接着，古式网球的权威组织者玛利博恩板球俱乐部为这项运动又制定了一系列详尽的规则。

1877年，全英槌球总会改名为全英槌球和草地网球总会，由亨利·琼斯担任裁判，并与其他三名会员修订网球规则。当时决定球场为长方形，长23.77米（78英尺），宽8.23米（27英尺），发球线离网7.92米（26英尺），网中央高度为0.99米（3英尺3英寸）。发球员发球时，脚可站在端线前，另一脚站在端线后，发球失误一次而不判失分。采用古式室内网球的0、15、30、40每局计分法。可以说，亨利·琼斯是现代网球的奠基人。新的规则修订完成后，在英国伦敦郊外的温布尔顿建造了几片新的草地网球场，并在同年7月，举办了首届草地网球锦标赛，即第1届温布尔顿锦标赛，共有22名男选手参加，现代网球运动诞生。

1878年，人们又对规则和场地进行了修改。增加了双打，场地两边各增加1.37米（4英尺6英寸），发球线距网的距离缩短，从原来的7.92米（26英尺）修改为现在的6.40米（21英尺）。

从 1878 年以后，草地网球由英国的移民、商人或驻军传至全球，如加拿大（1878 年）、瑞典（1879 年）、印度和日本（1880 年）、澳大利亚（1880 年）、南非（1881 年）。

1881 年，世界上第一个全国性网球协会，美国全国草地网球协会（“全国”两字于 1920 年取消）宣告成立，并统一了网球规则。该协会于当年 8 月 31 日至 9 月 3 日，在罗得岛纽波特港举行了第 1 届美国草地网球锦标赛，设有男子单打和男子双打两项，参加比赛的有 26 人，采用温布尔顿的比赛规则。

1882 年，人们又将网高降至现在的高度，中央为 0.914 米（3 英尺），两端为 1.07 米（3 英尺 6 英寸）。从那时起，网球场地的面积规格及球网的规格保持至今。

近代网球运动诞生后，迅速传至世界各地。除英国、法国、美国外，加拿大、德国、比利时、捷克斯洛伐克、瑞典、澳大利亚、斯里兰卡、南非、印度、日本等国的网球运动都得到较快发展。各国的网球赛事日趋频繁，网球协会相继成立。

1884 年，在温布尔顿网球锦标赛中第一次增加了女子单打项目，共有 13 名女选手参赛，玛蒂·沃森技压群芳夺得冠军。

在 19 世纪 90 年代中期，网球进入了初步发展的阶段，许多国家和地区组织成立了网球协并定期举办比赛。

1896 年，在第 1 届奥运会上，网球就被列为正式比赛项目，后来由于国际奥委会和国际网球联会在“业余运动员”的定义上有分歧，国际奥委会取消了奥运会中的网球项目。

1984 年，在第 23 届洛杉矶奥运会上，网球比赛被列为表演项目，1988 年，在汉城奥运会上，网球又重新被列为奥运会正式比赛项目。

1913 年 3 月 1 日，世界网球的最高组织——国际网球联合会在法国巴黎正式成立。国际网球联合会的成立，是网球运动发展史上的重要里程碑，为世界范围内网球运动的进一步发展开辟了广阔前景。

20 世纪 20—30 年代是网球的黄金时代，网坛上出现了许多有史以来最优秀的选手。其中一个就是美国的唐·巴基一连包揽了澳大利亚、法国、温布尔顿和美国网球公开赛的冠军，成为历史上第一个获得大满贯的选手。第二次世界大战后，澳大利亚和美国的选手在网坛上独领风骚，并把网球技术发展到更高的水平。双手握拍击球技术被普遍采用，比赛时间越来越长，争夺越来越激烈。

自 20 世纪 70 年代以后，网球运动在世界也得到了空前发展。网球运动发展较快的主要原因有如下两点：首先，科技在球拍等器材制造中的应用，促进了先进器材的生产、技术水平的提高，也造就了一批年轻的优秀选手。其次，允许职业选手参加温布尔顿等锦标赛，开创了职业网球巡回赛的先河，取消了职业选手与业余选手的界限，增加了大赛的激烈程度和热烈争夺的气氛，增强了广大网球爱好者从事该项运动和观看的热情，同时也提高了评论网球比赛的积极性，从而促进了网球运动向前发展。在美国、法国、英国、德国、瑞典、澳大利亚、俄罗斯等一些网球强国中，人们对网球运动的热情与日俱增。

在世界体坛所有的运动项目中，网球比赛是较为频繁和活跃的。特别是从 1968 年规定业余和职业选手都可参加同一比赛之后，网球比赛的次数、名目就更多了。锦标赛、大奖赛、公开赛、挑战赛、巡回赛、总决赛等各种赛事几乎每周都会举行。

近年来，网球运动在全世界进一步普及，很多国家都涌现出世界级球星，打破了美国、澳大利亚等少数国家一统天下的局面。

进入 21 世纪，随着网球运动的不断发展，各种协会组织成立，网球向着职业化、商业化的方向发展，竞争也随之加强。网球运动以其魅力赢得越来越多的爱好者和参与者。

2. 我国网球运动的发展

1885 年前后，网球运动开始由外国的商人和传教士传入中国，先是在上海、广州等大城市出现，后来一些教会学校也开展起这项运动，如北京汇文学校、通州协和书院、上海圣约翰书院、广州岭南学校以及香港的教会学校，但是参与的人仅限于上流社会人士和少数学校师生。

1898 年，中国网球史上最早的校内比赛是在上海的圣约翰书院举行的斯坦豪斯杯赛。

1906 年，北京汇文学校、协和书院、清华学校、上海圣约翰大学、南洋公学、沪江大学，以及南京、广州、香港的一些学校开始举行校际网球赛，这些都促进了网球运动在中国的传播。

1910 年，中国举行第 1 届全运会，网球被列为正式比赛项目，并在随后的七届全运会上都被列为正式的比赛项目，但是只允许男子参加。

1913 年，远东运动会设立，网球列入比赛项目，后历届均设。

从 1915 年第 2 届远东运动会起，中国开始派运动员参加，至 1934 年共参加了 9 届。

1917 年 2 月，中国图书公司出版了孙掞著的《网球术》。该书包括网球沿革、球场、用具、比赛方法、各种击球法等内容，是中国最早的网球理论专著，其问世促进了中国网球运动的开展。

1923 年起，中国还派运动员参加了第 6 届至第 10 届远东运动会的女子网球表演赛。当时，中国网球局限在少数有钱人的圈子里，水平不高。

1924 年，中国首次参加了温布尔顿网球锦标赛。中国运动员邱飞海进入了第二轮。这也是中国运动员最早参加的四大网球公开赛（温网、美网、法网、澳网）。

1928 年，中国开始从旅美留学生中选派球员参加戴维斯杯比赛。由于旧中国的网球运动不普及，技、战术水平较低，因此虽先后 6 次派队参加戴维斯杯赛，却多在第一、二轮就被淘汰。

1938 年，中国网球运动员许承基作为第 8 号种子参加了第 58 届温布尔顿网球锦标赛，在男子单打中进入第 4 轮，这是之前中国运动员参加温布尔顿网球赛史上取得的最好成绩。另外，他还蝉联了 1938 年和 1939 年英国硬地网球锦标赛的两届单打冠军。

我国网球运动起点低、基础差，中华人民共和国成立后，在党和政府的重视和关怀下，网球运动得到了空前发展，网球运动技术水平也在不断提高。

1953 年，成立了中国网球协会，由吕正操担任主席，并于同年在天津首次举行了全国网球比赛。

1956 年，举行了全国网球锦标赛。此后，每年都举办全国性网球比赛。从 1958 年起，增加了青少年网球比赛。

1956 年，中国网球协会正式成立，孙耀华当选第一任主席。之后我国网球队加强了与国际间的交往，先后出访了许多国家和地区，并积极组队参加各种国际比赛，取得了较好的成绩。后来全国网球等级联赛定期举行，并实行升降级制度，还定期举办全国网球单项比赛、全国硬地网球冠军赛、全国青少年网球比赛，等等。另外，老年网球赛、高校网球赛、少年网球赛也蓬勃开展起来。这些竞赛对促进网球技术水平的提高起到了积极的推动作用。

1956 年 7 月 9 日至 8 月 17 日，印度尼西亚草地网球协会派队访华。双方先后在北京、天津、上海、南京、广州等地进行了 24 场比赛，客队胜 15 场、负 8 场、平 1 场。这是中华人民共和国成立后首次进行的网球国际交往，促进了网球运动在中国的发展。此后，中国网球运动员曾先后同 30 多个国家和地区交往，参加过不少大型的国际比赛，并取得了较好的成绩。

1959 年，中华人民共和国的第一代网球选手朱振华和梅福基在波兰“索波特国际网球赛”中首次夺得男子双打冠军。

1965 年，戚凤娣和徐润珍分别获得“索波特国际网球赛”的女子单打冠军和亚军。

1966—1976 年，我国网球运动水平停滞不前，甚至倒退，与国际网坛也几乎断绝了交往。

1972 年，中国恢复了网球运动的开展。

1978 年改革开放后，我国的网球运动逐渐恢复了生机。20 世纪 80 年代以后，我国经济得到了空前发展，这为我国网球事业的腾飞打下了坚实的基础。网球运动出现了勃勃生机，参与网球运动的人数急剧上升。另外，国家投入了大量的财力、物力，采取了多种措施，大力培养青少年选手，采用“请进来，送出去”的方法，设立了多种不同级别的赛事，极大地推动了网球运动的发展。

1980 年，我国网球协会被国际网球联合会接纳为正式成员。

1980 年，我国女子网球运动员余丽桥在东京女子网球公开赛上获得单打冠军。

1981 年 1 月，我国的优秀少年选手李心意和胡娜获得美国白宫杯少年网球锦标赛女子双打冠军。

1982 年，聘清了国务院总理万里任中国网球协会名誉主席。

1983 年，我国男子网球队在吉隆坡夺得了亚洲最高水平的网球赛——加法尔杯网球赛的男子团体赛桂冠。

1986 年，我国女子网球队夺得了第 10 届亚运会网球团体赛冠军。同年，在第 10 届汉城亚运会上，李心意获得女子单打冠军。

1990 年第 11 届北京亚运会上，我国选手获得三枚金牌（男团冠军、男单冠军、男双冠军）、三枚银牌和一枚铜牌。其中，我国选手潘兵和陈莉荣获男女单打冠军。

1991 年，女队参加联合会杯网球团体赛，在 58 个参赛队中进入 16 强；在国际网球联合会排名中，我国女选手李芳进入前 50 位。

1992 年，澳大利亚网球公开赛中，我国选手李芳进入第三轮。

1994 年，国家体委成立了网球管理中心。同年年终的国际网球联合会排名中，我国男选手潘兵列 215 位，夏嘉平列 313 位；女选手李芳列 66 位，陈莉列 233 位，唐敏列 237 位。

1995 年 1 月，李芳进入世界女子排名前 50 强，继而又前进至世界排名第 37 位。

1996 年，法国网球公开赛，易景茜进入第二轮，追平了李芳在罗兰加洛斯创造的中国网球选手最好战绩。

2000 年，澳大利亚网球公开赛，易景茜进入第三轮，不敌 2001 年和 2002 年冠军卡普里亚蒂。

2001 年，第 21 届世界大学生运动会网球赛中，我国选手李娜夺得女单、女双和混双三枚金牌。

2002 年 3 月 4 日—9 日，中国女子网球队在联合会杯亚太区地区赛中，实现了历史性突破，首次冲出亚洲，打入了联合会杯世界组外围赛。在亚太区A组11个国家为期一周的较量中，中国队以全胜的战绩，进入了联合会杯世界组的比赛。

2003年，是我国网坛硕果累累的一年，男女运动员均取得了不俗的成绩。女运动员李婷/孙甜甜除多次在ITF赛事中夺冠外，还4次打入WTA赛事决赛并3次捧杯，其中2夺总奖金额为17万美元的WTA赛事双打冠军（加拿大贝尔公开赛女双冠军和泰国沃尔沃公开赛女双冠军），双打世界排名上升至48位，达到中国女双历史上的最高排名。女运动员郑洁则继续领衔中国女单头号，其世界单打排名达到94位，是继李芳和易景茜后第3个进入世界排名前100位的中国选手。男网选手朱本强/曾少眩在上海喜力公开赛上，获得了中国男网历史上首次ATP双打亚军。此外，还有多名颇具潜质的青少年选手活跃在国际青少年赛事中，并取得了多项冠军。

2004年9月，在北京举行的中国网球公开赛总奖金设为50万美元，起点很高，被定位为国家级赛事。我国运动员晏紫/郑洁在澳大利亚网球公开赛女子双打比赛中历史性地进入了前8名。而李婷/孙甜甜则作为赛会16号种子直接参加了澳网女双的正选赛，并进入前16名。同年，我国运动员孙胜男和中国台湾运动员詹咏然在澳大利亚网球公开赛青少年组比赛中，以2号种子的身份荣获女子双打冠军，圆了我国运动员在四大满贯赛事上的夺冠梦。另外，法国网球公开赛，四川姑娘郑洁进入了第四轮，创造了中国选手在大满贯赛事中女单比赛的最佳成绩。

近年来，我国的女子网球发展迅速，取得了令世界瞩目的成绩。

女子双打方面，李婷和孙甜甜获得2004年雅典奥运会的双打冠军；郑洁、晏紫分别在2006年的法网和2010年的温网打进四强；并且获得了2006年澳网和温网的冠车；女子单打方面，李娜和郑洁是目前我国女子选手国际排名最高的两位球员。李娜世界排名在2011年夺得法国网球公开赛冠军后升至第四位，是历来中国网球选手排名最高的，并且李娜夺得了2011年澳网的亚军和法网的冠军，李娜和郑洁还共同打进过2010年澳网四强，掀起了中国风暴。2013年，李娜获得澳网亚军，2014年，李娜再次征战澳网，一举夺得澳网冠军，实至名归。

与女子相比，中国的男子网球处于落后的局面，甚至世界排名前300的选手都寥寥无几，就更不用说各大公开赛的战绩了。

总体来说，我国网球运动发展到目前，可谓取得了比较令人欣喜的成果。我国女子网球发展迅速，已成为现今世界网球运动不可忽视的一股力量，相对女子网球来说，我国的男子网球发展缓慢，还需要加快发展。

二、网球运动的特点

（一）网球个性鲜明

网球运动本身具有个性鲜明的特色，具体内容如下。

1. 发球方法的独特性和多样性

网球规则规定参加运动的双方在一局中一人连续发球，直到该局结束，此局被称为发球局。在每次的发球中，均有两次的机会，即一发失误，还有二发的机会，使得发球威力大增。由于个体的特征不同，发球动作也呈现不同的特色。例如，罗迪克的大力发球注重的是力量，费德勒的发球则更加强调角度和落点的变化。

2. 空中击球的动作快速而有力

网球运动参与者，无论是网球运动员还是一般的网球运动爱好者，都必须用拍子击空中球、地面反弹球和接对方击球。网球运动在空中击球，球必须快而有力。因此，参加网球运动的人在时间和空间上的感觉是其他运动项目难以比拟的。

3. 计分方式与众不同

与其他运动项目记分方式不同，在网球运动的每局比赛中，采用的是 15、30、40 以及平分的计分方法，每盘比赛采用 6 局形式，这种以 15 分为单元的计分法始于中世纪。

4. 比赛时间难以控制

无论是正式的网球比赛还是业余性质的网球比赛，想要分出胜负都不会很容易，需要耗费一定时间，这是由网球运动特殊的计分方式及其运动特征的独特性决定的。正式的网球比赛为男子五盘三胜、女子为三盘两胜。一般比赛时间在 3～5 小时，历史上最长的比赛时间达到 6 个多小时。

5. 比赛强度较大

在正式的网球比赛中，如果遇到实力相当的选手，会使比赛时间消耗过长，这就进一步提高了对运动员体能的要求。在比赛中，有时会因为运动员体能储备不足而导致伤病现象发生，从而影响比赛成绩。由此可见，网球运动的比赛强度较大。

6. 对运动员心理要求较高

网球运动的比赛规则有严格的要求，除了团体比赛在交换场地时，教练可以进行场外指导外，其他任何比赛，不管是单打还是双打都不允许教练在旁指导，就连打手势等动作都不可以，如果违反都要接受惩罚。整个网球比赛过程中都要靠个人独立作战，因此，心理上的自我调节很重要。如果没有过硬的心理素质，是不能取得比赛胜利的。所以说，网球运动对运动员的心理要求很高。

7. 网球运动适宜人群较广

由于网球运动不仅可使运动者消耗多余热量，而且还可使运动者从网球运动中获得极大乐趣。因此，网球运动受到全世界许多人的喜爱。另外，网球运动对参与人群没有限制，男女老少、高矮胖瘦的人都可以参与其中。

（二）网球运动赛事频繁

纵观世界体坛所有的体育比赛项目，网球比赛尤为活跃。1920 年，网球运动被置于奥运会比赛之外，但这并没有阻碍网球运动的发展，相反，网球比赛随着时间的推移越来越多。尤其是在 1968 年规定职业和业余网球运动员均可参加同一比赛后，网球比赛的次数和名目增加得越来越快。国际网坛几乎每周都有大型的各种各样的网球赛事，比如世界锦标赛、大奖赛、挑战赛、巡回赛等。

众所周知，在国际性的网球大赛中，温布尔顿网球锦标赛、美国网球公开赛、法国网球公开赛、澳大利亚网球公开赛和戴维斯杯赛、联合会杯赛这 6 个著名比赛是影响最大、水平最高，且久负盛誉的重大比赛。其中，前 4 个是单项比赛，号称世界“四大网球公开赛”，后面两个是公认的国际网坛最重大的团体锦标赛。这 6 个比赛都得到国际网联的正式认可，每年举行一次的“四大网球赛”以个人名义参加，设高额奖金；戴维斯杯赛和联合会杯赛以国家或地区为单位参加。

（三）网球比赛奖金丰厚

网球运动能够成为当今世界的热门项目，除了网球运动本身特有魅力之外，还有一个重要的原因，那就是国际网球比赛大都设有巨额奖金，这也是人们热衷于网球运动不可忽视的重要因素之一。尤其是允许职业网球选手参加各种比赛以来，其奖金数额更是逐年升级。有些分站赛事只允许排名靠前的选手参加，并且获得较高名次的选手可以获得高额的奖金，这就促使大量的优秀运动员展开竞争，不断地参加比赛来获得积分，以使排名上升。另外，由于良好的运动成绩和自身形象也可吸引众多的企业对其进行投资，他们可因此获得巨额广告签约。因此，网球比赛丰厚的奖金作为网球运动的一大特点，成功吸引了更多人对网球运动的关注，甚至在世界范围内产生了巨大的反响。

第二节　网球运动技术训练实践

一、网球运动的握拍技术

当球触到球拍弦线时，击球者的球感是通过握拍感受到的，不同的握拍方法产生不同的击球方法。正确的握拍方法使运动员感到球拍是手臂的延伸和手掌的扩大，并且保证击球的效果和质量。没有最好的握拍，只有最合适的握拍，这取决于击球的需要。本节将介绍大陆式、东方式、半西方式、西方式、东方式反手和双手反手握拍法。

从球拍的底部看，球拍可分成上、下平面，左、右侧面及 4 个斜面，4 个斜面从右上开始沿顺时针方向依次为斜面 1、2、3、4。

（一）大陆式握拍法

把食指的第一指关节放在斜面 1 上，大拇指和食指组成“V”字形虎口对准拍柄上平面。大陆式握拍法适合用来击打任何类型的球，尤其在发球、截击球、过顶球、削球以及防守球时采用这种握拍效果更好。拍面的角度几乎与地面垂直，所以仿佛在用拍框的侧面钉钉子一样。

优势：运用大陆式握拍法在发球或打过顶球时手臂自然下压，这样不但攻击的效果最好，而且给手臂的压力也最小。由于在打正手和反手球时不需要调整握拍法，因此大陆式握拍法也是打网前截击球的最佳选择，因为采用这种握拍法可以使攻防转换十分迅速。同时，它还适合于在防守时击打已到达身体侧面、击球点较晚的球。

劣势：用大陆式握拍法很难打出带上旋的击球。这就意味着击球点必须要比球网高，由于球在这个区域停留的时间非常短暂，所以留下的击球时间就很短。另外，这种握拍不容易处理高速的落地球。

（二）东方式握拍法

把食指的第一指关节放在右垂直面上，左撇子在左垂直面上。东方式握拍法如同我们与对方握手的姿势基本一样。

优势：东方式握拍法可以称为“万能握拍法”。采用这种握拍法，拍面可以通过摩擦球的后部击出上旋球，也可以打出有很大力量和穿透性的平击球。同时，东方式握拍法很容易转换到其他握拍方式，因此，对那些喜欢上网的选手，东方式握拍法也是不错的选择。

劣势：与大陆式握拍法相比，尽管东方式握拍法的击球点在身体前部要更高更远一些，但它仍不适用于打高球。虽然东方式握拍法击出的球比较有力量和穿透性，但更多的是平击球，这就导致稳定性差一些，因此很难适应多回合的打法。因此东方式握拍法不适用那些希望打出更多上旋球的选手。

（三）半西方式握拍法

把食指的第一指关节放在斜面 2 上，左撇子在斜面 3 上。在职业网球中，底线力量型选手多采用这种握拍法。

优势：相对于东方式握拍法，这种握拍可以让选手将球打出更多上旋，使球更容易过网，也更好控制线路，因此，它很适合打上旋高球和小角度的击球。而且这种握拍还可以打出更深远的平击球。它还适合大幅度地引拍，强烈的上旋有助于把球打在场内。这种握拍在身体前部的击球点比东方式握拍法更高、更远，因此更有利于控制高球。

劣势：半西方式握拍法不适合回击低球，另外，如果从这种握拍转换到大陆式握拍法需要做很大的调整。

（四）西方式握拍法

把食指的第一指关节放在下平面上。喜欢打强烈上旋的土场选手都采用这种握拍法。

优势：这是一种很“极端”的握拍，手腕的位置迫使拍面强烈地击打球的后部，从而产生更多的上旋。可以让击出的球恰好过网，但过网后它就会立刻下坠，而球在落地后还会高高地弹起，这就会迫使对手退至底线后回球。这种握拍法比其他任何一种正手握拍法的击球点都要更高更远。正是因为西方式握拍法对高球的良好控制，许多土场选手和青少年都很青睐这种握拍法。

劣势：回击低球是此种握拍法的致命点。同时，需要以更快的挥拍动作给球加上必要的旋转，否则，击出的球既没有速度也没有深度。对于一部分选手来说，采用这种握拍法也很难打出线路较平的球。

（五）东方式反手握拍法

把食指的第一指关节放在上平面上。

优势：同东方式正手握拍法一样，它可以给手腕提供良好的稳定性。打出的球可以略带旋转，或直接打出很有穿透力的球。而且，采用这种握拍法只要做非常小的调整就回到大陆式握拍法，这样选手在削球或在网前截击时都会比较轻松。

劣势：尽管这种握拍法能很好地处理低球，但它不适合打高于肩部的上旋回球。

（六）双手反手握拍法

右手是大陆式握拍法，握在拍柄的后方，左手是半西方式握拍法，握在拍柄的前方。

优势：适用于单手力量不足或双手具有良好协调性的选手。比起单手反手击球，双手反手借助肩部的转动和小幅度的挥拍来发力。因此采用双手反手来接发球的成功率比较高。这种握拍法还适合处理低球，而且在回球时力量很足。

劣势：因为是双手握拍，这就限制了跑动。另外，上网截击对许多双手握拍选手来说也是一件很头疼的事，在上网时会感到很不舒服。

（七）握拍、击球点及击球时机

击球点与握拍方法有着密切的关系，一般来说，用西方式握拍法握拍时，击球点在身体稍靠前的位置上；用大陆式握拍法握拍时，身体应向后收，在稍后的位置上击球。此外，以握拍方法来说，西方式握拍法的击球点低且靠前；大陆式握拍法的击球点高而靠后；东方式握拍法正好在肚脐的高度击球，击球点大约在西方式握拍法与大陆式握拍法之间的位置上。了解自己的击球点是很重要的，可以用自己的球拍同别人的球拍合在一起互相推，或者用球拍推压球网，以找出最能发力，或者说是最容易用上力的位置，这就是自己合适的击球点。按照自己击球的姿势，把肚脐的位置作为基准点，牢记击球点所在的位置。

初学网球时，体会击球瞬间球和身体的合适距离非常重要，这也是许多初学者的难点之一。如果击球的位置离身体太近，拍头往往下垂，无法发力，有被球“挤着”的感觉。这是由于对来球的方向和速度判断不准确，导致脚步移动的误差，造成不能在合理的击球点上击球。与此相反的是“捞球”，是由于移动不到位或判断失误，造成击球点离身体太远。因此，初学者必须提早引拍、小步积极调整、加强对球反弹轨迹的了解和预判能力的训练，就能找到合理的击球点。

与击球距离一样，击球的时机也是新手感到困惑的技术，许多初学者往往由于没有控制好击球时机，造成击球失误，并造成合理击球技术的变形。按照规则，球过网后到第一次落地，弹起上升到最高点，然后开始下落直至第二次落地，在第二次落地前击球都是合法击球。在底线击落地球时，最适宜的击球点是在高于或略低于腰部的位置上，而在球第一次落地至球弹跳后第二次落地的过程中有两个弧段在此高度（A 段和 C 段），如图 12-1 所示。高水平选手击球的

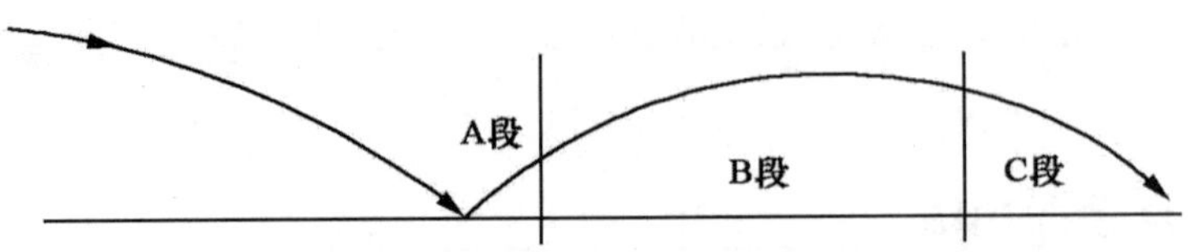

图 12-1 球落地反弹的不同时段

时机大多选 A 段附近迎着球上升的趋势将球回击过去，为的是争取进攻的时间及力度，称“抢点击球”。抢点击球虽然是打网球的一大要点，但初学者往往很难做得到，因为它需要极好的球感、极快的反应、迅捷的步法移动及很强的与球相对抗的能力，这些素质在很大程度上要依靠长期的训练才能具备。一般人都会自觉地选择在 B 段击球，但处于 B 段的球却往往已在击球者肩部附近的高度上了，常打球的人都知道在此高度击球是很别扭很费力的。

球在 C 段时已飞行较长时间，球速也相对较慢，高度有所降低。初学者和普通网球爱好者选择 C 段，也就是在球处于下降趋势时将球击回去比较安全稳妥，这是初学者必须注意到的问题，选择好击球时机对初学者至关重要。如果职业选手选择 C 段是相当消极的打法，因为球员经常需要不断地后退，这样不仅增加了发力的难度，也扩大了球员跑动的范围。

二、正手击球技术

正手击球指的是在握拍手同侧的地方对落地球的打法，它是网球基本技术中最常用的击球方法，也是初学者最先学习的技术。据统计，一场比赛正手击球的使用率可以达到 70% 以上。正手击球技术的特点是动作舒展，击球有力，速度快，控球好，容易学习。在比赛中，力求获得正手击球的机会，正手击球后，可在场上占据更有利的位置。

（一）正手击球的基本组成

正手击球技术由准备姿势、转体引拍、挥拍击球和随挥 4 个基本环节组成。

1. 准备姿势

面对球网，双脚向前自然分开与肩同宽，双膝微屈，身体略向前倾，重心落在双脚的前脚掌上，右手握拍，左手轻托拍颈，双肘微屈，球拍舒适地放在身前，拍头稍高于拍柄并指向前方，两眼注视对方来球，作好击球准备。初学者要注意左手的作用，左手要扶住拍颈或用双手握拍法握拍，这样既可减轻右手的负担，还可以帮助右手快速变换握拍方法及做出向后转体引拍动作。

2. 转体引拍

当判断来球需用正手回击时，转肩转髋带动右手向后摆动引拍，此时，双脚可采用“关闭式”“开放式”或“半开放式”步法。引拍时肘部弯曲、自然下垂，拍头一般应高于持拍手，手腕放松，左手伸向前方，保持身体平衡。后摆引拍时身体重心移向右脚。引拍结束时，球拍对着后面的挡网。初学者特别要注意做转体转肩的动作，保证引拍充分，避免只用手臂去打球。

3. 挥拍击球

向前挥拍击球时，应蹬地发力并向左转动身体，以左侧身体为轴，持拍手大臂带动小臂，沿着来球的轨迹迎前挥击。在击球时，手腕应固定，拍面垂直于地面。击球点一般在身体的右前方，与腰齐高或稍高于腰，击球高度可通过屈膝、调整身体重心高度来调节。大部分挥拍是自下而上的挥动，从而使球稍带上旋。初学者应注意，挥拍击球时眼睛要牢牢盯住球，直至球拍将其击中，否则，往往会导致无法用球拍中央的“甜点”部分击球，而将球打在球拍的边框上，严重影响击球的效果。对于初学者而言，能控制拍面，使拍面对着击球方向最为重要，因为触球瞬间拍面所对的方向也就是球的飞行方向。

由于拍面触球时方向的不同，导致击球落点的大相径庭。良好的击球一定是拍面对着击球方向，并要保持拍面角度的不变和稳定向前上送。

4. 随挥

球触拍后，使拍面平行于网的时间尽量长些，挥拍沿着球飞行的方向前送，重心前移落在左脚，身体也随着转向球网，挥拍动作在左肩上方结束，肘关节向前。随挥结束，立即恢复准备姿势，准备下一次击球。初学者应注意，随挥动作是击球动作的有机组成部分，能使击球动作变得流畅、协调和舒展，更能保证击球的力量和控制球的飞行弧线和落点。

（二）几种不同的正手击球方法

网球正手击球从球的旋转性能分类，有上旋球、下旋球、平击球、侧旋球等不同旋转的打法。网球来球的方向、力量、旋转速度与方向，击球时的挥拍路线，触球时的拍面角度等因素影响着击球后球的旋转方向和飞行轨迹。不同的击球方法会导致不同的飞行轨迹和反弹效果，如图 12-2 所示。可以根据场上情况，自如运用各种击球方法，掌握比赛的主动权。

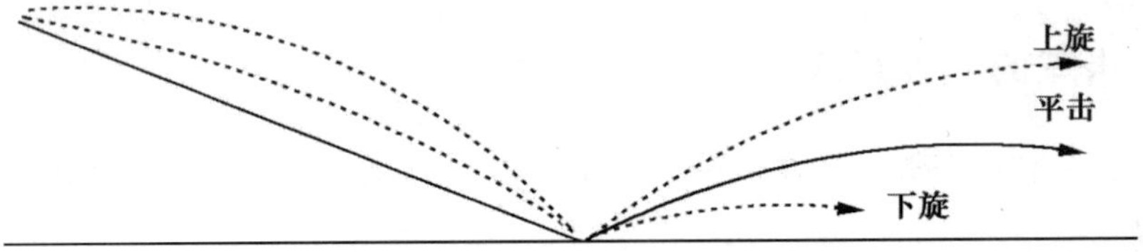

图 12-2　不同旋转方式的球在空中飞行及落地后弹跳弧线示意

1. 正手上旋球

（1）技术特点

上旋球的飞行路线呈向上弧线而后迅速下降，落地后反弹很高很远。上旋球的形成是由于球拍向上摩擦整个球体，使球产生上旋。由于球旋转速度快，球运行的弧线轨迹明显，俗称“弯月球”。这种打法是在击球时，加大向上提拉挥动的幅度，使球产生较为急剧的上旋。上旋球的特点是飞行幅度高，下降快，落地弹起的反射角度较小，前冲力较大。打上旋球最大的好处是便于加力控制，是正手击球中既能发力，又能减少失误的击球方法，因此，正手上旋球是目前网球选手普遍使用的击球方法。上旋球还是破坏对方上网的有力武器，较低的上旋球落在对方上网人的脚下，使其难以还击。

（2）动作方法

当判断来球需要用正手回球时，要快速转肩引拍，持拍手臂放松向后引拍，引拍应是直接向后的，球拍指向球场后端的挡网，拍底正对球网，拍头高于手腕，双脚与底线平行（“关闭式”步法左脚在前），左肩对着击球方向，尽量保持侧身击球，同时，左手一定要随着侧身转体指向前方的来球。击球时应以肩关节为轴，用力蹬腿，转动身体，手腕固定，在身体右前方由下往上击球。击球时拍面与地面垂直，眼睛看着击球点，左手留在前面以获得左侧支撑，用大臂带动小臂。球拍触球后，拍面向着击球方向前送的时间尽量长些，同时保持拍面对着击球方向，重心前移，拍头随着惯性挥到左肩上方，肘关节向前。随挥结束后，应立刻恢复到准备姿势。

由于现代网球的上旋击球是普遍采用的方法，有必要做进一步分析和解释。究竟是什么力能使网球产生强烈的旋转呢？由于拍面与球撞击时拍线发生弯曲而下凹，部分球体被拍线兜住，如果这时向斜上方挥拍，位于球体下半部的弯曲拍线的弹性力就会大于上半部弯曲拍线的弹力，其结果，弹性力的合力就会向上偏离球心。弹性力偏离球心的距离虽然小于摩擦力偏离球心的距离（即球的半径，摩擦力沿球面的切线方向），但弹性力强度却远远大于摩擦力，它所产生的转动力矩也就远比摩擦力的力矩大，使球产生旋转的主要是这个力。怎样才能打出强烈的上旋球呢？要打出强烈的上旋球，首先必须像打平击球一样用力向前击球，将球“击入”拍线中，使球拍能“吃”住球；与此同时，即在球拍触球的同时，迅速将球拍向上拉起。向前、向上的动作要连贯流畅、一气呵成，形成一个球拍“兜住”球向斜上方发力的过程。仔细观看那些世界级高手打上旋球可以发现，他们在用力向前挥拍击球的同时，常常有一个用手腕带动小臂迅速向上转动的动作，这样的动作就很好地体现了上述要求。有的人在打正手上旋球时过分着力“上拉”忽视了向前用力“平击”，结果球拍“吃”不住球，上拉力也就无法作用于球上，击出的球软弱无力而落网，以为是“上拉”不够，事实上这不是“上拉”不够，而是“平击”不够造成的。

（3）动作要领

①引拍后手腕向后翻转与手背形成一定的角度，击球前拍头有个明显的下降过程，进而能够充分向上提拉拍头。

②击球时，眼睛始终盯住球，头部保持正直，当决定用正手击球时，应及早转肩向后引拍。

③击球时，利用腰的扭转，使右肩向前转出，身体转动明显，最后由手臂带动球拍甩出。

④击球后手腕由向上转而向内做压手腕和抬肘的动作，最后把球拍挥至左侧的身体。击球部位在球的中部或中部偏右位置。

2. 平击球技术

（1）技术特点

平击击球时拍面与球接触几乎不产生分力，球沿着垂直于拍面的方向飞出（图 12-3 为三种不同拍面、不同用力及球不同旋转方向示意图）。事实上，纯粹的平击是没有的，只是或多或少地带有些上旋或下旋。其特点是速度快，着地后反弹较低，易于控制球路，比较适合初学者练习。在底线对拉相持中，如果平击球技术处理得好，不仅可以为进攻创造条件，而且还能直接得分。由于平击球的飞行路线平直而缺少弧线，发力击球时容易下网和出底线，一般击球点在高于球网时才比较适合打平击球。初学者利用简捷挥拍动作，水平“碰击”球即可，动作简单易学，有利于学习者球感的提高和体会网球“整体”击球的感觉，容易打出有一定速度和较稳定的击球，能有效增强学习网球的信心。随着球感、移动和身体整体协调击球能力的提高，逐步掌握拍面、挥拍轨迹、击球点等对球的控制后，就可以学习各种旋转球技术了。

（2）动作方法

平击球动作方法基本同正手上旋球，主要区别在平击击球时手腕固定，挥拍方向和出球方向一致，表现为推送球。

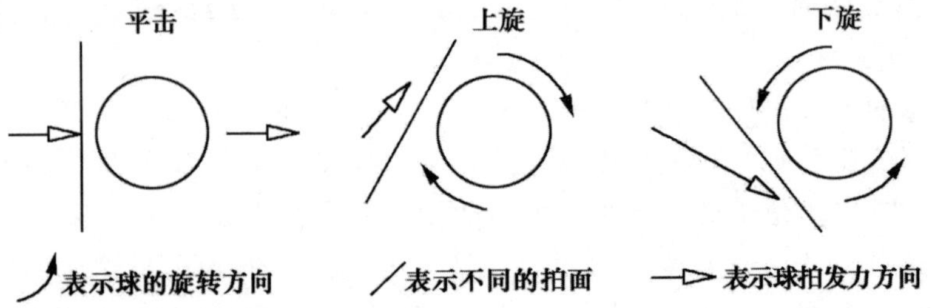

图 12-3 球的不同旋转方向示意

（3）动作要领

①几种握拍方法都能打出平击球，东方式的推送动作，更能体现出平击球的特点。

②由于球沿着垂直于拍面的方向飞出，击球方向和出球方向基本一致，挥拍时持拍臂不应向上太多，这样能压住球并控制好球过网的高度。

③充分利用蹬腿和腰部的回转力量及肩部积极前送，带动手臂的推送或手腕甩动。

④击球瞬间手腕握紧。

3. 下旋球技术

（1）技术特点

这是挥拍路线由上方向下前方的切削击球法，其飞行的弧度低，着地后反弹亦低并向前飘行。在正式比赛中，利用正手打下旋球是比较少见的，一般在回接对方大力发球或防守移动不到位的情况下常采用的击球方式。利用正手下旋球，可以做到在对方来球落地弹起后的上升期击球，所以回球速度快，也可以利用正手下旋球改变场上比赛节奏，缩短对方连续回击球的准备时间，为争取主动创造条件。

（2）动作方法

判断来球后，身体做约 45°的转体引拍，引拍幅度小于正手上旋球。击球时，挥拍由后上方向前下方挥击，球拍稍向后倾斜，击球后下部，使球产生下旋。击球后，应向击球方向做随送动作，使球向前飘行。

（3）动作要领

①判断来球，及早做出准备，在球弹起后的上升期击球（初学者可选择下降期击球）。

②后摆动作小，略像网前正手截击动作的拉拍，击球时，拍面几乎和地面垂直。

③击球点在身体侧前方，击球时身体重心随挥拍动作一起向前。

④如果来球是上旋，跳得较高，球拍应击球的中部，向前向下推切用力。如果来球是下旋，跳得较低，球拍应击球的中下部，向前向上推切用力。

三、反手击球技术

反手击球和正手击球一样，也是网球技术中最常见的击球方法。初学者一般先学习正手再学反手，这是因为，用右手的人，习惯于在身体的右侧做事，正手的拉拍动作既方便又容易，身体向右转动已成习惯。正手有了一定的基础，对球的弹跳规律已熟悉，再学习反手就比较容易。反手的许多动作要领与正手相似，只是方向相反。由于底线反手抽击球的力量较正手小，同时，大部分学习网球的人反手练习时间和强度均小于正手击球，因此反手击球在比赛中常被对方当作弱点来对付，如果底线反手击球技术掌握得好，就能在比赛中扭转被动挨打的局面，提高球场的控球能力。

（一）反手击球的基本组成

反手击球分为单手反手击球和双手反手击球。每个人根据自己的力量和习惯采用单手反手或双手反手击球，两者击球技术都是由准备姿势、转体引拍、挥拍击球和随挥 4 个环节组成。

1. 准备姿势

准备动作与底线正手击球准备动作相同。单手反手选手左手扶住拍颈，便于调整握拍，双手反手选手采用双手握拍法。

2. 转体引拍

当判断对方来球飞向反手侧而决定打反手球时，应立即转肩，单手反手选手应在左手的帮助下迅速完成反手握拍动作，并转肩带动球拍向左后方摆动。同时，左脚掌转动，右脚随着身体左后方转动做向前方上步动作，成“关闭式”步法，并使右肩或右背对网，拍柄底部对着击球方向，全身自然放松，注意力集中，单手反手选手握拍手肘关节弯曲并贴近身体。

3. 挥拍击球

向前挥拍击球时，应蹬地发力并向右转动身体，以右侧身体为轴，沿着来球的轨迹迎前挥击，球拍由后下向前上方挥出。在击球时，手腕应固定，拍面垂直于地面。击球点一般在身体的左前方，与腰齐高或稍高于腰，击球高度可通过屈膝，并调整身体重心高度来调节。初学者应注意，当向前挥拍击球时，朝着球网一鼓作气地回身转腰，手腕紧锁，在将要击球时刻，身体重心由后脚移向前脚，使身体重心顺畅地移到击球中。

4. 随挥

反手击球动作由于腰的扭转，击球后身体面向球网，为了控制球，球拍跟进动作应向上挥到肩或头部的高度，同时保持身体平衡并准备下一拍的击球。

（二）几种常见的单手反手技术

1. 单手反手上旋球

（1）技术特点

单手反手技术对击球手臂力量要求较高，男子使用单手反手技术人数大于女子。反手上旋球也称进攻性反手击球，击球力量大，球在空中的运行路线与落地后的轨迹，与正手上旋球相似。运动员如能熟练掌握单手反手上旋球技术，就能在比赛相持对拉时争取主动，给对手出其不意的进攻，为进攻得分创造有利条件。

（2）动作方法

一旦判断决定打反手球，应立即向左转肩，并由转肩带动球拍向后，在左手扶拍颈的帮助下调整为反手握拍法，同时脚掌转动，重心移向左脚，侧身对网。球拍后拉时，拍头稍高于来球，右肘部自然靠近身体。开始向前挥拍时右脚向左前方跨一大步，成“关闭式”步法，跨步能使身体重心跟进并保持平衡，同时要保持屈膝，弯下上身。拍头自然向下后，向上挥击球，打出带上旋的反手球，击球点在跨出脚的前面。击球后手臂应自然向前上方挥到尽头，随着腰部的转动，面部重新转过来朝着球网的方向，此时球拍大致停于右侧高处。每击完一次球后，应马上恢复准备姿势以迎击下一次来球。

单手反手开放式多用于接发球和移动中的击球。单手反手开放式的转肩要点和关闭式差不多，区别在于是否能充分转肩，单手反手开放式的重心开始多在左脚，对右脚的位置要求并不高。

（3）动作要领

①单手反手的准备很重要，能不能打好单手反手球，往往就看能不能充分引拍准备。

②球拍由后下向前上击出，前挥时手臂保持一定的弯曲，直到随挥结束后才伸直，击球点在左前方，拍触球时手腕绷紧，拍面与地面垂直，要利用转体和转肩的力量击球。

③随挥是沿着球的飞行方向前送，重心移到前腿，身体转向球网，拍头随着惯性挥到肩的另一侧上方。

2. 单手反手下旋球

（1）技术特点

反手下旋球也称防守性反手击球，俗称“削球”。由于削球容易掌握，回球不易失误，为许多初学者、中等水平和老年网球爱好者所喜爱，如果掌握了反手削球技术，对于扩大击球范围和击球的稳定性很有益处。反手切削球一般来说是防御性的，当对手大力发球或扣杀，自己无法用上旋球和平击球进行反击时，即选择切削打下旋球来过渡是比较明智的打法。在网球比赛中，切削战术虽然无法带来直接制胜分，却是一个由守转攻造成对手回球质量下降的很有效的手段。另外，当来球反弹高于肩部时用削球来回击亦是很适宜的。削球也能成为进攻的武器，它可以在一个上旋球后，使用下旋球，改变比赛节奏，并打出平而低、落点多变的球，使对手不易还击。削球的动作小，主要是借对方来球之力将球削出。即使是在身体平衡遭到破坏的情况下，也仍然可以打出削球来。此外，反手双手击球的选手，当来球很远时，也可以双手变单手，采取反手削球的回击方法，从而扩大防守范围，有效地将球击回对方场地。一般来讲，反手削球属于防守性技术，但根据使用方法的不同，它也可以成为一种很得力的攻击手段。比如，在实战中，遇到对方上网时，可先将球削到对方脚下，迫使对方无法反攻而只能回一般的高球，然后再狠狠地向对方发起猛攻。能打出下沉球的削球技术，既可以在向前截击时使用，也可以在接发球时使用。还可以利用削球的后摆动作与反手击球相同的特点，出其不意地削出网前小球。因此，很好地掌握削球，无疑将扩大击球范围，提高竞技水平。

（2）动作方法

反手下旋球的握拍宜采用大陆式握拍法。当准备打反手下旋球时，左手扶拍颈向左后引拍，拍头应高于手腕，肘关节抬起，远离身体，拍子和手腕在击球点的后上方，拍面稍打开，手腕固定。在右脚向左前方跨出的同时，向前下方挥拍击球的中部或后下部，重心需随球拍前移，以加强击球速度和力量。击球点在跨出脚的前面，触球时机可比反手上旋球和平击球稍晚，眼睛盯住球。让球拍随着球击出的方向继续向前下方挥出，应让拍子向前平稳运行一段距离后，自然地将拍子随挥到一定高度结束，不要突然地停止或急于把球拍提拉起来。

（3）动作要领

①直线向后引拍，抬起肘关节使其离开身体。

②向下向前挥拍，切削中必须含有向前推的动作成分。

③尽可能使球拍与球有较长的接触时间。

④随挥需随球送出球拍，并自然地在高处结束。

（4）反手削球的几种打法

①压削：一般是对付对手拉出的弹跳较高的上旋球。此种削球方法，要注意的是拍头要高于击球点，拍面相对要接近于与地面垂直，挥击球拍运行轨迹是由后上方向前下方挥动。

②平削：一般是采取削击球进攻的一种打法。击球点的高度多选择在腰部高度左右，拍头略高于击球点，拍面稍微仰起一点。球拍运行轨迹主要是由后向前挥动，接近于平击球动作，不同的是平击球是接触球的中上部位，而平削是接触球的中部偏下。

③切削：一般是用来防守的手段，此种打法是缓和对手进攻的压力，给自己以防守还原的时间。拍面仰起角度稍大，球拍运行轨迹是由后上方向前下方挥动，有向前下方切的感觉，接触球的中下部位置，球速较慢。

3. 单手反手平击球

（1）技术特点

反手平击球是指以反手击球方法击出不旋转或略有旋转的球，称为反手平击球。反手平击球的特点与正手平击球基本相似，球速快，球的飞行路线比较平直，但击球的准确性较差，容易下网或出界。

（2）动作方法

反手平击球打法的准备与引拍同反手上旋球基本一致，只是东方式反手握拍的转动幅度略小于上旋球，球拍后摆幅度也较上旋球小。击球时，手腕绷紧，拍面几乎和地面垂直，挥拍路线向前较多，使击出的球沿垂直于拍面的方向飞出，左臂自然向后展开，维持身体平衡。击球后，球拍应随惯性挥至右肩上方。

（三）几种常见双手反手击球

1. 双手反手上旋球

大部分学习网球技术的人都有这样的体会，自己的反手技术不及正手技术好，这和正手技术击球次数多、反手击球次数少有关。由于开始学习的技术往往是正手技术，因此一般的业余选手大多采用“正手攻击，反手防御（以削球为主）”的打法。当今，优秀网球选手一定是技术全面的选手，压迫性、进攻性打法成为比赛的主流，进攻就是最好的防守，反手的攻击性打法已成为球员必须掌握的一项基本技术。

（1）技术特点

目前世界上大部分网球运动员采用双手反手技术。双手反手握拍技术具有准确、隐蔽、有力、动作变形小等特点。双手反手击球能像正手击球一样，打出高质量、高难度、高速度的进攻球。对于初学者来说，由于双手握拍容易固定球拍拍面，击球更容易掌握。双手反手击球不论来球高低，都便于对球施加上旋，发力击球也比较容易弥补反手击球力量不足的弱点。双手反手的弱点是控制范围小，脚步移动要求更快。

（2）动作方法

一旦决定反手击球，尽早转体引拍，拍面要稍开一些，右脚向边线方向迈出一步，使身体形成侧身对网，把身体重心移到左脚，此时两膝微屈，重心略下降，右肩前探，下颌靠近右肩。开始向前挥拍时，要积极蹬腿转腰，两臂协调一致用力前挥，前挥是平滑而连贯的动作，将球拍伸入球的下面击球，积极使用左手的力量，眼睛始终盯球。用手臂由低点向前上挥拍，身体重心前移。随挥动作是由转动上体、使后肩向着球飞去的方向绕出而完成，把拍带到身体另一侧，在高处结束随挥动作。

（3）动作要领

①双手反手击球前的准备站位姿势，一般采用关闭式步伐、身体侧向来球。

②双手反手的向后引拍要简单，幅度要小。手臂要随转体自然向后拉拍，尽可能地保持两条手臂贴近身体。保持拍柄底部正对着来球，并可以从右肩的后面看到来球。

③引拍结束后，应保持腰部扭紧，重心平稳，同时收紧下颌。

④向前挥拍时，一定要靠重心前移，带动转体前挥球拍。在挥拍的过程中，尽量保持拍面持续垂直地面，并沿着由下向前、向上的轨迹挥动。

⑤击球点的位置一定要固定在体侧，离身体约一个球拍的距离。

⑥球拍触球时，右臂伸直，拍面垂直地面，并有向前推击的感觉，同时保持收紧下颌，眼睛盯住球。

⑦随球动作要充分向前、向上、向右外上方挥去，环绕至右肩上方。

⑧挥拍结束时，重心落在前脚上并保持后脚与地面接触，后脚鞋底正对后面的挡网。

2. 双手反手平击球主要特点

充分利用腰回转和腿部力量，整个手臂挥动要快、用力要集中，击球拍面几乎垂直地面，球拍击球正后部直接将球击出。挥拍击球的路线是从后向前上方较平缓地挥击，不应过于向上，便于压住球并控制好过网高度。

（四）正反手击反弹球练习方法

1. 徒手练习

在没有场地，或在空闲时间内，可以随时做以下几项简单的场外练习来提高自己的网球技术水平，这些练习对技术的掌握和提高有很大的帮助。

（1）意念练习

练习目的：记忆动作过程。

练习方法：用意念的方法，在大脑默念正反手击球技术（也可意念发球、截击、高压球技术等）基础上，按照动作要求，边默念，边做动作。在所有练习中，要保持技术的正确性，并能突出技术的特点。练习可由慢到快，并反复练习。

练习要点：了解用力顺序和肢体动作方法。

（2）原地徒手挥拍练习，也可结合抛球进行

练习目的：掌握击球动作要领，熟悉动作方法。

练习方法：两人面对而立，相距一定距离（或多人围成一圈保持一定的间隔，抛球者站在圈中），同伴将球垂直向上抛起让球自由落下，球上抛时练习者做转体引拍动作，球落地后做分腿垫步，做好击球前的准备动作，待反弹到一定高度后，做向前击球挥拍直至将球拍挥到正确的结束动作位置（不击球）。

练习要点：眼睛盯住球，完成整个动作过程，掌握好每个动作环节的节奏。

（3）判断击球点练习

练习目的：培养快速移动脚步、判断选择合适击球点的能力。

练习方法：两人面对面站立，相距 4～5 米。抛球者将球抛出，练习者移动脚步，用双手或单手在身体侧前方接住球，接住球后将球返还给抛球者。

练习要点：根据来球的速度和弧度判断来球的落地点，积极移动脚步，选择合适的接球位置。接球时，身体重心平稳，保持手臂弯曲，不能通过类似伸直手臂的动作来接球。

（4）持球反手挥拍练习

练习目的：体会反手击球发力方法。

练习方法：用双手夹住球做向后引拍动作，随着向前转腰，身体重心由左腿转移到右腿，同时带动双臂向前挥动，顺势将球向前抛出。

练习要点：要避免用手腕去发力，手腕发力会失去对出球方向的控制，而应利用身体的转动带动手臂向前将球送出。

2. 对墙（挡网）练习

（1）正反手击落地球练习

练习目的：固定基本技术动作。

练习方法：距墙 5～8 米，面对墙站立，进行正反手击落地球练习。开始时，允许球反弹两次再击球，有一定控制能力后，必须在球第二次落地前击到球，争取连续击打到更多的次数。与墙距离可由近至远，速度可由慢变快。

练习要点：脚步积极移动，尽量打反弹后下落的球，击球时拍面对着墙面。在练习中，体会侧身、引拍、击球、随挥等动作。

（2）双人配合击落地球练习

练习目的：培养对正确击球点和击球方向的控制。

练习方法：两人一组面对墙壁平行站立，一人用正手一人用反手轮流击打由墙反弹回来的球，保持连续击球。

练习要点：尽量将球打向同伴站立的前方，让球从墙面反弹回来落在其身体附近。双方都应控制击球的力量和方向，以稳定技术动作为主。

（3）多人连续击落地球接力练习

练习目的：锻炼对来球情况的判断及击球力量的控制。

练习方法：排成一列纵队，第一人将球用球拍送向墙壁后，然后退至队尾，第二人及时跟上，选择适当的位置运用正手或反手击打由墙反弹回来的球，然后也退至队尾，按照此顺序进

行接力击球练习。

练习要点：每个人击球后应及时跑开，避免与下一位同伴造成碰撞，影响练习的持续性。一般正手击球后采用顺时针向后，反手击球后逆时针跑向后方。

（4）抛球与击球练习

练习目的：学会运用脚步调整站位，体会完整动作过程。

练习方法：一人面对挡网 4 米左右位置站立，同伴在练习者侧前方，背靠挡网。同伴将球抛向练习者，练习者采用正手或反手进行击球。

练习要点：抛球者站在侧前方，要注意安全，并有自我保护动作，练习者击球时及时做出引拍动作并调整脚步，选择合适的击球位置及控制拍面，使击出的球向正前方飞出，动作力求完整。

（5）落地球击准练习

练习目的：提高击球控制方向的能力。

练习方法：在墙壁距地面一米以上的位置画一个方框或圆圈作为击球目标，每次击球尽量将球击打到目标范围内。

练习要点：为提高控制球拍和球的能力，脚步要及时移动到位，击球瞬间保持一侧肩对着墙壁，击球点一定要在身体的侧前方，拍面对着目标。

3. 场地练习

（1）基本击球动作练习

练习目的：体会动作过程，巩固击球动作。

练习方法：自己用一手向上抛球，随后做转体引拍动作，待球落地后，用正手击球（也可用反手）动作将球击打过球网。开始可站在发球线后，逐步退至端线后练习。

练习要点：用完整的动作过程体会击球动作方法，根据落点的不同调整击球力量、击球方向和拍面。

（2）击定点球练习

练习目的：掌握正确向前击球动作及固定击球点。

练习方法：练习者站在底线右区或左区，首先做好引拍动作，同伴站在侧方将球放在练习者击球点上方，然后让球自由落下，待球落地反弹起来后，运用正手或反手击球动作将球击打过网。

练习要点：眼睛盯住同伴手中的球，同时双脚做分腿垫步，保持重心稳定，判断球落地后的反弹时机，看准球向前完成击球动作。

（3）底线击中距离送球练习

练习目的：加强正反手击落地球的稳定性和完整性。

练习方法：练习者面向球网站在底线中点附近，同伴站在靠近球网与单打边线交界处，用球拍将球送向练习者，进行正反手定点击球练习。定点击球动作熟练后可进行一正一反击落地球练习。如需加大难度，可由定点过渡到移动击球，区域也逐步扩大，击完球后快速回到中点。

练习要点：同伴球拍一接触到球，就应及时转体引拍，击球前脚步一定要做出小碎步调整，使击球点更加准确，并保证击球动作完整。

（4）底线击远距离送球练习

练习目的：提高移动和对来球的判断能力，进一步完善击球的稳定性和完整性。

练习方法：练习者面向球网站在底线中间，同伴站在对面场地发球线与发球中线交接处，用球拍将球送向练习者，进行正反手定点击球练习。定点击球动作熟练后可进行一正一反击落地球练习。如需加大难度，可由定点过渡到移动击球，区域也逐步扩大，可进行左右移动及前后移动击球，击完球后快速回到中点。

练习要点：同伴球拍一接触到球，就应及时转体引拍，快速接近球，击球前脚步一定要做出小碎步调整，使击球点更加准确，并保证击球动作完整。

（5）底线对截击击球练习

练习目的：加快击球频率，提高击球者移动速度及击球动作的稳定性。

练习方法：练习者站在底线中点附近，同伴站在网前将球送至其正手或反手位，并将抽击过网的球用截击动作回给练习者，一旦抽击不过网应及时补球，双方保持连续多回合击球练习。

练习要点：注意网前截击力度和角度，尽量将球送给练习者击打。

（6）底线变线练习

练习目的：提高移动后回斜线球能力。

练习方法：一队员站在场地中间，另一队员站在对面端线中间。场地中间的队员向对面场地的端线两角送球，队员移动后把球打向场地中间的队员，然后快速移动跑到另一端回击下一个送来的球，每一次均应把球回给中场的队员。

练习要点：移动快速，控制好身体重心，保持动作完整，控制好拍面。

（7）小场地落地球对击练习

练习目的：建立包括移动在内的完整技术动作概念，提高控球能力。

练习方法：双方分别站在各自发球线后，运用击落地球技术动作，将球打到对方发球区内，控制好引拍幅度和力量，可进行直线或斜线击球的练习。

练习要点：近距离对击球的关键是引拍要早，移动及侧身要快，力量要柔和，体会送的感觉，强调控制球和建立良好的球感。

（8）小场地双手握拍击球练习

练习目的：提高脚步移动能力，提高双手反手击球能力。

练习方法：站在发球线后，无论球落在靠近身体的哪个位置，双方都必须采用双手反手的动作方法击球，每次击球前保证脚步移动到位，顺利完成击球动作。

练习要点：做好移动的准备，对方击球后，充分利用脚步的积极移动调整击球位置，及时转体及引拍，控制好转腰的力量，手臂和身体协调用力。

（9）场上正反手直线和斜线球练习

练习目的：提高正反手控球能力，建立基本的击球路线意识。

练习方法：将半片场地以中线为准分成两个区域，分别为正手区和反手区。在正手区击出的球称为正手斜线和正手直线；在反手区击出的球称为反手直线和反手斜线。此练习可巩固底线基本技术动作，提高击球能力。

练习要点：每一次击球都应注意动作质量，明确直线和斜线击球点的不同点。斜线击球点相对靠前。

（10）“N”字形击球练习

练习目的：加强击球变线能力。

练习方法：4人分别在各自球场左右半区端线后，其中一方两人所有来球均打直线，另一方两人均打斜线，双方控制好击球的力度及准确性，变换击球路线，加强手上处理球的感觉。经过一定练习后，交换击球路线。

练习要点：练习双方明确击球路线，控制好击球节奏，变线时要积极利用脚步移动调整身体位置，击球瞬间拍面对着击球方向。

（11）底线“一打二”击球练习

练习目的：增加击球的强度，提高技术运用能力。

练习方法：一方一人站在球场右区，用正手或反手击球动作将球击向对方场地的右区和左区靠近端线的位置，对方两人分别站在场地底线后，在右区的人尽量用正手击球，在左区的人尽量用反手击球。

练习要点：一人方脚步移动要积极快速，尽量将球击到准确的两点。两人一方应控制好击球路线及力量，使练习持续进行，达到多拍的目的。

（12）底线前后跑动击球练习

练习目的：提高移动击球技术能力。

练习方法：双方分别站在各自场地的右区进行斜线击球练习，其中一方采用打一拍深球一拍浅球的击球方法，前后调动对方跑动击球，多球后交换练习。此练习也可采用反手斜线击球方式来进行。

练习要点：深球要控制在端线附近，浅球在发球区内，尽量调动对方前后跑动。跑动时要控制好移动时的身体重心，特别是向后退应采用侧身后退的方法。

（13）限制击球区计分赛练习

练习目的：提高控球能力，加强对深球的理解。

练习方法：双方规定每次击球的落点都必须进入发球区以外的界内区域，不在规定区域，均判出界，同时规定不准凌空击球。

练习要点：每次击球要保持动作的完整性，向前向上挥拍要充分。

（14）正反手直线回球练习

练习目的：提高正反手回直线球能力。

练习方法：送球者站在对面场地中间，分别向前方场地底线两角队员送球，右区队员打正手直线，左区队员打反手直线。多次练习后，两位练习者交换位置。

练习要点：练习者及时引拍和调整脚步，击球时使拍面对着击球方向。

（15）移动直线回球练习

练习目的：提高移动后回直线球能力。

练习方法：一队员站在底线中间，另一端底线两角分别站一人。两角底线队员只打斜线球，另一方队员移动后都回击直线球。

练习要点：回直线球的队员移动迅速，控制好身体重心和击球拍面，沿着单打边线回球。打斜线队员控制好力量、角度和节奏。

（16）自由对击练习

练习目的：综合提高正反手判断、移动及控球能力。

练习方法：两人分别站在底线两端，一队员向另一队员送球后，自由对击开始。队员充分利用单打场地的面积，按照比赛的规则击球，先得 4 分者为胜一局。

练习要点：要利用好自己的正反手击球技术，沉着应战，减少失误，认真对待每一分。

（17）多点组合练习

练习目的：培养移动中选择合适击球方法的能力。

练习方法：一人站在场地中间隔网送球。练习者站在右区端线后开始，按正手底线击球、中场反手击球、左区正手侧身攻球、中场正手凌空抽击球的击球顺序，将同伴送来的不同位置 4 个球还击过去，可连续进行多组练习。

练习要点：每一拍击球应保证完成动作及击球质量，并保证重心及时向前跟进。如果感觉中场凌空球有难度，可先从击落地球开始，逐步过渡到凌空抽击球。

四、发球技术

（一）技术特点与作用

发球是网球比赛基本技术之一，它是网球比赛中唯一由自己掌握而不受对方影响的技术。相对于底线击落地球而言，发球对大部分网球初学者来说是一项比较难掌握的技术，因为发球时动员的身体部位较多，需要肌肉的协调程度较高，击球落地区域小。高水平比赛中，球员保住自己的发球局是赢取胜利的关键和基础。当今，平击发球、上旋发球和切削发球是网球常见的 3 种发球技术。但无论是哪种发球，基本都由握拍、准备姿势、抛球、挥拍击球和随挥动作组成。

（二）基本技术

1. 握拍

发球的握拍方法一般采用“东方式反手”或“大陆式”握拍法，“东方式反手”握拍法可以发出更为旋转的上旋球。许多网球初学者出于本能都喜欢用东方式正手握拍进行发球，如果采用此种握拍方法发球的话，球出手后很可能会偏向一侧，因为在自然情况下拍面并没有对着发球区。

2. 准备姿势

侧身左肩对着发球区，双脚自然分开与肩同宽或略宽于肩，左脚与底线约成 45°，右脚几乎与底线平行，两脚尖连线的延长线指向发球区。右手持拍，拍头指向前方，左手持球，球自然放在持球手拇指、食指及中指三指上，无名指和小指自然屈于球的后部，切忌用力将球握在手里或捏在手里。

3. 抛球

（1）抛球方法：在准备动作的基础上，持球手的肘部渐渐伸直并向下靠近持球手同侧的大腿，然后从腿侧自下而上将球抛起。在整个动作过程中，手臂保持伸直状态，其走势与地面垂直，掌心向上，以拇指、食指、中指三指将球平稳托起，尽量避免勾指、甩手腕等手部小动作，以免影响球的平稳走势，球在空中的旋转越少越好。球脱手的最佳点在手掌走势的最高点，脱手过早或过晚都不利于对球的控制，脱手时托球的三手指已最大限度地展开，球不是被“扔”到空中而是被“抛送”到空中去的，初学者应对此多作体验。

（2）球脱手后在空中的位置：一般来说，第一发球强调出球的速度与攻击力，击球点较靠前，因此球也抛得较靠前。第二发球较为保守，在保证成功率的前提下强调球的旋转和控制球的落点，击球点也就相应后移，因此球自然要抛得靠后一些。对于大部分网球爱好者而言，两次都采用较保守的发球，寻找合适的发球落点，也是一种很好的选择，这样可以保证两次发球都有一定攻击力，并能减少发球的“双误”。

（3）抛球高度：球抛到空中的高度不能低于持拍时伸直手臂球拍所能触及的高度，究竟多高才合适要视个人情况而定。初学者抛球由于抛球不稳、击球不准，因此抛球不宜太高。

4. 挥拍击球

传统的抛球与挥拍击球是同时进行的，这种方法比较容易掌握。放慢持拍手臂的方式，近年来也被许多顶级职业球员所采用，目的是为加速拍头，让击球的力量更大，但对击球节奏的要求更高。挥拍击球的环节包括以下几个部分。

（1）后摆球拍：以准备姿势为基础向持拍手一侧转身，同时持拍手引导球拍贴近身体像钟摆一样将球拍摆至体后。

（2）背弓动作：球拍后摆至一定高度后，以肘为轴，小臂、手、拍头依次向体后、背部下吊，同时屈双膝并伴随身体后展呈“弓”状。

（3）击球：在屈膝、背弓动作的基础上自下而上依次蹬直踝部、膝部，反弹背弓并向出球方转体，挥拍击球时肘部有一个引导小臂、球拍下吊至背后再以肘部为轴带动臂、拍摆向击球点的过程。这一过程好像在用拍头给后背搔痒，故被称为“搔背动作”，其目的是为了持拍手能有一个足够的获得摆动速度的过程，为到达击球点一瞬间力的爆发做充分的准备。最后在力的爆发点上击中抛送于空中的球，发力是自下而上一气呵成的，球拍走势最快、最具爆发力的一点应在到达击球点那一瞬间。在击球点时身体已全部面向出球方，拍面自然地稍向内侧以便击于球的侧后部，发出侧上旋球或侧旋球。

5. 随挥

击中球时虽然挥拍击球动作已告完成，但整个发球过程却仍在继续。到达击球点后，球员应顺着身体及挥拍的惯性做收腹、转肩和收拍的动作，最终拍子由大臂带动收向持拍手的异侧体侧，结束发球动作。

（三）几种常见的发球方法

1. 平击发球

（1）技术特点

平击发球在诸种发球中是球速最快的发球法，也叫“炮弹式”发球，是指以平行于球网的拍面击球的后中上部，使球平直飞行的发球方法。平击发球以“大陆式”握拍法为主，发球球速快，力量大，而且常常贴着网上沿进入发球区，由此，发球的失误也较高，常用于第一发球。如果身材高大就可以借助高点击球的空中优势直接进攻对方；如身材较矮小就不宜使用平击发球。

（2）技术要领

①抛球点应在身体的前上方，高度在身体向上伸展的最高点或更高。

②引拍结束时扭紧身体，全身呈较明显的背弓状。

③尽量在最高点击球，触球时以拍面中心平直对准球，击球的后中上部，拍面与击球方向垂直。

④击球时前臂的“旋内鞭打”非常重要。

2. 上旋发球

（1）技术特点

这是以上旋为主，侧旋为辅的发球法。由于球的上旋成分多于切削发球，使球产生一个明显的弧形飞行轨迹，发力越强，旋转成分越多，弧形就越大，命中率也越高，常用于第二发球。上旋发球反弹高，可迫使对方离位接球，给对方造成很大压力，同时为发球上网带来足够的时间。

（2）技术要领

①发上旋球时把球抛到头后偏左的位置，击球时身体尽量后仰成弓形，利用杠杆力量对球施加旋转。

②拍面的触球点在球的中部偏左下方，并向球的右上方擦击球的背面，恰似钟面的七时向一时做包裹似的擦击，使球产生强烈的上旋。

③击球点较平击发球和切削发球稍低，手腕的扣击动作明显大于切削发球和平击发球。

④敢于发力，充分完成技术动作，拍头速度不减。

3. 切削发球

（1）技术特点

这是一种向右侧旋转（略带上旋）为主的发球法。由于球落地后向外侧跳可以把对手拉出场外，在右区发球时常被采用。该发球球速较快，准确率和成功率也很高。

（2）技术要领

①发球时把球抛到右侧斜上方，高度比平击发球的位置偏低。

②球拍快速从右侧中上方至左下方挥动，击球部位在球的中部偏右侧，使球产生右侧旋转。

③要有扣腕动作，随挥要充分。

4. 下手发球介绍

下手发球也许很难列入正式发球技术中，但对于一般网球爱好者来说可能也是一门有用的技术，如用于确保二发成功或用于“偷袭”，给人造成出其不意。可以把球发到发球区的任何一个位置（特别是对手弱的那一边），并根据对手站位发出上旋、下旋或侧旋的球。

下手发球可采用大陆式、东方式等握拍方法。发球时身体侧对发球方向，两脚的连线对着发球区，重心在两脚之间，膝盖弯曲。左手持球，手臂伸直，并将球置于左脚尖的前方；

右手持拍，自然向后引。然后左手将球稍向上抛，眼睛盯住球，右腿蹬地转腰后带动手臂向前挥动，拍头击球前要低于球，击球时拍面稍稍打开。击球手臂和球拍应尽可能长地向前上方随挥。

（四）发球练习方法

1. 徒手挥拍模仿练习

练习目的：建立动作概念，了解动作过程。

练习方法：根据技术动作的要领，将动作分解为抛球、向后引拍、向上击球、随挥动作等环节，反复练习，熟悉动作过程和动作要领。徒手挥拍练习最好对着镜子做，可以看到自己的动作，练习的效果会更好。

练习要点：熟悉动作过程，掌握动作节奏点，动作由慢到快。

2. 抛球练习

练习目的：能抛出稳定的球。

练习方法：双脚前后站立，侧身对墙壁或挡网，抛球手臂沿着墙壁或挡网由低向高抬起进行抛球练习，使抛出的球沿墙壁或挡网垂直上下。

练习要点：手臂伸直并保持平稳向上抬，想象自己的手掌像电梯一样将球托送到空中。将球放在指根部位，球出手时掌心向上顶。

3. 对墙发球练习

练习目的：提高发球的稳定性。

练习方法：在墙上画一条与网齐高的线，发球时瞄准墙上的线。开始可离墙近些，待动作熟练性、准确性提高后，逐步拉开与墙的距离。

练习要点：保持侧身对墙站立，抛球与挥拍动作要协调，击球瞬间身体充分伸展，球拍面对准所要发的方向。

4. 跪式发球

练习目的：体会球拍向上挥击球的感觉。

练习方法：先在发球线后，前腿膝关节弯曲，后腿屈膝跪地，球拍直接置于肩上进行发球。然后逐步退到底线采用相同的动作练习。

练习要点：击球时，球拍要做出向上挥摆的动作，身体不需要做出转体的动作，体会手臂由屈到伸击球的感觉。

5. 场上不同站位发球练习

练习目的：了解场上发球感觉，掌握场上发球基本技术。

练习方法：练习时，首先站在发球线后，球拍置于右肩上，将球发向对方球区。然后退至发球线与底线之间的区域，运用完整动作发球，体会球拍向前、向下击球的感觉。最后退至底线发球位置，体会球拍向上、向前、向下挥拍的感觉。

练习要点：根据不同的距离，调整发球的力量及拍面下压的角度，控制好发球的力量。

6. 控制发球落点练习

练习目的：提高发球的变化能力。

练习方法：将标志放在发球区内角、外角、中间三个点位置，按照标志点进行发球，提高发球的变化能力。

练习要点：主要从转体的程度上调整发球的落点，外角发球转体的幅度相对大一些，并且还要注意拍面的控制。应尽量做到相同的站位发出不同落点的球，采用不同形式的发球发出相同落点的球。

五、接发球

（一）技术特点与作用

接发球技术是指还击对方发球的技术。接发球技术水平的高低直接影响比赛的得分与失误，并和比赛的持续性密切相关，因此，接发球技术也是网球运动中的一项重要基本技术。对方发球后，必须在很短的时间内做出反应，提早做出预判和积极做好回击动作。接一发时，如果对方球速较快，应尽可能将球打回对方场地，减少失误，接二发时，应力求抓住机会展开主动进攻。

（二）基本技术

1. 握拍

握拍要松弛，引拍和前挥也要保持松弛，但从拍接触球的一刹那，要紧紧握住球拍，特别是拇指、无名指和食指要用力抓拍，手腕固定以保证拍面稳定，即使不能有力还击对手凶猛来球，也可用牢固的拍面顶住来球，或者以合适的角度控制还击方向。

2. 站位与准备姿势

接发球的准备姿势是两脚自然开立，两膝微屈，上体稍向前倾，两臂屈肘，两手持拍置于腹前，将拍头向上翘起，身体重心放在两脚前脚掌上。从对方抛球开始，眼睛要盯住球，在对方击球瞬间，双脚稍微跳离地面，积极做出击球准备。

3. 击球

判断来球，迅速移动，向预测击球点启动时，双肩与身体重心同时移动，并向击球方向踏出异侧步，转肩时要使肘部离开身体。向前挥击时尽量使拍子运行轨迹由高处向下再向上，但上下幅度要小。击球时动作与正常击球基本相同，只是没有明显的后引，特别是对于快速来球，回球多数采用阻挡式动作或类似截击动作回球，不做过大引拍和挥动动作。

对于大多数网球爱好者来说，对方的发球并不会像职业比赛中那样难以对付。当你在准备接发球时，首先确定自己是想要进攻还是防守，然后，根据正拍球和反拍球的不同，选择回发球的线路。

（三）易犯错误及纠正方法

错误 1：反应慢，缺乏主动判断向前迎球的意识。

纠正方法：注意力高度集中，看到发球方将球抛起时向上做分腿垫步动作，接着向前一步主动去迎着击球。

错误 2：准备时间不充分，造成接发球没有目标。

纠正方法：事先考虑对付对方各种发球的对策，再站在接发球的位置上，一旦对手发出球来，就可以按照预想计划果断出手。

错误 3：引拍动作过大，造成晚击球。

纠正方法：提高对球落地反弹后运行轨迹的判断力，随球移动，减小引拍幅度。

错误 4：无法控制落点，回击失误。

纠正方法：改变脚步动作僵硬，无法进行快速调整的状况，击球时紧握球拍，并使拍面对着对方场内区域。

（四）练习方法

1. 接近网发球练习（球速较慢）

练习目的：体会简短引拍动作技术，提高不同落点回球能力。

练习方法：发球者在发球线与单打边线交接处发球，中等力量发球，可有针对性地发内角、中路和外角球，接发球队员在判断对方发球后，迅速做出反应，主动迎前，以小幅度的后引拍动作将发球回击过去。可固定回击路线，如直线、小斜线和中路等。

练习要点：当发球者向上抛球时，要向前跨一步，随之做分腿跳步动作，使身体重心落在前脚掌，以便于启动和主动回球。

2. 接底线发球练习

练习目的：建立基本接发球意识，体会完整接发球技术的运用，减少失误。

练习方法：基本同上一练习，只是发球者站在底线发球区内。

练习要点：当来球较快时，主要以挡击的方式回球，但必须有一定的向前推送动作。

3. 接二发练习

练习目的：抓住对方二发机会，争取主动或直接得分。

练习方法：发球者用二发方法发球，接发球者当来球较慢时，应抓住机会打出直线或斜线的变化。

练习要点：接二发时要有迎前动作，可以做一个充分的引拍和转体，将球有力地击到目标区域。

4. 接近网发球练习（快速球）

练习目的：提高接发球的反应能力。

练习方法：发球者在发球线与单打边线交接处发球，用较大的力量发球，可有针对性地发内角、中路和外角球，接发球队员在判断对方发球后，迅速做出反应，主动迎前，以小幅度的后引拍动作将发球回击过去。

练习要点：快速起动，球拍对着对方场地，主要以挡击完成。

六、截击球技术

（一）技术特点与作用

截击球是网前技术中的一种攻击性击球方法，当球在落地之前，将球击回到对方半场区，它回球速度快、力量重，威胁大。良好的网球截击技术是优秀网球运动员必须具备的，比赛中常被采用在发球上网或正反手击球后上网截击，截击球技术是攻击性打法不可缺少的重要内容。常见截击球技术有正手截击球、反手截击球、高球截击、低球截击和中场截击等。

（二）基本技术的基本组成

1. 握拍

截击最理想的握拍方式是大陆式握拍。手指之间有一些缝隙，特别是食指和中指要形成扣扳机状，便于球员对球拍拍头有更多的控制。使用大陆式握拍的好处在于可用它来打正手截击和反手截击，这样可以节省变换握拍方式的时间，把注意力集中在看球上。对初学者来说，如果感觉用大陆式握拍击球有困难，可以试试在打正手截击时使用东方式正手握拍，这样击球可以使球与球拍有扎实的接触，稳定性较强，但在有一定掌握后，还应采用大陆式握拍法。

2. 准备姿势

面对球网，双脚向前自然分开与肩同宽，双膝微屈，上身保持正直并向前倾，采用大陆式握拍法，用非握拍手轻托拍颈，拍头与下巴齐平，双肘弯曲，将球拍舒适地伸在前面，重心落在双脚脚尖上，注意力高度集中。当对手击球的瞬间，应用垫步作为准备姿势的一部分，并立即判断出球的方向、高度和路线，以便快速移动和上前截击。

垫步在移动击球尤其是网前截击中发挥着极其重要的作用。网前是分秒必争之地，截击越近网越没有多余的时间让球员做多余的动作，否则定会延误战机甚至被动挨打，因此快速、稳定、紧凑、小幅度是网前技术的要点。此时的垫步非常有利于截击时接近来球方向的脚向前跨出，便于身体重心前移，动作连贯到位，从而实现力量从脚到躯干到手再到拍的连贯性传递。很多截击者不注意垫步的使用，往往造成截击动作的贻误。

3. 后摆引拍（主要是横向）

引拍动作一定要以转肩为主，迅速、简单、幅度要小，眼睛紧盯着来球。引拍时，手腕和拍面固定，引拍后要保持拍头高于手腕。

4. 前挥击球

看到来球要迅速随着正手出左脚、反手出右脚向前跨步，随着重心前移，身体转向正对球网，击球点保持在体前，拍面对着来球，依靠身体向前移动的惯性所产生的力量截击球，以短促的动作向前向下切削来球。

5. 随挥跟进

击球手臂随着身体移动的惯性向前跟进，推送动作明显。然后顺势迅速恢复原来的准备姿势，准备下一次击球。

(三) 2 种基本的截击球技术

1. 正手截击球动作方法

来球向正手侧飞来时，身体快速向右转体，带动球拍向后引，左脚向右前方跨出，拍头要高于握拍手，手臂几乎伸直，球拍和手臂成“V”字形，手腕固定。身体重心主动跟上，在左脚着地的同时，球拍截击球，以便产生较大的击球力量。截击时的动作以撞击或挡击的方式完成，在拍面短促向前撞击的同时，拍面微微向下做切削球的动作，使球以下旋的形式飞出，击球时保持拍面上翘，拍面稍向后仰，手腕稳固。击球后手仍紧握球拍，并向前做小幅度送拍动作。

2. 反手截击球动作方法

当来球向反手侧飞过来时，身体快速向左转体，同时左手向后拉拍，拍头要高于握拍手，手臂几乎伸直，球拍和手臂成“V”字形，手腕固定。挥拍击球时，左手松开稍向后伸，右手握紧球拍前挥并在身体前方切削来球。身体重心主动跟上，在右脚着地的同时，球拍截击球。向前挥拍时，两只手的动作好像在拉长一根橡皮筋，以保持身体平衡。由于是在左侧击球，限制了右手的引拍幅度，反手截击往往比正手截击更容易掌握。

3. 正反手截击球动作要领

(1) 身体前倾，球拍放在身体前面，眼睛注视来球。

(2) 当判明来球后，立即转胯转肩，但动作幅度不宜过大，球拍后摆动作不超过肩。

(3) 截击时手腕紧固，击球点在身体前面，以短促而有力的动作向前迎接来球，触球中下部。

(4) 击球后的跟进动作短促简单，随球动作小，并迅速准备下一拍截击球。

(四) 截击的几种使用方法

1. 中场截击

中场截击在网球训练及比赛中，通常被称为一拦，即第一次拦击。在实战中，发球上网或随球上网不可能直接冲至近网，上网途中在发球线附近有一短促的停顿和重心转换，然后迎球做中场截击。中场截击球落点、质量的好坏，直接影响到网前的得分，所以中场截击球在网前截击球技术中起着很重要的作用，中场截击一般站位于发球线中点附近。对不同高度的来球，应及时转体和引拍，调整好拍面的角度。当来球速度较慢，可加大引拍幅度和击球力量，提高回球质量。中场截击应把球击深或打出角度，使对手难以回球或触不到球。击球后应向网前迈进，准备近网截击或高压球。

2. 近网截击

近网截击的站位比中场截击要靠前，位于发球线前 1～1.5 米左右距离，它是网前得分的主要手段。近网截击的果断和落点的准确，能给对方以致命的一击。判断清楚对方来球的速度、高度及球的角度后，要迅速起动调整位置，控制拍面。如来球快而平，拍面应稍开，击球中下部，手腕紧固，以短促的动作向前向下顶撞来球。如来球快而高，拍头应竖起，拍面几乎和地面垂直，向前下击球中部。

3. 低位截击

当来球较低时，只能采用低位截击技术，低位截击比高位截击难度高。由于来球低于击球者眼睛较多，这就给击球的判断造成困难，因此，低位截击动作的要领是首先要降低身体重心，屈膝至适宜高度，而不是直腿弯腰，移动时如采用弓步，后膝盖几乎触及地面。击球时，拍头低于手腕，拍面开放，在身体前面击球，击球点在球的后下部，击球后向着击球方向随挥。

4. 高位截击

当来球较高，但又不够高压球的高度时，往往以高位截击技术来完成击球。动作要领是快速转体和向后上引拍，手腕上翘使拍头竖起，拍头朝上，手臂和球拍成“V”字形。挥拍击球时，球拍对准来球做高位切削动作，击球点为球的后中部，击球时身体重心积极跟上，并伴着身体重心的前移，完成短促的击球和随挥动作。高位截击看似简单，但很多人在打高位截击球时仍会打出界或不过网，前者原因多出在引拍过大，击球点过晚，后者主要是截击过早，拍面关闭过多而造成。

5. 近身截击

近身截击是指当球朝着自己身体快速飞来时所采用的截击技术，这也是网球比赛中经常使用的技术。近身截击动作要领是，当来球朝着身体飞来时，快速把球拍挡在身体前面，多数情况下，使反拍面朝前，手臂几乎伸直。击球时手腕绷紧，拍面在身体前方挡击来球。近身截击多数受动作限制无法发力，多以防御为主，但可以通过手腕及拍面的变化来控制球的落点。

6. 反弹后截击

当来到网前时，很难进行直接截击，这时不得不让球落地，在球向上反弹时进行截击。截击时要调整好脚步，及时做好转体引拍动作，拍面对着击球方向。击球通常是一个深球或放小球，深球要多往前送；放小球要放松手腕让球轻轻离开拍子。这两种球，都尽量用很低的弧线使球过网。

7. 凌空抽击

抽球截击是落地球和截击技术的结合，通常用正手，这是一种极具攻击性的截击，而且常带上旋，这种球通常在中场回击与肩高的慢速球中使用。球员应使用与击落地球同样的握拍法，要有完整的引拍动作。

（五）截击球练习方法

1. 徒手挥拍模仿练习

练习目的：建立动作概念，了解动作过程。

练习方法：根据技术动作的要领，将动作分解为转体拉拍、上步击球、推送、还原等环节，反复练习，熟悉动作过程和动作要领。徒手挥拍练习最好对着镜子做，可以看到自己的动作，练习的效果会更好。

练习要点：迎前积极，引拍要小，动作协调，熟悉动作过程。

2. 持拍挥拍模仿练习

练习目的：熟悉截击握拍法，建立动作感觉。

练习方法：持拍做转体拉拍、上步击球、推送和还原动作。特别是体会身体重心跟上的上步击球动作。

练习要点：除体会动作过程外，重点体会击球瞬间身体重心的及时跟上和动作的连贯性、协调性。

3. 跨步手抓球练习

练习目的：体会动作过程和对击球点的判断。

练习方法：两人一组，分别相距球网 2～3 米处站立，一人在网前用展开的手掌作为球拍接住球网对面同伴抛向其左侧或右侧的球，每一次接球都必须在准备姿势的基础上完成。

练习要点：重心要适当降低，做好接球准备，一定要跨步上前抓球。右侧球上左脚，左侧球上右脚。

4. 短握拍截击练习

练习目的：熟悉截击方法，体会击球感觉。

练习方法：两人分别站在球网两边，距网 2～3 米，练习者右手握住拍颈，上前挡击同伴抛向其左侧或右侧的球。

练习要点：以完整动作完成，眼睛几乎和拍头齐高，并盯球，体会截击感觉。

5. 对墙凌空托传球练习

练习目的：体会截击感觉，学习如何控制截击球的力量。

练习方法：面对墙壁 4～5 米站立，用球拍颠球 5 次，然后正（反）手将球推送上墙，反弹后再用球拍接住，继续颠球 5 次。连续 10 个回合后，改颠球 4 次，连续 10 个回合，改颠球 3 次，依次类推，直到直接与墙进行正（反）手截击练习。

练习要点：脚步积极移动，击球时手腕要固定，拍面对着墙壁。

6. 凌空托传球练习

练习目的：体会截击感觉，学习如何控制截击球的方向和力量。

练习方法：两人分别持拍，相距球网 2～3 米左右，面对而立，一人用球拍颠球 5 次，然后正（反）手将球推送至对方，对方也用球拍接住球，并颠球 5 次，同样也送回。连续 10 个回合后，改颠球 4 次，再连续 10 个回合，改颠球 3 次，依次类推，直到直接与对方进行正（反）手截击练习。

练习要点：脚步积极移动，击球时手腕要固定，拍面对着同伴，控制好力量和拍面。

7. 正常握拍截击练习

练习目的：掌握截击方法，体会完整截击动作。

练习方法：两人分别站在球网两边，距网 2～3 米，练习者右手大陆式握住拍柄，上前挡击同伴抛向其左侧或右侧的球。

练习要点：以完整动作完成，眼睛几乎和拍头齐高，并盯球，上步截击。

8. 想象截击球练习

练习目的：用想象练习提高击球力量。

练习方法：在截击球时，想象球拍面的中心区有一枚大头针，击球时要有把大头针刺进球里面的感觉，如此可以保证击球时身体重心跟上、手腕的固定及力量的体现。

练习要点：击球时身体重心要及时跟上，前点击球。

9. 送球截击练习

练习目的：增加截击球练习的强度，巩固截击技术，提高脚步移动能力。

练习方法：练习者站在网前 2～3 米中线上，同伴在对面场地（距离可由近至远）送球，练习者根据来球分别采用正手或反手截击动作把球截击回对方场地。

练习要点：开始时，送球至靠近练习者的左侧或右侧，让其较容易地进行正反手截击，而后可将球远离击球者，使其必须通过脚步的移动才能选择到合适的击球点。

10. 中场互相截击练习

练习目的：增强截击球的移动、判断及快速反应能力。

练习方法：两人分别站在各自发球线前，运用截击动作进行中场互相截击，击出的球不能离网太高，截击的路线可以是直线或斜线。

练习要点：脚步不停移动，击球动作要保持前送，手腕固定，控制好拍面。

11. 网前截击与底线对击练习

练习目的：增强网前截击的反应、移动和判断能力，提高网前的对抗能力。

练习方法：练习者站在网前 2～3 米处，同伴站在底线处运用正手或反手抽击球动作，将球击向网前的练习者，练习者分别用正手或反手截击动作将球回送给同伴。开始时，可以较慢的速度送球或单次送球，熟练后可进行连续的抽击球与回球。

练习要点：截击要将球回送给同伴，注意上前截击。抽球要控制好力度和方向，将球打向截击者或在其身体附近，以保证练习的连续性。

12. 网前截击与中场对击练习

练习目的：强化网前控制拍面与网前对抗能力。

练习方法：练习者站在网前 2～3 米，向场地对面站在发球线附近的同伴送球，同伴运用正手或反手抽击球动作，将球击向网前的练习者，练习者分别用正手或反手截击动作将球回击过网。

练习要点：当同伴在抽击球的一刹那，截击者要使用分腿垫步作为准备动作，双脚落地时产生的爆发力有利于帮助自己向来球方向迅速移动。

七、挑高球技术

（一）技术特点与作用

挑高球就是指将还击的球越过网前对手的头顶落入对方后场区。网球场上，挑高球并非只与高压球成双配对，击球者无论处于什么状态都可以挑高球，因为挑高球本身既可是防守性的也可是进攻性的。比如在球员极度被动的情况下可以挑高球作为一种过渡和缓冲的手段，而当对方上网时，己方可击出一带强烈上旋的高球，利用此种球弧顶高、下坠急、落地后前冲猛的特点令球越过对方头顶以逼迫对方反身回追，这往往就是破网得分的一击，至少也可置对方于被动的境地。由此，击球者应在任何情况下都能够做出挑高球的反应并且挑出不同效应的高球，这样才可以在增加自己防守实力的同时也多拥有一样得分的本领。对网球初学者而言，更可以把挑高球练习作为磨炼基本功的有效手段。挑高球技术可分为进攻性挑高球和防守性挑高球两种。

（二）两种挑高球技术介绍

1. 进攻性挑高球

进攻性挑高球又叫上旋高球，动作接近于正反手上旋击球动作，只是提拉上旋的动作更加强烈，更充分向上。击球时，拍头低于手腕，并有一定的手腕动作参与，击球点靠后些。

（1）准备姿势与引拍

要尽可能和底线正、反拍上旋抽击球动作一样。完成拉拍动作时，要使手腕保持后屈。

（2）击球

在挥拍击球时，拍面垂直，拍头低于手腕的位置，采用手腕与前臂的滚翻动作，由后下向前上挥拍，做弧线型鞭打击球动作，使球拍在击球瞬间进行擦击，以产生强烈上旋，击球点在身体侧前方，重心落在后脚。

（3）随挥动作

击球后，球拍必须朝着自己设想的出球方向充分跟进，随挥动作要放松，并在身体另一侧结束。

2. 防守性挑高球

（1）准备姿势与引拍

挑下旋高球与挑上旋高球一样，同样需要动作隐蔽，因此它的握拍，侧身转肩，向后引拍应尽量与底线正、反手击下旋球动作一致。

（2）击球

击球时拍面朝上，触球点在球的中下部，由后下方向前上方平缓挥拍击球，似“舀送”动作的击球法，为了更好地控制球的高度和深度，尽量使球在球拍上停留时间长一些，动作要柔和。

（3）随挥动作

随挥动作与底线正、反拍击下旋球一样，跟进动作充分，结束动作比上旋高球结束动作要高，此时面对球网，重心稍后。

3. 挑高球技术要领

（1）眼睛盯住球，边移动，边向后引拍。

（2）击球时手腕固定。

（3）加长击球时间，上旋挑高球要注意腿、手臂和手腕的协调用力。

（4）随着出球方向，向高处做随挥动作，击球后，迅速回防。

（三）挑高球练习方法

1. 自我挑高球练习

练习目的：了解挑高球动作方法，体会上旋和下旋挑高球的不同。

练习方法：练习者站在底线附近自己向上轻抛球，待球反弹后运用正反手做挑高球练习。

练习要点：将球抛在体侧，蹬腿后全身协调用力，控制好拍面并有随送动作。

2. 隔网挑高球练习

练习目的：掌握上旋和下旋挑高球动作方法。

练习方法：两人隔网站立，一人站在网前向站在底线的练习者送球，可利用多球进行专门的挑高球练习，送球速度由慢到快，也可进行先定点后跑动的不定点练习，提高练习难度。

练习要点：上旋挑高球时，由后下向前上的弧线型鞭击动作明显，使球产生强烈上旋；下旋挑高球时，为了更好地控制球的深度和高度，尽量使球在球拍上停留的时间长一些。

3. 隔网对抗挑高球练习

练习目的：提高临场挑高球能力。

练习方法：一人站在网前或场地中间进行高压击球，练习者在底线练习挑高球。

练习要点：练习者移动迅速，击球时拍面对着同伴，时间充分时主要以上旋挑高球回球，注意保持击球的连贯性。

八、放小球技术

（一）技术特点与作用

放小球技术是一种调动、干扰、牵制对方的有力武器，它具有很好的隐蔽性和突然性特点。在比赛中配合运用放小球，可以更有效地发挥自己特长技术的攻击性，使对方不能专心于防守，打乱对方的站位、击球节奏，使自己各项技术得到充分发挥。在对方体力大幅度下降的情况下，运用放小球战术可以摧垮对方的意志，加快对方体力的消耗。

放小球的时机之一是，当对手前后移动慢、网前技术差时，把对手从后场引至前场，创造进攻得分机会；另一个时机是，当对手站在后场或大角度跑出场外时，突然放小球，使对手来不及到位而得分。掌握了放小球技术，可使自己打法多变，令对手捉摸不定。

（二）技术方法与要领

放小球采用常规的正反手引拍动作，就像在挑高球时，在击球前成开放拍面打下旋球，球拍稍微加速，使球落在网前。在放小球之前，要考虑球场的地面材质、风速及风向、来球的球速、自己距离球网的距离等。

1. 握拍

为了使击球具有隐蔽性，正、反手放小球的握拍相同，可使用东方式或大陆式握拍法。

2. 准备姿势和引拍

球员的站位姿势和引拍动作应与正反手击球动作一样，以使动作具有隐蔽性。放小球的击球动作类似于反手削球或正手下旋球，相比较而言它的引拍要稍微小一些，而随挥要小得多。实战中，观察对手的位置后，可向前突然发力下切来球，通过轻巧的触球让球产生下旋，这样可以使球刚好过网，并且反弹得很低。

3. 击球

眼睛注视来球，击球的中下部，触球时拍面打开，腕部松开，球拍在触球时向下移动。充分向上倾斜拍面同样可以制造更多下旋，不过需要在隐蔽动作的最后一瞬间做出，否则会被对手识破。要控制好挥拍速度，在球拍将要与球接触的过程中逐渐放慢拍速能起到卸力的作用。在放小球时球拍不要握得过紧，放松持拍手有利于让自己的击球变得更柔和，并且能够改进触球瞬间的感觉。击球必须在能够控制的范围内产生尽可能多的下旋，务必让球落在刚过网的位置。

4. 随球动作

随球动作幅度很小，通常大约在腰部高度结束，随球动作结束时，拍面打开。

（三）练习方法

放小球要解决的主要问题是放球的距离问题，太深容易让对手有充分的时间做好击球的准备；太浅容易导致球直接下网，因此，必须熟练掌握下旋切球的技巧。

1. 对墙放小球练习

练习目的：体会放小球的动作方法。

练习方法：练习者距墙 5～6 米左右，用球拍送球上墙后，等球落地两次或一次后再轻削送球上墙，可用正手或反手练习。

练习要点：能用切削推送并减速的方法完成放小球动作，保持连续进行。

2. 反弹放小球自我练习

练习目的：体会放小球动作方法与控球力量。

练习方法：练习者站在底线，自我抛球，待落地反弹后，用正手或反手下旋方式切球，送至对方网前。

练习要点：眼睛看球，击球时手腕由握紧到适度放松，轻巧地触球让球产生明显下旋特征，使球刚好过网，并且反弹得很低。

3. 凌空放小球练习

练习目的：提高对球的判断和控球能力。

练习方法：练习者站在底线将球抛起，高于头顶约 0.5 米，用正手或反手切削球方式，凌空送球。

练习要点：不要让球落地直接送球，如果一开始的感觉不准，不好控制球的话，也可以先让球落地，待它反弹后再切球，随后重新抛球，尝试凌空直接切到球。

4. 场地实战练习

练习目的：提高在移动中放小球的能力，改善临场应变能力。

练习方法：同伴站在底线向对面场地任一区域送球，练习者判断移动后，用削球动作放小球。

练习要点：要让球过网后落在距离球网 2～3 米内，且落地后能产生向后反弹的效果；较熟练后，放小球动作要有一定的隐蔽性，不可过早暴露意图。

九、高压球技术

（一）技术特点

高压球是一项绝对的强攻性技术，一般来说打高压球就意味着得势、得分，所以高压球又叫杀球，是在头顶上用扣压动作完成击球的技术动作，属网前球技术。在高水平的网球双打比赛中，高压球技术非常重要，因为，上网进行截击时对方经常会通过挑高球来摆脱被动，只有熟练掌握高压球技术，才能有效制约对方的挑高球，并利用高压球技术直接得分。对大部分参与网球运动的业余爱好者来说，打高压球的机会是不多的，他们可以等球落地后反弹至合适的高度时以击落地球的技术将球处理回去。因此，一般爱好者不必在高压球上太费心思，可把它当成一项有益但并不十分必要的技术，稍加演练就可以了。

高压球根据球的状况和击球者的站位可分为凌空高压球、落地高压球、前场高压球、后场高压球等几种，其动作与发球相似。

（二）基本技术

1. 握拍与移动

高压球与网前截击球都是大陆式握拍。在准确判断来球位置及轨迹的基础上，以交叉步、滑步或并步的方式快速侧身移动到球即将下落位置的后面。打高压球对步法的灵活性及准确性要求非常高，因为来球不受己方控制，是“高空作业”，球在空中飞行时可能会因风向、旋转等因素而产生一些难以预知的变化，这就要求击球者快速反应、灵活移动、准确取位以获得理想的击球点，否则很难打好高压球。即使感觉已经处于很好的位置，双脚也要不停地在原地做碎步的调整。这对保持重心灵活是很有好处的，如果你的双脚很容易“钉”死在一个地方，那你可能被突如其来的一点变化弄得措手不及。打高压球时无论以什么样的方式移动身体，最后都应尽全力采用双脚一前一后的方式站位，持拍手同侧的脚在后，另一脚在前，两脚连线与球网近乎垂直。

2. 后摆球拍

在脚步开始移动后，身体侧身并以最短捷的动作将球拍摆至肩上，拍头向上，左手自然上抬，眼睛盯球，作好击球准备。高压球在移动定位时非持拍手应指向空中的来球，这不仅有助于判断击球点的位置，而且对保持身体的平衡也有积极的作用。

3. 挥拍击球

判断准确击球点并移动到位后，以双脚为支撑向击球点方向蹬地、转体、收腹继而挥拍击球。发力顺序与发球相似，但击球点在保证球过网的前提下，其位置越靠前越利于发力和控制球出手的角度，越靠前越具有杀伤性，这与发球时力争高点是不同的，到达击球点时身体应已完全面向球网。高压球不单纯依靠手臂或手腕的甩动发力，而是靠腰腹、腿部及身体整体的协调发力，这与发球是一样的道理。手臂挥拍动作与发球一样有个搔背再迎接来球的过程，不要硬压大臂以期“高压”来球，而是要将小臂和拍头“甩”出去。

4. 随挥

高压球的随挥动作仍与发球类似，击球过后顺势将球拍收于持拍手异侧的腿侧就可以了。这在击球点比较合适（如在身体的前上方）的情况下比较容易做出来。如果击球点很靠后或很偏，不适合正常发力，那么随挥动作就有可能被强行的扣腕或旋腕动作所代替，这要求击球者具有良好的腰腹力量及手腕的控制能力，初学者遇到这样的情况时最好能够量力而行，若勉强为之容易受伤。

（三）几种高压球技术介绍

1. 凌空高压球

凌空高压球指的是不等来球落地，在空中就将其扣杀回去，此种球杀伤力极大但击球者需具备良好的空中定位、判断能力及熟练而精准的脚步移动能力。

2. 落地高压球

一般是在来球虽高但飘忽不定或很难取到最佳点将其凌空击回去的情况下，让球落地反弹后再寻高点扣杀，初学者可以此为练习高压球的手段之一。

3. 跳起高压球

跳起高压球的动作与羽毛球的跳起扣杀动作极为相似，一般以与持拍手同一侧的脚蹬地起跳，落地时异侧的脚先着地、缓冲，挥拍击球时双脚在空中有个前后换位的动作。初学者在体验跳起打高压球时不要急于求成，骤然发力容易导致受伤。

4. 高压球技术要领

（1）身体放松，要有打好高压球的信心。

（2）发现对方挑高球后，要快速移动，眼睛始终盯住球，脚步要不停地调整，侧身对网。

（3）左手指向来球，保证击球点在身体的前方，有利于身体做出蹬地、转腰、收腹及手臂的鞭打动作，要用力扣腕，击球时拍面对着击球方向。

（4）随挥动作要充分。

（四）练习方法

1. 手臂“鞭打”动作

练习目的：体会高压球的手臂动作方法。

练习方法：抬高肘关节，向前、向上、向远处抛球，或手持毛巾等软状物体，连续做向前、向上“鞭打”动作。

练习要点：动作放松，大关节带动小关节，大肌肉带动小肌肉，动作协调。

2. 持拍做高压球动作的模仿练习

练习目的：体会握拍时手臂“鞭打”动作及判断高压球的击球点。

练习方法：在击球点位置找一个标志物（树叶或悬挂物等），提高模仿练习的实效性。

练习要点：手臂放松，特别是手腕放松，要有明显的肘关节的制动及扣腕动作。

3. 移动接球练习

练习目的：提高移动判断击球点能力。

练习方法：教练在中场喂送高球，练习者站在对面场地中间，通过脚步移动，在身体前面最高点伸直右手接球。

练习要点：脚步不停移动，体会击球点位置。

4. 对墙高压球练习

练习目的：提高移动判断能力，体会击球动作过程。

练习方法：在距离练习墙 6～7 米处自行抛球，把球打在墙前大约 1 米的地上，球反弹后到空中，可连续击打高压球后的反弹球。

练习要点：脚步积极移动，注意侧身对球，控制击球力量，保持动作的连贯性。

5. 击打手抛高压球

练习目的：体会高压击球的整个过程。

练习方法：练习者站在网前约 2～3 米的距离，同伴站在其侧面将球抛向练习者身体右侧前上方，练习者采用高压击球动作将球凌空击过网。

练习要点：调整脚步，控制力量，体会完整高压击球技术。

6. 后退高压球练习

练习目的：加强后退击打高压球的能力。

练习方法：练习者站在球网后面，同伴站在对面场地。练习者用球拍触碰球网的同时，快速后退，击打同伴用球拍抛过来的高球。

练习要点：后退时，采用交叉步移动，开始时步子要大；送球者要控制好送球节奏，待练习者球拍触网后再送球。

7. 全场高压球

练习目的：提高场地不同区域高压球的处理能力。

练习方法：练习者站在发球线与发球中线的交界处，同伴在中场用球拍依次或随机喂送近网、中场、后场的定位高球，练习者调整步法，做高压球击球练习。

练习要点：注意脚步快速移动，击球时保持身体重心平稳和侧身。

十、反弹球技术

（一）技术特点

反弹球是一项由被动变为主动的过渡性技术，主要是用来回击对着脚下打来的球，或在发球上网和随击球上网的途中，来不及到位打截击球而被迫还击刚从地面弹起的低球。绝大多数的反弹球出现在单双打比赛中运用发球上网战术时，有经验的对手在破坏上网进攻时，常把球打到对方的脚下或两侧，迫使对方从低处向上回击出反弹球，难度是极大的。因为击球点低且多在中场，很难加力进攻，只能推深或控制落点为下次进攻做准备。如果判断准确及时，宁可加快上网速度截击凌空低球或突然放慢前冲速度待球落地跳起在高点加力进攻。

虽然反弹球大多出现在中场，但当运动员在场区内包括在底线稍后都可能被逼使用反弹球的打法处理来球，因此，反弹球技术分类也是很复杂的。按击球者站位分，有近网、中场和底线深区的反弹球；按球的旋转分，可分平击、上旋和下旋削击的反弹球；按回击的落点和性能分，又有推深、放轻球、挑高球和破上网等。

（二）动作方法与要领

1. 握拍

正、反手反弹球握拍与网前截击握拍相同，采用东方式反手握拍法或大陆式握拍法。

2. 准备姿势和引拍

当判断来球需要打反弹球时，迅速下蹲，降低重心，如正手反弹球，应转体右脚向前作跨步，右膝弯曲，反手反弹球则相反，此时身体前倾，同时必须保持身体平衡，后摆动作视球过来的球速及准备时间快慢而定，一般是转体时已完成了后摆动作。

3. 击球

击球时眼睛必须看球，手腕与前臂紧固，拍面略开，随身体重心前移，拍子由下向上做反弹击球，同时使球略带上旋。

4. 随挥动作

球拍的速度逐渐减低，随挥动作不宜太长，能达到引导出球方向就够了。

总之，反弹球技术动作中的几个重要环节是低重心、跨步、深蹲、后腿膝关节几乎触地、身体保持平衡、眼睛盯住来球，在球弹起瞬间击球，拍头不要下垂。当对方挥拍击球时，应注意判断，同时放慢前冲速度并判断对方的击球方向，判断时应有一个两脚开立的跳步，然后衔接的是向左或向右的跨步击球动作，这也是上网步法的特定要求。

（三）反弹球练习方法

1. 自抛自打练习

练习目的：体会击反弹球的动作过程。

练习方法：原地距挡网3～5米，向上抛球，然后降低身体重心，待球刚弹起时，做反弹球练习。

练习要点：眼睛盯球，手腕放松，打准球。

2. 对墙反弹球练习

练习目的：提高球感及球拍的控球能力。

练习方法：在距墙3～5米的地方，对墙打一次稍高的球，再打一次刚落地的反弹球，反复依次进行正、反手反弹球练习。

练习要点：控制好节奏，击准球，保持连续击球。

3. 场地反弹球练习

练习目的：提高对反弹球的判断及球拍的控球能力。

练习方法：同伴站在场地中间向对面中场的练习者脚下送球，练习者进行反弹球练习，送球者可向练习者正反手进行送多球练习。

练习要点：重心降低，拍面对着击球方向，向前上送出。

4. 结合实战，由后场向前场跑动至中场击反弹球练习

练习目的：提高处理反弹球应变能力。

练习方法：同伴站在底线向对面底线练习者送球，球送至中场附近，练习者正手或反手击球后，上至中场，同伴把球击向练习者脚下，练习者用正手或反手击反弹球。

练习要点：练习者回击球时要有目的地把球击向对方脚下，练习者眼睛盯球，降低重心，减小引拍，挡击回球。

第三节　网球运动战术训练实践

一、单打战术

（一）上网型打法

上网型打法战术是指利用网前进攻为主要得分手段。常用的基本战术又可分为以下几种。

1. 发球上网战术

发球上网战术是利用发球的力量进行主动进攻，并且是上网抢攻的一项主要战术，也是上网型打法者在比赛中的主要得分手段。

（1）用第一发球的力量，发侧旋球，目标是对方发球区右区外角，然后上网，根据对手回球路线，截击球至对方反拍区（图 12-4）。

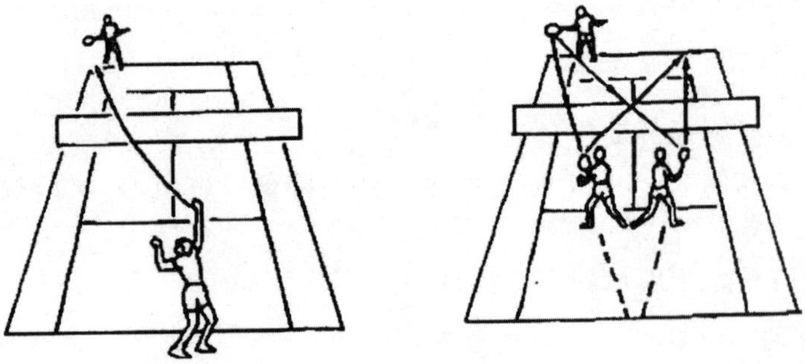

图 12-4　发侧旋球

（2）用第二平击发球或发上旋球，目标为对方发球区右区内角，然后上网冲至发球线中线，判断来球，截击至对方场地的空档（图 12-5）。

图 12-5　发上旋球

（3）用平击发球或侧旋发球，发球到左区内角上网，冲至中场处，判断来球，截击至对方正、反拍底线，然后人随球跟进，准备近网二次截击（图 12-6）。

图 12-6　用平击发球

2. 随球上网战术

随球上网是利用双方在底线对攻或对方接发球时，对手出现质量不高的中场球时，果断地进行抽击，然后随球上网的一项战术。

（1）拉出强烈的上旋球至对方的底线，趁对方将注意力集中在来球时，突然快速上网，将对方的回球截击或扣杀至对方的空档。

（2）对拉中突然大角度拉开，改放小球上网。

（3）在底线相持对攻或对拉中，利用抽击球的速度、力量、旋转和落点的变化来控制对方，使对方回球时出现质量不高的浅球或中场球，然后迎上做随击球上网，以达到攻击对方的目的。

（二）底线型打法

底线型打法是以底线正、反拍击球技术为基础组织的战术。它的指导思想是用速度、旋转、落点的变化来创造进攻机会。

1. 对攻战术

（1）以正、反抽击球的速度、力量，攻击对手的弱点，用速度压住对方。

（2）用正、反拍强有力地抽击球，连压对方一点，突击其另一点。

（3）用正、反拍有力击球，调动对方大角度跑动，寻找进攻得分机会。

（4）在调动对方两边跑动时，突然连续打重复球，再加变线。

2. 拉攻战术

（1）正、反拍拉强力上旋于对方底线两边大角深处，不给对方上网及底线起板机会，寻找机会进行突击。

（2）正、反拉上旋球时，加拉正、反拍小斜角，增加对方跑动距离并出现质量低的回球，然后伺机进攻。

（3）拉对方反拍深处，伺机突击正拍。

3. 侧身攻战术

（1）连续用正拍攻击对方，创造得分机会。

（2）用正拍进攻，调动对方移动，反拍控制落点突击进攻。

（3）用全场正拍攻对方反拍，再突击变线正拍。

（4）用正拍进行攻击时，连续打出重复球。

4. 紧逼战术伺机用正拍

（1）接发球时紧逼向前进攻，使对方发完球后有来不及准备的感觉，产生心理压力。

（2）连逼对方反拍，突击正拍，伺机上网。

（3）紧遏对方两边，使其被动或回球出现错误，伺机上网。

（三）综合型打法

综合型打法是根据不同的对手和不同的技术与战术掌握情况、场地特点与战术需要，灵活地变换战术的打法。

1. 对付发球上网型打法者，采用接发球破网或先接成功，再准备第二板破网。

2. 对付随意打法者，采用底线打深球战术，用正拍进行对拉，反拍切削控制落点的战术，寻求进攻机会。

3. 对付底线稳健型打法者，采用发上或随上及底线紧逼战术，以打乱对方节奏。

4. 对付接发球上网者，提高一发命中率，变化发球和落点，以控制场上的主动权。

二、双打战术

双打比赛中，两个选手既要密切配合，又要制订以己之长、攻彼之短，出其不意、攻其不备，先发制人、力争主动的战术，才能克敌制胜。双打战术主要有发球局战术和接发球局战术。

（一）发球局战术

发球局战术是利用发球进攻并形成上网抢网战术的发球局战术。主要战术有发球上网、发球上网抢网战术和澳大利亚网前战术。

1. 发球上网战术。在第一发球中，利用八成力量发出不同旋转的球或平击球，做到发球稳健，提高成功率，在发球的落点上不断变化，以压制对手，然后迅速上网；第二发球也要利用发球不同旋转和变换落点来控制对手，为上网创造机会，上网后打出大角或平而深的截击球，切勿起高球，以防对手同伴抢网。

2. 发球上网抢网战术。抢网是指网前人横向移动，拦截对方接球员打过来的球。发球员发球前先应知道网前的同伴在背后所做的手势，即应发什么落点以及抢网与否，同时，应注意发球质量、命中率和落点的变化。

3. 澳大利亚网前战术。网前人和发球员站在同一半场，这种站位布阵战术称为澳大利亚双打战术。一般是在接发球打过来的斜线球很低，使冲上网的发球员很难掌握好击球时机，就可采用这种战术。网前队员在这个位置上既能截住对方的斜线球，又能朝着对方网前人方向击打而得分。运用澳大利亚网前战术，首先网前同伴给发球员做出手势，告诉发球员发球落点和网前是否抢网，同时要有高质量的第一发球来配合。

（二）接发球局战术

为了改变接发球时在底线被动挨打的局面，提高接发球的质量，要积极进攻，主动上网灵活多变，同时还要防止蛮干。接发球局战术主要有：接发球双上网战术、接发球网前抢网战术和接发球双底线战术。

1. 接发球双上网战术。当对方发球时，接发球员要判断准确，积极向前至底线里面，向前向下顶压击球，向着发球上网的对手脚下打斜线或打边线附近击球，然后随接发球上网。

2. 接发球网前抢网战术。当接发球员接到质量高的低平球，或对手发球上网中场拦出一个质量较低的球时，要快速跑动抢网，给对手以迅雷不及掩耳的一击，而接发球员见到同伴抢网，要迅速到位，以防对手截击直线球。这种战术运用得当，可使对方发球上网者产生心理压力，进而出现回球质量低下或回球成功率低。要特别注意的是接发球员的同伴不要过早移动，防止被对手发觉而回击直线球。

3. 接发球双底线战术。为了对付对手的发球威胁，瓦解对手的快速进攻节奏，压制对手网前攻杀，两个队员都退到底线，提高接发球的成功率。要做到稳中带狠，重点破中路和两边小斜线，并结合挑上旋高球技术。

第十三章　校园乒乓球运动训练实践指导

第一节　乒乓球运动基本理论综述

一、乒乓球运动的起源与发展

（一）乒乓球运动的起源

乒乓球运动最初起源于19世纪末期的英国，此后在欧洲大陆上得到了非常广泛的传播。乒乓球运动的出现与网球运动存在密切的关联，它的英文名为Table Tennis，意思即为“桌子上进行的网球运动”。根据有关文献记载，在19世纪后半叶左右，一种极似现在乒乓球的室内游戏逐渐在英国风靡开来。这种运动在发球之时，可以将球直接发到对方台面或者把球先发到本方台面再跳至对方台面。球拍用羊皮纸贴成，形状为长柄椭圆形，内部是空心的。为了防止因球乱跳而损坏其他的设施，又在橡胶或者软木实心球外包了一层轻而结实的毛线。这种游戏可以饭桌上支起网来打，甚至可以简单地在地板上用两个椅子当作支柱，中间挂起网就可以进行。虽然凭借当时的器材不能保证比赛的激烈性，但仍然有很强的趣味性。这种游戏在最早期的名称是“弗利姆佛拉姆”，或者叫作“高希马”。这种游戏在当时并没有统一的规则，有10分、20分为一局的，也有50分或100分为一局的。

发展到后来，一位名叫詹姆斯·吉布的英格兰人到美国旅行时，偶然发现了一种用赛璐珞材质制成的空心玩具球具有较强的弹性，因此他将这种材质的球运用到这项游戏中，从而取代了之前所用的橡胶与实心球。1890年前后，人们开始使用赛璐珞球开展这项运用，这种材质的球逐步在英国与世界各地得到广泛地推广。由于当时普遍使用那种球拍击球和球碰台时会发出奇特的“乒乓”声音，因此这项运动就非常形象地被命名为“乒乓球”。最初，乒乓球运动只是流行于宫廷与贵族之间，后来由于其独特的魅力开始风靡在欧洲的各个角落，并最终走向国际。

（二）乒乓球运动的发展

1. 世界乒乓球运动的发展

（1）欧洲乒乓球全盛时期

1926—1951年期间，可以称作是欧洲乒乓球运动发展的全盛时期。在这20多年中，一共举办了18届世界乒乓球锦标赛，其中只有一届是在欧洲以外的地区举办的。在此期间，世界乒乓球锦标赛7个正式的比赛项目中，除8项冠军由美国选手获得外，其余都是由欧洲选手获得，因此这一时期是欧洲乒乓球运动的全盛时期。

在整个乒乓球运动的发展历程中，该时期是乒乓球运动一个相当长的历史发展阶段。从技术打法方面来讲，这一时期所流行的打法主要是以削为主以及削攻结合型打法，这时期的主要指导思想就是尽可能减少自己的失误，同时设法让对方的失误增加。

在这一时期，进行稳健的削球是乒乓球运动的主要技术打法。与此同时，这一时期的乒乓球运动比赛并没有时间方面的限制，因此这也使得这一时期的乒乓球运动比赛显得冗长乏味。在此后的第 11 届世界乒乓球锦标赛上，国际乒联对于乒乓球的比赛器材、比赛时间等方面的规则进行了修改。

（2）日本乒乓球称雄时期

1952—1959 年是日本乒乓球运动称雄的时期。1928 年，日本乒乓球协会加入国际乒乓球联合会，并于 1952 年首次参加世界乒乓球锦标赛。在比赛中，日本选手所运用的是全新的直拍全攻型打法，这对一直处于技术领先地位的欧洲乒乓球队伍形成了很大冲击，日本乒乓球运动员也正是凭借这一创新技术战胜了很多欧洲乒乓好手，并且一举夺得了该届世乒赛男子单打、男子双打、女子团体以及女子双打共四项冠军。日本乒乓球队还在第 21 届至 25 届的世乒赛中蝉联了男团冠军，并且多次斩获该赛事 5 个单项的冠军，共计 24 项次。在第 21 届世界乒乓球锦标赛上，日本乒乓球队同时夺得了男女两项团体冠军。在 1959 年于德国多特蒙德举行的第 25 届世界乒乓球锦标赛上，日本队更是一举拿到了其中 7 项冠军中的 6 项冠军。

（3）中国乒乓球振兴时期

1959 — 1969 年是中国乒乓球运动振兴崛起的时期。1952 年 3 月，中国加入国际乒乓球联合会，并于 1953 年第一次参加世界乒乓球锦标赛。在此之后，经过中国乒乓球队伍的不懈努力，中国男子乒乓球选手容国团在第 25 届世界兵乓球锦标赛中成功夺得男子单打的冠军，这也是我国乒乓球运动获得的第一枚男子单打世界金牌，从而创造了历史。在 1961—1965 年的 3 届世乒赛比赛中，中国乒乓球队又以独特的打法夺得了 11 项世界冠军，占金牌总数的 52%，其中乒乓球男子团体与男子单打保持了“三连冠”。在第 28 届世界乒乓球锦标赛中，中国乒乓球队更是一举夺得了男女团体、男女双打、男子单打共 5 项冠军，中国的乒乓球运动也从此进入了世界先进行列。

（4）欧洲复兴与欧亚争夺时期

1971—1988 年是欧洲乒乓球运动的复兴时期，同时也是欧亚之间进入争夺阶段的重要时期。

当乒乓球运动发展到 20 世纪 70 年代，乒乓球运动的技术实现了突飞猛进的发展。欧洲运动员在结合中国快攻以及日本弧圈优点的基础上，创造出弧圈结合快攻与快攻结合弧圈的创新性打法，这就对亚洲的乒乓球选手造成了很大的威胁。

在这一时期，欧洲还涌现出一大批有实力的年轻乒乓球运动员，其中具有代表性的人物包括瑞典队的本格森，匈牙利队的约尼尔、克兰帕尔，苏联的萨尔霍扬以及捷克斯洛伐克的奥洛夫斯基等。在第 31 届世界乒乓球锦标赛上，瑞典队的本格森夺得了男子单打冠军；第 32 届世界乒乓球锦标赛上，瑞典男队打破了亚洲保持长达 20 年之久的团体冠军纪录；在第 33 届世界乒乓球锦标赛上，欧洲选手约尼尔与斯蒂潘契奇之间展开了激烈的男单冠亚军争夺；第 35 届世界乒乓球锦标赛上，匈牙利队夺得斯韦思林杯，而南斯拉夫男队夺得男双冠军。欧洲选手在经过 20 年的努力之后又重新走上了复兴之路。

（5）中国乒乓球鼎盛时期

从1991年至今是中国乒乓球运动发展的鼎盛时期。在中国乒乓球队1981年赢得冠军之后，经过14年的奋斗终于从低谷中走了出来，一举夺得了第43届世界乒乓球锦标赛上全部比赛的7项冠军，创造出辉煌的战绩。

2. 中国乒乓球运动的发展

乒乓球运动于1904年从日本传入中国，之后这项运动就逐渐在北京、天津、青岛、上海、广州等地开展起来，并举行了不同规模的国内、国际乒乓球比赛。1935年，中华全国乒乓球协进会成立，发起并组织了中华人民共和国成立前的第1届全国乒乓球比赛。1935年1月，国际乒联主席蒙塔古先生曾致电邀请中国加入国际兵联，并参加第9届世乒赛，但是在此次世乒赛中我国并没有取得成绩。

中华人民共和国成立之后，在党和人民政府的关怀与重视下，我国的乒乓球运动得到了迅速地发展与普及。1952年10月，我国举行了中华人民共和国成立以来的第一次全国乒乓球比赛大会，在比赛之后还组建了中国乒乓球队。从中国乒乓球队第一次参加世乒赛至今，其战斗历程大体可分为以下五个时期：

（1）起步阶段（1953—1957年）

1953年，中国乒乓球队第一次参加第20届世界乒乓球锦标赛。赛后，男队被评为一级第十名，女队被评为二级第三名。

在当时，中国乒乓球队的技术水平虽然不高，但是他们没有盲目地跟在外国人后面跑，而是以中国选手的特点为基础，认真研究乒乓球运动的客观规律，虚心学习外国队的长处，使自身的技术得到不断地提升与发展。

第21、22届世界乒乓球锦标赛中国队都没有参加。1956年，中国队参加了第23届世乒赛。赛后男队被评为一级第六名，女队被评为一级第十一名。这届世界乒乓球锦标赛充分显示了中国快攻打法既快又狠的优越性，同时也暴露出中国选手在击球准确性方面的不足。

1957年，中国队参加了第24届世界乒乓球锦标赛，在赛后男队被评为一级第四名，女队被评为一级第三名，其中王传耀、孙梅英还分别被评为世界男、女的第七名优秀选手。

在1953—1957年中，中国乒乓球队取得了很大的进步。

（2）腾飞阶段（1959—1965年）

在1959年的第25届世界乒乓球锦标赛上，中国选手容国团为祖国夺得了第一个乒乓球世界冠军。此外，中国队还在男团、女团、女单、女双和混双5个项目上都获得了第三名，男单有4人进入了前8名。容国团是我国率先提出要夺取世界冠军的运动员，他实践的技术风格给我国既快又狠的快攻打法，又加了一个“变”字，为丰富与发展我国的传统快攻打法做出了非常巨大的贡献，

第26届世界乒乓球锦标赛是中国第一次举办的世界比赛并获得了圆满的成功。在这届赛事中，中国队获得男团、男单、女单3项冠军、4项亚军以及8个季军。这一胜利极大地鼓舞了全国人民，同时也在一定程度上推动了我国乒乓球运动的发展，从此在中国大地上掀起了“乒乓球热”。

在第27届世界乒乓球锦标赛上，中国男队获得全面的胜利。中国队除了两名直拍快攻选手

外，还有一名被称作“魔术师”的直拍削球手张燮林获得冠军，比上届比赛显示出更大的优势。男双冠军由两名削球选手——张燮林与王志良获得。但是女团、女单、女双和混双皆与冠军无缘，这对中国乒乓球女队产生了很大的震动。为了帮助女队取得更好的成绩，徐寅生同志对女队做了《关于如何打乒乓球》的讲话。乒乓女队认真学习了徐寅生的讲话，思想上的提高带动了技术上的进步，并且在第28届世界乒乓球锦标赛上打了一个漂亮的翻身仗。在该届赛事中，中国队一共获得了5项冠军、4项亚军以及7项季军。国际舆论普遍认为中国是“世界头号乒乓球国家”，称乒乓球为中国的“国球”。

1959—1965年是我国乒乓球运动发展的第一次高峰，不管是直拍快攻还是防守型削球打法都取得了很好的成绩。在该历史时期，我国乒乓球运动的各种类型打法实现了相互促进与发展。

（3）重整旗鼓阶段（1971—1979年）

1970年底，与世界乒坛隔绝4年的中国队参加了斯堪的纳维亚公开赛，受到欧洲选手强有力的挑战。中国队发现自己已经落后了。面对欧洲选手的进步与挑战，中国乒乓球界在20世纪70年代初展开了一场学术性的讨论，徐寅生同志力主在原来“快、准、狠、变”的指导思想上再加一个“转”字，同时提出了用反胶打快攻的设想。在此后，还增加了拉上旋、小弧圈和快带、盖打、推挤等对付弧圈球的技术。除此之外，具有创新精神的直拍反胶快攻、两面不同性能球拍打法也有了新的发展。

在1971年的第31届世界乒乓球锦标赛上，中国队勇夺男团冠军，同时还获得女单、女双以及混双冠军。在1973年的第32届世界乒乓球锦标赛上，中国队只取得男女单打与混双3项冠军。1975年第33届世界乒乓球锦标赛只获得男女团体冠军。

1977年第34届世界乒乓球锦标赛保住了男女团体冠军，同时还夺得了男双与女双冠军。在1979年的第35届世界乒乓球锦标赛上，中国队在有女子参赛的项目中皆获冠军，而3个男子项目的第一名都被外国选手夺走，中国男队这次全面失利。中国男队在认真分析了这次失利的原因之后，提出要“苦练意志、苦练技术、苦练身体”，争取在最短的时间内夺回世界冠军。

（4）再创辉煌阶段（1981—1987年）

1981年第36届世界乒乓球锦标赛，中国队一举夺得全部比赛项目的7个冠军和5个单项亚军，创造了世乒赛历史的新纪录。在此之后的3次世界乒乓球锦标赛中，中国队每届都获得6项冠军。4届比赛共有锦标28个，中国队夺得25个。尽管每届都不容易、项项都不轻松，但中国队在世界乒坛的地位已经不容动摇。在这一时期各国都加强了对中国队的研究，并以在7个项目中的任何一项、任何一轮打败中国选手为荣，该时期堪称是中国乒乓球运动的“第二次高峰”。

在这一历史发展时期，中国队取得好成绩的主要原因是大胆启用新人、人新球艺新。在第36届世界乒乓球锦标赛中国队与包牙利队争夺男团冠军之时，3名上场队员的平均年龄只有20岁，其中的蔡振华、谢赛克都是第一次参加世乒赛。第37届世界乒乓球锦标赛的男团决赛上，第一次参加世界比赛的江嘉良分别以2∶1和2∶0战胜瓦尔德内尔和阿佩伊伦，为中国队再次获得斯韦思林杯立下汗马功劳。第38届世界乒乓球锦标赛上，中国男队又出新人：陈新华能攻善守、灵活多变；陈龙灿的直拍正胶快攻，速度快、球路刁。二陈与江嘉良合作，在团体决赛中以5∶0大胜瑞典队。女队由横拍两面拉弧圈球的新人何智丽与老将童玲、戴丽丽、耿丽娟组成，在团体赛中盘盘皆胜。在第39届世界乒乓球锦标赛上，中国男队由新老结合的滕毅、江嘉良、陈龙灿组成，再次以 5∶0 大胜瑞典队。女队由新老结合的李惠芬、焦志敏、戴丽丽组成，以 3∶0 打败了由强手梁英子和玄静和组成的韩国队。

（5）鼎盛阶段（1988 年至今）

1988 年第 24 届奥运会上，乒乓球运动正式被列为奥运会的比赛项目。中国选手在 4 个比赛项目中获得了男双金牌（陈龙灿、韦晴光）和女单的金、银、铜牌。陈静、李惠芬、焦志敏同时登上了领奖台。

而欧洲男选手在经过一段时间的磨炼后，技术变得更加全面，打法也更加成熟。中国队在长期的胜利中隐藏了失败的因素。尽管在 1992 第 25 届奥运会乒乓球比赛中，中国队夺得了 4 个比赛项目中的 3 枚金牌，中国男队在世界乒乓球锦标赛中连续 3 届（第 40、41、42 届）与含金量最高的团体与单打冠军无缘；中国女队在第 41 届世界乒乓球锦标赛中痛失团体冠军；享有“双保险”之称的邓亚萍与乔红在第 42 届的单打比赛中都被淘汰，整个中国女队无人进入单打决赛。为了让中国的乒乓球队伍尽快走出困境，1993 年末至 1994 年初，中国乒协及时举办了全国乒乓球奥运会重点省市男队主教练和业余体校的教练员研讨班。中国乒协主席徐寅生、副主席李富荣做了重要讲话，这次会议对中国乒乓球运动的发展起到了重要的作用。

1995 年第 43 届世界乒乓球锦标赛在天津举行，这是该项赛事第二次在中国举行，中国队囊括了全部冠军。中国乒乓球队从第 43 届世界乒乓球锦标赛获得全胜之后，根本上改变了自 20 世纪 80 年代末至 90 年代中期世界乒坛的实力次序。至此，中国队终于走出了低谷，迎来了中国乒乓球运动的第三次发展高峰。

在 1996 年的第 26 届奥运会上，中国队首次在这项全世界最重大的赛事中夺得了所有乒乓球赛的金牌。第 44、45 届世界乒乓球锦标赛，中国队都取得了 6 项冠军的好成绩。

在 1999 年第 45 届世界乒乓球锦标赛的单项比赛中，中国队又一次获得了巨大的胜利，包揽了 5 个单项的冠亚军。

2000 年的第 27 届奥运会，中国队第二次囊括了所有乒乓球金牌，这也为中国队在小球时代画上了圆满的句号。

2001 年的第 46 届世界乒乓球锦标赛，中国队第三次实现了 7 项冠军的大包揽。

在 2003 年的第 47 届世界乒乓球锦标赛单项赛上，第一次执行 11 分制与无遮挡发球规则。这届赛事中的男单金牌被欧洲选手施拉格夺得之后，中国乒乓球队又在 48 届与 49 届包揽了全部的 7 项冠军。在 2009 年以及 2010 年的第 50 届世界乒乓球锦标赛中，中国队获得了除女团冠军外的全部冠军。

2011 年第 51 届单项世界乒乓球锦标赛，中国队包揽了 5 个单项的全部冠亚军。2012 年第 51 届团体世界乒乓球锦标赛在德国的多特蒙德举行，中国队获得了男女团冠军。在 2016 年 3 月的第 53 届世界乒乓球锦标赛女团决赛上，中国队以 3∶0 击败日本，第 20 次获得了冠军。2016 年的里约奥运会上又包揽了男单、女单、男团、女团 4 枚金牌。2017 年在德国杜塞尔多夫举行的世界乒乓球单项锦标赛上，马龙卫冕男单冠军，中国男单 7 连冠；丁宁卫冕女单冠，第三次夺冠；樊振东、许昕男双夺冠；女双丁宁、刘诗雯夺冠，中国女双 15 连冠。

二、乒乓球运动的特点

乒乓球是一项具有广泛群众基础的小球运动，其特点主要表现在以下几个方面。

（一）球体轻、球速快

乒乓球是一项非常易于开展的运动项目，尤其是在中国，乒乓球运动有着“国球”之称。

乒乓球是最小的球类体育运动，原来乒乓球的球体直径仅为38毫米，重2.5克。从2000年10月1日开始，乒乓球运动比赛开始使用直径为40毫米的大球，球重为2.7克。球应用赛璐珞材料或类似的塑料制成，在比赛中可以使用白、黄、橙三种颜色的球。

乒乓球与排球、网球、羽毛球、毽球、藤球等球类运动都属于隔网竞技的运动项目，乒乓球还同网球、羽毛球一道被称为“三拍运动”。乒乓球在体育运动项目中常被认为是“聪明人的运动”，该运动素以速度快、变化多、技巧性强、趣味性高而著称。在乒乓球运动中，乒乓球的球速最快可达50米/秒左右，加转弧圈球的转速高达176转/秒，各种不同的旋转多达26种。同时，乒乓球球小、速度快、变化多，能够造就练习者在短时间内拥有对瞬息万变的击球有较强的反应能力和应变能力。

（二）器材设备简单

乒乓球台是乒乓球运动的重要设备。标准乒乓球台的长为2.74米、宽为1.525米、高为76厘米，台子可以用任何材料（国际规定应由坚实木料）制成，对于台面的厚度并没有具体的规定，但是应具有均匀、合适的弹性，具体的弹性要求是用标准乒乓球从台面上空30厘米处落下后弹起23厘米即为合适。

乒乓球台的中间为球网，球网由网、网柱以及支架三部分组成。网的高度为15.25厘米，台面四周应画上2厘米宽的白线，双打时还需要在台面中央画一条3毫米宽的白线。球台的颜色并没有具体的限制，但是台面应呈现均匀的暗色，无光泽，多为墨绿色与海蓝色（目前大型比赛常选用海蓝色球台同红色地面、黄色乒乓球相配套）。

乒乓球运动所需要的场地空间并不是非常大，一般场地为20米长、7米宽、4米高。乒乓球运动场地的面积仅是足球场的1/73、网球场的1/7。由此可见，场地对于乒乓球运动的限制性是非常有限的。

（三）群众基础非常广泛

乒乓球运动对于运动者的反应速度有着非常高的要求，因此能够很好地进行反应速度的训练，它对于参与者的年龄也没有严格的限制，无论是老人还是小孩甚至是患有伤病的残疾人都能够参与到乒乓球运动中，因此它具有非常广泛的群众基础。除此之外，乒乓球运动的设备也较为简单，不管是在室内还是室外都能够进行，运动者的运动量也可以根据自身的身体状况以及年龄特征等因素进行合理地安排。

由此可见，乒乓球运动项目的特点决定了它具有广泛的适应性与很好的运动价值，因此开展的非常普遍，具有很广泛的群众基础。

（四）具有很强的健身性与竞技性

乒乓球运动不仅球速非常快，而且富于变化，同时球在来回击打的过程中还带有强烈的旋转，这就能够很好地锻炼运动者的反应能力与临场应变的能力，从而起到相应的健身效果。经常参与乒乓球运动的群体往往具有很好的身体协调性与敏捷性，上下肢的运动能力也要优于常人。此外，参与乒乓球运动可以显著改善人体心血管系统的功能，促进机体的新陈代谢，有效增强运动者的身体体质。

乒乓球运动包括单打、双打、团体等形式，比赛双方所使用器材的材质（如球板、胶皮等）各不相同，打法与技战术的应用也各不相同，因此也使得乒乓球运动的比赛充满制约与反制约、适应与反适应的矛盾转化。对于乒乓球运动的参与者而言，乒乓球比赛不仅能够很好地培养独立思考与团队作战的能力，同时还能够有效提升思想、意志等方面的能力，这些也很好地体现出乒乓球运动的对抗性特征。

第二节　乒乓球运动技术训练实践

乒乓球运动的基本技术主要包括：握拍方法、基本站位与基本姿势、步法、发球技术、接发球技术、推挡球、攻球、直板横打、弧圈球、削球、双打等技术。

一、握拍方法

（一）直拍握拍方法

1. 直拍快攻型握拍法

拍柄右侧贴在食指的第三关节处，食指第二关节压住拍柄的右肩，拇指的第一关节压住拍柄的左肩，拇指和食指之间的距离保持适中，其他三指自然弯曲重叠，以中指第一关节托于球拍的背面，使球拍保持稳定（图 13-1）。

图 13-1　直拍快攻型握拍法

这种握拍方法手腕较灵活，有利于发球，以及处理台内小球和击球时的变线。此外，由于灵活性好，变换拍形快，有利于正、反手击球动作的迅速变换，在处理追身球时也比较方便。

2. 弧圈型握拍法

与快攻型握拍基本相同，但拇指贴在球拍左侧，食指轻轻扣住拍柄，形成一个小环状。中指、无名指和小指自然伸直托住球拍后部（图 13-2）。

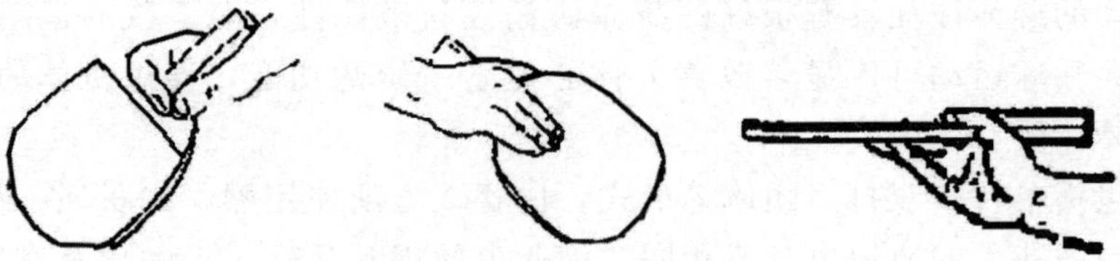

图 13-2 弧圈型握拍法

这种握拍法，很自然地把手臂、手腕和球拍连成一体，球拍呈半横状，扩大了正手位照顾的范围。在拉弧圈球和扣杀时，比较容易发挥手臂的力量。缺点是手腕不够灵活，正反手的快速转换拍形比较困难。

3. 板横打的握拍法

与弧圈型握法基本相同，拇指往里握得深一点，食指移至球拍的边缘处，球拍不能握得太紧，后面其余三指略伸开一些，这样有利于发力及控制拍形。

这种握拍法，手腕动作灵活，发球好，变化多。尤其是反手提高了主动进攻和相持的能力。缺点是处理中路或追身球较困难。

（二）横拍握拍法

横拍握拍法大致可分为浅握和深握两种。

1. 浅握法

以中指、无名指、小指自然握住拍柄，拇指在球拍的正面轻贴在中指旁边，食指自然斜放于球拍背面，虎口轻贴拍柄（多用于进攻型打法）。

2. 深握法

与浅握法基本相同，主要区别在于虎口紧贴拍柄（多用于削攻型打法）（图 13-3）。

图 13-3 深握法

正手攻球时，两种握法都要注意食指用力，必要时可稍微向上移动，帮助压拍。反手攻球时要拇指加力，必要时稍微向上移动，帮助压拍。正、反手削球时，手指基本不动。

浅握的主要优点是手腕比较灵活，缺点是拍形不易固定，因而发力会受到一定影响。深握则相反，发力较集中，但手腕不灵活。

二、站位与姿势

正确的基本站位与基本姿势，有利于迅速起动移动步法，抢占合理的击球位置，发挥自己的技术特长。

（一）站位

快攻型：这种类型，左推右攻打法基本站位在近台中间偏左，两面攻打法基本站位在近台中间。

弧圈型：以弧圈球为主打法，基本站位在中台中间偏左的位置。

削攻型：攻削结合打法基本站位在中台附近，以削为主打法基本站位在中远台附近。

（二）姿势（以右手持拍为例）

两脚开立略比肩宽，通常左脚稍在前一点，两脚的前脚掌内侧着地，略提踵；两膝微屈；上体略前倾，适度收腹含胸；下颌稍向后收，两眼注视来球；两肩基本同高，持拍手臂自然弯曲置于身体右侧，上臂与前臂的夹角接近 90°，手腕放松持拍于腹前，离身体约 30 厘米；不持拍手自然放于腹前，与持拍手基本同高（图 13-4）。

图 13-4　基本姿势

三、步法

步法就是为了选择合适的击球位置所采用的脚步移动方法。移动是击球的基本环节之一，正确的移动是取得合适的击球位置、争取主动和摆脱被动的重要方法。快速而灵活的步法移动，不仅能保证运动员正确的击球动作，而且能提高击球的准确性。

（一）单步

单步一般是在来球离身体不远的小范围内运用，是以一只脚为轴，另一只脚向前、后或左和右的方向移动一步，身体重心也随之落到移动脚上（图 13-5）。

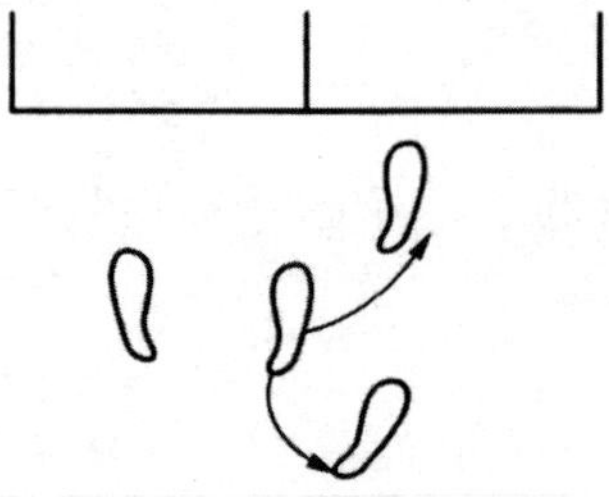

图 13-5 单步

（二）跨步

跨步是以一只脚向移动方向跨出一大步，身体重心随即移到跨步脚上，另一只脚也迅速地滑动半步跟过去。它的特点是跨步移动的幅度比单步大，近台快攻打法常用这种步法来对付离身体稍远的来球（图 13-6）。

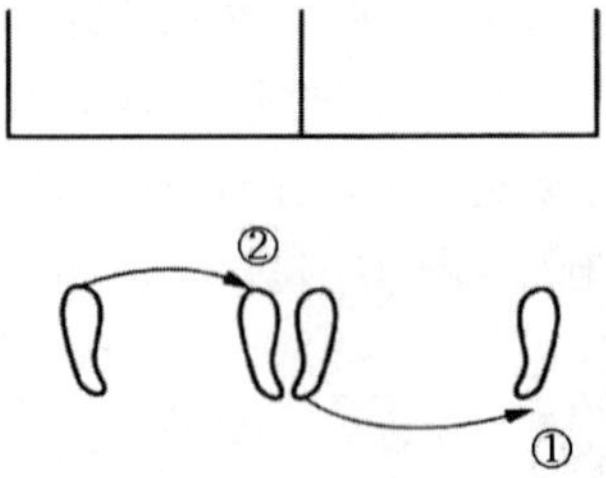

图 13-6 跨步

（三）跳步

跳步是以来球异侧方向的脚用力蹬地为主，使两脚同时或几乎同时离地向来球的方向跳动，蹬地脚先落地，另一只脚跟着落地站稳。它的特点是跳步移动的幅度比单步、跨步都要大些。跳步是弧圈打法中台向左、右移动或侧身移动时常用的步法（图 13-7）。

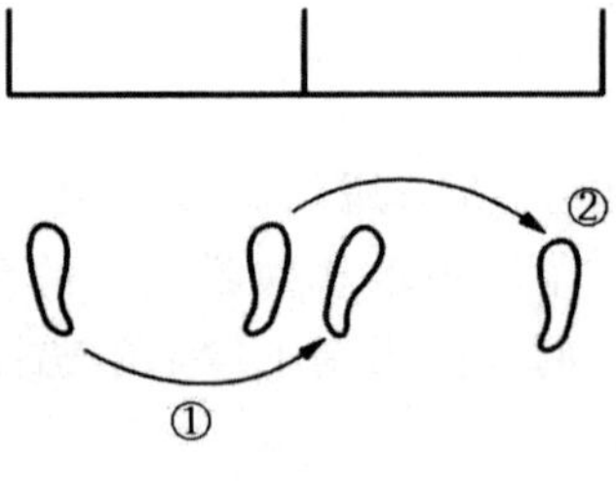

图 13-7 跳步

（四）并步

并步的移动方法基本上和跳步相似，只是不做腾空的跳动。移动时，先以来球异侧方向的脚向同方向的脚进一步，然后同方向的脚再向来球方向迈一步。它的特点是并步移动的幅度比单步要大，但比跳步要小。快攻或弧圈打法在攻削球做小范围移动时，也常使用这种步法（图13-8）。

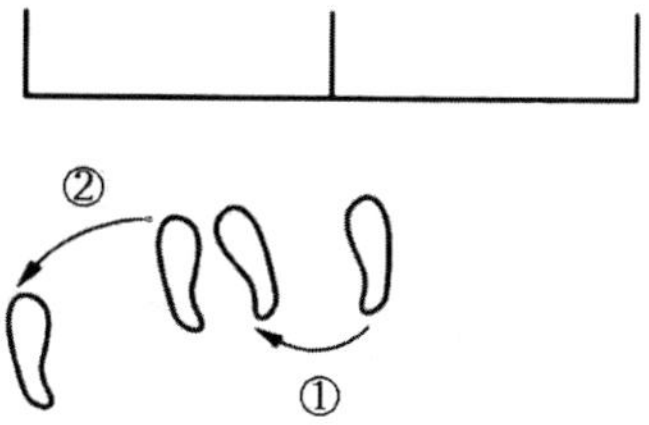

图 13-8　并步

（五）交叉步

交叉步先以靠近来球方向的脚作为支撑脚，使远离来球的脚迅速向前或左、右方向跨出一大步，而原作为支撑的脚接着向前脚的移动方向再迈一步。交叉步移动的幅度比较大，主要是用来对付离身体较远的来球（图 13-9）。

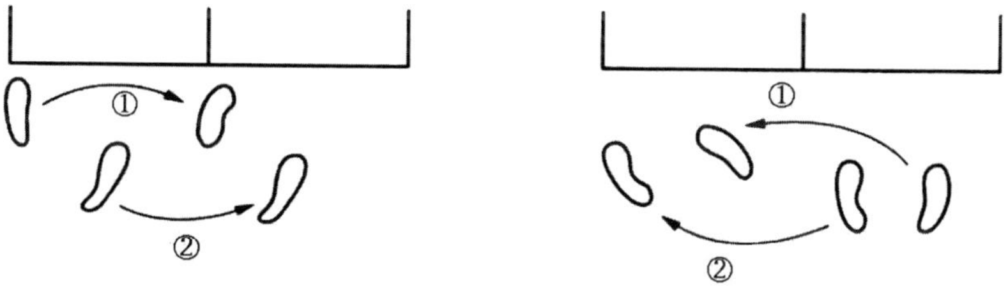

图 13-9　交叉步

四、发球（以右手持拍为例）

发球是乒乓球比赛时力争主动、先发制人的第一环节。发球可以直接得分，也可为进攻创造机会。发球的种类很多，有高抛、低抛与下蹲；正手、反手与侧身；速度、落点、混合旋转和单一旋转等。

（一）基本技术

1. 正手平击发球

特点：平击发球一般不带旋转，是学习其他发球的基础。

方法：右脚稍后（以右手提拍为例，下同），身体稍向右转，左手掌心托球，置于体前右前方，抛球的同时右臂内旋，使拍面稍前倾，向身体右后方引拍，在球降到近于网高时向前挥拍击球的中上部（图 13-10）。

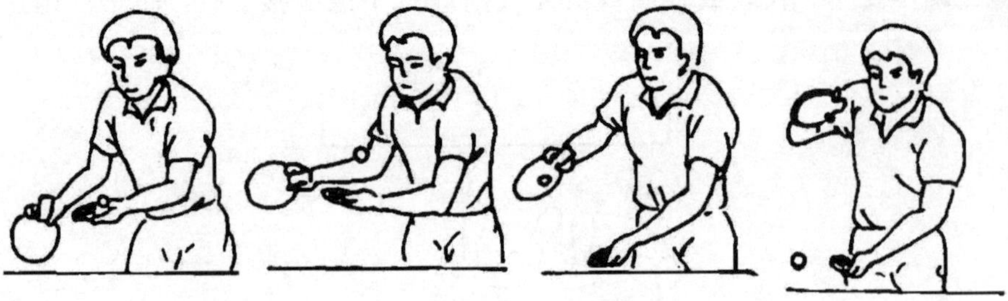

图 13-10 正手平击发球

2. 正手发下旋球与不转球

特点：球速较慢，旋转变化大，发转与不转的球时手法相似，易造成对方接球失误或为自己抢攻创造条件。

方法：右脚在后，前臂向后上方引拍，拍面略向后仰。抛球后，待球下落时前臂迅速向前下方挥动并略外旋，手腕用力转动使拍面仰角稍大些，约与网同高时击球，用拍面偏左的位置摩擦球的中下部向底部摩擦。发不转球时，手臂向前下方挥摆，前臂外旋与手腕的转动要慢，拍面后仰角度要小些，用球拍下部偏右处向前撞击球中下部（偏中部），减小向下摩擦力。

3. 正手发左侧上（下）旋球

特点：发左侧上（下）旋球时，手法相似，并能发挥手臂和手腕的作用，旋转力较强，对方挡球，球易向右侧上（下）方反弹。

方法：右脚在后，抛球时持拍手向右上方引拍，手腕略向外展。当球下落时，手臂迅速向左下方挥动，在与网同高时触球，触球瞬间手腕快速向左上方转动，使球拍从球的中部偏下向左上方摩擦。发左侧下旋球时，手腕可快速向左下方转动，使球拍从球的中下部向左下方摩擦（图13-11）。

直拍正手发左侧上旋球

直拍正手发左侧下旋球

图 13-11 正手发左侧上（下）旋球

4. 反手发右侧上（下）旋球

特点：能充分运用转体动作，旋转力较强，对方挡球后，球易向其左侧上（下）方反弹。

方法：右脚在前，持拍手向左上方引拍，拍柄略向下。抛球后，当球下落时，前臂和手腕同时发力，向右下方挥拍，在与网同高时击球，触球瞬间手腕向右上方转动，使球拍从球的中部偏下向右上方摩擦。发右侧上旋球时，手腕向右下转动，使拍从球的中下部向右下方摩擦（图13-12）。

横拍反手发右侧上旋球

横拍反手发右侧下旋球

图 13-12　反手发右侧上（下）旋球

5. 反手发轻短球

特点：力量轻、落点靠近球网，使对方难以发挥技术优势。

方法：持球手向上抛球，同时持拍手向后上方引拍（注意不是后方）。当球下降至比球网稍高时，前臂向前下方轻微用力送出，拍面后仰，触球中下部并向底部摩擦。球离开球拍后，第一跳应在中台附近。反手轻短球和反手急上旋长球或反手侧上、下旋长球结合使用，常会产生非常好的效果（图 13-13）。

图 13-13　反手发轻短球

（二）练习方法

1. 持拍模仿发球动作。
2. 抛球与挥拍分解练习。
3. 单人完整的发球练习，结合多球练习，连续发球。
4. 两人合练，发球与接发球联合练习。

5. 多种发球技术结合的练习。

6. 变换落点的练习，将球发到规定的范围内。

五、接发球

乒乓球比赛首先是从发球和接发球开始的，但是接发球技术的运用要根据对方的发球方法与来球性能来决定接发球的方法。如果比赛中接发球技术差就会造成被动，导致心理上的紧张和畏惧，造成一连串失误。相反，如果接发球技术好，不仅可以直接得分，也可以破坏和限制对方的抢攻，从而为自己的进攻创造有利条件。

（一）基本技术

接发球的手段很多，通常采用推挡、搓球、削球和攻球等技术来回击。

1. 接急球的方法

当对方用反手发左角急球时，来球速度快，一般用推挡回接，如果回斜线应尽可能把角度回得大些，注意手腕外旋，拍触球的左侧面，使对方难以侧身抢攻和快变直线；有时也可回中路靠右或以直线反袭空当。如果用抽球或削球回接则必须稳步后退，等来球前进力减弱些再回击，这样易于发挥自己的力量与提高准确性。如果对方发过来的是急下旋球，也可用推挡去回接（必须使拍面先略后仰，用拍触球的左侧下部，同时手腕外旋将球推过去），还可以用推下旋方法去回接（等球跳到高点期时，拍形稍仰，手腕固定地往前下方推出去）。如果用侧身回接急下旋球，既要适当加大提拉的力量，又要注意加快小臂内旋的速度，这样才易提高回接的命中率。用反手攻球回接时，同样既要适当加大提拉的力量，又要注意加快小臂外旋的速度。横拍两面攻选手，可用反手拉弧圈的方法回接，首先要稍后退，拍形稍前倾，在球的高点期或下降期击球的中部或中下部，将球拉过去。用搓球回接时，由于来球的前进力强，所以，搓时首先应后退，等来球前进力减弱时，再向前下方用力将球搓过去。但由于回接速度慢，容易造成被动，不宜过多采用。

2. 接短球的方法

当对方发来近网的短球时，可用以短回短的方法，把球也回到对方近网处，使其不易发力进攻。要使球的落点回得短，则应注意在上步接球时身体保持稳定，特别在击球时，必须控制住身体的前冲力量，在球拍触球的刹那间控制住板形（接上旋球，拍形稍下压一些；接下旋球，拍形稍仰些），迅速减力，做回收的动作，将球接过去。还可以用快攻的方法回接，当球跳到高点期时，拍形稍前倾击球的中上部，靠手腕和小臂的力量迅速发力回击。回接下旋球要注意适当加大提拉的力量。

（二）练习方法

1. 选好合适的站位。比赛中根据发球方站位，预测来球落点和准备采用何种方法接球而站位，一般不宜过远或过近，离台 30～40 厘米左右距离以能击好大角度来球为宜。

2. 准确识别发球的旋转和落点。接发球的关键是要自始至终注视来球，尤其是发球方球拍与球接触瞬间的动作，包括触球部位、球拍移动方向、用力程度等。

六、推挡球

推挡球的技术特点是站位近、动作小、速度快、变化多，也是我国直拍打法的一项重要基本技术。它既能成为争取主动的助攻手段，又能起到积极防御或从相持变为主动的作用。推挡球包括挡球、快推、加力推、减力推、推下旋、推挤等技术。一般要求能掌握挡球和快推技术。

（一）基本技术

1. 挡球

特点：球速慢、力量轻、动作简单、易于掌握，是初学者的入门技术。

方法：击球前两脚平行开立，离台 40～50 厘米，手臂自然弯曲外旋，拍面与台面接近垂直，引拍至体前，前臂前伸迎球。击球时，要待来球处于上升期击球中部，主要借助来球反弹力将球挡回。击球后，手臂、手腕向前随摆并迅速还原。发力主要以前臂为主，身体重心在两脚之间。

2. 快推

特点：借力还击，球速快、落点变化多，能迷惑对方，起助攻作用。

方法：击球前，前臂稍向后引。击球时，前臂向前推出，食指压拍，拇指放松，拍面前倾，在来球上升期击球中上部。击球后，手臂顺势前送。发力主要部位以前臂和手腕为主，动作过程中身体重心在两脚之间（图 13-14）。

图 13-14　快推

3. 加力推

特点：回球力量重、速度快、落点有变化，主要适用于对付旋转较弱、速度较慢的上旋来球或较轻的攻球及推挡。

方法：击球前，上臂、前臂后撤引拍幅度比快推大一些，前臂适当提起，肘部贴近身体。上臂、前臂、手腕向前迎推来球，配合腰、髋的转动增大发力，在上升期或高点期击球的中上部。触球时，食指用力，使球拍保持前倾，并用中指顶住球拍背面辅助用力。放松还原，准备下一板来球（图 13-15）。

图 13-15 加力推

4. 减力挡

特点：弧线低，落点短，力量轻，一般在加力推或正手发力冲拉迫使对手退台防守后使用。

方法：击球前，引拍动作不用撤手臂，前臂略微弯曲使球拍稍稍提高，拍面保持前倾。来球在拍面弹起时，身体重心略微升高，手臂迅速上前迎球，在上升期触球的中上部，整个挥拍动作用力很小。在球拍触球的一瞬间，手臂和手腕稍向后收，以减小来球的前冲力。迅速放松还原，准备下一板击球（图 13-16）。

图 13-16 减力挡

（二）练习方法

1. 持拍模仿练习。
2. 对墙连续推挡球练习。
3. 用推挡技术接发球，要求发球难度要低。
4. 两人对推练习，包括对推直线和对推斜线练习。
5. 两人练习，一人攻球，一人推挡。

七、攻球

攻球是快速进攻最重要的一项基本技术，杀伤力强，是解决战斗的关键技术。攻球从大的动作结构来讲，可分为正手和反手攻球两大类；从站位来讲，可以分为近台、中台和远台攻球；从击球点和击球时间来讲，可以分为拉、抽、拨、带、扣、杀等方法。正手攻球速度快、力量大、球路广、照顾范围大，是克敌制胜的主要技术，各种技术类型的乒乓球运动员都需练好这项技术。反手攻球速度快、力量大、线路活，是克敌制胜的主要技术。使用反手攻球可以不用或少用侧身攻球，从而避免或减少出现较大的右方空当。反手攻球与正手攻球相配合，可发动威力强大的全台进攻，是两面攻打法的主要技术。其他各种类型打法的运动员也要学会这种技术。

(一) 基本技术

1. 正手快带

特点：速度快、弧线低、路线活、借力还击，是对付弧圈球的一种比较积极的技术，属于攻球技术的一种。

方法：击球时，我们要注意击球点，是在来球跳至上升期，拍面前倾，注意球拍一定要高于来球，击球的中上部，借助腰髋转动，手臂迎前带击，手腕保持相对稳定，不宜发力，发力主要部位是手臂借来球反弹力量带击，过程中身体重心要从右脚转至左脚。击球前，左脚稍前，站位靠近台，离台约 40 厘米，站位的正确是保证动作规范和发力的基础。

2. 正手快攻球

(1) 正手近台快攻

特点：具有站位近、动作小、速度快、有一定力量，可以为扣杀创造机会，也可以直接得分，是对攻中常用的一项主要技术。

方法：左脚在前，右脚稍后，离台约 40 厘米。击球前，稍向右转体，引拍至身体右侧。上臂与躯干的夹角约 30°至 40°。前臂与地面略平行，以前臂发力为主，拍面略前倾，触球中上部，以向前上方发力为主。触球时，拇指压拍，食指放松，前臂旋内。击球后，球拍顺势挥至额前左侧，身体重心随挥拍击球动作由右脚移至左脚。球击出后，迅速还原，手臂放松，准备下一板击球（图 13-17)。

图 13-17 正手近台快攻

(2) 正手中远台攻球

特点：力量较大，进攻性较强，是攻球运动员在中远台对攻时常用的一种技术。

方法：站位中远台，准备姿势和引拍动作与正手近台快攻相似。但整个手臂随着腰的转动转向右后方，拉开上臂与身体的距离。转体向前挥拍，上臂带动前臂发力，手腕控制拍面角度前倾，球拍触球中上部，在下降期将球击出。为了增大击球力量，在此过程中要注意腰腿力量的协调配合。正手中远台攻球时，采用的步法大多是交叉步或跨步向右侧后方移动。击球后，迅速放松还原，调整身体重心，准备下一次击球（图 13-18）。

图 13-18 正手中远台攻球

3. 正手扣杀（杀高球）

特点：力量重、速度快、攻击性强。常用来还击各种机会球，或迫使对方出高球，自己取得主动。

方法：站位的远近要视来球的长短而定，击球前，整个手臂随腰部的转动向后引拍，引拍幅度比较大，以便发挥较大的击球力量。手臂先由下向上挥拍，身体重心也逐渐上升，当球拍接触球时，手臂再由前上方向前下方用力，手腕控制拍面前倾，球拍触球中上部将球击出。挥拍过程中，应使右脚蹬地的力量、腰部转动的力量和整个手臂向前向下挥动的力量协调配合，并在触球时集中于球上。击球后，由于动作幅度较大，身体已向左方偏斜，重心一般会落在左脚上，此时要注意迅速还原，准备下一次击球（图 13-19）。

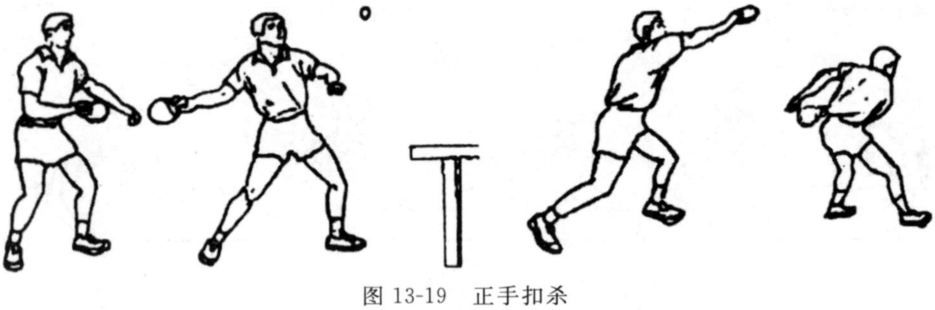

图 13-19 正手扣杀

4. 侧身正手攻

特点：球速快、力量重、攻势强，步法移动比正身攻球难度大。

方法：首先要迅速移动脚步到侧身位置，身体侧向球台，左脚在前，右脚稍后，上体略前倾并收腹。击球时，根据来球情况，可以在侧身位置用正手近台攻球、中台攻球、台内攻球、拉球和扣球等技术击球。

5. 正手拉攻

特点：站位稍远，动作较小、线路活，依靠主动发力摩擦回击来球，是还击下旋球的有效方法。在对付下旋发球、搓球和削球时，也能作为过渡技术为扣杀创造条件。

方法：站位靠近球台，右脚稍后，重心支撑点在右脚上。击球前，引拍至身体右侧下方成半横状，拍面近乎垂直，上臂与身体约成 35°，与前臂约成 130°。当球从最高点开始下降时，上臂和前臂由后向前上方挥动，前臂迅速内收，结合手腕转动的力量摩擦球的中下部。击球后，重心支撑点移至左脚，球拍随势挥至头部。

6. 反手快带

特点：动作小、速度快、弧线低、路线活，借力还击，主要用来对付手位弧圈球，是由相持或被动转为主动的过渡性技术。

方法：站位稍偏左，身体离台约40厘米，右脚稍前（或平站），身体重心放在左脚或双脚上，两膝微屈，收腹含胸，身体稍向左转，右臂自然弯曲，前臂上提并外旋，将拍引至身体左前方略高，并使拍形前倾，来球从台面弹起后，以前臂和手腕为主向右前方挥拍迎球，同时，腰、髋带动上体向右转动，在来球的上升期，以前倾拍形迎击球的中上部；球拍击球瞬间，借助腰、髋的转动，使手臂迎前"带"球，勿发力，并使拍面前倾度保持稳定；击球后，手和臂顺势向右前方挥动，并迅速还原成准备姿势。在此动作过程中，身体重心从右脚移到双脚上。

7. 反手快攻

特点：站位近、动作小、球速快、落点活、带上旋，能借用来球的反弹力提高球速，创造扣杀机会。比赛中能以攻代守对付对方的进攻，是两面攻打法的常用技术之一。

方法：站位偏左，身体离台约40～50厘米，两脚平站或右脚略前，两膝微屈，收腹含胸，身体向前或稍向左转（直拍运动员右上臂靠近身体右侧，肘部略前出；横板运动员右上臂不要紧靠身体），手臂自然弯曲，引拍至腹前或偏左，前臂外旋，使拍面稍前倾。来球从台面弹起后，以前臂和手腕为主根据来球的上旋强度向右前方或右前上方挥拍迎球，在来球的上升期，以前倾拍形击球的中上部；球拍击球瞬间，以前臂和手腕为主向右前方或右前上方发力击球，并使前臂外旋；击球后，前臂和手腕顺势挥拍至右肩前，并迅速还原成准备姿势。在此动作过程中，身体重心放在双脚上，或从左脚移至右脚上。

8. 反手扣杀

特点：动作幅度大、力量重、球速快、攻击性强，是得分的重要手段，常用来对付着台后弹起比网高的机会球或前冲力不大的半高球。

方法：站位在球台中间或偏左，多半在近台位置，右脚稍前，身体重心放在左脚上，两膝微屈，收腹含胸，腰、髋及上体稍向左转。右臂自然弯曲（直拍运动员右上臂靠近身体右侧，肘部略前出，横拍运动员右上臂不要紧靠身体），前臂后引并外旋，将拍引至身体左侧偏后，并使拍面稍前倾。来球从台面弹起后，腰、髋右转带动身体及上臂向右转动，与此同时，上臂积极发力带动前臂和手腕向右前方挥拍迎球，在来球的高点期，以前倾拍形猛击球的中上部；球拍击球瞬间，以上臂和前臂为主向右前方或右前下方发力击，腰、髋部亦积极协助用力；击球后，手和臂顺势向右前方挥动，并迅速还原成准备姿势。动作过程中，身体重心从左脚移到右脚上。若来球下旋，则拍形不要过分前倾，可击球的中部，并适当增加向上的力量。

（二）练习方法

1. 持拍模仿练习，由单一攻球过渡到连续攻球，由原地攻球过渡到连续攻球。

2. 对墙攻球练习，自己抛球，然后攻球。
3. 两人练习，一人发球，一人攻球，要求发球到攻球者的顺手位。
4. 多球练习，连续攻球。
5. 控制落点的攻球练习。
6. 两人练习，一人攻球，一人推挡。

八、搓球

搓球是用类似削球的动作，在近台回击对手下旋来球的一种击球方式，既是一项重要的过渡技术（接发球），又是某些战术的重要组成部分，如搓中突击、搓中拉弧圈、拉与搓结合等。

（一）基本技术

搓球根据击球方位的不同，可分为反手搓球和正手搓球；根据击球时间的不同，可分为慢搓和快搓；根据旋转强度的不同，可分为加转搓球和不转搓球以及摆短、搓侧旋等多种技术。

1. 正手慢搓

特点：回球速度慢，击球时间晚，同快搓结合运用可改变击球节奏，利用旋转的变化为进攻创造机会。

方法：身体距球台端线约 40 厘米。两脚开立略平行，两膝微屈并收腹，身体重心置于两脚之间略偏左脚。引拍时，右脚往右前方跨一小步，重心落在右前脚掌。右上臂微离身，前臂向右上方提拍，肘部自然弯曲，前臂与上臂约成 110°角。手腕随前臂自然上提，使拍形稍后仰。来球从台面弹起时，前臂向左前下方挥动略外旋，手腕辅助前臂发力，在下降期击球（击球中下部），手腕前送，并向前发力。右手臂发力时，上体微向左转，身体重心回至两脚间，击球结束后，迅速还原（图 13-20）。

图 13-20 正手慢搓

2. 反手慢搓

特点：动作幅度小、回球速度快，一般在下降期击球。

方法：准备姿势同正手搓。引拍时，左脚稍向左方（略偏后）轻轻移动一小步，上体左侧略上提并收腹，身体重心转向左脚。右上臂微离身向左摆动，前臂向上方提臂，使球拍至左胸高度，肘部自然弯曲，前臂与上臂约成 100°角。手腕前臂自然上提，使拍形后仰。来球从台面弹至高点开始回落时，前臂内旋向右前下方挥拍，手腕辅助前臂发力，保持拍形后仰，在下降期中段摩擦球的中下部（图 13-21）。

图 13-21　反手慢搓

3. 正、反手快搓

特点：回球速度快，击球时间较早，可变化击球节奏，用于对付对方发过来或削球过来的近网下旋球，利用旋转变化为进攻创造机会。

方法：准备姿势同正手慢搓。击球前，拍面稍后仰，手臂迅速向前迎球，在上升期击球，根据来球旋转程度调节拍面角度和用力方向（图 13-22、图 13-23）。

图 13-22　正手快搓

图 13-23　反手慢搓

4. 转搓球与不转搓球

特点：快、慢搓球均可搓出转与不转球，可以迷惑对方，造成回球的难度，有效地为进攻创造机会。

方法：加转搓球，是用球拍的下部触球，前臂和手腕向前向下用力擦击球。不转搓球，用球拍上部和中部触球，触球时，前臂和手腕向前用力碰球。

（二）练习方法

1. 持拍模仿练习。
2. 对墙搓球练习，自抛自击。
3. 两人练习，一人发球，一人搓球，要求发球到攻球者的顺手位。
4. 两人练习斜线对搓。

九、弧圈球

弧圈球是一种上旋力非常强的进攻技术。弧圈球可分为加转弧圈球、前冲弧圈球等。

(一) 基本技术

1. 加转弧圈球

特点：球速慢、弧线高、曲度大，上旋力强，球着台后向下，滑落快。击出的球第一弧线高，第二弧线低。若对方回击不当，容易出高球或出界。

方法：击球前，左脚在前，右脚稍后，身体向右倾斜与球台约成45°角，两膝微屈，球拍贴近臀部，右肩略低于左肩，手臂自然下垂，手指紧握球拍，手腕比较紧张地固定球拍，身体重心在两脚之间。当来球从桌面弹起时，前臂先向前迎球，然后上臂和前臂同时由下向上垂直挥动擦击球的中部，腰部由右后方急剧向上扭转。球拍与桌面约成80°角，拍面与球的擦击间隙，愈薄愈好。在触球的一刹那，加速用力，使球成较高弧线飞出。球拍顺势挥动至额前，然后放松还原（图13-24）。

图 13-24　加转弧圈球

2. 前冲弧圈球

特点：弧线长，上旋力强，球速快，球着台后前冲力大，向下滑落。

方法：躯体与桌面成75°角。球拍拉至身后，约与桌面齐高，手指握拍同前。当来球着台后，手臂向前上方迅速挥出，手腕使球拍前倾，与桌面成50°角，擦击球的上部。腰部向前上方扭转，协助球拍加速摆动，使球沿一低弧线落于对方台面，球拍顺势前摆到面部为止，然后放松还原（图13-25）。

图 13-25　前冲弧圈球

3. 反手弧圈球

特点：多为横拍运动员所用，力量相较于正手弧圈球较差。既可为正手冲、扣创造机会，也可直接得分。

方法：选位时，两脚平行或左脚稍后，根据来球选择站位远近。引拍时，手臂外旋，使拍面前倾，腰髋左转，上臂靠近身体，前臂向左下方移动，手腕内收，将球拍引至身体左后下方。击球时，拍面前倾，在来球下降前期击球中部或中上部，腰髋向右上方转动，前臂加速向前上方挥动，同时手腕外展配合发力。击球发力以前臂为主，击球后要迅速还原。

（二）练习方法

1. 练习弧圈球时，肩部、腰部的活动较大，因此，事先应加强肩关节和腰部的肌肉活动，避免不慎拉伤肌肉。

2. 练习弧圈球，最好在一定的正、反手攻球技术基础上进行。有了一定的基础，才容易体会动作，避免走弯路和使动作过大。

3. 击球时，手指要握紧球拍，固定球拍角度，不要随便转动。

4. 球拍触球的刹那，拍面擦击球的切面愈薄愈好，并注意迅速加力挥击，充分发挥腰部的助力。

5. 拉弧圈球和杀回击过来的高球，要密切配合，拉、杀要协调。拉球后，手臂要迅速放松，还原要及时，以提高拉球后扣杀的命中率。

加转弧圈球和前冲弧圈球是基本的弧圈球打法，如果在击球部位、握拍方法、擦击部位和发力动作等方面稍加变化，就不难打出更多类型的弧圈球来。

十、削球

削球是一种积极性的防御技术，它以旋转和落点的变化为主要特色。站位离台比较远，击球时间晚，控制球的稳定性相对比较好。削球技术主要包括正手削球技术和反手削球技术。正手以及反手削球技术又可根据距离远近分为正手远削、正手近削、反手远削、反手近削。

（一）基本技术

1. 正手削球

（1）正手远削

特点：动作大、球速慢、弧线低、落点刁，能调动对方左右奔跑，伺机反攻。

方法：削球时，左脚与左肩靠近球台右角，右脚后退一步。身体与球台成75°角并稍向前倾，两腿稍屈，重心先放在右脚上。手臂自然弯曲伸出，球拍略高于来球弹起高度，拍柄向前35厘米地方触及球的中下部（或下部）。然后，手臂加速发力，前臂与地面接近平行，身体重心逐渐由右脚移至左脚。球削出后，手臂肌肉立刻放松，球拍因惯性仍往前向左下方摆动，上体转向球台，准备继续削球。

（2）正手近削

特点：站位较近，动作较小，击球节奏和球速较快，运用近削逼角战术，可使对方忙于移动而失误，或回出机会球。

方法：近削动作要求是，离台50厘米，身体与球台成45°倾斜角，在来球将要回落时擦击球的中下部，手腕用力要比远削大，使球的旋转较快。

2. 反手削球

（1）反手远削

特点：同正手远削。

方法：在进行反手削球时（横拍），右脚应伸出球台的左边，左脚在后，重心落在右脚上，背斜对球台。前臂弯曲，把球拍举起与头齐高，拍柄向下，拍面要正对对方左角。手臂从上向前、下、右方摆动。当球拍触球的一刹那，前臂与手腕加速发力挥拍，将球救回到对方台内，球削出后，手臂肌肉立刻放松，上体顺势向右移动，球拍也摆向身体右侧，重心由右脚移到左脚上。右脚后退一步，恢复准备姿势。

（2）反手近削

特点：同正手近削。

方法：近削时，由于上臂受身体阻碍，所以，削球动作主要靠前臂和手腕来完成，动作也比正手削球快些。

（二）练习方法

1. 接正、反手平击球的削球练习。
2. 正手削斜线、直线球练习。
3. 反手削斜线、直线球练习。
4. 正、反手不同二点削一点练习。
5. 相反球路削球练习。二斜对二直，逢斜削直，逢直削斜。
6. 削球结合攻正、反手球练习。

第三节 乒乓球运动战术训练实践

一、乒乓球单打战术训练实践

（一）乒乓球单打战术教学

乒乓球单打战术教学有着丰富的教学内容，这里对主要的几个战术进行分析和阐述。

1. 发球抢攻战术

（1）侧上、侧下旋球结合落点变化进行抢攻

①左长右短

以发侧下旋短球为主，结合上旋至对方右侧近网处，迫使对方难以抢攻，从而为自己抢攻或抢拉制造机会。在此基础上，突然发出角度大的长球（以急下旋为主）至对方左侧台区，使对方难以发力，难以拉或攻，为自己侧身或正手位抢攻创造条件（图13-26）。

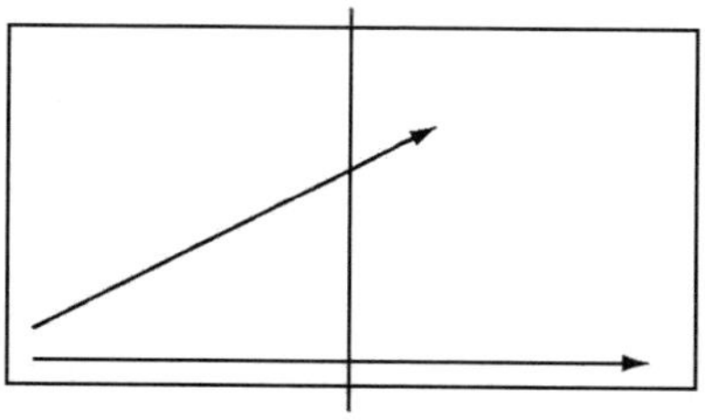

图 13-26

②右长左短

该战术的具体打法与左长右短动作相同，但是方向相反。如果运用得好，所取得的战术运用效果往往较为理想（图 13-27）。

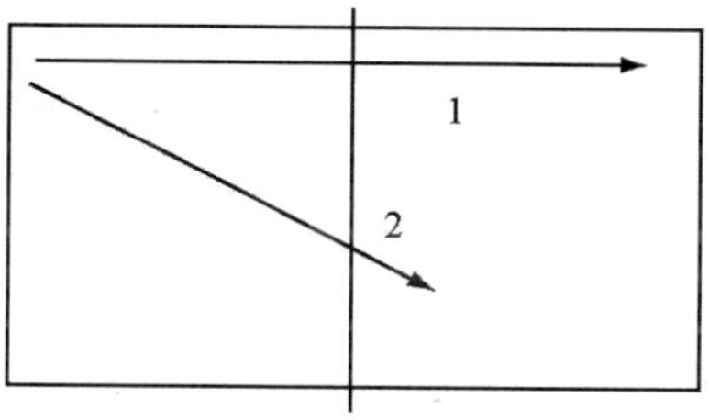

图 13-27

③同线长短

由于横拍削球选手回接中路近网短球或中路追身长球时难以旋转变化，往往回球质量不高，陷入被动。因此，要对付横拍削球手，同线长短的发球抢攻战术是经常采用的战术之一。其中中长、中短是较为有效的。除此之外，横拍两面攻和两面拉的选手运用这一战术往往能达到较好的战术运用效果（图 13-28）。

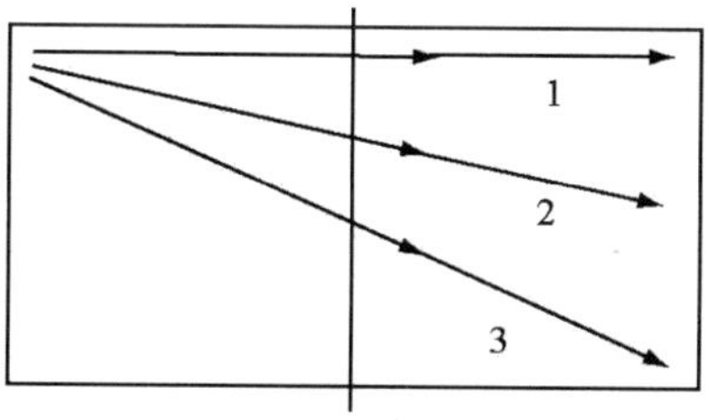

图 13-28

（2）急球与侧上、侧下旋转球相结合，进行抢攻

①急球与上、下旋转球相结合

急球与上、下旋转球相结合见图 13-29。

②上、下旋球与急球结合发不同落点

发急球或急下旋转与侧上、侧下旋转短球相结合，以发急球为主配合短球。发侧上或侧下旋球与急球结合至不同落点，以发侧上或侧下旋球为主配合发右角急球，正手发奔球到右角，配合发急球到左角。运用得好，往往能取得较理想的战术运用效果（图 13-30）。

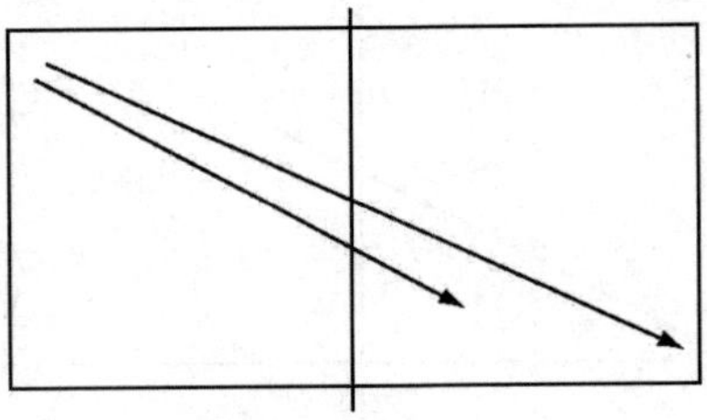

图 13-29

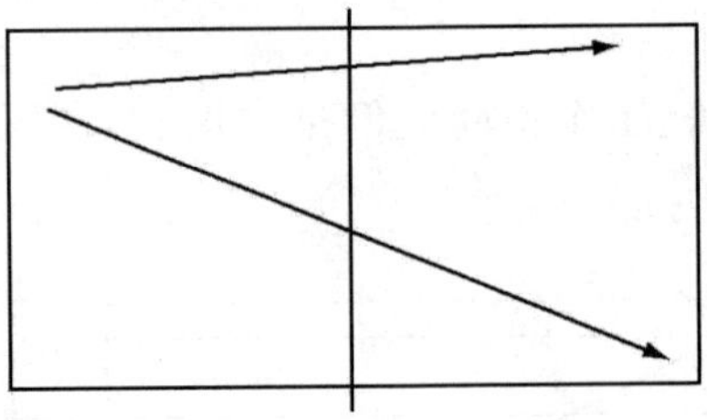

图 13-30

③转与不转急球配合至不同落点

发转与不转短球至对方右、中路为主。配合发长球至对方左路，以伺机抢攻，往往能取得较好的战术运用效果（图 13-31）。

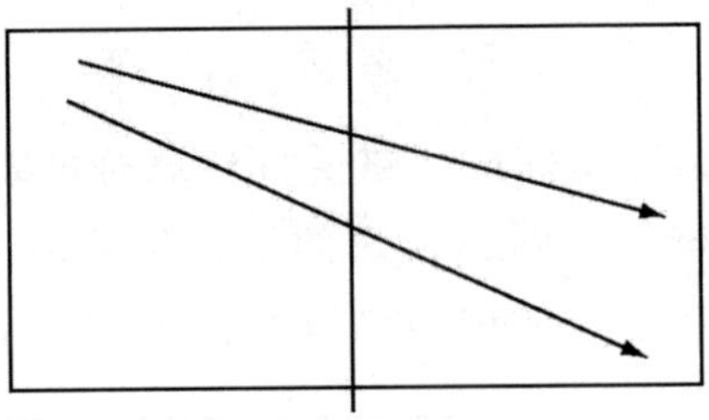

图 13-31

（3）转与不转结合落点变化进行抢攻

①转与不转发相同落点

以不出台球为主，先发转后发不转（也可以先发不转后发转）进行抢攻（图 13-32）。

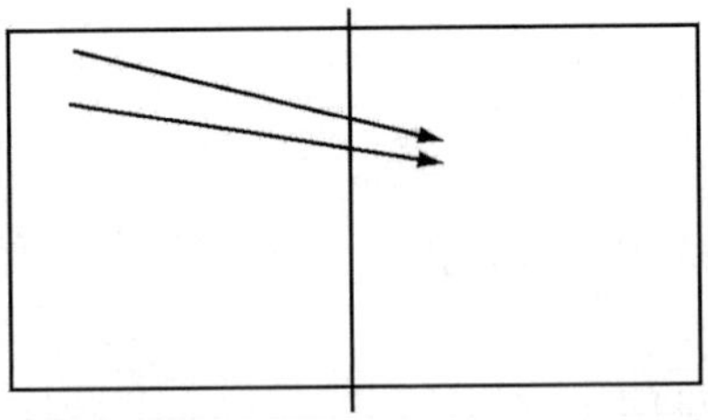

图 13-32

②转与不转发不同落点

连续发短球后，突发长球进行抢攻。运用得好，往往能取得较理想的战术运用效果（图 13-33）。

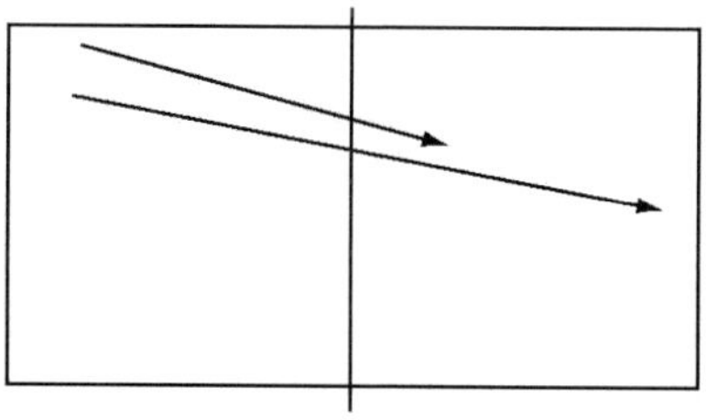

图 13-33

2. 对攻战术

（1）攻两角战术

攻两角战术的具体打法主要有四种，即对角攻击，双边直线，逢斜变直、逢直变斜，以及调右压左和调左压右。下面就对这几种战术打法进行介绍。

①对角攻击

紧压对方反手一侧的角，不给对方进攻机会，结合突然的大角度变线，再攻另一角（图 13-34）。

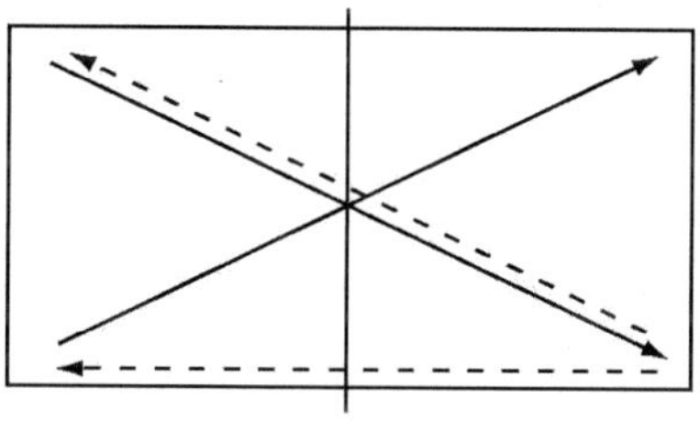

图 13-34

②双边直线

先攻直线一角，再以直线攻另一角。具体可根据场上情况进行灵活地调整和变动，以取得理想的战术运用效果（图 13-35）。

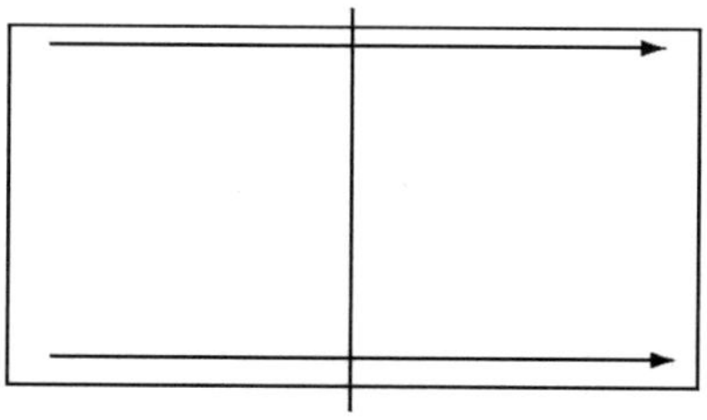

图 13-35

③逢斜变直和逢直变斜

无论是斜线变直线，还是直线变斜线，回球的落点都在球台的角上。这种战术是大角度变换，主要用来袭击对方空当。（图 13-36）

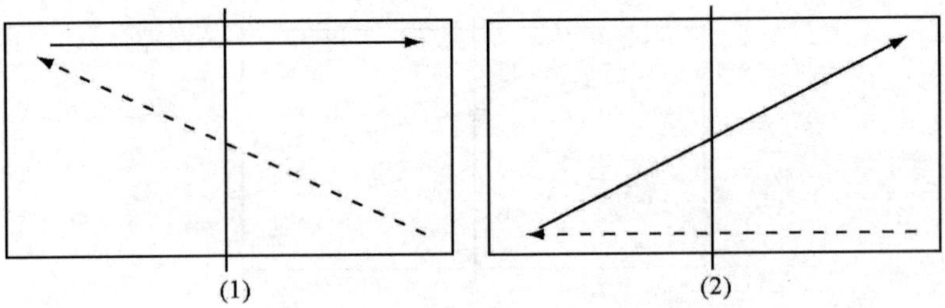

图 13-36

④调右压左和调左压右

调左压右：用这种战术来对付左手执拍且擅长侧身攻的对手，往往能取得较为理想的战术运用效果（图 13-37）。

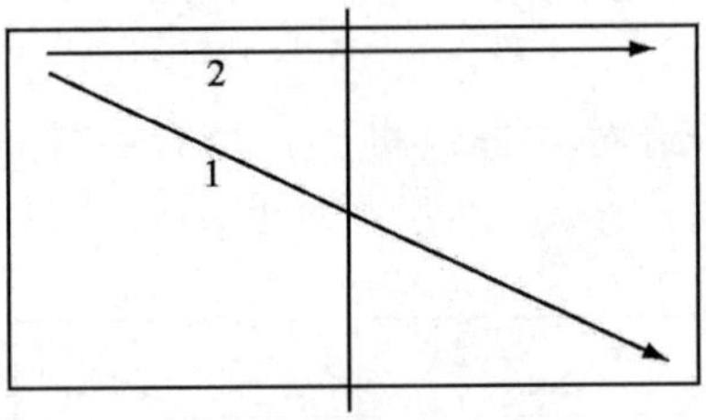

图 13-37

调右压左：将右手执拍的选手调到正手位，并被迫离台，然后再打反手。该战术运用得好，往往能够起到抑制对方发挥反手攻的作用（图 13-38）。

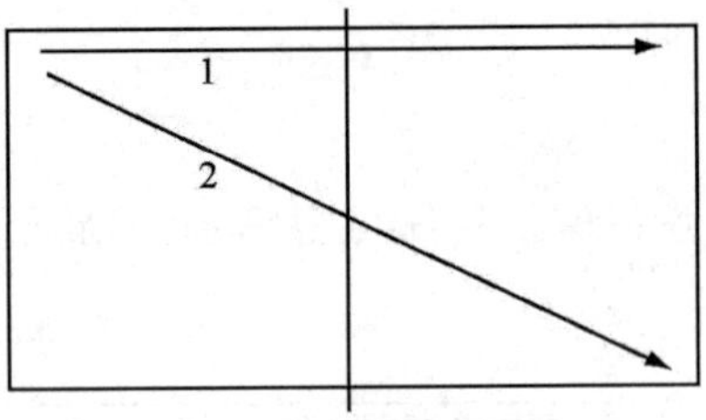

图 13-38

（2）攻追身战术

①攻追身杀两角

先攻对方中路追身，再扣杀左角或右角（图 13-39）。

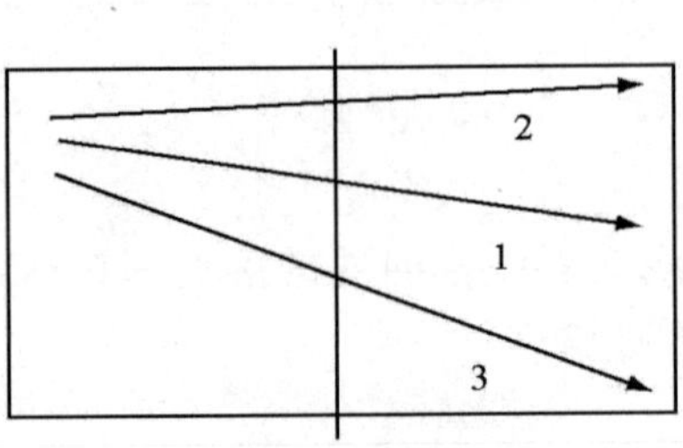

图 13-39

②攻两角杀中路（追身）

先攻对方左、右两大角，再伺机扣杀中路。具体要根据场上情况进行适当地调整和变动，以期取得理想的战术运用效果（图 13-40）。

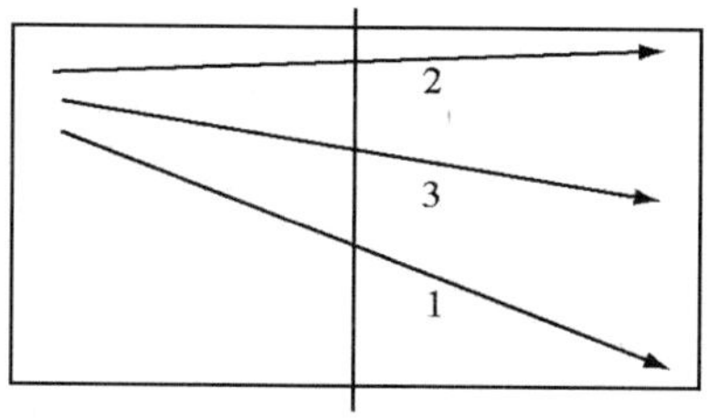

图 13-40

③攻追身杀追身

可连续攻追身，再连续攻中路，伺机发力，扣杀中路或两大角（图 13-41）。

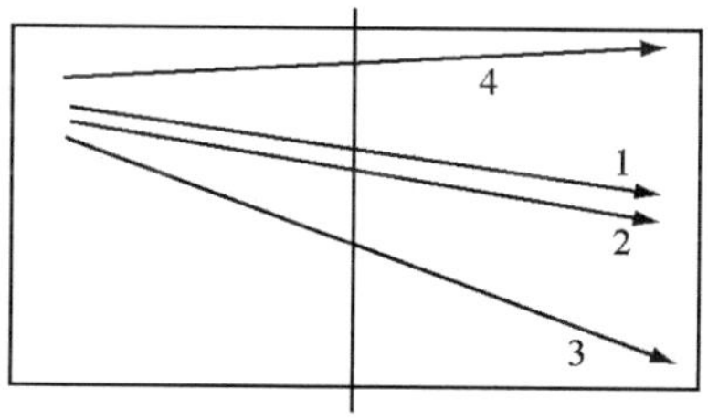

图 13-41

3. 拉攻战术

（1）拉左杀右或拉右杀左

此战术实际上是拉对方一边杀另一边。一般先拉削球旋转变化不强或攻势较弱的一边，出现机会后杀另一边。

（2）拉直杀斜或拉斜杀直

这两种战术打法都有各自的优势和不足，具体来说，主要从以下几个方面得到体现：第一，拉斜杀直时，拉球比较保险、稳健，杀直线虽威胁大但技术难度也较大；第二，拉直杀斜时，拉球难度稍大，但杀斜线的难度降低、命中率高。由此可以得出，要想取得更加理想的战术运用效果，就必须以场上的实际情况为依据进行有针对性地选择和运用。

（3）拉一角为主，伺机突击（扣杀、拉冲）自己的特长线路或对方中路

此战术在运用时，拉一角常常运用于对方削球不稳、旋转变化不强或攻势较弱的一面，之所以做这样的选择，一方面是可以更加容易寻找机会；另一方面还能够使被对方反攻的次数减少。突击（扣杀、拉冲）时选择自己的特长线路，可以保证命中率；选择突击（扣杀、拉冲）对方的中路，可以增大对方顶重板的难度，从而加大了突击（扣杀、拉冲）的威胁。

（4）拉两角杀中路或拉中路杀两角

拉两角杀中路，是先从两角找机会，然后突击中路得分。中路追身，是削球选手的共同弱点，特别是对正反手顶重板比较稳的削球手，中路是其最好的突破口。

拉中路杀两角，是从中路寻找机会，然后杀两角得分。先拉中路，可以迫使对方忙于让位，难以逼角或控制落点，突击（扣杀、抢冲）的机会就比较多。这种战术打法主要适用于以逼角为主或落点控制较好的选手。运用得好，往往能取得较为理想的效果。

（5）拉搓、拉吊结合，伺机突击（扣杀、拉冲）

在运用此战术时，先用拉球结合突击迫使对方远离球台，然后用搓球或吊短球引其上前回接，再突击或拉冲其中路及两大角，得机会后，连续扣杀。

（6）变化拉球的旋转和长短落点，伺机突击（扣杀、拉冲）

该种战术的运用主要有以下几种形式：

第一，在拉球中拉出真（强烈上旋）、假（不转）及侧旋弧圈，用旋转的变化来增加对方削球的难度。

第二，也可用拉球长短落点的变化创造机会，即先拉长球至对方端线处，迫使对方后退削，再突然拉一板中路偏右的短球（刚出台）。

第三，或先拉刚出台的轻球，再发力拉靠近端线的长球，从中伺机突击（扣杀、拉冲）。

由于该战术对拉球技术的要求比较高，因此，该战术一般被攻球技术比较好的选手选用。

4. 搓攻战术

（1）搓转与不转球，伺机抢攻

一般先以搓加转球为主，然后用相似的动作搓不转球，利用旋转的差别，为进攻制造机会，伺机抢攻。该战术运用得好，往往能够起到很好的效果。

（2）先搓对方反手大角，再变直线，伺机反攻

先搓对方的反手位大角，待其准备侧身或已将注意力放到反手时，则变其正手，伺机反攻。该战术主要适用于对付反手攻击力不强的选手，运用得好，往往能取得理想的效果。

（3）以摆短为主，配合劈两大角长球，伺机进攻

先用短球控制住对方，把对方引上来，再搓下去，使其来不及抢攻或抢攻质量下降，从而伺机进攻或反攻。该战术对于擅长抢攻长球的选手尤为有效。

（4）搓球转快攻

①搓中突击，突然性强，是正胶、生胶类进攻型选手的主要得分手段之一，应大胆运用。

②对搓中先拉一板弧圈或小上旋，迫使对方打快攻。擅打相持球的选手常用此战术。

③搓球至对方进攻质量不高的一边，让其先把球拉起来，自己则准备好反攻（反撕、反拉、反冲）。运用此战术要具备一定的条件，具体可以分为两个方面：一方面要具备反攻（反撕、反拉、反冲）的能力；另一方面要提高搓球的质量，以防对方高质量地抢攻，反而造成自己的被动。

5. 削攻战术

（1）削两角，伺机反攻

①对角紧逼，伺机反攻

②连削直线，伺机反攻（图 13-42）。

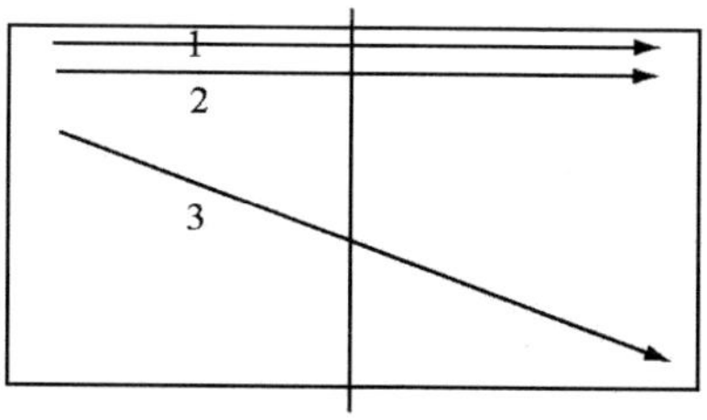

图 13-42

③逢斜变直，逢直变斜，伺机反攻。

④连逼左角，突变右角，或连逼右角，突变左角，伺机反攻（图 13-43）。

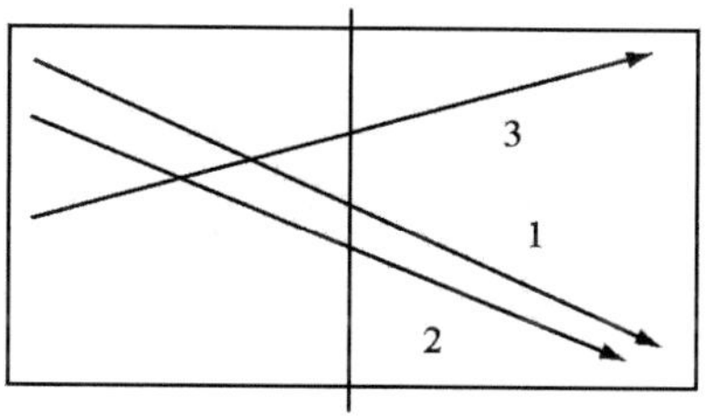

图 13-43

（2）削长短球，伺机反攻

①削同线长、短球，伺机反攻。

②削异线长、短球，伺机反攻

③削追身长、短球，伺机反攻。

（3）削攻结合

①时削，时攻。有时连续削球，有时连续对攻。

②左削右攻或右削左攻。运用旋转、节奏的变化扰乱对方，争取主动。

（4）削转与不转，伺机反攻

①先削加转，后不加转，并结合落点变化，伺机反攻。

②先削下旋，突削侧旋，扰乱对手，伺机反攻。

③连续削中，突然拉上旋，扰乱对手，伺机反攻。

（二）乒乓球单打战术训练

乒乓球单打战术的训练方法主要有以下几种，具体要根据实际情况进行选用。

1. 单个战术练习法

以多次比赛的实践为主要依据，将复杂多变的战术简化，总结成规律性的战术，反复练习。具体要以战术的特点为依据进行灵活变通，切忌生搬硬套。

2. 附加装置练习法

附加装置练习法的形式主要有以下几种：

（1）加宽球台

将球台的其中一方改放一个半或两个台面，使台面加宽。该练习方法通常用来练习步法，能够达到增加脚步移动距离和速度的目的。著名运动员邓亚萍常在多球练习时采用，这就使其侧身和扑正手的步法得到有效提高。

（2）升降球网

升球网和降球网的方法应用得好，往往能够取得较为理想的训练效果。

①降网法：将球网略下降，按既定内容进行练习。该练习方法主要用于练习削球或搓球时，能够达到降低击球弧线高度的目的。

②升网法：将球网稍升高（约 1 厘米），练习既定内容。该练习方法能够达到增加攻球弧线弯曲度的目的，因此，对于对攻球弧线过直者来说，其实用价值非常大。

（3）网上加线

将球网上方另加一直线，要求双方击球皆从中间穿过（中间约为 5 厘米）。该练习方法通常适用于对搓时，往往能够达到控制弧线高度的目的。

3. 比赛法

（1）检查性比赛

①周末或每堂课后进行比赛，为熟悉全面技术，发现问题，及时纠正。

②在小型公开赛或内部比赛中，用教练员规定的技术或战术比赛。

（2）缩短练球时间

为适应 11 分赛制的特点，培养运动员尽快进入比赛状态的意识和能力，可在准备活动后立即进行。

（3）紧张性比赛

①组织观众比赛，有意邀请运动员的家长或朋友参观，为其增加心理负荷。

②擂台赛：5～6 人一组，只比赛一局，胜者继续打，败者下台等候轮转再战。

③升降台赛：两人一台，数台同时比赛，胜者挪向临近的球台，败者降到另一方向临近的球台，若干时间后，优胜者集中到前两台，失败者集中到后两台。可事先规定，依不同台号顺序决定奖惩。

（4）让分比赛

以比赛目的和双方技术实力为主要依据，要求一方对另一方让分进行比赛。如从 0∶3 开始比赛，从 6∶9 开始比赛。该训练方法能够对运动员在比分落后时培养不气馁的顽强作风和运用战术的能力起到积极的促进作用。另外，这种方法在实力差距较大的内部比赛中合理运用，往往能够起到督促实力较弱的一队的积极作用。

（5）适应性比赛

在进行适应性比赛时，需要做到以下两个方面的要求，从而更好地为正式比赛奠定基础。

①模拟将要举行的比赛规模，比赛方法、球台、球等皆应与真正的大赛一致。

②有意选择和即将举行赛事的地理、气候等条件相似的城市进行训练。

4. 意念打球

在运用意念打球这一练习方法时，需要从以下几个方面着手：

（1）完全按照自己的意念进行练习

想象对手击出各种球，想象自己做出各种相应的快速还击动作，也可仅想象自己做快速手法或步法的练习。这种方法对战术的整体性有一个印象，对于战术的运用非常有帮助。

（2）通过假想各种对手，练习相应的战术打法

脑中想出对手击出各种球，自己做相应的回球动作。这种方法对于提高战术运用的熟练程度是非常有效的。

（3）提高对技术、战术动作的表象能力

表象，即以前经验过的实物形象在脑中的反映。运动员看了一个动作或一场比赛后，要求他在脑中能清晰地重现动作或战术变化，重现的形象越清晰越好。

（4）将意念与练习有机结合起来

练球时，利用捡球时机（或有意稍停一会儿）回忆动作，然后再练，切忌一味傻练。应回忆正确动作的肌肉感觉，检查击球失误的动作错在哪儿，应如何改正。

二、乒乓球双打战术训练实践

乒乓球运动的战术，是指乒乓球运动员在比赛中为战胜对手所采取的计谋和行动。这些计谋和行动是以技术为基础的，一个运动员基本技术越全面、扎实，他的战术运用就越灵活多样。乒乓球运动的基本战术主要有以下几种。

（一）乒乓球双打战术教学

乒乓球双打战术的教学内容主要包括以下几个方面：

1. 发球抢攻战术

发球者以发侧上、下旋或转与不转的近网短球为主，配合发长球至对方的右大角和中路稍偏右的位置。要求发球要短、旋转变化应大、动作尽可能逼真，并通过暗示及时传递给同伴。抢攻者有意识地根据回球的落点、长短及旋转进行有目的的、有准备的抢攻，击球用力大小、速度快慢、旋转强弱要根据来球进行调节。

在双打中发球，要求做到出手快、弧度低，落点以近网或似出台而未出台且接近中线的球为宜，只有这样，才有可能达到抑制对方接发球抢攻，为本方队员抢攻创造有利机会的目的。对付进攻型或弧圈型打法的选手，应以发侧上、侧下旋转或转与不转的近网球为主，配合发急球至对方右大角或中线偏右的位置，伺机抢攻、抢冲。对付削球型打法的选手，以发侧上旋、急下旋长球为主，配合各种近网短球，伺机进行抢攻和抢冲。

2. 接发球抢攻战术

运动员在判断清楚来球的旋转方向、速度、落点时，果断进行抢攻，以获得进攻主动权的方法，就是接发球抢攻战术。运用此战术主要是为了达到攻击对方的空当，以制造杀机的目的。遇到长球用快攻或快拉回击；遇到短球，以快点为主，配合摆短或撇板。如果对方发球质量很高，不能直接抢攻时可变化接发球手段，控制好弧线和落点，避免因盲目硬攻而造成的失误。

3. 攻正手、打空当

这是对付不同执拍手配对时所运用的战术。一左一右手配对，通常是左手执拍者站位球台

右侧，右手执拍者站位球台左侧，有利发挥各自正手攻球的优势。由于对手过多地注意了各自的侧身位，以至真正的正手位反倒由实变虚。因此，如果在这时候对其正手位进行攻击，往往可获得成功。

4. 控制强者、攻击弱者

双打中，两人的实力总会有强有弱，这就要求运动员在比赛中通过观察发现其中的破绽，将强者和弱者区别开来。正确的战术是，严密控制对方的强者，力争对其先行攻击，尽量不给或减少给强的对手主动进攻的机会。而把对方相对的弱者作为我方的突破口，力争在他身上得分或为下板球的扣杀制造有利机会。打对方强者时要适当凶狠些，打对方弱者时可凶中带稳。

5. 紧压一角、突袭空当或追身中路

连续攻击对方一角，迫使对方两人挤在一起，伺机打其空当或追身。如果能紧压对方较弱的一面，效果会更好。

（二）乒乓球双打战术训练

训练乒乓球双打战术，可以采取的方法主要有以下几种，具体要根据实际情况进行有针对性地选用。

1. 发球和发球抢攻的练习

发球和发球抢攻的练习方法主要有以下几种：

（1）发球专门练习。要不断提高发球的质量，增加球路的变化，将球准确地发至规定的落点范围内，反复进行练习。

（2）发球与抢攻相结合的练习。反复进行练习。

（3）采用比赛或计分练习，进一步提高发球和发球抢攻的质量。

2. 接发球和接发球抢攻的练习

接发球和接发球抢攻的练习方法主要有以下几种：

（1）接发球专门练习。一般采用二人对练的方式，陪练方发球，主练方接发球，将球接至规定的区域内。反复进行练习。

（2）接发球抢攻专门练习。此练习可采用单人陪练，也可采用双人陪练。反复进行练习。

（3）采用比赛或计分练习。组织专门的接发球抢攻比赛或计分练习，进一步提高接发球和接发球抢攻的质量。反复进行练习。

3. 一人对两人的定点训练

一人对两人的定点训练方法主要有以下几种：

（1）定点击球练习。反复进行练习。

（2）一点打两点，能对左或右半台区域起到限制作用的练习。反复进行练习。

（3）半台对全台练习。陪练方在左半台或右半台回击到主练方的全台。反复进行练习。

4. 两人对两人的定点训练

陪练方两名选手、主练方两名选手的对练。陪练方两名选手可以以下方式进行：

（1）有序对无序。陪练方不受双打击球次序的限制，可任意一人连续击球。反复进行练习。

（2）一点对两点练习。反复进行练习。

（3）两点对一点。反复进行练习。

（4）两点对两点。反复进行练习

5. 两人对两人的不定点训练

两人对两人的不定点训练是双打战术训练的主要方式之一。

（1）攻对攻练习。反复进行练习。

（2）守对攻练习。反复进行练习

6. 双打中的多球训练

双打中的多球训练方法主要有以下几种：

（1）击打目标练习。反复进行练习。

（2）双打走位练习。反复进行练习。

（3）扩大防守练习。反复进行练习。

（4）双人移动中攻下旋练习。反复进行练习。

（5）双人移动中扑攻练习。反复进行练习。

（6）削中反攻练习。反复进行练习。

（7）接长短球练习。反复进行练习。

（8）正反手削球练习。反复进行练习。

（9）搓中突击转连续攻击练习。反复进行练习。

（10）接发球练习。大多采用一人发球、一人接发球的方法。要求判断旋转、落点，采用摆短、挑、点等技术接球。反复进行练习。

（11）双人移动中两面攻练习。练习者在移动中以正手或反手还击，可结合推、攻内容进行练习。反复进行练习。

（12）轮流发球练习。大多采用单人多球发球，要求旋转、落点、弧线和速度质量俱佳。反复进行练习。

（13）综合练习。陪练员用各种手法供出不同落点的球。练习者以来球的不同性能为依据，采用相应的技术轮流进行还击。反复进行练习。

第十四章　校园羽毛球运动训练实践指导

第一节　羽毛球运动基本理论综述

一、羽毛球运动的起源

目前，对于羽毛球运动的起源，仍然没有一个较为确切的说法。在众多关于羽毛球运动起源的说法中，其中人们最认可的观点是羽毛球是由毽子球游戏演变而来的。国际羽毛球联合会在其成立50周年的纪念册上是这样写的：“羽毛球运动早在1934年前就有着悠久的历史，很多世纪以前，在荷兰和中国就有使用球拍的类似当今羽毛球的体育游戏。”但从文字记载和相关学者的研究中，羽毛球运动的起源从整体上可以分为古代羽毛球和现代羽毛球两种。

（一）古代羽毛球运动的起源

关于古代羽毛球游戏的起源，主要有三种说法，即中国、日本和印度起源说，具体如下。

1. 中国古代羽毛球游戏

在我国的《民族体育集锦》中对羽毛球运动有着一定的记载：“相传，中国在远古时期就有类似羽毛球活动的存在，其玩法、性质以及所用的一些器材，同世界上较早有这项活动的国家相比没有太大的差异，只是在对这种游戏活动的称呼上不同而已。”发展到今天，仍旧可以从我国一些少数民族的游戏中看到羽毛球活动的影子。如苗族祖先在正月间把一些五颜六色的鸡毛做成花毽，然后成群结队玩“打花毽”游戏。游戏在称作“毽塘”的场地上进行。又如古代基诺人则玩“打鸡毛球”。所用的球是将一束美丽的羽毛插入用油布包着的木炭球托上，制球原理和结构非常接近今天的羽毛球。

2. 日本的“追羽根”

日本也有关于羽毛球运动的记载，在日本的贞享二年（1685年），日本流行一种名为“追羽根”的游戏，日本女子在新年正月里，一面歌唱似地数数，一面用羽子板做“追羽根”游戏，这种游戏与现代羽毛球运动非常相似，但是由于此游戏的器材造价太高，并没有在日本得到普及，因此便逐渐消失，与此相关的记载也很少。

3. 印度人的乡土游戏

古代羽毛球运动在印度也有相似的游戏，被印度人称为“浦那”，这种游戏据说是1820年的印度孟买城的一条名叫Poona街道的居民发明的，其球是用直径大约6厘米的圆形硬纸板或以绒线编织成球形，中间插上羽毛而制成，板是木质的。其玩法是两人相对站着，手执木板来回反复地击球。从中可以看出，这种游戏与羽毛球运动极为相似。这也与后来现代羽毛球的兴起联系非常紧密，以后逐渐普及全印度及全世界，因此今日的羽毛球运动，又被称为印度人的游戏。

（二）现代羽毛球运动的起源

据考证，现代羽毛球运动的诞生地是英国。1870 年，印度返英度假的英国军官把“浦那”游戏带回了英国，这种游戏就是羽毛球运动的前身。当时的羽毛球是一个毽子，而网球拍则当作毽子板，以后毽子板与毽子逐渐改良，最后发展成为今日的羽毛球运动。因这项活动极富趣味性，所以很快就在英国风行开来。

1877 年，英国制定第一本羽毛球比赛规则，其中一些内容在今天的羽毛球规则中仍保留使用。1893 年，英国成立了世界上最早的羽毛球协会。1899 年，该协会举办了第一届全英羽毛球锦标赛。

现代羽毛球运动诞生后，经过一段时间的传播与发展，便迅速地在世界范围内流行起来，先是从不列颠诸岛流传到英联邦各国和斯堪的纳维亚半岛，随后又流传到美洲、亚洲、大洋洲各地，最后传到非洲。发展至今，羽毛球运动已经名副其实地成为一项全世界盛行的体育运动，深受人们的欢迎和喜爱。

1934 年，国际羽毛球联合会成立，主要是由英国、法国、丹麦、加拿大、新西兰、荷兰、苏格兰、爱尔兰、威尔士等国家和地区联合成立的，总部设在伦敦。1939 年，国际羽毛球联合会通过了各会员国共同遵守的《羽毛球竞赛规则》。这也标志着现代羽毛球运动开始在世界范围内得到规范化的发展。

二、羽毛球运动的发展

（一）世界各国羽毛球运动的发展

现代羽毛球运动在诞生初期只是局限在欧美地区流行，准确说主要是在北欧的少数国家流行。而 20 世纪 40 年代举办“汤姆斯”杯赛后，羽毛球运动便开始进入快速发展期。

1. 从欧洲走向世界

在英国举办的“全英羽毛球锦标赛”是历史最为悠久的羽毛球比赛。它是在 1899 年开始举办的，起初由英国人垄断了所有比赛项目的冠军，而后的数十年里，丹麦人打破了垄断，成为新的世界羽毛球运动霸主。到了 20 世纪 40 年代末，马来西亚的羽毛球选手横空出世，率先打破了欧美垄断的局面。从此，使得羽毛球运动从欧洲开始向亚洲倾斜。

2. 马来西亚——亚洲羽毛球运动的先驱

1937 年，马来西亚成为第一个正式加入国际羽毛球联合会的亚洲国家，在国际羽毛球运动的历史上占有重要的地位。在全英羽毛球锦标赛中，马来西亚是亚洲最早取得男子单打冠军和汤姆斯杯冠军的国家。

到了20世纪50年代，马来西亚著名羽毛球运动员黄柄顺以全面精湛的技术所向披靡，成为当时世界羽毛球运动重要的代表人物。其时，另一名马来西亚选手庄以民与黄柄顺一起，从1950年至1957年交替霸占全英羽毛球锦标赛男子单打冠军长达8年。到了20世纪80年代，西德克兄弟为马来西亚羽毛球运动作出了卓越的贡献。由此可见，马来西亚是亚洲羽毛球运动的先驱，其在世界羽毛球运动发展中，也占据着非常重要的位置。

马来西亚的运动员在世界羽毛球男子团体赛——汤姆斯杯赛中，取得了较为显赫的战绩，并且曾获得第1、2、3届“汤姆斯”杯冠军，后来又分别获得第7和第17届冠军。

3. 印度尼西亚——羽毛球王国

印度尼西亚的优秀羽毛球运动员人才辈出，被认为是世界羽毛球王国。印度尼西亚在1953年加入国际羽联。1957年，印度尼西亚首次参加第4届汤姆斯杯赛就崭露头角，大胜新西兰和澳大利亚后进入次年的决赛，在决赛时终止了马来西亚连获第1、2、3届汤姆斯杯冠军的局面。其后，一直成绩优异。在2000年以前所举行的21届汤姆斯杯比赛中，印度尼西亚一共获得12次冠军。此时，印度尼西亚成为新的羽毛球运动强国。

在印度尼西亚，梁海量是羽毛球运动中的“天皇巨星”，他在1968—1976年间，一共获得了8次全英羽毛球锦标赛的单打冠军，在国际比赛中几乎没有出现败绩。他以全面的技术、良好的球场作风，赢得世界羽毛球界的尊敬，是印度尼西亚乃至世界羽坛的代表人物。梁海量之后，印度尼西亚的林水镜凭借其凌厉的杀球上网，在世界羽坛非常著名。一时间印度尼西亚风头无两。从此，羽毛球运动在印度尼西亚成为国球。

印度尼西亚的女子羽毛球运动也在男子羽毛球队称雄世界羽坛之后崛起。直至今日，世界上也只有印度尼西亚羽毛球女队能与整体实力强大的中国羽毛球女子团体进行抗衡。

4. 丹麦——欧洲羽毛球运动的佼佼者

羽毛球运动在丹麦极为普及，因为丹麦是国际羽联创始国之一，同时也是欧洲羽坛巨擘，其羽毛球运动的竞技水平一直都在欧洲各国处于领先地位。丹麦的优秀羽毛球运动员不断地涌现，例如在20世纪60年代的男子选手考普斯、20世纪70年代的女子选手科彭、20世纪90年代初的著名男子单打选手莫顿·弗罗斯特，以及走红的彼特·盖德、彼特·拉斯姆森等。在1996年的亚特兰大奥运会上，拉尔森获得羽毛球男子单打的金牌。这是欧洲羽毛球运动员在奥运会羽毛球比赛中夺得的唯一一块金牌。

（二）我国羽毛球运动的发展

羽毛球运动在20世纪初传入中国，当时主要流行于上海、广州、天津、厦门等外国租界内和基督教青年会、教会学校。而由于中华人民共和国成立前，我国参与羽毛球运动的人数非常少，所以几乎没有进行过什么重大的比赛，因而，当时我国的羽毛球运动水平很低。但在中华人民共和国成立后，在党和政府的重视和领导下，我国的羽毛球运动得到了蓬勃发展，发展至今天，已居于世界一流之列。总体来看，我国的羽毛球运动发展过程可分为以下几个阶段。

1. 起步阶段

中华人民共和国成立之后。1953年，在天津首次举办了全国篮球、排球、网球、羽毛球4

项球类运动会。1954 年 6 月，王文教、陈福寿、黄世明、施宁安等一批印度尼西亚爱国华侨回到祖国定居，他们带回了羽毛球运动的先进技术，全面推动了我国羽毛球运动的发展。

中国羽毛球协会（此后简称为“中国羽协”）在 1958 年 9 月正式成立，标志着我国羽毛球运动进入了组织化管理的阶段，当时协会根据世界羽毛球运动的发展状况，对全国羽毛球竞技运动发展目标进行了规划，并提出“十年之内打败世界冠军”的目标。除此之外，我国羽毛球运动员还认真、虚心地学习了世界先进经验。

2. “无冕之王”时期

20 世纪 60 年代，中国竞技羽毛球运动进入了赶超世界水平的阶段。中国羽协对又一批从印度尼西亚回来的华侨给予了高度的重视，其中包括汤仙虎、侯加昌、方凯祥、陈玉娘、梁小牧、傅汉洵等人，对他们的精心培养，使其逐渐成为我国羽毛球运动的中坚力量。虽然我国的羽毛球队在当时受到国际环境影响和国内因素等限制没有在正式的比赛中亮相过，但在许多与世界强队的互访比赛中，其比赛成绩足以说明我国羽毛球的竞技水平已经达到了世界先进水平。例如，1963 年和 1964 年，中国队两次以大比分击败世界冠军印尼队。1965 年，中国队出访欧洲取得全胜的辉煌战绩。在访问丹麦的比赛中，汤仙虎在一局比赛中曾以 15∶0 战胜了 6 次获得全英锦标赛男单冠军的丹麦名将——考普斯。中国羽毛球赢得国际羽坛“无冕之王”的称号，这一时期也是中国羽毛球运动的第一个“黄金时期”。

3. 国际羽坛的“中国时代”

随着中国羽毛球运动进入世界体坛，中国羽毛球运动迎来了全面发展时期。1981 年 5 月，中国羽毛球协会正式成为国际羽毛球联合会的会员。1981 年 5 月 10—21 日，中国男子羽毛球队第一次参加英国伦敦举行的第 12 届汤姆斯杯赛决赛阶段的比赛。经过 10 天的激战，中国队奇迹般地反败为胜，取得汤姆斯杯。这也是我国羽毛球队首次获得世界男子羽毛球团体冠军。国际羽坛人士称：“中国队首次参赛就获得汤姆斯杯，标志着世界羽毛球运动从此进入了一个新的时代。”而在随后的第 14、15、16 届汤姆斯杯上，中国男子羽毛球队实现了“三连冠”，也正式宣布国际羽坛“中国时代”的到来。

中国女子羽毛球队在 1984 年首次组队参加尤伯杯赛，其快速多变的打法令世人耳目一新。中国女队以 5∶0 的比分击败英格兰、韩国、丹麦、日本和印度尼西亚，获得第 10 届尤伯杯赛冠军，第一次成为世界女子羽毛球团体冠军。随后，中国羽毛球女队又连续 4 届夺得尤伯杯，创造尤伯杯赛设立以来的“五连冠”的纪录。

到了 20 世纪 80 年代，中国羽毛球运动全面发展的目标已经逐渐实现，并且培养了一批包括韩健、栾劲、孙志安、姚喜明、陈昌杰、李永波、田秉毅、杨阳等在内的男子优秀选手，以及包括张爱玲、李玲蔚、韩爱萍等在内的优秀女子选手，同时还具备在男女单打、男女双打和混合双打 5 个单项与国际一流选手抗衡的实力。截至当时，中国羽毛球队在各项国际比赛中一共获得 65 项世界冠军。国际羽毛球球坛可谓是名副其实的“中国时代”。

4. 调整及恢复时期

进入 20 世纪 90 年代，中国羽毛球成为其他国家的主要研究对象，许多针对中国羽毛球技术的打法也不断被研究出来。而此时，我国羽毛球运动则因受到国内经济大潮的影响，训练体制和人才体制都相应受到冲击，训练质量下降，人才外流，导致中国羽毛球出现严重滑坡的现象。

男队尤其危急，在1992年的汤姆斯杯赛、奥运会、世界杯三大赛事中，一金未得。女队虽好些，但危机感也同样笼罩着她们。在1994年日本广岛举行的亚运会上，我国羽毛球男女选手无一人进入决赛，这表明我国羽毛球运动水平跌落到自20世纪60年代以来的最低谷。这一残酷的现实要求我们要总结经验教训，找出差距，改革训练体制，搞好普及工作，狠抓尖子队员，加强全面锻炼。

5. 真正成为世界羽毛球霸主阶段

20世纪90年代中期开始，中国羽毛球运动的调整与改革逐步取得效果。教练员越来越优秀，管理方法和训练手段越来越合理，社会各界人士对羽毛球运动的参与和支持、新闻媒体对羽毛球比赛的关注等都达到前所未有的程度。1995年，中国羽毛球队获得第4届世界男女羽毛球混合团体赛苏迪曼杯冠军。1996年，在美国亚特兰大奥运会羽毛球比赛中，中国女子双打选手葛菲和顾俊取得冠军，实现中国羽毛球在奥运会金牌“零”的突破，这标志着中国竞技羽毛球运动全面恢复与发展。

随后在2000年和2004年的两届奥运会中，中国羽毛球队获得了10枚金牌中的7枚金牌。而在2008年北京奥运会上，中国羽毛球队获得了3金、2银、3铜的骄人成绩。在最近的2012年伦敦奥运会上，我国羽毛球队更是创造了历史，包揽了所有羽毛球项目的金牌，这也正式向世界宣布中国羽毛球回归世界霸主地位。

三、羽毛球运动的特点

（一）羽毛球运动是一种全身运动项目

有人说，羽毛球运动是一项能够让人眼明、手快、全身得到锻炼的体育项目，这种说法非常贴切。无论是进行有规则的羽毛球比赛还是作为一般性的健身活动，都要在场地上不停地进行脚步移动、跳跃、转体、挥拍，合理地运用各种击球技术和步法将球在场上往返对击，从而增大了上肢、下肢和腰部肌肉的力量，加快了锻炼者全身的血液循环，增强心血管系统和呼吸系统的功能。运动中，锻炼者需要运用手腕和手臂的力量握拍和挥拍，还要充分活动踝关节、膝关节、胯关节等部位，做出滑步、踮步和弓箭步等各种步态，所以对于全身肌肉和关节的锻炼也是很充分的。在捡球、接球的过程中，不断地弯腰、抬头等，使腰部、腹部的肌肉也能得到充分锻炼。美国大学运动医学会提出，要达到全身减肥的目的，每天应做30分钟以上，每分钟心率为120～160次的中低强度有氧代谢运动。据统计，大强度羽毛球运动者的心率可达到每分钟160～180次，中强度羽毛球运动者的心率可达到每分钟140～150次，低强度羽毛球运动者的心率也可达到每分钟100～130次。对于普通羽毛球爱好者来说，30分钟的有氧运动恰恰相当于一场低强度单打比赛的运动量。因此，长期进行羽毛球锻炼，可使心跳强而有力，肺活量加大，耐久力提高，减肥功效显著。

长期练习羽毛球的人都会有这种感受：通过经常观察对手挥拍情况和高速飞行中的球，有经验的运动员能像武林高手一样，在对手击球的一瞬间看清楚球拍翻转变化的微小动作。其实，让人练得“眼明手快”的原因很简单：因为运动中的羽毛球速度很快（据统计，一名优秀运动员的击球速度能达到350千米/小时），这就要求对方球员的眼睛紧紧追寻高速飞行的球体，使得眼部睫状肌不断收缩和放松，大大促进了眼球组织的血液供应，从而改善了睫状肌的功能，长期锻炼就能提高人的视觉灵敏度和眼睛的反应能力。对于普通爱好者，尤其是中老年人和过度使用眼睛的人来说，如果能坚持练习，视觉敏感度将会明显提高。羽毛球运动要求练习者在短时间内对瞬息万变的球路作出判断，果断地进行反击，因此，它能提高人体神经系统的灵敏性和协调性。

（二）羽毛球运动可调节运动量

羽毛球运动适合男女老幼，运动量可根据个人年龄、体质、运动水平和场地环境的特点而定。青少年可作为促进生长发育、提高身体机能的有效手段进行锻炼，运动量宜为中强度，活动时间以 40～50 分钟为宜。适量的羽毛球运动能促进青少年增长身高，培养青少年自信、勇敢、果断等优良的心理素质。老年人和体弱者可作为保健康复的方法进行锻炼，运动量宜较小，活动时间以 20～30 分钟为宜，达到出出汗、弯弯腰、舒展关节的目的，从而增强心血管和神经系统的功能，预防和治疗老年心血管和神经系统方面的疾病。儿童可作为活动性游戏进行锻炼，让他们在阳光下奔跑跳跃，并要求他们能击到球，培养他们不畏困难、不怕吃苦、不甘落后的品质。

（三）羽毛球运动的简便性

1. 不受场地的限制

羽毛球活动对设备的基本要求比较简单，只需两个球拍、一个球和一条绳索即可。正规比赛场地长 13.40 米，宽 6.10 米（双打）或 5.18 米（单打），平时进行羽毛球活动只要有平整的空地就可以了。在风不大的情况下，羽毛球运动可以在户外进行，只要把球网架起来，在一定长度和宽度的空地上画上几条线，双方就可以对练。因此，它不仅可以在正规的室内运动场进行，也可以在公园、生活小区等处开展。当它作为户外运动时，还可使锻炼者吸入新鲜空气，受到阳光照射，从而改善人体的血液循环和新陈代谢，同时感受大自然的美丽，在运动中怡心健体。

2. 集体、个人皆宜

羽毛球运动既可单兵作战（两人对练），又可集体会战（双打练习或三人对三人对练）。单人对练时，练习者可以随心所欲地打出任意弧线、远度、力量、速度、落点的球；集体会战可以使练习者养成协调配合的习惯，培养集体主义精神。

3. 不受年龄、性别的限制

羽毛球运动的游戏性较强，运动量可大可小。身强力壮的年轻人可以将球打得又刁又重，拼尽全力扑救任何来球，尽情散发自己的青春气息；年老体弱的练习者可以把球轻轻地击来打去，根据自己的要求变换击球节奏，从而达到锻炼身体、延年益寿的功效，既活动了身体，又愉悦了心情。不同年龄、不同性别以及不同体质的人都能在羽毛球运动中找到乐趣。

第二节 羽毛球运动技术训练实践

一、握拍法

要想打好羽毛球，必须重视握拍方法，这是一个看似简单却又极其难以准确回答的问题，说它简单，是因为我们通常所说的基本握拍方法只有两种，即正手握拍法和反手握拍法。说它复杂，是因为羽毛球项目历来特别强调握拍要灵活，也就是说要根据不同的击球方法来变换自己的握拍方法。初学者一般都是从掌握基本的正、反手握拍方法开始入门的，但随着技术的不断进步，就必须在这两种方法的基础上不断地演变，以求得自己在运用各种击球方法时，都能充分发挥、控制和变化击球力量的大小和击球拍面的角度与方向。这在运用一些动作幅度较大的技术方法击球时，问题还不是特别明显，但在运用一些比较细腻的技术方法，尤其是在网前击球时，如果不善于在基本握拍方法的基础上，根据实际的要求进行变换的话，那就难以达到理想的击球效果。

（一）基本技术

1. 正手握拍法

虎口对着拍柄窄面的小棱边，拇指和食指贴在拍柄的两个宽面上，食指和中指稍分开，中指、无名指和小指并拢握住拍柄，掌心不要紧贴，拍柄端与近腕部的小鱼际肌平，拍面基本与地面垂直。正手发球、右场区各种击球及左场区头顶击球等，一般都采用这种握法。

2. 反手握拍法

在正手握拍的基础上，拇指和食指将拍柄稍向外转，拇指顶点在拍柄内侧的宽面上或内侧棱上，中指、无名指和小指并拢握住拍柄，柄端靠近小指根部，使掌心空隙。球拍斜侧向身体左侧，拍面稍后仰。一般说来，击身体左侧的来球，大都先转体（背对网），然后用反手握拍法击球。

3. 特殊握拍法

上述正常的正、反手握拍法对击打高远球、吊球、杀球、反手球、挑球、推球、抽球、挡球等比较用力击球的动作较为适宜。在特殊情况下，如网前的封网技术、搓球、勾球、扑球、拨球及被动球时可采取特殊握拍法。如封网前球时，则拍面与地面平行，虎口对准排柄的宽面，其他手指与正常握拍法相同，这种握拍法也称之为西方握拍法。

（二）练习方法

1. 让握拍手自由转动拍柄后，按照正确的技术动作要领，用肉眼观察，由握拍手独立调整完成正手握拍动作或反手握拍动作。

2. 通过反复练习，逐渐过渡到不用肉眼观察，全凭手上的感觉便可完成正确握拍。

3. 在实战中，视来球的各种不同角度和方向，握拍手可自如地选择正手或反手握拍法击球，握拍力度应适宜。

不论正手握拍法或者反手握拍法，除了上述握法的区别以外，它们共同的技术关键是：一要放松，二要灵活。

二、发球

发球是羽毛球重要的基本技术之一。发球作为组织进攻的开始，其质量的好坏直接影响比赛的主动或被动，即要么赢球得分、要么丧失发球权。

羽毛球发球虽不能像乒乓球发球那样使球产生各种旋转，但它可以通过不同的发球手法，发出不同弧度、不同落点的球来控制对方，为我方创造进攻得分的机会。因此，对羽毛球的发球应引起充分的重视。

就发球的姿势而言，有正手发球、反手发球之分。人们可视自己的习惯或战术的需要来选用正手或反手发球。一般情况下，单打中多采用正手发球，而在双打、混合双打中常用反手发球。

就球飞行的角度和距离而言，可将其分为发高远球、发平高球、发平快球和发网前球四种。

发球站位方法：单打的发球站位，是距前发球线约 1 米，选择场地中部这个位置发球，以利于迎击对方前、后、左、右任意距离和落点的来球。双打的发球站位则可选择稍前一点的位置，这样有利于下一拍抢网前球。

（一）基本技术

1. 正手发球技术

正手发球是在身体的右侧采用正拍面击球的一种发球方式，在实战中被广泛采用。正手发球可根据不同的战术需要发出不同的球，如高远球、平高球、平快球和网前球等不同弧度的球。

（1）正手发高远球

正手发高远球是用正手握拍法，以正拍面将球击得又高又远，球飞行到对方的端线上空后突然改变方向，垂直落至端线（底线）附近的一种发球。由于球处于对方端线，可有效地调动对方并削弱其进攻的威力。

动作要领：准备时，两脚自然分开，左脚在前，脚尖对网，右脚在后，脚尖稍向右侧，重心放在右脚上；用左手拇指、食指和中指夹持住羽毛球中部，自然抬举于胸前方；右手正手握拍自然屈肘举至身体的右后侧，呈发球前的准备姿势；击球时，持球手松开，使球自然下落；右手持拍臂自下而上沿半弧形做回环引拍动作，同时开始转体。当拍挥至身体右侧前下方击球点的瞬间，前臂迅速内旋带动手腕闪动，展腕发力，用正拍面将球击出，身体重心随转体动作逐渐由右脚移至左脚上；持拍手随击球动作完成后的自然惯性向左上方挥动。在发球的过程中，双脚均不能离开地面或者移动（图 14-1）。

图 14-1　正手发后场高远球

（2）正手发平高球

正手发平高球是用正手握拍法，以正拍面击出，飞行弧度较发后场高远球低的一种发球。球飞行的高度以对方跳起无法拦截为佳。由于球飞行弧度不高，速度相对就快，是单打战术中具有一定进攻性的发球。双打中若与发网前小球配合使用，则可以增加对方接发球的难度。

动作要领：准备姿势、引拍动作和击球后的动作均与正手发后场高远球相同，但引拍动作比发后场高远球略小一些；击球时，以小臂带动手腕发力为主，拍面与地面的夹角小于 45°，向前推进击球（图 14-2）。

图 14-2　正手发平高球

（3）正手发平快球

发平快球就是把球发得又平又快，击出的球离网不高而迅速越过对方场区并落到底线附近。球在空中飞行时，抛物线轨迹小于平高球的轨迹，与地面形成的仰角小于 30°。

动作要领：站位稍靠后些（防备对方很快回球到本方后场），利用前臂带动手腕的爆发力向前方发力，发出的球直接从对方的肩稍上高度越过，直攻对方后场。发平快球的关键是出手动作要小而快，但前期动作应和发高远球一致。

（4）正手发网前球

正手发网前球是用正手握拍以正拍面击球，使球轻轻擦网而过，落在对方前发球线附近的一种发球。由于它的飞行弧度低，距离短，可以有效地限制对方直接进行强有力的进攻，是单、双打中较常见的一种发球。在双打中，由于场上的移动范围比单打要小，对发网前小球的质量要求更高，如球过网稍高，对方可通过扑、推而直接进行接发球抢攻。所以，双打，扣发网前小球时的站位可适当接近前发球线，引拍动作摆幅小，击球时拍面击球的摩擦力及击球的角度要控制好，在规则允许的范围内提高击球点，尽量使球贴网而过，以削弱对方接发球的威力。

动作要领：准备姿势、引拍动作和发球后的动作与正手发后场高远球相似；击球点位于运动员右侧体前几乎与髋同高的位置。击球时，握拍保持放松，靠手指控制力量。手腕收腕发力，用斜拍面往前推送击球，使球轻轻擦网而过，落入对方前发球区（图 14-3）。

图 14-3　正手发网前球

2. 反手发球技术

反手发球技术是在身体的左前方用反拍面击球的一种发球方式。同正手发球技术一样，用反手同样能发出各种不同弧度的球；与正手发球不同的是，反手发球时动作的力臂距离相对要小，发球时对球的控制力更强，加之反手发球动作更具一致性、隐蔽性和突然性，因此，在比赛中，尤其是在双打比赛中被广泛采用。在实战中，发球方根据双打战术的特点和需要，常以反手发后场平高球、后场平射球和网前小球为主。

（1）反手发后场平高球

用反手握拍，以反拍面击出同正手发后场平高球飞行弧度一样的球，称为反手发后场平高球。

动作要领：准备时，站位靠近前发球线，右脚在前，左脚尖侧后点地，重心放在右脚上；左手拇、中、食指握住球的羽毛处，置于腹前；右手肘稍向上提起，用反手握拍，以反拍面将球拍自然置于腹前持球手的后面，两眼正视前方，呈发球前的准备姿势；击球时，左手放球的同时，持拍手前臂内旋，带动手腕展腕由后向前作回环半弧形挥动，击球时屈指收腕发力，用反拍面向前上方将球击出；击球后注意将握拍姿势迅速调整为正手握拍。

（2）反手发后场平射球

用反手握拍，以反拍面发出与正手发后场平射球同样飞行弧度的球，称为反手发后场平射球。

动作要领：与反手发后场平高球动作相同，击球时，尽可能地提高击球点，拍面与地面呈近似于 90°角，利用拇指的顶力，迅速向前推进击球。

（3）反手发网前球

用反手握拍，以反拍面击出与正手发网前小球飞行弧度一样的球，称为反手发网前小球（图14-4）。

动作要领：准备姿势、引拍动作和击球后的动作均与反手发后场平高球相同；击球时，靠手腕和手指控制发球的力量，以斜拍面向前轻轻推送切击球托，使球尽可能低地沿网上方飞过并落入对方前发球线内。

图 14-4 反手发网前球

（二）练习方法

1. 首先学习正手发后场高远球。依照先分解后连贯、从简单到复杂的顺序，按照技术动作的要领做挥拍练习，直至熟练。

2. 用绳拴住球，选择适当的高度将球固定吊好，反复做发球动作练习，体会球与拍之间的距离感及前臂内旋带动手腕由伸腕到展腕的发力过程。

3. 持拍面对墙壁做发球练习。在做该项练习时，既要照顾到击球的准确性，还要兼顾击球动作的正确性。

4. 在场地上练习发球，重点注意发球的落点。

5. 按照以上的练习步骤，进一步做其他各种发球的练习，注意各种发球动作的一致性和落点的多样性。

三、接发球

还击对方发过来的球叫接发球。接发球技术在每场比赛中都起着重要的作用。如果说发球发得好是争得每分球胜利的开端，那么接发球接得好也同样是争得每分球胜利的第一步。因此，接发球对初学者来说也是不可忽视的技术。

（一）基本技术

1. 单打站位通常站位要站在离前发球线约 1.5 米靠近中线的位置。左脚在前，右脚在后，双膝微屈，身体重心放在前脚上。后脚跟稍抬起，身体半侧向球网，球拍举在身前，两眼注视对方。

2. 双打站位由于双打发球区较单打发球区短，发高远球易出界和被对方扣杀。所以，双打发球多以发网前球为主，接发球时应站在靠近前发球线的地方。双打接发球的准备姿势与单打基本相同。略有区别是身体前倾较大，球拍高举，在球来自网上的最高点击球。

（二）练习方法

1. 开始练习接发球时，最好是采用固定的一种基本技术去接对方的单一发球（可用多球）。

2. 练习接球时，应在对方球拍触球的瞬间观察球的飞行方向来提高判断能力。

3. 在上述基础上，还要进一步研究控制回球落点，以避免在接球后给对方有较多的攻击机会。

4. 在掌握了较好的适应能力和能够较自如地控制回球落点之后，应逐步提高防御对手抢攻的能力。

四、击球

（一）基本技术

正确的击球手法是打好羽毛球的主要条件之一。有了正确的击球动作就能更好地掌握和发挥羽毛球的各项技术。羽毛球基本手法一般分为后场高空击球技术、网前上手击球技术、下手击球技术和中场平击球技术等。

1. 后场高空击球技术

后场高空击球技术是打好羽毛球的主要手法之一。根据技术的性质以及特点不同，通常可分为高球、吊球、杀球（扣杀）。

（1）高球

高球分为高远球和平高球。高远球是指将球击得高而远，球飞至对方底线上空垂直落到有效场区内。平高球是从高远球发展而来的，它飞行的速度比高远球快，弧线比高远球低，是后场进攻的有效技术之一。

①正手击直线高球和对角高球

在右后场区击球的位置上，左脚在前，右脚在后，稍屈膝。侧身对网，重心在右脚前掌上，左手自然上举，头抬起注视来球，右手持拍于身体右侧。击球前，重心下降准备起跳。起跳的同时右臂后引，胸舒展。当球将落至额前上方击球点时，上臂往右上方抬起，肘部领先，前臂自然后摆，手腕尽量后伸，前臂急速内旋往前上方抬起，肘部领先，前臂自然后摆，手腕尽量后伸，前臂急速内旋往前上方挥动，手腕向前闪动发力（手指由松突然握紧球拍）击球托，球即朝直线方向飞去。若手腕控制拍面击球托的右侧下部，球则向对角方向飞行。击球后，手臂随势自然收至胸前（图 14-5）。

图 14-5　正手击直线高球和对角高球

②头顶击直线高球和对角高球

准备姿势和动作要领基本与正手击高球相似，但击球前要求上体稍弓身后仰，以便更好地发力。右上臂右后上抬，球拍由右后绕过头顶，臂向前上方经内旋带动手腕突然屈收闪动发力，击球托，球即飞往直线方向。头顶击对角高球，握拍稍有改动，即用拇指和食指向内捻动拍柄，使虎口对准拍柄靠外的小棱边，球拍仍由右后绕过头顶，前臂向右前方内旋带动手腕屈收闪动发力，击球托的左部。击球后，由于前臂内旋明显，惯性作用大，手臂自然往前摆动。回收球拍时，前臂稍外旋，将拍置于胸前（图 14-6）。

图 14-6 头顶击直线高球和对角高球

③正手、头顶击平高球

准备姿势与动作要领基本与正手击高远球相似，主要区别在于击球点稍高，较击高远球前，拍形角度稍前倾。

（2）吊球

接对方击来的高球，从后场轻击或轻切或拦吊到对方的网前区，叫吊球。吊球按飞行的弧线和击球动作的不同，主要分为劈吊、轻吊和拦截（都有正手、头顶和反手）等。

①正手臂吊直线和对角线球

直线劈吊，击球前动作和击直线高球、杀球相似。击球时，用力较轻，带有劈切动作，落点一般离网较远。不同点是击球瞬间前臂突然加速，用手腕的闪动向前下方切击球托的右侧下部，使球越网下坠。击球后，手臂随势自然回收至胸前。对角线劈吊，击球前的动作同正手击对角高球。不同点是击球瞬间，用加速的力量把球向对角方向切击；击球后，球拍随势自然回收胸前（图 14-7）。

图 14-7 正手臂吊直线球和对角线球

②头顶吊直线球和头顶吊对角线球

击球动作几乎和头顶直线高远球相似，只是击球的瞬间，前臂突然内旋并往前下方挥拍，手腕外伸、后展，带动球拍轻点球托的左侧后下部，球沿直线飞行。

③反手吊直线球和反手吊对角线球

反手吊直线球和反手吊对角线球的击球前的动作同反手击高球动作类似。不同的是前臂要上摆，用拇指内侧顶住拍柄，手腕向后“甩腕”轻击球托的后下部位，使球的飞行方向朝着直线和对角线的方向落到对方网前（图 14-8）。

图 14-8　反手吊直线球和反手吊对角线球

（3）杀球（扣杀）

杀球是把高球用力向前下方重压、重切或重点击球，球飞行的弧线较直，落地快，对对方的威胁较大。杀球从手法上可分为正手扣杀、头顶扣杀和反手扣杀。从力量上，又可分重杀（杀球力量较大）、轻杀（杀球力量较小）和点杀（力量不大，但速度较快，落点近前场），还有长杀（近底线）和劈杀（切劈）等。

①正手扣杀直线球（侧身起跳）和对角线球（侧身起跳）

准备姿势和动作要领与正手击高远球技术大体相同。不同点是右脚起跳后，身体后仰呈反弓后收腹用力。前臂带动手腕用力下压，球拍正面击球托，击球点较击高球稍前，无切击，使球沿直线向前下方飞行。击球后立即回收，右脚向前跨步要大。正手扣杀对角线球的准备姿势和动作要领与正手扣杀直线球相同。不同点是起跳后身体向左前方转动用力，协助手臂向对角方向击球（图 14-9）。

图 14-9　正手扣杀直线和对角线球

②头顶扣杀直线和对角线球

准备姿势和动作要领与头顶击高球相同。不同点是挥拍击球时，要集中全力往直线方向或对角方向下压。球拍面和击球方向水平面夹角小于 90°（图 14-10）。

图 14-10 头顶扣杀直线和对角线球

③正手腾空突击杀球

动作要领：采用正手握拍法，侧身右脚后退一步准备起跳。起跳后，身体向右后腾起，上身右仰或成反弓形，右臂右上抬，肩尽量后拉。击球时，以肩带臂，主要以前臂和手腕快速挥拍压腕产生爆发力，高速向前下击球。球扣杀后，右脚先着地屈膝缓冲，重心在右脚，即刻回位。如果球向左侧边飞来，则用左脚向左侧上方起跳，使身体向左侧上空腾起，肘关节高举靠近头部，举拍于头后，到最高点时，主要以前臂内旋和手腕快速挥拍扣杀球。扣杀后，以左脚先着地屈膝缓冲，即刻回位（图 14-11）。

图 14-11 正手腾空突击杀球

2. 网前上手击球技术

（1）放网

放网是指运动员在运用网前放网技术使球回击到对方网前区域的击球，通常可分正、反手两种放网。

①正手放网前球

侧身对右边网前，右脚跨前或弓箭步，重心在右脚上。右手持拍于右侧体前约与肩高，拍面右边稍高斜对网。左臂自然后伸，起平衡作用。击球前，前臂稍外旋，手腕外展引拍至右侧前。击球时，手腕稍内收，食指和拇指控制拍面和用力大小，轻切球托把球轻送过网。击球后，在身体重心复原的同时，收拍至胸前。

②反手放网前球

侧身对左边网前，右脚跨前成弓箭步，重心在右脚上。右手反手握拍，持拍于身侧约同肩高，拍面左边稍高斜对网，左臂自然后伸。击球前，前臂稍内旋，手腕外展引拍。击球时手腕内收，拇指和食指分别贴在拍柄内、外侧的小棱边上，用拇指的推力轻托球把球送过网。击球后，随重心复原收拍至胸前。

（2）网前搓球

搓球是运动员用网前搓球技术使球带旋转或翻滚而越网至对方前场近网区域内的击球。通常可分正、反手搓球。

①正手网前搓球

准备姿势同正手放网。击球前，前臂外旋，手腕外展引拍至右侧。击球时，在正手放网动作的基础上，加快挥拍速度，切搓球托底或侧部。由于球托受较大的摩擦力和作用力点不直接通过球心，就使球产生旋转翻滚越网而过。

②反手网前搓球

准备姿势同反手放网。击球前，前臂稍往上举，手腕前屈；手背约与网高，拍面低于网顶。击球时，手腕和手指控制拍面角度，用肘关节和腕关节前伸稍下降及前臂稍外旋的合力，搓切球托的侧底部。另外，也可在反手放网前球动作的基础上，前臂稍伸直，手腕由外展到内收，带动球拍向前切送，击球托的后底部。

（3）网前挑球

挑球是将对方击来的网前球、吊球、杀球（轻杀）等挑高过网还击至对方后场底线附近区域的击球。它是网前挑球技术的泛称，通常可分正、反手挑球。

①正手网前挑球

准备姿势同正手放网。击球前，前臂充分外旋，手腕尽量后伸。击球时，从右下向前方至左上方挥拍击球。在此基础上，若拍向右前上方挥动。挑出的是直线高球；若球拍向左前方挥拍，挑出的则是对角高球。

②反手网前挑球

准备姿势同反手放网。击球前，右臂往左后拉抬时引拍。击球时，前臂充分内旋，手腕由屈至后伸闪动挥拍击球。若球拍由左下向左前上方挥动，则球向直线方向飞行；若球拍由左下、向右前上方挥动，则球向对角线方向飞行。

3. 下手击球技术

下手击球技术属于防守性技术。它虽然没有上手击球那样具有主动性和威胁性，但它仍是羽毛球技术中不可缺少和不可忽视的部分。初学者不仅要学习和掌握好上手、网前击球技术，还要学习和掌握好下手击球技术。通常可分为接杀、接吊球两种。

（1）接杀球技术

所谓接杀球技术是指对方扣杀过来的球，运动员利用接杀球技术将球还击至对方某场区内的接球技术，通常可分正手、反手接杀球技术。如这种技术在不同的位置上利用有关技术配合相应的步法和手法，则可打出不同的球，即挡、勾、挑、抽球等。

（2）接吊球的技术

所谓接吊球技术是指对方吊过来的球，队员利用接吊球技术将球还击至对方某场区内的接球技术，通常可分为正手、反手接吊球技术。如这种技术在不同的位置上利用有关技术配合相应的步法和手法，可打出不同的球，即放、挑、勾等。

（二）练习方法

1. 高球的练习方法

（1）徒手练习击高球的模仿动作，体会动作要领。

（2）“一点打一点”，即固定直线或斜线对打。

（3）“一点打两点”。

2. 吊球的练习方法

（1）按动作要领进行模仿练习，体会动作要领。

（2）通过击定点球练习，体会“切击”动作，即采用“挑一点吊一点”。

（3）做变方向的吊球练习，即“挑一点吊两点”。

3. 杀球的练习方法

（1）按动作要领进行模仿挥拍练习，体会动作要领。

（2）通过向前下方用力投掷羽毛球（或垒球），体会鞭打动作。

（3）做定位扣杀练习，即“杀一点或两点”的固定练习（或用多球进行固定杀球练习），并注意准确性。

4. 放网的练习方法

（1）徒手挥拍模仿放网动作，体会动作要领。

（2）利用多球进行正、反手两个部位的放网练习。

（3）在本场区的中心位置进行上网放网练习。

5. 网前搓球的练习方法

（1）徒手挥拍模仿搓球动作，体会动作要领。

（2）利用多球进行正、反手两个部位的搓球练习。

（3）一对一站在网前，做送球、搓球或对搓练习。

（4）在本场区中心位置进行不定点的上网搓球练习。

6. 网前挑球的练习方法

（1）学习网前挑球前，先在原地模仿练习挑球动作，后结合上网步法进行挑球的练习。

（2）徒手挥拍模仿挑球动作，体会动作要领。

（3）利用多球进行正、反手挑球练习。

（4）做固定线路的吊、挑练习。

7. 接杀、接吊球的练习方法

（1）学习接杀、接吊球时，应在掌握网前技术和中场平击技术的基础上，配合相应的步法进行接杀、接吊技术练习。

（2）按动作要领进行正、反手接杀、接吊的放网、挡、挑等技术的模仿练习。

（3）利用多球进行练习。

（4）定位“一攻一守”的练习（先左或右半场，后再到全场）。

（5）不定位的全场攻守练习。

第三节　羽毛球运动战术训练实践

一、羽毛球单打战术训练实践

（一）单打战术的取位

1. 高球和吊球的取位

如果我方在后场回击高球或吊球时，能够打出弧度很平的直线平高球，使回球的质量很高，这时向球场中心位置回位的移动就不需要很大，也就是说不必回到球场的中心位置，而只需要稍微向中心位置跟进一点，把注意力放在对方回直线球的位置上，同时提防对方回斜线球就可以了。如果是回击对方斜线后场球，这时向球场中心位置的移动就要大一些，跟着球移动，重点放在对方回击直线的吊球或后场球。总之，如果我方压直线球，那么向球场中心位置的回位移动可以小一些；若回斜线球，回位移动的位置要大点，跟着回球的方向移动，主要是保护后场直线或网前直线。

2. 杀球的取位

当我方在中场附近将对方来球扣杀过去并且质量较高时，可以直接往前移动，注意封网前。也就是说半场球扣杀时，在主动的情况下，即把握性很大时，可以往前多压一些，杀完就往前跑，准备在网前回击对方来球，当我方在后场位置杀球，杀过去的球质量和位置都不太好时，且对手又有接杀挑后场的能力，这时不要急于往前冲上去等在前场，应先向前垫一小步，先判断对方出球方向，然后再移动。

3. 网前球的取位

当我方的搓球或网前小球击球点较高，回球质量很高时，不一定要马上向后退，因为对方的回球只有两种情况，一是将球反搓过网，二是将球向上挑起，如果是向上挑起的话，我方就有时间向后退。所以，取位的重点就是防止对方的反搓。当搓完球后，可以不往后退，仅稍微向后垫一步，准备封对方回球。如果我方的搓球质量不高，打过去的球很高，这时站位又在左、右前场区域时，对方就很可能要平推后场，这时就要迅速后退，重点防后场球。总之，当我方回击的网前球质量很高时，就不必急于后退，取位重点在前场，争取下一拍进攻。若出球质量不高，位置又不好时，就要稍向后退一点，重心放在后面，但仍需照顾前场区。

4. 接杀球的取位

接杀球的整个位置移动，要跟着出球的路线走。如果回直线球，身体应面对直线这边，侧重防对方回直线的半区，如果从右、左、半场回对角线球，身体就要向左、右、半场区移动。也就是人要跟着球走，你向哪个方向回击球，就应向着回击球的方向移动。

（二）单打进攻战术

1. 发球抢攻战术

发球抢攻是比赛的重要得分手段，发球可根据对手的站位、回击球的习惯球路、反击能力、打法特点、精神和心理状态等情况，运用不同的发球方法，以取得前几拍的主动权。通过这一战术的运用，打乱对方的整个战略部署，让对方措手不及。特别是在关键时刻，运用发球的抢攻战术能够取得不同的效果，如相持时可以用它来打破僵持的局面，力争主动；领先时，可以用它来乘胜追击，一鼓作气战胜对手；落后时，可以用它作为最后的拼搏，力挽狂澜，反败为胜。

（1）发前场区抢攻战术

发前场区球有发 1 号区球，2 号区球，1、2 号之间区球，追身球等（图 14-12）。

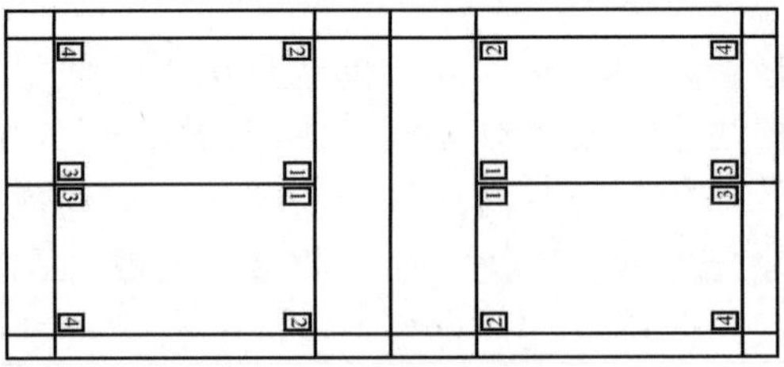

图 14-12　场地接发球点位

发前场区球的目的主要是限制对方马上进行攻击，另一个目的是通过准确、有意识地判断对方的回击球路，从而组织和发动快速且强有力的抢攻。如果抢攻质量好，可达到直接得分或获得第二次攻击的机会。在一般情况下，要以发 1、2 号区之间的球和追身球为主，这样比较稳妥，不至于造成失误。如果我方发出一个高质量的前场区球，紧接着应迅速而准确地判断对方的回击习惯球路及其意图，然后调整好自己的站位，以利于抓住有利战机，发动进攻，见图 14-13，我方从右场区发一个 1、2 号之间的球，对方回击一直线网前球，我方已判断到对方的球路，即快速反搓直线球（图 14-13 中的 1），或假动作平推直线底线球（图 14-13 中的 2），或勾对角网前球（图 14-13 中的 3）。如第一次抢攻质量好，可立即得分或创造第二次攻击机会。发前场区球抢攻战术的其他例图，见图 14-14 至图 14-16。

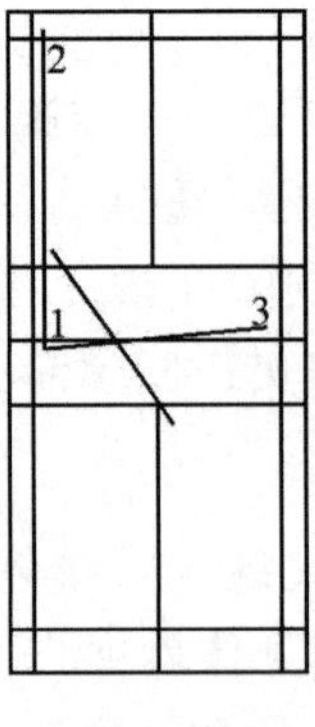

图 14-13　发前场区抢攻（1）

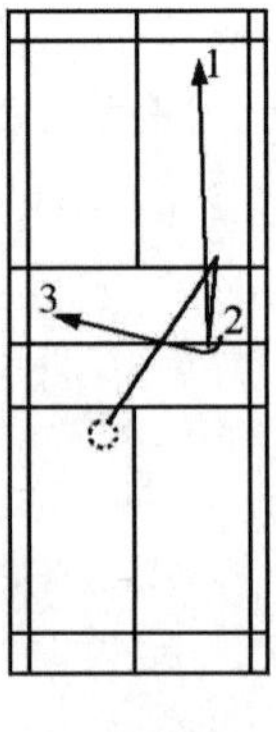

图 14-14　发前场区抢攻（2）

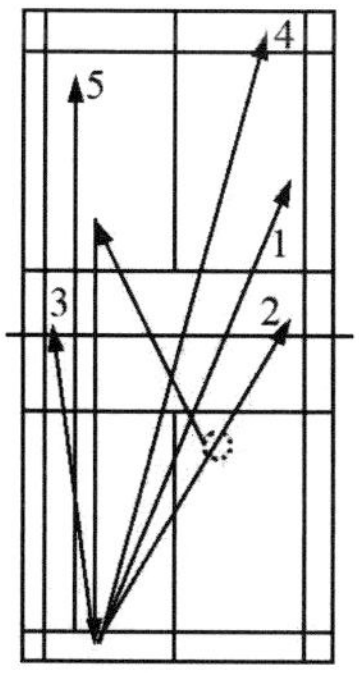

图 14-15　发前场区抢攻（3）

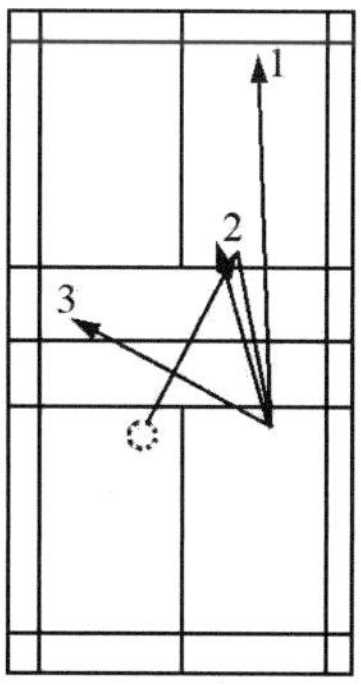

图 14-16　发前场区抢攻（4）

（2）发平高球抢攻战术

发平高球有发 3 号区，发 4 号区，发 3、4 号区之间三种平高球。

发平高球抢攻战术和发前场区抢攻战术的不同点在于发前场区抢攻可直接抓住战机进行抢攻，而发平高球抢攻则要通过守中反攻的手段才能获得抢攻的机会。

发平高球的目的：一是配合发前场区球抢攻；二是让对手进行盲目进攻或在我方判断的范围中进攻，使发球方能从防守快速转入进攻；三是造成对方由于失去控制而直接失误，见图 14-17，当对方从右后场区杀一直线球时，我方已判断到对方的球路，即迅速转体，选择以下三条守中反攻球路，即挡一直线网前球（图 14-14），或勾一对角网前球（图 14-20），或反抽一底线球（图 14-15）。如以上击球质量好，可立即得分或能创造第二次进攻的机会。发平高球抢攻战术的其他示例，见图 14-18 至图 14-25。

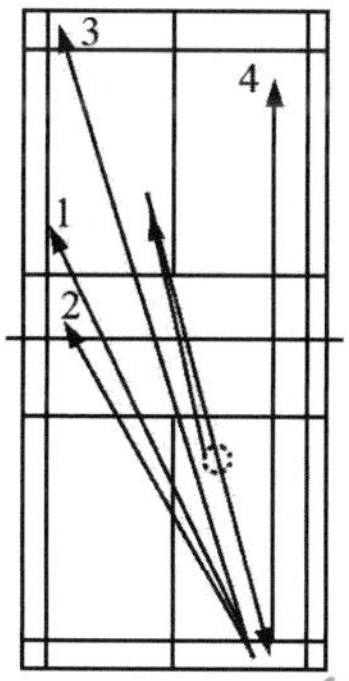

图 14-17　发平高球抢攻（1）

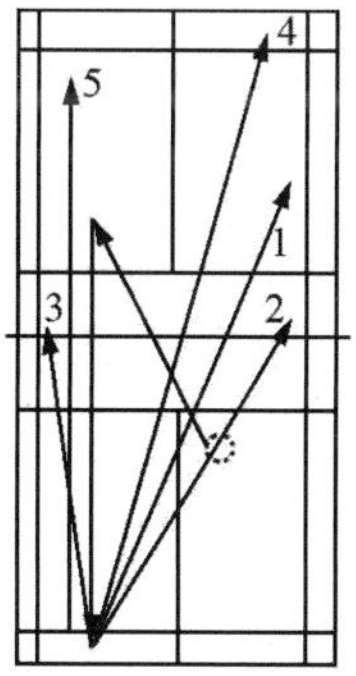

图 14-18　发平高球抢攻（2）

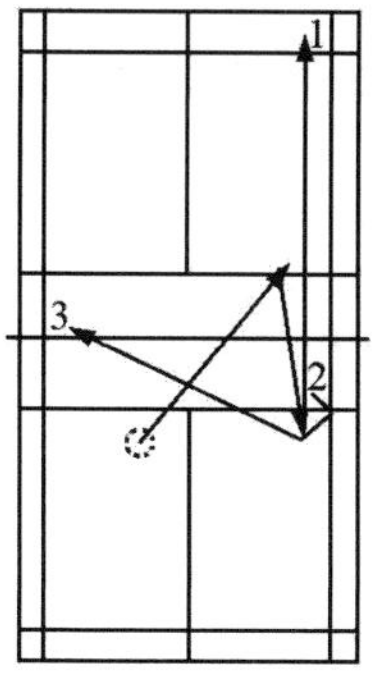

图 14-19　发平高球抢攻（3）

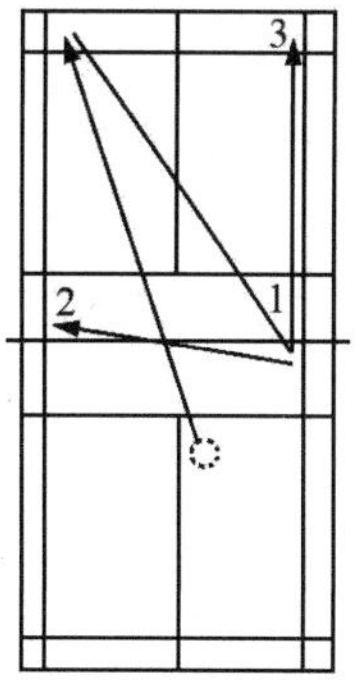

图 14-20　发平高球抢攻（4）

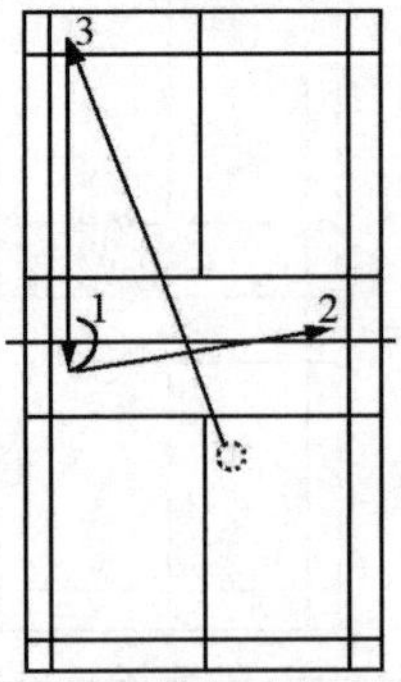

图 14-21　发平高球抢攻（5）

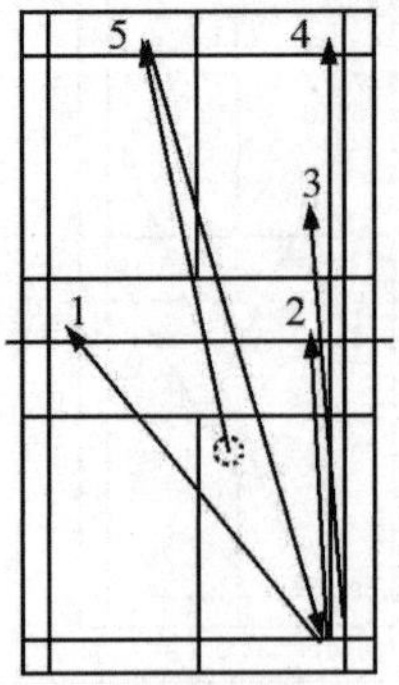

图 14-22　发平高球抢攻（6）

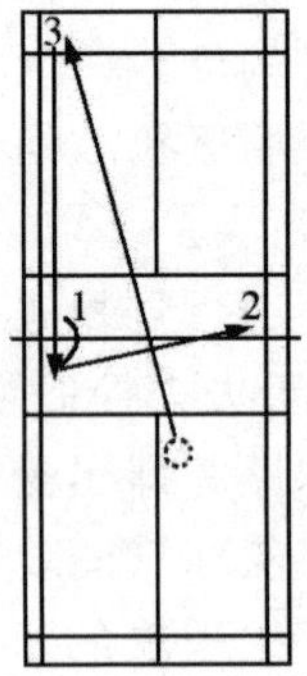

图 14-23　发平高球抢攻（7）

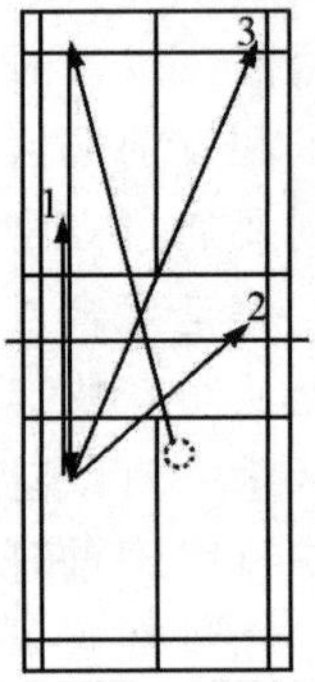

图 14-24　发平高球抢攻（8）

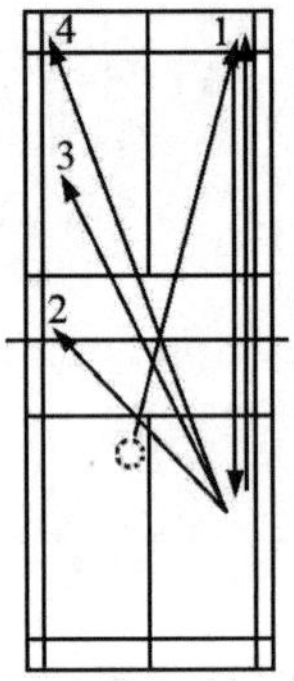

图 14-25　发平高球抢攻（9）

（3）发平射球抢攻战术

发平射球主要是发 3 号区平射球（图 14-26）。发平射球战术的目的：一是为了偷袭，如对方反应慢，或站位偏边线，3 号区空隙大时，偷袭 3 号区的成功率高；二是为了逼对方进行平抽快打的打法；三是为了把对方逼至后场区而造成网前区的空隙。当对方从右后 3 号区杀我方正手追身球时，如我方已判断到他的回击球路线，则可迅速反击以下四条球路，即勾对角网前球（图14-27 中的 1），或挡直线网前球（图 14-27 中的 2）或反抽直线球进行对攻（图 14-27 中的 3）或反拉左后场平高球（图 14-27 中的 4），如抢攻质量好，可立即得分或获得第二次进攻的机会。

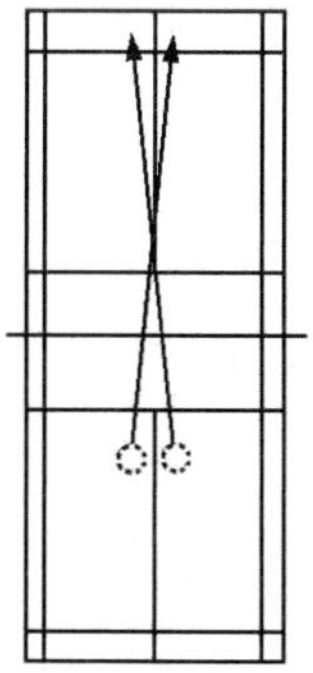

图 14-26　发平射球抢攻（1）

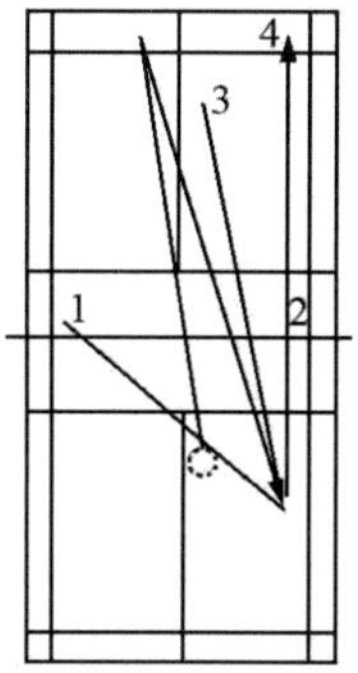

图 14-27　发平射球抢攻（2）

2. 接发球抢攻战术

接发球抢攻战术是接发球战术中最有威胁的一种战术，但是前提是对方发球的质量欠佳。如发高球时落点不到位；发前场区球过网时过高；发平射球时速度不快，角度不佳；发平高球时节奏、落点、弧度不佳等都会给接发球抢攻造成机会。离开了这一前提条件而盲目地进行抢攻，效果就差，成功率就低。除此以外，还要有积极的、大胆的抢攻意识。要获得抢攻战术的成功（得分），还得根据自己的技术特点和身体条件，同时结合对方的技术特点、身体条件和心理素质。例如，当对方从右场区发一平高球落点欠佳，已造成我方发动抢攻的极好时机，就要运用自己最擅长的技术，抓住对方的弱点，果断大胆地抢攻。

抢攻战术的完成大都要由两三拍抢攻球路的组织才能奏效。所以一旦发动抢攻就要加快速度，扩大控制面，抓住对方的弱点或习惯路线一攻到底，一气呵成地完成整个组合的抢攻战术。

如图 14-28 所示，发球方从右场区发一平高球，由于控制得不好，使接发球方有了可抢攻的机会，而且发球方防守中路球的能力差，故接发球方可大胆快速地攻击对方的中路弱点，然后快速上网。第一次攻击如果能得分最好，不能得分就要靠快速上网进行第二次攻击（图 14-29），即上网扑球，以达到这个回合抢攻的目的。

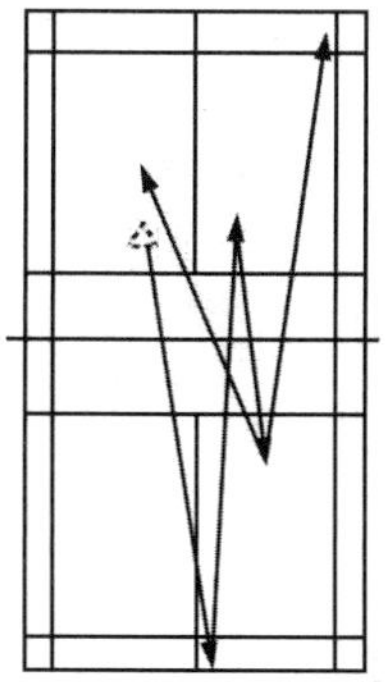

图 14-28　发球后抢攻中路（1）

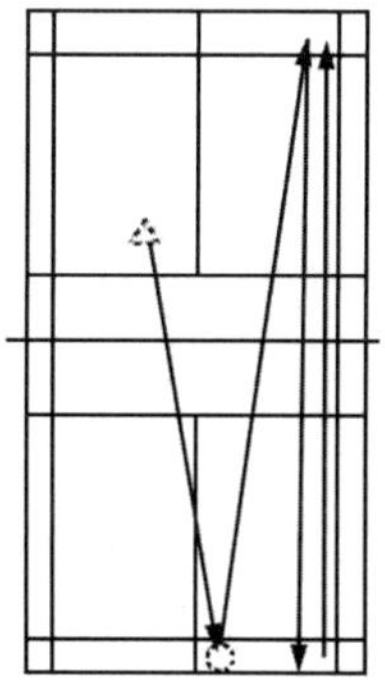

图 14-29　发球后抢攻中路（2）

3. 单个技术的进攻战术

（1）重复平高球进攻战术

这种战术的特点是以重复平高球进攻对方的同一个后场区，甚至可连续重复数拍置对方于“死”地，或逼对方击出一个半场高球，以利我方进行最后一击。这种战术对付回动上网快、控制底线能力差，以及侧身后退步法差的对手很有效果。图 14-30 至图 14-36 属于重复平高球战术的例子。

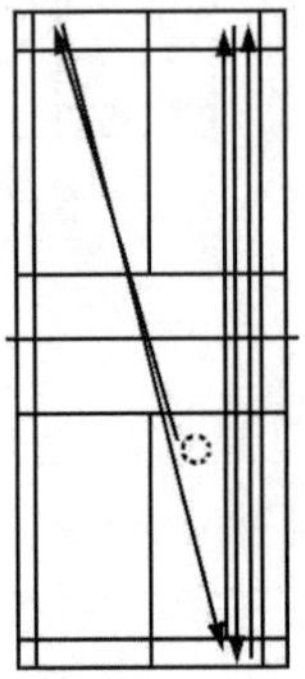

图 14-30　重复平高球（1）

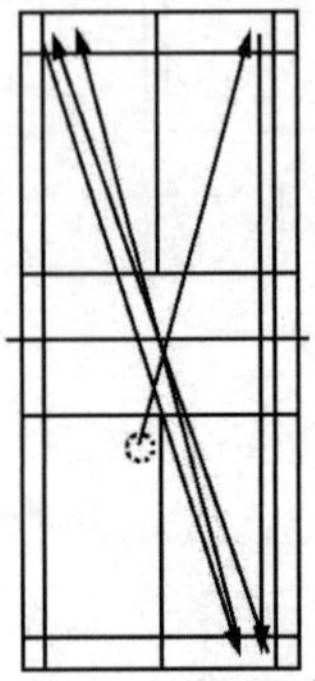

图 14-31　重复平高球（2）

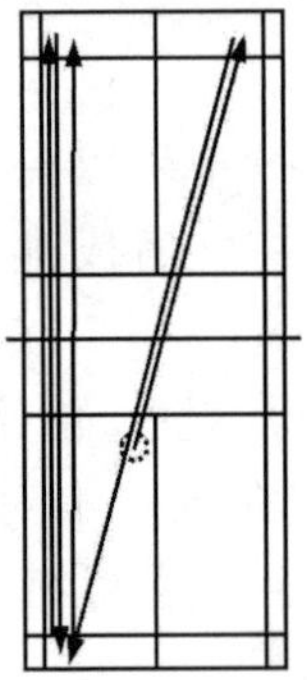

图 14-32　重复平高球（3）

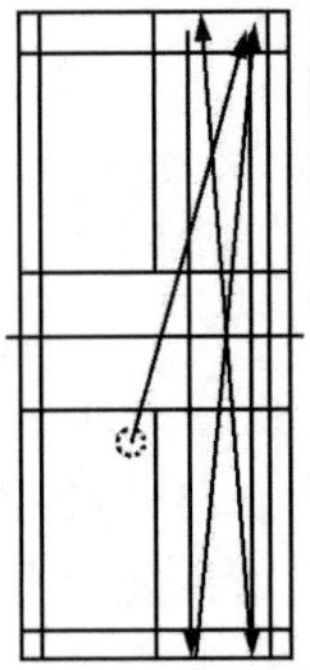

图 14-33　重复平高球（4）

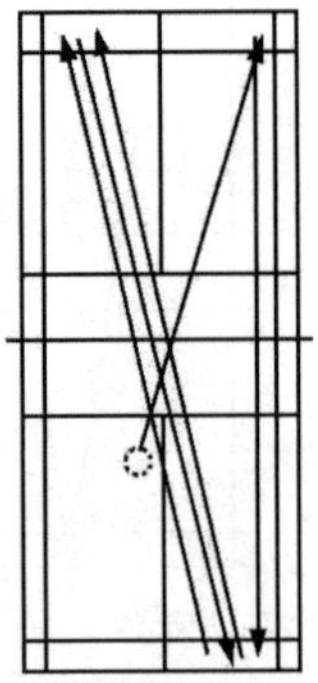

图 14-34　重复平高球（5）

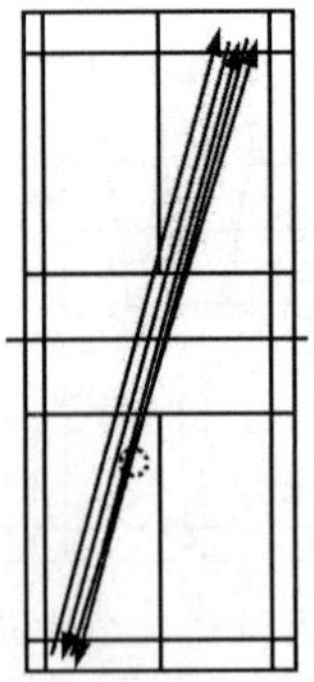

图 14-35　重复平高球（6）

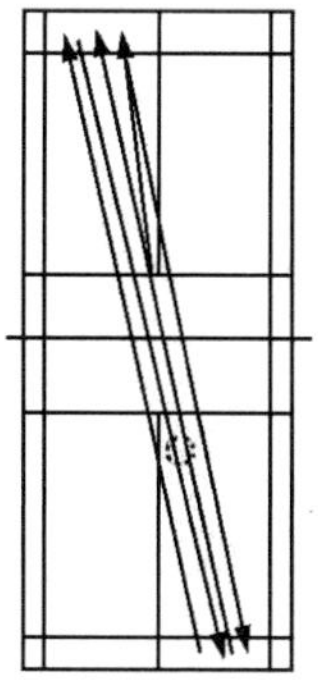

图 14-36　重复平高球（7）

（2）拉开两边平高球进攻战术

这种战术的特点是使用平高球或挑平高球连续攻击对方两边后场底线，以求获得主动权，或逼对方采用被动战术，以利我方进行最后一击（图 14-37）。采用这种战术，要求击球方控制平高球的出手速度和击球的准确性、爆发力与动作的一致性等都比较好。对付回动上网快但两底线攻击能力差的对手是很有效的。图 14-38 至图 14-44 均属于拉开两边平高球战术。

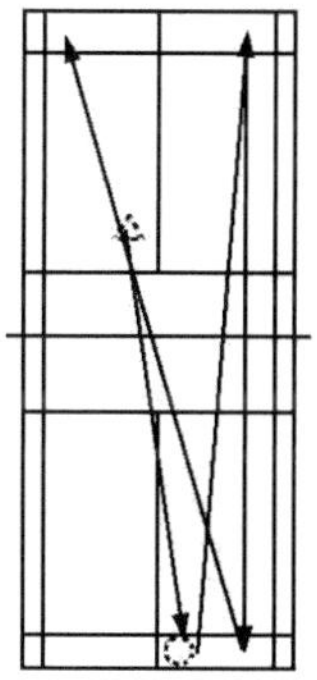

图 14-37　两边平高球（1）

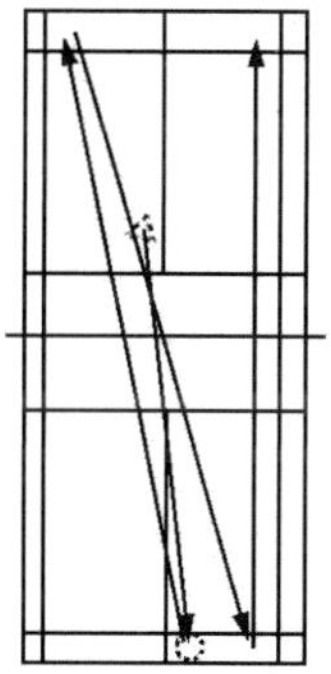

图 14-38　两边平高球（2）

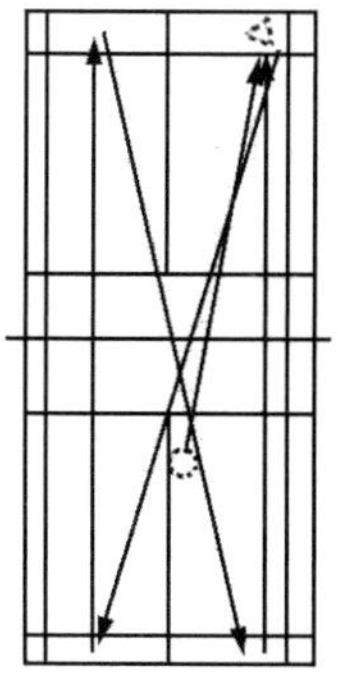

图 14-39　两边平高球（3）

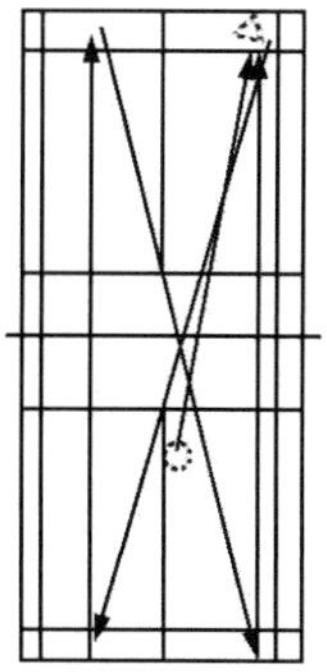

图 14-40　两边平高球（4）

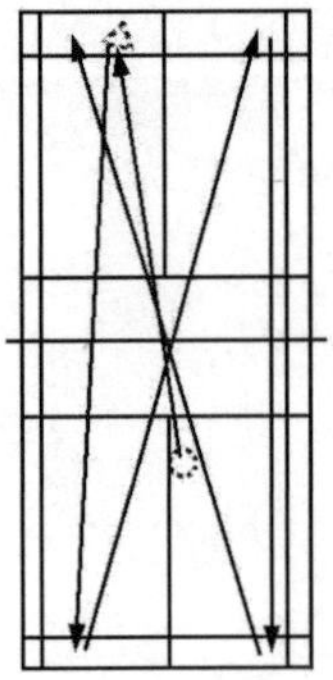

图 14-41 两边平高球（5）

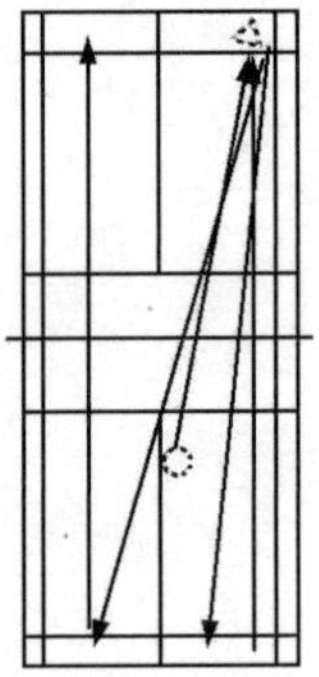

图 14-42 两边平高球（6）

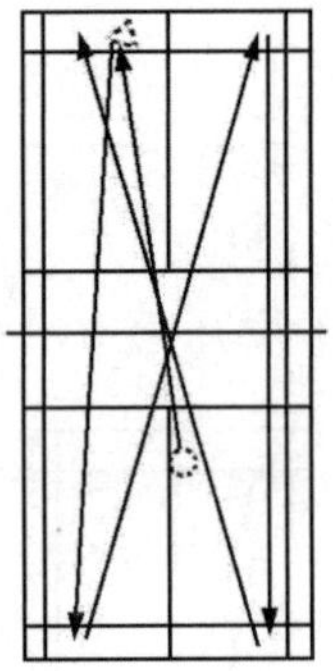

图 14-43 两边平高球（7）

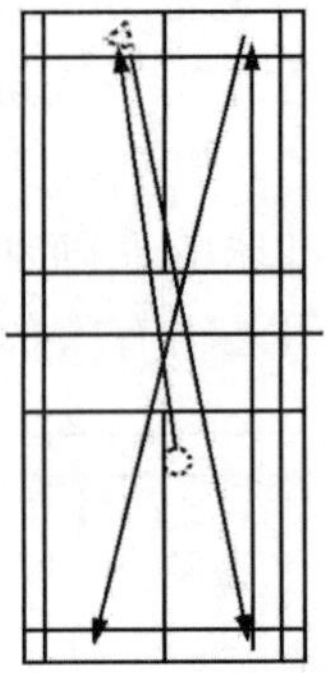

图 14-44 两边平高球（8）

以上例图只以两拍为例，但在实战过程中，有时可以创造出最后一击的机会，有时也需要经过反复数拍才能完成。这种战术，重点是将球击到对方两底线处，迫使其回击出有利于我方进攻的球。另外，这种战术也只以对方回击高球为例，当对方以吊、杀、劈球回击时，运用此战术也可将球压至对方底线处，从而争取主动，再采用吊杀战术。

（3）重复吊球进攻战术

这种战术的特点是重复进行吊两边或吊一边，以求获得主动攻击权。这种战术对于我方吊球技术较好并能掌握假动作吊球者，对待对方上网步法差，或对方底线球不到位，而急于后退去防守我方的杀球者最为有效，见图 14-45，其他球路见图 14-46 至图 14-52。

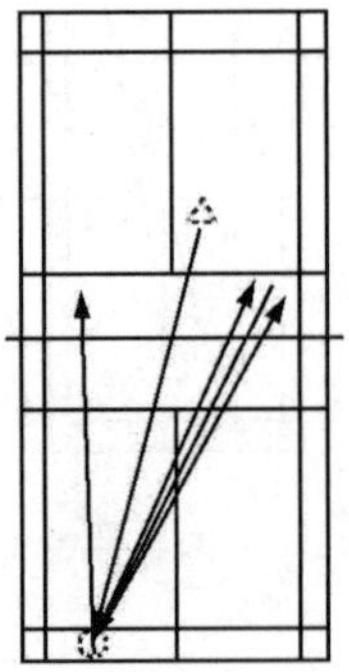

图 14-45 重复吊球（1）

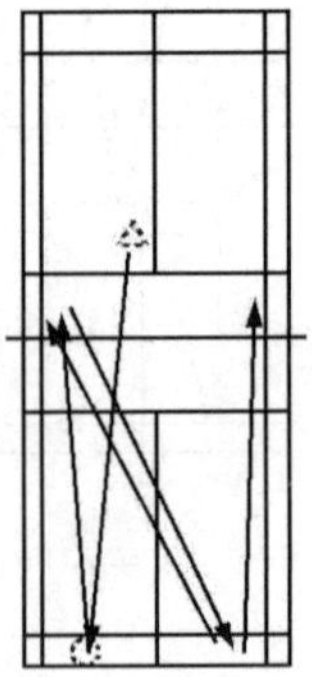

图 14-46 重复吊球（2）

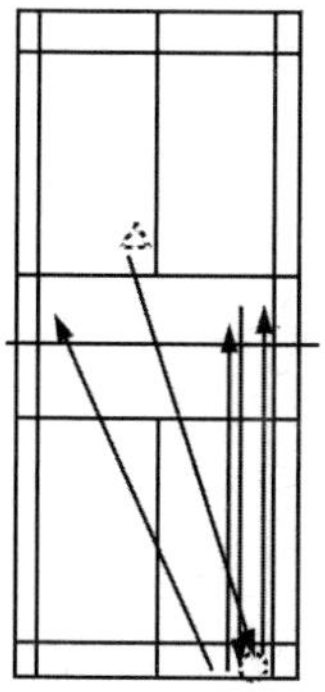

图 14-47　重复吊球（3）

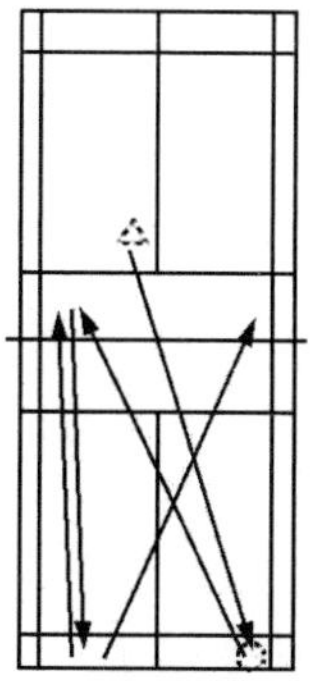

图 14-48　重复吊球（4）

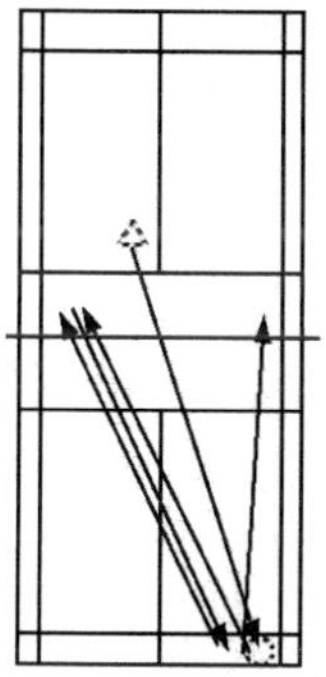

图 14-49　重复吊球（5）

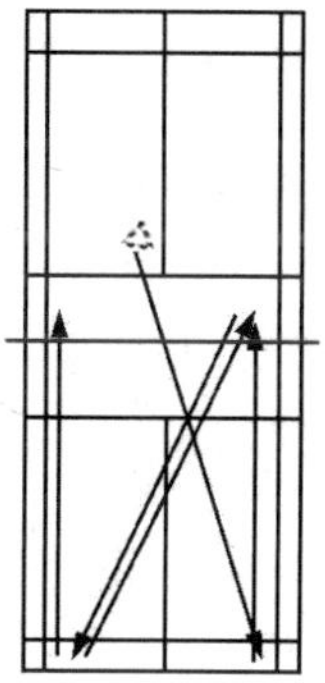

图 14-50　重复吊球（6）

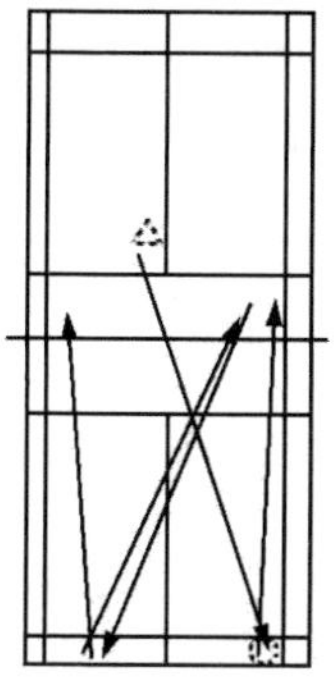

图 14-51　重复吊球（7）

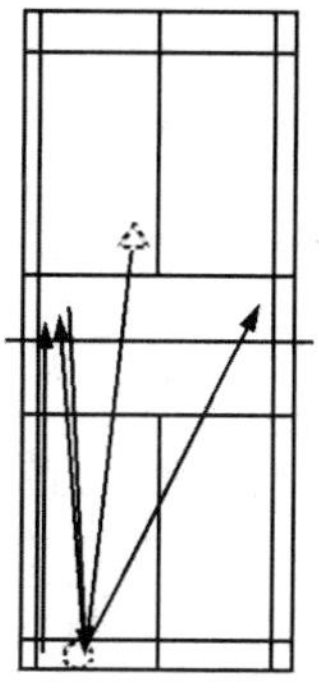

图 14-52　重复吊球（8）

（4）慢吊（软吊）结合快吊（劈吊）战术

所谓慢吊（软吊），是指球从后场吊球至网前的速度较慢，且弧度较大，落点离网较近，采用这种技术结合高球是为了达到拉开对方站位的目的，有时也可得分。所谓快吊（劈吊），是指球从后场吊球至网前的速度较快，出球基本成一直线，落点离网较远。这是当对方站位被拉开，而身体重心失去控制的一瞬间所采用的一种战术。

（5）重复杀球进攻战术

当遇上一位防守时经常习惯反拉后场球的对手时，就可采用重复杀球的进攻战术（图 14-53、图 14-54）。采用这种战术首先要了解对手的这一情况，然后先运用轻杀或短杀，此时我方不能急于上网，而是要调整好自己的位置，以利于采用重复杀的战术。

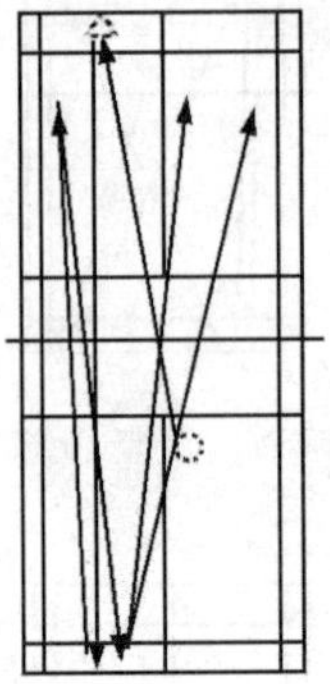

图 14-53 重复杀球（1）

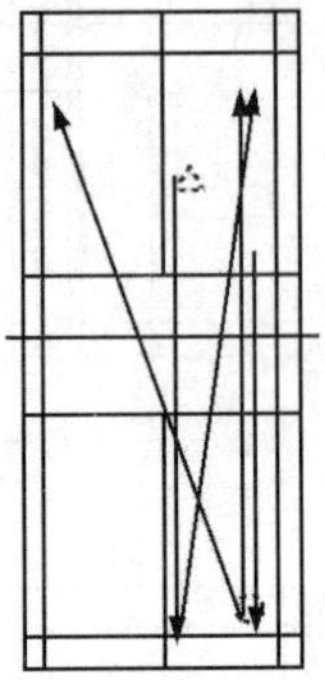

图 14-54 重复吊球（2）

（6）长杀结合短杀（点杀、劈杀）的进攻战术

长杀结合短杀（点杀、劈杀）战术，概括地说，就是“直线长杀，对角短杀”。它比起直线短杀结合对角长杀效果会更好。因为直线长杀结合对角短杀造成对方接杀时，需要移动的距离比较远（图 14-55 的 1），增加了防守的难度，而直线短杀结合对角长杀所需移动的距离（图 14-55 中的 2）则较短，从图 14-56 中也可清楚地看到这两种方法的对比。

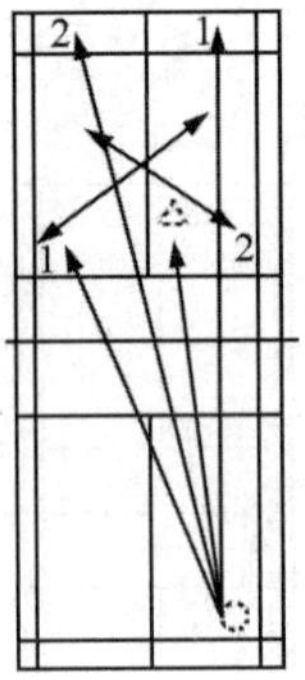

图 14-55 长杀结合短杀（1）

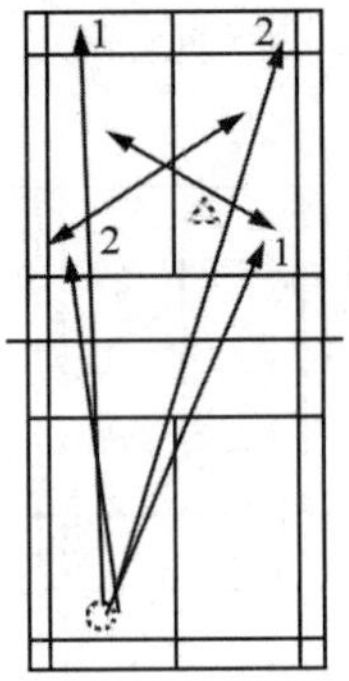

图 14-56 长杀结合短杀（2）

（7）重杀与轻杀的进攻战术

半场重杀、后场轻杀是这个战术的概括。当我方通过拉吊创造出半场球的机会时，应采用重杀战术；反之，球在后场我方还想采用杀球时，一般多用轻杀。因为半场球用重杀，哪怕是失去身体重心，也不至于造成控制不了网前的局面。但是，如果在后场采用重杀，万一失去身体重心，上网慢了就控制不住网前。而轻杀可使自己保持较好的身体重心位置，以利于下一步控制网前。

（8）重复搓球进攻战术：当碰到对方上网搓球之后习惯很快退后的对手时，我方就可采用重复搓球的战术（图 14-57），以达到获得主动的机会及破坏对方后退进攻意图的目的，其他情况见图 14-58 至图 14-60。

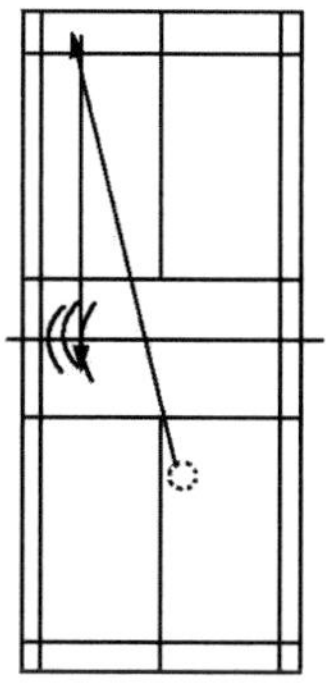

图 14-57　重复搓球（1）

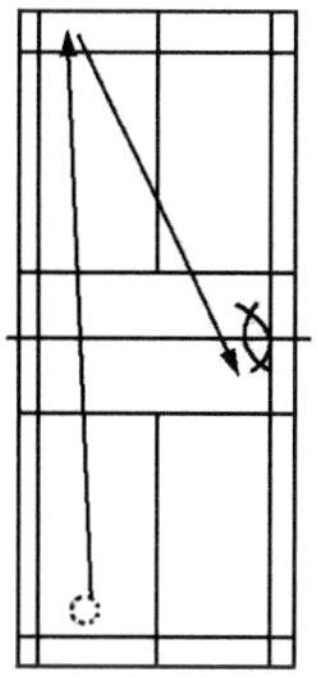

图 14-58　重复搓球（2）

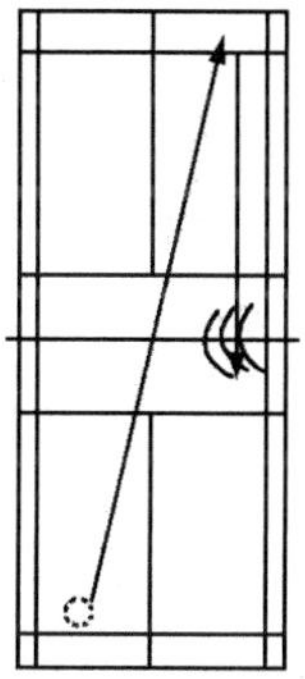

图 14-59　重复搓球（3）

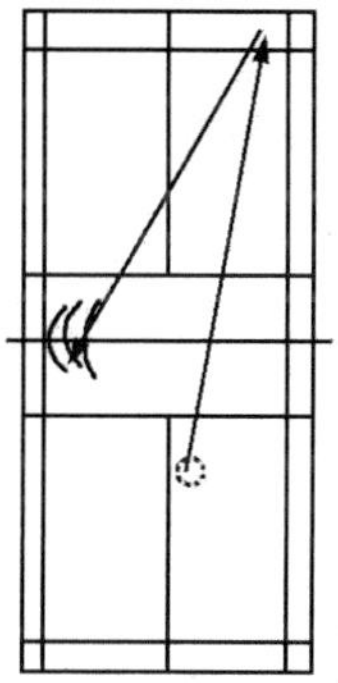

图 14-60　重复搓球（4）

（9）重复推球进攻战术

当碰到对方从后场拦网前球之后迅速回动至中心的对手时，我方就可采用重复推球的战术，特别是反手网前推直线球威胁更大（图 14-61）。

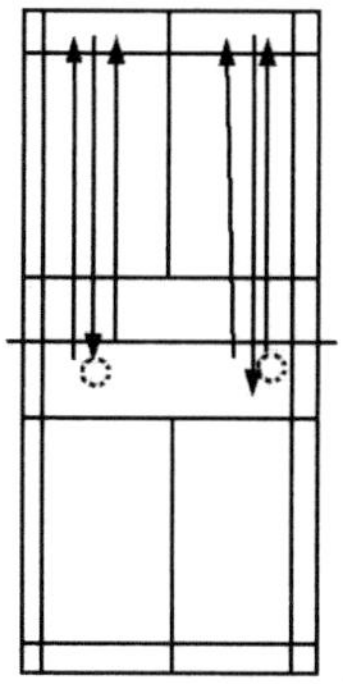

图 14-61　重复推球

（10）两边勾球进攻战术

当我方从网前勾对角网前球对方回搓一直线网前球并退后想进攻时，我方可以再勾一对角线球。运用这一战术对付转体差的对手更有效果（图 14-62）。

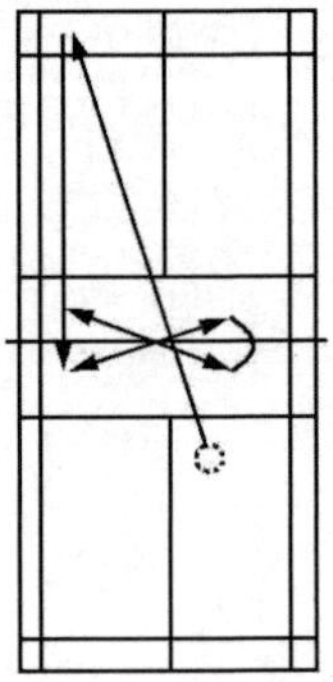

图 14-62 两边勾球

以上介绍的单个技术的进攻战术主要是指各种技术的重复战术。要想运用好，首先要练好基本功，然后根据比赛场上对手的实际情况采取某一种单一重复的战术，以发挥更大的威力。

组合技术的进攻战术应变如下：

(1) 以平高球开始组织的进攻战术

所谓“快拉快吊结合突击”的打法，包括平高结合突击战术（图 14-63）、平高结合劈吊战术（图 14-64）和平高结合杀吊战术（图 14-65），实际上就是以平高球开始组织进攻的战术。单打比赛中，一个球的争夺一般有三个阶段，即控制与反控制阶段、主动一击阶段以及最后致命一击阶段。

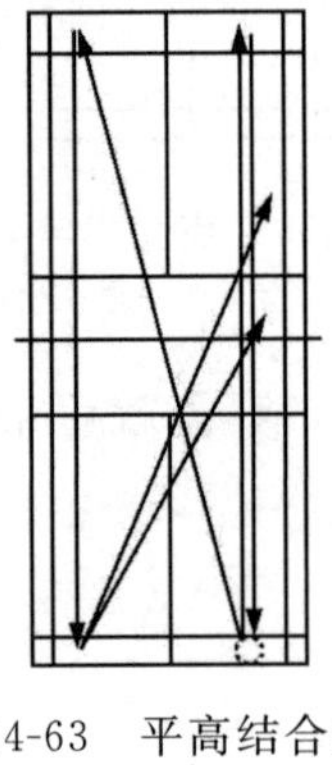

图 14-63 平高结合突击

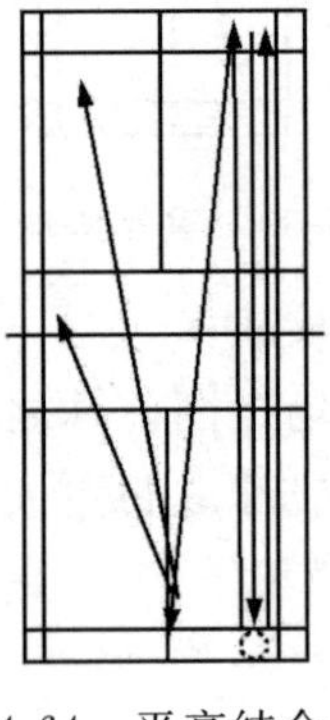

图 14-64 平高结合劈吊

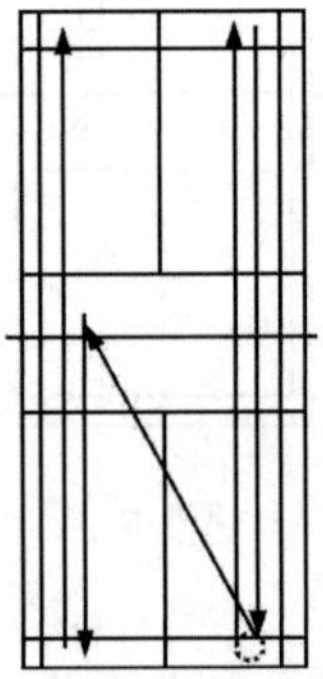

图 14-65 平高结合杀吊

例如，我方从正手后场区以直线平高球攻击对方头顶区，对方想摆脱被动局面反打对角平高球，企图让我方回击直线高球，恢复其主动地位。此时我方反压对方头顶区（采用重复平高球战术），逼对方回击一直线高球，而且移开了对方的中心位置，获得了主动一击的战机，并迅速地采用吊劈对角球，从而控制了整个局面。此时，对方很被动地接回一个直线网前球，我方判断到对方只能这样回击，很快上网做了个搓球假动作后迅速地推直线，造成对方被动回击一直线半场高球，形成我方最后一击的形势。我方大力杀中路追身球，对方只能应付挡网前球，而且回击质量不好，我方迅速上网扑球，终结了这一回合的争夺。

如图 14-66 所示，1～2 拍属控制反控制阶段，3～4 拍属主动一击阶段，5～6 拍属致命一击阶段。在进行控制反控制争夺主动权时要稳、准、活，一旦获得主动一击的战机时要快、准，在最后一击时要快、狠。在处理每个球时，要清醒地判断自己所处的情况，不应混淆三个阶段来处理球。如还未获得主动一击的情况下，不应采用主动一击的行动，更不应采用最后一击的行动。总之，在每一个回合的争夺战中，要清醒地处理每个阶段的球。前面说的是不能超越阶段处理，可是如已处在主动一击时而不用主动一击的行动，或是已处在最后一击情况下而不采用最后一击的行动，都是不对的，都会造成被动或失去主动。采用以平高球开始组织进攻的战术，必须考虑如下几个条件：首先是自己具备较好的平高球控制能力，并且有一定的防守对方进攻的能力；其次，对方的后场进攻能力不是太强，不是一个抢攻型队员；最后，对方的步法移动有弱点，通过高吊可以控制对方，否则难以取得比较满意的效果。

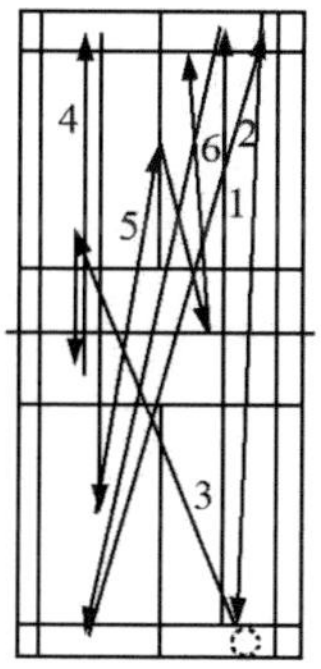

图 14-66　控制反控制阶段

（2）以吊劈开始组织进攻的战术

吊杀控制网前进攻战术就是以吊劈开始组织进攻的战术。其中，有吊上网搓创造突击进攻战术（图 14-67）、吊上网推创造突击进攻战术（图 14-68）、吊上网勾创造进攻的战术（图 14-69）、吊杀进攻战术（图 14-70）等。采用这种战术的条件如下：第一，自己要有较好的吊球或劈吊球技术；第二，对方上网能力较弱；第三，对方后场进攻威力很强，为了不让对方发挥优势而采用这种战术。

（3）以杀劈开始组织进攻的战术

以杀劈开始组织进攻的战术，是属于抢攻型队员的典型战术。采用这种战术打法必须具备良好的速度耐力，较好的杀劈上网控制网前技术和步法，是一种威胁性很大的战术，见图 14-71。此战术在 20 世纪 60 年代以方凯祥为代表，但目前已很难看到我国优秀选手中有这种打法。

而在印尼选手中却有不少人运用这种打法，以阿尔比为代表，其特点是以快速杀劈上网搓或推、勾、扑控制网前球，创造出第二次的杀劈机会。采用这种打法的队员只要有机会，就采用杀劈技术。

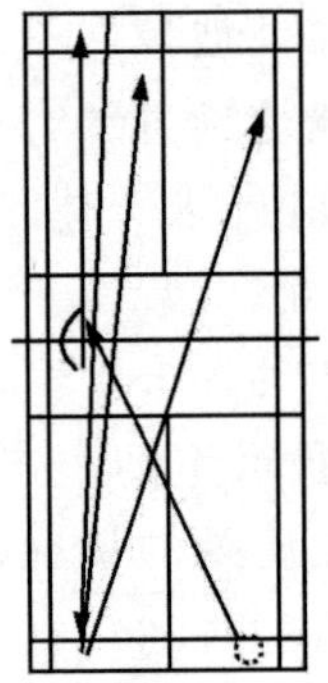

图 14-67 吊上网搓创造突击

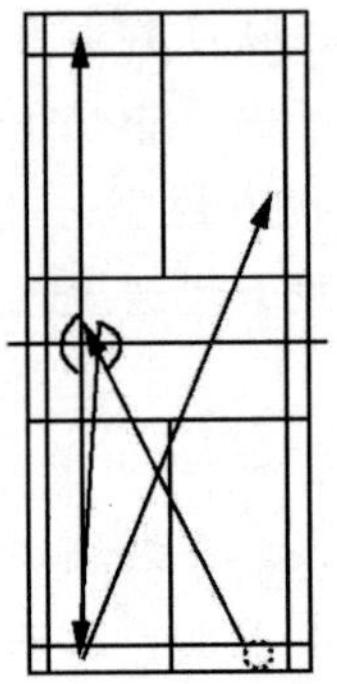

图 14-68 吊上网推创造突击

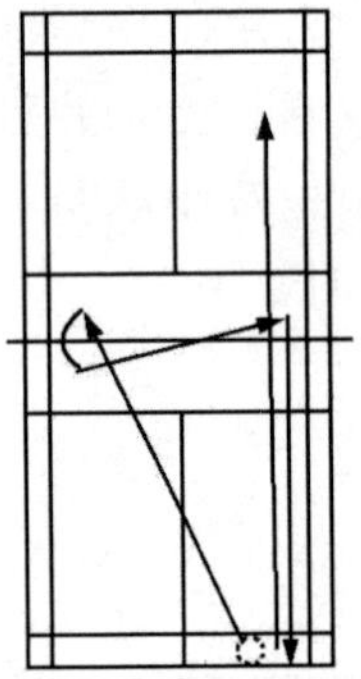

图 14-69 吊上网勾创造进攻

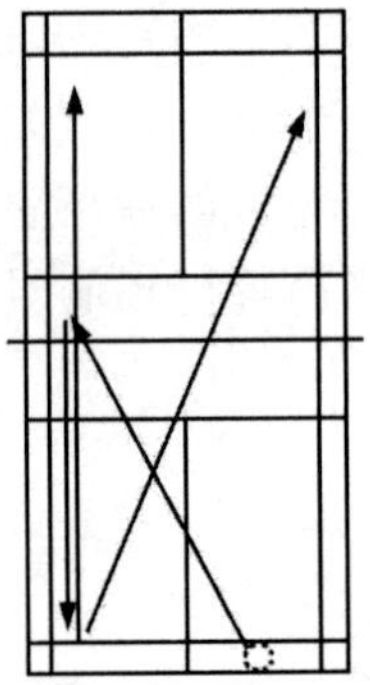

图 14-70 吊杀进攻

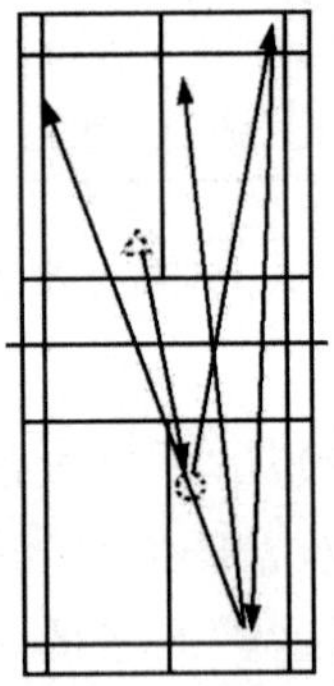

图 14-71 杀劈上网

（4）以控制网前球开始组织进攻战术

当对方常发网前球时，我方想组织进攻就必须从控制网前球开始，首先必须具有较快的上网步法，其次还需具有较好的搓、推、勾、扑进攻性较强的技术，只有有了这两点才能有效地组织这一战术，如搓扑进攻战术（图 14-72）、推杀进攻战术（图 14-73）、勾扑进攻战术（图 14-

74)、扑杀进攻战术（图 14-75）等。图 14-76 表明：在这几个回合击球中，采用了 3 个网前的主动技术搓、推、勾来创造最后一击的扑杀机会。

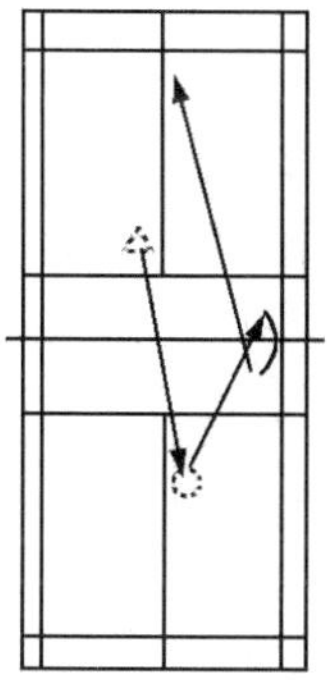

图 14-72　搓扑进攻

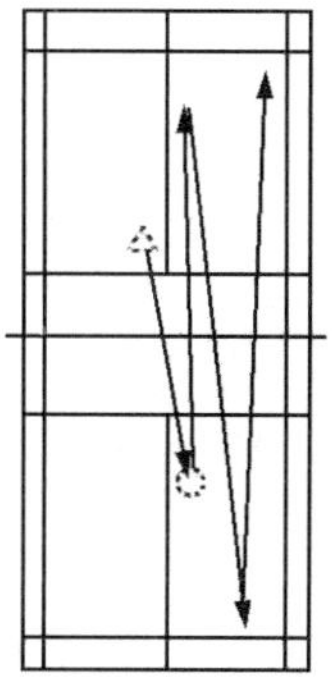

图 14-73　推杀进攻

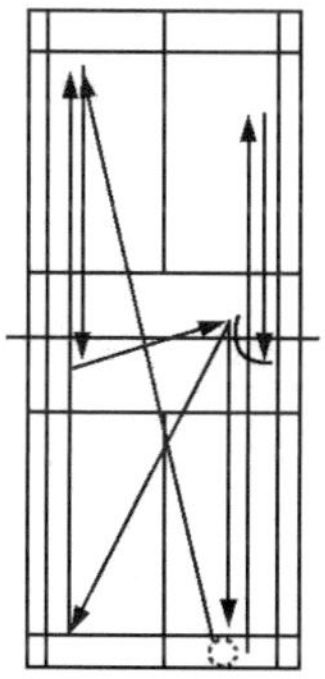

图 14-74　勾扑进攻

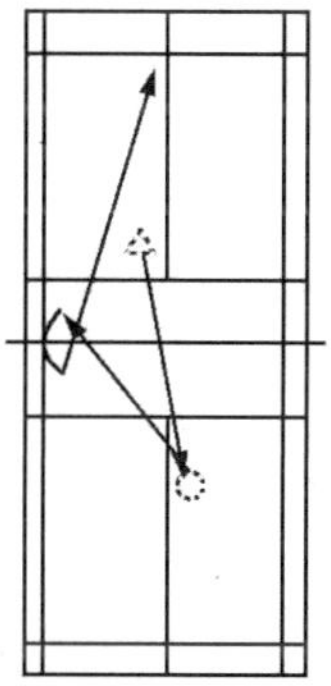

图 14-75　扑杀进攻

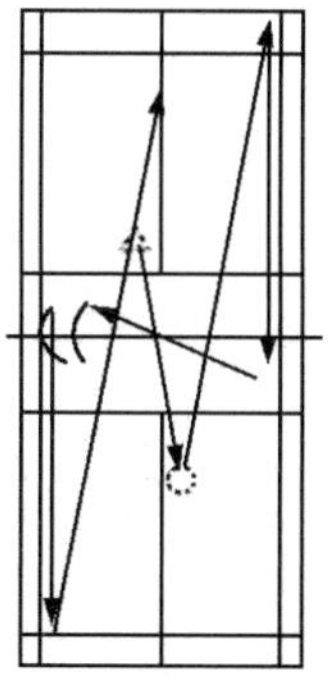

图 14-76　搓、推、勾进攻

（5）以路线和区域组成进攻战术的应变

①对角路线的进攻战术

无论采用什么技术，都以回击对角路线来组织战术。特别是当对方打直线球时，我方以对角路线回击，对转体差或慢的对手是很有效的一种进攻战术（图 14-77）。当然，采用这种战术不能太死板，一旦被对方发现规律，易产生不利于自己的局面。

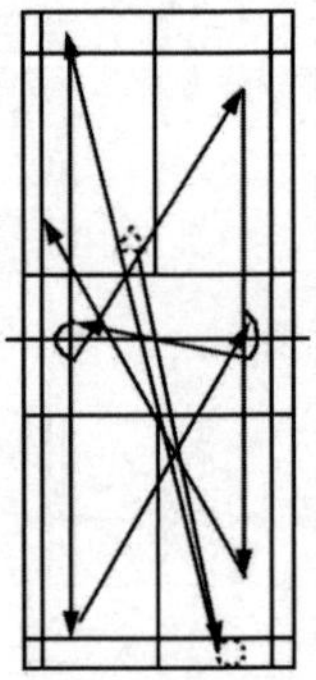

图 14-77 对角线路进攻

②三角路线的进攻战术

采用这种战术的原则就是当对方回击直线球时，我方就打对角球；反之，对方回击对角球时，我方就打直线球。这种战术的特点是可以使对方移动的距离最远，难度较大，只要能准确地判断对方回球的路线，采用“三角路线”是一种较有效果的进攻战术（图 14-78）。

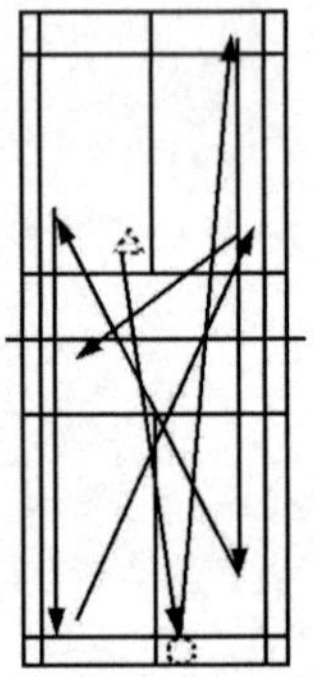

图 14-78 三角路线的进攻

③攻后场反手区进攻战术

针对对方反手区有较大的弱点，如侧身步法差、回击头顶球之后位置易被拉开，反拍技术较差、头顶区球路死板等，对我方构不成太大的威胁，采用攻后场反手区进攻战术的成功率就会较高（图 14-79）。

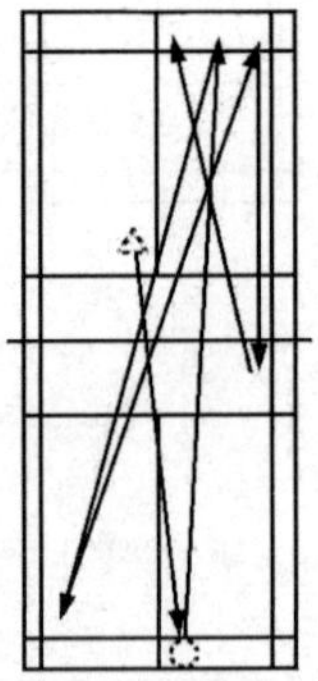

图 14-79 攻后场反手区进攻

④攻后场正手区进攻战术

针对对方后场正手区有较大的弱点，如正手侧身步法差、回击正手区球后位置易被拉开、正手区的球路对我方构不成太大的威胁等因素，采用此战术效果较好（图 14-80）。

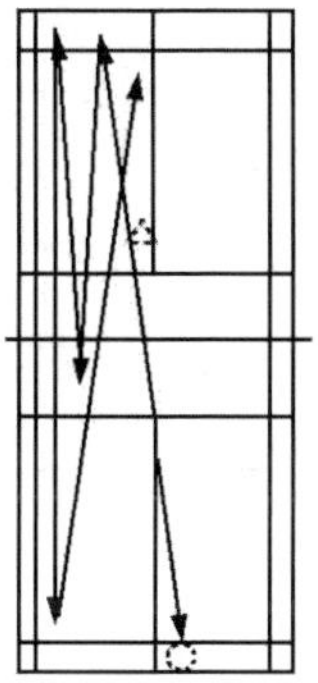

图 14-80　攻后场正手区进攻

⑤攻后场两边的进攻战术

针对对方后场两边有较大的弱点，如后退步法慢、后场手法差、进攻能力和防守能力都较弱等，采用重复压对方两底线战术效果较好（图 14-81）。

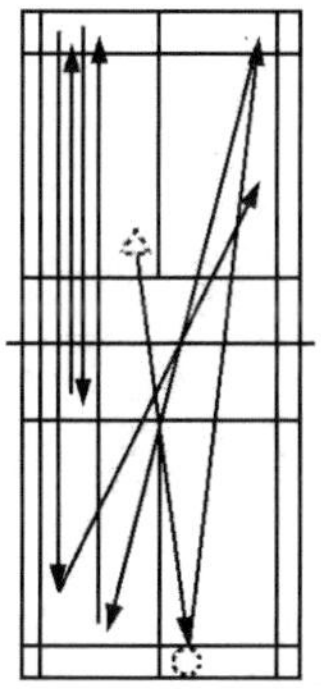

图 14-81　攻后场两边的进攻

⑥攻前场区进攻战术

针对对方前场区较弱，如上网速度慢、步法有缺陷、前场手法差、从前场击出的球路及质量对我方威胁不大，采用这一战术效果较好。

以上介绍的单打进攻战术是分解各个技术的简述，其实在比赛中单独使用某一种战术而得分的并不多，高水平的运动员双方都是经过多拍的控制和反控制才能获得主动进攻的机会，直至采用致命一击，所以应组合使用多种战术，抓住对手的主要弱点进行组合攻击才会奏效，也不易很快被对方识破所用的战术。如图 14-82 所示，开始的 1～2 拍是使用重复平高球攻击对方头顶区，造成对方被动后第 3 拍采用杀对角战术，4～5 拍采用重复推战术，造成对方陷入更被动局面，第 6 拍采用对角杀劈得分。如果在控制中由于出球质量不好，或对方早已判断到你击球的目的，他就有可能由被控制变为反控制我方。因此，获得了主动权时，要以熟练而准确的基本技术和较强的思维能力，根据对方的站位、技术和战术优缺点与心理情况等，来考虑一个击球的路线，组成灵活多变的进攻战术，才能牢牢地控制主动权，取得最后的胜利。

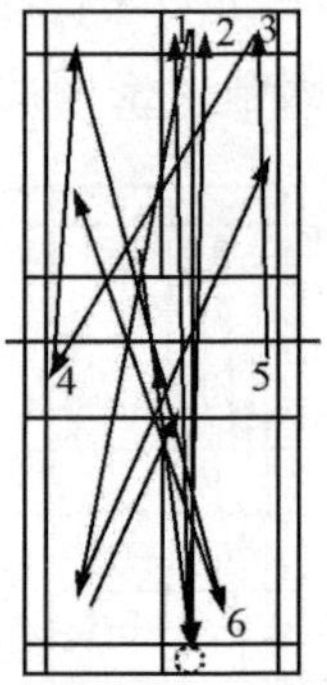

图 14-82　控制和反控制主动进攻

（三）单打防守战术

防守战术的原则是“积极防守”“守中反攻”，而不是“消极防守”。要想达到“积极防守”“守中反攻”的目的，就要在自己处于防守的被动情况下，通过调整战术来化解对方的攻势，夺回失去的主动权。这就必须具备较好的防守能力（包法手法、步法），如有较好的回击后场高远球能力、起动反应快、步法到位、有较好的反挡底线能力、勾对角球能力、挡及反抽能力等，才能运用“守中反攻”和“积极防守”的战术。

1. 打两底线高远球的防守战术

打两底线平高球是属于进攻战术，而打两底线高远球则属于防守战术。平高球与高远球分别作为进攻与防守时使用的技术，在使用上一定不能混淆。防守时，只能使用高远球，如用平高球进行防守战术，不仅不能达到很好的防守目的，反而增加了防守的难度；反之，不能将高远球作为进攻战术来使用。

2. 采用勾对角网前结合挡直线网前或半场球的防守战术

在防守中采用勾对角网前球战术是很有效果的，如再结合挡直线，能使防守战术更灵活多变。当然，这需要能准确判断对方进攻的落点，反应到位，并具有灵活多变的手法，才能打出挡直线结合勾对角的球，达到“守中反攻”的目的。

以上介绍的是羽毛球单打进攻与防守战术，凡是谈及原则的应变方法，必须注意，战术、球路是千变万化的，不可能一成不变，应根据自己的具体情况、对手的情况，以及临场的具体情况采用更为切合实际的战术与球路，不能生搬硬套，最为关键的是灵活运用。

二、羽毛球双打战术训练实践

（一）羽毛球双打进攻战术

1. 发球战术

双打中，发球的战术具有特别重要的意义。发球质量的好坏，从战术意义上讲，直接影响场上的局势。运用好发球战术，有利于控制整场局势，对获胜有重要意义。

（1）以我为主的发球战术

首先，必须清楚地了解自己发球有什么优势，第三拍有什么优点，不应过多地考虑对方接发球的能力，应根据我方发球与第三拍的能力来组织发球技术。

（2）根据对方站位、站法来决定发球战术

目前，接发球的站法有四种，即一般站位法、抢攻站位法、稳妥站位法和特殊站位法。

①一般站位法：特点是站在离中线和短发球线适当的距离，主导思想是以稳为主，保护后场，对前场以推、搓、放半场为主。发球时，要以发近网 1、2 号位为主，多点配合，使对方不能集中精力，这样对方就不可能打出较凶狠的球（除了我方发球偏高之外），这时的主动权取决于第三拍的回击质量。

②抢攻站位法：特点是站位离发球线很近，身体倾斜度较大，目的是进行抢攻，以扑球、跳杀为主来处理接发球。发球时，首先洞察对方站位的目的是要进行抢攻还是怕接发球不好陷入困境而想冒险，还是想以此来威胁恐吓我方，判断准确了才能以恰当的发球手段对付对手。我方发球应以质量为主，结合时间或假动作，达到破坏对方想抢攻或冒险恐吓的目的。

③稳妥站位法：特点是站在离发球线远一些的位置上，身体倾斜度较小。这是只求把球打过去而进攻意识较差的一种过渡站位法。发球时不要发高远球，应以发网前球为主，因为对方站位消极，必然起动慢，我方发近网球有利于第三拍的反攻。

④特殊站位法：一般站位都是左脚在前，右脚在后，但特殊站位法改变为右脚在前，左脚在后，这种站位法一般以右脚跳击球，不论是上网或后蹬，均以一步蹬跳击球。发球时，在还不了解对方改变站位法目的及其优缺点的情况下，还是要以我为主发球，但要尽快掌握对方的目的及其优缺点，从而制定有效的发球战术。

（3）根据对方打法弱点制定的战术

①调动队形的发球战术

对方情况：甲后场进攻能力较强，网前封网一般。其队形安排为甲在后场，乙在前场。

发球战术：向甲发球时，多发前场区球；反之，向乙发球时多发后场区球。这样，一开始就会把对方的队形调动为甲在前、乙在后，限制对方发挥其队形优势。

②避开特长、抓住弱点的发球战术

对方状况：在接发后场区 1 号区时扑球较好，接 2 号区一般，接 3 号区较差，接 4 号区一般。而在接发左场区 1 号区时较好，接 2 号区时较差，接 3 号区球路死板且失误多，接 4 号区攻击力差。

发球战术：根据对方上述的发球特点，我方就应在右场区更多发 3 号区结合发 4 号区，而在左场区则应更多发 2 号区和 3 号区，以避其长而攻其短。

（4）发球时间变化战术

发球时间变化要做到快慢结合自如，使对方摸不到准确的击球时间。要掌握好这种快慢结合的发球战术，就一定要有熟练的手法、动作及合理的用腕技术。否则，即使在时间上起到了破坏对方起动的作用，但因发球质量太差也达不到目的。

以上介绍的有关发球的战术，如果离开了最基本的发球质量，那么发球的战术意义就不大了。

由于双打的后发球线比单打短，在双打中若发高远球，接发球方可以大力扣杀，直接争取主动，同时又有较少的后顾之忧。因此，站位往往压在靠近前发球线处，对发球者的心理和技术造成很大的威胁。尽管发球质量、路线的配合、弧线的制造、落点的变化都能对整个双打比赛的胜负产生极其重大的影响，但是如果是在比赛双方水平差不多的情况下，则胜负取决于发球质量。

2. 发球站位

发球的站位不同，对发球的飞行路线、弧线、落点和第三拍的击球会有不同的影响。

（1）发球者紧靠前发球线和中线

这种站位始于反手发网前内角，球过网后球托向下，不易被对方扑击。由于站位靠前，也便于第三拍封网。但站位靠前不利于发平快球，一般是发网前内角位球配合发双打后发球线的外角位平高球。

（2）发球者站位离前发球线半米，靠中线

这种站位发球的选择面较广，正、反手都可发网前球、平快球、平高球，并且各种路线都可以发。其缺点是球的飞行时间长，对方有较多时间判断处理，发球后如果抢网较慢，也容易失去网前主动权。

（3）发球者站在离中线较远处

这种站位主要用于在右场区以正手和左场区以反手发平快球攻对方双打后发球线的内角位，配合发网前外角。值得一提的是，这种发球只能作为一种变换手段。因为这种发球只对反应慢、攻击力差的对手有一定的威胁，但当对方有了准备时，作用就不大了，而且还会使自己陷入被动。

3. 发球路线

发球路线和落点的选择需注意如下几点：

（1）调动对方站位，破坏对方打法

如对方甲、乙两名队员站成甲在后、乙在前的进攻队形，在发球给乙时，可以后场为主结合网前，而发球给甲时却要以发网前为主结合后场，这样从发球起就阻挠了对方调整站位。

（2）避实就虚，抓住对方弱点发球抢攻

首先要看接发球者的站位，如果他紧压网前站在网前内角位，可用网前与后场动作的一致性发球到对方后场外角位；如对方离中线较远，则可发平快球突袭后场内角位。对接发球路线呆板、变化少的，可针对这种情况发球后抢封突击。

（3）发球要有变化

发球时，网前要和后场配合，网前的内角、外角以及底线的内角、外角位的配合，使对方首尾难以兼顾，多点设防，疲于应付。在发球的弧线上也要有变化。这样，接球方就难以摸到发球方的规律了。

4. 发球时间的变化

接发球方在准备接发球时，思想虽然高度集中，但因受到发球方的牵制，要等球发出后才能判断、启动、还击。所以，发球动作的快慢也应在规则允许的范围内有所变化，不要让接球方掌握规律。

5. 发球时心理的影响

在双打比赛中，有时会出现发球失常。其原因之一是发球技术不过硬，二是受接发球者的影响。由于接球者站位逼前，扑、杀凶狠且命中率较高，加上比分正处于关键时期，心情紧张，造成手软，从而影响了发球质量。遇到这种情况，首先要沉住气，观察接发球者的动向、心理意图、接发球的路线和规律，提高发球质量，增强还击第三板的信心。另外，发球的路线要多变且无规律，真真假假、虚虚实实，这样就会减少不必要的顾虑，发球质量也会稳定下来。

（二）羽毛球双打接发球的战术

接发球虽然受发球方的牵制，属于被动等待，但由于规则对发球做了击球点不能过腰、球拍上沿必须明显低于手、动作必须连续向前挥动（不许做假动作）、不能迟迟不发等的诸多限制，所以发球者发出的球不能具有太大的威胁。接发球方如果判断准确、启动快、还击及时，就能在对方发球质量稍差时杀、扑得手或取得主动；反之，也会接发球失误或还击不利，使自己陷入被动。

1. 接发内角位网前球

这种战术是以扑或轻压对方两边中场及发球者身体为主要攻击点，配合网前搓、勾等其他线路。

2. 接发外角位网前球

除了以上打的点以外，还可以平推对方底线两角以调动对方一名队员至边角，扩大对方另一队员的防守范围。

3. 接发内角、外角位后场球

这种战术以发球者为攻击点，力争扣杀追身球。如启动慢了，可用平高球打到对方底线两角。一般发球者在后场球发出后，后退准备接杀的情况居多，这时可用拦截吊球，落点可选择在发球者的对角。

（三）羽毛球双打第三拍回击的战术

第三拍在双打技术中既是重要技术，也是重要战术。第三拍和发球有紧密联系，如果我方发球目的性强，发球质量又较好，那么第三拍就能保持继续进攻。如果目的性强，但发球质量不高，而对方也打出了意料之中的路线，这时第三拍就应考虑如何组织反攻。如果发球目的性不强，质量又差，那么第三拍就应考虑如何摆脱被动局面。因此，第三拍是保持主动、组织反攻、摆脱被动局面的关键环节。第三拍要做到起动反应快，主动跟得上，被动救得起，手法出手快，能攻又能守，球路变化多，使对方封不住，从而创造更多的主动权。

第三拍回击的战术主要有以下几种：

1. 主动时，第三拍保持进攻的战术：当我方发球质量较好时，就会出现第三拍的主动情况，这时要求在前场的发球者迅速举拍封住对方的习惯球路，形成两边压网的进攻队形。

2. 一般情况下，第三拍进行反攻的战术：所谓一般情况，即对方接发过来的球对我方形成一种不主动也不被动的形势，这时第三拍处理得好就可控制主动权；反之，就变成被动了。因此，此时的出手技术要有一定的质量，做到高打、快打，但过网质量要高，球路要出乎意料，做到以速度压住对方，然后以分边压网之势，争得前半场的优势，迫使对方打出高球，让我方进攻。在这种情况下，分边逼网、大胆而快速地两边跟进与对方展开短兵相接的对攻战是争取主动的关键。因此，第三拍、第五拍的配合是重要环节。

3. 被动时，第三拍摆脱被动的战术：这是第三拍经常碰到的问题，可以分两种情况处理。一是对方接发球之后两边压网的打法较凶，对前半场的球封得较狠，碰到这样的对手，第三拍被动时一般要求我方反应较快，手腕爆发力也较强，迅速地把来球反挡或拉到两边后底线高球，过渡一下，让对方从后场进攻，以免被对方在前半场封住而攻死；二是对方接发球之后，两边压网的打法不凶，而且平抽快挡的打法不突出。

（四）羽毛球双打第四拍封网的分工战术

第四拍封网的战术，实际上就是两人如何分工封网跑位的问题，两人跑位配合默契、分工明确，就有利于控制主动权；反之，就有可能陷入被动。

如对方发球至 1 号区时，我方从右场区回击中路或右后场区，这时前场接发者封网位置略偏左场区，后场同伴注意头顶后场高球和正手网前球。

如对方发球至 1 号区，我方从右场区回击直线半场球时，封网需封直线球。但如遇到对方第三拍习惯以勾对角线为主时，封网者应有意识地改变自己封直线的原则，而改变为封对角，如有漏封则后场同伴要迅速补上。如补得快还可获主动权，补得慢就陷入被动，补不上则失误。

对方从右场区发至 2、3、4 号区及从左场区发至 1、2、3、4 号区时的封网规律和以上基本相似。

通过以上分析，我们可以得出第四拍接发球方封网分工的一个普遍规律：一般是球到对方右场区，就封住自己的左场区；球到对方左场区，就封自己的右场区，即所谓的封住对方的直线球路，而这一规律的特定条件是我方接发球时获得主动。如接发球尚未处于主动时还按此规律去执行，往往会在第三拍时被对方较好的反击破坏。当然，第三拍时对方的习惯球路是我方封网分工的依据。因此，接发球质量和路线配合优劣，都会直接影响全场的主动与否。

如果接发球质量好，紧接着就是第四拍如何封得紧、封得快、封得狠，以便把进攻保持下去，即所谓连得上。若第四拍意识和技术跟不上（即封不紧、封不快、封不狠），则会破坏已形成的进攻局面，甚至陷入被动。因此，除了发球、接发球、第三拍外，第四拍的训练也是极其重要的，切不可放弃训练，最好是采用二打二的前五拍训练方法。

（五）羽毛球双打五种常用战术

羽毛球的单打和双打在技战术方面还是有差别的，前面给大家介绍了单打的各项战术，下面来说说羽毛球的双打过程中常用的几种战术。

1. 攻人

这是双打中常用的一种战术，就是以人为攻击目标。对付两名技术水平高低不一的对手时，一般都采用这种战术，对付两名实力相当的队员也可采用这一战术。集中进攻对方一名队员，常能起到“集中优势兵力打歼灭战”的作用。在另一队员过来协助时，又会露出空当，可在其仓促接应、立足不稳时进行偷袭。

2. 攻中路

（1）守方左右站位时，把球打在两人的中间

这种战术可以造成守方两人抢接一球或同时让球，彼此难以协调，限制对手在接杀球时挑大角度高球调动攻方，有利于攻方的封网，由于打对方中路，对方回球的角度也小，网前队员封网的难度就小了。

（2）守方前后站位时，把球下压或轻推在边线半场处

这种战术多半是在接发网前球和守中反攻抢网时运用。这种球守方前场队员拦截不到，后场队员又只能以下手击球放网或挑高球，后场两角便会露出很大空当，因而有机可乘，可攻击他的空当。

（3）攻后场

这种战术常用来对付后场扣杀能力较差的对手，把对方弱者调动到后场后也可以使用。此战术多采用平高球、平推球、挑底线把对方一人紧逼在底线，使其在底线两角移动击球，在其还击出半场高球或网前高球时即可大力扣杀，取得该球的胜利或主动。如在逼底线两角时，对方同伴要后退支援，则可攻击网前空当或打后退者的追身球。

（4）后攻前封

后场队员积极大力扣杀创造机会，在对方接杀放网、挑高球或企图反击抽球时，前场队员以扑、搓、勾、推控制网前，或拦截吊、点封住前半场，使整个进攻连贯又有节奏变化，使对方防不胜防。

（5）防守

①调整站位

为了摆脱被动，伺机转入反攻，首先要调整好防守时的站位。如果是网前挑高球，那么击球者应直线后退，切忌对角后退。直线后退路线短、站位快，对角后退路线长，也容易被对方打追身球。另一名队员应根据同伴移动后的情况补到空当位。双打防守时的站位调整，都是一名队员在跑动击球时，另一名队员根据同伴的移动情况填补空当。

②防守球路

A. 攻方杀球者和封网队员在半边场前后一条直线上，接杀球应打到另半边前场或后场。

B. 攻方杀球者和封网者在前后对角位上，接杀球可还击到杀球者的网前或封网者的后场。

C. 攻方杀球者杀对角后，另一名队员想要退到后场去助攻时，接杀球时可以还击到网前中路或直线网前。

D. 把攻方杀来的直线球挑对角，杀来的对角球挑直线以调动杀球者。关于防守的方法还有许多，但都是为了破坏攻方的进攻节奏和进攻势头，在攻方进攻势头一减时即可平抽或蹲挡，若攻方站位混乱出现空当时，守方即可抓住战机转守为攻取得主动。

（六）根据对手情况制定的双打战术

1. 对一强一弱的配对

所谓“强”，就是技术、思想、心理、体能等主要因素均较好，反之是“弱”；或者有等级差别的选手，如有一名是运动健将或国家队队员，另一名是省队队员；或者是同级别，但是在防守上一好一差。遇到这样的配对，必须坚决采用攻人战术，采取集中优势兵力二打一，可取得较好的结果。

2. 对单打技术好，而双打技术和能力差的配对

遇到这样的配对，首先在发球、接发球上争取主动，战术上采用猛抽快打的方法，在前半场要采用并排对攻快打、硬推、硬压的战术。如仍占不了优势，也不能着急，要把球拉到底线，然后从防守中找机会，进行平抽两边封网再对攻。总之，要快、要硬、要狠，如果慢了、软了，对方就可以发挥优势，对我方很不利。

3. 对一左一右的配合

和这种配对的对手比赛，一定要冷静沉着地分析这一左右是如何站位的，从接发球就要分清谁在前、谁在后，要根据对手的站位来决定我方采用的战术路线。如果未弄清楚，可以采用打中路球攻中路的战术。

4. 对爱采用半蹲防守的对手

遇到这种对手千万不要长杀，以免正中其下怀，而应采用半杀战术与半杀左下方的战术与其周旋，伺机待发。

5. 对拉两边线较好的防守型配对

遇到这种配对，思想上要做好艰苦作战的准备。因为对方防守好，又以拉两边底线为主，来回次数必然较多。同时要有耐心，不要想一杀就得分，而且更要重视相互的配合，多采用杀吊结合的战术，不要盲目乱杀，以免消耗体力过多却收效甚微。应稳扎稳打，遇到不利的情况要先吊后杀，吊一吊再杀，以保持体力，看准时机坚持到最后，这样胜利的希望就很大。

三、羽毛球混合双打战术训练实践

（一）混合双打之发球战术

混双发球是一项战术意识很强的技术，发球质量的好坏，是直接影响主动和被动、得分与失误的重要因素，特别是混双是由一男一女两个队员组成。在发球问题上和男双与女双有着共同点，但也存在很大的差别。当女队员发球给女队员接时，就比女双容易，因后场有一男队员在接第三拍。可是，当对方是男队员接发球时，就比女双困难多了。首先，要排除恐惧心理，加上男队员上网接发能力和第四拍封网能力都比女队员强，所以就给发球的女队员增加了发球难度。反之，当男队员发球时，由于他不能像男双一样，发球后立即上网封网，而是要兼顾控制后场，因此站位要比较靠后，发球过网的飞行时间较长，有利于对方接发球者有时间回击来球。总之，男队员的发球，比男双要难得多，如没有专门训练发球，一般是很难过关的。

在发球战术中，混双发球战术可以使用双打发球战术中的如下几项：如“以我为主”的发球战术、“发球时间的变化战术”和“发球路线的配合战术”，如软硬结合、长矩结合、直线对角结合，都属于同一道理，均可使用，这里不再重复。在此要着重谈发球中如何根据男女队员交替这一特定条件来考虑站位与战术。

（二）混合双打之接发球战术

1. 混双接发球战术与双打接发球战术的共同点

混双接发球战术与双打接发球战术一样，要根据对方发球质量的好坏以及站位，来处理“以我为主”的接发球战术。

2. 混双接发球战术与双打接发球战术的不同之处

混双接发球战术在球路上与双打接发球战术的不同在于，不论男、女队员接球，大都以拨对角半场、直线半场、勾对角前场以及放网为主，推、扑后场球只有在对方发球质量很差时才使用。拨半场球及勾放前场球的目的是抓住女队员这一相对较弱的目标而制定的战术。

如果对方发 3、4 号区时，当女队员发球后分边防守，我方应集中攻击女队员防守区；如果男队员发球且女队员只防守一角时，应吊对方右前场，杀对方的二边线球。因对方基本上分前后站位，对边线防守难度加大。反之，如对方是从左场区发球，那么道理一样，换一边攻击区。

接发球后，男队员应保持在后场，女队员则在前场，因为男队员接发球后还需迅速退到后场控制底线区。这就是造成男队员接发球不能太凶的缘故。当然，有的男队员接发球后就到网前封网，但为数不多，只有当对方发球质量差，第三拍无法挑到我方后场的情况下，可以到网前封网。

（三）混合双打之第三拍的回击战术

混双的第三拍和双打同样有着重要的作用，在主动时，保持进攻；一般时，积极反攻；被动时，摆脱被动。在这三种情况下使用的战术，其意义和双打是同样重要的。

1. 主动时，第三拍保持进攻的战术

当我方发球质量较好时，有两种情况：一是女队员发球，那么，女队员可直接封住前场区，因为发球好，迫使对方回球有些向上，所以只要能举拍封住前半场对我方就有利。当女队员封左边时，右边网前的防守要由男队员负责。而当女队员封右边时，左边网前的防守要由男队员负责。可以说，女队员以封住对方的直线球为主，如能判断到对方打对角网前，也可封网，特别是在对方手法不好，出球质量较差时，可由女队员直接封网。一般情况下，女队员封对方的直线来球最为理想。二是当男队员发球，是由女队员负责封网，但由于发球时，女队员的站位形成了右边和左边发球不同的防守区，从右场区发球时，由于女队员的站位是在左前场区，因此当男队员发 1、2 号位时，女队员就专心地封好左前场区和中路网前。此时，对方如回击右前场区的弱区，则由男队员去补救。从左场区发球时，情况就不一样了，因女队员的站位靠近中线，当发 1 号区时，女队员可封整个前场区；当发 2 号区时，女队员重点封住右边线。当然，由于发球与站位对各种配对有不同的站法，可按自己的特点进行封网分工。

2. 在一般情况下，第三拍进行反攻的战术

在一般情况下，对方回过来的球，对我方形成一种不主动也不被动的形势。我方只要处理好，便可获得主动权，处理不好就会造成被动。因此，出手和球路问题成了关键性技术。根据对方接发球后的站位及分工情况，来考虑我方应打怎样的球路才有利于获得主动权。在获得主动时，不要打太靠后的球给男队员。

3. 被动时，如何摆脱被动的战术

当处于被动时，可分两种情况处理。第一，对方接发球后两人的站位均偏前，如男队员接发后的位置偏前或者女队员接发占据主动后，男队员也向前逼网了，此时网前两边都很难打，因此最好的办法是把球挑到后场两底线，过渡一下，让对方从底线进攻，我方再开始组织反攻。此时，最忌挑球高度不够，打不到底线，就易被对方拦击造成被动局面。第二，对方接发后，网前区有一个漏洞区，如男队员接发后急于回动照顾后场，于是在网前出现了漏洞，此时我方可迅速回击漏洞，就有可能转被动为主动。在这种情况下，前提一定是要有较好的回击质量，不然是摆脱不了被动局面的。

总之，在被动时，一定要冷静分析对方的弱区在哪里，就把球打到那个点或那个区。当然，这里包括对方技术上的弱点。如果我方女队员防守能力差，抵挡不住对方的攻击时，情况就更困难了。

（四）混合双打之第四拍封网战术

第四拍封网的分工战术，主要是指两人如何分工封网的问题，可分两种情况处理。

1. 女队员负责回击。当女队员接发 1、2 号区球，能主动回击时，女队员就封住对方的直线球路，而男队员则看守其他的区域；如接 3、4 号区球，能主动回击时，女队员可回动封直线前场区，而男队员则看守其他三个方向的球；如不能主动回击则无法回动，女队员只能防守在后场一个区过渡一下，此时男队员要看守前场两边和后场另一区。

2. 男队员负责回击。当男队员接发 1、2 号区球时，如能主动回击，应由女队员封住对方的直线球路。女方除要控制网前球之外，还要和男队员保持一个错位，以封住对方反抽对角平球，使男队员能调整一下，此时女队员站位和男队员成对角，有利于封住对方抽对角的平球。这点也是混双不同于男双的另一个特点。特别是进行中场抽、推球时，女队员能否封紧对角平球，至关重要。如不能主动回击，情况就比较复杂了，此时由于男队员的站位已被引到前场，因此另半边的后场底线成为漏洞，如对方回击高球至底线，女队员可后退，代替男队员进攻一二回合。当接发 3、4 号区球时如能主动回击时，女队员除负责前场区外，还得负责封对方抽对角的平球，以使男队员位置更主动。如不能主动回击，就得根据我方男队员位置是否无法回动来决定，由于无规律可循，因此情况就比较复杂。

（五）混合双打之攻女队员战术

这是混双战术的核心战术，当一方获得主动进攻或在寻求进攻机会的过程中，如何熟练地使用攻女队员战术是很重要的。

1. 获得主动进攻时，运用攻女队员的战术

当获得主动进攻的机会，对方已形成男女两边防守的阵势时，我方就得抓住这一有利时机运用攻女队员的战术，如攻女队员右肩战术、杀吊女队员的结合战术、杀女队员小交叉的战术、杀中路至女队员一边的战术。总之，应集中力量运用攻女队员的战术。当然，这一般是就女队员的防守能力比男队员差的情况而言的。如果在比赛过程中我方发现男队员防守能力下降，也不一定坚持打这一战术。

2. 两边中场控球时，运用攻女队员的战术

所谓中场控球的概念，就是对方打过来的球，我方不很主动也不被动的情况，处于控制的阶段。此时如何运用攻女队员的战术呢？首先，要明确此时是处于控制阶段，不要把球打到对方男队员手中，而应把球打到女队员的防守区域，以便从中获得主动权。

例如，我方女队员发 1 号区，对方女队员接发推半场球，我方男队员处于控制阶段。此时，要分析对方女队员的位置及封网特点，如女队员封直线的意识较差，而且位置较靠近中线，此时我方可回击一直线半场球，球的落点要使女队员跑动回击，以利我方主动进攻。又如，对方女队员站在偏边线的位置准备封我方的直线半场，此时我方可回击对角网前，造成对方被动起高球。再如，对方接发放网，我方也可回击两条路线，但一定要注意我方是要实行攻女队员的战术。因此，球一定要打到女队员的防区，让她去处理球，不要太用力，防止把球打到中场让男队员去处理。然后，我方女队员封紧网前，让她打出高球，这种战术就属成功的，反之被女队员封住就被动了。

在处理这种球时要注意的是“巧打”，而不是“硬打”，特别要注意判断对方女队员的封网意图，最要紧的是有高质量的回击球路：一是球要出乎对方女队员的判断，二是要有高质量的过网弧度，弧度要平，不易被对方女队员扑死，只能推，这样就有利于我方控制，从中找到迫使对方回击出高球的可能性。

3. 接发球时，运用攻女队员的战术

当我方接发球时，可直接运用攻女队员的战术，总的要求就是把球回击到前场，如放网、放对角网前、轻推直线半场或轻拨对角网前，这些球都会促使对方女队员跑动回击，如攻击质量好一些，我方就可获主动进攻权，如质量差则易被动。

当我方遇到对方男队员水平较高，而女队员相对差一些时，运用这种战术是很有效的。反之，男队员水平一般，特别是后场攻击水平一般，而女队员网前封内水平很高时，我方就不一定要坚持运用这种战术。例如，女队员封网意识很强，而男队员在后场进攻对我方威胁不是很大时，在这种情况下，应先过渡到后场区，再伺机反攻。

（六）混合双打之攻中路战术

比赛中有这样的情况：对方男队员在进行两边中场控制时，能力很强，威胁很大，他将直线结合对角球处理得很好，使我队防守的区域扩大，特别是女队员不易封住对方回击的平球。此时，改用攻中路战术，会使对方的优点无法发挥，再因为球在中路，对方易回击直线，我方女队员也易封网。总之，这一战术的作用，一是让对方优点无从发挥，二是使我方男队员的防守范围缩小，特别是对于封直线区角度小得多。

（七）混合双打之杀对角男队员边线的战术

当我方获得主动进攻的机会时，在一般情况下，均是采用攻对方女队员的战术，此时对方男队员会尽量站在靠近女队员的一边，特别是在和女队员成直线进攻时，一般男队员应靠近女队员一边，造成男队员另一侧空当的局面，在这种情况下，就可使用杀对角攻男队员边线的战术。使用这种战术的条件是女队员和进攻者成一直线，而这种条件也较少见，因为一般被对方逼挑高球后，女队员均退到与进攻者成对角的一区，如遇到这种情况，就不易实行这种战术。

（八）混合双打之杀吊结合战术

在对方男队员要防守三个区域，女队员只防守一个区域的情况下，也可以考虑进行杀吊结合攻对方男队员网前的战术，以打乱对方的防守阵地。又如，女队员挑出不太靠后的球，她必然迅速后退，在这种情况下，采用杀吊结合战术也是很有实用价值的。

（九）混合双打之半杀结合长杀、重杀结合轻杀的战术

这些都是在主动进攻中应训练掌握的技巧和战术。一味地重杀一个角度，当对方适应了也就没效果了，一味地使用长杀易被对方采用半蹲防守对付。所以，在进攻中除了要结合高吊之外，还得注意角度的变化、落点长短的变化，以及击球力量的变化，即做到轻杀、重杀的结合。

（十）混合双打之进攻中封网分工方法

如我方获得主动进攻时，由于封网分工不明确，可能导致失去主动权。因此，封网明确分工是使我方主动进攻达到攻对方于“死地”的目的。

1. 从右后场区进攻的封网分工

当我方男队员获得右后场区主动进攻权时，如对方女队员和我方男队员成直线，我方杀直线，我方女队员要封住前场区域的平球，但是左前场区处是弱点和漏洞。如对方女队员退到对角区，此时我方女队员要封住左场区的平球，此时右前场区是弱点和漏洞。

2. 从左场区进攻的封网分工

当我方男队员获得左后场区主动进攻权时，由于对方女队员和我方男队员成直线，我方杀直线，我方女队员则要封住左前场区的平球，特别要注意对方平抽对角线平球时，一定要封住，以便减轻男队员的压力，此时对角网前是弱点和漏洞。对方女队员和我方男队员成对角线，我方杀对角，女队员则要封住右场区，此时对角左前场区是弱点和漏洞。

（十一）混合双打之防守战术

1. 混合双打之挑两底线平高球

挑两底线平高球战术，这种战术即所谓的对方杀直线，我方挑平高对角；对方杀对角，我方挑平高直线，以达到调动对方左右移动的目的。如对方移动慢，就无法保持进攻，或其盲目进攻也有利于我方反攻。

2. 混合双打之反抽直线勾对角战术

当对方男队员从两底线进攻站在对角线的我方女队员时，我方女队员可采用反抽直线结合勾对角战术，以最大角度调动对方，并抓住其漏洞，但要注意反抽必须越过对方女队员的封网高度。

3. 羽毛球混合双打之反抽对角挡直线战术

当对角男队员从两底线进攻站在直线的我方女队员时，我方女队员可采用反抽对角结合挡直线的战术来抓住其漏洞，但同样也要注意反抽必须要越过对方女队员的封网高度。

4. 混合双打之挡直线、勾对角网前战术

当对方男队员从两底线攻我方女队员时，我方可采用挡直线结合勾对角网前的战术，可以避开后场强有力的攻击。只要挡和勾的质量有保证，一般还是容易变被动为主动的，当我方把球打到某一个点时，女队员要逼近封住其直线区，迫使对方打出高球。

5. 混合双打中的规律性问题

（1）从发球路线看，主要是以发 1 号区为主，其次是 2 号区和 4 号区，很少发 3 号区球。

（2）从接发球的球路看，主要是以接发对角球（小对角）为主，特别是从 1 号区接发两边中场球较多，而且落点均在两边中场球，其次是后场球，放网前球极少。

（3）从行进间球路的规律看，是以直线球路为主。

（4）根据以上规律我们应注意以下几个问题：①注意处理好 1 号区的接发球。②第三拍要注意处理好两边中场球，控制好两边中场球。③在行进间，女队员要特别注意封直线球，兼顾对角球。

6. 混合双打之技术上的注意事项

（1）在手法上要注意掌握变线能力及控制能力，盲目地用力击球往往造成控制不住球，变线能力也不行。

（2）击球点上要注意高点击球，这样有利于平推、抽和下压球。

（3）在击球时间上不要一味快打，而做到快慢结合，要注意利用假动作、时间差击球。

（4）女队员在封网击球的用力问题上，要注意能向下扑的球才用力扑压，如只能推的球，不要太用力，以免让对方后场的男队员较易控制，轻推半场球往往更有效。

（5）女队员的网前站位不要太靠近网前，这样有利于增强封网能力。

（6）封网时，拍子要举得高一些，以便直接向前或向下封压，应减少向后引拍的时间，提高封网的威胁性。

(7) 在封网的步法上，要注意封到球之后不要急于向中场回动，就是所谓封直线、封点的步法特点。

(8) 当双方男队员在直接控制的过程中，女队员如没有把握，不要随意去抢球，应注意对方万一变线抽对角，女队员要能封得住，以减少男队员的压力，以利于男队员调整到有利位置。

(9) 当我方获得主动进攻的机会，对方女队员已退至较好的对角防守位置时，不要勉强去攻击对方女队员，而应采用过渡进攻的办法，使自己获得更有利的进攻位置，再进行第二次进攻。

第十五章　校园传统体育运动训练实践指导

传统体育项目具有健身、健心等价值，深受广大群众的喜爱。在21世纪，将传统体育项目引入学校，开展传统体育教学，对继承与弘扬民族传统体育文化、丰富学校体育教学内容、推动校园体育文化建设具有举足轻重的作用。本章就校园传统体育运动训练实践进行探究，主要包括武术技术训练、散手技术训练以及跆拳道技术训练。

第一节　武术运动技术训练实践

一、武术运动基本理论

（一）武术运动的起源与发展

1. 武术运动的起源

武术是伴随着人类社会的历史进程产生和发展起来的。武术起源于生产斗争的劳动实践，即“劳动是从制造工具开始的”。早在五六十万年前的旧石器初期，人类为了生存和抵御猛兽的袭击，就开始制造和使用砍砸器、石锤、燧石等粗制石器以及用石器刮削过的棍棒，逐步地获得了使用武器、格斗和捕杀的技能。这些技能虽原始却是武术格斗技术的萌芽，为后来武术劈、刺、砍、扎等技术的形成奠定了客观的物质基础。

2. 武术运动的发展

自商周时代开始，武术不仅在教育中占据了重要的地位，也逐渐成为人们有目的、有意识、有组织的社会活动。到了秦、汉、三国时期，武术从单纯的军事技能向竞技方向发展，角抵、手搏、击剑等竞技项目相继出现，同时也出现了剑舞、刀舞等舞练形式的项目。至此，武术已发展为两大类别：一类是具有攻防格斗作用且实用性较强的技术动作；另一类是适应表演需要，把攻防技术反复加工提炼而逐渐形成套路技术。后经唐、宋、元、明、清几代的发展，武术流派林立，不同风格的拳术、器械、对练都有了空前的发展。武术大体分为内、外家和南、北两派。

中华人民共和国成立后，武术运动发展非常迅速。1950年，中华全国体育总会召开了武术工作座谈会，倡导发展武术运动。1953年，在天津举行了以武术为主要内容的全国民族形式体育表演及竞赛大会。1957年，国家体委将武术列为体育竞赛项目，并组织整理出版了“简化太极拳”和一大批长拳类、器械类套路。这些套路成为在群众和学校中普及武术的基本教材，促进了技术规格的统一。1958年，中国武术协会在北京成立，并于同年起草制定了第一部《武术竞赛规则》，编定了拳、刀、枪、剑、棍五种竞赛规定套路。这推进了武术训练的系统化、规范化和科学化，促进了武术运动技术水平的提高。

1979年，国家体委发出了《关于发掘整理武术遗产的通知》，对武术事业的继承与发展产生了重大影响。1982年12月，在北京召开了首次全国武术工作会议，使武术的攻防格斗技术在比赛的实践中得到检验和发展。为了适应“全民健身”的需求，1994年，国家体委武术运动管理中心出台了“中国武术段位制”，这极大地促进了武术理论研究广泛而深入地开展。

最令人可喜的是，国务院学位办公室于1996年正式批准体育学院设立武术学科专业方向博士学位点。这标志着武术作为一门学科已迈入学术领域的研究殿堂。武术作为民族传统体育，它与体育运动训练专业、体育教育专业、运动人体科学专业以及社会体育专业并列为体育学科的五大专业门类。可以相信，今后武术运动必将在继承传统的基础上进一步向科学化方向发展。

（二）武术运动的特点

1. 哲理性

中国武术是最富有民族文化特色的体育项目，它的指导思想是中国传统天人合一、形神一体的哲学思想。中国武术的一大特色是内外合一的整体观。所谓内，指心、神、意等心志活动和气总的运行；所谓外，即手眼身步等形体活动。内与外、形与神是相互联系统一的整体。其精髓就是“外动内静、动中求静、动静兼备、有刚有柔、刚柔并济、练内练外、内外兼练”。技术上要求做到“心动形随，形断意连，势断气连”。这一特点反映了中国武术作为一种文化形式在长期的历史演进中备受中国古代哲学思想的渗透和影响，形成了独具民族风格的练功方法和运动形式。

2. 技击性

武术最初作为军事训练手段，其技击的特性是显而易见的。武术具有很强的攻防技击性，但又与实用技击有所区别。武术是一种不同等条件的竞技，因此中国武术产生了诸如空手与持武器对手格斗的空手入白刃；倒地时所使用的地趟拳，以及趁人不备时使用的暗器等。武术核心是技击性。技击性通过动作设计原则形成的各种攻防技术动作来实现。虽然各家各派在技击方法和技击原理上各有不同，但都遵循攻防的规律，表现攻防的特点。

3. 健身性

中国武术是中国传统文化的重要一环，是我国民族体育的主要内容之一，是几千年来我国人民用以锻炼身体和自卫的一种方法。从实践中带来了有关体育、健身和中国武术独有之气功及养生等重要功能。人们从事武术练习，一般是把健身作为主要目的。中国武术传统练功的理论是以中医的阴阳五行说、经络学说、脏象学说等基本理论为生理学依据。武术练功不仅重视内在“精气神”的锻炼，而且还强调以内形于外、重在外在动作形体的演练，因而达到内外兼修、强身健体的健身效果。

4. 适应性

武术的练习形式、内容丰富多样，有竞技对抗性的散手、推手、短兵，有适合演练的种拳术、器械的对练，还有与其适应的各种练功方法。不同的拳种和器械有不同的动作结构、技术要求、运动风格和运动量，分别适应人们不同年龄、性别、体质的需求，人们可以根据自己的条件和兴趣爱好进行选择练习。同时它对场地、器材的要求较低，因此练习者可以根据场地的大小变化调整练习内容和方式。

5. 娱乐性

武术的娱乐性包括两方面：一是人们从习武中获得身心愉快，并在社会大众中得到发展；二是人们从对武术的观赏中获得艺术享受，武术与戏曲、舞蹈、杂技、文学、影视等文艺形式的结合表演，均给人们留下深刻的、精彩的印象。随着近代科技文化的发展，人们娱乐的方式越来越多，达到娱乐的方法也越来越新奇，因而通过对武术的习练以达到自娱性为目的的日渐减少，而以武术的观赏为娱乐目的的情况，则随着现代生活方式的演变及人们对武术的健身、防身实用价值认识的提高而大为增多。这种由个体向群体、由封闭向开放方向发展的武术娱乐性文化特征的转变，很有利于把中国武术推向世界。

二、武术运动基本技术

（一）武术运动初级阶段基本技术

1. 肩臂练习

（1）压肩

预备姿势：面对肋木（或一定高度的物体）站立，距离一大步，两脚左右分开，与肩同宽或稍宽。

动作说明：两手抓握肋木，上体前俯（挺胸、塌腰、收髋）并做下振压肩动作。利用肋木压肩时，也可由另一人骑坐在练习者背上，随着练习人的下振动作，有节奏地给以助力。也可以两人对面站立，互相扶按肩部，做体前屈的振动压肩动作。

（2）双臂绕环

预备姿势：两脚开立，与肩同宽，两臂垂于体侧。

①前后绕环：左右两臂依次做绕环。左臂由下向前、向上、向后做向前绕环；右臂由上向后、向下、向前做向后绕环，然后再做反方向的绕环。

②左右绕环：左右两臂同时向右、向上、向左、向下划立圆绕环，然后再反方向划立圆绕环。

③交叉绕环：两臂直臂上举，左臂向前、向下、向后，右臂向后、向下、向前，同时于身侧划立圆绕环。练习时可左右交替进行。

（3）仆步抡拍

预备姿势：两脚开立，略宽于肩，两臂垂于体侧。

动作说明：左脚向左迈出一步成左弓步，上体随之左转。同时右臂向左前下方伸出；左掌手心向里，掌指向下，插于右臂肘关节处（图 15-1 之 1）。上动不停，上体右转成右弓步。同时右臂直臂由左，向上、向右抡臂划弧至右上方，左掌下落至左下方（图 15-1 之 2）。上动不停，上体右后转。同时右臂直臂向下、向后抡臂划弧至后下方；左臂直臂向上、向前抡臂划弧至右前上方（图 15-1 之 3）。上动不停，上体左转成右仆步，同时右臂直臂向上、向右、向下抡臂划弧至右腿内侧拍地；左臂向下、向左抡臂划弧停于左上方（图 15-1 之 4）。练习时，左右交替进行。

右仆步抡臂动作，称右仆步抡拍；左仆步抡臂动作，称左仆步抡拍。

图 15-1

2. 腿部练习

（1）正踢腿

预备姿势：两脚并立，两手立掌或握拳，两臂侧平举。

动作说明：左脚向前上半步，左腿支撑，右脚脚尖勾起向前额处猛踢。两眼向前平视。练习时左右交替进行。

（2）侧踢腿

预备姿势：与正踢腿同。

动作说明：右脚向左上半步，脚尖外展，左脚脚跟稍提起。身体略右转，左臂前伸，右臂后举。随即，左脚脚尖勾紧向左耳侧踢起。同时右臂屈肘上举亮掌，左臂屈肘立掌于右肩前或垂于裆前。眼向前平视。踢左腿为左侧踢，踢右腿为右侧踢。

（3）外摆腿

预备姿势：与正踢腿同。

动作说明：右脚向右前方上半步；左脚尖勾紧，向右侧上方踢起，经面前向左侧上方摆动，直腿落在右腿旁。眼向前平视。左掌可在左侧上方击响，也可不做击响（图 15-2）。练习时左右交替进行。

图 15-2

（4）里合腿

预备姿势：与正踢腿同。

动作说明：右脚向右前方上半步；左脚脚尖勾起里扣并向左上方踢起，经面前向右侧上方直腿摆动，落于右脚外侧。右手掌可在右侧上方迎击左脚掌（击响），也可不做击响动作。眼向前平视（图 15-3）。练习时，左右腿交替进行。

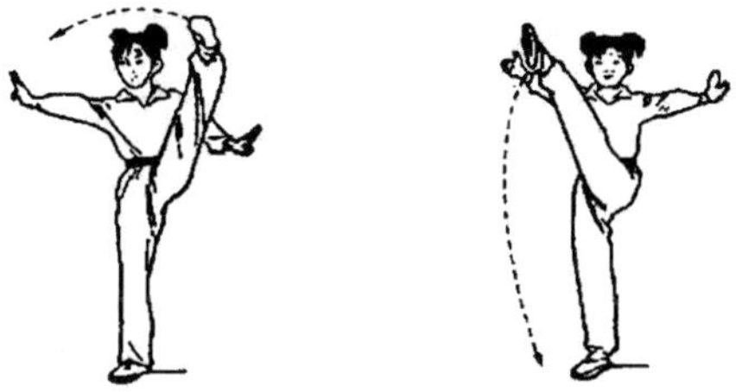

图 15-3

（5）弹腿

预备姿势：两腿并立，两手叉腰。

动作说明：右腿屈膝提起，大腿与腰平，右脚绷直（图 15-4 之 1）。提膝接近水平时，要迅速猛力挺膝，向前平踢（弹击），力达脚尖。大腿与小腿成一直线，高与腰平；左腿伸直或微屈支撑。两眼平视（图 15-4 之 2）。

图 15-4

（6）蹬腿

预备姿势：与弹腿同。

动作说明：与弹腿同，唯脚尖勾起，力点达于脚跟。

（7）侧踹腿

预备姿势：两腿并立，两手叉腰。

动作说明：两腿左右交叉，右腿在前，稍屈膝（图 15-5 之 1）。随即，右腿伸直支撑；左腿屈膝提起，左脚里扣，脚跟用力向左侧上方踹出，高与肩平，上体向右侧倾。眼视左侧方（图 15-5 之 2）。练习时，左右腿可交替进行。

（8）扫腿

扫腿是旋转性的一类腿法，分前、后扫腿两种。

图 15-5

①前扫腿

预备姿势：两腿并立，两臂垂于体侧。

动作说明：左脚向右腿后插步。同时两手由下向左、向上、向右弧形摆掌，右臂伸直，高与肩平，成侧立掌；左掌附于右上臂内侧，掌指向上。头部右转，目视右方（图 15-6 之 1）。

上体左后转 180°，左臂随体转向左后方平搂至体左侧，稍高于肩；右臂随体转自然平移至体右侧，掌心向前，掌指向右下方（图 15-6 之 2）。

上体继续左转，左脚尖外撇。右掌从后向上、向前屈肘降落；同时左臂屈肘，掌指向上从右臂内侧向上穿出，变横掌架于头部左上方，拇指一侧向下；随即右掌下降并摆向身后变勾手，勾尖向上。在左脚尖外撇的同时，左腿屈膝，左脚跟抬起，以左脚前掌碾地；右腿平仆，脚尖内扣，脚掌着地，直腿向前扫转一圈（图 15-6 之 3）。

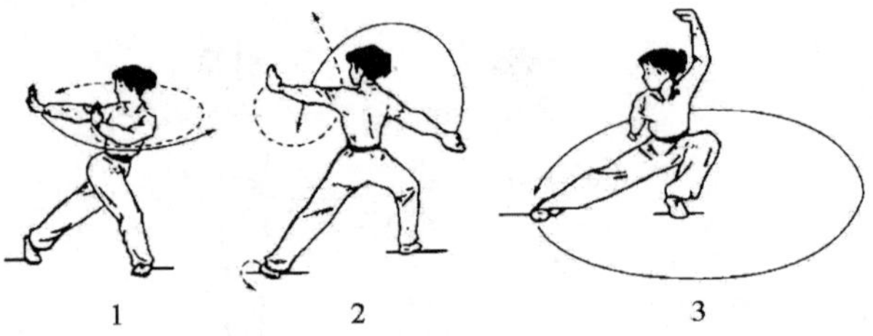

图 15-6

②后扫腿

预备姿势：两腿并立，两臂垂于体侧。

动作说明：左脚向前开步，左腿屈膝半蹲；右腿挺膝伸直，成左弓步。同时两掌从两腰侧向前平直推出，掌指向上，小指一侧朝前。眼看两掌尖（图 15-7 之 1）。

左脚尖内扣，左腿屈膝全蹲，成右仆步姿势，同时上体右转并前俯。两掌随体后转在右腿内侧扶地，右手在前，随着两手撑地，上体向右后拧转的惯性力量，以左脚前掌为轴，右脚贴地向后扫转一周（图 15-7 之 2、3）。

图 15-7

3. 手型练习

（1）拳

四指并拢卷握，拇指紧扣食指和中指的第二指节（图 15-8）。

图 15-8

（2）掌

四指并拢伸直，拇指弯曲紧扣于虎口处（图 15-9）。

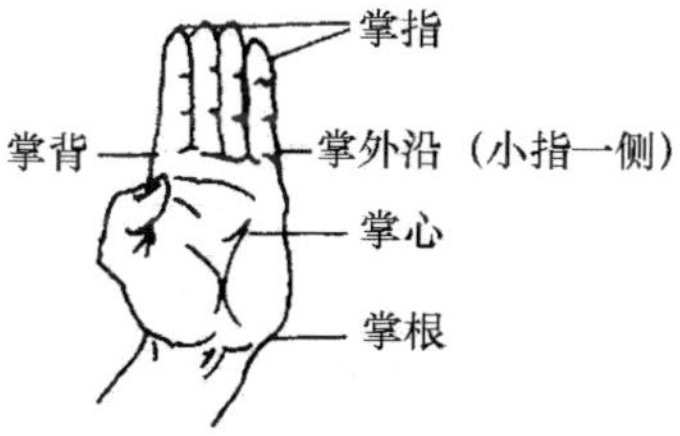

图 15-9

（3）勾

五指第一指节捏拢在一起，屈腕（图 15-10）。

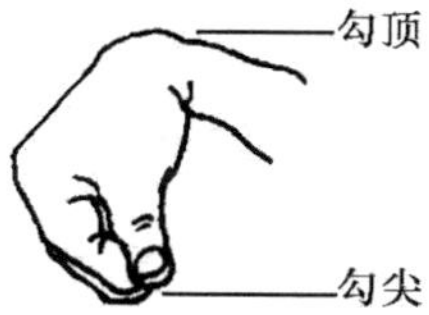

图 15-10

4. 步型练习

（1）弓步

左脚向前一大步（约为本人脚长的 4～5 倍），脚尖微内扣，左腿屈膝半蹲（大腿接近水平），膝与脚尖垂直；右腿挺膝伸直，脚尖内扣（斜向前方），两脚全脚着地。上体正对前方，眼向前平视，两手抱拳于腰间。弓右腿为右弓步，弓左腿为左弓步。

（2）马步

两脚平行开立（约为本人脚长的三倍），脚尖正对前方，屈膝半蹲，膝部不超过脚尖，大腿接近水平，全脚着地。身体重心落于两腿之间，两手抱拳于腰间。

（3）虚步

两脚前后开立，右脚外展 45°，屈膝半蹲；左脚脚跟离地，脚面绷平，脚尖稍内扣，虚点地面，膝微屈，重心落于后腿上。两手叉腰。眼向前平视。左脚在前为左虚步，右脚在前为右虚步（图 15-11）。

图 15-11

（4）仆步

两脚左右开立，右腿屈膝全蹲，大腿和小腿靠紧，臀部接近小腿，右脚全脚着地，脚尖和膝关节外展；左腿挺直平仆，脚尖里扣，全脚着地。两手抱拳于腰间。眼向左方平视。仆左腿为左仆步；仆右腿为右仆步（图 15-12）。

图 15-12

（5）歇步

两腿交叉靠拢全蹲，左脚全脚着地，脚尖外展；右脚前脚掌着地，膝部贴近左腿外侧，臀部坐于右腿接近脚跟处。两手抱拳于腰间。眼向左前方平视。左脚在前为左歇步，右脚在前为右歇步（图 15-13）。

图 15-13

（6）坐盘

两腿交叉，右腿屈膝，大小腿均着地，脚跟接近臀部；左腿在身前横跨于右腿上方，左大腿贴近胸部。两手抱拳于腰间。眼向左前方平视。左腿在前为左坐盘，右腿在前为右坐盘（图 15-14）。

图 15-14

（二）武术运动提高阶段基本技术

1. 腾空飞脚

预备姿势：并步站立。

动作方法：右脚上步，左腿向前、向上摆踢，右脚蹬地跃起，身体腾空，两臂由下向前、向头上摆起，右手背迎击左手掌。在空中，右腿向前上方弹踢，脚面绷直，右手迎击右脚面；同时左腿屈膝，左脚收控于右腿侧，脚面绷直，脚尖向下。左手在击响的同时摆至左侧方变勾手，勾尖向下，略高于肩。上体微倾，两眼平视前方。

2. 旋风脚

预备姿势：开步站立。

动作方法：

（1）高虚步亮掌

右臂向前上方弧形摆掌，同时左臂屈肘，左掌收于左腰间，上体微左转，目随右掌。右掌经体前向左、向下、向右、向头上抖腕亮掌，掌心向前，掌指朝左；同时左掌从右臂内穿出，经胸前向上、向左摆至左侧，掌指朝上，高与肩平。右脚在右臂抖腕亮掌的同时收于体前，脚尖虚点地面，成高虚步。头部左转，两眼随右掌抖腕亮掌转视左侧。

（2）旋风脚

左脚向左上步，同时左手向前、向上摆起，右臂伸直向后、向下摆动。右腿随即上步，脚尖内扣，准备蹬地踏跳。左臂向下摆并屈肘收至右胸前，同时左臂向上、向前抡摆，上体向左旋转前俯。重心右移，右腿屈膝蹬地跳起，左腿提起向左上方摆，上体向左上方翻转，同时两臂向下、向左上方抡摆。身体旋转一周，右腿作里合腿，左手在面前迎击右脚掌，左腿自然下垂。身体旋转一周，右腿做里合腿，左手在面前迎击右脚掌，左腿自然下垂。

3. 腾空摆莲

预备姿势：并步站立。

动作方法：

（1）高虚步挑掌

右脚后撤一大步，同时右臂向前、向上挑掌，左臂后摆至体后。重心后移，左脚回收至身前虚点地面，成高虚步。同时右臂向上、向后、向下、向前绕环一周于身前挑掌，高与肩平，掌指朝上；左臂向前、向上、向后绕环抡摆至身后与肩齐平的部位，掌指上挑。两肩随两臂转动，上体挺胸、直腰、顺肩，两眼随右掌转视前方。

（2）弧形步上跳

左脚向前进半步，右脚随之向前进一大步，脚尖外展，屈膝略蹲。在上右步的同时，右掌弧形回收至腰间，左臂由后经上摆至头前上方。右腿蹬伸上跳，左脚屈膝提起收扣于身前，身体腾空。右臂在跳起的同时，经左臂内侧向上弧形斜上举，左臂顺势摆向身后，两眼随右掌转视左侧，头部左转，右肩前顺。右脚落地，左脚随之在身前落步，右脚再进一步，脚尖外展；身体右转，同时右臂顺势下落，左臂前摆。

（3）腾空摆莲

右脚蹬地跳起，同时左腿向右上方里合踏摆，两手于头上击响，上体向右旋转，身体腾空。右腿外摆，两手先左后右地拍击右脚面，左腿屈膝收控于右腿侧。上体微前倾，两眼随视两手。在空中击响时，左腿可伸直分开摆动，控于体侧。

第二节　散手运动技术训练实践

一、散手运动概述

（一）散手运动的产生与发展

散手，俗称散打，在中国历代有诸多的称谓，如相搏、手搏、白打、对拆、技击等。由于散手的对抗多采用擂台（一种高于地面的方形台子）的形式。所以在中国民间还被称为“打擂台”。散手在中国已有几千年的历史，一直为人民群众所喜爱。然而，随着时代的发展，现在开展的散手与中国传统的散手已经有了质的区别。

现在的散手是两人按照一定的规则，运用武术中的踢、打、摔和防守等技法，进行徒手对抗的现代竞技体育项目，它是中国武术的重要组成部分。

据史料文献记载，在距今3000年左右的商、周时期，就已经有用“执技论力”来决定胜负的相搏之技，并且颇为盛行。到了春秋战国，相搏已很普遍。隋、唐、五代时，手搏、角抵已受重视，民间、王公贵族甚至君王也盛行此风。宋、明期间的许多著作中已有关于散手健身性和娱乐性功能的记载，并且对技艺的描述也比以前的记载详尽。戚继光的《纪效新书》、俞大猷的《剑经》，都可以说是这方面的专著。清朝初年，一度虽有习武禁令，但伴随着农民运动及秘密结社组织的出现，不少练武的社、馆勤于操练武艺，较技斗勇；到了清朝中后期，这类武术活动甚至成为一代民风，武术散手运动有了很大的发展。

民国初年，习武开禁，拳技之风盛行一时。1928年，中央国术馆在南京举办了“第一届国术国考”。1929年，在杭州由当时浙江省国术馆承办的“国术游艺大会”，有12个省4个特别市的300多人参加了大会，其中散手参赛者就有125人。1933年，中央国术馆在南京又举办了“第二届国术国考”，大部分省、市派出代表参加，有的代表队成员竟多达百人。项目设有男、女短兵以及男、女散手等。同年10月，在南京举办的“全国运动大会”，仍设有散手项目。

中华人民共和国成立后，特别是1979年以后，随着中国国内“武术热”的再度兴起，中华人民共和国体育运动委员会为全面继承和发扬武术这一古老的传统文化遗产，按照竞技体育的模式，于1979年3月首先在浙江省体委、北京体育学院和武汉体育学院三个单位进行了武术对抗性项目的试点训练，以求取得经验后全面推广。同年5月，在广西南宁举行的全国武术观摩交流大会上三个试点单位做了首次汇报表演，10月，在中华人民共和国第四届全国运动会期间，国家体委又抽调浙江省、北京体育学院和河北省散手队在石家庄赛区做了公开表演。1980年10月，国家体委调集散手试点单位的有关人员，开始拟定《全国散手竞赛规则》（征求意见稿）。通过试验修改，于1982年1月制定了《散手竞赛规则（初稿）》，并按此规则在北京举行了全国武术散手邀请赛。自此，本着"积极、稳妥"的原则，我国每年都举行一次全国性的"武术对抗性项目（散手）表演赛"。1987年的表演赛首次采用传统的设擂台形式。1989年，散手被国家体委批准为正式比赛项目，并设"团体锦标赛"和"个人锦标赛"赛制。为了让世界了解武术，让武术走向世界，中国武术研究院、中国武术协会于1988年在中国举办了国际武术节，并首次在中国深圳举行国际武术散手擂台邀请赛。来自15个国家和地区的近60名运动员参加了为期3天的角逐。接着，中国武术研究院、中国武术协会又于1990年在北京举办了"迅华杯"国际武术散手邀请赛。有许多国家和地区的运动员参加了这次比赛。之后，国际武术联合会于1992年在北京举办了第一届世界武术锦标赛，武术散手被列为表演项目。随即国际武术联合会决定，以后每两年举行一次国际武术锦标赛，并把散手列为正式比赛项目。第二、第三届国际武术锦标赛分别在马来西亚和美国举行，许多国家都报名参加了散手比赛。在历届的亚洲武术锦标赛上，散手也被列为正式比赛项目。

国际武术联合会和中国武术协会为提高各国武术散手的运动水平，多次举办了国际武术散手教练员、裁判员学习班。国际武术联合会还多次委托中国派出大量的教练员到各国推广散手项目。目前，世界上已有70多个国家和地区开展了散手项目，并越来越受到当地人民的喜爱，这些都为散手走向世界打下了坚实的基础。

（二）散手运动的特点

散手运动有别于其他体育项目，也有别于世界各国流行的搏击术，经过多年的总结、改进和发展，已成为现代体育竞赛项口，它本着"更快、更高、更强"的奥林匹克精神，已逐步与国际竞技体育接轨。目前，散手运动不仅在国内，而且在世界五大洲的100多个国家和地区开展和普及。散手之所以具有很强的感染力和生命力，是由它本身的特点和作用决定的。

1. 体育性

散手运动从初步研究到试点开展，从经验总结到全国推广，直至成为现代体育竞赛项目，曾经历过许多困难、矛盾和阻力。其中最主要的问题是，散手比赛与人们想象的武术徒手搏击形式截然不同，有人甚至认为散手不是武术，而只是"拳击加腿击"。因为民间流行的武术搏击，一般都认为是防身自卫、制敌，或者像电影、电视、武打小说中描述的那样出神入化，风雨不透。这是武术在许多形式上给人以神化夸张的错觉而造成的误解。在现代文明社会中，我们不能让散手在狭窄的拼杀中生存，应把武术之精华融入简单易行的运动形式，不仅能自卫还能强身，这样才能有广泛的生命力，才能真正走向社会、走向世界。因此，从现在的散手运动形式来看，散手与其他运动项目基本相同，属于体育，但又突出地反映出武术的特殊本质——

技击性，同时又明显地区别于使人致伤致残的技击术，不包含置人于死地的绝招妙计。散手竞赛规则严格规定了后脑、颈部、裆部等为禁击部位。另外，从技法上可以运用武术各种流派的技法，但均不允许使用反关节的擒拿动作，以及迫使对方头部先着地的摔法，切实保护运动员的人身安全。于是，原国家体委武术院经过试验、论证后，认为散手的技法是以增强体质、交流技艺、防身自卫、提高技术水平为出发点，从传统武术徒手搏击术中取舍动作，使散手成为体育，成为寓技击术于体育的项目，具有体育性。

2. 整合性

现在开展的竞技型武术散手运动以与传统技击完全不同的技术风格展示在世人面前。它与传统技击术的关系，应该说是有继承的成分，但更多的则是经过整合而发展的结果。所谓技击技术的“整合”，是指具有不同文化特质的技击术经过相互吸收、融化、调和而趋于一体化的过程，本身具有高扬的成分。正是这种整合，才使得传统技击术在内容与形式上发生了变化，从而逐渐演变成一种有别于传统的新的技击技术体系。

现在的武术散手，对技术的整合主要是从两个方面来完成的。

首先，是对传统技击术进行整理、归纳，舍弃它们的具象形态，找出其中带有本质特点和共性的规律。通过归纳整理发现，经过抽象的各拳种门派用于进攻的拳法和腿法，其基本的运动形式只是直线形和弧线形两种方法，在此基点上，再寻求最佳的用力机制来构建新拳法与腿法的动作技术，以适应竞赛的需要。摔法上，则主要是把握住“破坏重心”和“抡圆”的方法。同时，对传统的防守方法做了删繁就简的归类，提出了“接触式”和“不接触式”两类防守技术的概念。“接触式”防守主要包括阻挡、推拍、格架和截击等，“不接触式”防守主要是指运用身法和步法的闪躲技术。至此，构建出的现代武术散手技术已具有普遍继承传统的意义。

其次，是对处于同一时代的各国搏击技术和一些相关类项目的应用技术进行大胆地借鉴。如对中国式摔跤、国际式摔跤和柔道中的摔法，拳击中的拳法，空手道、泰国拳中的腿法进行分析研究，摄取其中的有益成分，甚至是对具体的实用技法进行照搬吸收，再把它们与归纳整理后的技法不断地进行融合、协调和修正，使之成为一种全新的、完整的散手技术体系。

通过整合后的武术散手技术是建立在传统和时代交汇点上的产物，它既有传统的烙印，又有时代的特征，因而它的出现也就具有了更为宽广的范围和更加高扬的起点，是传统技击术在现今形势下发展的必然结果。

3. 对抗性

对抗性的技击内容是武术散手的基本特征。散手运动的内在特点，决定了它以相互对抗的形式来表现，所以，散手的基本形式就是对抗性。这种对抗，是在双方掌握了散手的基本动作和基本技术，经过一段时间的训练，没有固定格式的情况下，比赛双方没有固定的动作顺序，而是以对方技击动作随机转移，互相指向对方的弱点，在规则规定的范围内进行斗智、较技、较勇，一分上下。它不仅要求运动员熟练地掌握散手技术，还要有敏捷的应变能力，从而明显区别于武术套路运动形式。

4. 民族性

武术散手是中华民族的优秀文化遗产，是在中国特定的社会历史条件下逐渐演变发展形成的，因此它具有鲜明的民族特色。武术散手与世界上其他搏击技术有着共同之处，即它们都是以运用拳、腿或摔的技法直接击打对方身体为主要目的的项目，但在这共同的表现形式中，武术散手又突出地反映了我们本民族特有的风格与气度。

中国散手不同于拳击，也不同于跆拳道，更不同于用头顶、肘撞、膝击的泰拳和不能用脚只能用摔、拌、擒方法的柔道等项目；由于散手设擂比试，又不同于西方国家有缆绳的自由搏击，也不同于日本的空手道、相扑、跆拳道、格斗术，以及法国的忍拳等。武术散手要求“远踢、近打、贴身摔”，它的民族形式不是凝固的，也不能理解为“过去形式”“历史形式”或“传统形式”。民族形式有鲜明的时代性，因此形式不是单一的，而是多变的、演进的，具体表现如下。

首先是在比赛形式中的体现。散手的比赛形式采用的是传统的“打擂台”方式。所谓“打擂台”，顾名思义就是比赛双方只能在擂台上各逞技艺，争分高下。这就与西方搏击中以体能为基础的凶斗恶拼有着明显的区别。我们的民族从来就强调人与客观外界的“和谐合一”，那么在竞技比赛中，“以人为本”无疑是本民族传统思维方式所产生的结果，这是民族性最深层的反映。

其次是在规则制定中的体现。现行的国内全运会散手规则规定，比赛采用每局单独记分的“三局两胜制”，即每局比赛得分多少只作为本局胜负评定的依据而不带入下一局。这就要求运动员每一局都须从“零”开始，使得比赛始终是以得“分”为主，而不以“重创”为要，最终使竞技中的散手得以充分表现的是“技法”，而赢的则是靠“招数”。这与传统技击术中“点到为止”的原则有着一脉的思想传承（与商业性的武林风和武林大会有一定区别）。此外，对“得分部位”的规定也颇具民族特点。散手的得分部位几乎是全身性的，这有别于世界上任何一种搏击术，从反面提示了人们对自己身体的任何部位都要防护好，这证明我们是个讲究“以生为贵，全生保身”的民族。还有诸如对“倒地”的处理和对使用方法的规定等，都蕴含着“穷寇勿追”的兵家思想，说到底是与传统的伦理观点分不开的。

最后是在技术运用中的体现。各武术流派的技法都属散手技术的运用范围，这首先就表露了现代散手与传统技击术的承续关系，同时也反映了散手技术追求“一统”的整体观。在对动作技术的要求方面，散手只注重动作的具象形态，而不注重对每个具象形态组成时各个细节的追究和数学语言的使用，以至散手的动作技术没有具体的规范要求。在技术运用方面，散手提倡的是心领神会的“顿悟”，强调的是拳打千遍功到自然成，而少有使用解析的方法来提高运用能力。所有这些都反映了散手与民族传统的思维习惯有着十分密切的关系。

5. 文化性

西方体育具有文化的含义，是因为体育本身就是一种文化表现的缘故，而武术散手除作为具有体育性质的文化含义外，还由于它是发生和建立在中国传统文化的基础上，所以它自身也带有丰厚的传统文化底蕴，甚至可以说它本身就包含所有传统文化的主要内容。这就是为什么在散手已明确分类的今天，在人们的观念中它仍具有广泛社会价值，而把竞技只作为这种价值的一种体现；为什么人们还是把竞技散手、实用散手和民间的传统技击术混为一谈；为什么在提及散手时就与防身自卫的需求联系在一起；为什么人们一谈到散手就首先强调武德修养和情操陶冶的真正原因所在。

实质上，中国传统文化对散手的渗透是全方位的，武术散手对传统文化的体现也是无所不在的。中国传统哲学思想的介入，确定了建立武术散手的思维模式是思辨型的。如，以“逆”为追求的最高境界，决定了武术散手最终将超越形式而升华为对人生真谛的追求；以“中庸”为核心的种种规范，构成了散手竞技在动态中求“稳”的一面；以“阴阳”“五行”的变化，又形成其在稳中求“动”的另一面。传统伦理政治的范型，决定了尚武要以“德”为先，这既成为行为的准则，又是实践的标准。同样也决定了习武的目的决非是为了逞强斗狠，而是与习文一道，最终完成对理想人格的追求。此外，武术散手还在不同的程度上体现了传统医学、美学、兵学、养生学等多种“学科”的思想内容。

由此可见，武术散手其实是作为传统文化的载体之一出现的，人们在谈到散手时必然论及它的文化内涵，也确有许多人为了了解中华文化而通过学练武术散手开始入门。散手释放的文化能量是西方体育所不能比拟的。

二、散手运动的基本技术

（一）实战姿势的教与学

散手的实战姿势，通常也称预备姿势。侧身，两脚前后开立，约为一自然步的距离；前脚尖与后脚跟在一直线上，两脚尖均斜向右前方，两膝微屈，后脚跟微踮起；两手握拳，拳眼斜朝上，左前右后屈肘举于体前，左臂屈90°～110°之间，左拳与鼻同高；右臂屈小于90°，垂肘紧护右肋，右拳置于右下颏处；下颏微收，闭嘴合齿，含胸拔背，面部和左肩、左拳正对对手，全身放松处于一种“弹性”状态。

要点：两膝微内裹，身体重心在两脚之间，垂肘护肋，暴露给对手的身体部位要小。

（二）基本步法的教与学

散手步法的作用首先是为了配合攻防动作的运用，其次是为了保护动态中身体平衡与敌我双方的有效距离。步法是散手技术运用的基础，“有招必有步”和“步动招随，招起步进”就是这个意思。散手步法的总体要求是“快、灵、变”。快是指步法移动要迅速；灵是指步法移动要轻灵，有弹性；变是指步法在运用中能随机应变，转换自如。

1. 进步

预备姿势：后脚蹬地，前脚掌擦地向前进半步，后脚再跟进半步。

要点：进步步幅不宜过大，后脚跟进后的身体姿势不变，进步与跟步衔接越快越好。

2. 退步

预备姿势：前脚蹬地，后脚掌擦地向后退半步，前脚再退回半步。

要点：退步步幅不宜过大，身体姿势保持不变，退步要快。

3. 上步

预备姿势：后脚向前上一步，同时左、右拳前后交换呈反架姿势。

要点：上步时，身体不能前后摆动，上步与两手动作要同时进行，要协调、迅速。

4. 撤步

预备姿势：前脚向后撤一步，成右前左后，左脚跟离地，右脚脚尖外展，重心偏于右腿。

要点：撤步不宜过大，重心移动要平稳，两脚要轻灵。

5. 闪步

预备姿势：左（右）脚向左（右）侧移半步，右（左）脚预之向左（右）滑步；同时身体向右（左）转体约90°。

要点：步法轻灵，转体闪躲灵活、敏捷。

6. 垫步

预备姿势：后脚蹬地向前脚内侧并拢，同时前腿屈膝提起。

要点：后脚向前脚并拢要疾速，垫步与提膝不脱节、不停顿；身体向前移动，勿向上腾空。

（三）基本拳法的教与学

拳法是散手运动中主要的进攻方法之一，主要分为冲、掼、抄、鞭四种。在练习和实战中要牢记随步进攻，出拳要快，整个力由脚到拳协调快速传递，即脚蹬、髋转、送臂出拳，然后拳迅速回收呈预备姿势。

1. 冲拳

冲拳是所有武术技术中最基本的技法，属直线型攻击方法。在拳法中是中近距离进攻对手的重要手段。由于冲拳动作相对隐蔽，尤其是后手冲拳力量较大，是重击对手的有效方法。

（1）左冲拳

预备姿势：后脚蹬地，腰微右转，重心微向前移的同时，左手内旋，左拳向前直线冲出，拳心向下，力达拳面。

要点：冲拳时，上体不可过于前倾。拳面领先，大臂催前臂，臂微内旋，肘微屈。快出快收，冲拳后迅速还原成预备势。

用法：左冲拳特点是距离对手较近，易发动，预兆小，灵活性强，但力度较小。可以结合身体的高、低姿势或左、右闪躲动作击打对方腰部以上任何部位。既可主动进攻，又能防守反击，而且可以起到以假乱真的作用。

例如，双方在对峙状态下，甲突然快速地进步或上步，以左冲拳攻击乙的头部或胸部。

（2）右冲拳

预备姿势：右脚蹬地并以前脚掌为轴向内扣转，转腰送肩的同时，右拳直线向前冲出，力达拳面；左拳或变掌回收至右肩内侧。

要点：右脚发力，传送到腰、肩、肘，最后力达拳面。

用法：右冲拳是主要的进攻动作之一。它的特点是攻击距离长，能充分利用蹬腿转腰的力量，加大冲拳力度，具有较大的威胁力。

例如，当甲突然用左冲拳攻击乙头部时，乙迅速俯身下躲，同时用右冲拳反击甲腹部。

2. 掼拳

掼拳是弧线型进攻方法，分左、右掼拳两种，在相互的连续击打中使用率较高。可以结合身体姿势的高、低变化，击打对方的太阳穴、耳门、腮和腰肋部位。由于摆动幅度大，所以击打力量很大。但也因幅度大和运动路线长，使得动作的隐蔽性较差，运用时动作幅度宜小不宜大。

（1）左掼拳

预备姿势：上体微向右转；同时左拳向外（约45°）、向前、向里横掼，臂微屈，拳心朝下，力达拳面；右拳护于右腮旁。

要点：掼拳发力时，臂微屈，肘尖抬至与肩平。以腰发力，力达拳面。

用法：左掼拳是一种横向型的进攻动作，可以结合身体姿势的高、低变化，击打对方的侧面。上盘可击打太阳穴；中盘可击腰肋部位。

例如，双方对峙时，甲突然向左闪步，以左掼拳抢攻乙右侧头部。或当乙用右掼拳进攻甲上盘时，甲迅速俯身下躲后，以左掼拳反击乙方头部。

（2）右掼拳

预备姿势：右脚蹬地并向内扣转，合胯并向左转腰，同时右拳向外（约45°）、向前、向里横掼，力达拳面或偏于拳眼侧；左拳回收至左腮前。

要点：右脚内扣，合胯转腰与掼拳发力要协调一致。掼拳发力时，肘尖微抬，使肩、肘、腕基本在同一水平面。

用法：右掼拳也是一种横向型进攻动作。它的特点是能充分借助右脚蹬地转腰的力量来加大进攻的力度，但因其进攻路线长，运用时动作幅度宜小不宜大。此拳法多用于连击或防守后反击。

例如，双方对峙时，乙用右抄拳进攻甲腹部，甲左手向里掩肘防守的同时，用右掼拳反击乙头部。

3. 抄拳

抄拳在散手中属于近距离攻击型拳法，可分为左、右抄拳两种。

（1）左抄拳

预备姿势：重心略下沉，左拳由下向前上方勾起，大小臂夹角在90°～110°之间，拳心朝里，力达拳面。

要点：抄拳时，动作要连贯、顺达，用力要由下至上。发力短促，力达拳面。

用法：例如，甲以左抄拳进攻乙的胸、腹部时，乙迅速沉身左转右掩肘后，以左抄拳反击甲躯干以上部位。

（2）右抄拳

预备姿势：右脚蹬地，扣膝合胯，微向左转腰的同时，右拳由下向前、向上抄起，大小臂夹角在90°～110°之间，拳心朝里，力达拳面；左拳回收至右肩内侧。

要点：右抄拳要借助右脚蹬地、扣膝、合胯、转腰的力量，发力由下至上，协调顺达。

用法：例如，乙以右掼拳攻击甲上盘右侧时，甲左手挂挡后，以右抄拳反击乙躯干以上正面部位。

4. 鞭拳（以右鞭拳为例）

鞭拳是横向型进攻动作之一，并能借助转体的惯性，动作幅度大，运动路线长，力度较大。

用于退守反击时，动作隐蔽、突然。鞭拳一般分为原地右后转身右手鞭拳、上步左转身左手鞭拳和盖步右转身右手鞭拳。

预备姿势：以左脚前脚掌为轴，右脚蹬地并经左腿后插步，身体向右后转 180°；同时左臂回收至胸前；上动不停，上体继续右转，同时右拳反臂向右侧横向鞭打，拳眼朝上，力达拳背。

要点：转体要快，以头领先，不能停顿，双腿支撑要稳。出拳时，以腰带臂，前臂鞭打甩拳。

用法：例如，双方对峙时，甲先以左拳虚晃佯攻，继而右脚插步，身体右后转，右鞭拳横击乙上盘。

（四）基本腿法的教与学

腿法是武术技法的一类，在散手中占有很大比重。它主要包括蹬、踹、扫、摆、弹等踢法，用以进攻对手的腿部、躯干和头部。人的下肢比上肢长，力量也比上肢大，所以腿的攻击力强，力度大，是远距离对抗的主要方法。拳谚中有“手是两扇门，全凭腿打人”“手打三分，脚踢七分”等说法。当然，由于脚的主要功能是支撑身体，起腿击敌时，单腿支撑，支撑面减少，易导致身体重心不稳。所以在搏击中，既要发挥腿法的特长，又要避其所短。通过腿部柔韧性和平衡动作的练习，有助于提高下肢动作的幅度、支撑力和平衡能力，从而提高腿法的灵活性和踢击的技能。在运用腿法时，要尽量避免预兆过大，要快速出击，迅速回收，以便防守和连续进攻。

1. 蹬腿

蹬腿可用于进攻、阻击和摆脱对方。散手中的蹬腿，除力达脚跟外，当蹬击对方时，还可以脚踝发力，前脚掌下压。这样容易将对方蹬开或使其倒地。

（1）左蹬腿

预备姿势：站立。右腿直立或稍屈，左腿提膝抬起，勾脚，以脚跟领先向前蹬出，力达脚跟。亦可送髋，脚掌下压，力达脚前掌。

（2）右蹬腿

预备姿势：身体重心前移，左腿直立或稍屈，身体稍左转；右腿屈膝前抬，勾脚，以脚跟领先向前蹬出，力达脚跟。亦可送髋，脚掌下压，力达脚前掌。

要点：屈膝高抬，爆发用力，快速连贯。

用法：散手中的蹬腿动作，与套路中蹬腿动作的要求相同。

例如，迎面蹬腿。当乙上步用拳法进攻甲时，甲迎面抢先用蹬腿击乙躯干部位。

2. 踹腿

踹腿是比赛中使用率较高的腿法之一，主要用于进攻与阻击。由于踹腿使用变化较多，走直线，速度快，力量大，不易防守，而且配合步法运用，变化多，宜可在不同距离上使用。一般情况下，可用低踹腿击对方下肢、中踹腿击对方躯干、高踹腿击对方头部。

（1）左踹腿

预备姿势：重心稍后移，右腿直立或稍屈支撑，左腿屈膝抬起，小腿外摆，脚尖勾起，上体右倾，脚掌正对攻击目标，展髋挺膝向前踹出，脚尖横向，力达脚掌。

（2）右踹腿

预备姿势：左腿直立或稍屈支撑，身体向左转 180°，同时右腿屈膝抬起，小腿外摆，脚尖钩起，上体左倾，脚掌正对攻击目标，展髋挺膝用力向前踹出，力达脚掌。

要点：踹腿时，上体、大腿、小腿、脚掌呈一条直线；踹出时，要以大腿推动小腿直线向前发力。

用法：低踹腿击对方下肢；中踹腿击对方躯干；高踹腿击对方头部。

3. 横摆踢

横摆腿是一种弧线进攻型腿法，摆腿攻击距离远，在实战中使用较多，可攻击对手上、中、下三盘。它以身带腿，速度快，力量大，运用得好能起到重击对手的作用。但因弧型横摆，路线长，幅度大，较容易被对手察觉和防守，实战中应注意动作快速突然。

（1）左横摆踢腿

预备姿势：上体稍右转并侧倾，顺势带动左腿，直腿向右上方横摆打腿，扣膝，踝关节屈紧，力达脚背至小腿下端。

（2）右横摆踢腿

预备姿势：左膝外展，上体左转，收腹，带动右腿收髋、扣膝、直腿向左上方横摆打腿，踝关节屈紧，力达小腿下端至脚背。

要点：以转体带动摆腿，动作连贯、快速。

用法：例如，甲左冲拳击乙头部，乙撤步闪躲，随即甲左转身右横摆腿击乙肋部。

4. 扫腿

扫腿分前、后扫腿两种，是一种低位攻击型腿法。这里主要介绍后扫腿。使用后扫腿进攻对手时机选择很重要，一是距离要适中；二是对方身体重心在前脚上。脱离了这两个条件使用扶地后扫，成功率较低。完成动作后，不管成功与否，应迅速站起来，或准备迎击对手反攻。

预备姿势：左腿屈膝全蹲，脚前掌为轴，两手扶地向右后方转体一周，展髋带动右腿向左后方弧线擦地直腿后扫，脚掌内扣钩紧，力达脚后跟至小腿下端背面。

要点：拧腰低身与转体要快速连贯，借以带动扫腿，加快动作速度，增强力度。

用法：实战中，突然下蹲，没有经验的对手会出现瞬间的迟疑，容易将其扫倒。

例如，后扫破拳法。当乙右腿在前欲以拳法进攻时，甲突然下蹲，后扫腿击乙脚跟。

（五）基本摔法的教与学

摔法是武术中“四击”之一。“远腿、近拳、贴身靠摔”，摔是掷出、颠翻的意思。散手中的摔法讲究一触即摔，即“快摔”。摔法既可用于主动进攻，也可用于防守反击。下面介绍几种常用的摔法。

1. 夹颈过背摔

双方（称甲、乙方）由实战姿势开始（以下均同）。乙以左直拳击甲头部；甲用前臂格挡乙左前臂，左臂由乙右肩上穿过后，屈臂夹乙颈部；同时右脚背步（转体撤步）至与左脚平行，两腿屈膝，身体右转，以左侧臀部紧贴乙方小腹部；继而两腿蹬伸，向下弓腰低头，将乙方背起后摔倒。

要点：夹颈要紧，背步转身要快，低头、蹬腿要协调、快速、有力。

用法：多用于防守冲拳、掼拳击头部时反击，或主动进攻。

2. 插肩过背摔

乙用右掼拳击甲头部，甲立即向前上步，左闪身，左臂由乙右腋下穿过；背右步至与左脚平行，两腿屈膝；同时右手推拍乙左前臂，两腿蹬直，向下弓腰低头，右上臂插抱乙右腋下将乙摔倒。

要点：闪身快，背步、转身协调一致，低头、弯腰、蹬腿连贯有力。

用法：防守冲拳、掼拳对头部攻击时，闪躲反击。

3. 拨颈勾踢摔

乙用右拳击甲头部，甲用左掌外格乙右前臂，顺势抓拿乙手腕部，并伸右臂穿过乙的肩部，用手向右拨乙颈部右侧；同时右脚勾踢乙左脚的踝关节处，将乙钩倒。

要点：拨颈、勾踢要协调有力。

用法：用于对冲、掼拳击打时的防守反攻快摔。

4. 抱腿前顶摔

乙出拳击甲头部时，甲上左步，下潜躲闪，两手搂抱乙双膝关节处，屈肘用力回拉；同时用左肩前顶乙大腿或腹部，将乙摔倒。

要点：下潜要快，抱腿要紧，两手后拉与肩顶要有力，并协调一致。

用法：用于主动进攻或防守反击。

5. 夹颈打腿摔

乙用左冲拳击甲头部，甲用右前臂外格乙左臂，顺势抓拿乙手腕部；左手由乙左肩上穿过，屈肘夹乙颈部；同时右脚经左脚向后插步与左腿平行，随即右转体用左小腿向后横打乙左小腿，将乙掀起摔倒。

要点：格挡迅速，夹颈有力，打腿、转身协调一致。

用法：在对手冲拳或掼拳击打时，防守反击。

（六）散手主要防守技术的教与学

1. 接触防守

（1）拍挡

左手（右手）以拳心或掌心为力点向里横向拍挡。

要点：前臂尽量垂直，拍挡幅度小，用力短促。

用法：用于防守对方直线型拳法或横向型腿法对上盘的进攻。

（2）挂挡

左手（右手）屈臂向同侧头部或肩部挂挡。

要点：大小臂叠紧上挂贴于头侧，要含胸侧身，以缩小暴露面。

用法：防守对方横向型的手法或腿法攻击上盘，如左右掼拳或左右横踢腿等。

（3）拍压

左拳（右拳）变掌，以掌心或掌根为力点由上向下拍压。

要点：拍压时臂要弯曲，手腕和掌指要紧张用力，臂内旋，虎口、指尖均朝右（左）。

用法：防守对方正面的手法或腿法攻击中盘，如下冲拳、勾拳及蹬腿等。

（4）阻挡

两脚蹬地，身体微前移，以肩部或手臂阻挡对方直线拳法的进攻。

要点：身体用力。阻挡拳法要含胸、闭气、提左肩并收下颏；阻挡腿法要含胸、收腹、沉气，两手紧护体前，尽量缩小被击面。

用法：破坏、阻挡对方的进攻，为反击做准备。

2. 闪躲防守

（1）撤步

前脚由前向后收步，接近后脚时脚前掌着地，重心落于后腿。

要点：前脚回收迅速，虚点地面；上体正直，支撑要稳。

用法：防守对方以腿法攻击下盘部位，如低蹬腿、低踹腿等。

（2）后闪重心后移，上体略后仰闪躲

要点：后闪时下颏收紧，闭嘴合齿；后闪幅度不宜过大，重心落于后腿。

用法：防守对方拳法攻击上盘部位，为以腿法反击做准备，因此常常配合前蹬腿做防守反击练习。

（3）侧闪

两膝微屈，俯身，上体向左侧或右侧闪躲。

要点：上体要含缩，侧身不转头，目视对方。

用法：躲闪对方用手法正面攻击上盘部位，如左右冲拳等。

（4）下蹲躲闪

屈膝，沉胯，缩颈，重心下降，弧形向下躲闪，两手紧护胸部。

要点：下潜躲闪时，膝关节、髋关节和颈部要协调一致，目视对方。

用法：防守对方横向攻击头位，如左右掼拳、高横踢腿等。

（5）提膝

后腿微屈，独立支撑，前腿屈膝提起。

要点：重心后移，提膝迅速。

用法：防守对方正面或横向腿法攻击下盘部位，如低踹腿、勾踢腿等。若对方腿法攻击的是大腿或腰腹部，则可用小腿阻挡，以防守对抗。

第三节　跆拳道运动技术训练实践

跆拳道，是一项利用拳和脚进行搏斗的对抗性运动，它通过竞赛、品势和功力测验等形式运动，使练习者增强体质，掌握技战术，并培养坚忍不拔的意志品质。跆拳道的套路共有 24 套；另外，还有兵器、擒拿、摔锁、对拆自卫术及十余种基本功夫等。

一、跆拳道概述

跆拳道是一种利用拳和脚的艺术方法，一种不用任何武器，赤手空拳与敌手格斗，以此来保护自身、锻炼体魄、培养意志的运动。

（一）跆拳道的起源与发展

跆拳道起源于朝鲜半岛，是由朝鲜三国时代的跆跟、花郎道演化而来的，是韩国民间较普遍流行的一项技击术。公元 688 年，是朝鲜发展建设的黄金时代，跆拳道得到了大力推广。到公元 935 年高丽王朝，士兵们常以拳撞击墙壁和木桩，并进宫廷参加拳击比赛，使跆拳道的威望达到了极点。第二次世界大战后，自卫术再度兴起，朝鲜人从世界各国带回了新的武术技巧，并与跆拳道融为一体，形成了今日的朝鲜武术体系。

“跆拳道”一词是 1955 年由韩国的崔泓熙将军创造，被韩国视为国技。跆拳道以“始于礼，终于礼”的武道精神为基础。跆拳道精神的格言是“礼仪、廉耻、忍耐、克己、百折、不屈”。

1973 年，世界跆拳道协会成立，1988 年，跆拳道作为奥运会表演项目在韩国汉城首次亮相，1992 年的巴塞罗那奥运会开始作为试验比赛项目，2000 年，悉尼奥运会上被列为正式比赛项目。跆拳道在全世界的组织主要分为两个体系，分别为国际跆拳道联盟（ITF）和世界跆拳道联盟（WTF）。奥运会采用的是 WTF 体系。

（二）跆拳道特点

所谓跆拳道，跆（TAE）是脚的技术体系，意为用脚踢；拳（KWON），是拳的技术体系，就是用拳头击打和格挡；道（DO），是一种精神修炼和进攻与防守的艺术方法。跆拳道技术中占主导地位的是腿法，腿法技术在整体运用中约占 3/4。不论是进攻还是防守，招式都主张以刚制刚，简捷实效。跆拳道具有以下几个特点：

1. 以提高技艺和磨炼意志品质为目的。
2. 技术强调以腿法为主，拳脚并用。
3. 动作追求速度、力量和效果，以击破为测试功力的手段。
4. 强调呼吸，发声扬威。
5. 以刚制刚，方法简练。
6. 礼始礼终，内外兼修。

（三）跆拳道腰带颜色及象征

白带：白带代表纯洁，练习者没有任何跆拳道知识和基础，一切从零开始。

白黄带：练习者经过一段时间的训练，已经了解跆拳道的基本知识并学会一些基本技术，开始由白带向黄带过渡。

黄带：黄带是大地的颜色，就像植物在泥土中生根发芽一样，在此阶段要打好基础，并学习如大地般“厚德载物”的精神。

黄绿带：介于黄带与绿带之间的水平，练习者的技术在不断上升。

绿带：绿带是植物的颜色，代表练习者的跆拳道技术开始枝繁叶茂，跆拳道技术在不断完善。

绿蓝带：由绿带向蓝带的过渡带，练习者的水平处于绿带与蓝带之间。

蓝带：蓝带是天空的颜色，随着不断地训练，练习者的跆拳道技术逐渐成熟，就像大树一样向着天空生长，练习跆拳道已经完全入门。

蓝红带：练习者的水平介于蓝带与红带之间。

红带：红色是危险、警戒的颜色，练习者已经具备相当的攻击能力，对对手已构成威胁，要注意自我修养和控制。

红黑带：经过长时间的系统训练，练习者已修完从10级至1级的全部课程，开始由红带向黑带过渡。

黑带：是跆拳道高手的象征，是实力的体现，更是一种荣誉和责任。

二、跆拳道基本技术

（一）基本拳法

拳法是跆拳道实战中最基本且最重要的技术。出拳的基本原则是从腰间发力将拳击出，抱拳于腰间时拳心向上，拳击出的过程中要做手臂的内旋动作，拳击至最远端时手臂伸直，拳向下。击打目标后放松收回。

1. 冲拳

由准备姿势开始。两脚开立与肩同宽，两手握拳置于腰间。左脚前迈成左弓步，同时右手拳内旋击出，手臂伸直，力点在拳面。冲拳动作可顺势冲拳（左脚弓步冲左拳），亦可拗式冲拳（左腿弓步冲右拳），可向上、中、下三个方位冲拳，击打对方的头、胸腹和裆部。

2. 抄拳

左脚上成三七步，同时左手前伸抓住对方的衣襟，右手握拳收于腰右侧，两脚不动，重心前移成左弓步；同时左手回拉，右拳从腰间由下向上抄起，用拳面击打对方的下颌部。抄拳的动作亦可用左手拳进行。击打的部位除下颌部，还可击打腹部。

3. 弹拳

两脚前后开立成左三七步，两手握拳，两臂屈肘置于腹前，左拳在内，右拳在外，拳心朝下。重心前移，成左弓步，同时左手臂屈肘上提至胸前，翻肘，以肘关节为轴，前臂向上摆起，用拳背弹击对方的鼻骨、人中穴或眼睛。

4. 截拳

两脚开立，左手握拳屈肘置于胸前，拳眼向上；右手握拳收于右侧腰间，拳心向上。左脚向左迈一步成左弓步，同时左臂以肘关节为轴，臂内旋向前向左侧前方用锤拳截击对方的面部、胸部或肋部。截击的位置在身体左侧前方，用力方向由内向外横向击打。

5. 鞭拳

两脚前后开立成右弓步，左手握拳收于腰左侧，拳心向上；同时右手握拳，右臂屈肘上提至肩高，右臂放置于左肩前方，拳心向内。右臂以肘关节为轴，由内向外用拳背鞭打对方的面部或胸部。左右式动作相同，只是方向相反。

6. 劈拳

两脚左右开立与肩同宽，右手握拳置于右侧腰间，拳心向上；同时左手握紧斜置于腹前，拳心向内。两脚不动，左臂由腹前向左上经脸前向左下直臂抡臂，用锤拳劈击对方的头部、颈部或锁骨。

7. 双冲拳

两脚并步站立，两拳拳心向上置于腹前。右脚前迈一步成左弓步，同时两拳自腰间向前冲击，两臂内旋，以双冲拳击打对方的面部、胸部和腹部。

（二）基本掌法

掌法在跆拳道实战中是非常多见的。虽然正式的跆拳道比赛不准使用掌法，但是，掌法在跆拳道品势练习、实战格斗以及防身自卫中，具有非同寻常的攻击效果，轻者致伤，重者致残、致命，因而练好掌法对增强实战格斗和防身自卫能力有着重大的意义。

1. 砍掌（手刀砍）

两脚开立成准备姿势，两手握拳置于腹前，手心向内。左脚前迈一步成左弓步，同时右手臂提肘上举，经由右前方将右手由拳变掌提到右前与头同高，随即前伸右臂，右臂外旋由外向内用右手刀向左前平砍，掌心向上。砍掌动作左右手刀砍势相同，只是方向相反。砍掌分仰掌砍击和俯掌砍击，攻击部位在颈动脉、锁骨和两肋。

2. 插掌（贯手）

准备姿势开始。左脚向前迈一步成左弓步，同时右手自腰间由拳变掌向前伸臂插出，右臂伸直，力达指尖。左手握拳收于腰间。插掌动作左右掌相同，只是方向相反。插掌分立插掌和平插掌两种形式，可仰掌亦可俯掌，攻击部位在脸部、心口、肋间和颈部。

3. 底掌掐击

准备姿势开始。左脚向前迈一步成左弓步，同时右手自腰间由拳变底掌向前掐击，利用底掌的大拇指和四指掐击对方咽喉。掐击动作可左手也可右手，只是方向相反。攻击的主要部位是对方的咽喉。

4. 掌根推击

掌根推击也叫熊掌推击。由准备姿势开始。左脚向前迈一步成左弓步，同时右手自腰间由拳变熊掌向前推出，力点在掌根；左手握拳，拳心向上收于腰间。掌根推击可用左手也可用右手，动作相同，方向相反。掌根推击的部位在面部、胸部和腹部。

5. 双插掌

准备姿势开始。左脚向前迈一步成左弓步，双手自腰间由拳变贯手向前同时插击。如果改变手型，将贯手改为熊掌，就可将动作变为熊掌双推击。插击或推击的部位主要是胸部、肋部和面部。

（三）基本腿法

1. 前踢

以左势实战姿势开始；右脚向后蹬地，身体重心前移至左脚；右脚蹬地顺势屈膝提起，左脚以前脚掌为轴外旋约90°，同时，右腿迅速以膝关节为轴伸膝、送髋、顶髋，把小腿快速向前踢出，力达脚尖或前脚掌。踢击目标后右腿迅速放松弹回，落回原地仍成左势实战姿势。

动作要领：

（1）膝关节上提时，大小腿折叠，膝关节夹紧，小腿和踝关节放松，有弹性。

（2）踢击时，顺势往前送髋；高踢时，往上送髋。

练习方法：

（1）从右势实战姿势开始。

（2）左脚蹬地重心前移至右脚，右脚支撑，左脚随蹬地屈膝上提膝关节，上体略后仰。

（3）右脚以脚掌为轴外旋约90°，同时，左腿迅速伸膝向前上踢击，左腿上直，力达脚尖或前脚掌。

（4）踢击目标后小腿快速放松回收，左脚落回成左势实战姿势。

2. 横踢

右脚蹬地，重心移到左脚，右脚屈膝上提，两拳置于胸前；左脚前脚掌辗地内旋，髋关节左转，左膝内扣；随即左脚掌继续内旋转180°，右脚膝关节向前抬至水平状态；小腿快速向左前横踢出；击打目标后迅速放松收回小腿。右脚落回成实战姿势。

动作要领：膝关节夹紧，向前提膝，尽量走直线；支撑脚外旋180°；髋关节往前顺，身体与大小腿成直线，严格注意击打的力点；踝关节放松，击打的感觉是“面团”“鞭梢”。横踢攻击的主要部位有头部、胸部、腹部和肋部。

3. 后踢

左脚掌为轴内旋约90°，上身旋转重心移到右脚，屈膝收腿直线踢出，重心前移落下。

动作要领：

（1）起腿后上身于小腿折叠成一团。

（2）动作延伸，用力延伸。

（3）转身，踢膝，出腿一次性完成，不能停顿。

（4）击打目标在正前方稍偏右。

4. 劈踢

实战姿势开始。右脚蹬地，重心前移至左脚。同时，右腿以髋关节为轴屈膝上提，两手握拳置于胸前；随即充分送髋，上提膝关节至胸部，右小腿以膝关节为轴向上伸直，将右腿直举于体前，右脚过头。然后放松向下以右脚后跟（或脚掌）为力点劈击，一直到前面，成实战姿势。

动作要领：腿尽量往高、往头后举，要向上送髋，重心往高起；脚放松往前落，落地要有控制；起腿要快速、果断；踝关节要放松。劈踢的主要攻击部位有头颈、脸部和锁骨。

5. 推踢

实战姿势开始。右脚蹬地，重心前移，右脚以髋关节为轴提膝前蹬，用右脚脚掌向前蹬推，力点在脚掌，推力向正前方。

动作要领：提膝后，尽量收紧膝关节；重心往前移，利用身体的重量为力量；推的时候腿往前伸展、送髋；推的路线水平往前。推踢的攻击目标是腹部。

易犯错误：

（1）收腿不紧，直腿起，容易被阻截。

（2）上身太直，重心往下落，腿不能水平前推。

（3）上身过于后仰，重心不能前移，不利于衔接下一个技术。

6. 勾踢

从左势实战姿势开始，右脚向后蹬地，身体重心前移至左脚，左脚支撑，右腿屈膝提起；左脚以前脚掌为轴，脚跟向内旋转约 180°，右腿膝关节内扣，右腿向左前方伸出，伸直后用脚掌向右侧用力屈膝鞭打，然后右腿顺势放松屈膝回收，落回原地成实战姿势。

动作要领：

（1）起腿后右腿屈膝抬过水平，然后内扣。

（2）右脚要随转体尽量向左前伸展。

（3）右脚掌向右鞭打时要屈膝扣小腿。

（4）鞭打后顺势放松。

练习方法：

（1）从左势实战姿势开始。

（2）右脚向后蹬地，身体重心前移至左脚，左脚支撑，右脚屈膝前提。

（3）左脚以前脚掌为轴，脚跟向内旋约 180°，同时，右膝稍内扣。

（4）右腿伸膝，右腿向左前方伸直。右脚在屈膝扣小腿动作的带动下，向右用前脚掌做鞭打动作。

（5）右脚鞭打结束后，放松屈膝回收，落回原地成左势实战姿势。

7. 后旋踢

实战姿势开始。两脚以两脚掌为轴内旋约 180°，身体之右转约 90°，两拳置于胸前。上体右转，与双腿拧成一定角度。右脚蹬地将蹬地的力量与上体拧转的力量合在一起，将右腿向后上以髋关节为轴直腿摆起，右腿继续向右后旋摆鞭打，同时上体向右转，带动右腿弧形摆至身体右侧，右腿屈膝回收；右脚落至右后成实战姿势。

动作要领：转身、旋转、踢腿连贯进行，一气呵成，中间没有停顿；击打点应在正前方，呈水平弧线；屈膝起腿的旋转速度要快；重心在原地旋转 360°。后旋腿攻击的主要部位有额和胸部。

8. 双飞踢

两人从闭势实战姿势开始，攻方先用右横踢攻击对方左肋部，同时，左脚蹬地起跳，身体腾空右转，腾空高度在膝关节以上，但不宜过高；左脚起跳后在空中用左横踢迅速踢击对方胸部或腹部；左右脚交换，右脚落地支撑，左脚横踢目标后迅速前落，成左势实战姿势。

动作要领：

(1) 右腿横踢目标的同时，左脚蹬地跳。

(2) 左脚起跳后迅速随身体右转横踢目标。

(3) 两腿在空中交换，右脚先落地。

练习方法：

(1) 实战姿势开始。

(2) 攻方起右腿向前横踢攻击目标。

(3) 左脚同时起跳，在空中顺势交换两腿。

(四) 肘关节动作

肘关节由于骨结构本身的特点，使用肘的骨尖部，击打的力度和威胁都很大；尤其是在贴身的近距离攻击中，肘的威力更能充分发挥，给对方以强有力的打击。因为肘关节前后左右都可以使用，所以，肘的进攻动作可以向多个不同方向击出。

1. 顶肘

准备姿势开始。左脚向前迈出一步成左弓步，同时左臂屈肘上提至胸前，左拳置于胸前，拳心向下；右拳变掌提到胸前，用右手掌推动左拳，以左肩关节为轴，左肘关节尖领先，将左肘向前顶击。顶肘的动作左右肘关节都可进行，只是方向相反。顶肘攻击的主要部位是头面部、胸部、腹部和肋部。

2. 挑肘

准备姿势开始。左脚向前迈一步成左弓步，同时右拳自腰间上举，右肘关节屈曲收紧，肘尖自下向上挑起。挑肘动作可用左右肘完成，只是方向相反。挑肘攻击的主要部位有下颌和腹部。挑肘时，要拧腰顺肩，以增加挑肘的距离和力量。

3. 摆肘

准备姿势开始。左脚向前迈一步成左弓步，同时，右臂以肩关节为轴，将屈曲夹紧的大小臂抬平后自外向内或自内向外用力摆击肘尖部；左手拳变掌用力推或压右拳贴紧胸部并助右肘摆动。肘关节由外向内摆动叫内摆击肘，由内向外摆动叫外摆击肘。摆肘攻击的主要部位是两颊部和胸部。

4. 砸肘

准备姿势开始。左脚上前一小步成前行步，同时，右臂以肩关节为轴屈肘上举，当右拳靠近耳侧时肘抬至水平以上，随即右肘用力向下砸，也可用于对方倒地后的下砸攻击动作。砸肘动作左右肘相同，只是方向相反。砸肘攻击的主要部位有头顶、面部和锁肩胛骨。

(五) 膝关节动作

膝关节在跆拳道实战格斗中被用作近距离攻击对方的主要武器之一，因为膝关节是人体关节武器化中最具力量的一种，而且使用简单，一旦击中会重创对手。膝关节的主要使用技术是顶膝和撞膝技术。

1. 顶膝

准备姿势开始。左脚上前迈半步成左弓步，同时双手自腰间前举，由拳变掌抓对方的肩部或衣襟。随即双手用力向下压拉对方的肩部或衣襟，同时提右膝向上顶击。顶击的主要部位有腹部、裆部、头面部。顶膝时，两手的下压、下拉用力和提膝上顶的力量协调进行，形成合力去顶击对方，达到一招制胜的目的。

2. 撞膝

准备姿势开始。左脚掌为轴辗地，身体左转，同时右腿屈膝上提，自右下向左上侧用膝部撞击，两拳抱于腹前。撞击的动作可用膝分别向异侧方向进行。撞击的用力方向是横向的，撞击的主要部位是腹腔神经丛和两软肋部。做动作时提膝、转体，撞击的动作连续协调，形成加速撞钟式的动作，以提高杀伤力。

第十六章　校园休闲体育运动训练实践指导

休闲体育是指人们利用闲暇时间进行的以增进健康、丰富和创造生活情趣、完善自我作为目标的身体锻炼活动。校园休闲体育作为休闲体育的重要组成部分，丰富了学生的闲暇生活，并且在促使学生身心发展的同时，也使学生更好地享受参与体育运动的乐趣。本章就校园休闲体育运动训练实践进行探究。

第一节　形体类休闲体育项目训练实践

一、瑜伽运动训练实践

（一）瑜伽基本理论概述

1. 瑜伽运动的起源

瑜伽起源于古印度的一种神秘宗教，是古代印度哲学六大派中的一派，产生在佛教和基督教之前，属于宗教色彩较少的一种。它是东方最古老的强身术之一，是人类智慧的结晶。

各种瑜伽体系的终极目的都是帮助人实现这种瑜伽境界。不同的瑜伽体系使用的瑜伽练习也各不相同。或者说，它们以稍微不同的方式运用同一些练习方法。

2. 瑜伽的分类

（1）传统瑜伽的分类

①哈达瑜伽

哈达瑜伽把体位法、身体洁净、呼吸锻炼结合在一起，是传统瑜伽体系中最基础、最普及的流派，动作相对缓慢柔和，在全世界传播范围最广。

②阿斯汤加瑜伽

阿斯汤加瑜伽即 8 支分瑜伽，又称滕王瑜伽。以体位法、呼吸、冥想、三摩地等八个步骤著称，是最系统的瑜伽体系。

③实践派瑜伽

实践派瑜伽是以身心的行动，无私奉献世人的无我修行派瑜伽，提倡在工作中修行。

④语音冥想瑜伽

语音冥想瑜伽通过反复唱诵语音净化身心的瑜伽流派。

（2）现代社会派生的瑜伽种类

①阿斯汤加 Vinyasa

阿斯汤加 Vinyasa 起源于印度的迈索城市，以“Vinyasa 动作呼吸紧密相连”为基础，动作前后连贯，一气呵成，是最系统、难度最大的瑜伽，有呼吸体操之称。阿斯汤加 Vinyasa 是一种自我挑战，能使全身的力量及协调、柔韧、平衡等能力全面发展的运动，练习后使人身心和谐，神清气爽。正因为如此，在欧美国家，这一运动成为田径、篮球、网球、自行车、高尔夫运动员理想的交叉训练项目。

②力量瑜伽

力量瑜伽是阿斯汤加瑜伽的现代演绎，同样以“Vinyasa”为基础，动作更为活泼，可以穿插许多力量型的体位法，注重意志力和生命内在能量的锻炼。

③流瑜伽

流瑜伽是由哈达瑜伽向力量瑜伽和阿斯汤加瑜伽过渡而产生的，以阿斯汤加瑜伽的“Vinyasa”为主线，但动作缓慢而流畅，同时又可以穿插快速的节拍性练习，强度大于哈达瑜伽，小于力量瑜伽和阿斯汤加瑜伽，是练习阿斯汤加瑜伽和力量瑜伽的基础。

④热瑜伽

热瑜伽是通过外在环境温度的控制（38℃～42℃）而达到减肥、排毒效果的瑜伽。

3. 瑜伽运动的特点与功能

（1）所有的姿势都要配合呼吸

呼吸是生命的基础，正确的呼吸可以加强全身系统功能、增进健康、增强生命力。瑜伽所有的姿势、冥想都有呼吸贯穿始终。只有通过呼吸才能充分感受到身体伸拉、挤压、扭转的过程。通过呼吸，可以清洁肺部及加速消除体内的毒素，同时让心更平静、平和，人更安静。

（2）放松僵硬的肌肉，缓解关节和肌肉疼痛

在所有瑜伽姿势中，身体的紧张与松弛贯穿始终。通过呼吸使身体紧张有度，不会过度僵硬。慢慢地让心神沉浸在所做的动作中，此时，会感觉到肌肉和韧带在一点一点地伸展，感觉肌肉在放松。身体的放松使姿势完成的幅度、角度越来越大，加强身体的柔韧性，提高对肢体的支配能力。

运动后，身体会产生乳酸并堆积而造成肌肉酸痛感和僵硬状态，通过呼吸和伸展的过程可使肌肉、结缔组织以及其他组织得到伸展，改善肌肉血液循环，加速乳酸的消除，增强肌肉和结缔组织的灵活性，缓解肌肉的紧张，防止外伤，有利于更好地促进身体恢复。

（3）瑜伽是最安全、最具效果的健身项目之一

瑜伽的一些姿势从运动学的规律来看是反关节的练习，在其他健身课上看是违例的动作。瑜伽姿势要求动作缓慢、步骤分明，每做一个练习都是放松而有控制的。伸展再配上正确呼吸和冥想进行练习，任何姿势都能达到自己能承受的角度，不超出自身的极限，没有强迫性，从而减少或不会伤害到身体。

（4）严格的饮食习惯

瑜伽是一种生活方式，除了呼吸和姿势之外，还很注重饮食。为了获取能量和保持身体健康，人必须进食。在练习瑜伽前应先了解瑜伽的饮食。首先，吃得要适中，只要不饿就行，不

能吃得过饱。尽量吃一些比较清淡、有营养的食物，避免吃酸、辣、刺激性、烧焦、不新鲜、不干净、无味或味道过重的食物。瑜伽提倡素食（当然不要强迫自己吃素）。

（二）瑜伽基本技术的科学训练

1. 呼吸

瑜伽呼吸是瑜伽训练尤为重要的一个部分，可以说没有正确的呼吸方法，就很难取得较好的瑜伽训练效果。正确的呼吸可以加强全身的系统功能、增进健康、增强生命力。在瑜伽训练中，吸气比呼气更为重要，因为正确的呼气可以清洁肺部及加速消除体内的毒素。

（1）腹式呼吸

要领：仰卧，吸气时把空气直接吸向腹部，将腹部隆起，呼气时腹部下沉，要慢慢地、深深呼吸。

作用：经常进行瑜伽腹式呼吸练习，可以增加练习者的肺通气量。

难点：吸气时练习者应感到肋骨是向外和向上扩张的；呼气时肋骨是向下并向内收的。

（2）胸式呼吸

要领：仰卧或坐姿，深深吸气，把空气直接吸入胸部、喉咙及支气管，不让腹部扩张。

难点：在胸式呼吸中，胸部区域扩张——腹部应保持平坦。吸气时，肋骨是向外和向上扩张。

（3）完全呼吸

要领：吸气，首先吸向腹部区域，在这区域隆起时，就开始将空气充满胸部区域的下半部分，然后又充满胸部的上半部分，在胸部吸满空气而扩张到最大限度，双肩可微上抬。按相反的顺序呼气：首先放松胸部，然后放松腹部。用收缩腹部肌肉的方法结束呼气。这确保了已经从肺部呼出了最大量的空气。然后，再次慢慢吸气，首先充满腹部，如此“吸—腹—胸—呼—胸—腹”，循环下去。

难点：“完全的呼吸”应是畅顺而轻柔的，就像一个波浪轻轻地从腹部波及胸膛中部再波及胸膛的上半部，然后减弱消失。呼气不应匆忙或使劲，而应是稳定、渐进的。

2. 坐姿

（1）简易坐

初学者最理想和最适合的姿势。

①要领

A. 坐姿。

B. 屈右腿，把右脚放在左大腿之下。

C. 屈左腿，把左脚放在右大腿之下。

D. 把双手放在两膝之上。

E. 头、颈和躯干都应保持在一条直线上。

②作用：加强髋关节、膝关节、踝关节的柔韧性和灵活性，减轻和消除风湿和关节炎。

（2）半莲花坐

①要领

A. 坐姿。

B. 屈右腿，并使右脚掌顶住左大腿内侧。

C. 屈左腿，并把左脚放在右大腿上面。

D. 头、颈和躯干都应保持在一条直线上。

②作用：基本与莲花坐相同，但在总体效果上稍有逊色。

③重点：凡是患有坐骨神经痛和骶骨损伤的人不宜做这个练习。

（3）莲花坐

①要领

A. 坐姿。

B. 屈左腿，将左脚放在右大腿上面，脚跟向上。

C. 屈右腿，将右脚放在左大腿上，脚跟向上。

D. 躯干伸直，努力保持两膝贴在地上。

②作用

A. 在初学者阶段，这个姿势是难做的。但是，当练习者掌握之后，这是一个具有松弛作用的练习。

B. 盘着的两腿减少并放慢下半身的血液循环，从而增加上半身，特别是胸部与脑部区域的血液循环。这个姿势有利于直身端坐，并且与普通坐在椅子上的坐姿不同，不会发生充血现象。

C. 这种姿势使呼吸系统毫不受阻，从而极为有利于引发畅顺地呼吸。因此，莲花坐对于患哮喘和支气管炎的人有益处。

D. 它还有助于预防及治疗风湿症。

E. 莲花坐有助于使人的身体稳定而安静，心灵和平，活跃进而警觉。因此，它对患有神经和情绪问题的人有益。

③难点

A. 初学者练习这个姿势很难，建议采用先练习简易坐。当习惯了简易坐之后，再开始练莲花坐。每次练习之后要按摩两膝两踝。

B. 当两膝和两腿开始感到难受，应尽快将双腿伸展开。一般练习一个月左右，难受的感觉会缓解或消失。

（4）至善坐

练习瑜伽者认为这是一切姿势中最为重要的姿势。按瑜伽哲学说，人身上有七万二千条经络，而“生命之气”就在这些经络中流通。这个姿势有助于清理这些经络，使之畅通无阻。

①要领

A. 坐姿。

B. 屈左腿，用脚跟紧紧顶住会阴部位，左脚掌紧靠右大腿。

C. 屈右腿，把右脚放在左脚踝之上，把右脚跟靠近耻骨，脚掌或几只脚趾放在左腿的膝关节窝。

D. 头、颈和躯干都应保持在一条直线上。

②作用

A. 至善坐由于具有镇定安神的效果，是瑜伽修炼者最常用的姿势之一。它有助于做好冥想的准备。虽然身体以坐姿休息，盘起来的双腿和伸直的背部有助于使心灵保持敏锐而警醒。因此，这个姿势极宜做呼吸练习和冥想练习。

B. 至善坐和莲花坐一样能够减少并放慢身体下半部的血流量。莲花坐中说到的，由于血液流通状况改变而产生的各种好处，也适用于至善坐。

③难点：初学者可以直接将右脚直接放在地板上。

④重点：患有坐骨神经痛或骶骨感染的人不应做这个姿势。

(5) 雷电坐

①要领

A. 跪立。

B. 两膝靠拢，两小腿胫骨和脚背平放地面，两脚大脚趾相对，脚跟外展。

C. 伸直背部。

D. 将臀部放落在两脚内侧和两个分离的脚跟之间。

②作用

A. 雷电坐是一个极优良的冥想姿势，特别是对于患有坐骨神经痛或因骶骨损伤而不能采用其他姿势的练习者而言是一个非常好的坐姿。

B. 雷电坐有助于使心灵和平宁静。

C. 在饭后练 5 或 10 分钟，它能促进整个消化系统功能。

D. 这个姿势还能防治胃溃疡、胃酸过多和其他胃部不适毛病。

E. 它有助于防止疝气发作。

F. 由于它对骨盆肌肉有伸张作用，所以是一种非常有益的产前练习。

G. 雷电坐也和其他冥想姿势一样，减少并放慢下半身的血液流通。这一点带来的各种好处已在莲花坐中作了说明。

3. 契合法

(1) 手指契合法

手指契合法有两种形式：

①轻轻把食指指尖和大拇指指尖靠在一起。其他三个手指放松，但不要弯曲，把双手放在膝上，掌心向上。

②把食指弯曲到能够触及大拇指的虎口部位，其他手指的动作同上。

(2) 智慧契合法

这个契合法除了两手手掌不是向上，而是向下之外，做法和手指契合法一样。

4. 基本动作组合

(1) 颈伸展式

①练习方法（坐姿或站姿均可）：

A. 肩不动，腰椎尽量伸直并放松。头慢慢向左，用左耳尽量地靠近左肩，但不要耸肩，感觉颈椎骨及脖子右侧的肌肉放松伸展，保持两次呼吸，慢慢回到中间，并用右耳贴右肩。

B. 用眼神带动头颈向后伸展。尽量将脸与天花板平行，感觉颈部及喉咙的伸展，保持 5～10 秒钟，然后用眼神带动头颈，慢慢收回，直到下巴贴前胸，感觉颈后的延伸，腰椎保持与地面垂直，前后缓慢地伸展颈部。

C. 头部缓慢地向左转动，保持两次呼吸，然后再向右，保持两次呼吸。用心感觉颈椎关节一节节地传递运动，感觉颈部肌肉像绷紧的橡皮筋一样。

②功效：可以美化颈部线条，减少颈部的皱纹。

③练习要求：

A. 肌肉放松伸展。

B. 动作缓慢。

（2）闪电式

①练习方法：

A. 采用金刚坐。

B. 十指相扣，掌心向上，手臂向上伸展。

②功效：放松肩胛骨。

③练习要求：腰背伸直向上用力。

（3）猫伸展式

①练习方法：

A. 成“四脚”姿势，吸气，将背部肌肉下压。同时慢慢抬头，后脑勺尽量后弯，蓄气不呼。

B. 呼气，放松背肌。收腹，背部拱起，用下巴去贴前胸。

②功效：使脊椎富有弹性，并可放松肩及颈部，改善血液循环。

③练习要求：

A. 背部肌肉尽量下压。

B. 尽最大努力收腹、含胸、圆背。

（4）摩天式

①练习方法：

A. 吸气，提起两脚脚跟，手臂向上伸展。

B. 呼气，弯曲上半身，挤压胃腹。

C. 做两次深呼吸，吸气，猛然起身，回到动作。

②练习要求：

A. 脚跟推起，前脚掌立稳。

B. 抬起上体要迅速。

（5）风吹树式

①练习方法：

A. 站立，十指相扣，并高举过头。

B. 呼气，身体从腰腹向右弯，保持 5 次呼吸。

C. 吸气，腰身收回，站立。呼气，向左弯，保持 5 次呼吸。左右各重复 6 次。

②功效：增强胃蠕动，解决便秘之苦。

③练习要求：侧弯时注意向侧，不要有向前的角度。

（6）哲玛里琪式

①练习方法：

A. 坐立，双腿伸直，右脚跟收近会阴处。

B. 右臂绕过右膝内侧，弯到背后。左手伸到背后，抓住右手。

C. 将头颈、肩及腰椎向右转动。

D. 调息 4～5 次，换另一侧。

②功效：强壮颈部、肩部及腰椎，强健内脏。

③练习要求：量力而行，尽自己最大努力去做。

（7）虎式

①练习方法：

A. 成“四脚”姿势，吸气，右脚向上伸展，将后脑勺贴向肩后。

B. 呼气，右脚屈膝，脚面绷起，鼻尖试着贴近膝盖。

C. 重复 5～6 次，换左侧再做。

②功效：伸展腰椎，能够使腰椎得到放松和舒展。

③练习要求：抬脚时，注意勾脚。

（8）腰转动式

①练习方法：

A. 站立，双脚分开与肩同宽，十指相扣。

B. 呼气，收挤腹部内脏，向前弯身，与腿部成 90°角。吸气，将上半身尽量向右转。保持 4～5 次舒缓地呼吸。

C. 呼气，向左转动上半身。左右各重复 6 次。

②功效：促进胃肠运动，改善内脏状况。

③练习要求：缓慢转动上半身。

（9）蛇扭动式

①练习方法：

A. 俯卧，双手放于胸膛两侧的地上。吸气，撑臂抬起身体。

B. 把头及身体向右转动，可以屈左手肘，眼睛注视脚跟，调息 3～4 次呼吸。

C. 吸气，身体收到中间，再次向左转动，同样调息 3～4 次。

②功效：此法可以改善消化不良，对肾脏和泌尿系统也有好处。

③练习要求：撑起上身时，把肩打开。

（10）云雀式

①练习方法：

A. 单腿跪姿，另一腿直膝向后，上体尽量后倾，双臂向后做伸展动作。

B. 意识集中在双肩。

②功效：消除肩部疲劳和肩部肌群紧张。

③练习要求：颈椎不好的练习者可不向后曲颈。

（11）摇摆式

①练习方法：

A. 仰卧，双手叠于头下，弯曲两膝。

B. 吸气，双腿向右边的地板上贴过去。双腿向左，整个动作过程中，脚踝和膝盖都要并拢，使用腹部力量带动双腿，左右各重复 4～6 次。

C. 呼气，双腿向胸膛贴近，收挤内脏。

②功效：此方法可以增强肠胃功能，加速肠胃运动，促进其蠕动。

③练习要求：使用腹部力量带动双腿。

（12）三角伸展式

①练习方法：

A. 站姿（基本三角式），左脚尖左转 90°，右脚不动，上身从腰部起向左慢慢下弯，手扶脚踝或地面。

B. 意识集中在脊椎及腰腹两侧。

C. 呼吸 6～8 次后，换另一侧重复。

②功效：刺激并改善肠胃功能，美化脸部血色。

③练习要求：意识集中在脊椎及腰腹两侧。

（13）旋转三角式

①练习方法：

A. 站立，双脚宽阔地分开，双手平举。

B. 呼气，向右转动腰腹，左手放在右脚旁。将腰腹向右转动到自己的界限，深呼吸数秒。

C. 吸气，还原，再做另一侧。

②功效：转动内脏，促进肠胃蠕动。

③练习要求：身体向侧完全打开。

（14）骆驼式

①练习方法：

A. 跪立，两膝、两脚分开，与肩同宽。脚尖踮起，可以减少脊椎的压力。吸气，髋及腹部向前推出。

B. 上身慢慢后仰，双手抓住两脚脚跟（意识集中在喉咙、胸腔、胃腹），吸气，并将小腹尽量向前伸展。

C. 保持深呼吸，停留几秒钟。吸气还原，前弯，放松。

②功效：防止胃痉挛，伸展和强化脊椎神经。

③练习要求：动作缓慢轻柔，量力而行。

（15）强劲蹲功

①练习方法：

A. 站立，双腿分开略宽于肩，脚尖稍外展，双手体前交叉。

B. 吸气，身体姿势不变，脚跟平稳上提，用脚趾支撑住身体，并尽量保持背部平直，身体平稳。

C. 屏住呼吸，保持姿势，控制 15～20 秒。

D. 呼气，脚跟慢慢放下，膝关节外展下蹲，使大腿肌肉收紧的感觉。

E. 重复6～12次。

②功效：加强踝关节、膝关节和大腿内侧的肌肉力量。

（16）树式

①练习方法：

A. 站立，将右脚掌紧贴住左腿内侧（右脚的位置高低可根据自己的柔韧情况而定），右膝向外打开。

B. 左腿平衡站立，双手合掌。吸气，手臂伸直，高举过头，调息5～6次，换到另一侧。

②功效：提高注意力，矫正脊椎弯曲，消除背痛。

③练习要求：保持身体平稳。

（17）桥式

①练习方法：

A. 仰卧，双腿弯曲，脚跟贴近臀部。

B. 吸气，臀部慢慢抬高，双手手掌撑住腰部。

C. 肘部收到身下，帮助固定身体，深呼吸两次，踮起脚尖，吸气，右腿向上伸展。

D. 眼睛注视右脚。深呼吸4～5次，慢慢还原，仰卧休息，换左侧重复。

②功效：此姿势可以美化臀部、背部肌肉线条，减少腰椎强直及僵硬，增强内脏机能。

③练习要求：腿尽量向上伸。

二、健美操运动训练实践

（一）健美操运动基本理论

1. 健美操的起源

早在19世纪，欧洲先后在德国、瑞典、丹麦和捷克出现了各种体操学派，对人体的健美锻炼，都有独特的论述和实践。德国人斯皮斯富有音乐天才，他把体操从社会上引入学校，他的体操是在音乐伴奏下进行的。瑞典体操家林氏首先提出健美体操是体操的一类。他认为健美体操是以表现人的思想感情为目的的体操，强调身体各部位及身心协调发展，培养健美的体态，促进身体健康。瑞典体操，引起当时许多国家的重视，并传入英、法、美、丹麦等国家。丹麦体操的创始人纳奇蒂盖尔传播和修改了德国和瑞典体操。丹麦体操家布克创建了“基本体操”。他把体操动作分成若干类，有身体各部位的动作，有发展身体各种素质的动作，有男、女、老、少都适宜做的各种体操动作。德国、瑞典、丹麦体操体系的形成和发展为现代健美体操的发展奠定了基础。

中国健美操源头虽然可以追溯到西汉时代，马王堆出土的西汉帛画《导引图》，图中的动作被认为与现代徒手健美操中的许多动作十分相似，以及汉代名医华佗编的“五禽戏”中的动作也被认为有现代健美操的影子。但真正的健美操是从国外传入的，1900—1913年，欧美各国体操相继传入我国。1937年出版的《女子健美体操集》及其后出版的《男子健美体操集》两书，说明我国早在20世纪30年代已介绍和开展了欧美各国的健美操。

2. 现代健美操的发展

现代健美操起源于1968年，美国太空总署的医学博士库伯尔专门为太空人设计了一些有氧的体能训练动作，伴以音乐和特定的运动服装，形成了独特的运动体系，很快便风靡世界。随着美国著名好莱坞影星简·方达的《简·方达健美操》一书迅速畅销到20多个国家，世界范围的健美操热开始形成了。现代健美操是在欧洲体操流派的基础上，吸收了体操的基本动作和非洲舞蹈中优美而有节奏、有序的动作而产生和发展起来的。它具有健美健身，改善体形和体态，以及医疗保健的实用价值，深受广大群众的喜爱。

1983年，国际健美操联合会（LAF）成立，总部设在日本，目前有会员国20多个，每年举办健美操世界杯赛。

1983年，美国举办了首届全美健美操锦标赛。

1984年，首届远东区健美操大赛在日本举行。

1990年，美国主办了健美操世界冠军赛，日本主办了健美操世界杯赛。

1994年，国际体操联合会健美操委员会（FIG）接受健美操为其所属的委员会，由于FIG是国际单项体育联合会，是国际奥委会正式承认的正规国际体育组织，具有悠久的历史和把握项目发展方向的能力，由其提出的“健美操进入奥运会”的目标，得到了世界各国健美操组织的热情支持与信任，也只有FIG才能担当起把健美操带入奥运会的重任。

1995年，国际体操联合会在法国举办了首届世界健美操锦标赛。并从1995年开始每年举办FIG健美操世界锦标赛。

3. 健美操的分类

健美操分类方法较多，没有统一的标准。这里按照国内外的惯例，将健美操运动分为竞技健美操和健身健美操两类。

（1）竞技健美操

竞技健美操是在音乐伴奏下，连续完成一系列复杂高强度的动作。该项目起源于传统的有氧健身舞。竞技健美操根据竞技健美操规则的要求进行编制、训练、比赛。竞技性健美操在参赛人数、比赛场地和成套动作的时间等方面都必须严格按照规则进行，不得擅自更改。规则对成套的编排、动作的完成、难度动作的数量等也都有严格统一的标准。竞技健美操的主要目的是“竞赛”。

（2）健身健美操

健身健美操是普及性的，没有统一要求。它根据练习对象的需求进行创编，动作简单易学，实用性强，节奏稍慢，时间长短不等。健身健美操练习的主要目的是“健身”。且为了保证一定的运动负荷和锻炼的全面性，健身健美操动作多有重复，并均以对称的形式出现。健身健美操的练习依个体情况而变化，遵循健康、安全的原则，防止运动损伤的出现，在保证安全的基础上，达到锻炼身体的目的。

健身健美操按练习形式分为徒手健美操、轻器械健美操和特殊场地健美操三大类。

（3）其他形式

除了健身健美操和竞技健美操，在我国还有一种表演健美操。表演健美操的主要练习目的是“表演”，它是事先编排好的、专为表演而设计的成套健美操，时间一般为2～5分钟。表演健美操的动作较健身健美操动作复杂，音乐速度可快可慢，为了保证一定的表演效果，动作较少重复，也不一定是对称性的。参与人数不限，并可在成套中加入队形变化和集体配合的动作。表演者可以利用轻器械，还可采用一些风格化的舞蹈动作等，以达到烘托气氛、感染观众、增强表演效果的目的。

4. 健美操的特点

（1）集健美和健身于一体

健美操是根据人体解剖学、生理学、美学等多学科理论，为健身目的而编排的。健美操强调动作的力度和弹性，使人平均和谐发展，不仅使与运动有关机体和系统得到锻炼，而且还可以塑造健美的形体和优雅风度。由此可见，健美操是一项将体质的增强与外在美的培养完美结合的运动。

（2）节奏感和韵律感相融合

健美操是在音乐伴奏下进行的身体练习，音乐是健美操的灵魂。健美操音乐的特点是节奏强劲有力、旋律优美，具有烘托气氛、激发人们情绪的效应。音乐多取材于迪斯科、爵士、摇滚等现代音乐和具有上述特点的民族乐曲，健美操动作的强烈节奏性特点通过音乐的高低、长短、强弱、快慢等有节奏的变化充分地表现出来，使健美操富有一种鲜明的现代韵律感，从而使健美操运动更具有感染力和观赏性。

（3）动作的多变性和协调性相统一

健美操成套动作的多变性，不仅表现在动作的节奏和力度上，而且还表现在动作的复合性方面。每节操很少是单个关节的局部动作，大多为多关节的同步运动，并处于不断变化中。这不仅要求身体各关节具有良好的灵活性，还对人体的协调性提出了较高的要求。

（4）普适性与群众性相契合

健美操形式多样，运动量易控制，场地器材较简单，适合不同年龄层次、性别、体质和技术水平的人，并都能从中获得快乐。同时，健美操是一项富有趣味性的运动，能给人们带来酣畅淋漓的情感体验，符合现代人情感追求和健身理念，深受人们喜爱，具有广泛的群众性。

（5）体育与艺术相结合

健美操之所以有别于其他运动项目，是因为有自身的个性和特殊性。健美操是体育与艺术相结合的产物。健美操是融体操、舞蹈、音乐于一体，追求人体健与美的项目。健美操属于健美体育的范畴，但健美操运动协调、流畅、有弹性以及运动员的表现力和感染力又具有高度的艺术性。健美操运动员在比赛中所表现出的健美的体魄、高超的技术、流畅的编排、优美的音乐和充沛的体力等，充分体现出健美操运动的“健、力、美”特征和高度的艺术性。

（二）健美操运动基本技术及其科学训练

1. 手型

健美操手型主要有掌和拳两种（图 16-1）。

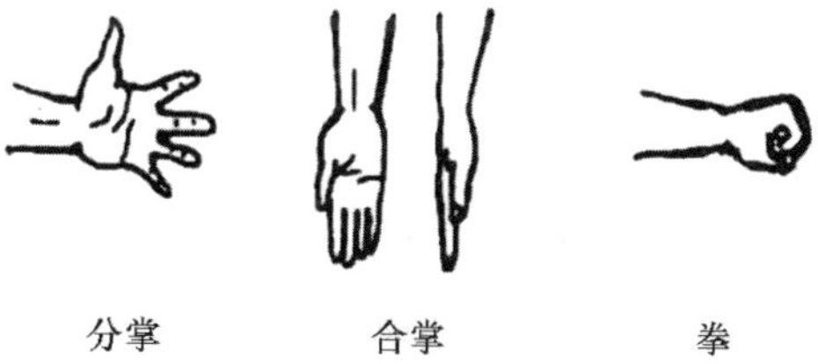

图 16-1

（1）掌

掌包括分掌和合掌。

①分掌：五指用力分开，手腕保持一定的紧张程度。

②合掌：五指并拢伸直。

（2）拳

五指弯曲紧握，大拇指紧扣食指和中指的第二指节。

2. 身体各部位基本动作

（1）头、颈部动作

头、颈部动作由屈、转、绕和绕环等动作组成（图 16-2）。

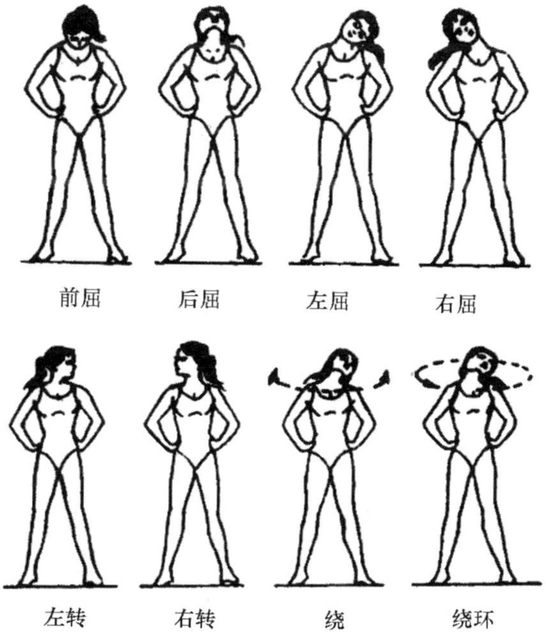

图 16-2

①屈：指头颈关节角度的弯曲，包括前、后、左、右屈。

②转：指头颈部绕身体垂直轴的转动，包括左、右转。

③绕和绕环：指头以颈为轴心的弧形和圆形运动，包括左、右绕和左、右绕环。

动作要求：做各种形式头颈动作时，上体保持正直，速度要慢，头颈移动的方向要准确，颈部被动肌群充分伸展。

(2) 肩部动作

肩部动作由提肩、沉肩、绕肩、肩绕环和振肩等动作组成(图 16-3)。

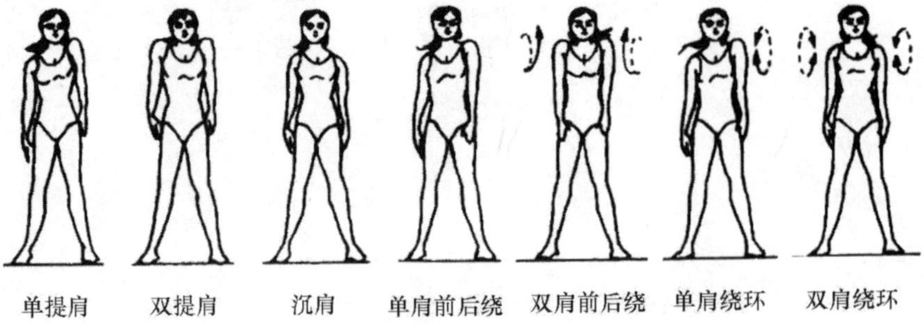

图 16-3

①提肩:指肩胛骨做向上的运动,包括单肩、双肩的同时提和依次提。

②沉肩:指肩胛骨做向下的运动,包括单肩、双肩的同时沉和依次沉。

③绕肩:指以肩关节为轴做小于 360°的弧形运动,包括单肩向前、后绕,双肩同时或依次向前、后绕。

④肩绕环:指以肩关节为轴做 360°及 360°以上的圆形运动,包括单肩向前、后绕环,双肩同时或依次向前、后绕环。

⑤振肩:指固定上体,肩急速向前或向后的摆动,包括双肩同时前、后振和依次前、后振。

动作要求:

①提肩时尽力向上,沉肩时尽力向下,动作幅度大而有力。

②绕肩时上体不能摆动,两臂放松,头颈不能前探;动作连贯,速度均匀,幅度大。

③振肩动作要有速度、力度和弹性。

(3) 上肢(手臂)动作

上肢(手臂)动作由举、屈、摆、绕、绕环、振和旋等动作组成。

①举:指以肩为轴,臂的活动范围不超过 180°而停止在某一部位的动作,包括单臂和双臂的前、后、侧举,以及不同中间方向的举(如侧上举、侧下举等)(图 16-4)。

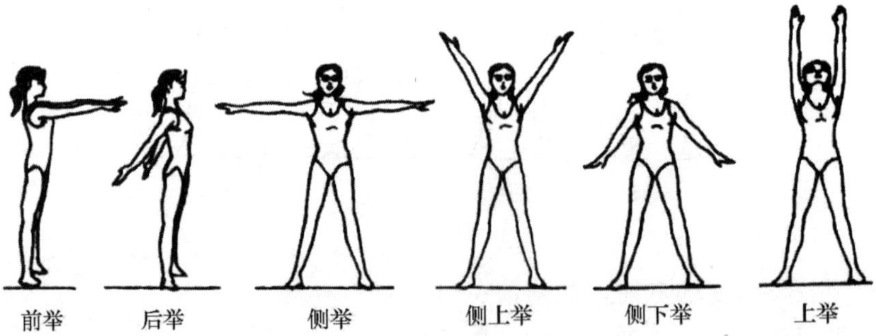

图 16-4

②屈:指肘关节产生了一定的弯曲角度,包括胸前屈、胸前平屈、肩侧屈、肩上侧屈、肩下侧屈、肩上前屈、腰间屈、背后屈、头上屈和头后屈(图 16-5)。

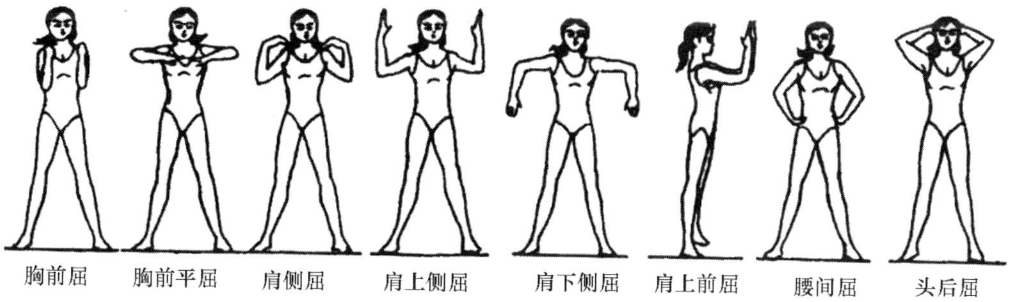

图 16-5

③摆：指以肩或肘关节为轴，向身体各方向做钟摆式运动，包括单臂和双臂同时或依次向前、后、左、右摆［图 16-6（a）］。

④绕：指双臂或单臂向内、外、前、后做 180°以上 360°以下的弧形运动［图 16-6（b）］。

⑤绕环：指以肩关节为轴，双臂或单臂做 360°及 360°以上的圆形运动，包括向前、向后、向内的绕环。图 16-6（c）和图 16-6（d）所示为单臂前后绕环和双臂前后绕环。

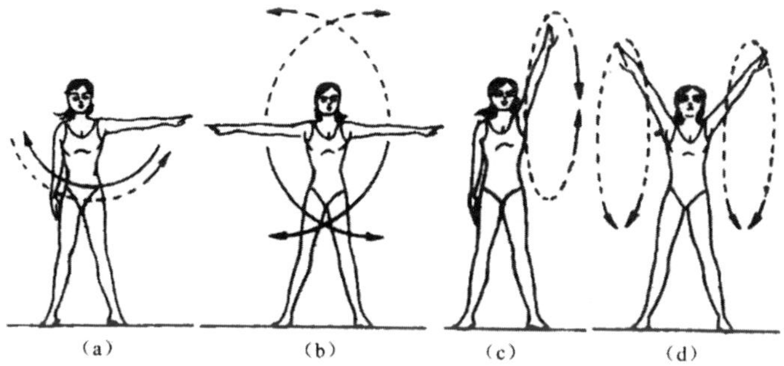

图 16-6

⑥振：指以肩为轴，手臂用力摆至最大幅度，包括侧举后振、上举后振和下举后振（图 16-7）。

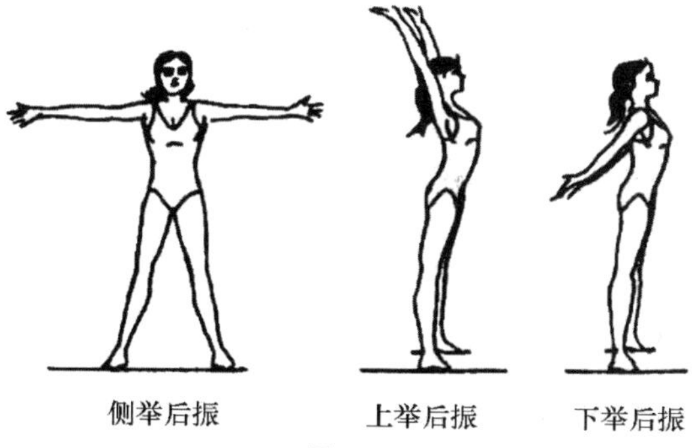

图 16-7

⑦旋：指以肩或肘为轴做臂的旋内或旋外动作（图 16-8）。

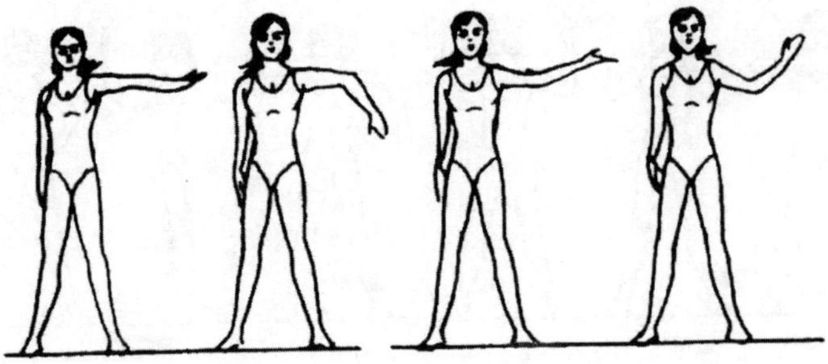

图 16-8

动作要求：

①做臂的举、屈伸时，肩下沉。

②做臂的摆动时，起与落要保持弧形。

③上体保持正直，位置准确，幅度要大，力达身体最远端。

（4）胸部动作

胸部动作由含胸、展胸和移胸等动作组成（图 16-9）。

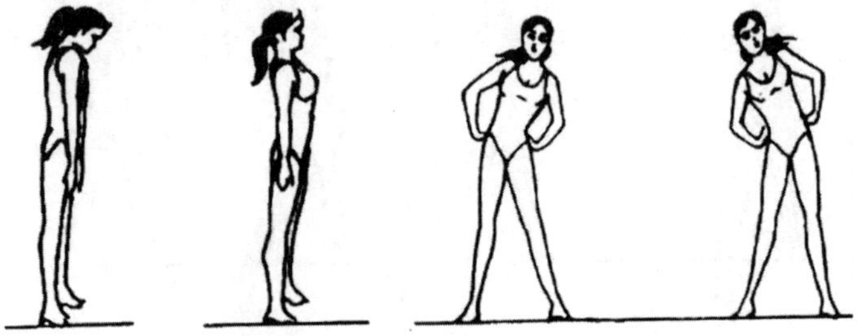

图 16-9

①含胸：指两肩内合，缩小胸腔。

②展胸：指两肩外展，扩大胸腔。

③移胸：指髋部固定，胸做向左、右水平的移动。

动作要求：练习时，收腹、立腰。含、展、移胸要达到最大极限。

（5）腰部动作

腰部动作由屈、转、绕和绕环等动作组成（图 16-10）。

①屈：指下肢固定，上体沿矢状轴和水平轴的运动，包括前、后、左、右屈。

②转：指下肢固定，上体沿垂直轴的扭转，包括左、右转。

③绕和绕环：指下肢固定，上体沿垂直轴做弧形和圆形运动，包括左、右绕和绕环。

动作要求：

①练习时，身体远端尽力向外延伸，绕环幅度要大，充分而连贯，速度放慢。

②腰前屈、转时，上体立直。

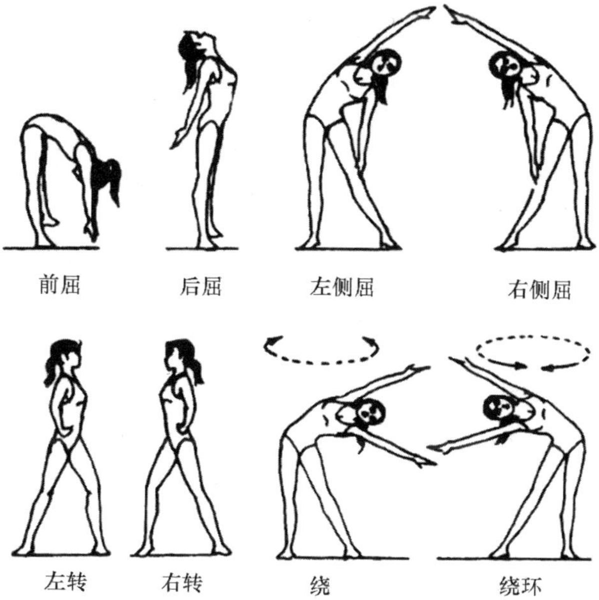

图 16-10

（6）髋部动作

髋部动作由顶髋、提髋、摆髋、绕髋和髋绕环等动作组成（图 16-11）。

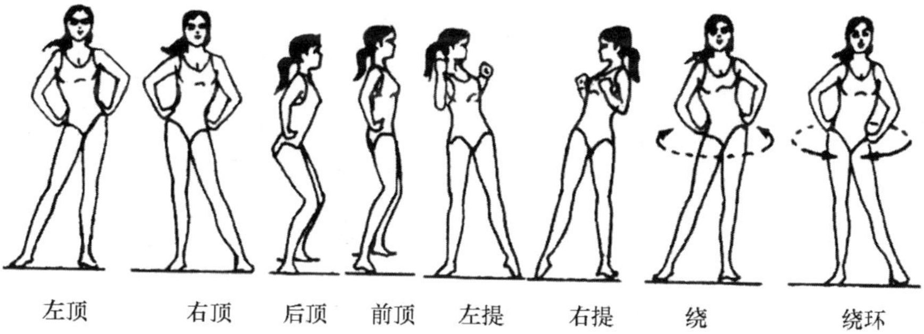

图 16-11

①顶髋：指髋关节做急速的水平移动，包括前、后、左、右顶髋。

②提髋：指髋关节做急速向一侧上提的动作，包括左、右提髋。

③摆髋：指髋关节做钟摆式的连续移动动作，包括左、右侧摆和前、后摆。

④绕髋和髋绕环：指髋关节做弧形、圆形移动，包括向左、右绕和绕环。

动作要求：髋关节做顶、提、绕和绕环时应平稳、柔和、协调，稍带弹性，上体要放松。

（7）下肢动作

下肢动作由滚动步、交叉步、跑跳步、并腿跳和侧摆腿跳等动作组成（图 16-12）。

①滚动步：两脚同时交替做由前脚尖至全掌依次落地动作。

②交叉步：一脚向另一脚前或后交叉行进。

③跑跳步：两脚交替进行，跑后支撑阶段有一次跳的过程。

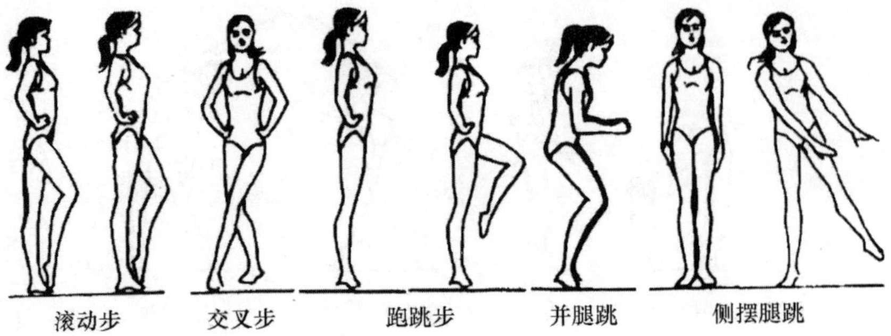

图 16-12

④并腿跳：双腿并拢，直膝或屈膝跳。

⑤侧摆腿跳：单腿跳起，同时另一腿向外侧摆动。

动作要求：跳跃要轻松自如，有弹性，注意呼吸配合。

3. 基本站立

基本站立包括立、弓步和跪立（图 16-13）。

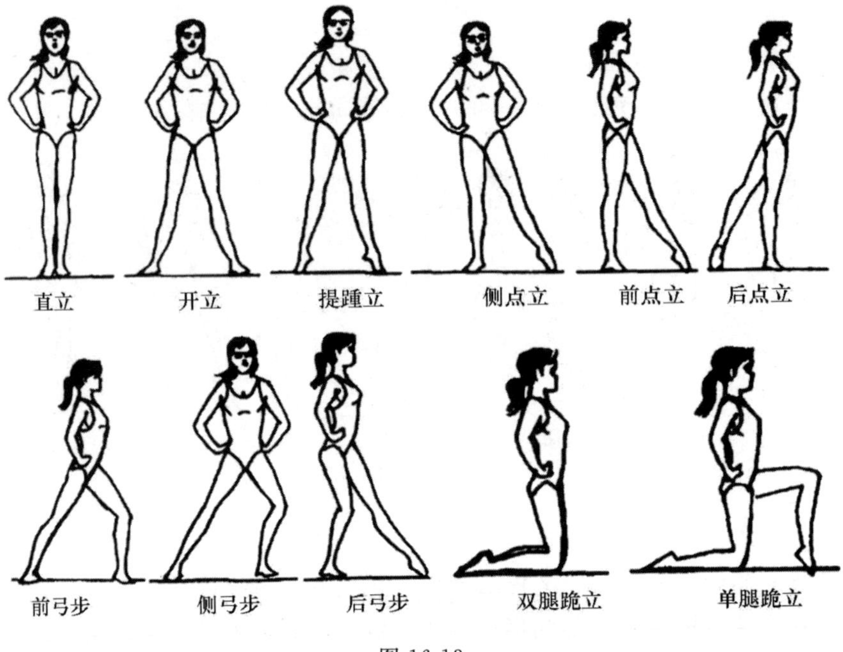

图 16-13

（1）立

①直立：指头颈、躯干和脚的纵轴保持在一条直线上。

②开立：指两脚左右分开与肩同宽或宽于肩。

③提踵立：指两脚跟提起，用前脚掌站立。

④点地立：指一腿直立（重心在站立脚上），另一腿向各方向伸直，脚尖点地，包括侧点立、前点立、后点立。

（2）弓步

弓步指一腿向某方向迈出一步，膝关节弯曲成 90°左右，膝部与脚尖垂直，另一腿伸直，包括左、右腿的前、侧、后弓步。

（3）跪立

跪立指大腿与小腿成直角的跪姿，包括双腿跪立和单腿跪立。

动作要求：

①站立时，头正直，上体保持挺直、沉肩、挺胸、收腹、收臀、立腰、立背、直膝。

②提踵立时，两腿内侧肌群用力收紧，起踵越高越好。

③弓步时，前弓步和侧弓步的重心在两腿之间，后弓步的重心在后腿。

4. 基本步伐

国际体操联合会健美操委员会出版的《竞技性健美操规则》中把健美操的步伐分为以下 7 大类：踏步、开合跳、吸腿跳、踢腿跳、弓步跳、弹踢腿跳和后踢腿跳（图 16-14）。

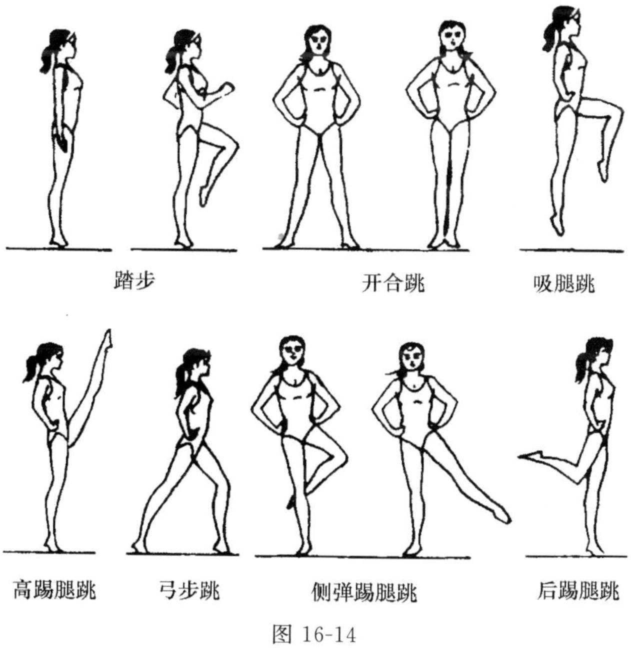

图 16-14

（1）踏步：两脚交替不间断地做屈膝上提然后踏地的动作，包括脚尖不离地的踏步、脚离地的踏步和高抬腿的大幅度踏步。

（2）开合跳：并腿跳至开立，分腿跳至并立。

（3）吸腿跳：单腿跳起，同时另一腿屈膝向前、侧上提。

（4）踢腿跳：单腿跳起，同时另一腿直腿向前、侧方向踢出，包括小幅度和大幅度的踢腿。

（5）弓步跳：并腿跳起，落地时成前（侧、后）弓步。

（6）弹踢腿跳：单腿跳起，同时另一腿经屈膝向前、侧方向弹踢。

（7）后踢腿跳：两脚交替有短暂腾空过程（类似跑步），小腿向后屈。

动作要求：

（1）踏步：落地时，由脚尖过渡到脚跟着地；屈膝时，胯微收。两臂前后自然摆动。

（2）开合跳：分腿时，两腿自然外开，膝关节沿脚尖方向弯曲；跳起与落地时，屈膝缓冲。

（3）吸腿跳：大腿用力上提，小腿自然下垂。

（4）踢腿跳：踢腿时，需加速用力，上体保持正直、立腰。

（5）弓步跳：跳成弓步时，把握住身体重心。

（6）弹踢腿跳：大腿抬起至一定角度后，小腿自然伸直，膝关节稍有控制。

（7）后踢腿跳：髋和膝在一条线上，小腿叠于大腿。

第二节　时尚类休闲体育项目训练实践

一、滑冰运动训练实践

（一）速度滑冰

速度滑冰历史悠久，是冰上运动的源头，冰上运动的其他项目都是在速度滑冰的基础上产生和发展起来的。我国的《宋史》记载：皇帝“幸后苑，观冰嬉”。“冰嬉”即滑冰运动。现代速度滑冰运动是在13世纪的荷兰逐渐发展起来的，目前是冬季奥运会的常规比赛项目。速度滑冰基本训练具体分析如下。

1. 起跑训练

（1）起跑姿势

根据站立姿势，起跑姿势可分为正面起跑（正面点冰式起跑、丁字式起跑、蛙式起跑）和侧面起跑（两刀平行与起跑线成一定角度的侧向站立起跑）；依据项目距离长短，起跑姿势可分为短距离起跑和长距离起跑。

（2）起动技术训练

起动是起跑的第一步，是指浮腿向前摆动迅速跨出着冰、后腿快速用力蹬离冰面的技术。滑冰起动时，迅速向前上摆动浮腿，并使前脚冰刀尽量外转；身体重心前移，成前冲姿势，用力蹬直后腿，两刀抬离冰面，身体有个腾空阶段；两臂配合腿快速摆动；髋随重心移动而前送，外转的前脚冰刀以内刃踏切着冰，刀跟落于前进方向的中线上；蛙式起跑，两手迅速撑离冰面，两腿同时用力蹬冰，并快速前摆浮腿。浮脚冰刀无须做外转动作。

2. 直道滑跑训练

（1）起跑姿势

滑冰者身体呈流线型，上体前倾，与冰面形成10°～25°角，团身，两肩下垂，头部微抬起；大腿深屈，身体重心线从后背下部穿过大腿，经过膝盖后与脚的中后部相接（图16-15）。

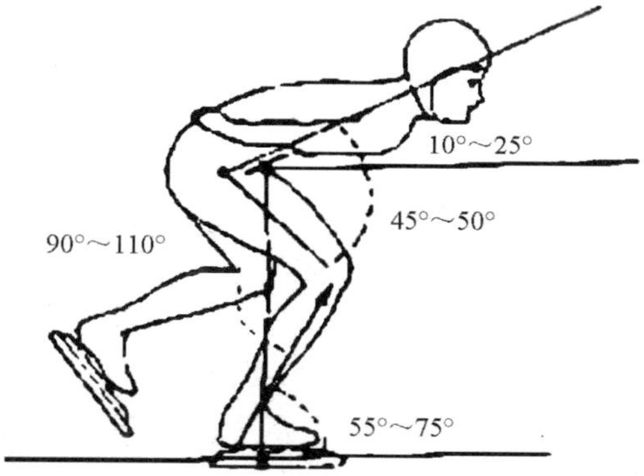

图 16-15

（2）自由滑行

滑冰者支撑腿冰刀由外刃过渡到平刃支撑；鼻、膝、刀成三点一线的滑行姿势；身体重心放在冰刀中后部上方；两肩平稳，上体前倾；保持基本滑跑姿势，避免身体上下起伏（图 16-16）。

图 16-16

（3）收腿动作

利用蹬冰腿蹬冰结束的反弹力及内收肌群收缩，将冰刀抬离冰面，完成收腿还原动作。收腿应止于浮腿收至身体重心下方的矢状面。

（4）单支撑蹬冰动作

单支撑蹬冰动作的分界时机是从开始横向移重心起，到浮腿冰刀着冰止。单支撑蹬冰动作应注意把握准确的蹬冰时机、牢固的蹬冰支点和侧蹬方向、浮腿做协调配合、用刀刃中部蹬冰。

（5）摆腿动作

浮腿从后位的矢状面摆向身体重心移动方向；膝盖领先，以大腿带动小腿摆向身体重心移动的方向（前侧方）；大腿前摆置于胸下，使膝部由下垂状态向前上抬起贴近支撑腿膝部；摆腿动作快结束时，两腿、两刀尽量靠近，浮脚冰刀放于支撑脚刀前面，用刀后部着冰。

（6）双支撑蹬冰技术动作

自浮腿冰刀着冰后，随重心移动缩小蹬冰角，刀尖指向滑行方向；利用蹬冰腿肌肉产生尽可能多的能量，尽量延长蹬冰距离，蹬冰结束时蹬冰力量最大，蹬冰速度最快时，将蹬冰腿充分展直。

（7）着冰动作

以冰刀的外刃（或平刃）和冰刀的后半部着冰，着冰动作与双支撑蹬冰动作是同步协调完成的。

（8）摆臂动作

摆臂动作可分为单摆臂、双摆臂和背手滑行（不摆臂）。一般来说，单摆臂多用于中长距离；背手滑行多用于弯道后的直道中，以延长滑步，放松。

3. 弯道滑跑训练

（1）滑跑姿势

上体前倾程度要比直道更接近水平状态，头部要与身体成直线，两肩保持平稳，处于半径延长线的平行位置；臀部与冰面平行。

（2）单支撑左腿蹬冰、右腿摆腿动作

保持两肩、臀部与冰面平行稳定状态；大腿和膝部位于胸下，并以左刀外刃牢固咬住冰面；展腿时，先展髋，压膝，当浮腿摆经蹬冰腿时，蹬冰腿膝关节加速伸展；沿弯道半径延长线向外侧蹬冰。右腿以膝盖领先摆收右腿，在重力和屈髋、膝肌群内收的作用下，使腿部由外展动作变为内收和前跨动作；右腿向左腿右前方朝着支撑腿加速摆动；右腿交叉经过左腿时，右刀跟要贴近左刀尖做交叉跨越，为右脚着冰动作做好准备。

（3）单支撑右腿蹬冰、左腿摆腿动作

单支撑右腿蹬冰、左腿摆腿动作与单支撑左腿蹬冰、右腿摆腿动作基本相同，方向相反。

（4）双支撑左腿蹬冰、右脚着冰动作

将蹬冰刀控制在臀下，用刀刃中部做快速向侧推蹬，蹬冰结束时，重心移向冰刀的前半部；右脚着冰点应在支撑脚冰刀左前方，刀尖抬起朝着切线方向，以刀跟内刃先着冰。

（5）双支撑右腿蹬冰、左脚着冰动作

展腿达到最高速，右腿快速展直完成蹬冰动作；两肩、臀部与冰面平行移动，随蹬冰腿加速伸展，使蹬冰角达到最小角度，蹬冰结束时，充分展直蹬冰腿；左脚着冰时，左腿前送，展膝屈踝，刀尖抬起，以外刃、冰刀的后部着冰。

4. 终点冲刺

对于正确的滑跑动作和已取得的滑跑速度进行保持，注重向侧蹬冰的质量。同时，采用双摆臂加快蹬冰节奏，竭尽全力滑完全程。

（二）花样滑冰

花样滑冰技术可分为三种类型：单人花样滑冰技术、双人花样滑冰技术和冰上舞蹈技术，下面对单人花样滑冰训练进行具体分析。

1. 滑行训练

单脚向前滑行动作的准备姿势与双脚滑行相同，在蹬冰结束后，滑行者应注意保持重心不变和单脚向前滑行姿势，蹬冰脚放在滑脚后，保持身体重心平稳，换脚时，浮脚要接近滑脚，两臂在两侧自然伸展。滑膝的伸屈要和两臂及浮脚的移动协调一致。

前内刃弧线滑行时，以右脚滑前内弧线、左脚内刃蹬冰为例，右脚用内刃向前滑出，重心向左倾斜，转体，右臂在前、左臂在后，面向滑行方向，右膝微曲，左脚蹬冰后沿滑线靠近滑脚前移，逐渐伸直，滑脚膝部逐渐伸直，换脚时右脚用内刃蹬冰，左脚用内刃滑出。

后外刃弧线滑行时，两肩和臂平放，右脚后内刃蹬冰，两臂动作协调配合，右臂用力向后滑行方向摆动，左臂在前。右脚蹬冰后迅速放在滑脚前，左脚做后外刃弧线滑行，滑行到弧线一半时头向圆内，上体外转，浮脚靠近滑脚移向滑线前，再做右后外弧线滑行。

急停时，可用右脚或左脚前外刃做横向刮冰急停动作，身体稍向后倾，另一脚离开冰面。

2. 旋转训练

以双脚直立交叉逆时针旋转（向左旋转）为例，起转后，左脚经右脚前方，顺旋转方向滑至右脚前外侧，双腿和双脚交叉，用右后外刃和左前内刃成对称的双脚交叉旋转，脚尖靠近脚跟分开。

3. 跳跃训练

跳跃动作是花样滑冰的一个重要技术，不同跳跃技术难度不同，同一跳跃也因在空中转体周数不同而有所差别，周数越多，难度也越高。跳起后，应注意收回四肢（加速转）、展四肢（减速转）、转体技术及其配合，落冰时，注意深屈滑腿和伸展四肢，保持身体平衡。

二、滑雪运动训练实践

（一）越野滑雪

1. 蹬冰式滑行

蹬冰式滑行具体包括以下两点：

（1）一步一撑滑行

双杖推撑的同时，右脚蹬动并移重心至左板；左脚向前滑进，右脚蹬动后向左板靠拢；自由滑进的左脚再蹬动，同时开始撑杖。

（2）两步一撑滑行

右板向前滑进并利用内刃进行有效的蹬动，重心移到左侧板上并承担体重向前滑行，两侧杖推撑，左侧杖的推撑力要大于右侧杖；连续若干次后，调换至另一侧，反复进行。

2. 单蹬式滑行

滑雪者右腿雪板内刃向侧用力蹬动，两杖同时向后推撑；蹬动结束后，重心移向左侧板并承担体重前滑，同时，双杖前摆；左板向前滑进一段距离后，重心向右倾，右板着地后，准备再一次蹬动，两杖前摆插地；右脚准备再一次蹬动，两杖插入板尖两侧，反复进行。

3. 转弯滑行

身体向弯道圆心侧倾倒；内侧板沿弯道切线方向滑进，并时刻调整方向，勿远离圆心；外侧板应按弯道的法线方向向外侧蹬动，同时需要加快频率，以便与内侧板相配合，变换转动方向。

4. 登坡滑行

登坡滑行主要包括以下两种类型：

（1）两步一撑蹬冰式滑行

上坡时，步频不需要明显加快；滑行板侧用力较大；插杖也不对称；随着坡度的增大，两步一撑第一步滑行距离较短，多用于过渡。

（2）交替蹬撑滑行登坡

与“两步一撑蹬冰式滑行”基本相同，只是两脚的蹬动与滑行方向不同。动作节奏和滑行距离应随坡度的变化而变化。

5. 滑降

由于越野滑雪板的雪鞋后跟部不固定在板上，速度快时不易控制，容易失去平衡。因此，在滑降过程中应注意先控制速度。

（二）高山滑雪

1. 滑降训练

滑降训练主要包括以下几点：

（1）直滑降

双板平行稍分开，体重均匀地放在两腿上，两脚全脚用力；上体稍前倾，髋、膝、踝关节稍屈；两臂自然垂放两侧，肘稍屈以协助保持平衡，肩部放松，目视前方。

（2）犁式滑降

双膝稍屈并略有内扣，重心在两板中间，两脚跟同时向外展，推开板尾，使雪板呈“八”字形；上体稍前倾并放松，两手握杖自然置于体侧，杖尖朝后方撑地滑行，目视前方。

（3）斜滑降

斜对山下站立，肩、髋稍向山下侧转形成外向姿势。上体稍向山下侧倾而膝部向山上侧倾，用双板向山上侧刃刻住雪面；保持从山上向下踩住雪板的感觉，上侧板比下侧板向前一些，双板平行；两肩的连线、髋的连线和两膝的连线与坡面平行，目视前方。

2. 转弯训练

转弯训练主要包括以下几点：

（1）犁式转弯训练

在犁式滑降姿势的基础上，将体重逐渐向一侧板上移动，保持雪板外形不变，进行自然转弯。

（2）蹬跨式转弯

在双板滑进的基础上，弧内侧（右）板稍抬起并跨出，注意左板向弧外蹬出、右板跨出、左板蹬出应同时进行；外侧板（左）强有力地用刃刻、蹬雪为右板增大了向新的转弯方向的推进力，右腿主要承担体重；左侧板蹬板结束，重心升高，收板向左侧倾倒。然后双板平行进入新的回转弧。

（3）跳跃转弯训练

借助雪包或自身力量跳起，在空中改变雪板方向或变刃后着地。着地时，注意屈膝降低重心的落地缓冲。

第三节　极限类休闲体育项目训练实践

一、蹦极运动训练实践

（一）蹦极运动装备

1. 弹跳绳

一般蹦极地点都有专业弹跳绳，旧式弹跳绳没有安全绳的后备系统。新式弹跳绳采用“双保险”，为防意外，弹跳绳的设计皆按人体下降速度及反弹高度精确地分为轻绳及重绳，安全系数较高。

2. 扣环

扣环的作用在于连接弹跳绳与弹跳者的重要环节，一般采用的扣环为纯钢制品，每个安全钢扣环的承受能力都可达 10 500 磅的重量，约 4 772 千克。

3. 绑膝装备

进行前跳式蹦极或后跃式蹦极时所采用的装备，可将蹦极者腰部固定于弹跳绳一端。

4. 绑脚装备

自由式蹦极的必备，用于捆绑脚踝。

5. 绑背装备

进行往前跳及花式跳法时所使用的工具，功用在于保护背部和平衡身体。

6. 抱枕

抱枕的作用就是为了保证运动者在过程中保持身体平衡，消除紧张感。

（二）蹦极运动技术

1. 绑腰后跃式

此跳法为绑腰站于跳台上采用后跃的方式跳下，为弹跳初学者的第一个规定基本动作，弹跳时仿佛掉入无底洞，整个心脏皆跳出，约 3 秒时突然往上反弹，反弹持续 4～5 次，当定神观看时，自己已安全悬挂于半空中，整个过程约 5 秒，真是紧张又刺激。

2. 绑腰前扑式

绑腰前扑式跳法为绑腰站于跳台上向前扑的方式跃下，为弹跳初学者第一个基本动作做的另一种尝试跳法。此种跳法近似于绑腰后跃式，但弹跳者面朝下，真正感受到恐怖与无助，当弹跳绳停止反弹时能真正享受重生的欣喜。

3. 绑脚高空跳水式

此跳法为弹跳者表现英姿的跳法，将装备绑于脚踝上，弹跳者站于跳台上面朝下，如奥运选手跳水时的神情，弹跳者倒数五个数后即展开双臂，向下俯冲，仿佛雄鹰展翅，气度非凡。

4. 绑脚后空翻式

绑脚后空翻式跳法是弹跳跳法中难度最高但最神气的跳法。将装备绑于脚踝上，弹跳者站于跳台上背朝后，展开双臂向后空翻，此种跳法需要强壮的腰力及十足的勇气，若认为自己的胆识超人，不妨在体验过绑腰、绑脚高空跳后，勇敢挑战绑脚后空翻。

5. 绑背弹跳式

绑背弹跳式跳法被弹跳教练喻为最接近死亡的感受。弹跳者将装备绑于背上，双手抱胸双脚往下悬空一踩，仿佛由高空坠落，顿时感觉大地悬转，地面事物由小变大，整个过程仿佛与死神打交道，真是刺激过瘾到极点。

6. 双人跳

双人跳法是恋人宣誓爱的证言的最高境界。双人于空中反弹时，弹跳绳将两人紧紧扣在一起，此时是许下诺言的最佳时刻。当然，要求其中一方必须要有弹跳经验才能进行此项甜蜜又惊险的双人跳。

二、热气球运动训练实践

（一）热气球运动教学

1. 起飞技术

一个热气球的起飞至少需要四个人的共同作业。首先，在地上把球囊铺展开；其次，将它与放在一边的吊篮连接在一起，用一个小的鼓风机，将风吹入球囊；最后，将火点燃加热在气球球囊内的空气，热空气使气球升到垂直于吊篮的位置，气球立起来就可以起飞了。

2. 驾驶技术

热气球是随风而行的，并非真的被“驾驶”。由于风在不同的高度有不同的方向和速度，驾驶员可以根据飞行需要的方向选择适当的高度。

3. 速度控制

热气球飘飞速度的快与慢，是由风速的快慢决定的，因为热气球本身并没有动力系统，飞行速度完全取决于风速。热气球最大下降速度为 6 米/秒，最大上升速度为 5 米/秒。

4. 飞行时间

在一天当中，太阳刚刚升起时或太阳下山前 1～2 小时，风很平静以及气流也很稳定，是热气球飞行的最佳时间。

如果携带足够的石油液化气或丙烷，一只热气球通常能持续飞行 2 小时，但热气球飞行的持续时间也受其他因素的影响，例如气温、风速、吊篮重量（包括乘客）和起飞的具体时间等。

5. 复原

热气球恢复原状需要地勤人员的帮助，地勤人员驾驶卡车或小货车跟随飘飞的气球，预先到达降落点。

三、攀岩运动训练实践

攀岩运动是年轻人非常喜爱的户外运动项目，攀岩运动对身体条件的要求很高，更加重要的是能够熟练地掌握基本技能。攀岩技能掌握的好坏直接影响攀岩者的攀登能力、攀登水平，因此应重视攀岩基础技能训练，为提高攀岩技能水平和保障安全打好基础。攀岩运动的技能需要经过不断地磨炼才能够熟练提高。

（一）手法技巧

在攀登中用手的根本目的是把身体拉向岩壁并保持向上的趋势和维持重心平衡。用手握支点的基本原则是向支点的开口方向抓握用力，且手抓握用力的方向和前进的方向相反。根据岩壁上支点突出（凹陷）的位置和方向，攀岩的基本手法有握、捏、抠、拉、撑、推、靠、塞等，但也不要拘泥于一种，同一支点可以有多种抓握方法。

1. 握。根据支点的形状，有紧握、曲握和开握三种握法。基本用力方法是手指张开或并拢用力抓握住整个支点。

2. 捏。捏主要是针对一些条状的支点，支点的形状是没有可以把住的边，而只能靠手指的摩擦力，大拇指和其余四指中能用到力的手指相对用力，将支点捏在手中。

3. 抠。对于一些支点，只能用手指尖去接触，用力时将手指第二关节弯曲成 90°，大拇指压在食指上协助用力。

4. 拉。拉有侧拉、反拉和对拉。对有些比较好用力的支点，可以通过手指向掌心弯曲，用力将身体拉起来。

5. 撑。撑是利用台阶、缝隙或其他地形，以手掌和小臂使身体向上或向左右移动。

6. 推。推是利用侧面和下面的岩体或物体以手臂的力量使身体移动。

7. 靠。靠是利用能够容纳身体的裂缝，用背部靠住一侧岩面，用四肢顶住对面岩壁，使身体向上移动。

8. 塞。塞是将手伸进岩壁缝隙里，以弯曲手掌或握拳抓住岩壁的缝隙并移动身体，尤其是在水平用力时，手臂要放低，利用向下的拉力加大水平摩擦力。要充分使用拇指的力量，尽量把拇指搭在支点上。

总而言之，在攀岩过程中，手指可以做张开、弯曲、合拢、捏握以及挤塞等动作，同时也可以做各种不同组合动作。

（二）脚法技巧

在攀岩过程中，由于腿脚的负重能力、爆发力、耐力等都很强，远远大于手臂，所以攀登岩壁主要依靠腿脚的力量与动作，使身体向上运动并保持重心平衡，而手只是帮助攀岩者从一个立足点到下一个立足点时维持身体的平衡。攀岩时的基本脚法有踩点、摩擦点、钩点、挂点、交换脚等。

1. 踩点。一般在小的脚点上，脚的踩踏方法主要有正踩和侧踩（内侧踩、外侧踩）。在用脚踩点时，要注意踩点的面积，并不是越大越好，要尽可能寻找可发力的部位。用脚的大拇指从上向下用力踩住脚点，就如同跳芭蕾舞一样。不可踩进太多，不能把整个脚掌都放在支点上，这样可以使脚在承受重力的情况下能够左右旋转移动，便于换脚、转体等动作的顺利进行。

2. 摩擦点。用鞋底的大部分压在岩壁表面上尽可能产生摩擦力，主要用脚的大拇指发力。这个动作在身体悬空时特别有用，要有意识地将力量放在踩点的脚趾上。如果脚下滑，可试着用力压紧岩壁，然后迅速移动身体重心，使身体重心平衡而不至于脱落。

3. 钩点。当三点支撑所成的三角形是钝角时，身体会有“开门现象”，此时可用脚钩住支点保持平衡。在钩的过程中，伸腿、屈胸、向上直到脚能钩到支点。在横向移动时，当感觉身体要脱离岩面时，可以寻找旁边或低于腰部高度的支点用脚后跟或脚趾钩住，以便挂住身体，从而使手不受其他支点限制。

4. 挂点。挂又称用脚后跟钩，主要是指用脚后跟挂在支点上的方法。钩和挂的最终目的是获得“第三只手”，以保持身体平衡。脚后跟挂在有仰角线路的攀登中用得较多。

5. 交换脚。正确合理的换脚技术要保证换脚的平稳，同时不增加手的负担。以从左脚换到右脚为例，首先把右脚提到左脚上方，左脚以脚在支点上最左侧为轴顺时针（向下看）转动，把支点右侧空出来，此时体重还在左脚上，右脚从上方切入、踩点，左脚顺势抽出，体重过渡到右脚。另外，双脚在攀登过程中除了支撑体重外，还常常用来维持身体的平衡。要注意的是，脚并不是要踩在支点上，有时也可以把一条腿悬空伸出，来调节身体重心的位置，使体重稳定地转移到另一只脚上。

（三）身法技巧

1. 侧拉或侧身

侧拉是攀岩中十分重要的技术动作，主要目的在于维持身体的平衡和增加力矩侧拉，能极大地节省上肢的力量，使一些原本困难的支点可以轻松地通过。侧拉主要使用在通过仰角及支点排列近于直线时。

侧拉的基本技术要点是身体侧向岩壁，以身体对侧手脚接触岩壁抓握支点，而另一条腿伸直用来调节身体平衡，依靠单腿的力量把身体顶起，另一只手抓握上方支点。

以左手抓握支点不动为例，说明侧拉技术的动作要领。左手抓握支点不动，身体朝左，右腿弯曲踩点，左腿伸直保持身体平衡，右腿蹬支点发力，右手伸出抓握上方支点。

要注意的是，在身体侧向岩壁踩点时，踩点脚应以脚尖外侧踩点，不要踩得过多，以便于换脚和转身。如果此点较高，可采用侧身后用双手拉牢支点，臀部向后坠，以加大腰前空间，抬脚踩点，然后双手用力把身体重心拉回到这只脚上，另一条腿抬起，不踩点，用来保持身体平衡，固定手只负责把身体拉向岩壁，身体完全由单腿发力顶起，不靠手拉身体，以节省上肢的力量。在腿发力前，要把腰肋顶向岩壁，体重转移到脚上，千万不可松松垮垮地坠着，尤其在攀登仰角时要注意。另外，移动手应在脚发力前就向上举起，把肋部贴向岩面，否则当蹬起后再把手从下划到头上，必然会把身体顶离岩壁，加大固定手的负担。在一次侧拉结束后，视支点的位置可以做第二、第三个连续侧拉。双手抓稳后，以发力脚为轴做转体，脸转向对侧，平衡腿在发力腿前交叉而过，以脚尖外侧踩下一支点，此时，平衡腿变成了发力腿，移动手变成了固定手，做下一次侧拉动作。其间脚发力和脚踩点一定要少，否则不易做转体动作。

侧拉通常使用在内角的地方，尽量避免把脚放得太高，以免增加手臂的负担。在上攀时，脚一次抬高一点，然后手尽量向上争取高度，建立良好的节奏感非常重要，因为这可以使动作流畅，同时还可以节省体能。

侧身和侧拉动作相似，在侧身动作中，转动上半身，使抓到岩点的手臂强化并产生一种“锁住”的作用，让另一只手臂（靠外的）拥有最大的空间伸展能力。

2. 交叉手和交叉脚

交叉手动作主要有上交叉手和下交叉手两种，目的是为了使攀爬节奏保持顺畅。而交叉脚分为前交叉脚和后交叉脚，目的在于维持身体平衡和保持节奏的顺畅。

（四）重心控制技巧

在攀爬过程中，要明确自己的重心位置，灵活地控制重心移动。只有学会控制重心移动，才能减轻在攀爬过程中双手的负荷，保持身体平衡。

初学者的攀爬动作都很盲目，不知道体会动作，一心只想提升攀登的高度。其实，初学者最好先进行一段时间的平行移动练习（横移练习），即水平地从岩壁一侧移到另一侧，体会身体重心、平衡及手脚动作的运用等基本技术。在最基本的三点固定一点移动作和单手换点时，一般要先把身体重心向对侧移动，使手在没有离开原支点之前就已经没有了负荷，从而可以轻松地出手抓握下一支点。在横行平行移动时，要使身体重心下沉（降低重心），使双手吊在支点上而不是费力地抠拉支点。通常应把双脚踩实后，再伸手够下一支点，而不要脚下虚踩，靠手上拉使身体上移。一定要注意体会用腿脚的力量使身体重心上移，手只是在身体重心上移时来维持平衡。一般认为身体要尽量贴近岩壁，但当使用侧拉、手脚同点、平衡身体等技术动作时，身体常常会离开岩壁很远，这主要是因为这些动作的准备动作需要与岩壁间有一定的空间，所以它们只是在身体上升的那一刻，把身体贴向岩面。

通常身体重心的调节主要是由推拉腰胯和腿平衡来实现的。腰是人体的中心，腰的移动直接引起重心移动，其较大的移动往往能形成一些漂亮的动作。把腿横向伸出，利用腿脚的重量来平衡身体重心也是常见的做法。在身体重心平衡的控制中，应注意如下几点：

1. 攀爬过程中，身体应尽量贴近岩壁，避免重心起伏过大。

2. 利用推、拉、跨等动作来调整重心，维持身体平衡。

3. 三点固定，单手换点时，先把身体重心移向一侧，使手在离开原支点前已经没有负担，可以轻松出手。

4. 出手够下一支点时，脚下要踩实。避免脚下踩虚，靠手上拉来完成身体的移动。

5. 横向移动时，要降低身体重心，使双手吊在支点上而不是费力地抓、抠支点。

6. 充分体会靠脚的发力来推动身体重心的移动，手主要用来调整和维持平衡。

7. 学会用腿的重量，将腿横向伸出平衡身体。

（五）攀岩节奏与休息

攀岩讲究动作的节奏、动作的快慢和前后衔接。每个动作完成时，身体都会具有一定的惯性，如果上一动作正确到位，并能很好地控制身体平衡，就可以利用这一动作的惯性直接冲击下一支点，在两个动作之间不做停顿，从而可以使原来比较困难的一些支点在不经意间就通过了。如果过分求稳，一动一停，做每个动作前都要先移动重心、调节平衡，然后从零开始发力，就必然会导致体力消耗过大。

动作要连贯，但也不可马虎，每个动作细节都要准确到位。上升时一定要由脚部发力把重心蹬起，不能为了快而手拉脚蹬。手的主要作用是保持平衡和把身体拉向岩壁。动作并不一定要求太快，但要保持前后连贯，每个动作都要做实。通常在做一两个连贯动作后，可稍微停顿一下，调整重心，观察、选择线路，困难地段尽量快速通过，容易地段稳定、调整。可以按照“连贯—停顿—连贯—停顿”的节奏，间歇进行。连贯动作时，手脚、重心调整一定要及时到位，冲击到支点后要尽快恢复身体平衡。在必要时，可选择好地段稍作休息，放松双手。在练习时，可以把每个动作分解成几个步骤，仔细体会各个细节，分析如何才能节省体力。当动作定型后，就可以自动做出正确的动作。

休息在攀岩运动中也非常重要。攀岩者比较容易忘记休息。大多数的攀岩运动都属于有氧运动，有时也需要无氧代谢来提供继续攀岩的能量。在无氧代谢中，机体会产生一些无用的乳酸，并堆积在肌肉里，这不但降低了攀登的速度，而且还会引起肌肉僵硬或抽筋。因此，攀登中的适当休息，可以有效地调节呼吸、调节肌肉（提供血量，清除废弃物并给予血液新鲜的氧气和营养），并且还可以检查随后要攀爬的线路。休息时，也可以有机会给手指或手上擦一点镁粉，这通常是为了对付光滑的岩石，或者让手掌干燥。休息时，应尽可能使用拉直手臂的方式，这样可以减轻肌肉的紧张。使用膝盖卡住法、躯干支撑法、屈膝法、稳定地换手或者综合运用以上各种动作，都可以使手臂减轻负担。休息时要注意保持身体的稳定性，避免发生坠落。

四、漂流运动训练实践

（一）漂流运动概述

1. 漂流的起源与发展

漂流最初源于爱斯基摩人的皮船、印第安人的树皮舟、中国的竹筏、木筏……这些当时都是为了满足他们生活、交通及战争的需要，而真正广泛的休闲漂流是在第二次世界大战之后才开始发展起来的。我国可供开发用于商业性漂流的河流非常丰富。目前尝试性开发的都是一定距离的、低难度的河段，船具多为橡胶材料，器材装备较简单，救生设施设备较差。

2. 漂流的分类

（1）按距离分类。一般分为长漂、中漂和短漂三种。通常，长漂大多在10千米以上，比较惊险，适于喜欢冒险、敢于挑战的年轻人；短漂一般在4千米以内，比较平静，适于不愿冒险者或者进行漂流前的热身；中长漂一般长5～10千米，适合在短漂漂流后意犹未尽者。

（2）按流速分类。按江河的流速一般分为激流漂流和平水漂流两种，激流漂流惊险刺激，平水漂流悠然惬意。

（3）按工具分类。一般分为橡皮筏漂流、皮划艇漂流、竹筏漂流、羊皮筏漂流、小船漂流等，其中以橡皮筏漂流和竹筏漂流最为流行，它们正好分别代表漂流探险的两种基本类型，即激流漂流和平水漂流。

3. 漂流的器材与设备

现在国内较为多见的漂流主要有竹筏漂流、橡皮舟漂流，也有较为特殊的如陕西、甘肃段羊皮筏漂流，以及浙江的龙舟漂流等。

对于户外探险者，建造木筏或竹筏是一项基本技能，也比较切合户外实际，尤其是在丛林地区，可以找到足够的木头或理想的竹子。这些简单的漂流用具，如果扎制得好，在不太湍急的水域飘流或泅渡，一般没有问题。但在崇山峻岭的溪谷之中飘流或泅渡应使用橡皮舟。

（1）筏的构成

根据扎筏所用的材料可以分为竹筏、木筏、独木舟等。

①筏身：是漂流主要依托的部位。材料主要由坚韧的竹、木构成。现代漂流借助的材料很多，可以是兽皮、油桶等。

②固筏木：将筏身固定的木条、藤条或其他材料。

筏舵：为了便于控制筏前进的方向，用一根长篙，前端绑牢一片舵板，长篙绑在筏尾端固定交叉成“A”字形的构架上。构架底部钉入筏身上已钻好的孔洞中，顶端分别用绳索或藤条拉紧，系牢在筏上。

④撑篙或桨：一根或两根材质较好的长竹、木，可以用来做撑篙或桨，主要用于向前或向后的划行、改变行进方向、避开危险等，如暗礁、漩涡等。

（2）不同筏的扎制

①竹筏

竹筏（或称竹排）因其容易被卡住或翻沉，一般不宜在急流险滩中使用，但在风平浪静时，手持长篙漂行，韵味十足，悠哉游哉。竹筏可制成单层，也可制成双层。

A. 单层竹筏制作：将粗壮的竹竿砍成3米长的段，捆绑端垫高，固筏木放在距端顶50厘米左右，筏木长度稍稍宽于筏身，用登山辅助绳或自制绳在第一根竹子边的固筏木上系丁香结或牵引结，用对角线捆绑法或方形捆绑法将第一根竹子绑牢后，交叉至第二根竹子。如此操作至最后一根竹子，再用丁香结捆绑固筏木，即完成一端的捆绑。一般制作这样的竹筏应在筏身的前、中、后三个部位都进行捆绑，亦可用铁丝把竹子一根根固定在固筏木上，最后沿着固筏木绕一圈铁丝后拧紧使筏身牢固。

B. 双层竹筏制作：将粗壮的竹竿砍成3米长的段，两端与中央分别钻孔，利用坚韧的树棍穿过钻孔，再用藤条把每根竹竿与树棍绑牢。双层竹排间更要相互压紧，绑结实。

②木筏或夹筏

圆木做筏身，用四根足够长度的厚实木棍，分别在圆木两端将其夹紧，固定成木排。

③混合筏

混合筏是借助可漂浮的油筒、兽皮等依据竹筏和木筏的构造方法建造而成的漂流工具，如打足气的牛、羊皮囊与竹筏和木筏捆绑在一起的混合筏等。

④独木舟

把一截粗壮的树干中央部分烧空或挖空，或者在上面钉牢桦树皮或兽皮柳木构架，也可以仿制古欧洲人建造的用芦苇扎成的漂艇。

⑤皮筏

一般说，皮筏实用范围最广，最普遍、最常用。用橡皮或高分子材料制作，有三个或多个独立的气室，正常使用时不会产生漏气问题。皮筏的适应性很强，因为其材料柔韧性能好，又有充气囊可以以柔克刚，即使遭到落差较大的瀑布或险峻的河谷，也总能化险为夷。

（二）筏艇操作技巧

筏艇操作可以分为单竿操作、单桨操作和多桨操作。单竿操作多用于竹筏或木筏。单桨操作是指只有一个固定的架和一排桨或只有一支桨，由一人操作船筏。多桨操作是指由一个队长和一队人共同配合操作船筏或独木舟。

1. 单竿、单桨船筏操作

（1）竿的操作

竹筏、木筏因载人不多，常用单竿进行操作，在河水不深时，可以将撑竿撑到河底控制竹筏、木筏前进、后退或转向。如河水很深，则多用“划竿”的方式控制竹筏、木筏前进、后退或转向。“划竿”的操作方法如下：

①持竿者站在船的中间靠后部位。

②双手握竿的中间部位，一手正握，一手反握，双手间的距离为肩宽，将竿持于胸前。

③以双手间的中心为轴心，双手向前做圆周运动，使竿的两头做圆周运动，依次从竹筏、木筏两侧的前方入水，后方出水，使竹筏、木筏向前运动。如要使竹筏、木筏向后运动，则双手向后做圆周运动；如要使竹筏、木筏转向，则竿的轴心不变，改变两手的高度，一手高一手低做圆周运动，让一侧竿子划水，另一侧竿子则不入水。

（2）桨的操作

桨是操作船艇的工具，向前划桨时，桨的操作方法如下：

①向前侧身，手臂打直。

②把桨伸到水里。

③把桨往回拉，利用整个身体的力量。每次划动都应是一个持续的动作，力量均匀地作用于整个回拉动作。这种拉动非常有力，如果在同一侧多划几下船会减速，船头会改变方向。

2. 多桨操作

与一人操桨不同，多桨推进是通过船长和船员的共同努力来完成划桨操作的。多桨操作时，队伍中一定要设一名指挥人员做船长，船长坐在船首指挥，预料到前方水况，并迅速地指挥船员如何操作，他手中的桨作为方向舵，船员坐在船边，并使力量均匀地分布于船的两侧。

漂流中大部分操作都是顺流的，船前进的速度比水流快。在风平浪静的水域，船首指向理想的方向，每个船员桨都向前，看着水面，必要时作些调整。在有许多障碍物的水域和危险水道，根本没有时间精确地指向通道，则应听从船长指挥，如哪一侧前划、哪一侧向后划、哪一侧快划、哪一侧慢划或都向后划，来改变船的运行方向，以避开障碍物或危险水道。

3. 控制筏艇方向的方法

筏艇顺流而下，使人感到快乐、欣慰、刺激。然而在奔涌直下的水流中，有时会突然遇到障碍物，为了避开障碍物应立即改变筏的方向进行躲避。把船从一边移动到另一边，首先要改变筏艇头部的方向。

在平静的河面操作筏艇前行时，也会遇到偏离方向的问题，这是由于筏艇两侧划桨时划桨的速度、力量的大小、桨入水的深浅等不一致所导致。向前行船时，如果单侧用桨向后划水（桨由前入水，后方出水），由于水流的作用，筏艇会向前行进，同时船头会向划桨的另一侧转。如在船的右侧向前划桨时，船会向前移动，同时，船头会向左侧方向转动。依据这一原理，在双侧桨划行过程中发现船头向一侧偏离，说明偏离侧的划桨力量不大、速度不快，应加快速度或让另一侧的同伴降低划行速度的方法来纠正行船方向，待船方向正确后再一起用力前划。

在划行过程中突然遇到石头等障碍物，需要立即改变筏的方向进行躲避时，可以采用单侧桨向前方划水（桨由身后入水，前方出水）的方法来改变船筏的方向进行躲避。单侧用桨向前方划水时，会降低船筏前进的速度，同时，船头会向划桨这一侧转动，也可以采用一侧桨向前方划水，另一侧桨向后方划水的方法，这种方法使筏艇头部快速转动，并可能产生旋转，转动的方向是向前方划水的这一侧，这一点应牢记并在实践中运用、体会。

参考文献

[1] 韦阳．高校校园体育文化建设研究［M］．长春：吉林文史出版社，2020.

[2] 蒋国强，柯谷鑫．大学体育与健康［M］．武汉：武汉大学出版社，2018.

[3] 王彦英．多元体育文化的创新与发展研究［M］．北京：中国书籍出版社，2019.

[4] 赵金林．校园体育文化建设与实践探究［M］．北京：中国书籍出版社，2018.

[5] 程会娜．大学生校园体育文化解析［M］．北京/西安：世界图书出版公司，2018.

[6] 易礼舟，戴彬．大学生体育与健康［M］．重庆：重庆大学出版社，2018.

[7] 赵晓玲．大学体育与健康教程［M］．重庆：重庆大学出版社，2018.

[8] 赵洪明．大学体育理论与实践［M］．北京：电子工业出版社，2018.

[9] 于少勇，白光斌，黄海．大学体育（第 2 版）［M］．西安：西安电子科技大学出版社，2018.

[10] 杜宇峰．大学体育与健康教程［M］．西安：西北工业大学出版社，2012.

[11] 许水生．大学体育理论与实践（第 2 版）［M］．哈尔滨：哈尔滨工程大学出版社，2017.

[12] 刘金亮，胡新贞．体育与健康教育研究［M］．北京/西安：世界图书出版公司，2017.

[13] 曹宏宏．高校体育与健康课程教学实践改革研究［M］．长春：吉林出版集团股份有限公司，2018.

[14] 杜放．乒乓球运动教程［M］．长春：东北师范大学出版社，2018.

[15] 李慧．大学生乒乓球运动教程［M］．哈尔滨：哈尔滨地图出版社，2018.

[16] 夏云建．羽毛球基础技术教程［M］．武汉：华中科技大学出版社，2019.

[17] 李鑫．羽毛球文化的传承与运动科学［M］．北京：冶金工业出版社，2018.

[18] 赵彬彬．羽毛球运动与实践［M］．长春：吉林人民出版社，2017.

[19] 付辉，王锋．网球运动教程［M］．天津：天津科学技术出版社，2018.

[20] 尹树来，蒋宏伟．网球运动理论与实践指导［M］．北京：中国书籍出版社，2018.

[21] 赵溢洋．大学网球运动教程［M］．北京：北京体育大学出版社，2018.

[22] 孙强．大学生体育与健康 高职体育新教程［M］．成都：电子科技大学出版社，2017.

[23] 华宝元，李铎，王海波．体育理论知识教程［M］．成都：电子科技大学出版社，2017.

[24] 尹立波．休闲体育运动文化与实践［M］．北京：新华出版社，2017.

[25] 雷源，彭丹梅．大学生体育与健康［M］．北京：北京理工大学出版社，2017.

[26] 周文军，方达泉，孙林峰．大学体育教程［M］．长沙：中南大学出版社，2016.

［27］张振县，卿洪华．大学生体育与健康教程［M］．长沙：中南大学出版社，2016.
［28］孔军，侯宪斌，张军，等．高校体育与健康（第2版）［M］．武汉：武汉大学出版社，2016.
［29］张金钢，陈红伟，刘洋，等．大学生体育与健康［M］．天津：南开大学出版社，2016.
［30］秦黎霞．新形势下校园体育的开展及其文化创建模式研究［M］．北京：九州出版社，2015.
［31］孙亮亮，张建，谢纳，等．大学生体育与健康［M］．成都：西南交通大学出版社，2015.
［32］王玉富，席光庆，赵紫衡．高职院校职业实用性体育教程［M］．北京：新华出版社，2015.
［33］赵广涛．大学体育与健康［M］．北京：新华出版社，2015.
［34］赵学森，蒋东升，凌齐．体育文化与健康教育［M］．北京：北京理工大学出版社，2015.
［35］高成强，张占平．大学体育与健康教程［M］．西安：西安交通大学出版社，2014.
［36］汪元榜，吴兆祥，荣磊，等．大学体育与健康（新版）［M］．合肥：安徽人民出版社，2014.
［37］胡红，薛山，刘芳，等．大学体育理论教程（第4版）［M］．重庆：重庆大学出版社，2014.
［38］于平，王厚民，韦勇，等．篮球运动［M］．合肥：合肥工业大学出版社，2014.
［39］贡建伟．大学体育与健康教程［M］．北京：科学出版社，2014.
［40］董勤广，丛光，任彦军．大学生体育理论与实践教程［M］．哈尔滨：哈尔滨工业大学出版社，2013.
［41］李红艳．户外运动的理论与实践研究［D］．北京：北京体育大学，2006.
［42］盖洋．中国竞技排球技战术发展特征及体能训练理论体系与实证研究［D］．北京：北京体育大学，2008.
［43］陈家鸣．乒乓球比赛战术的博弈分析［D］．北京：北京体育大学，2008.
［44］吴卫兵．我国优秀羽毛球运动员运动训练机能监控及其决策支持系统研究［D］．上海：上海体育学院，2009.
［45］王公法，罗远标，梁丽凤．大学公共体育教育观新思考［J］．教育评论，2014（5）．
［46］陈新华，陶涛．高校公共体育教学改革探析［J］．江苏高教，2010（5）．